lonely planet

Kreta

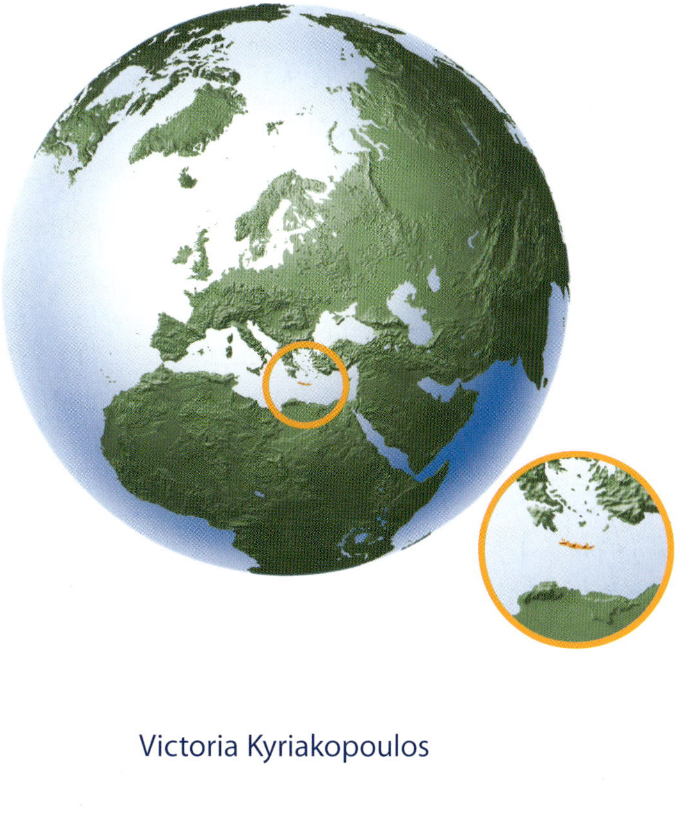

Victoria Kyriakopoulos

HÖHE
2000 m
1500 m
1000 m
500 m
0
LEGENDE
Autobahn
Fernverkehrsstraße
Landstraße
Nebenstraße
Unbefestigte Straße
0
20 km
KRETISCHES MEER
CHANIA (S. 88)
Die stimmungsvolle Altstadt ist eine bezaubernde Mischung aus venezianischer und türkischer Architektur
RETHYMNON (S. 136)
Reizender venezianischer Hafen und architektonisches Potpourri
AMARI-TAL (S. 148)
Traditionelle Kultur in den Bergdörfern Rethymnons
ELAFONISI (S. 129)
Lagunenartige, türkise Gewässer umgeben diese atemberaubende Insel, die über eine sandige Halbinsel zu erreichen ist
SAMARIA-SCHLUCHT (S. 105)
Sensationelle Wanderung von den Bergen zum Meer durch Europas längste Schlucht
FRANGOKASTELLO (S.109)
Spukschloss am Meer
PREVELI (S.156)
Spektakuläre Anfahrt, ein historisches Kloster und ein wunderschöner Strand
Kap Spanda
Diktynna
Gramvousa-Inseln
Kap Vouxa
Halbinsel Rodopou
Moni Gonias
Bucht von Kisamos
Gramvousa Peninsula
Kolimbari
Falasarna
Kastelli Kisamos
Bucht von Chania
Bucht von Kalathas
Stavros
Moni Iannou Eremiti
Moni Governoto
Moni Agia Triada
Halbinsel Akrotiri
Chania
Platanias
Souda
Bucht von Souda
Kap Drapano
Halbinsel Drapano
Platanos
Polyrinia
Voukolies
Innahorion
Moni Chrisoskalitissa
Elafonisi
Kandanos
Agia-Irini-Schlucht
CHANIA
Omalos
Vrisses
Georgioupolis
Rethymnon
Bucht von Almyros
Levka Ori (2453m)
Samaria-Schlucht
Kournas-See
Argyroupolis
Imbros-Schlucht
Kap Trahili
Palechora
Sougia
Agia Roumeli
Loutro
Chora Sfakion
Frangokastello
NATIONALPARK SAMARIA-SCHLUCHT
Plakias
Moni Preveli
Panormos
Bali
Perama
Margarites
Eleuderna
Axos
Moni Arkadi
Sventoni-Höhle
Anogia
RETHYMNON
Psiloritis (2456m)
Spili
Ida-Höhle
Kedros (1777m)
Zaros
Agia Galini
Tymbaki
Agia Triada
Messara-Bucht
Kalamaki
Festos
Kommos
Matala
Kap Lithino
Gavdopoula
Gavdos
Kastri
Karabe
24½ E

36°30' N
36° N
35°30' N
35° N
34°30' N
25° E
26° E
ALBANIEN
Mazedonien
THRAKISCHES MEER
NORDÖSTLICHE ÄGÄISCHE INSELN
Epirus
Thessalien
IONISCHE INSELN
SPORADEN
Lesbos
TÜRKEI
Zentral-Griechenland
Euböa
ÄGÄISCHES MEER
IONISCHES MEER
Attika
Peloponnes
INSELN DES SARONISCHEN GOLFS
MYRTOISCHES MEER
KYKLADEN
DODEKANES
Rhodos
Kythira
MITTELMEER
Antikythira
KRETISCHES MEER
Iraklion
KRETA
0
100 km
IRAKLION (S. 165)
Das außergewöhnliche Archäologische Museum zeigt die Schätze der minoischen Kultur
KNOSSOS (S.177)
Kretas berühmtester minoischer Palast ist ein Fenster zur Welt vor 4000 Jahren
VAI-STRAND (S.220)
Kretas einzigartiger Palmenstrand
ZAKROS (S. 222)
Eine malerische Schlucht, ein minoischer Palast und ein ruhiger Strand ergeben eine tolle Kombination
DIKTI-HÖHLE (S. 214)
Der Geburtsort des Zeus hat einen Ehrenplatz in der griechischen Mythologie
LASSITHI-HOCHEBENE (S.213)
Windmühlen, eine spektakuläre und fruchtbare Landschaft und authentische Ortschaften
Kap Stavros
Dia
Bucht von Iraklion
Iraklion
Knossos
Chersonisos
Malia
Malia
Kap Agios Ioannis
Spinalonga
Halbinsel Kolokytha
Elounda
Neapoli
Kap Sideros
Vai
Moni Toplou
Sitia
Palekastro
Archanes
Kastelli
Tzermiado
Ruinenstadt Lato
Agios Nikolaos
Mochlos
Mirambellou-Golf
Kritsa
IRAKLION
Dikti-Höhle
Lassithi-Hochebene
Dikti (2148m)
Gournia
LASSITHI
Palast von Zakros
Zakros
Kato Zakros
Xerokambos
Makrygialos
Ano Viannos
Ierapetra
Gortys
Myrtos
Pyrgos
Koufonissi
Lendas
Gaidouronisi (Chrisi)
LIBYSCHES MEER

Unterwegs

VICTORIA KYRIAKOPOULOS

Die letzten Tage meiner Reise führten mich nach Süden durch die Berge Richtung Sougia. Der relaxte Ort am Meer hat etwas, das mich immer wieder anzieht: erfreulich wenig moderne Bebauung, klares Wasser und einen langen Kieselstrand, der nicht von unzähligen Sonnenschirmen und Liegestühlen zugedeckt ist. Dazu ein paar nette Tavernen und entspannte Clubs unter freiem Himmel, wenn einem ausnahmsweise mal nicht nach Sternegucken zumute ist.

MEIN BESTER TRIP

Die besten Touren sind die, bei denen ein großartiges Erlebnis das andere jagt. Vom alten Kloster Moni Odigitrias (S. 194) im Süden Iraklions durchwanderte ich die atemberaubende Agiofarango-Schlucht (S. 194), vorbei an Felskletterern, Ziegen und kleinen Höhlenkapellen, bis ich an einen spektakulären Strand kam, der mich mit einem erfrischenden Bad belohnte. Auf dem Rückweg kam ich in den Genuss einer hervorragenden traditionellen Mahlzeit in einem *kafenion* (einem traditionellen Dorfcafé), das von gastfreundlichen Umweltschützern geführt wird.

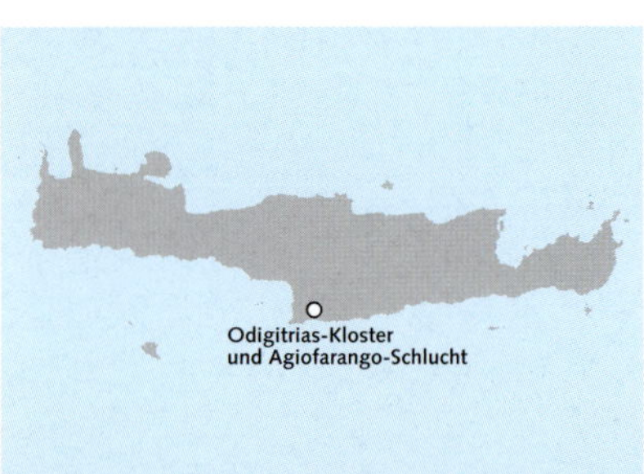

DIE AUTORIN

Victoria Kyriakopoulos ist freiberufliche Schriftstellerin und lebt in Melbourne (Australien). Seit ihrem ersten Besuch im Heimatland ihrer Eltern im Jahr 1988 unternahm sie mehrere ausgedehnte Reisen durch ganz Griechenland. Ihre Vorfahren stammen zwar nicht aus Kreta, doch die gastfreundliche Insel ist für Victoria zur zweiten Heimat geworden, nachdem sie zwecks Recherchereisen für die letzten beiden Ausgaben dieses Reiseführers mehrere Monate auf der Insel verbrachte.

Die Autorin lebte von 2000 bis 2004 in Athen, wo sie über die Vorbereitungen auf die Olympischen Spiele und andere Ereignisse berichtete. Sie arbeitete in der Redaktion der griechischen Diaspora-Zeitschrift *Odyssey* und übernahm die Recherche für diverse Fernsehsendungen über Griechenland. Außerdem schrieb Victoria über griechische Küche für das Magazin *Greek Gourmet Traveller* und andere Publikationen und betätigt sich als Kritikerin für den Restaurantführer *Age Good Food Guide*. Daneben veröffentlicht sie regelmäßig für *Age* und andere australische und internationale Magazine. In ihrem früheren Berufsleben gehörte sie zum festen Autorenstab des australischen Wochenmagazins *The Bulletin* und arbeitete als Medienberaterin.

KRETA

Die Menschen lieben Kreta aus vielen verschiedenen Gründen, denn die große, gastfreundliche Insel besticht durch eine einzigartige und sehr verführerische Mischung: Geschichte und Kultur, wunderschöne Strände, spektakuläre Berge und Schluchten, kultivierte historische Städte, quirlige Urlaubsorte und idyllisch-traditionelle Dörfer. Ihre Besucher erforschen antike Stätten, besichtigen historische Klöster, durchqueren atemberaubende Gebirge, machen Pause in einem traditionellen Dorfcafé *(kafenion)* und beenden ihr Tagewerk nach dem Baden in einer ruhigen Bucht mit dem Abendessen in einem Fischrestaurant am Meer. Es ist unmöglich, alle Reize Kretas während einer einzigen Reise zu erleben, aber die Insel sorgt schon dafür, dass alle Besucher ausreichend Gründe finden, noch einmal wiederzukommen.

Minoerzeit & Antike

Die ganze Pracht der minoischen Kultur, die vor über 4000 Jahren auf Kreta ihre Blüte erlebte, zeigt sich auch heute noch in den Ruinen großartiger Paläste und minoischer Kultstätten. Die exquisiten Sammlungen der kretischen Museen sind Schaukästen für die Mythen, Legenden und Faszination der Insel.

❶ Archäologisches Museum Iraklion

Die bedeutendsten minoischen Schätze, darunter die berühmten Fresken von Knossos, zeigt das vorzügliche Archäologische Museum von Iraklion (S. 167).

❷ Knossos

Kretas meistbesuchte Touristenattraktion und einstiger Hauptsitz der minoischen Welt ist der Palast von Knossos (S. 177). Es handelt sich um die bedeutendste und umstrittenste aller minoischen Stätten. Der teilweise rekonstruierte Palast gewährt faszinierende Einblicke in das Leben der alten Minoer.

❸ Festos

Die ebenso riesige wie faszinierende Zitadelle von Festos (S. 189) ist nach Knossos die bedeutendste minoische Stätte auf Kreta. Ein weiterer Anziehungspunkt ist die atemberaubende Lage mit Blick auf die Messara-Ebene und den Berg Psiloritis (Ida).

❹ Zakros

Der als letzter entdeckte minoische Palast steht in Zakros (S. 223). Der abgelegene und besonders stimmungsvolle Ort im äußersten Osten der Insel ist Kreta en miniature. Besonders reizvoll ist eine Wanderung durch die malerische Zakros-Schlucht (Schlucht der Toten) mit Belohnung durch ein erfrischendes Bad am reizenden Strand von Kato Zakros (S. 222).

❺ Malia

Der Palast von Malia (S. 199) birgt zahlreiche exquisite Artefakte der minoischen Kultur. Malia ist eine gut erhaltene minoische Stätte. Besucher können die ursprüngliche Gestaltung und ehemalige Pracht des Palastes gut nachvollziehen.

❻ Gortys

Kretas größte archäologische Stätte ist die imposante Römerstadt Gortys (S. 187), Hauptsitz der Dorer während ihrer Herrschaft über die Insel. Die Steintafeln mit Inschriften aus dem 6. Jh. v. Chr., das sogenannte Stadtrecht von Gortys, sind der älteste griechische Gesetzeskodex.

Wunder der Natur

Kretas schier endlose Küste bietet kilometerlange Strände. Das Landesinnere beherrschen hoch aufragende Gebirge, einsame Hochebenen, fruchtbare Täler und malerische Schluchten, die an der zerklüfteten Südküste enden. Wildblumen in Hülle und Fülle und abwechslungsreiche Naturlandschaften machen die Insel zu einem Paradies für Wanderer, Botaniker und Ornithologen, aber auch für Freunde des Wassersports und extremer Outdooraktivitäten.

❶ Samaria & die Schluchten

Die 16 km lange Samaria-Schlucht (S. 105) ist die längste Schlucht Europas und zählt zu den spektakulärsten Attraktionen Kretas – ein absolutes Muss für Wanderer. Weniger anstrengend, aber nicht minder beeindruckend sind die Schluchten von Imbros (S. 107), Agia Irini (S. 114) und Agiofarango (S. 194).

❷ Lassithi-Hochebene

In der fruchtbaren Lassithi-Hochebene (S. 213) gibt's inzwischen mehr Radfahrer als Windmühlen, aber sie ist nach wie vor ein toller Ort, um das ländliche Kreta zu erleben. Eine große Attraktion ist die Dikti-Höhle (S. 214), angeblicher Geburtsort des Zeus.

❸ Outdoorabenteuer

Outdoorenthusiasten kommen auf Kreta voll auf ihre Kosten, z. B. mit Paragliding über den Bergen von Avdou (S.185), Bungee-Springen von der Aradena-Brücke (S. 108), Canyoning in der Cha-Schlucht (S. 228) oder Bergsteigen an den Felswänden des Kofinas (S. 196).

❹ Höhlen

Kreta hat Höhlen ohne Ende, darunter die beeindruckende Sventoni-Tropfsteinhöhle in Rethymnon, die historische Melidoni-Höhle (S. 151) mit einer bewegenden Gedenkstätte zu Ehren der Märtyrer, die dort ihr Leben ließen, oder die berühmten Hippie-Höhlen in den Klippen von Matala (S. 193).

❺ Palmenstrand

Der von Palmen gesäumte Vai-Strand (S. 220) im Osten Kretas ist Europas einziger Dattelpalmenstrand: Ganz nah reicht der Palmenwald an das sandige Ufer heran.

❻ Einsame Strände

Der atemberaubende, lagunenähnliche weiße Sandstrand von Balos (S. 125) liegt auf der wilden und abgelegenen Halbinsel Gramvousa. Die besten Strände Rethymnons befinden sich an der zerklüfteten Südküste in Agios Pavlos und Triopetra (S. 157).

❼ In luftiger Höhe

Das sagenhafte Gebirge Levka Ori („Weiße Berge", S. 103) ist bis zum Frühsommer schneebedeckt. Kretas höchster Berg, der imposante Psiloritis (S. 153), hat seinen festen Platz in der Folklore der Insel und wird in vielen Liedern besungen. Beide liegen am Europäischen Fernwanderweg E4.

Erbe & Tradition

Kretas lange und turbulente Geschichte offenbart sich in der Mischung aus östlichen und westlichen Einflüssen, die sich auf der gesamten Insel finden – von venezianischen Häfen und Festungen bis zu osmanischen Minaretten. Überall auf Kreta stehen byzantinische Klöster und Kapellen, und viele Dörfer stellen noch traditionelles Kunsthandwerk her.

❶ Venezianische Festungen

Auf Kreta stehen zahlreiche Überreste massiver Befestigungsanlagen. Das imposante Frangokastello (S. 109) steht einsam an der Südküste, das Kastell Koules (S. 170) thront über dem Hafen von Iraklion.

❷ Spinalonga

Die Verbannten der berüchtigten Leprakolonie waren die letzten Bewohner dieser auf unheimliche Art faszinierenden Insel (S. 212). Früher war sie eine (fast) uneinnehmbare venezianische Festung, bis sie sich schließlich der türkischen Belagerung beugen musste.

❸ Klöster

Das Kloster Moni Arkadi (S. 149) mit seiner beeindruckenden Fassade und seiner reichen Geschichte ist ein Symbol für den Widerstand und Überlebenswillen Kretas. Die historischen Klöster Toplou (S. 219) und Agia Triada (S. 191) produzieren einige der besten Olivenöle und Weine der Insel.

❹ Chania

Kretas bezauberndste Stadt (S. 87) hat einen entzückenden venezianischen Hafen. Die Pflasterstraßen der idyllischen Altstadt sind voller stimmungsvoller kleiner Hotels, romantischer Restaurants und Kunsthandwerkstätten.

❺ Byzantinische Kunst

Herausragende kretische Fresken sind in der Kuppelkirche von Panagia Kera

(S. 208) in der Nähe von Kritsa zu bewundern, erstklassige Ikonen im Museum für Religiöse Kunst in Iraklion (S. 171).

❻ Rethymnon

Die massive Festung Fortezza (S. 139) bewacht den hübschen venezianischen Hafen von Rethymnon. Die Altstadtgassen sind ein zauberhaftes Labyrinth mit venezianischer, osmanischer und byzantinischer Architektur.

❼ Traditionelles Kunsthandwerk

In den Keramikdörfern Margarites (S. 150) und Thrapsano (S. 184) können Besucher den Handwerkern über die Schulter gucken.

Das unverfälschte Kreta

Wer in das Herz und in die Seele Kretas eintauchen möchte, muss die großen Städte und die Urlaubsorte an der Küste verlassen. Im Landesinneren finden sich viele traditionelle Bergdörfer, in denen anachronistisch anmutende Tavernen echtes kretisches Essen servieren. Dort entfaltet sich die Atmosphäre des provinziellen Insellebens noch am besten.

1 Traditionelle Dörfer

Anogia (S. 151) ist für manche das erztypische kretische Dorf: Viele Männer tragen noch die Kleidung ihrer Vorfahren und halten die bedeutende musikalische Tradition der Gegend am Leben. Doch es gibt noch mehr abgelegene Bergdörfer in allen Regionen Kretas, von den kaum besuchten Dörfern der Innahorion-Region (S. 127) in Chania bis zu den hübschen kleinen Ortschaften im reizvollen Amari-Tal (S. 148).

2 Argyroupolis

Die Quellen von Argyroupolis (S. 145) bilden eine entzückende Wasseroase: Tavernen verstecken sich zwischen Wasserfällen und den rauschenden Bächen der alten Wassermühlen.

3 Restaurierte Ortschaften

Der abgelegene Weiler Milia (S. 127) ist eine vorbildliche Ökounterkunft mit rustikalen Steinhäuschen, Biobauernhof und einer Taverne, die hervorragende kretische Mahlzeiten kredenzt. Weitere Beispiele für restaurierte Dörfer im traditionellen Stil sind Vamos (S. 133) und der außergewöhnliche Ort Aspros Potamos (S. 229).

Inhalt

Iraklion 163

Lassithi 201

Allgemeine Informationen 232

Verkehrsmittel & -wege 247

Regionalkarten

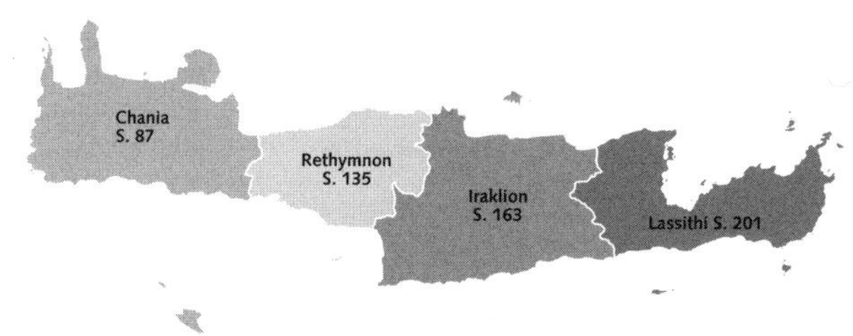

Reiseziel Kreta

Kreta ist eine ebenso große wie faszinierende Insel, mit deren Vielfalt und Bedeutung sich keine andere griechische Insel messen kann. Als legendärer Geburtsort des Zeus überwältigt Kreta seine Besucher mit einer geballten Ladung Mythen, Legenden und Geschichte. Hoch aufragende Berge und traumhafte Strände beherrschen die spektakuläre Landschaft der sonnenverwöhnten Insel. Die stolzen und gastfreundlichen Bewohner haben sich auch im Strudel des Massentourismus ihre einzigartige Kultur und Tradition bewahrt, und das ländliche Leben ist nach wie vor ein wichtiger Bestandteil der kretischen Seele.

Als buntes und vielfältiges Mosaik bietet Kreta seinen Besuchern schier endlose Möglichkeiten für abwechslungsreiche Entdeckungstouren. Das zerklüftete Landesinnere prägen spektakuläre Schluchten, fruchtbare Ebenen und hügelige Landschaften mit Olivenhainen, Weinbergen, Wildblumen und aromatischen Kräutern. Im Westen der Insel durchqueren jedes Jahr Tausende von Wanderern die atemberaubende Samaria-Schlucht, die längste Schlucht Europas. Am östlichen Ende der Insel liegt Europas einziger von einem Wald aus Palmen gesäumter Strand Europas.

Zur schönen Natur gesellt sich der Reichtum einer Geschichte, die Jahrtausende umspannt. Berühmteste Hinterlassenschaft der glanzvollen minoischen Kultur, die einst die ganze Ägäis beherrschte, ist der Palast von Knossos, doch auch sonst strotzt die ganze Insel vor minoischen Palästen und Schätzen. Wegen seiner Lage am Schnittpunkt dreier Kontinente war Kreta von jeher ein begehrtes Ziel für Invasoren und Besatzer unterschiedlicher Herkunft. Besucher stolpern auf Schritt und Tritt über Ruinen aus Kretas bewegter Vergangenheit – von römischen Siedlungen und venezianischen Häfen bis zu osmanischen Moscheen und byzantinischen Klöstern. Am lebendigsten wird die bewegte Geschichte in den bezaubernden Altstädten von Chania und Rethymnon.

Kreta gebührt die zweifelhafte Ehre, fast ein Viertel aller Griechenland-Touristen begrüßen zu dürfen. Die Insel ist aber groß genug, so dass auch unabhängige Individualtouristen abseits der Trampelpfade auf ihre Kosten kommen. Kreta bietet Unterkünfte für sämtliche Ansprüche, darunter Luxusferienanlagen von Weltrang, kleine historische Hotels und restaurierte Steinhäuschen in abgelegenen Bergdörfern. Freigeister und Naturliebhaber zieht es an die einsamen Strände im Süden und auf die Insel Gavdos, unerschrockene Wanderer nehmen die letzte Etappe des Europäischen Fernwanderwegs E4 in Angriff, Radfahrer strampeln sich über die Lassithi-Hochebene, und Naturfreunde kommen en masse im Frühling, um zwischen traumschönen Wildblumen zu wandern. Zudem bietet Kretas Gelände hervorragende Voraussetzungen für alle Arten von Extremsport.

Kreta ideal für Ausflüge, mit malerischen (und oft schlechten) kleinen Straßen durch spektakuläre Bergwelten, die zu abgelegenen Stränden, alten Bergdörfern und entlegenen Bauernhöfen führen.

In den besonders touristischen Urlauberzentren ist die berühmte kretische Gastfreundschaft inzwischen etwas verloren gegangen, doch abseits der ausgetretenen Pfade sind durchaus noch Spuren des alten Kreta zu entdecken. Mittlerweile gibt's zwar mehr Geländewagen als Maulesel, aber jeder begegnet hier noch der obligatorischen Ziegenherde auf der Straße und gelegentlich auch Männern in traditioneller Kleidung, die sich in einem *kafenion*, dem typischen kleinen Dorfcafé, die Zeit vertreiben.

KURZINFOS

Einwohner: 601 131

Fläche: 8336 km^2

BIP: 9 Mrd. € (5,3 % Anteil am BIP Griechenlands)

Arbeitslosenquote: 6,1 %

Olivenbäume: 30 Mio.

Beschäftigte im Tourismus: 40 %

Touristen pro Jahr: 2,5 Mio.

Touristen in Knossos 2006: 705 305

Wanderer durch die Samaria-Schlucht 2006: 176 747

Anzahl Schusswaffen (Schätzung): 1 Mio.

Die pragmatischen Kreter pflegen ihre Traditionen und halten mit Leidenschaft an den Bräuchen, Liedern und Tänzen fest, die ihre Identität geprägt haben. Kretas unverwechselbare Küche und frische Erzeugnisse in Hülle und Fülle schaffen ideale Voraussetzungen für eine kulinarische Genussreise.

Griechenlands größte und reichste Insel ist ganzjährig ein beliebtes Reiseziel. Kreta hat sich seine ganz eigene Identität bewahrt und fühlt sich daher manchmal eher wie ein eigenes Land an. Angesichts einer großflächigen, kosmopolitischen Hauptstadt und Städten mit reger Geschäftstätigkeit, kultivierten Cafés, Bars, Restaurants und Universitäten kommen auch Freunde urbaner Aktivitäten nicht zu kurz.

Bevor es losgeht

Kreta ist ein aufregendes Reiseziel, doch im Gegensatz zu anderen griechischen Inseln kann man hier nicht einfach vom Schiff springen und sich ins Abenteuer stürzen. Die Insel ist sehr groß und außergewöhnlich vielfältig, sodass sich schier endlose Möglichkeiten bieten, auf die unterschiedlichsten Entdeckungsreisen zu gehen. Die meisten Besucher kratzen allenfalls ein bisschen an der Oberfläche dessen, was Kreta zu bieten hat. Wer sorgfältig plant, kann aber auch wesentlich tiefer in die Geheimnisse eintauchen. Das gilt besonders für Reisende, die den zentralen Teil der Insel als Ausgangsbasis wählen.

In den meisten Fällen ist es sinnvoll, sich zwischen dem Osten und Westen zu entscheiden (vielleicht sogar auch noch zwischen Nord und Süd). So lässt sich eine begrenzte Region mit genügend Zeit gründlich erforschen – schon mal ein guter Grund, um wiederzukommen. In der Hochsaison empfiehlt es sich, die Unterkunft vorab zu buchen, ansonsten ist fast immer irgendwo ein Dach über dem Kopf zu finden.

Wer auf dem Weg zu den abgelegenen Stränden im Süden das gebirgige Landesinnere durchquert, kommt nur langsam im Zickzack voran. Dafür entschädigt die spektakuläre Landschaft, die immer wieder von idyllischen, traditionellen Dörfern durchbrochen wird. Die Entfernungen sind nicht unbedingt gewaltig, doch der Weg durch die Berge kann sehr beschwerlich sein; deshalb ist ratsam, sich nicht zu viele Kilometer pro Tag zuzumuten.

Am besten lässt sich Kreta mit dem Auto oder Motorrad erkunden, aber ein großer Teil der Insel ist auch per Bus erreichbar.

REISEZEIT

Die Klimatabelle (S. 238) zeigt Niederschläge und Temperaturen im Jahresverlauf.

Kretas sonniges Klima und die langen Sommer sorgen dafür, dass von Mitte April bis November Badesaison im Mittelmeer ist, vor allem an der Südküste. Optimal für eine Kretareise sind das späte Frühjahr bzw. der Frühsommer oder auch der Herbst, denn dann ist es nicht zu heiß zum Wandern und für andere Aktivitäten unter freiem Himmel. Perfekte Bedingungen herrschen zwischen Ostern und Ende Juni: fast überall angenehm warmes Klima, das Meer schon warm genug zum Baden, blühende Wildblumen, kein Gedrängel an Stränden und Ruinenstätten, Busse und Schiffe fahren schon fast nach Sommerfahrplan, Quartiere sind verfügbar und erschwinglich.

Die Hochsaison beginnt etwa Ende Juni und dauert bis Ende August. Mancherorts sind die Unterkünfte im August komplett ausgebucht und erheblich teurer als sonst. Juli und August sind am heißesten und haben das größte Besucheraufkommen – eine tolle Zeit, um am Strand abzuhängen und laue Sommernächte zu genießen, aber die Besichtigung archäologischer Stätten oder das Wandern in der Hitze sind im Hochsommer eine echte Herausforderung. Das ist auch die Zeit des *meltemi,* eines starken Nordostwinds, der die Fahrpläne der Fähren durcheinanderwirbeln und den Aufenthalt an Sandstränden vermiesen kann. Im Sommer regnet es auf Kreta fast nie. Im Winter machen die meisten touristischen Einrichtungen in den Urlaubsorten dicht, und auch bei den Sehenswürdigkeiten steht man oft vor verschlossenen Toren, besonders außerhalb der Städte.

PREISE

Kreta ist für mitteleuropäische Verhältnisse preiswert, aber nicht mehr so billig wie früher. Vor allem in der Hochsaison (Juli und August) ziehen die

AN ALLES GEDACHT?

- Robuste Schuhe, um zwischen Ruinen herumzukraxeln und Schluchten zu durchwandern
- Sonnenbrille, Kopfbedeckung, Sonnenschutz und Antimückenmittel
- Badesachen, Shorts und leichte Baumwollkleidung (Sweatshirt oder Jacke für kühlere Abende in den Bergen)
- Gesunden Appetit, einen aufgeschlossenen Gaumen und einen Magen für Raki
- Genug Platz im Koffer, um sagenhaftes Olivenöl und diverse Kräuter mit nach Haus zu nehmen
- Gültige Reiseversicherung, Personalausweis oder Reisepass, Führerschein
- Kamera, um die allgegenwärtigen Fotomotive festzuhalten
- Kompass, Trillerpfeife und gute Landkarten, um in abgelegenen Gegenden zu wandern
- Taschenlampe für etwaige Stromausfälle und Erkundung von Höhlen
- Fernglas, um Vögel zu beobachten
- Handy, um dazuzugehören (sogar die Hirten haben eins)
- Schweizer Messer für alle Eventualitäten (ein echter Kreter hat immer ein Messer dabei)

Preise dramatisch an. Die folgenden Budgets sind für Alleinreisende kalkuliert. Wer ein Zimmer und Mahlzeiten teilt, kommt billiger weg. Für einen Mietwagen kommen noch 25–30 € pro Tag hinzu.

Als absolutes Mindestbudget sind 30–40 € pro Tag anzusetzen. Darin enthalten sind Busfahrten, Hostels oder Camping und nur ausnahmsweise ein Restaurantbesuch oder kostenpflichtige Sehenswürdigkeiten.

Im Sommer muss man mindestens 60 € pro Tag einkalkulieren für ein einfaches Zimmer, Essen in lokalen Tavernen, abendliche Drinks und etwas Sightseeing.

Wer auf komfortablere Hotels, guten Wein und Besuche in Restaurants, Bars, Museen und Sehenswürdigkeiten nicht verzichten will, braucht über 100 € pro Tag.

Eine durchschnittliche Mahlzeit in einer Taverne einschließlich Hauswein schlägt mit 10–15 € p. P. zu Buche; in einem besseren Restaurant wird ungefähr das Doppelte fällig.

BÜCHER ÜBER KRETA

Reiseberichte und Romane über Kreta gibt es in Hülle und Fülle.

Pflichtlektüre sind zwei Romane von Nikos Kazantzakis: der Klassiker *Alexis Sorbas* (1946) und *Freiheit oder Tod* (1950). Beide sind absolut faszinierende Darstellungen des Lebens, der Menschen und der Irrungen und Wirrungen auf Kreta.

Wo Zeus das Licht der Welt erblickte (2005) von Barry Unsworth ist ein gut geschriebener, moderner Reisebericht, der Vergangenheit und Gegenwart verknüpft. Der bekannte Schriftsteller verfasste ihn für *National Geographic* als Teil einer literarischen Reiseserie von prominenten Autoren.

Der Koloss von Maroussi (1956) von Henry Miller ist längst ein Klassiker. Miller erzählt mit fiebriger Begeisterung von seinen Griechenland- und Kretareisen kurz vor dem Zweiten Weltkrieg.

Weihrauch und Ziegenkäse. Synkretistische Geschichten (2001) von Ulrich Kadelbach verschmilzt Geschichte und Mythologie, kretischen Lebensalltag und persönliche Begegnungen mit Kretas Menschen zu einem nachdenklichen, aber auch liebevollen und amüsanten Porträt der Insel.

TOPATTRAKTIONEN

FESTIVALS & EVENTS

Die Kreter nehmen das Feiern noch ernst und lassen keine Gelegenheit aus, sich zu einem Festschmaus in netter Gesellschaft mit Musik und Strömen von Raki zu versammeln. Außer Festen aus religiösem oder kulturellem Anlass gibt es z. B. auch Schnecken-, Kastanien- und Kartoffelfeste. Kompletter Festkalender: s. S. 234.

- Karneval, Rethymnon (drei Wochen vor der Fastenzeit)
- Fest des Agios Georgios (hl. Georg), Asi Gonia (23. April)
- Ostern, Bergdörfer (März–April)
- Renaissance-Festival, Rethymnon (Juli–Sept)
- Iraklion Festival (Juli–Aug)
- Yakinthia-Festival, Anogia (Juli)
- Sultaninenfest, Sitia (Aug)
- Traditionelle kretische Hochzeit, Kritsa (Aug)
- Raki-Brennsaison, überall auf Kreta (Okt)

STRÄNDE

Kreta hat phantastische Strände. Die besten sind meist auch die abgelegensten, aber die folgenden sind zu Fuß erreichbar, manchmal mit etwas Aufwand.

- Balos, Gramvousa-Halbinsel, Chania (S. 125)
- Agios Pavlos & Triopetra, Rethymnon (S. 157)
- Vai, Lassithi (S. 220)
- Elafonisi, Chania (S. 129)
- Falasarna, Chania (S. 126)
- Preveli-Strand, Rethymnon (S. 157)
- Agiofarango, Iraklion (S. 194)
- Kommos, Iraklion (S. 194)
- Chrisi-Insel, Lassithi (S. 228)

KRETISCHE DÖRFER

Überall in den Bergen Kretas verstecken sich authentische kleine Dörfer, die von den Urlaubszentren an der Küste Welten entfernt scheinen. Einige haben sich zu regelrechten Touristenattraktionen gemausert, bieten aber immer noch schöne Einblicke in das kretische Landleben, sobald die Reisebusse wieder weg sind. Wer sich von den ausgetretenen Pfaden entfernt, findet sehr abgelegene und bislang unverfälschte Dörfer. Die folgenden sind besonders sehenswert:

- Argyroupolis (S. 145)
- Anogia (S. 151)
- Spili (S. 148)
- Margarites (S. 150)
- Kritsa (S. 208)
- Askifou (S. 106)
- Maroulas (S. 146)
- Archanes (S. 182)

Kreter und Pleter (2001) von Ludwig Harig: Das humorvolle Tagebuch einer Kretareise macht mit tollen Fotos und anschaulichen Beschreibungen schon vor der Reise neugierig auf die Insel.

Kreta 1817. Ein historischer Reisebericht (2001) von dem Arzt und Naturforscher Franz Wilhelm Sieber führt den Leser schnurstracks ins Kreta der Osmanenzeit zurück.

Still Life in Crete (2001) von Anthony Cox schildert den Umzug eines englischen Frührentnerpaars von Kent nach Kreta auf humoristische und unkonventionelle Weise. Hier dreht sich vieles um Essen und Wein; darüber hinaus steckt das Buch voller ironischer Betrachtungen über den Alltag jenseits des trüben englischen Wetters.

Das auf Kreta weithin erhältliche *Winds of Crete* (1975) von David MacNeill Doren ist eine amüsante Schilderung des Insellebens aus der Sicht eines Amerikaners und seiner schwedischen Frau.

Across Crete (2001) von Richard Pokocke, Robert Pashley, Captain Spratt und Edward Lear, herausgegeben von Johan de Bakker, ist der erste Band einer dreiteiligen Reihe, die Reisende von Chania bis nach Iraklion führt – mit den Augen britischer Reisender des 18. und 19. Jhs. gesehen.

WAS KOSTET WIE VIEL?

20er-Päckchen Zigaretten: 2,80 €

Eiskaffee: 3,50 €

Griechischer Bauernsalat: 3,50 €

Doppelzimmer im 3-Sterne-Hotel: 70 €

Cocktail an der Bar: 6 €

INFOS IM INTERNET

Explore Crete (www.explorecrete.com) Gute allgemeine Website für Kretareisende (auch auf Deutsch).

InfoCrete (www.infocrete.com) Website mit rund 100 Tourismuslinks auf Kreta.

Interkriti (www.interkriti.gr) Links zu Hotels, Apartments, Läden und Restaurants und rege genutztes Messageboard/Forum.

Greek National Tourism Organisation (www.visitgreece.gr) Website der griechischen Tourismusorganisation mit Informationen über Kreta und Links zur hilfreichen Website des Kulturministeriums.

Lonely Planet (www.lonelyplanet.com) liefert Infos über Kreta, Travelnews, Updates zu unseren Reiseführern und Links zu anderen Informationsquellen für Traveller.

Stigmes (www.stigmes.gr) Informatives Kretamagazin.

West Crete (www.west-crete.com) Jede Menge Infos über Westkreta (auch auf Deutsch).

Reiserouten

KLASSISCHE ROUTEN

Leute, die nur eine Woche Zeit haben, führt diese Route zu Kretas interessantesten Ausgrabungsstätten, traumhaften Stränden, urigen Bergdörfern, in die Samaria-Schlucht und in die malerischsten Städte der Insel. Ein vollgepacktes Programm mit einer Gesamtstrecke von 320 km.

KRETA-HIGHLIGHTS 7 Tage/320 km

Startpunkt ist **Iraklion** (S. 165) mit dem vorzüglichen Archäologischen Museum, gefolgt von der unvermeidlichen Besichtigung des Palasts von **Knossos**, s. S. 177. Am 2. Tag Richtung Süden zur Römerstadt **Gortys** (S. 187) und zum minoischen Palast von **Festos** (S. 189), unterwegs eine Badepause bei den Hippiehöhlen in **Matala** (S. 192) oder am nahe gelegenen Strand von **Kommos**, s. S. 194. Ein lohnenswerter Abstecher führt zum ausgezeichneten Ethnologischen Museum in **Vori**, s. S. 192. Übernachtung am Strand oder landeinwärts in der Ortschaft **Zaros**, s. S. 186. Richtung Westen mit Zwischenstopp im Dorf **Spili** (S. 148) auf dem Weg nach **Moni Preveli** (S. 156) und zum **Preveli-Strand** (S. 157), anschließend Übernachtung in **Plakias**, s. S. 154. Richtung Norden nach **Rethymnon** (S. 136) und einen Tag lang die Altstadt erkunden. Richtung Westen mit Zwischenstopp zum Mittagessen in **Vrisses** (S. 134), dann weiter nach **Chania** (S. 88), um dort den Abend zu verbringen. Am nächsten Morgen in aller Frühe mit dem Bus zum Ausgangspunkt für die **Samaria-Schlucht** (S. 105); Wanderung nach Agia Roumeli, von dort mit der Fähre Richtung Westen nach **Loutro** (s. S. 110). Am nächsten Morgen mit dem Schiff nach **Chora Sfakion** (S. 108) und von dort mit dem Bus zurück nach Chania.

DER ZENTRALE WESTEN

12 bis 14 Tage/500 km

Diese Tour berührt einige der tollsten Landschaften Kretas, die unverschandelte Südküste, einzigartige Dörfer und die beiden schönsten Städte der Insel. Von **Iraklion** (S. 165) geht's landeinwärts nach **Anogia** (S. 151) und zu den Dörfern und Höhlen in den Ausläufern des **Psiloritis** (S. 153). Dann schaut man im Töpferdorf **Margarites** (S. 150) und beim historischen **Moni Arkadi** (S. 149) vorbei und reserviert etwas Zeit für den venezianischen Hafen von **Rethymnon** (S. 136) mit einem Kastell aus dem 16. Jh. Auf dem Weg nach Süden ist der Brunnen von **Spili** (S. 148) für eine Kaffeepause gut, bevor man zum **Moni Preveli** (S. 156) und zum **Strand von Preveli** (S. 157) weiterfährt. Von dort geht's nach Osten zu den traumhaften Südküstenstränden von **Agios Pavlos & Triopetra** (S. 157) oder nach Westen zum Backpacker-Mekka **Plakias** (S. 154) und zur Strandburg von **Frangokastello** (S. 109).

Weiter westlich führt die Route durch die Kourtoulioti-Schlucht zum Hafenort **Chora Sfakion** (S. 108). Von hier bietet sich ein Schiffsausflug nach **Loutro** (S. 110) oder **Sougia** (S. 111) an oder eine Fahrt über die steile Straße nach Norden Richtung Levka Ori, an der **Imbros-Schlucht** (S. 107) entlang und ins Bergdorf **Askifou** (S. 106). Mindestens ein Tag ist für die attraktive Stadt **Chania** (S. 88) einzuplanen.

Nördlich von Chania liegt die **Halbinsel Akrotiri** (S. 100) mit mehreren schönen Klöstern und dem berühmten Strand von **Stavros** (S. 100), wo *Alexis Sorbas* gedreht wurde. Von **Kolimbari** (S. 121), etwas weiter westlich, führt eine landschaftlich tolle Strecke Richtung Südwesten über die Dörfer der **Innahorion-Region** (S. 127) nach **Elafonisi** (S. 129) am Westende der Insel. Zurück nach Chania geht es über die Küstenstraße nach Norden mit Abstechern nach **Falasarna** (S. 126) und auf die **Halbinsel Gramvousa** (S. 125) mit dem Superstrand **Balos** (S. 125). Auf dem Rückweg nach Osten lohnen sich Zwischenstopps bei den Quellen von **Argyroupolis** (S. 145) südwestlich von Rethymnon und im netten Küstenort **Panormos** (S. 160) auf halbem Weg nach Iraklion.

Diese Route deckt eine ziemlich umfangreiche Wunschliste an Kreta-Highlights ab und führt über viele kurvige Bergsträßchen. Man sollte eine Menge Stopps und Ablenkungen einkalkulieren. Insgesamt eine Strecke von über 500 km.

MASSGESCHNEIDERTE TOUREN

AUF DEN SPUREN DER MINOER 6 bis 7 Tage/400 km

Die Minoer hatten einen sicheren Blick für gute Wohnlagen, und so ist dies nicht die schlechteste Methode, einige der schönsten Fleckchen der Insel zu sehen. Es lohnt sich, mindestens einen halben Tag im Museum von **Iraklion** (S. 165) einzuplanen, um den Reichtum der minoischen Kultur ausreichend zu würdigen. Nach einer Besichtigung des **Palasts von Knossos** (S. 177) lohnt ein kurzer Abstecher zum Heiligtum **Anemospilia** (S. 184). In **Archanes** (S. 182) locken ein ausgezeichnetes kleines Museum und die **Villa Vathypetro** (S. 184), wahrscheinlich das ehemalige Herrenhaus eines minoischen Adeligen. Nun geht's durchs Inselinnere oder an der Küste entlang nach Osten zum Palast von **Malia** (S. 199) und zur Ruinenstadt **Gournia** (S. 215), 19 km südöstlich von Agios Nikolaos. Weiter östlich führt eine Nebenstrecke von der Schnellstraße zum Küstendorf **Mochlos** (S. 215), mit Gräbern an den Klippen und einer kleinen vorgelagerten Insel mit Ruinen minoischer Häuser. Weiter geht's Richtung Osten über Sitia bis **Palekastro** (S. 220), wo die Archäologen hoffen, einen bedeutenden Palast freizulegen. Der Palast von **Zakros** (S. 223) liegt ideal zum idyllischen Strand von **Kato Zakros** (S. 222) und zur Zakros-Schlucht. Es folgt eine lange Fahrt nach Westen durchs Landesinnere zum bedeutenden Palast von **Festos** (S. 189) und zur Sommervilla in **Agia Triada** (S. 191). Die nicht ganz so aufregenden Ruinen bei **Kamilari** (S. 194) und **Kommos** (S. 194) liegen in der Nähe guter Strände.

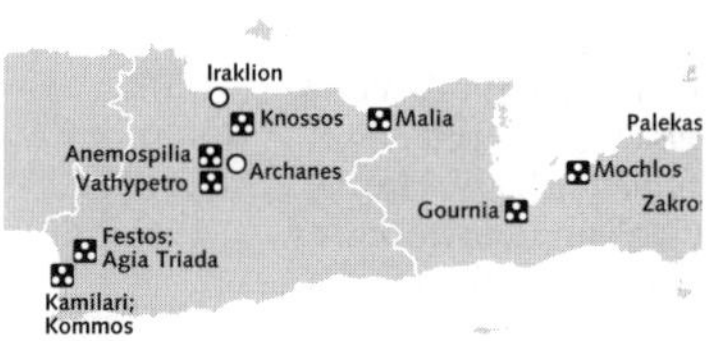

SCHLUCHTEN & ORTE AN DER SÜDKÜSTE

3 bis 5 Tage/120 km

Diese Route kombiniert zwei grandiose Schluchten, darunter die berühmte Samaria, mit einer Schiffstour zu einigen Traumstränden. Am besten geht das Ganze per Bus und mit möglichst wenig Gepäck (an einigen Orten kann man das Gepäck auch per Fahrzeug voraustransportieren lassen). Von **Chania** (S. 88) den ersten Bus nach **Omalos** (S. 104) nehmen, um die **Samaria-Schlucht** (S. 105) zu durchwandern. Ein früher Aufbruch garantiert, dass man rechtzeitig in **Agia Roumeli** (S. 107) ist, um sich im Meer abzukühlen und die Nachmittagsfähre nach **Sougia** (S. 111) zu erwischen. In diesem relaxten Strandort lässt sich dann etwas Kraft tanken – für die 7 km lange Wanderung durch die **Agia-Irini-Schlucht** (S. 114) am nächsten Tag. Von Sougia kann man zum Eingang der Schlucht den Bus oder ein Taxi nehmen. Vom Ende der Schlucht ist Sougia zu Fuß zu erreichen. Am nächsten Tag geht's mit dem Schiff nach **Paleochora** (S. 114). Wer sich fit fühlt, kann auch von Sougia über den phänomenalen **Küstenpfad** (S. 117) nach Paleochora wandern; die Route zählt zu den beliebtesten Abschnitten auf dem Europäischen Fernwanderweg E4 und führt an den Ruinen des antiken **Lissos** (S. 114) vorbei. In Paleochora noch einmal relaxen, bevor es mit dem Bus zurück nach Chania geht.

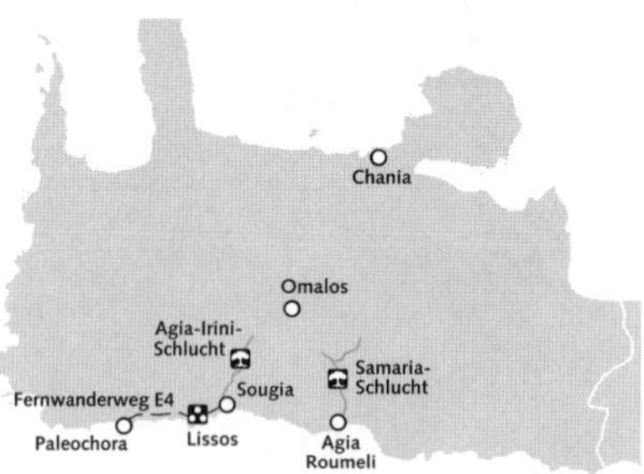

Geschichte

Kretas bewegte Geschichte reicht 5000 Jahre zurück und hat überall auf der Insel ihre Spuren hinterlassen – von uralten minoischen Palästen und römischen Städten bis zu spektakulären byzantinischen Kirchen, venezianischen Festungen und osmanischen Bauten. Kretas herausragende Stellung in der Weltgeschichte ist ein Erbe der glanzvollen minoischen Kultur, die bereits feudale Paläste kannte, als die übrigen Europäer noch in primitiven Hütten lebten. Als bedeutendster Ort der uralten griechischen Mythologie hat sich Kreta unauslöschlich in das öffentliche Bewusstsein eingebrannt. Es ist der Ort, wo Rhea ihren Sohn Zeus gebar und ihn vor seinem Kinder verschlingenden Vater versteckte. Später wurde Zeus' Sohn Minos zum legendären König des minoischen Kreta. Von der Insel starteten Ikarus und Dädalus zu ihrem verhängnisvollen Flug, und Theseus reiste von Athen nach Kreta, um im berühmten Labyrinth den Minotaurus zu erlegen.

Die jüngere Geschichte Kretas ist von Auseinandersetzungen und Kriegen geprägt, denn aufgrund ihrer Lage hatte die Insel schon immer große strategische Bedeutung für die Herrschaft über den Mittelmeerraum. Seit den Zeiten der Minoer erlebte Kreta zahlreiche Invasionen und wurde nacheinander von acht verschiedenen ausländischen Mächten kontrolliert: von den Mykenern, Dorern, Römern, Venezianern, Byzantinern, Arabern, Osmanen und Deutschen. Dass Kreta sich erst 1913 Griechenland anschloss, mag eine weitere Erklärung für den unabhängigen Geist der Inselbewohner sein.

Die Sagengestalt Talos, ein Riese aus Bronze, gilt als der erste Roboter. Hephaistos gab ihn König Minos als Diener. Er hatte nur eine Ader vom Hals bis zum Fußknöchel, wo sie mit einem Bronzenagel verschlossen war.

DIE MINOER

Die Minoer waren die erste Hochkultur der Bronzezeit, noch bevor die große mykenische Kultur auf dem griechischen Festland entstand. Beeinflusst wurden die Minoer von zwei großen Kulturen im orientalischen Raum, den Mesopotamiern und den Ägyptern. Um 3000 v. Chr. brachten Einwanderer aus Anatolien die Kunst der Bronzeherstellung mit. Dieser technologische Quantensprung ermöglichte es der aufstrebenden minoischen Zivilisation, sich mehr als anderthalb Jahrtausende fast ungestört zu entwickeln.

Die frühe minoische Periode zeigt noch viele Aspekte des Lebens der Jungsteinzeit. Doch die Verarbeitung von Bronze versetzte die Minoer in die Lage, bessere Schiffe zu bauen und dadurch ihre Handelsbeziehungen auszubauen. Davon profitierten auch Töpferei und Goldschmiedekunst, die sich später zu herausragenden minoischen Kunstformen entwickeln sollten.

Unter Archäologen sind die geheimnisvollen Minoer nach wie vor umstritten. Funde aus den prächtigen kretischen Palästen deuten darauf hin, dass sie eine friedliche, hoch entwickelte, durchstrukturierte und wohlha-

ZEITACHSE

6500 v. Chr.

Kretas erste Bewohner leben von Jagd und Fischfang. Die Menschen der Jungsteinzeit leben in Höhlen oder Holzhäusern, betreiben Ackerbau und Viehzucht und fertigen primitive Töpferwaren an.

3000 v. Chr.

Einwanderer vom nordafrikanischen oder levantinischen Festland läuten die Bronzezeit ein. Die Vorpalastzeit bringt deutliche Veränderungen mit sich: Die Kreter betätigen sich im Handel und entwickeln die Keramik- und Schmuckherstellung weiter.

2000 v. Chr.

Erste Paläste in Knossos, Festos, Malia und Zakros entstehen. Die minoische Kultur erreicht ihren Höhepunkt. Es kommt zu großen Fortschritten in Architektur und Töpferkunst. Die erste kretische Schrift erscheint auf der Bildfläche.

bende Zivilisation waren, mit soliden internationalen Handelsbeziehungen, erstklassiger Architektur, beeindruckenden Kunstformen und offenbar auch mit weitgehender Gleichberechtigung der Frauen. Die Minoer besaßen eine hoch technisierte Landwirtschaft, ausgedehnte Bewässerungssysteme und eine fortschrittliche hydraulische Abwasserwirtschaft. Sie sprachen wahrscheinlich ein frühe indoiranische Sprache, und diverse Überlieferungen und Hinterlassenschaften zeugen davon, dass ihre Gesellschaft wie ein effizientes und bürokratisch durchorganisiertes Wirtschaftsunternehmen funktionierte.

Das antike Kreta (2004) von Angelos Chaniotis ist eine gute Einführung in Geschichte und Kultur Kretas vom 3. Jahrtausend v. Chr. bis in die Spätantike – von den Minoern bis zu den Römern.

Auch wenn nur wenige Belege für eine matriarchalische Gesellschaftsstruktur existieren, genossen die minoischen Frauen anscheinend weitreichende Freiheiten und einen gewissen Grad an Autonomie. Aus minoischen Kunstobjekten geht hervor, dass Frauen an Spielen, an der Jagd und an allen zivilen und religiösen Feierlichkeiten beteiligt waren. Frauen betätigten sich auch als Priesterinnen und arbeiteten in den Bereichen Verwaltung und Handel.

Fotos und Beschreibungen von über 50 minoischen Stätten auf ganz Kreta enthält die umfangreiche Website des Archäologiefreaks Ian Swindale: www.uk.digiserve.com/mentor/minoan/index.htm.

Doch nicht alle Wissenschaftler glauben an diese rosige Theorie vom friedlichen Leben in minoischen Zeiten. So behauptet ein radikaler Archäologe, dass es sich mit größerer Wahrscheinlichkeit um eine finstere Gesellschaft handelte, die auf Todeskult und Opferorgien gründete; er behauptet sogar, die großen *pithoi* seien keine Vorratsbehälter gewesen, sondern Begräbnisurnen.

Auch um die Chronologie des minoischen Zeitalters wird weiter gestritten. Die meisten Archäologen unterteilen die minoische Periode in drei Phasen: Vorpalastzeit (3400–2100 v. Chr.), Neue Palastzeit (2100–1450 v. Chr.) und Nachpalastzeit (1450–1200 v. Chr.).

Ihren Höhepunkt erreichte die Kultur um 2000 v. Chr. mit dem Bau der großen Paläste von Knossos, Festos, Malia und Zakros. Jene Zeit markiert einen deutlichen Bruch mit dem dörflichen Leben der Jungsteinzeit. Es wird angenommen, dass Kreta zu jener Zeit von lokalen Herrschern regiert wurde. Macht und Reichtum der Insel konzentrierten sich in Knossos. Die Gesellschaft war hierarchisch strukturiert (mit einem großen Anteil an Sklaven), und es kam zu herausragenden Fortschritten in der Architektur.

Die Minoer hinterließen nicht nur ein reiches künstlerisches und kulturelles Erbe, sondern waren auch die Erfinder der ersten Toilette mit „Spülung" und hochentwickelter Abwassersysteme.

In jener Zeit entstand auch die erste kretische Schrift. Zunächst extrem bildhaft, entwickelte sie sich schrittweise von Darstellungen natürlicher Objekte zu abstrakteren Zeichen ähnlich den ägyptischen Hieroglyphen.

1700 v. Chr. wurden die Paläste urplötzlich zerstört, nach Meinung der meisten Archäologen durch ein Erdbeben. Was folgte, war das so genannte „Goldene Zeitalter" der Minoer mit dem Wiederaufbau der Paläste in Knossos, Festos, Malia und Zakros in einer wesentlich komplexeren Form der Architektur, die ihrer Zeit um Jahrhunderte voraus war. Die Prachtbauten hatten mehrere Stockwerke, verschwenderisch gestaltete königliche Quartiere, prunkvolle Empfangshallen, Lagerräume, Werkstätten, Wohnräume

1700 v. Chr.

Die minoischen Paläste werden zerstört, wahrscheinlich durch ein Erdbeben. Die Minoer bauen ihre Paläste wieder auf mit mehreren Stockwerken, Werkstätten, Wohnquartieren fürs Personal und einem hoch entwickelten Abwassersystem.

1450 v. Chr.

Die minoische Kultur kommt auf abrupte und unerklärliche Weise zum Stillstand. Alle Paläste (außer Knossos) werden zerstört; Archäologen sind inzwischen davon überzeugt, dass ein gewaltiger Tsunami die Ursache war.

1400 v. Chr.

Die Mykener kolonisieren Kreta und bauen neue Städte wie Lappa (Argyroupolis), Kydonia (Chania) und Polyrinia. Die Waffenproduktion floriert, mit den Künsten geht es bergab. Griechische Götter ersetzen die Verehrung der Muttergöttin.

KÖNIG MINOS: MENSCH ODER MYTHOS?

Die Legende von König Minos faszinierte bereits Generationen von Gelehrten, die nach Beweisen für die Ereignisse forschten, die Homer im Neunzehnten Gesang seines Werkes *Die Odyssee* beschreibt:

Kreta ist ein Land im dunkelwogenden Meere,
Fruchtbar und anmutsvoll und ringsumflossen. Es wohnen
Dort unzählige Menschen, und ihre Städte sind neunzig [...]
Ihrer Könige Stadt ist Knossos, wo Minos geherrscht hat,
Der neunjährig mit Zeus, dem großen Gotte, geredet.

Der sagenhafte Herrscher von Kreta war der Sohn von Zeus und Europa. Er kam mit der Unterstützung von Poseidon auf den kretischen Thron. Von Knossos sicherte sich Minos die Macht über die ganze Ägäis, kolonisierte viele Inseln und säuberte das Meer von Piraten. Er heiratete Pasiphae, die Tochter des Helios, die ihm mehrere Kinder gebar, darunter den berüchtigten Minotaurus, halb Mensch und halb Stier.

Wie lange König Minos tatsächlich regierte, ist strittig. Das Wort *enneaoros*, mit dem Homer Minos beschrieb, könnte „neun Jahre lang", aber auch „ab dem Alter von neun" bedeuten. Schmiedete sich Minos sein Reich in neun kurzen Jahren zusammen oder startete er seine lange Königskarriere schon im zarten Knabenalter? Sein abscheuliches Ende fand Minos schließlich auf Sizilien: Die Töchter des Königs Kokalos übergossen ihn im Bad mit kochendem Wasser.

für das Personal und ein komplexes Abwassersystem. Aus dieser Art der Architektur entwickelte sich später der Mythos vom kretischen Labyrinth, s. Kasten S. 179.

Während der Neuen Palastzeit stieg der minoische Staat zu einer großen Seemacht auf, die König Minos allem Anschein nach von seiner Hauptstadt Knossos aus regierte. Der Handel mit dem östlichen Mittelmeerraum, Kleinasien und Ägypten entwickelte sich prächtig, unterstützt von mehreren minoischen Kolonien in der Ägäis. Minoische Keramik, Textilien, Vieh, Olivenöl und landwirtschaftliche Erzeugnisse waren im gesamten ägäischen Raum sowie in Ägypten, Syrien und möglicherweise auch Sizilien sehr gefragt.

Die Minoer waren lebenslustige Gesellen. Sie spielten Brettspiele, boxten und rangen und vollführten akrobatische Kunststückchen wie den Stiersprung. Die minoischen Tänze waren in der Antike in ganz Griechenland berühmt.

Um 1450 v. Chr. kam die minoische Kultur auf abrupte und geheimnisvolle Weise zum völligen Stillstand. Alle Paläste (außer Knossos) und zahlreiche kleinere Siedlungen lagen plötzlich in Trümmern. Neue wissenschaftliche Erkenntnisse lassen auf die Ursache schließen: eine gewaltige Flutwelle und eine riesige Aschewolke als Folge eines verheerenden Vulkanausbruchs auf der nahe gelegenen Inselgruppe Santorin, s. Kasten S. 28. Zeitpunkt und Grund für den endgültigen Niedergang der Minoer werden unter den Archäologen äußerst kontrovers diskutiert. Einige behaupten, dass ein zweites

1100 v. Chr.

Die Dorer überrennen die mykenischen Städte und werden neue Herrscher auf Kreta. Sie reformieren das politische System und spalten die Gesellschaft in Klassen. Eine rudimentäre Demokratie ersetzt die Monarchie.

ca. 500 v. Chr.

Mit dem Stadtrecht von Gortys entsteht das älteste bekannte europäische Gesetz.

431–390 v. Chr.

Während Griechenland in den Peloponnesischen Krieg verstrickt ist, werden auf Kreta interne Kämpfe ausgetragen: Knossos gegen Lyttos, Festos gegen Gortys, Kydonia gegen Apollonia, Itanos gegen Ierapitna.

DER TSUNAMI

Der plötzliche Niedergang der Minoer zählte zu den größten Rätseln der Archäologie, bis neue wissenschaftliche Erkenntnisse bestätigten, dass sie von einer verheerenden Flutwelle ausgelöscht wurden, die noch mächtiger war als der Tsunami nach dem Seebeben im Indischen Ozean 2004.

In Ablagerungen, die an relevanten Ausgrabungsstätten bis zu 7 m über dem Meeresspiegel gefunden wurden, entdeckten Wissenschaftler minoische Keramik, Gefäße und Baumaterialen, die mit Kieseln, Muscheln und winzigem Meeresgetier vermischt waren. Experten versichern, dass nur ein gewaltiger Tsunami das Potenzial hatte, dieses Material vom Meeresboden aufzuwirbeln.

Laut dem Archäologen Joseph Alexander MacGillivray, der die Minoer seit über 25 Jahren auf Kreta studiert, lieferte die Tsunami-Wissenschaft die fehlenden Erklärungen für das Ausmaß der Katastrophe und Antworten auf die vielen Fragen, die die Archäologie immer wieder vor neue Rätsel gestellt hatten.

„Die erste Welle, die auf die Nordküste traf, war 23 m hoch und 15 km lang. Drei aufeinanderfolgende Wellen löschten die minoischen Städte an der Küste aus", sagt MacGillivray, Leiter der Ausgrabungen der British School of Archaeology bei Palekastro (s. Kasten S. 221).

Die Kohlenstoffdatierungen der Ablagerungen auf Kreta stimmen mit einem gewaltigen Vulkanausbruch überein, der sich um 1500 v. Chr. 70 km nördlich von Kreta auf Santorin ereignete.

MacGillivray sagt, dass eine intakte, 7 cm dicke, vom Archipel Santorin stammende Ascheschicht sogar in Zakros an der Ostküste gefunden wurde. Auch wenn Knossos allem Anschein nach von den Monsterwellen verschont blieb – der Schaden in der Landwirtschaft, in den Häfen und an den Flotten muss so enorm gewesen sein, dass er die minoische Gesellschaft in ihren Grundfesten erschütterte.

Der Zeitpunkt dient auch als Erklärung für die Tatsache, dass die Minoer schon bald nach 1500 v. Chr. in Ägypten auftauchten, um den weiblichen Pharao Hatschepsut um Hilfe zu ersuchen.

„Wir wissen seit einem Jahrhundert, dass die Minoer nur ein einziges Mal in Ägypten waren. Heute sind wir davon überzeugt, dass sie die Reise antraten, um Hilfe beim Pharao zu ersuchen, damals der mächtigste Herrscher der Erde."

DNA-Spuren und die Genomforschung lieferten überdies einige Aufschlüsse über den Ursprung der Minoer. Eine neue Theorie besagt, dass sie in der Bronzezeit aus Troja im Nordwesten Anatoliens nach Kreta kamen.

Mit seiner Entzifferung der Linear-A-Schrift bewies der französische Buchhalter Hubert La Marle, dass die Sprache der Minoer ihren Ursprung in Persien hatte. MacGillivray behauptet aber, dass sie nicht notwendigerweise von der Mehrheit der Bevölkerung gesprochen wurde: „Es wurden Spuren persischer DNA auf Kreta gefunden, aber nicht so viele wie aus Troja. Aber bei diesen Untersuchungen stehen wir erst am Anfang."

Zur umstrittenen Theorie, Kreta könnte Platos verlorene Insel Atlantis sein, sagt MacGillivray: „Plato war kein Dummkopf [...] Die alten Griechen hatten eine sehr genaue Vorstellung von der minoischen Geschichte, weil sie ein Teil der griechischen Geschichte ist. [...] Sie wussten genau, wo Kreta lag."

386 v. Chr.

Ein Erdbeben richtet verheerende Schäden auf der Insel an.

74 v. Chr.

Im Zuge des Kampfs gegen die Piraterie in der Ägäis ordnet der römische Senat die Eroberung Kretas an. Die ersten Versuche scheitern jedoch, viele Römer geraten in Gefangenschaft.

67 v. Chr.

Die Römer erobern Kreta, nachdem sie zwei Jahre zuvor in Kydonia eingefallen waren. Gortys wird neue Hauptstadt und mächtigstes Zentrum der Insel. Nach Beendigung interner Kriege beginnt eine friedliche Phase.

mächtiges Erdbeben nur ein Jahrhundert später der Auslöser war, andere machen die Invasion der Mykener dafür verantwortlich. Ob die Mykener die Katastrophe nun tatsächlich verursachten oder nur von ihr profitierten – klar ist, dass ihre Präsenz auf der Insel zeitlich in engem Zusammenhang mit der Zerstörung der Paläste und der minoischen Kultur steht.

DAS MYKENISCHE KRETA

Die mykenische Zivilisation war die erste Hochkultur auf dem griechischen Festland. Ihren Höhepunkt erreichte sie zwischen 1500 und 1200 v. Chr. Sie hat ihren Namen von der Stadt Mykene, man nennt sie aber auch die achäische Kultur (nach dem indoeuropäischen Einwandererstamm, der sich auf dem griechischen Festland niederließ).

In seinem Buch *Die Kontroverse um Linear B* widmet sich Werner Ekschnitt der antiken Silbenschrift der mykenischen Kultur.

Bei den Minoern deutet das Fehlen von Stadtmauern auf ein relativ friedliches Zusammenleben unter irgendeiner Art von Zentralautorität hin. Die mykenische Kultur bestand dagegen aus unabhängigen Stadtstaaten wie dem übermächtigen Mykene. Deren Könige residierten in ihren Palästen hinter mächtigen Mauern auf strategisch günstigen Anhöhen.

Die Mykener schrieben Linear-B-Schrift, s. Kasten S. 30. Lehmtafeln mit Inschriften aus dem Palast von Knossos gehören zu den Zeugnissen der mykenischen Besetzung Kretas. Ihre Kolonialherrschaft dauerte von 1400 bis 1100 v. Chr. Knossos blieb vermutlich Hauptstadt von Kreta, doch die Inselherrscher waren fortan den Festlandmykenern untertan. Die minoischen Kreter verließen die Insel oder zogen sich ins Inselinnere zurück, während die Mykener neue Städte wie Lappa (Argyroupolis), Kydonia (Chania) und Polyrinia gründeten.

Die Wirtschaft der Insel blieb davon relativ unberührt. Der Export der lokalen Produkte lief weiter, aber die Kunst verfiel. Nur die Waffenherstellung florierte – passend zum neuen militaristischen Geist, den die Mykener nach Kreta brachten. Anstelle der Muttergöttin führten die Mykener neue griechische Götter wie Zeus, Hera und Athena ein.

Die Macht der Mykener reichte weit, wurde aber durch interne Fehden untergraben. So waren sie den kriegerischen Dorern nicht gewachsen.

DAS DORISCHE KRETA & DAS KLASSISCHE ZEITALTER

Gegen heftigen Widerstand eroberten die Dorer um 1100 v. Chr. auch Kreta, dessen Bewohner teils nach Kleinasien flohen. Andere, die so genannten Eteokreter oder „echten" Kreter, verschanzten sich in den Bergen und bewahrten so ihre Kultur.

Durch die Dorer kam es zu einem traumatischen Bruch mit der Vergangenheit. Die nächsten 400 Jahre werden oft als Kretas „finsteres Mittelalter" bezeichnet, obwohl es unfair wäre, die Dorer völlig abzuwerten: Sie brachten das Eisen mit und entwickelten einen neuen Keramikstil mit auffallenden geometrischen Mustern. Sie verehrten männliche Götter statt der früheren

27 v. Chr.
Kreta vereinigt sich mit Libyen zur römischen Provinz Cyrene.

63 n. Chr.
Paulus führt bei seinem Besuch auf Kreta das Christentum ein und überlässt seinem Schüler Titus die Konvertierung der Insel.

250
Die ersten christlichen Märtyrer, die so genannten Agioi Deka (Heiligen Zehn), werden in dem Dorf Agii Deka ermordet. Es kommt zu brutalen Christenverfolgungen.

Fruchtbarkeitsgöttinnen und übernahmen die mykenischen Götter Poseidon, Zeus und Apollo, womit sie den Weg für die spätere griechische Götterwelt ebneten.

Die Dorer reorganisierten Kretas politisches System und unterteilten die Gesellschaft in drei Klassen: freie Bürger, die Eigentum und politische Rechte hatten (dazu gehörten auch Bauern mit Grundbesitz), Händler und Seeleute und zuletzt die Sklaven. Eine Art rudimentäre Demokratie löste das monarchische Herrschaftssystem ab. Die freien Bürger wählten Regierungsausschüsse, die die Politik bestimmten. Ihnen stand ein Ältestenrat zur Seite, und sie mussten sich vor der Versammlung der freien Bürger verantworten. Im Unterschied zur minoischen Zivilisation hatten sich die Frauen mit einer untergeordneten Rolle abzufinden.

Um 800 v. Chr. waren lokale Landwirtschaft und Viehhaltung so produktiv geworden, dass der Seehandel wieder auflebte. Rund um das Mittelmeer entstanden neue griechische Kolonien, und Kreta übernahm eine wichtige Handelsrolle in der Region.

Geeint wurden die Bewohner der verschiedenen Stadtstaaten durch die Entwicklung eines griechischen Alphabets, die Verse von Homer und die Einführung der Olympischen Spiele. Der Bau zentraler Heiligtümer wie Delphi vermittelte den Kretern erstmals ein griechisches Nationalbewusstsein.

Rethymnon, Polyrinia, Falasarna, Gortys, Festos und Lato wurden im neuen Befestigungsstil dorischer Stadtstaaten erbaut: eine befestigte Akropolis auf dem höchsten Punkt, darunter eine *agora* (Marktplatz), ein geschäftiges Handelsviertel und die Wohnquartiere.

DIE ENTZIFFERUNG DER LINEAR-B-SCHRIFT

Die methodische Entzifferung der Linear-B-Schrift durch den englischen Architekten und Hobbylinguisten Michael Ventris im Jahre 1952 lieferte den ersten konkreten Beweis. Die schriftlich fixierte Geschichte der griechischen Sprache reicht viel weiter zurück, als Fachleute bis dahin geglaubt hatten. Die Sprache war eine archaische Form des Griechischen und 500 Jahre älter als das ionische Griechisch von Homer.

Die Linear-B-Schrift war auf Tafeln geschrieben, die bis zu ihrer Ausgrabung viele Jahrhunderte ungestört im kretischen Knossos lagen. Später fand man in Mykene, Tiryns und Pylos auf dem Peloponnes und in Theben im zentralgriechischen Böotien weitere derartige Schrifttafeln.

Die Tontafeln – wie man heute weiß, handelt es sich überwiegend um Inventarlisten und Aufzeichnungen über Geschäftsvorgänge – umfassen rund 90 verschiedene Zeichen und stammen aus der Zeit vom 14. bis 13. Jh. v. Chr. Man kann ihnen wenig über das gesellschaftliche und politische Leben ihrer Zeit entnehmen; dafür geben sie einen kleinen Einblick in recht komplexe und gut organisierte kaufmännische Strukturen.

Die Sprache ist aber ohne Frage griechisch, womit das heutige Griechisch von den Sprachen der Welt nach dem Chinesischen die zweitlängste schriftlich belegte Geschichte hat.

395

Das Römische Reich spaltet sich: Kreta fällt unter byzantinische Herrschaft und wird selbstverwaltete Provinz. Administratives und religiöses Zentrum ist Gortys. Das Piratentum flaut ab, der Handel floriert, viele Kirchen werden gebaut.

727

Als Kaiser Leon III. die Ikonenverehrung im Rahmen der „Bilderstürmerbewegung" verbietet, bricht auf Kreta ein Aufstand aus. Die Revolte wird niedergeschlagen, die byzantinischen Kaiser lassen brutale Vergeltung üben.

824

Die Araber erobern Kreta und errichten zur Hortung ihrer Piratenschätze die Festung Khandaq (Iraklion). Kreta gerät als kriminelle Hochburg in Verruf, die Wirtschaft schrumpft, das kulturelle Leben erlahmt.

Das *Stadtrecht von Gortys* aus dem 6. Jh. v. Chr., das Ende des 19. Jhs. bei Ausgrabungen entdeckt wurde, vermittelt Einblicke in die Gesellschaftsordnung des dorischen Kreta. Die zwölf Steintafeln behandeln zivil- und strafrechtliche Fragen, wobei zwischen den freien Bürgern sowie den übrigen Bürgern und Sklaven klar unterschieden wird. Die Tafeln sind noch heute an Ort und Stelle zu besichtigen.

Während das übrige Griechenland vom 6. bis 4. Jh. v. Chr. sein Goldenes Zeitalter erlebte, blieb Kreta tiefste Provinz. Durch ständige Fehden zwischen den großen Handelszentren und kleineren, alteingesessenen Gemeinwesen verarmte die Insel immer mehr. Obwohl sich Kreta weder an den Perserkriegen noch am Peloponnesischen Krieg beteiligte, waren viele Kreter aus wirtschaftlichen Gründen gezwungen, als Söldner bei fremden Armeen anzuheuern oder sich aufs Piratentum zu verlegen.

Gleichzeitig zog Kreta als Geburtsort der griechischen Kultur die Aufmerksamkeit von Philosophen wie Plato und Aristoteles auf sich, die ausführlich über seine politischen Institutionen schrieben.

Knossos, Gortys, Lyttos und Kydonia (Chania) rangelten weiterhin um die Vorherrschaft und sorgten für ständige Unruhe. Auch Ägypten, Rhodos und Sparta mischten sich in Kretas Streitigkeiten ein, und die Piraterie florierte prächtig.

In ihrer sorgfältigen Biografie *Knossos: Sir Arthur Evans auf den Spuren des Königs Minos* beschäftigt sich Sylvia L. Horwitz mit dem großen britischen Archäologen, der durch seine Ausgrabung des Palasts von Knossos zu Weltruhm gelangte.

DIE RÖMERHERRSCHAFT

Während Alexander der Große sich im Osten sein gewaltiges Reich schmiedete, dehnten die Römer ihres nach Westen aus und begannen nun auch Griechenland anzugreifen. Kreta war für sie aus mehreren Gründen interessant, u. a. um das Piratenunwesen einzudämmen und Kontrolle über wichtige Seewege zu erlangen.

Die römische Präsenz auf Kreta reichte bis ins 3. Jh. v. Chr. zurück, aber erst der zweite Mithridatische Krieg (74–64 v. Chr.) verschaffte den Römern einen Vorwand zum militärischen Eingreifen. Unter dem Vorwand, gegen die Piraterie einzuschreiten, unternahm zunächst Marcus Antonius Creticus, Vater des berühmten Marcus Antonius, einen erfolglosen Seefeldzug gegen Kreta. Die Kreter wollten verhandeln und schickten Gesandte nach Rom, wurden aber abgeschmettert. In Erwartung der römischen Invasion einte sich die Insel und trommelte eine 26 000 Mann starke Armee zusammen. Der römische Eroberungsfeldzug begann 69 v. Chr. unter dem römischen Konsul Metellus in der Nähe von Kydonia. Obwohl sich die Kreter tapfer zur Wehr setzten, konnten die Römer innerhalb von zwei Jahren die ganze Insel unterwerfen.

Kreta verlor unter den Römern an Macht und Einfluss, dafür brach mit dem Ende der dauernden inneren Kämpfe eine neue Ära des Friedens an. Die Kreter lehnten sich nicht ernsthaft gegen die Römerherrschaft auf. Allerdings wurde die Insel später in die Rivalität zwischen Antonius und

960

Der byzantinische General Nikiforos Fokas erobert Kreta mit grausamer Belagerung von Khandaq zurück. Die Byzantiner befestigen die kretische Küste. Khandaq wird Inselhauptstadt und Sitz des kretischen Erzbistums.

1204

Nach der Einnahme Konstantinopels durch Kreuzritter verkauft Bonifatius von Montferrat Kreta an Venedig. Die Venezianer kolonisieren Kreta und bauen Städte und Verteidigungsanlagen in Rethymnon, Chania, Iraklion und anderen Orten auf Kreta.

1217

Die Venezianer verteidigen Kreta erfolgreich gegen wiederholte Angriffe der Genuesen.

Oktavian verwickelt: Beide bestraften die Städte, die den jeweils anderen unterstützten.

Zu Beginn ihrer Herrschaft vergaben die Römer Teile Kretas als Gunstbeweise an verschiedene Verbündete. 27 v. Chr. wurde Kreta mit Libyen zur römischen Provinz Cyrene vereint. Die Römer errichteten die ersten neuen Städte seit den Zeiten der Minoer. Gortys wurde Hauptstadt und damit die mächtigste Stadt Kretas. Die Römer bauten ein Amphitheater, Tempel und öffentliche Bäder, und die Bevölkerung wuchs. Knossos wurde anscheinend aufgegeben, aber Kydonia (Chania) im Westen stieg zu einem bedeutenden Zentrum auf. Die römischen Städte wurden durch ein Netz von Straßen, Brücken und Aquädukten verbunden, deren Überreste heute noch zu sehen sind.

Unter den Römern fuhren die Kreter fort, Zeus in den Dikti- und Ida-Höhlen anzubeten, bezogen aber auch römische und ägyptische Gottheiten in ihre religiösen Rituale ein.

CHRISTENTUM & DAS BYZANTINISCHE KRETA

Durch Paulus' Stippvisite 63 n. Chr. kam das Christentum schon früh nach Kreta. Er überließ es seinem Schüler Titus, die Insel zu bekehren. Titus wurde zum ersten Bischof von Kreta. Über die Frühzeit des kretischen Christentums weiß man wenig, aber spätestens im 3. Jh. begann die Christenverfolgung. Kretas erste Märtyrer waren die Agioi Deka („Heiligen Zehn"), die 250 n. Chr. im Dorf Agii Deka hingerichtet wurden.

Eine virtuelle Schritt-für-Schritt-Videotour durch Knossos ermöglicht die Website der British Archaeological School at Athens: www.bsa.ac.uk

324 verlegte der römische Kaiser Konstantin I. (der Große), ebenfalls Christ, die Reichshauptstadt von Rom nach Byzanz und taufte die Stadt in Konstantinopel um (heute Istanbul). Gegen Ende des 4. Jhs. wurde das Römische Reich offiziell in eine West- und eine Osthälfte unterteilt. Kreta wurde mit dem übrigen Griechenland dem Ostreich zugeschlagen. Während es mit dem alten Rom rapide bergab ging, wurde die östliche Hauptstadt immer reicher und mächtiger und überlebte ihr westliches Gegenstück um viele Jahrhunderte. Das Byzantinische Reich endete erst 1453 mit der Eroberung Konstantinopels durch die Türken.

Kreta wurde eine selbstverwaltete Provinz des Byzantinischen Reichs. Administratives und religiöses Zentrum war Gortys. Die Seeräuberei flaute ab, der Handel blühte auf, und die Insel wurde reich genug, um jede Menge Kirchen zu bauen. Kretas Hang zur Ikonenverehrung löste 727 eine Revolte aus, als Kaiser Leon III. den Ikonenkult im Rahmen der „Bilderstürmerbewegung" verbot. Der Aufstand wurde niedergeschlagen, und die byzantinischen Kaiser setzten eine Welle grausamer Vergeltungsaktionen in Gang.

Um 824 wurde die byzantinische Herrschaft unterbrochen, als die Araber Kreta eroberten. Sie errichteten am Standort des heutigen Iraklion eine Festung namens Khandaq, um dort die Schätze zu horten, die sie durch Piraterie anhäuften. So geriet die Insel in Verruf, ihre Wirtschaft verkümmerte, und das kulturelle Leben kam zum Erliegen.

1363

Venedig erstickt einen Aufstand kretischer Feudalherrscher (Venezianer und Kreter) im Keim. Die Aufständischen trachten nach Errichtung eines unabhängigen Staats unter dem Namen des hl. Titus.

1453

Konstantinopel fällt an die Türken. Byzantinische Gelehrte fliehen nach Kreta und sorgen für eine Renaissance der byzantinischen Kunst. Die neue Kretische Schule der Ikonenmalerei vereint byzantinische und venezianische Elemente.

1541

Der Maler, Bildhauer und Architekt El Greco wird unter dem Namen Domenikos Theotokopoulos in Iraklion geboren. Als Hauptmeister des spanischen Manierismus gelangt er später zu Weltruhm.

Die Byzantiner konnten Kreta trotz seiner strategischen Bedeutung nicht helfen. Sie hatten schon genug Probleme damit, wesentlich näher liegende Gebiete zu verteidigen. Erst 960 belagerte der byzantinische Feldherr Nikiforos Fokas die Festung Khandaq so verbissen, dass die Araber die Insel aufgaben.

Die Byzantiner machten sich postwendend daran, die kretische Küste zu befestigen und ihre Macht zu konsolidieren. Khandaq wurde neue Hauptstadt der Insel und Sitz des Erzbischofs von Kreta.

Die orthodoxe Kirche spielt eine Schlüsselrolle in der Geschichte Kretas. Sie hielt die kretische Kultur und Religion unter mehreren aufeinander folgenden Invasoren aufrecht. Unter venezianischer Herrschaft wurde die orthodoxe Kirche aufgelöst und durch die katholische Kirche ersetzt. Ausgerechnet die Osmanen erlaubten den Kretern schließlich die Wiedereinführung der orthodoxen Religion. Versuche, die einheimische Bevölkerung zum Katholizismus oder Islam zu bekehren, verpufften größtenteils wirkungslos. Trotz unerbittlicher Verfolgung blieben die orthodoxen Klöster Brutstätten des Widerstands und erhielten das Streben nach nationaler Einheit am Leben.

In seinem Werk *Geschichte von Kreta* (1997) liefert Theocharis E. Detorakis einen vollständigen Überblick über die kretische Geschichte von den Minoern bis zur Schlacht um Kreta.

DAS VENEZIANISCHE KRETA

Zuerst fielen die Genuesen in Kreta ein, doch 1217 setzten sich die Venezianer gegen sie durch. Kreta wurde zum Dreh- und Angelpunkt der Herrschaft Venedigs über den Mittelmeerraum und blieb bis 1669 unter venezianischer Kontrolle, lange nachdem der größte Teil Griechenlands an das Osmanische Reich gefallen war. Einflüsse aus Venedig finden sich noch heute überall auf der Insel, am deutlichsten in Chania, Iraklion, Rethymnon, Sitia und Ierapetra, wo die Venezianer Villen und massive Festungen errichteten, um ihre aufstrebenden Häfen und Städte zu sichern.

Venedig kolonisierte Kreta mit Adels- und Militärfamilien, von denen sich viele in Candia (Iraklion) niederließen. Im ersten Jahrhundert der venezianischen Herrschaft kamen rund 10 000 Siedler nach Kreta, um die fruchtbarsten Ländereien in Besitz zu nehmen. Die kretischen Grundbesitzer arbeiteten als Leibeigene für ihre venezianischen Herren, die nicht nur das Land, sondern auch die politische Macht besaßen.

Die kretischen Bauern wurden unter der venezianischen Herrschaft rücksichtslos ausgebeutet. Überhöhte Steuern machten ihnen das Leben noch schwerer. Die Religionsausübung wurde eingeschränkt, weil die Venezianer die Kirche als Symbol des Nationalbewusstseins sahen. Die orthodoxe Kirche wurde durch die katholische ersetzt.

Die Kreter rebellierten regelmäßig gegen die Venezianer, die mit brutalen Vergeltungsaktionen antworteten. Doch letztlich zwangen die Aufstände Venedig zu Zugeständnissen. Bis zum 15. Jh. hatten Kreter und Venezianer einen wackeligen Kompromiss erreicht, unter dem Kultur und Wirtschaft der Insel wieder aufblühten.

1645

Nach einem Piratenüberfall auf ein türkisches Schiff landet eine gewaltige osmanische Streitmacht in Chania. Die Türken fassen erstmals Fuß auf der Insel. Nach der Eroberung Rethymnons sichern sie sich auch den westlichen Teil der Insel.

1669

Nachdem Iraklion (Candia) dem Feind 21 Jahre lang standgehalten hat, wird die Stadt schließlich von den Türken eingenommen. Ganz Kreta fällt unter osmanische Herrschaft, mit Ausnahme von Spinalonga und Souda, das erst 1715 fällt.

1770

Unter ihrem Anführer Daskalojannis greifen 2000 Sfakioten die Türken in Westkreta an, doch der Aufstand wird rasch niedergeschlagen. Daskalojannis wird auf dem Hauptplatz von Iraklion bei lebendigem Leib die Haut abgezogen.

Nach dem Fall Konstantinopels (1453) blieb Kreta die letzte Bastion des Hellenismus. Byzantinische Gelehrte und Vordenker flohen aus dem untergehenden Reich nach Kreta, wo sie Schulen, Bibliotheken und Druckereien gründeten. Die gegenseitige Befruchtung der byzantinischen Tradition und der nach Kreta importierten Italienischen Renaissance führte zu einer neuen kulturellen Blüte, die auch als Kretische Renaissance bezeichnet wird. Dichtung und Schauspiel florierten, und im 16. und 17. Jh. entwickelte sich eine „Kretische Schule“ der sakralen Malerei (S. 55), die byzantinische und venezianische Elemente vereinte. Inmitten dieses künstlerischen Aufbruchs erschien der Maler Domenikos Theotokopoulos auf der Bildfläche. Er studierte in Italien und ging später nach Spanien, wo er als El Greco bekannt wurde, s. Kasten S. 54.

TÜRKISCHES KRETA

Mitte des 17. Jhs. rückte das ressourcenreiche und strategisch günstig gelegene Kreta ins Blickfeld des expandierenden Osmanischen Reiches. Venedig vertrödelte es, seine Verteidigung auf die zunehmende Bedrohung durch die Osmanen auszurichten.

1645 landeten türkische Streitkräfte in Chania. Trotz heftiger Gegenwehr fiel die Festung innerhalb von zwei Monaten. Als nächstes war Rethymnon fällig, das den Türken die Kontrolle über den Westen der Insel verschaffte. Die massiven Mauern Candias hielten dem Feind dagegen 21 Jahre lang stand. Die Stadt fiel schließlich 1669, und mit ihr geriet ganz Kreta unter türkische Herrschaft (Ausnahmen waren Spinalonga und Souda, das erst 1715 fiel).

„Dennoch gärte es im Land. Viele Kreter flohen in die Berge, von wo sie den Türken mit sporadischen Überfällen zusetzten, besonders in der Region Sfakia.“

Das Leben war nicht leicht unter den Osmanen, obwohl sich die orthodoxe Kirche neu formieren konnte und die mehr als 200-jährige Besatzung relativ unbeschadet überstand. Wer zum Islam übertrat, konnte mit enormen politischen und wirtschaftlichen Vorteilen rechnen. Massenbekehrungen waren an der Tagesordnung, teilweise wechselten komplette Dörfer ihren Glauben.

Wirtschaftlich ging es den Kretern anfänglich unter den Osmanen nicht besser als unter den Venezianern. Die Osmanen dachten sich die raffiniertesten Steuern aus, um der Insel noch das letzte bisschen Reichtum abzupressen. Die Wirtschaft verkümmerte so stark, dass bald nur noch für den Eigenbedarf produziert wurde. Doch zu Beginn des 18. Jhs. belebte sich der Handel wieder, der Lebensstandard stieg allmählich an. Kreta exportierte Getreide und baute mit seinem Überfluss an Olivenöl eine Seifenindustrie auf.

Dennoch gärte es im Land. Viele Kreter flohen in die Berge, von wo sie den Türken mit sporadischen Überfällen zusetzten, besonders in der Region Sfakia. 1770 starteten 2000 Sfakioten unter ihrem Anführer Daskalojannis einen Großangriff auf die Türken in Westkreta. Die versprochene Hilfe

1821

Der Griechische Unabhängigkeitskrieg greift auf Kreta über, doch die türkisch-ägyptischen Truppen sind den Rebellen zahlenmäßig überlegen. Der andauernde Widerstand wird mit grausamen Massakern an kretischen Zivilisten beantwortet.

1828

In Frangokastello bäumen sich 385 tapfere Rebellen unter ihrem Anführer Chatzimichali Dalianis ein letztes Mal auf. In einer der blutigsten Schlachten des Unabhängigkeitskriegs lassen neben den Rebellen auch 800 Türken ihr Leben.

1830

Die Großmächte treten Kreta an Ägypten ab. Dies bringt einige Verbesserungen: Gleichbehandlung von Muslimen und Christen, Bau neuer Schulen und Infrastruktur. Doch die hohe Besteuerung löst neue Unruhen aus.

aus Russland blieb aus, und der Aufstand wurde brutal niedergeschlagen. Daskalojannis wurde auf dem Hauptplatz von Iraklion bei lebendigem Leib die Haut abgezogen.

Als der Griechische Unabhängigkeitskrieg 1821 auf Kreta übergriff, war die Sfakia wieder einmal Keimzelle der Rebellion, doch die kretische Revolution krankte an schlechter Organisation und internen Scharmützeln. Die Türken schlugen prompt zurück, indem sie eine Welle von Massakern entfesselten, vor allem gegen die Geistlichkeit.

Da die Türken im Kampf gegen die Rebellen auf dem Peloponnes und dem griechischen Festland alle Hände voll zu tun hatten, mussten sie Ägypten um Hilfe bitten, um mit den Kretern fertig zu werden. Die chronisch unterbewaffneten und undisziplinierten Kreter kämpften erbittert, unterlagen aber der türkisch-ägyptischen Überzahl.

Weil auch das übrige Griechenland vom Krieg zerrissen war, kam die Revolutionsbewegung fast völlig zum Erliegen. Sporadisch initiierte Scharmützel wurden mit schrecklichen Massakern an der kretischen Zivilbevölkerung beantwortet. Als 1830 ein unabhängiger griechischer Staat errichtet wurde, fiel Kreta an Ägypten.

Die ägyptische Herrschaft brachte zunächst Verbesserungen. Es gab eine Amnestie unter der Bedingung, dass die Kreter die Waffen niederlegten. Moslems und Christen sollten gleich behandelt werden, es wurden Schulen eingerichtet, und die Obrigkeit machte sich an den Wiederaufbau der insularen Infrastruktur. Doch die Steuern blieben hoch, und bald brauten sich neue Proteste zusammen. Nachdem Ägypten in Syrien von den Türken geschlagen wurde, gaben die Großmächte Kreta 1840 an die Osmanen zurück.

Die Wiederherstellung der Osmanenherrschaft bescherte den Kretern mehr religiöse und bürgerliche Freiheiten und das Recht auf Grundbesitz. Der Sultan verstieß jedoch mehrfach gegen die neuen Gesetze, und so brach ein neuer Aufstand aus. Nun wurde der Ruf nach *enosis* (Vereinigung mit dem freien Griechenland) laut. Während Russland die kretischen Forderungen unterstützte, wollten Großbritannien und Frankreich den Status quo erhalten und verweigerten jede Hilfe. Unter der Parole „Vereinigung oder Tod" brachen in Westkreta neue Kämpfe aus. Wieder verbündeten sich die Türken mit den Ägyptern und gingen gegen die Zivilbevölkerung vor. 1866 suchten rund 900 Rebellen mit ihren Familien Zuflucht im Moni Arkadi. Als das Kloster von 2000 türkischen Soldaten angegriffen wurde, setzten die Kreter ein Pulverarsenal in Brand. Bei der Explosion starben die meisten Beteiligten, darunter auch Türken.

Die Tragödie von Arkadi schockierte die Welt, und ihr heldenhafter Widerstand trug den Kretern international viele Sympathien ein. Obwohl in ganz Europa für die Rebellen demonstriert wurde, verharrten Großbritannien und Frankreich in ihrer protürkischen Haltung. Die Großmächte

Mary Renault's Romane *Der König muss sterben* (1958) und *Der Stier aus dem Meer* (1962) sind lebendige Schilderungen der minoischen Zeit, die auf hervorragende Weise ein Gefühl für das antike Kreta vermitteln.

Richard Cloggs *Geschichte Griechenlands im 19. und 20. Jahrhundert* (1997) ist ein gut geschriebener Abriss der neueren Geschichte Griechenlands – von den Anfängen der Nationalbewegung im späten 18. Jh. bis zum Jahr 2000 – mit einigen interessanten Illustrationen.

1831

Ioannis Kapodistrias, der erste gewählte Gouverneur des unabhängigen Griechenland, wird von politischen Gegnern ermordet.

1832

Der Vertrag von London erklärt Griechenland zum unabhängigen Königreich und ernennt den 16-jährigen Prinz Otto von Bayern zum König von Griechenland. Kreta wird nicht jedoch Teil des griechischen Staates.

1834

In Athen wird eine Kommission eingesetzt, die die Vereinigung Kretas mit Griechenland vorbereiten soll.

verboten Griechenland, den kretischen Rebellen zu helfen, und die Revolution verlief im Sande.

Der russisch-türkische Krieg von 1877 wurde zum Anlass für einen weiteren Aufstand auf Kreta. Die griechische Regierung witterte die Möglichkeit einer türkischen Niederlage und beschloss, Kreta zu unterstützen. Die Rebellen eroberten wichtige Städte an der Nordküste, doch der Berliner Kongress von 1878 zur Beilegung des russisch-türkischen Kriegs lehnte eine Vereinigung Kretas mit Griechenland ab. Daraufhin machte die Türkei neue Zugeständnisse: Kreta wurde teilautonome Provinz, Griechisch wurde als Amtssprache anerkannt, und es gab eine Generalamnestie.

1889 führten erbitterte interne Machtkämpfe im kretischen Parlament zu einer neuerlichen Rebellion gegen die Türkenherrschaft. Als Reaktion darauf kehrte die Türkei zur Politik der eisernen Hand zurück. In Sfakia gründete Manousos Koundouros eine Geheimbruderschaft. Mit dem Ziel, die Unabhängigkeit der Insel und letztlich die Vereinigung mit Griechenland zu erzwingen, belagerten die Rebellen die türkische Garnison in Vamos. Die Türken reagierten mit rigoroser Vergeltung, bis die Großmächte schließlich eingriffen. Sie zwangen die Türken, einer neuen Verfassung für Kreta zuzustimmen.

Als es 1896 wieder zu Gewaltausbrüchen kam, schickte die griechische Regierung eine kleine Armee auf die Insel und erklärte die Vereinigung Kretas mit Griechenland. Die Großmächte lehnten die Idee ab und blockierten die Küste, damit weder Türken noch Griechen ihre Truppen verstärken konnten. Griechenland verwickelte sich in einen Krieg mit der Türkei und zog seine Truppen zurück. Die Großmächte ernannten Prinz Georg, den Sohn des griechischen Königs Georg, zum Hochkommissar von Kreta.

1898 beaufsichtigte ein Trupp britischer Soldaten in Iraklion die Machtübergabe, als ein wütender türkischer Mob durch die Stadt stürmte und Hunderte christlicher Zivilisten, 17 britische Soldaten und den britischen Konsul ermordete. Die Briten verhafteten 17 türkische Unruhestifter, hängten sie auf und schickten ein ganzes Schiffsgeschwader in den Hafen von Iraklion. Die Türken wurden des Landes verwiesen, und so endete die osmanische Herrschaft über Kreta.

Nach der verheerenden griechischen Invasion von Smyrna (dem heutigen Izmir) sah der 1923 geschlossene Friedensvertrag von Lausanne einen Bevölkerungsaustausch zwischen Griechenland und der Türkei vor, um zukünftigen Zwist zu vermeiden. Alle 30 000 muslimischen Bewohner Kretas wurden von der Insel beordert und mussten ihre Wohnungen griechischen Flüchtlingen überlassen. Ironie des Schicksals: Viele der Ausgewiesenen waren zum Islam konvertierte Christen.

Umfangreiche Infos zur griechischen Antike liefert die Website www.gottwein.de.

Heute finden sich nur noch wenige Spuren der türkischen Herrschaft auf Kreta. Am auffälligsten sind die alte Moschee in Hafen von Chania, die Minarette und Moscheen in Rethymnon und die Überreste osmanischer Architektur in den alten türkischen Vierteln der Städte.

1840

Nach dem Sieg der Türkei über Ägypten treten die Großmächte Kreta an die Osmanen ab. Die Kreter erhalten bedeutende neue Freiheiten, doch der Sultan provoziert mit wiederholten Verstößen gegen geltende Gesetze einen erneuten Aufstand.

1866

Etwa 2000 türkische Soldaten greifen das Kloster Arkadi an, wo sich über 900 Rebellen mit ihren Familien verschanzt haben. Die Kreter weigern sich aufzugeben und setzen ein Schießpulvermagazin in Brand; fast alle werden getötet.

1877

Der russisch-türkische Krieg löst einen erneuten Aufstand auf Kreta aus. Griechenland unterstützt die Rebellen bei der Eroberung größerer Städte, doch die Großmächte erteilen der Forderung nach Vereinigung mit Griechenland eine Absage.

VEREINIGUNG MIT GRIECHENLAND

Nach dem Abzug der Osmanen wurde Kreta unter internationale Verwaltung gestellt, doch die Sehnsucht nach einer Vereinigung mit Griechenland sollte noch ein paar Jahre ungestillt bleiben. Eine neue Bewegung sammelte sich um den charismatischen, aus Chania stammenden Elefterios Venizelos, rückblickend eine der bedeutendsten Persönlichkeiten der griechischen und kretischen Politik. Venizelos war Prinz Georgs Justizminister und Mitglied der gesetzgebenden Versammlung Kretas. Da sich Prinz Georg einer Vereinigung hartnäckig verweigerte, berief Venizelos 1905 in Theriso bei Chania eine revolutionäre Versammlung ein, die die griechische Flagge hisste und die Einheit mit Griechenland ausrief.

Im Anschluss bildete Venizelos eine kretische Gegenregierung. Die Rebellion weitete sich aus, bis die Großmächte einsehen mussten, dass Prinz Georg keinerlei Rückhalt mehr auf der Insel hatte. König Georg ernannte einen neuen Gouverneur, doch die kretische Bevölkerung forderte weiterhin vehement die Vereinigung mit Griechenland.

1908 proklamierte Kretas gesetzgebende Versammlung die Einheit mit Griechenland, doch die griechische Regierung wollte den kretischen Abgeordneten keinen Sitz im griechischen Parlament geben. Selbst als Venizelos griechischer Ministerpräsident wurde, blieb Griechenland unwillig, die Türkei gegen sich aufzubringen. Auch die Großmächte waren eisern gegen den Plan. Erst als Griechenland, Serbien und Bulgarien dem Osmanischen Reich im ersten Balkankrieg um Makedonien den Krieg erklärten (1912), durften die Kreter ins griechischen Parlament einziehen. Nach Beendigung des Kriegs erkannte der 1913 geschlossene Vertrag von Bukarest die Insel Kreta offiziell als Teil des griechischen Staates an.

Prinz Philip, der Herzog von Edinburgh, entstammt der griechischen Königsfamilie. Er wurde 1921 in Korfu als Prinz Philip von Griechenland und Dänemark geboren. Der frühere griechische König Konstantin ist Prinz Williams Pate und ein Cousin 3. Grades von Prinz Charles.

DER ZWEITE WELTKRIEG & DIE SCHLACHT UM KRETA

Als deutsche Truppen durch Jugoslawien anrückten und am 6. April 1941 in Griechenland einmarschierten, wurde das Land in Windeseile besetzt. Daraufhin richtete der griechische Regierungschef Emmanouil Tsouderos eine Exilregierung auf seiner Heimatinsel Kreta ein.

Da alle verfügbaren griechischen Truppen in Albanien gegen die Italiener kämpften, baten die Griechen Großbritannien um Unterstützung bei der Verteidigung Kretas. Churchill willigte ein, um ein Zeichen zu setzen und Deutschlands Vorstoß durch Südosteuropa zu stoppen. Über 30 000 britische, australische und neuseeländische Soldaten stürzten sich auf das letzte Stück freies Griechenland, zwei Drittel von ihnen wurden vom griechischen Festland abgezogen.

Doch die Voraussetzungen für die Verteidigung der Insel waren denkbar schlecht, denn die militärischen Ressourcen der Alliierten waren durch ihr Engagement im Nahen Osten bereits überstrapaziert. Kretas Verteidigungsanlagen ließen zu wünschen übrig; es gab kaum Kampfflugzeuge, und die

Der angesehene britische Archäologe John Pendlebury, der die Arbeit von Arthur Evans in Knossos übernommen hatte, wurde 1941 von den Nazis hingerichtet, weil er sich dem kretischen Widerstand angeschlossen hatte. Er liegt auf dem Alliierten Soldatenfriedhof in Souda begraben.

1889

Nach erbitterten innenpolitischen Machtkämpfen im kretischen Parlament bricht erneut eine Revolte aus. Die Großmächte zwingen die Türken schließlich dazu, einer neuen Verfassung zuzustimmen.

1896

Es kommt erneut zu Ausbrüchen von Gewalt. Die griechische Regierung entsendet Truppen und proklamiert die Vereinigung mit Kreta. Die Großmächte weisen die Maßnahme zurück.

1898

Türken stürmen Iraklion und töten Hunderte christliche Zivilisten, 17 britische Soldaten und den britischen Konsul. Großbritannien verweist die Türken der Insel und stellt Kreta unter internationale Verwaltung. Neue Hauptstadt wird Chania.

KÄMPFERHERZ

Der rebellische Geist der Kreter gründet sich auf die lange Geschichte des Widerstands gegen fremde Besatzung, vor allem ihre heroische Verteidigung gegen Venezianer und Türken. Nikos Kazantzakis porträtiert den kretischen Kampfgeist äußerst lebhaft in seinem Roman *Freiheit oder Tod* (1950). Das Buch handelt von einem kretischen Widerstandskämpfer gegen die türkische Besatzung im 19. Jh.

Im Zweiten Weltkrieg gewannen die tapferen Kreter die Bewunderung der britischen, australischen und neuseeländischen Soldaten, an deren Seite sie kämpften. Nach der Schlacht um Kreta riskierten viele Inselbewohner ihr Leben, indem sie Tausende alliierte Soldaten vor den Nazis versteckten und ihnen bei der Flucht über das Libysche Meer halfen. Geheimagenten der Alliierten koordinierten den Nachschub über Nordafrika für den Guerillakrieg der kretischen Widerstandskämpfer, der so genannten *andartes*. Sowohl die alliierten Soldaten als auch die Kreter waren der permanenten Bedrohung durch die Nazis ausgesetzt. Sie lebten in Höhlen, versteckten sich in Klöstern wie Preveli oder marschierten durch die Berge, um an der Südküste Nachschub zu entladen. Einer von ihnen war der gefeierte Reiseschriftsteller Sir Patrick Leigh Fermor, der zwei Jahre lang mit kretischen Widerstandskämpfern in den Bergen lebte. 1944 war er an der waghalsigen Entführung des deutschen Generals Kreipe beteiligt.

Die Vergeltungsaktionen der Nazis gegen die Zivilbevölkerung waren grausam: Sie bombardierten Städte, legten ganze Dörfer in Schutt und Asche; Männer, Frauen und Kinder wurden in Reihe aufgestellt und erschossen. Als die Deutschen 1945 kapitulierten, bestanden sie darauf, sich in britische Hände zu begeben – zu sehr fürchteten sie die Rache der Kreter für die Gräueltaten, die sie über einen Zeitraum von vier Jahren verübt hatten.

militärische Vorbereitung litt darunter, dass das Kommando allein im ersten Halbjahr 1941 sechs Mal wechselte. Auch das Terrain war ein Problem: Die einzigen brauchbaren Häfen lagen an Kretas exponierter Nordküste, die besser geschützten Häfen der Südküste waren wegen der schlechten Straßenverbindungen für den Nachschub nicht geeignet.

Kreta. Der Mantel des Machaon (1999) von Wolfgang Soergel ist ein tiefsinniger Roman um die Erlebnisse eines deutschen Arztes während der Eroberung Kretas durch die Deutschen und seiner Gefangenschaft in einem kretischen Bergdorf.

Hitler seinerseits war fest entschlossen, Kreta zu erobern und als Luftstützpunkt für Angriffe auf die britischen Streitkräfte im östlichen Mittelmeerraum zu nutzen. In bemerkenswerter Verkennung der rebellischen Vergangenheit Kretas glaubte er sogar, die einheimische Bevölkerung würde die deutschen Truppen freudig begrüßen. Er hatte sich gründlich geirrt.

Nach einwöchigem Fliegerbombardement startete Hitler am 20. Mai die erste Luftlandeoperation der Geschichte. Sie war der Beginn der so genannten Schlacht um Kreta, einer der entscheidenden Schlachten des Zweiten Weltkriegs. Tausende von Fallschirmspringern schwebten auf Chania, Rethymnon und Iraklion herab – Hauptziel war die Besetzung des Flugplatzes von Maleme, 17 km westlich von Chania.

Ältere Männer, Frauen und Kinder griffen nach Flinten, uralten Schießprügeln, Sicheln und was immer ihnen in die Hände fiel, um ihre Heimat

1900

Arthur Evans beginnt seine Ausgrabungen in Knossos, legt den Palast frei und verblüfft die archäologische Forschung mit der Entdeckung einer hoch entwickelten minoischen Kultur.

1905

Eine revolutionäre Versammlung in Theriso erklärt die Einheit mit Griechenland. Venizelos stellt eine Gegenregierung auf, die Kreta verwalten soll. Die Großmächte ernennen einen neuen Gouverneur.

1908

Die kretische Versammlung proklamiert die Einheit mit Griechenland.

zu verteidigen. Die Verluste der Deutschen waren horrend, aber es gelang ihnen, den Flugplatz Maleme noch am gleichen Tag einzunehmen. Trotz tapferer Gegenwehr hatten die Alliierten die Schlacht binnen zehn Tagen verloren.

In *Schatten ohne Mann. Die deutsche Besetzung Kretas 1941–1945* (2002) zeichnet Ulrich Kadelbach ein sorgfältig recherchiertes und schonungsloses Bild dieses düsteren Kapitels der kretisch-deutschen Geschichte.

KRETA NACH DEM KRIEG

Als die externe Bedrohung des Kriegs und der ausländischen Besatzung endlich vorbei war, standen Griechenland und die Alliierten vor der schwierigen Aufgabe, den Scherbenhaufen der griechischen Innenpolitik zusammenzufegen. Im Widerstand auf dem Festland hatten die griechischen Kommunisten eine Hauptrolle gespielt. Churchill wollte den König zurückhaben, weil er eine kommunistische Machtergreifung fürchtete. Die Kommunisten boykottierten die Wahlen im März 1946, die auch dank britischer Unterstützung von den Royalisten gewonnen wurden. Als eine manipulierte Volksabstimmung Georg II. zurück auf den Thron hievte, brach ein schrecklicher Bürgerkrieg aus, der bis 1949 andauerte und das Land zutiefst spaltete.

Das Blutvergießen und die Verbitterung, die Griechenland in den 1950er-Jahren politisch und wirtschaftlich zu einem hoffnungslosen Fall machten, blieben Kreta weitgehend erspart. Durch die enge Zusammenarbeit mit den britischen Soldaten hatten die Kreter starke probritische Gefühle entwickelt, die wenig Raum für kommunistische Unterwanderung ließen.

1967 kam es erneut zu Unruhen in Griechenland, als eine Gruppe von Armeeoffizieren einen Staatsstreich inszenierte und eine Militärjunta einsetzte. Die Obristen verhängten Kriegsrecht und Zensur, schafften alle politischen Parteien ab, verboten die Gewerkschaften und inhaftierten, folterten und verbannten Tausende von Griechen, die sich ihnen widersetzten. Die Abneigung der Kreter gegen die Obristen wuchs, als diese gewaltige touristische Erschließungsprojekte auf der Insel durchboxten, die schwer nach Vetternwirtschaft rochen.

Mutmaßungen, die CIA hätte bei dem Staatsstreich ihre Hand im Spiel gehabt, bleiben Spekulation. Auf jeden Fall war von der US-Regierung kein Wort zu dem Putsch zu hören. Auch das Folgeregime tat nichts, um den Verdacht einer Einmischung der USA zu zerstreuen, was bis heute für ein antiamerikanisches Restgefühl sorgt.

Nach einem von der Junta unterstützten, stümperhaften Umsturzversuch gegen Erzbischof Makarios, den Präsidenten von Zypern, besetzten 1974 türkische Streitkräfte Teile von Zypern. Daraufhin wurde die durch die Invasion blamierte Militärjunta rasch aufgelöst.

Das Verbot der kommunistischen Parteien wurde aufgehoben, und die rechtskonservative Partei Neue Demokratie (ND) mit Kostas Karamanlis an der Spitze gewann die Wahlen von 1974. Bei einer Volksabstimmung votierten 69 % gegen die Wiederherstellung der Monarchie. Griechenland

1912

Die ersten Abgeordneten aus Kreta ziehen ins griechische Parlament ein.

1913

Der Vertrag von Bukarest besiegelt die offizielle Vereinigung Kretas mit Griechenland.

1921

Griechische Truppen greifen die Türkei an, werden aber vertrieben. Viele in der Türkei lebende Griechen werden ermordet. In einem Bevölkerungsaustausch werden 30 000 Muslime aus Kreta ausgewiesen, im Gegenzug kommen viele Griechen aus Smyrna.

ERINNERUNG AN DEN KRIEG

Die Schlacht um Kreta hatte enormen Einfluss auf den Ausgang des Zweiten Weltkriegs. Gewaltige Opfer auf beiden Seiten sind der Grund dafür, dass Kreta eine bedeutende Pilgerstätte zum Gedenken an den Krieg ist. Jedes Jahr im Mai versammeln sich Kriegsveteranen aus Großbritannien, Australien, Neuseeland und Griechenland zu Gedenkfeiern in ganz Kreta.

Eine der größeren Feierlichkeiten ist eine Inszenierung des Luftlandesturms auf Maleme, westlich von Chania. Heutzutage nehmen nicht mehr so viele Kretaveteranen teil wie früher, doch die Jahrestage sind nach wie vor wichtige Gedenkstunden für Griechen und Ex-Alliierte. Auf der Insel werden auch regelmäßig Touren zu den Kampfschauplätzen des Zweiten Weltkriegs veranstaltet. Über 1500 alliierte Soldaten liegen auf dem tadellos gepflegten Soldatenfriedhof in der Souda-Bucht bei Chania begraben. Langjähriger Friedhofswärter des deutschen Soldatenfriedhofs in Maleme, auf dem 4500 Soldaten begraben sind, war ausgerechnet George Psychoundakis, der einstige Hirtenjunge, der seine Geschichte als Kurier der Widerstandsbewegung während der deutschen Besatzung in dem Buch *The Cretan Runner* erzählt. Es gibt weitere Gedenkstätten an den Krieg auf der ganzen Insel, darunter ein äußerst eindrucksvolles Denkmal mit Blick auf die Klippen bei Moni Preveli und eine Gedenkstätte in Stravromenos, an der Nordküste Rethymnons.

wurde zu einer pluralistischen demokratischen Republik, und es begann eine bislang beispiellose Phase von Stabilität, Frieden und Wachstum. Noch im gleichen Jahr floh der ehemalige griechische König mit seiner Familie nach London in die Gesellschaft der britischen Aristokratie, nachdem sie den größten Teil ihres Vermögens im Verlauf eines langwierigen Eigentumsprozesses verloren hatten.

DEMOKRATIE & DAS MODERNE GRIECHENLAND

Die jüngere griechische Politik präsentierte sich stabiler als die der Vergangenheit. Aber auch sie ist nicht frei von Skandalen und regelmäßigen Anschuldigungen bezüglich Mauscheleien, Korruption und Vetternwirtschaft.

Seit Mitte der 70er-Jahre sind die Geschicke Kretas untrennbar mit den politischen, gesellschaftlichen und wirtschaftlichen Entwicklungen auf dem griechischen Festland verknüpft, wirtschaftliche Auf- und Abschwünge eingeschlossen.

Andreas Papandreous PASOK-Partei, die nach den Wahlen 1981 Griechenlands erste sozialistische Regierung stellte, beherrschte die griechische Politik für die beiden folgenden Jahrzehnte. Papandreous populistisches Versprechen, die US-Militärstützpunkte zu beseitigen und die Nato zu verlassen, wurde vor allem auf Kreta mit Begeisterung aufgenommen – kein Wunder angesichts des ausgeprägten Widerwillens gegen fremde Truppen. Die amerikanische Präsenz auf der Insel wurde reduziert, doch es gibt immer noch mehrere US- und Nato-Stützpunkte auf Kreta, und es kommt immer wieder zu Protesten gegen die US-Marinebasis an der Bucht von Souda.

1941

Die Nazis besetzen Griechenland, zur Verteidigung Kretas treffen alliierte Truppen ein. Während der berüchtigten Schlacht um Kreta werden alliierte Soldaten über Chora Sfakion evakuiert.

1944

Kretische Widerstandskämpfer entführen den deutschen General Kreipe nach Ägypten. Die Deutschen reagieren mit brutaler Vergeltung: Sie bombardieren Städte und Dörfer; Männer, Frauen und Kinder werden erschossen.

1946–49

In Griechenland entbrennt ein Bürgerkrieg zwischen Kommunisten und Royalisten. Da es den Kommunisten nicht gelingt, Kreta zu infiltrieren, bleiben der Insel Blutvergießen wie im übrigen Griechenland erspart.

1981 erfolgte der Beitritt Griechenlands zur EU, damals noch EWG. Kretas Bauern profitierten von EU-Subventionen, und die kulturelle und touristische Infrastruktur der Insel entwickelte sich rasch. Der Tourismus boomte mit der Aufnahme von direkten Charterflügen nach Kreta. Zwischen 1981 und 1991 verdreifachte sich die Zahl der Urlaubsgäste beinahe.

Die weitreichenden Reformen des charismatischen Papandreou wurden von zahlreichen Skandalen überschattet, darunter seine öffentliche Liebesaffäre mit einer jüngeren Flugbegleiterin. Ende der 80er-Jahre kam es zu einem Finanzskandal um die Bank von Kreta. Papandreou und vier frühere Minister wurden wegen Veruntreuung von Geldern angeklagt, aber allesamt freigesprochen.

1990 wurde die ND-Partei mit der Regierungsarbeit betraut. Der aus Kreta stammende Konstantinos Mitsotakis wurde zum Ministerpräsidenten gewählt, doch nach Korruptionsvorwürfen und innerparteilichen Streitigkeiten war nur drei Jahre später die PASOK wieder an der Macht.

Als Papandreou 1996 aus gesundheitlichen Gründen vom Vorsitz der PASOK zurücktrat, ging eine bewegte Ära der griechischen Politik zu Ende. Sein Nachfolger Kostas Simitis, ein puritanischer Technokrat und Wirtschaftsreformer, vollzog mit der PASOK einen drastischen Kurswechsel, einschließlich der Privatisierung und Reformierung des berüchtigten öffentlichen Sektors Griechenlands. Der Zuschlag für die Olympischen Spiele 2004 brachte einen wahren Geldsegen für die Verbesserung der Infrastruktur ins Land. Doch Simitis' Sparprogramme, die das Land auf die Vollmitgliedschaft in der Europäischen Währungsunion vorbereiten sollten, sorgten in weiten Kreisen für Unmut, ebenso die erheblichen Preissteigerungen nach Einführung des Euro. Im Januar 2004 übergab Simitis die Zügel an seinen Außenminister Georgios Papandreou, den Sohn von Andreas Papandreou. Doch der konnte trotz seines illustren Stammbaums und seiner persönlichen Popularität – besonders auf Kreta – die niederschmetternde Wahlschlappe der PASOK zwei Monate später nicht verhindern.

Die ND mit Kostas Karamanlis an der Spitze erhielt das Privileg, Griechenland während der erfolgreichen Olympischen Spiele in Athen 2004 zu regieren. Der Regierung ging es weniger um den Sport als vielmehr darum, sich der ganzen Welt als moderne Nation zu präsentieren – bloß weg vom früheren Image als tiefste europäische Provinz. Doch nach den Olympischen Spielen machte die ND keine großen Fortschritte bei ihrem Vorhaben, die griechische Wirtschaft auf Vordermann zu bringen. Zu den Problemen zählten die explosionsartig gestiegenen Kosten für die Olympiade, Griechenlands verfrühter (und manipulierter) Beitritt zur Euro-Zone, steigende Arbeitslosigkeit und wachsende Inflation. Die Regierung reagierte mit Reformen des Arbeitsrechts, der Sozialversicherung und der Bildungspolitik sowie mit weiteren Privatisierungen.

Im Sommer 2007 stürzte Griechenland in eine schwere politische Krise, nachdem verheerende Waldbrände große Teile des Landes zerstört und 65

Der tödliche Tsunami, der die Minoer auslöschte, war nicht der einzige auf Kreta. 1956 traf eine wesentlich kleinere Flutwelle die Insel bei Palekastro. Ältere Anwohner erinnern sich noch, wie die gewaltigen Wassermassen tonnenweise Fisch in ihre Weinberge spülten.

Zwei Ministerpräsidenten im unabhängigen Griechenland waren Kreter: Elefterios Venizelos (mehrere Amtszeiten zwischen 1910 und 1933) und Konstantinos Mitsotakis (1990–93).

1951

Griechenland tritt der Nato bei. Auf Kreta werden militärische Stützpunkte eingerichtet.

1953

Die letzten Leprakranken verlassen die Insel Spinalonga, die Kolonie wird geschlossen.

1967

Armeeoffiziere inszenieren einen Staatsstreich und verhängen das Kriegsrecht. Der kretische Widerstand gegen die Militärjunta wächst, als die Obristen gewaltige touristische Erschließungsprojekte durchboxen, die schwer nach Vetternwirtschaft riechen.

Menschen das Leben gekostet hatten. Dennoch ging die ND-Regierung aus den nationalen Wahlen im September erneut als Sieger hervor, da die Wählerschaft die großen Parteien abstrafte. Davon profitierten auch die Kommunistische Partei (KKE) und die nationalistische LAOS-Partei, die zehn Sitze gewann – die erste Rechtspartei, die seit dem Ende der Militärherrschaft vor über 30 Jahren ins griechische Parlament einzog. PASOK-Fraktionschef Georgios Papandreou musste sich intern mit dem Führungsanspruch des Parteiveteranen Evangelos Venizelos (nicht verwandt mit dem berühmten griechischen Staatsmann) auseinandersetzen.

KRETA HEUTE

In einem bis dahin beispiellosen Klima von Frieden und Stabilität entwickelte sich Kreta zu einer der dynamischsten und wohlhabendsten griechischen Inseln und zu einer treibenden Kraft für die Wirtschaft des Landes. Die jährliche Invasion von über 2 Mio. Touristen (überwiegend aus Deutschland und Großbritannien) hat dafür gesorgt, dass der Tourismus die Landwirtschaft als wichtigsten Industriezweig abgelöst hat.

„Zwischen 1990 und 2000 verdoppelte sich die Zahl von Kreta-Touristen erneut."

Kreta profitiert mit am meisten von den Infrastrukturprogrammen und den landwirtschaftlichen Subventionen der Europäischen Union. So auch in jüngerer Vergangenheit durch Projekte zur Förderung des Ökotourismus oder zur Erhaltung des kulturellen Erbes durch die Restaurierung historischer Bauwerke und traditioneller Dörfer. Die Städte profitieren von einer wachsenden Urbanisierung. Daneben entwickelt sich Kreta zusehends zu einem wichtigen Zentrum der Forschung; Beleg dafür sind mehrere Universitäten und Institute und eine große studentische Bevölkerung.

Die Entwicklung der Insel verläuft jedoch relativ planlos, auch weil Kreta keine Zentralregierung hat und die vier Regierungsbezirke (Präfekturen) jeweils ihr eigenes Süppchen kochen, oft sogar in Konkurrenz zueinander. Viele Kreter hegen zudem unvermindert Vorbehalte gegen die Kontrolle aus Athen. Die komplexe Regionalpolitik beruht auf Familien- und Günstlingswirtschaft. Die besten Chancen hat, wer das richtige Parteibuch besitzt und lokale Interessen am besten vertritt. Kreta ist nach wie vor eine PASOK-Hochburg, die der ND auch bei den letzten Nationalwahlen eine kräftige Abfuhr erteilte.

Kretas schon traditionelle Interessenkonflikte konzentrieren sich derzeit auf die Teilung zwischen der touristischen Nordküste und dem weniger entwickelten Süden der Insel: auf der einen Seite florierende Städte und fruchtbare, wohlhabende landwirtschaftliche Regionen (z. B. der zentrale Teil des Regierungsbezirks Iraklion und die Treibhausplantagen in Lassithi), auf der anderen Seite ärmere ländliche Gemeinden in abgeschiedener Lage.

Zwischen 1990 und 2000 verdoppelte sich die Zahl von Kreta-Touristen erneut. Der wichtigste Grund ist der Boom bei billigen Pauschalreisen. Dieser Trend sorgt allerdings für großen Unmut in der übrigen Tourismusbranche, die davon kaum profitiert und vor einer Ausbeutung von Umwelt und Res-

1971

Iraklion wird erneut Hauptstadt von Kreta.

1974

Nach einem stümperhaften Umsturzversuch gegen Erzbischof Makarios, den Präsidenten von Zypern, fallen türkische Truppen auf Zypern ein. Die Junta wird gestürzt, in Kreta herrscht wieder Demokratie.

1981

Griechenland wird 10. Mitglied der EWG. Die Griechen wählen erstmals eine sozialistische PASOK-Regierung, unter Führung von Andreas Papandreou.

FAMILIENBANDE

Die politische Landschaft Griechenlands wird auch als eine Art „erbliche Demokratie" beschrieben. Frühere politische Dynastien waren z. B. die Familien Venizelos und Rallis, während die aktuelle griechische Politik von zwei Familienclans beherrscht wird.

Aktueller Parteichef der ND (Neue Demokratie) und Ministerpräsident Konstantinos „Kostas" Karamanlis ist der Neffe des gleichnamigen früheren Ministerpräsidenten und Staatspräsidenten, der die griechische Politik in der zweiten Hälfte des 20. Jhs. prägte.

Der rätselhafte PASOK-Gründer Andreas Papandreou, dessen bewegte Amtszeit als Ministerpräsident über zwölf Jahre dauerte, war der Sohn von Georgios Papandreou, seines Zeichens griechischer Ministerpräsident 1944–45 und 1963–65. Andreas' Sohn Georgios ist ehemaliger griechischer Außenminister und aktuell Parteivorsitzender der PASOK.

Kyriakos Mitsotakis, der Sohn des auf Kreta geborenen früheren ND-Ministerpräsidenten Konstantinos Mitsotakis, sitzt für die ND im griechischen Parlament. Seine charismatische Schwester Dora Bakogianni, Außenministerin und ehemalige Oberbürgermeisterin von Athen, wird in weiten Kreisen als zukünftige Ministerpräsidentin gehandelt. Sie ging in die Politik, nachdem ihr Ehemann Pavlos Bakogiannis, ebenfalls Parlamentsabgeordneter der ND, bei einem Attentat der Terrorgruppe 17. November ums Leben gekommen war.

sourcen warnt. Nachhaltiger Tourismus ist derzeit eines der am heißesten diskutierten Themen auf Kreta.

Am deutlichsten wird die mangelhafte Planung und Regulierung in den überentwickelten Touristenzentren der Nordküste. Sie haben ihren Sättigungsgrad längst erreicht, während an der gespaltenen Südostküste große Hotels ans Meer gesetzt werden und direkt daneben hässliche Treibhäuser. (Auf Kreta steht die Hälfte aller griechischen Treibhäuser – einerseits bringen sie wertvolle Einnahmen, doch die Kehrseite der Medaille sind Hinweise auf gesundheitliche Probleme und erhöhte Krebsraten in der Region Lassithi, mögliche Langzeitfolgen der Anwendung von Pestiziden.)

Der Ausbau der Nationalstraße nach Sitia spielt eine entscheidende Rolle bei der Regionalentwicklung des Ostens. Planungen für umstrittene Tourismusprojekte in der Umgebung von Vai stehen die Einheimischen gespalten gegenüber. Das große Wachstum in den expandierenden Ferienanlagen bei Platanias in Chania legt den Schluss nahe, dass die Verantwortlichen bisher nichts aus früheren Fehlern gelernt haben.

Eine Alternative wäre die Förderung eines nachhaltigen Ökotourismus, dessen Potential bislang kaum angezapft wurde. Agrotourismus und exklusivere Urlaubswünsche haben einige spezielle Angebote hervorgebracht, darunter Extremsportaktivitäten, Wellness, Golf, Kulturtourismus, auch kulinarische Reisen und Weintouren. Doch insgesamt muss sich die Branche mehr ins Zeug legen und professioneller werden als bisher, also weg von der Einstellung „Wir bauen irgendwas, dann werden sie schon kommen".

1990

Der Kreter Konstantinos Mitsotakis wird griechischer Ministerpräsident, nachdem seine Partei ND (Neue Demokratie) die Nationalwahlen gewonnen hat. Nach Korruptionsvorwürfen spaltet sich die ND und wird regierungsunfähig.

1993

Die PASOK kommt wieder an die Macht, Ministerpräsident wird erneut Andreas Papandreou.

1996

Papandreou tritt aus gesundheitlichen Gründen zurück und beendet damit eine Ära der griechischen Politik. Sein Nachfolger Kostas Simitis setzt die lange Regierungszeit der PASOK mit Sparmaßnahmen und Reformen fort.

Seit einigen Jahren unternimmt Kreta angesichts der Globalisierung zunehmend Anstrengungen, seine kulturelle Identität und seine Traditionen zu schützen. Umweltfragen rücken langsam in den Vordergrund, aber insgesamt steckt das Bewusstsein noch in den Kinderschuhen.

Die Landwirtschaft spielt noch immer eine wichtige Rolle im Leben der Kreter. Zwar hat Kreta einen der höchsten Anteile Griechenlands an biologischen Erzeugnissen, doch insgesamt macht die kretische Agrarindustrie nur einen kleinen Prozentsatz der landesweiten Produktion aus.

Dank günstigerer Verbindungen zum Festland, verbesserter Arbeits- und Ausbildungsmöglichkeiten und eines höheren Lebensstandards lassen sich immer mehr Leute permanent auf Kreta nieder. Die Abwanderungsflut junger Kreter konnte etwas eingedämmt werden. Gleichzeitig ist ein kleiner, aber stetiger Zustrom von Athenern zu verzeichnen, die sich dauerhaft auf der Insel ansiedeln. Der Boom bei Ferienhäusern und Altersruhesitzen für Menschen aus anderen europäischen Ländern hat die Immobilienpreise in astronomische Höhen getrieben.

Für die größte Bevölkerungsverschiebung sorgen jedoch Migranten, die inzwischen in großer Zahl in der Landwirtschaft und auf dem Bau tätig sind. Dazu gesellen sich viele Saisonarbeiter in der Tourismusbranche: Der Kellner kann mittlerweile ebenso gut aus Polen kommen wie aus Sfakia.

Kretas größte Herausforderung für die Zukunft besteht darin, seinen einzigartigen Charakter und die wunderschöne Natur im Klima eines schnellen gesellschaftlichen und wirtschaftlichen Wandels zu erhalten.

2002

Griechenland wird Vollmitglied der Europäischen Währungsunion, der Euro ersetzt die Drachme.

2004

Die ND unter Kostas Karamanlis kommt an die Regierung. Griechenland wird Europameister im Fußball. Die Olympischen Spiele von Athen verlaufen erfolgreich.

2007

Kurz nach den verheerenden Waldbränden wird die ND, die PASOK erleidet eine bittere Wahlschlappe. Die kleinen Parteien, darunter die kommunistische KKE und die nationalistische Rechtspartei LAOS, gewinnen neue Sitze im Parlament.

Kultur

REGIONALE IDENTITÄT

Die Kreter sind ein höchst eigener Clan von Griechen. Ihre Musik und die Tänze zeugen von einem feurigen Temperament, und auch Küche und Traditionen sind typisch kretisch. Die stolzen und patriotischen, aber bekanntermaßen gastfreundlichen Kreter halten mit Überzeugung an ihrer Kultur fest. Sie sehen sich zuerst einmal als Kreter und erst in zweiter Linie als Griechen, und selbst innerhalb der Insel fühlen sich die Menschen stark ihrem jeweiligen Herkunftsort verbunden. Das wird besonders außerhalb der großen Touristenzentren deutlich. In ländlichen Regionen sprechen viele Kreter immer noch ihren lokalen Dialekt oder mit ausgeprägtem Akzent.

Jahrhundertelange Kämpfe mit fremden Besatzern haben der Insel einen hartnäckigen Drang zur Unabhängigkeit eingeimpft, der sie schon mal mit Athen in Konflikt bringt. Staatliche Gesetze, die sich nicht mit lokalen Gepflogenheiten vertragen, werden gern ignoriert. Während Griechenland z. B. strenge Waffengesetze hat, verfügen die Kreter offenbar über ein erstaunliches Arsenal (s. Kasten S. 48).

Andererseits sind die Kreter zu Recht für ihre Gastfreundschaft berühmt. Selbst Fremde werden wie hoch geschätzte Gäste behandelt. Ihre Gastlichkeit ist aber nicht als Unterwürfigkeit zu deuten, sondern eher als Geste des Stolzes (und als Relikt eines historisch bedingten Territorialismus).

Natürlich können die Kreter Millionen Touristen im Jahr nicht mehr umsonst aufnehmen und beköstigen. Wer aber Bergdörfer abseits der ausgetrampelten Pfade besucht, wird nicht selten von Einheimischen auf einen Kaffee oder sogar zum Essen ins eigene Haus eingeladen. In Cafés und Tavernen ist es durchaus üblich, einer Gruppe von Freunden oder auch Fremden eine Runde Getränke auszugeben (Achtung: Es gehört sich nicht, sich umgehend zu revanchieren – das macht man dann lieber ein anderes Mal).

Kretas Gesellschaft ist stark von der griechisch-orthodoxen Kirche und deren Ritualen und Festen geprägt, s. Liste S. 234. Die Familienbande und das Gefühl für Familienehre sind immer noch deutlich spürbar. Gelegentlich kommt es sogar noch zu einer der berüchtigten Blutrachefehden, s. Kasten S. 103.

In dem Roman *Schattenhochzeit* (2003) von Ioanna Karystiani kehrt ein angesehener Genforscher aus den USA in seine Heimat Kreta zurück und sieht sich plötzlich mit dem archaischen Ritual der Blutrache konfrontiert: Er muss den Tod seines Vaters rächen.

Kretische Hochzeiten und Taufen sind nach wie vor riesige Feste. Dabei mit Pistolen in die Luft zu ballern, gilt zwar zunehmend als politisch unkorrekt (und gefährlich, da schon mal Gäste versehentlich erschossen werden), ist aber in einigen Gegenden noch üblich. Man erkennt sie an den von Kugeln durchsiebten Straßenschildern.

Zwischen den einzelnen Regierungsbezirken herrscht eine große Rivalität. Chania, bis 1971 Hauptstadt der Insel, versteht sich als historisches Herz der Insel, während Rethymnon sich als ihr kulturelles Zentrum betrachtet.

Politisch bewegt sich Kreta eher links der Mitte. Die sozialistische PASOK-Partei hat hier in lokalen und nationalen Wahlen meist die Nase vorn – vor der konservativen Partei ND (Neue Demokratie).

Eine interessante Auswahl an kretischer Literatur bietet die Website www.kreta-buch.de des Verlags Dr. Thomas Balistier.

Die Kreter sind traditionell sehr ethnozentrisch, unterschwellig ist auch ein gewisser Antiamerikanismus spürbar. Neben einer generellen Abneigung gegen die US-amerikanische Hegemonie sind dafür vor allem folgende Gründe verantwortlich: Viele hielten die Einmischung der USA in griechische Angelegenheiten während des Bürgerkriegs für unangemessen, ebenso die Intervention der CIA beim Militärputsch 1967, die Gleichgültigkeit der USA in Bezug auf Zypern und die Einmischung im Nahen Osten und auf

KULTURELLE BANDE: IOANNA KARYSTIANI

Die in Chania geborene Schriftstellerin Ioanna Karystiani zog im Alter von 18 Jahren nach Athen, hat Kreta aber im Herzen nie verlassen. Die 55-Jährige kommt noch regelmäßig nach Chania zurück, um Zeit mit ihrer Familie zu verbringen, die in den 1920er-Jahren im Zuge des Bevölkerungsaustauschs aus der Türkei nach Kreta umsiedelte. „Ich sitze im Zimmer mit meinen Eltern, die beide über 90 sind, und halte sie im Arm – meine Mutter rechts und meinen Vater links. Wir reden miteinander und erzählen uns gegenseitig *mantinades* in traditionellen Reimpaaren", berichtet sie.

Karystiani gehörte zur Studentengeneration, die 1973 gegen die Obristen rebellierte. Bevor sie sich der Schriftstellerei zuwandte, zeichnete sie politische Karikaturen. Sie schrieb u. a. das Drehbuch zum Kinofilm *Brides* (2004) und den Roman *Koustoumi sto Homa* über eine Geschichte familiärer Blutrache in Sfakia, dem rauen Bollwerk des kretischen Widerstands in den Bergen.

Karystiani ist der Ansicht, dass ein Land mit seiner Geschichte und seiner Sprache den Charakter der nachfolgenden Generationen formt. „Wir Kreter haben ein feuriges Temperament. Die Vielfalt und Rauheit der Insel und ihrer Geschichte mit all den Revolutionen und Kriegen spielt dabei eine Rolle. Die minoische Kultur war friedlich, doch danach haben Entbehrungen und ständige Invasionen den rauen und einzigartigen Charakter der Inselbewohner geformt. Kreter sind sehr stolz auf ihr Land und bringen das oft auf positive Weise zum Ausdruck; manche Menschen sind ziemlich engstirnig und fühlen sich irgendwie überlegen, aber das ist nicht die Mehrheit."

Karystiani meint, dass sich die Kreter ihre Kultur im Großen und Ganzen bewahrt haben, während traditionelle Lieder und Musik in vielen anderen Teilen des Landes verloren gehen, weil viele Griechen zum modernen Europa gehören und nicht als rückschrittlich betrachtet werden wollen. „Auf Kreta gibt es Tausende Kinder, die Lyra-Unterricht nehmen und kretische Volkstänze lernen, ohne sich dafür zu schämen. Manche mögen auch Rockmusik, aber sie erfinden und erzählen immer noch *mantinades* und pflegen althergebrachte Lieder, Tänze und Feste. Sie nehmen ihre Kultur mit in die Gegenwart, weil sie ihre Herzen wärmt."

dem Balkan. Auf Kreta bricht sich dieses Gefühl oft bei Demonstrationen gegen die US-Militärbasis in Souda Bahn, aber auch in Kleinigkeiten wie der Weigerung mancher Tavernen, Coca-Cola auszuschenken. Häufig äußern Kreter in hitzigen Diskussionen unverblümt ihre Abneigung gegen die US-Außenpolitik, doch dieser Zorn ist rein ideologisch bedingt und erstreckt sich nicht auf amerikanische Touristen.

Kreter, die in Athen oder im Ausland leben (die Abwanderung ist viel geringer als in anderen griechischen Regionen), bewahren in der Regel eine starke Bindung an Kultur und Familie und kommen regelmäßig auf Heimatbesuch. Selbst in den abgelegensten Dörfern der Insel tanzt der Bär, wenn Feriensaison ist, Wahlen anstehen oder andere Gründe für die vielen Familienfeiern und Heimatbesuche herhalten müssen.

Nachmieter für den Olymp gesucht: Nachdenkliches über das griechische Festland und die Insel Kreta (2005) von Peter und Renate Ettl ist die zweite Auflage der gelungenen Reisegeschichten, die den Lesern Land und Leute lebendig, manchmal kritisch und teils urkomisch nahebringen.

LEBENSART

Der kretische Lebensstil hat sich in den letzten 30 Jahren drastisch verändert. Das Leben ist viel leichter geworden, die Verstädterung nimmt zu, der Lebensstandard ist gestiegen, und die Kreter sind heute um einiges wohlhabender als früher. In den größeren Orten gibt es immer mehr schicke Restaurants, Bars und Clubs.

Die Kreter sind stolz auf ihre Fähigkeit, das Leben zu genießen. Man sieht sie in Schale geworfen zur abendlichen *volta* (Promenade) strömen, und auch die Cafés und Restaurants sind meistens gut gefüllt.

Wie die übrigen Griechen, haben auch die Kreter seit Einführung des Euro einen Anstieg der Lebenshaltungskosten hinnehmen müssen. Essen

DOS & DON'TS

Obwohl Kreta ein recht entspanntes Reiseziel ist, gilt es einige kulturelle Empfindlichkeiten zu beachten, vor allem außerhalb der touristischen Zentren.

Beim Besuch einer Kirche oder eines Klosters ist auf angemessene Kleidung zu achten: Frauen sollten Röcke tragen, die unterhalb der Knie enden, bei Männern sind kurze Hosen und ärmellose Hemden tabu. Schultern und Dekolleté sollten stets bedeckt sein (praktisch ist es, immer einen Sarong dabeizuhaben).

Sonnenbaden oben ohne ist an den meisten Stränden erlaubt, und an einigen abgelegeneren wird auch FKK toleriert. Am besten richtet man sich nach den Gepflogenheiten der anderen und achtet auf Schilder, die zu viel nackte Haut verbieten, s. S. 116. Besonders in Kirchen, Klöstern oder wenn einheimische Familien zugegen sind, ist auf entsprechende Kleidung zu achten. Nur weil es heiß ist, sollten Männer in Städten und Dörfern nicht ohne Hemd herumlaufen – zu Hause würden sie es schließlich auch nicht tun.

Dass manche Orte nachmittags wie ausgestorben wirken, liegt an *mesimeri*, der kretischen „Siesta" zwischen 15 und 17 Uhr. Während dieser Zeit sollte man sich ruhig verhalten und niemanden zu Hause stören.

Die meisten Kreter trinken Touristen wahrscheinlich unter den Tisch, aber Trunkenheit in der Öffentlichkeit ist verpönt. Die Inselbewohner meinen es ernst mit ihrer Gastfreundschaft: Wenn eine freundliche Einladung zu einem Getränk oder einer Mahlzeit ausgeschlagen wird, reagieren die Gastgeber möglicherweise beleidigt.

Es empfiehlt sich, zumindest ein paar Wörter Griechisch zu lernen, denn das kommt immer gut an.

gehen ist um einiges teurer geworden, obwohl es auf Kreta immer noch viele Tavernen mit zivilen Preisen gibt, vor allem in den Dörfern.

Die alljährliche Touristeninvasion bewältigen die Kreter, indem sie sich in einem anderen Raum-Zeit-Kontinuum bewegen als ihre Gäste. Man bekommt von ihnen oft zu hören, dass bestimmte Orte „nur für Touristen" seien, und das ist normalerweise das Stichwort, solche Orte zu meiden.

Viele leben von April bis Oktober im Trubel der Touristenorte an der Küste, wo sie Läden, Pensionen oder Tavernen betreiben. Zur herbstlichen Oliven- und Traubenernte kehren sie dann zu ihrem traditionellen Leben in den Bergen zurück.

Die Touristen speisen frühabends in den Restaurants am Hafen oder Strand. Die Kreter fahren zu ihren Dorftavernen hinaus, wo das Abendessen oft erst um 23 Uhr beginnt. Viele Tavernen tischen Fleisch und Gemüse aus eigener Produktion auf, was Kosten spart und der Qualität guttut.

Die Kluft zwischen den Generationen ist ebenso prägend für das moderne Kreta wie die zwischen Stadt und Land. In ländlichen Regionen treiben Schafhirten ihre Herden durch die Berge, die Männer sitzen nach der Siesta in den *kafenia* (Kaffeehäusern) zusammen. Die Bergdörfer sind Bollwerke der Tradition; hier sind viele ältere Frauen und Männer nach wie vor in Schwarz gekleidet.

Doch auch das Leben auf dem Lande verändert sich. Zwar ernähren viele Kreter sich – und ihre Familien in den Städten – nach wie vor von der Landwirtschaft, doch wird heute weniger für den Eigenbedarf und mehr für den kommerziellen Absatz produziert. Hier und da bekommt man noch einen Esel zu Gesicht, aber die meisten sind längst durch große Pick-ups mit Allradantrieb ersetzt. So manche unbequeme Arbeit übergeben auch die Kreter inzwischen gern an Gastarbeiter.

In kultureller und religiöser Hinsicht ist der Übergang von einer größtenteils ärmlichen, bäuerlichen Existenz zu einer zunehmend kultivierten und

Geliebtes Kreta. Traum und Wirklichkeit (2005) von Elena Galini präsentiert uns ein Kreta, das weit über die schönen Urlaubsträume hinausgeht – mit all seinen Widersprüchen und seiner Zerrissenheit zwischen Geschichte und Neuzeit, Tradition und Fortschritt.

FINGER AM ABZUG

Eines Nachmittags in einem Café in Askifou: Ein Mann am Nebentisch zückt eine halb automatische Pistole und feuert ein paar Schüsse ab – nur mal eben so. Spätabends auf einem Fest bei Lissos: Jedes Mal wenn eine Gruppe feiernder Kreter am Strand ein Lied zu Ende gesungen hat, peitschen Schüsse durch die Luft. Bei Hochzeiten und Feierlichkeiten auf der Insel sind Schusswaffen – und Unglücksfälle durch Querschläger – so verbreitet, dass viele Musiker in bestimmten Gegenden inzwischen nur noch spielen, wenn ihnen zugesichert wird, dass die Gäste keine Waffen tragen.

2004 führte der bekannte Komponist Mikis Theodorakis eine Kampagne gegen Kretas Waffenkultur an, doch auch das konnte die Inselbewohner nicht dazu bringen, ihre Waffen niederzulegen. Konservativen Schätzungen zufolge besitzt jeder zweite Kreter eine Schusswaffe. Andere Beobachter schätzen, dass es mehr als eine Million Waffen auf der Insel geben könnte, also mehr als Einwohner.

Vor allem in der Umgebung von Sfakia und in der Provinz Mylopotamos (Rethymnon) zeugen von Kugeln durchsiebte Straßenschilder davon, dass man sich in einer gewissermaßen gesetzlosen Berglandschaft bewegt, die historisch gesehen ein Bollwerk des kretischen Widerstands war. Angesichts einer an Aufständen und Invasionen reichen Geschichte scheinen die Kreter fest entschlossen, ihre Waffen zu behalten, obwohl auf der Insel rein theoretisch die gleichen Gesetze gelten wie im übrigen Griechenland.

Nach Macho-Art eine Waffe zu tragen und gelegentlich ein paar Schüsse abzufeuern, gilt auf Kreta traditionell als Akt der Unabhängigkeit und des Stolzes, ist heutzutage aber teilweise nur noch rücksichtslose Show und noch dazu ein teures Hobby.

Doch der Waffenfimmel ist nicht nur ein kulturelles oder historisches Relikt. Kräftig geballert wird vor allem im „Teufelsdreieck" zwischen Anogia, Zoniana und Livadia. Die Gegend ist ein berüchtigtes Zentrum für illegale Waffen und Drogen, denn in den tiefen Schluchten verstecken sich zahlreiche Cannabis-Plantagen.

städtischen Gesellschaft für die Kreter manchmal ein schwieriger Balance-Akt zwischen altem Sittenkodex und neuer Freizügigkeit.

Die kretische Gesellschaft ist noch recht konservativ. Die wenigsten Griechen ziehen vor der Heirat von zu Hause aus, höchstens vorübergehend zu Studien- oder Arbeitszwecken. Das hat nicht nur kulturelle, sondern auch praktische Gründe: Die meisten von ihnen bekommen sowieso ein Haus, wenn sie heiraten, und wer reißt sich schon darum, selbst zu waschen oder zu kochen?

WIRTSCHAFT

Auch Kreta hat in den letzten fünf Jahren vom Wirtschaftswachstum Griechenlands profitiert. Die leichtere Verfügbarkeit von Krediten hat einen fieberhaften, aber letztlich unhaltbaren Konsumrausch ausgelöst. Die Kehrseite der Medaille: Viele Haushalte müssen mit gestiegenen Lebenshaltungskosten fertig werden, seit Griechenland 2001 der Euro-Zone beitrat.

Kreta hat schätzungsweise 34 Mio. Olivenbäume, das sind 62 pro Einwohner.

Kretas Pro-Kopf-Bruttoinlandsprodukt und Investitionsvolumen liegen über dem griechischen Landesdurchschnitt. Die Insel hat den höchsten Anteil an Selbstständigen in ganz Griechenland und einen der höchsten in der EU. Obwohl Kretas Bauern die Vorteile der EU-Mitgliedschaft weidlich ausnutzen, hat der Tourismus die Landwirtschaft als bedeutendsten Wirtschaftszweig verdrängt. Dennoch zählt Kreta nach wie vor zu den größten griechischen Produzenten von Oliven und Olivenöl, Gemüse (Kartoffeln und Tomaten), Orangen und Wein, die hauptsächlich in fruchtbaren Gegenden wie der Messara-Ebene im Regierungsbezirk Iraklion angebaut werden. Die gewaltige Ausdehnung von Treibhäusern im Süden Lassithis sorgt auch dort für wachsenden Wohlstand. Ein weiterer wichtiger Zweig ist die Viehwirtschaft (Schafe und Ziegen).

Die EU-Mitgliedschaft hat Kreta auch insofern Vorteile gebracht, als sich die Zahl der Touristen seit 1990 mehr als verdoppelt hat. Inzwischen entfallen 40 % der Jobs auf den Tourismussektor.

Griechenland hat die höchste Raucherquote der EU. Griechen rauchen immer und überall. In öffentlichen Bereichen konnten zwar einige Rauchverbote durchgesetzt werden, aber Nichtraucherbereiche in Restaurants haben Seltenheitswert.

BEVÖLKERUNG

Kreta ist mit 600 000 Einwohnern die bevölkerungsreichste griechische Insel. Etwa 42 % der Bevölkerung leben in größeren Städten und urbanisierten Zentren. Knapp die Hälfte aller Kreter lebt im Regierungsbezirk Iraklion. Die größte Stadt, Iraklion, hat mehr als doppelt so viele Einwohner wie die nächstgrößere Stadt Chania.

GASTARBEITER & MULTIKULTURELLES MITEINANDER

Nach dem Exodus der türkischen Gemeinde im Bevölkerungsaustausch von 1923 blieb praktisch nur noch einen homogene, griechisch-orthodoxe Gemeinschaft übrig. In den letzten Jahren sind jedoch viele Gastarbeiter aus den Balkanländern und Osteuropa nach Kreta gekommen, die meisten davon aus Albanien. Sie arbeiten vor allem als Hilfskräfte in der Landwirtschaft, auf dem Bau und im Tourismus.

Einwanderer aus wirtschaftlichen Gründen sind ein relativ neues Phänomen für die Insel. Wie das übrige Griechenland muss auch Kreta noch lernen, mit der neuen multikulturellen Realität umzugehen. Die Stimmung ist nicht frei von Spannungen und Misstrauen, doch insgesamt scheint Kreta besser mit dieser Entwicklung klarzukommen als viele andere Regionen Griechenlands.

Persönliche Fragen gelten in Griechenland nicht als aufdringlich. Man darf sich also nicht wundern, wenn man nach Alter, Einkommen, Familienstand usw. gelöchert und aufrichtig bedauert wird, wenn man über 25 und noch unverheiratet ist.

Einige Auswanderer aus Deutschland, England und Nordeuropa haben sich auf Kreta Häuser gekauft und niedergelassen, bleiben aber im Großen und Ganzen unter sich. Ehen zwischen ausländischen Frauen und kretischen Männern, vor allem in den 1980er-Jahren eine häufige Erscheinung, bilden eine weitere typische Randgruppe der kretischen Gesellschaft.

SPORT

Fußball ist die beliebteste Sportart auf Kreta, gefolgt von Basketball. Zwei Fußballclubs von der Insel spielen in der ersten griechischen Liga. Die kretischen Männer sind begeisterte Sportfans. Wer während der Fernsehübertragung eines wichtigen Spiels in einer Taverne isst, sollte auf schleppenden Service gefasst sein. In Iraklions riesigem Fußballstadion Pankritio wurden die Vorrundenspiele der Olympischen Spiele 2004 ausgetragen.

RELIGION

Der orthodoxe Glaube ist die offizielle und vorherrschende Religion auf Kreta und ein Schlüsselelement der griechischen Identität und Kultur. Die jüngeren Leute sind im Allgemeinen zwar nicht mehr so fromm wie ihre Elterngeneration und gehen auch nicht regelmäßig in die Kirche, doch die meisten Kreter betrachten den Glauben nach wie vor als integralen Bestandteil ihrer Identität. Zwischen 94 % und 97 % der griechischen Bevölkerung gehört zumindest nominell der griechisch-orthodoxen Kirche an.

Nachdem Konstantin der Große das Christentum 313 n. Chr. offiziell anerkannt hatte (er selbst war durch eine Kreuzesvision bekehrt worden), verlegte er im Jahr 330 die Hauptstadt des Römischen Reiches nach Byzanz (heute Istanbul). Im 8. Jh. kam es zu Meinungsverschiedenheiten und Rivalitäten zwischen dem römischen Papst und dem Patriarchen des hellenisierten Oströmischen Reiches. Besonders umstritten war der exakte Wortlaut des Glaubensbekenntnisses in Bezug auf die Dreifaltigkeit. Weitere Differenzen

OSTERN AUF KRETA

Ostern ist das wichtigste religiöse Fest des Jahres und eine gute Zeit, sich auf Kreta aufzuhalten. Die vielen uralten Feierlichkeiten und Rituale der Karwoche gipfeln in der Auferstehungsfeier Christi in der Nacht zum Ostersonntag.

Während der Osterwoche herrscht strenge Fastenzeit. Viele Tavernen servieren nur spartanische Kost, vor allem am Karfreitag (allerdings hat es auf Kreta Tradition, nach der Freitagsmesse abends Fisch zu essen). Als Vorbereitung auf die Feierlichkeiten nach der Auferstehung werden Eier rot gefärbt, als Symbol für das Blut Christi.

Am Karfreitag wird ein *epitafio* (eine Bahre), die den Christuskörper darstellt, mit Blumen geschmückt und in einer düsteren, bewegenden Kerzenprozession durch die Straßen getragen. In größeren Städten wie Iraklion stimmen mehrere Kirchen ihre Prozessionen so ab, dass sich die Bahren an einem zentralen Punkt treffen.

Am Höhepunkt der Woche, der Auferstehungsmesse am Samstagabend, drängeln sich die Massen auf den Straßen und Plätzen. Kurz vor Mitternacht werden in den Kirchen alle Lichter gelöscht, bis der Priester mit einer brennenden Kerze erscheint und der mit Kerzen angetretenen Gemeinde das Heilige Licht spendet. Um Mitternacht verkündet der Priester: *Christos Anesti!* („Christus ist auferstanden"). Darauf beginnen mit Feuerwerk und Böllerschüssen die Festlichkeiten, die den ganzen Ostersonntag andauern. Dieser Augenblick von eindringlicher Intensität und Schönheit ist der bedeutungsschwerste des orthodoxen Jahres, da er die Auferstehung symbolisiert. Die Gläubigen versuchen, die Kerze auf dem Nachhauseweg nicht ausgehen zu lassen, damit ihr Haus mit dem Heiligen Licht gesegnet wird.

Die Fastenzeit endet gleich nach dem Kirchgang mit dem Verzehr der traditionellen *mayiritsa* (Ostersuppe mit Innereien), die in Tavernen und zu Hause gereicht wird. Am Ostersonntag sieht man allerorten Lämmer am Spieß. Sie werden auch in den Dörfern am Straßenrand gegrillt und sind fester Bestandteil der Osterfeiern.

bestanden darin, dass Rom den Priestern das Zölibat auferlegte, während es orthodoxen Priestern erlaubt war, vor ihrer Weihe zu heiraten. Außerdem verbot die Orthodoxie den Verzehr von Wein und Öl während der Fastenzeit.

Als die Differenzen endgültig unüberbrückbar geworden waren, kam es 1054 zum Großen Schisma: Papst und Patriarch gingen getrennte Wege als römisch-katholische Kirche und orthodoxe Kirche (Orthodoxie bedeutet „Rechtgläubigkeit"). Die griechisch-orthodoxe Kirche hat enge Bindungen an die russisch-orthodoxe Kirche; zusammen bilden sie die drittgrößte christliche Gemeinschaft.

Während der Osmanenzeit war die Mitgliedschaft in der orthodoxen Kirche eines der wichtigen Definitionskriterien für einen Griechen. Die orthodoxe Religion hat die kretische Kultur während der vielen düsteren Jahrhunderte der Unterdrückung zusammengehalten – trotz weitgehend fruchtloser Versuche der Venezianer und Türken, die Kreter zum Katholizismus bzw. Islam zu bekehren.

Besonders bedeutsam für den kretischen Jahreskalender sind die Tage der Heiligen und die kirchlichen Feste. Der Namenstag hat mehr Bedeutung als der Geburtstag, und die Taufe ist ein eminent wichtiges Ritual. Die meisten Menschen tragen den Namen eines Heiligen, ebenso Schiffe, Vororte und Bahnhöfe.

Auf der Insel stehen Hunderte winziger Kirchen, die überwiegend von einzelnen Familien gebaut wurden und einem bestimmten Heiligen geweiht sind. Bei den kleinen Ikonenwänden oder Kapellen, die überall an der Straße stehen, handelt es sich entweder um Heiligenschreine oder um Gedenkstellen für Menschen, die bei Verkehrsunfällen starben.

Die orthodoxe Kirche Kretas ist von der griechisch-orthodoxen Kirche unabhängig und untersteht direkt dem Patriarchen von Konstantinopel.

Leider sind heutzutage viele kleine Kirchen und Kapellen verschlossen, doch meistens lässt sich der Schlüsselverwalter auftreiben, der für Besucher gern aufschließt.

GESCHLECHTERROLLEN

Die Rolle der Frau in der kretischen Gesellschaft ist vielschichtig und im Wandel begriffen, wobei interessante Widersprüche zu beobachten sind. Während in ländlichen Gegenden und unter der älteren Generation die traditionellen Geschlechterrollen vorherrschen, treffen jüngere Frauen in den Städten auf ein liberaleres Umfeld. Althergebrachte Haltungen zur „schicklichen" Rolle der Frau verändern sich rasant, da immer mehr Frauen eine höhere Bildung genießen und ins Arbeitsleben integriert sind.

Trotz eines offenkundigen „Machismo" ist die kretische Gesellschaft im Wesentlichen matriarchalisch strukturiert. Männer vermitteln in der Öffentlichkeit gern den Eindruck, dass sie die Zügel in der Hand und Anspruch auf den Fahrersitz haben. Doch in Wirklichkeit sind es oft die Frauen, die den Laden zusammenhalten, vor allem im trauten Heim und in Familienangelegenheiten.

Auf dem Lande bewegen sich Männer und Frauen immer noch in verschiedenen Sphären. Wenn sie sich nicht um Vieh oder Olivenbäume kümmern, trifft man die Männer meist im *kafenion* beim Kartenspiel, Kaffee oder Raki an. Für Ausländerinnen werden Ausnahmen gemacht, doch für die kretischen Frauen sind *kafenia* generell tabu. Die ältere Generation der Kreterinnen ist stolz auf ihre Fähigkeiten im Haushalt und wendet viel Zeit für die Perfektionierung ihrer Kochkünste auf. Die meisten Männer tun kaum einen Handschlag im Haushalt (oder würden es zumindest nie zugeben). Teils vertreiben sich die Frauen ihre Freizeit noch mit Näh-, Häkel- und Stickarbeiten im Kreise der Geschlechtsgenossinnen, doch nicht mehr so oft wie früher. Junge Kreterinnen sitzen heute eher in einem Café als hinterm Webstuhl.

In ländlichen Regionen geht es nach wie vor recht konservativ zu. Mädchen ohne Ausbildung heiraten meist schon in jungen Jahren.

Die in Griechenland äußerst beliebte, 1998 verstorbene Autorin Lily Zografou erzählt in ihrem bekanntesten Roman *Die Frauen der Familie Ftenoudos* (2004) von den harten, teils grausamen Lebensumständen kretischer Frauen in der Kriegs- und Nachkriegszeit und von einer, die über die Konventionen triumphiert.

Ein Abend mit Persephone (1998) von Patricia Storace ist kein bloßer Reisebericht, sondern eher eine Reihe soziologischer Beobachtungen einer in Griechenland lebenden Amerikanerin. Unentbehrlich für jede Frau, die Griechenland bereisen will.

KUNST & KULTUR

Minoische Kunst & Kultur

Das reiche Erbe der minoischen Kultur, das in Palästen, Siedlungen und Gräbern überall auf Kreta freigelegt wurde, reflektiert den strahlenden Glanz einer Ära, die in den Augen vieler die friedlichste und blühendste Periode der Inselgeschichte war. Die Minoer umgaben sich gern mit Kunst und schmückten ihre Paläste auf himmlische Weise aus. Noch erhaltene Gemälde, Kleinskulpturen, Siegelsteine, Mosaiken, Keramiken und Schmuckstücke sind überall auf der Insel in archäologischen Stätten und Museen ausgestellt. Sie gewähren unschätzbare Einblicke in die Welt der Minoer und ihre außergewöhnliche Kunstfertigkeit. Die minoische Malerei ist im Grunde die einzige Form der griechischen Malerei, die die Zeiten überdauert hat. Größere Skulpturen überstanden die vielen Naturkatastrophen und Kriege nicht, die Kreta im Lauf seiner Geschichte heimsuchten. Die minoische Kunst faszinierte auch die Invasoren aus Mykene. Ihr Einfluss verbreitete sich nach Santorin und darüber hinaus.

KERAMIK

In der frühminoischen Zeit machte die Keramik Fortschritte. Dunkle Vasen wurden mit weißen Spiralmustern und Motiven aus geschwungenen Linien verziert. Es bildeten sich verschiedene Stilrichtungen heraus. Für die Pirgos-Keramik waren die Farben Schwarz, Grau und Braun typisch. Bei der späteren Vassiliki-Keramik (bei Ierapetra hergestellt) war der Dekor vielfarbig. Fein gearbeitete Schmuckstücke und Dolche aus Gold, Silber und Bronze ließen die zukünftige Entwicklung der minoischen Kunst erahnen.

„Die Kunst der Minoer ist bis heute unübertroffen."

Ein sehr hohes Niveau an Kunstfertigkeiten entwickelte sich in den Werkstätten der ersten Paläste in Knossos und Festos. Die Kamares-Keramik, benannt nach der Höhle, in der die ersten dieser Töpferwaren gefunden wurden, war farbenfroh, elegant und wunderschön gefertigt. Dekoriert waren sie mit geometrischen Formen sowie Blumen-, Pflanzen- und Tiermotiven; menschliche Formen wurden dagegen nur selten abgebildet. Während der gesamten Neuen Palastzeit wurden Kamares-Vasen für den Tauschhandel genutzt und nach Zypern, Ägypten und in die Levante exportiert.

Seit der Erfindung der Töpferscheibe ließen sich Kelche, Schnabelkannen und *pithoi* (große minoische Vorratsbehälter) schnell herstellen, und die Muster wurden lebhafter. Am eindrucksvollsten sind die extrem dünnwandigen „Eierschalenvasen".

In der Neuen Palastzeit herrschten Meeres- und Blumenmotive vor. Nach 1500 v. Chr. hatten die Vasen drei Henkel und waren häufig wie Tierköpfe geformt, so wie das steinerne Rhyton (Trinkgefäß) in Form eines Stierkopfs, das im Archäologischen Museum von Iraklion zu besichtigen ist. Nach dem Niedergang der minoischen Kultur war es auch mit der lebendigen Keramik der vorangegangenen Jahrhunderte vorbei.

SCHMUCK & SKULPTUREN

Die Kunstfertigkeit in der Schmuckherstellung und Bildhauerei erreichte in der Vorpalastzeit ein sehr hohes Niveau. Die außerordentliche Feinheit und den Fantasiereichtum demonstriert der exquisite Bienenanhänger aus Malia. Ein weiteres minoisches Meisterwerk ist ein goldener Siegelring aus dem 15. Jh. v. Chr., der in einem Grab in Isopata bei Knossos gefunden wurde; er zeigt Frauen in einem ekstatischen Tanzritual auf einer Lilienwiese, während eine Göttin vom Himmel hinabsteigt.

Minoische Bildhauer schufen kunstvolle Miniaturen, darunter Votivfiguren aus Fayence (Tonware mit Quarzglasur), Gold, Elfenbein, Bronze und Stein. Zu den herausragenden Beispielen zählt die barbusige Schlangengöttin, die zwei sich windende Schlangen in den erhobenen Armen hält und ein kunstvoll gearbeitetes Kleid trägt. Unglaublich beeindruckend ist auch das kleine Bergkristall-Rhyton aus dem Palast von Zakros. Alle oben beschriebenen Stücke sind im Archäologischen Museum von Iraklion ausgestellt.

Auch die Siegelschneidekunst entwickelte sich in den Palastwerkstätten weiter fort. Aus mehr oder minder wertvollen Steinen und Tonstücken schufen die minoischen Kunsthandwerker wahre Meisterwerke im Miniaturformat, die manchmal auch Hieroglyphen enthielten. Ziegen, Löwen, Greife und Tanzszenen wurden in minutiöser Detailarbeit dargestellt. Der berühmte Archäologe Arthur Evans verbrachte einen Großteil seiner ersten Kreta-Reise mit dem Sammeln solcher Siegel.

In der Nachpalastzeit wurden unter dem Einfluss der kampfesfreudigen Mykener vor allem Waffen hergestellt, während Schmuck und Siegelsteine an Bedeutung verloren.

DIE BERÜHMTEN FRESKEN

Minoische Fresken sind berühmt für ihre leuchtenden Farben und einen lebhaften Naturalismus bei der Darstellung von Landschaften voller Tiere

WIE EIN WILDER STIER

In minoischen Zeiten hatte der Stier als Machtsymbol einen Stammplatz in der Kunst. Eine seltsame Sportart der Minoer war der so genannte Stiersprung, bei dem akrobatisch veranlagte Draufgänger den Stier von vorn bei den Hörnern packten und im Salto auf dessen Rücken sprangen. Solche Darstellungen erscheinen oft auf Fresken, Keramiken und Skulpturen. Der Sport wurde von spärlich bekleideten Männern und Frauen ausgeübt und hatte möglicherweise religiöse Bedeutung. Eine der faszinierendsten Stiersprungfresken aus der Neuen Palastzeit wurde im Palast von Knossos entdeckt: Sie zeigt einen Mann, der längs über den Rücken eines Stiers springt, mit weiblichen Figuren zu jeder Seite. Ein weiterer berühmter Stier aus Knossos ist das Rhyton (Trankopfergefäß) in Form eines Stierkopfes, mit Augen aus Bergkristall und Hörnern aus vergoldetem Holz.

und Vögel, Meereswelten, in denen es von Fischen und Kraken wimmelt, Festmählern, Spielen und Ritualen. Wahrscheinlich wurden auch vor 1700 v. Chr. schon Fresken gemalt, doch die Katastrophe, in der die minoischen Paläste damals untergingen, löschte alle Spuren davon aus. Knossos erwies sich als reichste Fundgrube für Fresken aus der Neuen Palastzeit, die meisten erhaltenen Stücke sind im Archäologischen Museum von Iraklion zu besichtigen.

„Minoische Fresken sind berühmt für ihre leuchtenden Farben und einen lebhaften Naturalismus …"

Von den Fresken blieben nur Fragmente übrig, die sehr sorgfältig (aber auf umstrittene Weise) restauriert wurden. Die verwendeten Pflanzen- und Mineralfarben sind relativ frisch geblieben. Die minoischen Freskenmaler waren stark von bestimmten ägyptischen Techniken beeinflusst, doch die Figuren sind längst nicht so steif wie auf den meisten ägyptischen Wandgemälden.

Fresken aus Knossos zeigen weißhäutige Frauen mit kunstvoll aufgetürmten, schwarz glänzenden Lockenfrisuren. Die stolzen, anmutigen und ungenierten Frauen hatten kurvenreiche Körper und trugen schicke Gewänder, die ihre perfekt geformten Brüste frei ließen. Die bronzehäutigen Männer waren groß, mit Wespentaille, schmalen Hüften, breiten Schultern sowie muskelstrotzenden Oberschenkeln und -armen. Die Kinder waren schlank und geschmeidig.

Auf vielen Fresken sind dynamische Szenen abgebildet, von Boxern und Ringern bis zu feierlichen Prozessionen, vom Safranfest bis zum Stiersprung (s. Kasten).

RELIGIÖSE SYMBOLE

Die Minoer hielten nicht viel von protzigen Tempeln oder religiösen Skulpturen. Heiligtümer in Höhlen und auf Berggipfeln dienten der Ausübung von Kulten oder religiösen Handlungen. Im Mittelpunkt des spirituellen Lebens stand die Verehrung einer Muttergöttin. Die oft mit Schlangen oder Löwen dargestellte Muttergöttin war die Hauptgottheit, die männlichen Götter offenbar untergeordnet.

Das Doppelaxtsymbol auf Fresken und den Palastwänden von Knossos war ein heiliges Symbol der Minoer. Häufige religiöse Symbole in der minoischen Kunst waren auch der mythische Greif und Gestalten mit Menschenkörper und Tierkopf. Man geht davon aus, dass die Minoer die Toten verehrten und an irgendeine Form von Leben nach dem Tod glaubten. Funde aus Anemospilia lieferten auch Hinweise auf Menschenopfer, s. S. 183.

DIE MINOISCHE SCHRIFT

Aus dem kretischen Hieroglyphensystem, das in der Vorpalastzeit verwendet wurde, entwickelten sich später die Schriften Linear A und Linear B.

EL GRECO, DER KRETER

Der geniale Renaissancemaler El Greco („Der Grieche" auf Spanisch) hieß mit bürgerlichem Namen Domenikos Theotokopoulos. Er kam 1541 in der kretischen Hauptstadt Candia (dem heutigen Iraklion) zur Welt. Es war die Phase reger künstlerischer Aktivität nach der Ankunft zahlreicher Maler, die aus dem türkisch besetzten Konstantinopel geflohen waren. Diese Maler übten einen prägenden Einfluss auf den jungen El Greco aus. Sie sorgten für seine frühe Verankerung in den Traditionen der spätbyzantinischen Wandmalerei, die seinen späteren Gemälden ihre eindringliche spirituelle Note gaben.

Mit Anfang zwanzig ging El Greco nach Venedig und lernte dort im Atelier von Tizian. Doch erst nachdem er 1577 nach Spanien weitergezogen war, konnte er sich als Maler richtig entfalten. Sein äußerst emotionaler Stil kam bei den Spaniern gut an. Er lebte bis zu seinem Tod 1614 in Toledo. Dort hängen auch seine berühmtesten Arbeiten, darunter sein Meisterwerk *Das Begräbnis des Grafen Orgaz* (1586). Viele andere seiner Werke verteilen sich auf Museen in aller Welt. *Blick auf den Berg Sinai und das Katharinenkloster* (1570), das El Greco während seiner Zeit in Venedig schuf, hängt im Historischen Museum Iraklion (s. S. 170) neben dem winzigen Bild *Die Taufe Christi*, das die Stadt Iraklion 2004 erwarb. *Engelskonzert* (1608) ist in der Nationalgalerie von Athen zu bewundern.

Auf Iraklions Platia El Greco steht eine weiße Marmorbüste des Malers, und überall auf der Insel sind Straßen, Tavernen und Hotels nach ihm benannt. Ein kleines El-Greco-Museum wurde im Dorf Fodele eingerichtet – in dem Haus, wo er angeblich einen Teil seiner Kindheit verbrachte, s. S. 181.

Die Verfilmung seines Lebens war nur eine Frage der Zeit: 2007 entstand *El Greco*, ein 7 Mio. € teurer Monumentalfilm mit Dreharbeiten in Iraklion, Venedig, Spanien und Athen. Regie bei dem Epos mit dem unbekannten britischen Schauspieler Nick Ashdon in der Hauptrolle führte Yannis Smaragdis.

Das bedeutendste Beispiel der alten minoischen Schrift findet sich auf dem geheimnisvollen, 3600 Jahre alten **Diskos von Festos**. Die Tonscheibe wurde 1908 in Festos gefunden und gibt Altertumsforschern seitdem viele Rätsel auf. Die Scheibe mit einem Durchmesser von ca. 16 cm zeigt insgesamt 242 Piktogramme bzw. „Wörter", die in einer Spirale von außen nach innen (oder von innen nach außen?) eingeritzt sind. Wiederholungen bestimmter Wörter oder Sätze nähren die Spekulation, dass es sich um ein Gebet handeln könnte. Die Schrift wurde bislang nicht entziffert.

Kreta von Knossos bis Kazantzakis (2002) von Pavlos Tzermias ist eine Führung durch die kretische Kulturgeschichte unter besonderer Berücksichtigung der Minoer, des Malers El Greco und der größten Dichter der Insel, Vitsentsos Kornaros und Nikos Kasantzakis.

Die bildende Kunst

Die Kunst der Minoer ist bis heute unübertroffen. Vom 8. bis 7. Jh. v. Chr. erlebte Kreta eine kurze Phase der künstlerischen Wiedergeburt. Eine Gruppe von Bildhauern, die man Dädaliden nennt, perfektionierte eine neue Technik zur Herstellung von Skulpturen aus gehämmerter Bronze. Ihr Stil verschmolz die orientalische mit der griechischen Ästhetik, und ihr Einfluss reichte bis aufs griechische Festland. Ab Ende des 7. Jhs. v. Chr. verfiel die kretische Kultur. Unter den Römern kam es zu einer kurzen Wiederbelebung: Die bemerkenswertesten Zeugnisse dieser Zeit sind ihre prachtvollen Mosaikböden und Marmorskulpturen.

BYZANTINISCHE KUNST

Die seit Beginn der byzantinischen Herrschaft geschaffenen Ikonen und Fresken wurden bei Volksaufständen im 13. und 14. Jh. größtenteils zerstört. Im 11. Jh. brachten Emigranten aus Konstantinopel Ikonen mit nach Kreta, doch das einzig erhaltene Exemplar aus dieser Zeit ist die Ikone der Jungfrau Maria in Mesopantitissa – heute in Venedig. Vom 13. bis ins frühe 16. Jh.

wurden zahlreiche Kirchen auf Kreta mit Wandmalereien verschönert, von denen viele noch heute zu sehen sind. Die byzantinische Kunst erlebte unter den Paläologen-Kaisern von 1258 bis 1453 ihre Blütezeit, und ihr Einfluss erstreckte sich bis nach Kreta. Der größte Ikonenmaler des 14. Jhs. war Ioannis Pagomenos, der im Westen Kretas wirkte.

DIE KRETISCHE SCHULE

Nach dem Untergang Konstantinopels 1453 flohen viele byzantinische Künstler nach Kreta. Zugleich stand die italienische Renaissance in voller Blüte, und viele kretische Künstler studierten in Italien. Das Resultat war die „Kretische Schule" der sakralen Malerei, die technische Brillanz mit einer besonderen Üppigkeit kombinierte. Allein in Iraklion arbeiteten von Mitte des 16. bis Mitte des 17. Jhs. über 200 Maler, die den venezianischen Stil ebenso mühelos beherrschten wie den byzantinischen. Der Kreter Theophanes Sterlitzas malte Klöster in ganz Griechenland aus und verbreitete so die Techniken der Kretischen Schule.

Leider sind auf Kreta nur wenige Beispiele der Kretischen Schule zu sehen. In Iraklion kann man ein paar schöne Exemplare im Museum für Religiöse Kunst (S. 171) besichtigen – Kernstück der Sammlung sind sechs Ikonen des großen Michael Damaskinos, der als herausragender Vertreter der Kretischen Schule gilt. Damaskinos erlernte während seines langen Aufenthalts in Venedig neue perspektivische Techniken, die er in den byzantinischen Stil der Ikonenmalerei einbrachte.

ZEITGENÖSSISCHE KUNST

Die schönen Künste spielen auf Kreta heutzutage keine überragende Rolle, auch wenn viele zeitgenössische Künstler und Kunsthandwerker auf der Insel arbeiten und ausstellen. Viele aus Kreta stammende Künstler leben und arbeiten in Athen oder im Ausland. Das Zentrum für Zeitgenössische Kunst in Rethymnon (S. 140), eine der führenden internationalen Galerien der Insel, zeigt eine Dauerausstellung mit Werken des einheimischen Malers Lefteris Kanakakis. Das Zentrum für Byzantinische Kunst in Rethymnon (S. 140) führt die Tradition der Kretischen Schule der Ikonenmalerei fort und zeigt Werke von Manolis Koudourakis. Neben städtischen Galerien, die in ganz Kreta Ausstellungen lokaler Künstler präsentieren, gibt es auch einige neue Privatgalerien in Chania und Iraklion. In Chania findet auch das jährliche International Art Festival statt (Infos auf der Website des Omma Center of Contemporary Art, www.omma.us).

Tanz

Szenen tanzender Minoer auf Wandgemälden deuten darauf hin, dass die Geschichte des kretischen Tanzes in den altgriechischen Tempeln begann. Tänze werden auch auf Vasen der griechischen Antike dargestellt und bei Homer erwähnt, der das Geschick der kretischen Tänzer besonders lobte.

Kretische Tänze sind dynamisch, schnell und kriegerisch. Viele von ihnen werden von Männern in Gruppen getanzt. Tänze für Frauen stehen traditionell mit Hochzeit oder Werbung in Zusammenhang und sind graziöser und anmutiger. Wie bei den meisten griechischen Tänzen tanzt man normalerweise im Kreis – in alter Zeit bildeten die Tänzer einen Kreis, um sich gegen böse Einflüsse abzuschotten. In späteren Zeiten der Besatzung hielten sich die Männer im Angesicht des Feindes mit Tanzen fit.

Die beliebtesten kretischen Tänze sind der langsame und graziöse *sirtos* und der *pentosalis*, der einst von bewaffneten Kämpfern getanzt wurde. Von ihm gibt es eine langsame und eine schnellere Version, die sich bis zur

Anthony Quinn (der übrigens Mexikaner war und nicht Grieche) verletzte sich bei den Dreharbeiten zu *Alexis Sorbas* am Fuß. So mutierte der im Drehbuch vorgesehene energiegeladene Tanz zu einem langsamen Shuffle, den er fälschlicherweise als traditionell verkaufte.

MUSIKALISCHE FAMILIEN

Das Bergdorf Anogia (S. 151) an den Hängen des Psiloritis in Rethymnon hat eine überproportional große Zahl musikalischer Talente hervorgebracht. Auch der viel gepriesene und heftig betrauerte Sänger und Lyriker Nikos Xylouris stammte von hier. Sein Elternhaus wird im Unterdorf von Anogia als eine Art musikalischer Schrein verehrt und bewahrt. Mittlerweile ist sein eigenwilliger Bruder Psarantonis in seine Fußstapfen getreten und genießt heute in ganz Griechenland ungeheure Popularität. Sein anderer Bruder Giannis gilt als bester Lautenspieler der Nation. Designierter Nachfolger ist Psarantonis' charismatischer Sohn Giorgos Xylouris (Psarayiorgis), dessen musikalische Karriere steil bergauf führt, seit er nach mehreren Jahren in Australien nach Kreta zurückkehrte. Giorgos Schwester Niki zählt zu den wenigen kretischen Sängerinnen und gilt als die beste, und auch ihr Bruder Lambis hat sich der Musik verschrieben.

Weitere angesehene Musiker aus Anogia sind der Lyra-Spieler Manolis Manouras, Nikiforos Aerakis, Vasilis Skoulas und Giorgos Kalomiris.

Der ebenso talentierte wie kapriziöse Georgos Tramoundanis alias Loudovikos ton Anogion (Ludwig von Anogia) bringt kretische Kompositionen in Form eigenwilliger volkstümlicher Balladen unters gesamtgriechische Volk.

Raserei steigert, wobei der führende Tänzer Sprünge, Variationen und Fantasiebewegungen vollführt, denen die anderen mit gemäßigteren Schritten folgen. Ebenfalls populär ist der *sousta*, ein hüpfender Paartanz mit kleinen, exakten Schritten. Der *maleviziotikos* (auch *kastrino* oder *pidikto* genannt) ist ein schneller, triumphierender Tanz.

Gut zu tanzen ist Ehrensache, und die Tänzer übernehmen abwechselnd die Führung, um ihr Können zur Schau zu stellen. Achtung: Jemandes Tanz zu unterbrechen gehört sich absolut nicht, da die Familien normalerweise für den Tanz bezahlt haben (viele kretische Musiker verdienen so ihren Lebensunterhalt).

Die beste Gelegenheit, kretische Tänze zu sehen, sind Feste, Hochzeiten und Taufen. Außerdem gibt es in vielen Gegenden Folkloreveranstaltungen für Touristen, trotz des etwas künstlichen Rahmens eine nette Show.

Außer der kretischen Musik- und Tanztradition bekommt man auf der Insel auch Musik und Tanz für den Massengeschmack aus dem übrigen Griechenland zu hören und zu sehen.

Musik

Kretische Musik ist die dynamischste und beständigste traditionelle Musik im Griechenland der Gegenwart. Auf der Insel selbst ist sie die beliebteste Musik und stellt griechische und westliche Popmusik locker in den Schatten. Einheimische Musik begleitet Hochzeiten, Geburten, Feiertage, Ernten und praktisch jeden festlichen Anlass.

Tiefe Einblicke in die kretische Musikszene bietet www.cretan-music.com – auf Englisch und Griechisch.

Kretas florierende Musikszene bringt immer wieder neue Generationen von Volksmusikern hervor, die regelmäßig auftreten. Sie produzieren neue Aufnahmen traditionellen Liedguts und pflegen einen zeitgenössischen Stil, der seine Wurzeln in traditioneller kretischer Musik hat. In der Weltmusikszene bildet Musik aus Kreta ein eigenes Genre.

Der berühmteste kretische Musiker unserer Tage ist der legendäre Psarantonis, für seinen einzigartigen Musizierstil bekannt und durch seinen wilden Bart und die lange Haarmähne auch optisch unverwechselbar. Er tritt dauernd irgendwo auf – im winzigsten kretischen Dorf ebenso wie in den Clubs von Athen und auf internationalen Tourneen.

Die Ikone der kretischen Musik ist Nikos Xylouris, dessen Karriere abrupt endete, als er 1980 im Alter von 43 Jahren starb. Dank seiner hervorragenden

TOP 10 KRETISCHE MUSIK

Diese breit gefächerte Auswahl ist ein Einstieg in die kretische Musik der Vergangenheit und Gegenwart.

- *Tis Kritis Ta Politima* – die Doppel-CD von 2006 liefert ein breites Spektrum traditioneller Lieder von bekannten kretischen und griechischen Künstlern und ist daher eine gute allgemeine Einführung in die kretische Musik.
- *Dimotiki Anthologia-Nikos Xylouris* – das Album von 1976 machte Kretas legendären Musiker Nikos Xylouris zum Star. Ein gutes Preis-Leistungs-Verhältnis bietet die Doppel-CD-Box *I Kriti Tou Nikos Xylouris* mit einem weiteren klassischen Album, *Ta Pou Thimoume Tragoudo* (1975).
- *Ta Oraiotera Tragoudia Tou* – eine schöne Anthologie von Kostas Mountakis alias „der Lehrer", dem Meister der kretischen Nachkriegsmusik.
- *Thanasis Skordalos* – Bestandteil der Reihe *To Elliniko Tragoudi* über die großen Meister der griechischen Musik und eine gute Einführung in eine der Lyra-Legenden Kretas.
- *Anastorimata* – das Album von 1982 ist ein Meilenstein und Vorbote des einzigartigen Stils von Psarantonis. Es enthält auch *mantinades* von Vasilis Stavrakakis und die erste Veröffentlichung von Ross Daly.
- *Beyond the Horizon* – Ross Dalys Album von 2002 ist ein Zeugnis seiner außergewöhnlichen Orchestrierung traditioneller kretischer Musik und zementiert den Einfluss des Iren auf die musikalische Landschaft der Insel.
- *Embolo* – das Doppelalbum von 2004 präsentiert Yiannis und Giorgos Xylouris, zwei große Meister der kretischen Musik, und die besten Lautenklänge, die auf der Insel zu hören sind.
- *Xatheri* – diese musikalische Sternstunde von 2003 vereinigt Kretas besten Sänger Vasilis Stavrakakis, Giorgos Xylouris an der Laute, Niki Xylouris und weitere herausragende Musiker, die kretische Klassiker mit frischem Sound interpretieren.
- *Palaiina Seferia* – das ausgezeichnete Debütalbum des gleichnamigen kretischen Ensembles unter Leitung von Zacharias Spyridakis, einem Schüler des Lyra-Meisters Mountakis.
- *Haïnides* – das erste Album der beliebten kretischen Band gleichen Namens ist eine gute Einführung in ihren einzigartigen, auf traditioneller Musik beruhenden Stil.

Stimme und seines Talents auf der Lyra ist er nach wie vor der bestverkaufte und am meisten verehrte Musiker Kretas.

Im Laufe der Jahrhunderte beeinflussten viele Musiktraditionen die kretische Musik, die an orientalische Modalmusik erinnert. Hauptinstrumente sind die Lyra, ein dreisaitiges Streichinstrument, das man aufs Knie stützt, die achtsaitige *lautros* (Laute) und die *mandolino* (Mandoline). Weitere traditionelle Instrumente sind *askomantoura* (eine Art Dudelsack), *chabioli* (Flöte) und *daoulaki* (Trommel).

Die *bouzouki*, die jeder sofort mit Griechenland in Verbindung bringt, gehört nicht zur kretischen Musik, doch populäre griechische Musik ist natürlich auch auf Kreta zu hören und zu sehen.

Zu den beliebtesten musikalischen Ausdrucksformen der Kreter gehören die *mantinades*. Das sind Reimpaare von 15 Silben, die uralte Themen wie Liebe, Tod und die Launen des Schicksals behandeln. Tausende von *mantinades*, die wohl auf venezianische Liebeslieder des 15. Jhs. zurückgehen, halfen während der jahrhundertelangen Besetzungen, ein kretisches Nationalgefühl zu schmieden. Die besten Versdichter improvisieren bei kretischen Festen Reime auf und für die Gäste und versuchen sich dabei in Witz und Komposition zu übertrumpfen. Diese Tradition setzen auch die jungen Kreter fort: *mantinades* sind fester Bestandteil des modernen Brautwerbungsrituals, wenn auch inzwischen häufig über SMS.

Eine weitere populäre Musikform heißt *rizitika*. Das sind jahrhundertealte Lieder aus den Levka Ori, die vielleicht vom Liedgut der Grenzposten des byzantinischen Reichs abgeleitet sind, vielleicht aber auch in noch ältere Zeiten zurückreichen. Viele *rizitika*-Lieder handeln von historischen Themen oder Heldengeschichten. Zu den beliebtesten gehört das Lied über den sfakiotischen Helden Daskalojannis, der 1770 die Rebellion gegen die Türken anführte. Es besteht aus 1034 Versen.

Griechenlands älteste überlieferte Volkslieder, die man auf dem Athos fand, stammen aus dem 17. Jh. und entpuppten sich als *rizitika* (patriotische Lieder) aus Westkreta.

Mit ihren über 10 000 Zeilen hat auch die Romanze *Erotokritos* von Vitsentsos Kornaros aus dem 17. Jh. Vortragskünstlern reichlich Material geliefert und inspiriert kretische Musiker bis heute. Sie ist unzählige Male vertont worden: Jeder Künstler liefert eine neue, eigene Interpretation dieses großen Werks.

Nach der Unabhängigkeit wurde traditionelle Volksmusik von der griechischen Bourgeoisie verschmäht. Doch in den 1960er-Jahren tauchte in Athen eine neue Welle auf, die so genannte *entehno*-Musik. Mit urbanen Instrumenten wie der *bouzouki* im Mittelpunkt entstanden populäre Hits, die auf den Werken griechischer Dichter beruhen.

Der gefeierte, aus Ierapetra stammende Komponist Yiannis Markopoulos legte die Messlatte noch höher, indem er ländliche Volksmusik für den Massengeschmack aufarbeitete und den Sänger Nikos Xylouris ins Rampenlicht holte. In den Jahren der Militärjunta wurde Xylouris zu einer der führenden Stimmen des Widerstands. Xylouris zählte zu einer Gruppe von Künstlern aus dem Dorf Anogia und war der Sprössling einer außergewöhnlich musikalischen Familie, s. Kasten S. 56.

Xylouris, Thanasis Skordalos und Kostas Mountakis gelten als die großen Meister kretischer Musik. Die meisten modernen Musiker folgen einer der von ihnen geprägten Stilrichtungen.

Zu den angesehensten und faszinierendsten Figuren der Musikszene auf Kreta zählt Ross Daly. Der irischstämmige Lyra-Virtuose betreibt einen Musikworkshop in Choudetsi, s. S. 184.

Das exzellente Sextett Haïnides gehört mit seiner eigenständigen und unverwechselbaren Musik zu den populärsten Bands, die Kreta in den letzten Jahren hervorgebracht hat. Die Gruppe gibt unvergessliche Livekonzerte in ganz Griechenland. Weitere prominente Figuren sind Mitsos und Vasilis Stavrakakis sowie zeitgenössische Musiker wie die Band Palaïna, Stelios Petrakis aus Sitia, Papa Stefanis Nikas und Yiannis Haroulis. Auch der in Australien geborene Sifis Tsourdalakis ist ein vielversprechendes Talent.

Ein populärer, aus Kreta stammender Vertreter der griechischen Mainstream-Musik ist der talentierte Manos Pirovolakis mit seinem rockigen Lyra-Sound.

Literatur

Kretas reiche literarische Tradition wurzelt in der Freude der Kreter an Liedern, Versen und Wortspielen. Im späten 16. und frühen 17. Jh. erlebte die kretische Literatur unter den Venezianern eine grandiose Blütezeit.

David Holtons Kommentar *Erotokritos* (1991, in engl. Sprache) ist die beste akademische Studie über die epische kretische Liebesgeschichte von Vitsentsos Kornaros.

Das größte Meisterwerk der Ära war ohne Frage das Epos *Erotokritos* von Vitsentsos Kornaros aus Sitia. Die über 10 000 Verse lange höfische Romandichtung ist durchdrungen von Trauer um die verblühende venezianische Ära, die durch die wachsende türkische Macht bedroht war. Das Gedicht wurde jahrhundertelang rezitiert – von Bauern, die nicht lesen und schreiben konnten, ebenso wie von Profisängern. Es verkörperte den Freiheitstraum, der es den Kretern ermöglichte, die vielen Entbehrungen

NIKOS KAZANTZAKIS – KRETAS VERLORENER SOHN

Kretas berühmtester Schriftsteller der jüngeren Vergangenheit ist Nikos Kasantzakis. Er wurde 1883 unter der Türkenherrschaft in der damaligen Hauptstadt Iraklion geboren. Seine frühe Kindheit war von der gärenden Revolution und dem sich anbahnenden Umbruch geprägt. 1897 zwang ihn der Ausbruch der Revolution gegen die türkische Herrschaft, Kreta zu verlassen. Er studierte in Naxos, Athen und später in Paris. Erst mit 31 Jahren wandte er sich dem Schreiben zu, indem er philosophische Werke ins Griechische übersetzte. Jahrelang bereiste er Europa – die Schweiz, Deutschland, Österreich, Russland und Großbritannien – und legte so den Grundstein für eine Reihe von Reisebüchern in seiner späteren literarischen Laufbahn.

Kasantzakis war ein komplexer Schriftsteller. Sein frühes Werk ist stark von den damaligen philosophischen Ideen beeinflusst, darunter die nihilistische Haltung Nietzsches. Die metaphysischen und existenzialistischen Ängste, die Kasantzakis plagten, werden in seinen Schriften deutlich spürbar. Sein Verhältnis zur Religion war schwierig: Offiziell gab er sich als Ungläubiger, doch schien er immer mit dem Gedanken zu spielen, dass es vielleicht doch einen Gott geben könnte.

Das in seinen Augen größte Werk war seine *Odyssee*, ein modernes Epos, das sich an die Abenteuer und Reisen des antiken Odysseus anlehnt. Doch mit dem umfangreichen und alles andere als eingängigen Opus aus 33 333 jambischen Versen konnte Kasantzakis sein Ziel, in einem Atemzug mit Homer, Vergil oder dem italienischen Renaissancedichter Tasso genannt zu werden, nicht ganz verwirklichen.

Erst als sich Kasantzakis viel später der Romanschriftstellerei zuwandte, ging sein Stern endlich auf. Werke wie *Griechische Passion* (1948), *Kapetan Mihalis* (1950; heute als *Freiheit oder Tod* bekannt) und *Alexis Sorbas* (1946) machten ihn international berühmt. In Letzterem schuf er das Image des ultimativen, freigeistigen griechischen Mannes, das Anthony Quinn in dem gleichnamigen Film unsterblich machte.

Kasantzakis starb am 26. Oktober 1957 während einer Reise in Freiburg im Breisgau. Gegen den Widerstand der orthodoxen Kirche erhielt er ein religiöses Begräbnis; sein Grab befindet sich auf der südlichen Martinengo-Bastion der alten Stadtmauer von Iraklion.

zu ertragen. Viele seiner Verse wurden in Kretas beliebte *mantinades* eingearbeitet. Es gilt als das bedeutendste Werk der (frühen) modernen griechischen Literatur.

Griechenlands bekanntester und meistgelesener Schriftsteller seit Homer ist Nikos Kasantzakis, der 1883 inmitten der letzten Phase des kretischen Freiheitskampfs gegen die Türken auf der Insel zur Welt kam. Seine Romane sind voller Dramatik und kraftvoll gezeichneter Charaktere. Seine berühmtesten Werke sind *Die letzte Versuchung*, *Alexis Sorbas*, *Griechische Passion* und *Freiheit oder Tod*, die teils auch verfilmt wurden. *Alexis Sorbas* spielt auf Kreta und bietet faszinierende Einblicke in die raueren Seiten der kretischen Kultur.

Der Roman *Kalamaki Affairs* (2003) von Hans-Joachim Vormann erzählt, wie der Deutsche Andreas der Liebe in ein kleines kretisches Dorf folgt, und versteht sich selbst als „eine Liebeserklärung an all die herrlichen Unzulänglichkeiten des kretischen Lebens".

Kasantzakis' bewegte literarische Laufbahn verlief nicht immer reibungslos. Als bekennender Atheist geriet er häufig mit der orthodoxen Kirche aneinander, Kasten s. oben.

Während Iraklion seinen Kasantzakis hat, kann Rethymnon Anspruch auf Pantelis Prevelakis erheben. Der 1909 ebendort geborene Schriftsteller studierte in Athen und an der Sorbonne. Am bekanntesten ist er für seine Dichtkunst, doch er schrieb auch Theaterstücke und Romane. Sein berühmtestes Werk, *Chronik einer Stadt* (1938, dt. 1981), handelt von seiner Heimatstadt.

Zu Kretas vielversprechendem literarischem Nachwuchs gehört Rhea Galanaki. Ihr preisgekrönter Roman *Das Leben von Ismail Ferik Pascha* (1989) wurde in sechs Sprachen übersetzt. Die Erzählung spielt auf Kreta und beschreibt den Zusammenstoß zwischen Christentum und osmanischem

Islam. Der Roman ist Bestandteil der Unesco-Sammlung repräsentativer Werke.

Aus Kreta stammt auch Ioanna Karystiani (s. Kasten S. 46), eine der angesehensten griechischen Schriftstellerinnen der Gegenwart. Sie schrieb das viel beachtete Drehbuch zum Film *Brides*. Ihre Romane *Die Frauen von Andros* und *Schattenhochzeit* wurden ins Deutsche übersetzt.

Film

Kreta hat keine lokale Filmindustrie, war aber Drehort für mehrere bekannte Filme. Der berühmte Klassiker *Alexis Sorbas* entstand in den 60er-Jahren u. a. in Stavros auf der Halbinsel Akrotiri. 1956 wählte der amerikanische Regisseur Jules Dassin *(Sonntags nie)* das Dorf Kritsa als Kulisse für *Der Mann, der sterben muss*, seine Filmversion von Kasantzakis' Roman *Griechische Passion*, in der Dassins Frau Melina Mercouri mitspielte. Der Film fing auch die gegerbten Gesichter der mitwirkenden Dorfbewohner liebevoll ein.

Der griechische Satiriker Lakis Lazopoulos und die griechisch-australische Schauspielerin Zoe Carides spielten die Hauptrollen in der romantischen Komödie *Killer wider Willen* (2000), eine altmodische Geschichte über vertauschte Rollen und eine kretische Vendetta. Die Dreharbeiten für die griechisch-australische Koproduktion fanden auf Kreta und in Melbourne statt.

El Greco (2007), ein Monumentalfilm über Kretas berühmtesten Maler (s. Kasten S. 54), wurde unter der Regie von Yiannis Smaragdis auf der Insel gedreht. Im gleichen Jahr entstanden noch zwei weitere Kinofilme auf Kreta: Olga Malea drehte ihren Film *Proti Fora Nonos* (engl. Titel *First-Time Godfather*, übersetzt etwa „Erstmals Pate") in dem Dorf Fres, und der griechisch-australische Schauspieler Alex Dimitriades spielte die Hauptrolle in der romantischen Komödie *Reception Will Follow* der griechisch-amerikanischen Regisseurin Christine Crokos.

Kreta hat keine eigene Fernsehproduktion. Eine der beliebtesten TV-Serien der letzten Jahre war das auf Kreta angesiedelte Blutrachedrama *Tis Agapis Machairia* (Messer der Liebe).

Griechenlands Filmindustrie kommt langsam wieder in Fahrt. Viele Jahre herrschte Flaute, vor allem wegen unzureichender staatlicher Unterstützung und einem Hang zu schleppenden, esoterischen, mit Symbolismus überfrachteten Filmen; die waren zwar gut gemacht und brillierten zum Teil durch geniale Kameraführung, waren für ein breites Publikum aber viel zu avantgardistisch. Vorreiter dieser Schule ist Griechenlands berühmtester Kinoregisseur, Theodoros Angelopoulos, der 1998 für *Die Ewigkeit und ein Tag* die Goldene Palme von Cannes erhielt. Weitere bekannte Filme von ihm sind *Der Blick des Odysseus* mit Harvey Keitel, *Der Bienenzüchter*, *Der große Alexander* und *Landschaft im Nebel*.

Neuerdings produzieren griechische Filmemacher aber auch kommerziell erfolgreiche Filme. Dieser Trend begann mit dem Kassenschlager *Safe Sex* (2000) von Thanasis Papathanasiou und Michalis Reppas, einer komischen Betrachtung des griechischen Sexuallebens.

Davon abgesehen hat Griechenland seit *Alexis Sorbas* keinen größeren Kinoschlager mehr hervorgebracht. Einige Filme liefen auf Festivals, erzielten aber international kaum Wirkung. Zwei größere griechische Mainstream-Filme schafften es in den letzten Jahren auch in ausländische Kinos, zum ersten Mal seit sehr langer Zeit: *Zimt und Koriander* (2003) von Tassos Boulmetis und der 2004er-Hit *Brides* von Pantelis Voulgaris, den Martin Scorsese produzierte.

Die jüngste Generation griechischer Filmemacher erregt auch international Aufsehen mit Filmen, die einen ungeschminkteren und offeneren Ausblick auf das Leben im modernen Griechenland wagen – ein Bruch mit dem verklärt-romantischen Stil der Vergangenheit. Ein interessanter Regisseur ist Constantinos Giannaris, dessen provokative, im Dokumentarstil gehaltene Filme Publikum und Kritik gleichermaßen spalten, darunter der Streifen *Am Rande der Stadt* und sein neuster Film *Geiseln*. Harten Stoff verabreicht Yannis Economidis mit seinem zweiten Film *Soul Kicking* (2006), der beim Festival in Cannes lief; in einem gewagten Vergleich bezeichnete ein Kritiker den Regisseur als „jungen Mike Leigh auf Speed".

Essen & Trinken

„Kreta hatte die niedrigste Rate an Herz-Kreislauf-Krankheiten und anderen chronischen Erkrankungen.“

Die kretische Kochkunst hat eine völlig eigene Identität innerhalb der griechischen Küche. Regionale Spezialitäten und die Qualität und Auswahl der Produkte, die auf der ganzen Insel von Kleinerzeugern produziert werden, versprechen eine abwechslungsreiche kulinarische Reise. Zu den Höhepunkten einer Kretatour zählen die von Familien betriebenen Tavernen, wo authentische kretische Gerichte mit frischen, hausgemachten Erzeugnissen auf den Tisch kommen: wild-aromatische Kräuter, die soeben in den Bergen gepflückt wurden, Öl und Käse aus eigener Herstellung, zartes Lamm vom Dorfhirten oder selbst gefangener Fisch.

Auf der anderen Seite hat der Massentourismus auf der Insel inzwischen viele farblose „Touri-Tavernen“ hervorgebracht. Sie tischen ihren Gästen langweilige Speisen auf, die kaum noch etwas mit der fantasievollen kretischen Küche zu tun haben. Dieser Trend kehrt sich jedoch allmählich um, weil viele Kreter den Stolz auf ihre Küche neu entdecken und wieder traditionelle Hausmannskost auf die Speisekarten setzen. Selbst in touristischen Gegenden wenden sich viele Tavernen von den Standardvorlieben der ausländischen Gäste ab und servieren statt Schnitzel *stifado* (Schmorfleisch mit Zwiebeln). Eine neue Generation professioneller Küchenchefs experimentiert mit Variationen traditioneller Gerichte und Aromen und kreiert daraus eine kretische „Nouvelle Cuisine“.

Kreta hat durchaus das Zeug zu einem Reiseziel für Gourmets, doch seine rustikale Küche beruht vorerst noch auf einem simplen saisonalen und ausgewogenen Ansatz. Ihre größten Trümpfe sind das sonnenverwöhnte, fruchtbare Land und der traditionelle Einfallsreichtum, auf den viele Kreter in wirtschaftlich harten Zeiten angewiesen waren, um ihre nackte Existenz zu sichern.

Ihren legendären Status in Bezug auf die Gesundheit erreichte die kretische Küche, nachdem in den 1960er-Jahren bei wissenschaftlichen Studien der Essgewohnheiten im Mittelmeerraum herausgekommen war, dass Kreta die niedrigste Rate an Herz-Kreislauf-Krankheiten und anderen chronischen Erkrankungen hatte (s. Kasten S. 64). Dies wird einerseits darauf zurückgeführt, dass die Kreter mehr Hülsenfrüchte, Frischgemüse und Obst statt Fleisch und Fertigprodukten verzehren, zum anderen auch auf die großzügige Verwendung von nativem Olivenöl.

Die Kreter essen wahrscheinlich mehr Schnecken als die Franzosen. Schnecken aus Kreta werden sogar nach Frankreich exportiert.

Das Ritual des gemeinsamen Essens ist ein äußerst wichtiger Bestandteil des kretischen Lebens, ob zu Hause oder mit Familie und Freunden in einer Taverne. Für ein gutes Restaurant oder besondere Spezialitäten nehmen die Menschen weite Wege auf sich und fahren z. B. eigens in die Berge, um Fleisch aus lokaler Aufzucht zu essen, oder ans Meer, um frischen Fisch zu genießen. Einige der besten Tavernen verstecken sich an völlig unerwarteten Orten.

DIE KRETISCHE KÜCHE

Griechische und kretische Küche überschneiden sich in vielen Punkten, aber es gibt besondere kretische Spezialitäten in verschiedenen regionalen Variationen. Die Küche Kretas hat ihre Wurzeln in der Antike und wurde im Laufe der Jahrhunderte von diversen Kulturen beeinflusst. Sie basiert im Wesentlichen auf frischen, naturbelassenen Erzeugnissen der Saison mit aromatischen Kräutern und Zutaten. Kretisches Olivenöl, das in riesigen Mengen auf der ganzen Insel produziert wird, gehört zu den besten der Welt und ist integraler Bestandteil fast aller Mahlzeiten. Es ist nicht nur gesund, sondern verbessert auch den Geschmack von Salat und Gemüse.

DAS GUTE ÖL

Die Minoer gehörten zu den Ersten, die durch die Olive reich wurden. Kreta, bis heute ein bedeutendes Olivenanbaugebiet, produziert die größte Menge „extra natives Olivenöl" Griechenlands. Es wird immer mehr Öl aus biologischem Anbau erzeugt: Mindestens neun Olivenanbauregionen auf Kreta führen mittlerweile die geschützte Herkunftsbezeichnung der EU.

Die besten kretischen Olivenöle kommen aus Kolimbari, westlich von Chania, und aus Sitia im Osten. Vorzügliches biologisches Olivenöl produzieren Biolea (bei Chania) und mehrere Klöster, allen voran das preisgekrönte Olivenöl aus Moni Agia Triada bei Chania und Moni Toplou im Osten.

Am höchsten geschätzt wird *agoureleo* („unreif"), ein dickflüssiges, grünes Öl, das aus unreifen Oliven gepresst wird.

Die Griechen haben weltweit den höchsten Olivenölverbrauch pro Kopf: Auf Kreta verzehrt jeder Einzelne durchschnittlich 31 l pro Jahr.

Die Essgewohnheiten der Inselbewohner entwickelten sich auf der Grundlage dessen, was für den eigenen Lebensunterhalt vor Ort angebaut oder produziert werden konnte. Seit Jahrhunderten sammeln die Kreter *chorta* (Wildgemüse) in den Bergen und kochen es für warme Salate, Pastetenfüllungen oder Eintöpfe. Nach Regenfällen werden an den Hängen *chochlii* (Schnecken) gesammelt und nach zahlreichen interessanten Rezepten zubereitet. Versuchen sollte man z. B. *chochlii boubouristi* (in Essig gedünstete Schnecken mit Rosmarin), oder Schneckeneintopf mit *chondros* (Weizenschrot). Kretischer *paximadia* (Zwieback), ein Relikt aus Zeiten der Hungersnot, wird aus Gerstenmehl oder Vollkornweizen zu einem harten Laib verarbeitet, doppelt gebacken und hält sich buchstäblich über Jahre. Das beliebte Gericht *dakos* (oder *koukouvagia*) besteht aus mit Wasser befeuchtetem Zwieback, der mit Tomate, Olivenöl und Feta oder *myzithra* (Schafskäse) belegt wird.

Angelika Illies gibt in *Kretas Küche* (2003) eine gute Einführung in die „gesunde und sonnenverwöhnte" Kost der Insel. Ein Honiglöffel aus Olivenholz zur Portionierung des regionaltypischen Thymianhonigs wird gleich mitgeliefert.

Fleisch kommt heute regelmäßiger auf den Tisch als früher. Kreter essen bevorzugt Lamm und Ziege aus lokaler Aufzucht und haben eine Vorliebe für Kaninchen, das gern mit Rosmarin und *rizmarato* (Essig) zu einem Eintopf gekocht wird. Grillfleisch steht oft ganz oben auf den Speisekarten der Tavernen. Die Kreter haben ihre eigene Art zu grillen, die als *ofto* bezeichnet wird: Große Stücke Fleisch werden senkrecht über glühenden Kohlen gegart. In bestimmten Regionen der Insel wird Fleisch vorwiegend *tsigariasto* (sautiert) zubereitet, einige Tavernen in traditionellen Bergdörfern servieren überraschend leckeres, gekochtes Hammel- oder Ziegenfleisch. Oft wird Fleisch auch mit Gemüse gekocht, z. B. Lammeintopf mit *stamnagathi* (Wildgemüse) bzw. Artischocken, oder Hühnchen mit Okra.

Die Original-Kreta-Diät (2005) von Myrsini Lambraki und Ingrid Kiefer lässt die Leser mit authentischen Rezepten rund um das Lebenselixier Olivenöl an der gesunden Wirkung der kretischen Ernährung teilhaben.

Die findigen Kreter verwenden fast alle Teile des Tiers, auch *ameletita* („Unaussprechliches", sprich gebratene Schafshoden) und *gardhoumia* (in Darm gewickelter Magen und Innereien).

Außer in Bergregionen ist *psari* (Fisch) seit ewigen Zeiten ein Grundnahrungsmittel. Er wird in der Regel völlig schnörkellos zubereitet, meistens als ganzer Fisch gegrillt und mit *ladholemono* (Zitrone-Öl-Dressing) beträufelt. Kleinere Fische wie Rote Meeräsche und der winzige Breitling werden meist nur kurz angebraten.

Kalitsounia sind leicht gebratene Teigtaschen mit einer Füllung aus *myzithra*-Käse oder *chorta*. Die Käsevariante wird auch gern mit Honig serviert.

Ihre ganze Brillanz entfaltet die kretische Küche bei Gemüsegerichten wie Artischocken, dicken Bohnen oder leckeren Zucchiniblüten *(anthoi)* mit Reisfüllung und Kräutern.

Die Kreter machen wunderbaren Käse aus Ziegen- und Schafsmilch. *Graviera*, ein milder, Gruyère-ähnlicher Schafskäse mit Nussgeschmack,

GESUND MIT KRETISCHER KÜCHE

Dass die kretische Kost besonders gesund ist, ergab eine maßgebliche internationale Studie, mit der 1960 begonnen wurde: Kretische Männer haben die niedrigste Rate an Herz-Kreislauf-Erkrankungen oder Krebs. Dreißig Jahre später war die Hälfte der kretischen Teilnehmer noch am Leben, dagegen beispielsweise in Finnland kein einziger mehr. Als des Rätsels Lösung gilt die ausgewogene kretische Kost, reich an Obst, Gemüse, Hülsenfrüchten, Vollkornprodukten, Olivenöl und Wein. Ein weiterer Faktor mögen die *chorta* (Wildgemüse) sein, die Kreter seit Urzeiten in den Bergen sammeln und mit denen sie auch entbehrungsreiche Kriegszeiten überstanden. Ihre möglichen Schutzwirkungen sind noch nicht vollständig erforscht.

Auch das regelmäßige Fasten könnte eine Rolle spielen, ebenso die Verwendung von Schafs- und Ziegenmilch statt Kuhmilch. Viele schwören auf die medizinischen Eigenschaften von Raki und Wein und ihre Bedeutung für ein langes Leben. Leider verändern sich durch Wohlstand und Verstädterung der Insel auch Ernährung und Lebensstil der Kreter. Seit die Insulaner mehr Fleisch und Käse essen und nicht mehr so oft auf dem Feld arbeiten, nehmen Fettleibigkeit, Herz-Kreislauf-Erkrankungen und Krebs zu.

Unabhängig von ihren positiven Auswirkungen auf die Gesundheit, wird die kretische Küche endlich auch als Schlüsselelement des kulturellem Erbes angesehen. Das Wiederaufleben von Interesse und Stolz verändert langsam auch die gastronomische Landschaft der Insel. Seit einigen Jahren wird mehr Betonung auf die Förderung der kretischen Küche gelegt, z. B. durch Projekte wie **Concred** (www.concred.gr), einem 2004 ins Leben gerufenen Zertifizierungsprogramm, dem bislang etwa 30 Restaurants angeschlossen sind. Viele davon gehören zu großen Hotels, die früher nur internationale Küche servierten, aber es beteiligen sich auch zunehmend exklusive Restaurants und einfache Tavernen mit kretischer Küche in Städten, in Bergdörfern und am Meer. Auf einer Kretareise gibt es jede Menge authentische Restaurants zu entdecken.

reift oft in speziellen Berghöhlen und Steinhütten, die als *mitata* bezeichnet werden. Besonders köstlich schmeckt er mit Thymianhonig. Weitere lokale Käsesorten sind *myzithra*, ein milder, Ricotta-ähnlicher Weichkäse, der direkt verzehrt oder zum Reiben gehärtet wird; *xynomyzithra*, ein saurer Hartkäse; *anthotiro*, ein weicher Molkekäse; und *galomyzithra*, eine sahnige Spezialität aus Chania. Häufig werden Ziegen- und Schafsmilch bei der Herstellung gemischt. *Staka* ist ein fetter, weicher Rahmkäse, der oft an Reis-*pilafi* (Pilaw) kommt, um es cremiger zu machen.

Eine feine Sache ist der gehaltvolle Joghurt aus Schafsmilch mit seinem intensiven Geschmack, sehr lecker mit Honig, Walnüssen oder Obst. Eine besonders gute Sorte kommt aus Vrisses, s. S. 134.

Gesund mit der Kreta-Diät (2006) von Ingeborg Münzing-Ruef und Stefanie Latzin erklärt die Geheimnisse der kretischen Küche vom ernährungswissenschaftlichen Standpunkt und liefert dazu viele typische Rezepte der Insel.

GETRÄNKE

Kaffee & Tee

Griechischer Kaffee, ein Vermächtnis der osmanischen Herrschaft, wird traditionell auf heißem Sand in einem speziellen *briki* (Kupfertopf) aufgebrüht und in einer kleinen Tasse serviert, wobei der Kaffeesatz auf den Boden sinkt (nicht mittrinken). Getrunken wird er *glyko* (süß), *metrio* (mittelsüß) oder *sketo* (ohne Zucker). Der griechische Kaffee hat es allerdings nicht leicht, sich als Nationalgetränk gegen die scharfe Konkurrenz des allgegenwärtigen Frappé, eines Instant-Eiskaffees, zu behaupten. Espresso und Cappuccino sind weit verbreitet und auch kalt *(freddo)* erhältlich.

Beliebt sind auch Kräutertees, besonders Kamillentee und der aromatische kretische *tsai tou vounou* („Bergtee"), der gesund ist und gut schmeckt. Die nur auf Kreta heimische Teesorte *diktamo* (Diptam) ist für ihre medizinischen Heilkräfte bekannt. Der am weitesten verbreitete warme „Heiltrunk" ist *rakomelo*: Raki, Honig und Gewürznelken.

FEUERWASSER

Raki *(tsikoudia)* ist ein integraler Bestandteil der kretischen Kultur. Ein Gläschen des feurigen Kurzen gibt's zur Begrüßung, nach dem Essen und fast zu jeder Tageszeit und bei allen Anlässen. Destilliert wird der Schnaps aus Stielen und Kernen von Trauben, die beim Pressen für die Weinproduktion abfallen. Er ähnelt dem italienischen *grappa* und irischen *poteen*. Während der Brennsaison (alljährlich ab Oktober) produzieren Destillerien auf der ganzen Insel – darunter viele Privatbrennereien – Unmengen an Raki. Die Saison wird in der Regel von ausgedehnten Trinkgelagen und Festessen begleitet. Wer zufällig in einem Dorf landet, in dem Raki gebrannt wird, wird wahrscheinlich zu einem Gläschen eingeladen. Guter Raki hat einen milden, sanften Geschmack ohne Brennen im Abgang. Wer Raki zum Essen trinkt, sollte keinen anderen Alkohol dazutrinken, sondern lieber viel Wasser. Man kann beträchtliche Mengen Raki trinken, ohne einen schlimmen Kater zu bekommen.

Bier & Spirituosen

Griechische Biere müssen sich auf einem Markt behaupten, der von europäischen Großbrauereien wie Amstel und Heineken beherrscht wird. Die bekanntesten griechischen Marken sind Mythos und Alfa. Weniger verbreitet sind Vergina und Hillas aus Nordgriechenland, das Biobier Piraiki aus Piräus und Craft, das meist vom Fass getrunken wird. Kreta hat sogar ein eigenes Bier, das in der Rethymniaki-Brauerei (S. 147) produziert wird. Im Allgemeinen sind die Griechen aber keine großen Biertrinker, sie konsumieren nur etwa die Hälfte des durchschnittlichen Pro-Kopf-Verbrauchs in der EU.

Kretischer Raki – Raki-Kultur (1999) von Thomas Balistier führt in die Kunst des Raki-Trinkens ein und informiert ausführlich über die Herstellung des kretischen Nationalgetränks und seine Rolle in Alltag und Kulturgeschichte der Insel.

Am billigsten ist Bier im Supermarkt, aber es ist auch an Kiosken erhältlich.

Ouzo, der berühmte griechische Anisbranntwein, hat auf Kreta weniger Anhänger und wird hauptsächlich von Festlandgriechen oder Ausländern getrunken. Er wird pur auf Eis serviert, mit einem separaten Glas Wasser zum Verdünnen, wobei er eine milchig-weiße Trübung annimmt.

Wein

Wein wird schon seit den Zeiten der Minoer auf Kreta angebaut. Seit langem ist es Tradition auf der Insel, dass Bauern kleine Weinberge kultivieren und Wein für den eigenen Verbrauch herstellen. Erst mit der Industrialisierung (und dem rapiden Wachstum der Stadtbevölkerung und der Touristenzahlen) stieg die Nachfrage nach massenproduzierten Flaschenweinen – und die Welt bekam den Retsina geschenkt.

Ausführliche Informationen über Weinregionen und Winzer des Landes gibt es unter www.greekwine.gr oder www.greekwinemakers.com.

Seit etwa 20 Jahren erlebt die griechische Weinindustrie eine Art Renaissance: Eine neue Generation fortschrittlicher, international ausgebildeter Winzer erfindet den griechischen Wein neu, indem sie einheimische und internationale Rebsorten verwendet. Rund 20 % des griechischen Weins wird auf Kreta produziert. Kretischer Wein versetzt Kenner nicht unbedingt in Ekstase, aber es sind durchaus interessante Tropfen dabei. Auch der Weintourismus nimmt langsam zu, da sich die Kellereien neuerdings besucherfreundlicher präsentieren, s. S. 185.

An die 70 % des kretischen Weins kommt aus der Peza, dem wichtigsten Anbaugebiet mit ausgewiesener Herkunftsbezeichnung. Viele Weine sind aus mehreren Rebsorten verschnitten und werden von Kooperativen in großen Mengen produziert, die Qualität solcher Produkte ist durchwachsen. Weitere bedeutende Weinregionen sind Dafnes, Archanes und Sitia; letztere hat eine große Weinindustrie (S. 216), die einige frische Weißweine hervorbringt. Gute Weinkellereien finden sich auch in Chania, s. S. 88. Die beliebtesten weißen Rebsorten auf Kreta sind *vilana* und *thrapsathiri*. Die älteste Sorte, *liatiko*, wird schon seit 4000 Jahren zur Herstellung von Rotwein verwendet. Bekanntere Rote sind *kotsifali* und *mandilari*.

Die in Restaurants ausgeschenkten Hausweine sind in der Regel sehr annehmbar und viel billiger als Flaschenweine. Einige rote Hausweine haben eine leichte Portweinnote. Es besteht die Auswahl zwischen *kokkino* (rot), *roze* (rosé) oder *lefko* (weiß).

Der Retsina, ein mit Kiefernharz versetzter Weißwein, genießt inzwischen beinahe folkloristische Bedeutung bei Ausländern. Einige verwechseln ihn mit Fasswein (der enthält aber kein Harz). Der gewöhnungsbedürftige Retsina passt gut zu geschmacksintensivem Essen, besonders zu Fisch und Meeresfrüchten.

FESTESSEN

Religiöse und kulturelle Feierlichkeiten auf Kreta werden ausnahmslos von einem Festessen begleitet. Bei Feiern gibt's immer Lamm oder junge Ziege (am Spieß und/oder gekocht). Als Beilage wird köstlicher *pilafi*-Reis gereicht, der in der Brühe gekocht wird.

Griechenland. Kulinarische Streifzüge (2005): Werner O. Feißt bettet viele leckere Rezepte in Schilderungen seiner Reisen auf dem griechischen Festland und Kreta ein: ein fesselndes, sehr persönliches Bild von den Menschen, ihrem Leben und ihrer Esskultur.

Vor Ostern herrscht Fastenzeit. Es gibt spezielle Fastengerichte ohne Fleisch oder Milchprodukte; die ganz strenge Fraktion verzichtet sogar auf Öl. Doch gleich nach der Auferstehung beginnen die Festlichkeiten mit einer Schüssel *mayiritsa* (Suppe aus Innereien) und dem ostersonntäglichen Mittagsmahl mit Lamm und *kreatotourta* (Fleischpasteten). Beliebte Süßigkeiten zu Ostern sind *koulourakia* (Biskuits), *melomakarona* (Honigkekse) und *kourambiedhes* (Mandelkekse).

Ein traditionelles Hochzeitsgeschenk ist die *kouloura*, ein kunstvoll verziertes Brot, das mehrere Stunden Zubereitung erfordert. Dazu werden dem Brautpaar Honig und Walnüsse als Aphrodisiakum gereicht.

Zu Neujahr gibt es *vasilopita*, einen besonderen Kuchen mit eingebackener Münze, die dem Empfänger im neuen Jahr Glück bringen soll.

Im Verlauf des Jahres drehen sich viele Feiern um die Nahrungsproduktion, z. B. verschiedene Erntefeste – von der Kastanie bis zur Sultanine, komplette Liste s. S. 234.

ESSEN GEHEN

In den meisten Orten wird zwischen „touristischen" Tavernen und Restaurants für die anspruchsvolleren Einheimischen unterschieden. Der Trick besteht darin, letztere ausfindig zu machen. Besonders verräterisch für Touri-Läden sind freundliche Schlepper und große Leuchtreklamen in englischer Sprache mit wenig verlockenden Fotos der Gerichte, wobei es zugegebenermaßen auch die eine oder andere Ausnahme gibt. Wegen der späten Essenszeiten kann es passieren, dass in einem Restaurant um 19 Uhr kaum eine Menschenseele anzutreffen ist, es aber ein paar Stunden später

GAUMENFREUDEN

Von einer Kretareise kann man viele köstliche Leckereien mit nach Hause bringen, z. B. ausgezeichneten kretischen Honig, aromatische Kräuter und Tees, Löffelsüße (in Sirup eingelegte Früchte), Raki und natürlich Olivenöl. Zu den besten Adressen für lokale Erzeugnisse zählen Frauenkooperativen wie **Krousonas**, s. S. 182. Dort kann man den Frauen bei der Arbeit zusehen und ausgezeichnete traditionelle Produkte kaufen, darunter Zwieback, Löffelsüße, Kuchen, Kekse oder Nudeln. Das Delikatessengeschäft **Miden Agan** in Chania (s. S. 98) hat eine hervorragende Auswahl an köstlichen Lebensmitteln, Olivenölen und Weinen, Gleiches gilt für **Avli Raw Materials** in Rethymnon, s. S. 144.

DOS & DON'TS

- Ruhig darum bitten, in die Kochtöpfe schauen oder seinen Fisch selbst auswählen zu dürfen.
- Unbedingt nach Spezialitäten der jeweiligen Region fragen.
- Nicht aufs Bezahlen drängen, wenn man zum Essen im Restaurant eingeladen wird – das beleidigt den Gastgeber.
- Einen Kaffee oder Raki nie ablehnen – das Angebot ist eine Geste der Gastfreundschaft und des Wohlwollens.

vor Einheimischen wimmelt. Es ist in jedem Fall ratsam, sich den lokalen Essenszeiten anzupassen (s. S. 70, Esskultur).

Jedes Esslokal ist gesetzlich verpflichtet, eine Speisekarte mit Preisen zu führen. Brot kommt automatisch auf den Tisch, eine geringe Gedeckpauschale wird berechnet. Ein Trinkgeld ist nicht zwingend, aber es ist üblich, die Rechnung aufzurunden und für guten Service 10 % draufzulegen.

Als Faustregel gilt: Je weiter man sich von den Touristenzentren der Nordküste entfernt, desto besser wird das Essen. Das gilt besonders für die Dörfer, wo vorwiegend frische Produkte aus lokalem Anbau verwendet werden. Vorsicht vor kleinen Tavernen mit verdächtig umfangreicher Speisekarte, denn es ist nicht realistisch, so viele Gerichte frisch zuzubereiten.

Wohin zum Essen?

Es folgt eine Liste mit diversen Typen von Esslokalen:

Estiatorio So nannte man früher ein Restaurant mit höheren Preisen für das gleiche Angebot, das es in einer Taverne gibt. Heute bezeichnet *estiatorio* oft ein exklusiveres Restaurant mit internationaler Küche.

Kafenion Als eine der ältesten Institutionen serviert ein solches Kaffeehaus normalerweise nur griechischen Kaffee und Schnaps, doch in vielen kretischen Dörfern haben *kafenia* auch Mahlzeiten im Angebot. *Kafenia* sind weitgehend eine Domäne des männlichen Geschlechts.

Mayireio Ein Restaurant, das auf große Portionen bestimmter Tagesgerichte spezialisiert ist, darunter traditionelle Speisen aus dem Backofen und beliebte Eintöpfe.

Mezedopoleio Ein Lokal, das viele verschiedene *mezedes* (kleine Appetithäppchen zum Teilen) serviert.

Psarotaverna Eine Taverne, die auf Fisch und Meeresfrüchte spezialisiert ist.

Psistaria Eine Taverne, die auf Fleisch vom Holzkohlengrill oder Spießbraten spezialisiert ist.

Rakadiko Das kretische Äquivalent eines *ouzeri* serviert mit jeder Runde Raki zunehmend raffiniertere *mezes*. Besonders beliebt in Sitia, Ierapetra und Rethymnon.

Taverne Das klassische griechische Esslokal ist ein zwangloses, von einer Familie geführtes (und kinderfreundliches) Restaurant. Die Bedienung bringt vorab Wasser und einen Korb mit Brot und Besteck. Normalerweise gibt's Wein vom Fass, Papiertischdecken und eine Speisekarte mit Standardgerichten. Moderne Tavernen bieten mittlerweile kreative Variationen typisch griechischer Gerichte in schickerem Ambiente – mit höheren Preisen und guter Weinkarte, aber nicht unbedingt besserem Essen.

Zaharoplasteio Eine Kreuzung aus Patisserie und Café, manchmal ohne Sitzgelegenheit.

Aktuelle Infos und Artikel über die griechische und mediterrane Küche sind unter www. gourmed.gr zu finden.

Mezedes & Vorspeisen

Mezedes (Appetithappen) werden normalerweise vor der Hauptspeise geteilt, es ist aber auch durchaus üblich, eine volle Mahlzeit draus zu machen. Alternativ dazu kann man auch eine *pikilia* (Mixteller aus *mezedes*) bestellen.

Übliche *mezedes* sind Dips, z. B. *taramosalata* (Fischrogen), *tzatziki* (Joghurt, Gurke und Knoblauch), *melidzanosalata* (Aubergine) und *fava* (Erbsenpüree). Zu den warmen *mezedes* gehören *keftedes* (Fleischbällchen), *loukanika* („Landwürstchen"), *bourekaki* (winzige Fleischpasteten), *saganaki* (gebratener Käse) und *apaki* (essiggeräuchertes Schweinefleisch). Vegetarische *mezedes* sind *dolmadakia* mit Reisfüllung, frittierte Zucchini- oder Auberginenscheiben, *gigantes* (weiße Riesenbohnen in Tomaten-Kräutersauce) und Gemüsebratlinge, meistens *kolokythokeftedes* (mit Zucchini) oder *domatokeftedhes* (mit Tomate).

Es gibt über 100 essbare Wildgemüse (chorta) auf Kreta, doch selbst die kundigsten Kräutersammler erkennen davon nicht mehr als ein Dutzend.

Typische Seafood-*mezedes* sind eingelegte oder gegrillte *ochtapodi* (Tintenfische), *lakerda* (Räucherfisch), Muschel- oder Garnelen-*saganaki* (gekocht mit Tomatensauce und Käse), knusprig gebratene Calamares, gebratener *maridha* (Breitling) und *gavros* (milde Anchovis), entweder eingelegt oder vom Grill.

Suppe ist normalerweise keine Vorspeise, sondern kann für sich genommen mit Brot und Salat als preiswerte und gehaltvolle Mahlzeit dienen. *Psarosoupa* ist eine Fischsuppe mit Gemüse. *Kakavia* (griechische Bouillabaisse) wird nach Wünschen der Gäste zubereitet und enthält reichlich Meeresfrüchte. Wer auf Innereien steht, sollte sich *mayiritsa*, die traditionelle Kuttelsuppe zu Ostern, nicht entgehen lassen.

Der allgegenwärtige griechische Bauernsalat *choriatiki salata* wird als Beilage zu den meisten Mahlzeiten gereicht. Er besteht aus Tomaten, Gurke, Zwiebeln, Oliven und Schafskäse und wird mit Oregano und Olivenöl angerichtet, gelegentlich kommen noch frische *glistrida* (Kapern) hinzu. Ein weiterer Favorit sind von Hand geschnittene Bratkartoffeln in Olivenöl.

Hauptgerichte

In Tavernen bestehen Hauptgerichte normalerweise aus Eintöpfen, Gerichten aus dem Backofen *(mayirefta)* und nach Bestellung zubereiteten Speisen *(tis oras)*, z. B. Grillteller. Exklusivere und internationaler ausgerichtete Restaurants bietet konventionellere Mahlzeiten an. Die verbreitetsten *mayirefta* sind *boureki* (Auflauf mit Zucchini, Kartoffeln und Käse), *moussaka* (geschichteter Auflauf aus Aubergine, Hackfleisch und Kartoffeln, mit Käsesauce überbacken), *pastitsio* (Nudelauflauf mit Hackfleisch und Käsekruste), *yemista* (gefüllte Tomaten oder grüne Paprika), *giouvetsi* (Schmortopf mit Lamm oder Kalb und Nudeln), *stifado* (Schmorfleisch mit Zwiebeln), *soutzoukakia* (würzige Fleischbällchen in Tomatensauce) und *chochlii* (Schnecken). *Ladhera* ist meistens ein Gemüsegericht mit reichlich Olivenöl, als Eintopf oder aus dem Backofen.

Griechenland genießen (2004) von Monica Kellermann und Rudolf Knoll ist vor allem wegen seiner Schilderung der uralten Geschichte des Weinbaus in Griechenland und seiner kundigen Führung durch die moderne griechische Weinszene lesenswert.

Mayirefta werden meist schon vormittags zubereitet, damit sie abkühlen können und das Aroma besser durchzieht; lauwarm schmecken sie besser als aus der Mikrowelle.

Fleisch wird gewöhnlich im Backofen zubereitet (mit Kartoffeln, Zitrone und Oregano), in Eintöpfen auf Tomatenbasis gekocht oder in der *kokkinisto* (Kasserolle) gegart.

Die meisten Restaurants haben leckere Fleischgerichte vom Holzkohlegrill wie *brizoles* (Schweinekoteletts) oder *païdakia* (Lammkoteletts).

Beliebte Seafood-Hauptgerichte sind Oktopus mit Makkaroni oder Tintenfisch mit einer Füllung aus Käse, Kräutern oder Reis. *Soupies* (Kuttelfisch) schmeckt ausgezeichnet vom Grill oder als Eintopf mit wildem Fenchel. Gebratener gesalzener Kabeljau mit *skordalia* (einem tödlichen Dip aus Knoblauch und Kartoffeln) ist ebenfalls ein beliebtes Gericht.

Fisch wird in den Restaurants meist zum Kilopreis offeriert. Es ist normal, sich sein „Opfer" aus der Vitrine oder in der Küche auszusuchen. Man sollte ihn vorab im rohen Zustand abwiegen lassen, um einen Schock bei der Rechnung zu vermeiden, denn frischer Fisch ist nicht billig.

Kretas Fischindustrie sorgt für sehr viel Frischfisch, doch die lokalen Bestände reichen bei weitem nicht aus, um Millionen Touristen zu versorgen, die jeden Sommer in Kreta einfallen. Die meisten Restaurants weisen darauf hin, wenn Fisch und Meeresfrüchte aus der Truhe kommen, aber manchmal nur auf der griechischen Speisekarte (zu erkennen an der Abkürzung „kat" oder einem Sternchen). Bei kleineren Fischen ist man häufiger auf der sicheren Seite – je ausgefallener die Größe, desto wahrscheinlicher wurde der Fisch vor Ort gefangen.

Die besten Fische vom Grill sind *tsipoura* (Goldbrasse), *lavraki* (Seebarsch) und *fangri* (Brasse). Kleinere Fische wie *barbunya* (Rote Meeräsche) schmecken gebraten besonders köstlich. Bezeichnungen weiterer beliebter Speisefische sind im Essglossar aufgelistet, s. S. 72.

Griechische Küche und Weine (1997) von Sophia Souli enthält typische und ausgefallenere Rezepte und viele Infos über Festessen, regionale Spezialitäten, Süßspeisen sowie griechischen Wein und andere landestypische Getränke.

Süßspeisen

Auf Kreta wird nach einer Mahlzeit traditionell eher Obst gereicht als Süßigkeiten. Das heißt aber nicht, dass es keine köstlichen einheimischen Süßwaren und Kuchen gäbe. Die kretischen Frauen sind stolz auf ihre Backkünste.

Bekannte griechische Süßspeisen sind *baklava*, *loukoumades* (Krapfen mit Honig oder Sirup), *kataïfi* (gehackte Nüsse in honiggetränkten Teigfäden), *rizogalo* (Reispudding) und *galaktoboureko* (Teigtaschen mit Vanillefüllung und Sirup).

Doch Kreta hat auch seine eigenen süßen Spezialitäten: Die leckeren *sfakianes pite* aus der Region Sfakia in Chania sind eine Art Pfannkuchen mit leichter *myzithra*-Füllung, die mit Honig serviert werden. *Xerotigana* sind frittierte Blätterteigtaschen mit Honig und Nüssen.

In Sirup eingelegtes Obst, die so genannte „Löffelsüße", wird gelegentlich nach dem Abendessen auf kleinen Tellerchen gereicht, schmeckt aber auch köstlich auf Joghurt oder Eiscreme. Einige Tavernen servieren nach dem Essen *halva*, eine Süßspeise aus Grieß.

Auf die Schnelle

Souvlaki ist das beliebteste Fastfood auf Kreta. Gyros am Spieß oder als Kebab wird in *pitta*-Fladen gefüllt, dazu kommen Tomaten, Zwiebeln und reichlich *tzatziki* oben drauf. In größeren und kleineren Städten gibt es viele *fastfoudadika* (Schnellrestaurants nach westlicher Art). Die meisten Bäckereien bieten eine Auswahl an *pittes*, einschließlich *kalitsounia*, die klassische *tyropita* (Käsepastete) und *spanakopita* (Spinatpastete). Wer es eilig hat und noch etwas Anständiges in den Magen bekommen möchte, ist in Tavernen mit *mayirefta* an der besten Adresse.

VEGETARIER & VEGANER

Richtige vegetarische Restaurants sind auf Kreta rar, doch die Kombination aus mageren Zeiten und der Fastentradition der orthodoxen Kirche hat aus den Kretern so etwas wie „Vegetarier aus Versehen" gemacht. Daher sind normalerweise auch recht viele fleischlose Gerichte im Angebot. Das Gemüsegericht *ladhera* ist Standard während der Fastenzeit. Bohnen und Hülsenfrüchte bildeten früher die Grundlage der winterlichen Küche, ein Überbleibsel dieser Tradition sind köstliche Gerichte wie *gigantes* (weiße Riesenbohnen in Tomaten-Kräutersauce).

Verbreitete vegetarische Gerichte sind *fasolakia yiahni* (Eintopf aus grünen Bohnen), *gemista* (gefüllte Tomaten) und *bamies* (Okra). Auch Auberginen werden vielfach verwendet, vor allem in Gerichten wie *briam* (gemischtes Gemüse).

Chorta (Wildgemüse) ist extrem nahrhaft. Am süßesten ist *vlita*, und als Delikatesse gilt *stamnagathi*, das in den Bergen wächst und gekocht als Salat oder im Eintopf mit Fleisch auf den Tisch kommt. Weitere verbreitete Wildgemüse sind Rettich, Löwenzahn, Brennnesseln und Sauerampfer.

Obst

Auf Kreta werden viele schmackhafte Obstsorten angebaut, die besser schmecken als die Supermarktware zu Hause. Ein köstliches Obst ist *frangosyko* (Kaktusfeige), die Frucht einer Kakteenart namens Opuntia. Die Annäherung sollte aber mit extremer Vorsicht erfolgen, weil ihre Schale mit Tausenden winziger Stachelhärchen bedeckt ist, die mit bloßem Auge nicht zu erkennen sind. Man darf sie nie ohne Handschuhe anfassen. Zum Schälen beide Enden mit dem Messer abschneiden und die Schale der Länge nach aufschlitzen.

Eine weitere exotische Frucht ist die *mousmoulo* (Loquat). Diese kleinen, orangefarbenen Früchte mit saftigem Fleisch schmecken angenehm säuerlich.

FÜR KLEINE ESSER

Kreta ist sehr kinderfreundlich. Familien werden sich in den zwanglosen Tavernen und *psistarias* wohlfühlen, wo Kinder willkommen sind und nett behandelt werden. Niemand regt sich groß auf, wenn die Kleinen zwischen den Tischen rumtoben. Oft essen Familien noch spätabends auswärts. Dann spielt die Kinderhorde vor den Tavernen, während die Eltern ihr ausgiebiges Abendessen genießen. Spezielle Kindergerichte auf der Speisekarte sind selten, aber die meisten Lokale machen auf Nachfrage spezielle Teller zurecht oder gehen auf Sonderwünsche ein.

ESSKULTUR

Die Gastfreundschaft ist ein Schlüsselelement der kretischen Kultur, vom Glas Wasser zur Begrüßung bis zum gewohnten Obst und Raki als Gratiszugabe nach dem Essen. Die Inselbewohner mögen es, Speisen untereinander aufzuteilen; das sorgt für Geselligkeit und Entspannung beim Essen, und man kann alles mal probieren. Kreter essen nur selten allein.

Auf Kreta ist das Frühstück nicht besonders wichtig. Hotels der unteren Preiskategorie bieten meist „kontinentales" Frühstück an (Brötchen oder Brot mit Marmelade und Tee oder Kaffee). Vornehmere Hotels fahren komplette Frühstücksbüfetts auf, einschließlich lokaler Backwaren.

TRADITION ERHALTEN

Seit Kreta ihre zweite Heimat geworden ist, betätigt sich die griechisch-amerikanische Köchin Nikki Rose mit ihrem Projekt Crete's Culinary Sanctuaries als stille Botschafterin für den Erhalt der kretischen Kultur und eines nachhaltigen Agrotourismus.

Rose veranstaltet nicht nur Kochvorführungen in Privathäusern, sondern führt auch kleine Gruppen zu Leuten, die sich immer noch die Zeit nehmen, Käse oder Honig von Hand herzustellen oder Brot auf traditionelle Art in einem alten Holzofen zu backen. „Es ist eine Lebensart, die immer schneller verloren geht", sagt sie.

Rose baut auf der ganzen Insel nach und nach ihr inoffizielles Netzwerk aus, mit dem sie die Kräfte von Biobauernhöfen und kleinen Erzeugern bündelt, die noch nach traditionellen Methoden produzieren. Auf diese Weise möchte sie dazu beitragen, das kulinarische Erbe Kretas zu bewahren. „Eine nachhaltige Zusammenarbeit von Fremdenverkehr und Landwirtschaft erhöht die Qualität des Tourismus und schützt die Umwelt ebenso wie die Gemeinden."

Rose zeigt sich besorgt über die zunehmende Zahl an „Agro-Disney"-Unternehmen, die ihrer Befürchtung nach die echten Bioerzeuger verdrängen: „Das ist eine sehr gefährliche Entwicklung für den Erhalt des kulturellen Erbes. Die Touristen gehen nicht mehr in ein echtes Dorf, sondern zu einer dieser Imitationen des traditionellen kretischen Lebens. Zumindest solange die traditionellen Dörfer noch existieren, sollten die Touristen ihr Geld lieber dort lassen."

Veränderte Arbeitszeiten haben zwar Auswirkungen auf die traditionellen Essenszeiten, doch das Mittagessen ist noch immer bei den meisten die größte Mahlzeit am Tag; es beginnt aber nicht vor 14 Uhr. Kaum einem Griechen würde es einfallen, vor Einbruch der Dunkelheit zu Abend zu essen. Da die Geschäfte spät schließen, füllen sich auch Restaurants erst ab 22 Uhr. In den Stunden dazwischen machen Cafés ein Bombengeschäft, vor allem im Anschluss an die nachmittägliche Siesta, während der viele Orte wie ausgestorben wirken.

Die großen Mahlzeiten sind ein lang gezogenes Ritual. Wer zusammen mit Einheimischen isst, sollte sich zügeln und seine *mezedes* nicht runterschlingen, denn es kommt noch was. Die Bedienung ist für westeuropäische Verhältnisse gemächlich, aber das Personal legt es auch nicht drauf an, die Gäste loszuwerden. Sobald das Essen serviert ist, lässt die Bedienung die Gäste für gewöhnlich in Ruhe und räumt den Tisch erst ab, wenn die Rechnung angefordert wird. Kreter bestellen viel und behalten am Ende immer was übrig. Viele Restaurants packen die Reste für Gäste ein.

Einen Bauernsalat oder *tzatziki* als komplette Mahlzeit zu bestellen – wie es junge und besonders sparsame Touristen gern tun – gilt als unfein, und die Bedienung rümpft oft insgeheim die Nase darüber.

Da Griechen nicht die Angewohnheit haben, nach einer Mahlzeit Kaffee zu trinken, bieten viele Tavernen keinen an.

KOCHKURSE

Kulinarische Reisen und Kochkurse werden auf Kreta immer beliebter. Allgemeinkurse werden ab 50 € angeboten.

Rodialos (☎ 28340 51310, www.rodialos.gr) organisiert regelmäßig ein- bis siebentägige Kochseminare in einer wunderschönen Villa in Panormos, in der Nähe von Rethymnon. Mary Frangaki macht die Teilnehmer mit den Grundlagen der kretischen Küche vertraut, indem sie ein mehrgängiges Menü zubereitet. Rodialos veranstaltet auch ganzheitliche Workshops mit Yoga und Tai Chi. Die Seminare kosten 50 € pro Tag und schließen den Verzehr der selbst gekochten Mahlzeiten ein. Die Teilnehmer können in der Villa wohnen; weitere Einzelheiten auf der Website.

Enagron (☎ 28340 61611; www.enagron.gr) bietet in der Umgebung des Dorfes Axos Kochworkshops an und organisiert saisonale Veranstaltungen rund um die Herstellung von Käse, Wein und Raki. Der Bauernhof in bezaubernder Lage bietet auch Zimmer an, s. S. 151.

Certe's Culinary Sanctuaries (www.cookingincrete.com) konzentriert sich auf Kretas Ökolandwirtschaft und traditionelle kretische Küche. Das Programm beinhaltet Unterricht zum Mitmachen, Vorführungen in Privathäusern und Besuche bei lokalen Bauern und Erzeugern. Die maßgeschneiderten Kurse werden von der griechisch-amerikanischen Profiköchin und Autorin Nikki Rose geleitet und finden an verschiedenen Orten auf der Insel statt, s. Kasten S. 70.

Tastes of Crete (☎ 28210 41458; www.diktynna-travel.gr) veranstaltet zwanglose, eintägige Kochseminare in einem beeindruckenden Bauernhaus aus dem 18. Jh., etwa zehn Autominuten außerhalb von Chania. Die Kurse finden von Mai bis Oktober zweimal wöchentlich statt. Die Teilnehmerzahl ist auf acht Personen begrenzt, Kostenpunkt 95 € inkl. Transfer, Marktbesuch, Unterricht und Mittagessen.

Logari (☎ 2810 752 808; www.logari.gr) wurde von Katerina Hamilaki gegründet. Sie leitet regelmäßig Kochseminare und bietet Ferien mit Schwerpunkt Essen auf ihrer Farm mit Taverne in Katalagari (bei Iraklion), zu der auch eine Raki-Brennerei gehört.

SPRACHFÜHRER ESSEN

Ein paar grundlegende Sprachkenntnisse sind nützlich, um tiefer in die Geheimnisse der kretischen Küche einzudringen. Aussprache s. S. 261.

Was heißt ... ?

Ich möchte für heute Abend reservieren. Θέλω να κλείσω ένα τραπέζι για απόψε.
the·lo na *kli*·so e·na tra·pe·zi ya a·po·pse

Ein Tisch für ... bitte. Ένα τραπέζι για ... παρακαλώ.
e·na tra·*pe*·zi ya ..., pa·ra·ka·*lo*

Die Speisekarte, bitte. Το μενού, παρακαλώ.
to me·*nu*, pa·ra·ka·*lo*

Haben Sie eine Speisekarte auf Englisch? Έχετε το μενού στα αγγλικά
e·che·te to me·*nu* sta ang·li·*ka*?

Ich hätte gern ... Θα ήθελα ...
tha *i*·the·la ...

Die Rechnung bitte. Το λογαριασμό, παρακαλώ.
to lo·ghar·ya·*zmo*, pa·ra·ka·*lo*

Ich bin Vegetarier. Είμαι χορτοφάγος.
i·me hor·to·*fa*·ghos

Ich esse weder Fleisch noch Milchprodukte. Δε τρώω κρέας ή γαλακτοκομικά προϊόντα.
dhen *tro*·o *kre*·as i gha·la·kto·ko·mi·*ka* pro·i·*on*·da

Essglossar

GRUNDNAHRUNGSMITTEL

Brot	pso-*mi*	ψωμί
Butter	*wu*-ti-ro	βούτυρο
Eier	a-w*gha*	αυγά
Essig	*ksi*-dhi	ξύδι
Honig	*me*-li	μέλι
Käse	ti-*ri*	τυρί
Milch	*gha*-la	γάλα
Oliven	e-*lies*	ελιές
Olivenöl	e-le-*o*-la-dho	ελαιόλαδο
Pfeffer	pi-*pe*-ri	πιπέρι
Salz	a-*la*-ti	αλάτι
Zucker	*sa*-cha-ri	ζάχαρη

FLEISCH, FISCH & MEERESFRÜCHTE

Breitling	ma-*ri*-dhes	μαρίδες
Garnelen	gha-*ri*-dhes	γαρίδες
Hase	la-*ghos*	λαγός
Huhn	ko-*to*-pu-lo	κοτόπουλο
Hummer	a-sta-*kos*	αστακός
Kalb	mos-*cha*-ri ga-*la*-ktos	μοσχάρι γαλάκτος
Kalmar	ka-la-*ma*-ri	καλαμάρι
Kaninchen	kou-*ne*-li	κουνέλι
Lamm	ar-*ni*	αρνί
Meeräsche	*ke*-fa-los	κέφαλος
Meerbarbe	bar-*bu*-nya	μπαρμπούνια
Meerbrasse	fa-*ghri*/li-*thri*-ni/me-la-*nu*-ri	φαγρί/λιθρίνι/μελανούρι
Makrele	ko-li-*os*	κολιός
Muscheln	*mi*-dhi-a	μύδια
Oktopus	chta-*po*-dhi	χταπόδι
Rindfleisch	mos-*cha*-ri	μοσχάρι
Sardinen	sar-*dhe*-les	σαρδέλες

Schinken	sam-*bon*	ζαμπόν
Schwarzer Sägebarsch	ro-*fos*	ροφός
Schwein	chi-ri-*no*	χοιρινό
Schwertfisch	ksi-*fi*-as	ξιφίας
Tintenfisch	sou-pi*a*	σουπιά
Zackenbarsch	sfi-*ri*-dha	σφυρίδα
Zicklein	ka-tsi-*ka*-ki	κατσικάκι

OBST & GEMÜSE

Apfel	*mi*-lo	μήλο
Artischocke	ang-gi-*na*-ra	αγγινάρα
Aubergine	me-li-*dsa*-nes	μελιτζάνες
Erbsen	a-ra-*kas*	αρακάς
Erdbeere	*fra*-u-la	φράουλα
Kapern	gli-*stri*-da	γλυστρίδα
Karotte	ka-*ro*-to	καρότο
Kartoffeln	pa-*ta*-tes	πατάτες
Kirsche	ke-*ra*-si	κεράσι
Knoblauch	*skor*-dho	σκόρδο
Kohl	*la*-cha-no	λάχανο
Orange	por-to-*ka*-li	πορτοκάλι
Paprika	pi-per-*yes*	πιπεριές
Pfirsich	ro-*dha*-ki-no	ροδάκινο
Spargel	spa-*rang*-gi-a	σπαράγγια
Spinat	spa-*na*-ki	σπανάκι
Tomate	do-*ma*-ta	ντομάτα
Trauben	sta-*fi*-li-a	σταφύλια
Wassermelone	kar-*pou*-zi	καρπούζι
Wildgemüse	(*a*-ghri-a) *chor*-ta	(άγρια) χόρτα
Zitrone	le-*mo*-ni	λεμόνι
Zwiebeln	re-*mi*-dhi-a	κρεμμύδια

GETRÄNKE

Bier	*bi*-ra	μπίρα
Kaffee	ka-*fes*	καφές
Raki	ra-*ki*	ρακί
Tee	*tsa*-i	τσάι
Wasser	*ne*-ro	νερό
Wein (rot/weiß)	kra-*si* (*ko*-ki-no/*a*-spro)	κρασί (κόκκινο/άσπρο)

Natur & Umwelt

GEOGRAFIE

Kreta ist mit einer Fläche von 8335 km² die größte griechische Insel. Sie ist 250 km lang, an der breitesten Stelle gut 60 km und an der schmalsten 12 km breit. Kreta bietet eine außergewöhnliche geografische und ökologische Vielfalt, darunter Gebirgsregionen, Schluchten, eine ewig lange Küstenlinie und zahllose Höhlen. Kretas Artenvielfalt beruht auf einem breiten Spektrum an Lebensräumen für Tiere auf relativ kleinem Raum, einschließlich einiger Feuchtgebiete im Landesinneren. Die Insel ist berühmt für ihre Pflanzenwelt; im Frühling blühen massenhaft Wildblumen, darunter viele endemische und seltene Arten.

Drei große Gebirge dominieren das schroffe Inselinnere: die Levka Ori (Weißen Berge) im Westen, der Berg Psiloritis (auch Ida genannt) im Zentrum und die Lassithi-Berge im Osten. Die Levka Ori sind berühmt für ihre spektakulären Schluchten, z. B. die Samaria, und für ihren Schnee, der sich bis weit ins Frühjahr hält. Die Omalos-Hochebene liegt auf 1000 m Höhe in den Levka Ori. Der höchste Gipfel Kretas ist der Psiloritis (S. 153) mit 2456 m. Er ist mit Hunderten von Höhlen gespickt, darunter die Ida-Höhle (Ideon Andron), die angebliche Kinderstube des Zeus. An der Südseite des Bergs liegt der Rouvas-Wald.

Die Lassithi-Berge umfassen die berühmte Lassithi-Hochebene (S. 213) und den Berg Dikti (2148 m). An seinen Südhängen ist einer jener prachtvollen Wälder erhalten geblieben, die einst die ganze Insel bedeckten. Der äußerste Osten Kretas ist der trockenste Teil der Insel, der höchste Berg in jenem Abschnitt ist der wilde Thripti (1476 m).

Westkreta ist der gebirgigste und grünste Teil der Insel, während Ostkreta eher karg und felsig daherkommt. Das Inselinnere ist größtenteils bergig und mit Olivenbäumen, Gestrüpp und Wildkräutern bewachsen. Die Hochebenen werden entweder zum Ackerbau oder – wie die Omalos-Hochebene – als Ziegenweiden genutzt. Die größte Anbaufläche bietet die fruchtbare Messara-Ebene im Süden. Der Kournas-See in der Nähe von Chania ist der einzige natürliche Süßwassersee der Insel. Zu Kreta gehört außerdem noch die Insel Gavdos (S. 119), nur 300 km nördlich von Afrika und damit der südlichste Punkt Europas.

TIERE & PFLANZEN

Tiere

Fossilien, die 2000 in einer Unterwasserhöhle in Chania gefunden wurden, stammen von einem bis dahin unbekannten Zwergelefanten. Die Art mit der offiziellen Bezeichnung Elephas chaniensis existierte vor 50 000 bis 60 000 Jahren nur auf Kreta.

Kreta ist vor allem für seine riesige Population an Schafen und Ziegen bekannt, besitzt aber auch eine begrenzte endemische Fauna, darunter die große (und großohrige) kretische Stachelmaus. Dazu gesellen sich Scharen von Fledermäusen, Insekten, Schnecken und Wirbellosen.

Eine besonders rätselhafte, seltene Tierart Kretas ist die *fourokattos* (Wildkatze), von der die Hirten seit Jahrhunderten erzählen. Die Fachwelt hielt sie für ein Fabeltier, bis ein britischer Wissenschaftler 1905 auf einem Markt in Chania zwei seltsame Felle erstand. Den einzigen weiteren Anhaltspunkt lieferte eine Untersuchung der kretischen Fauna durch italienische Wissenschaftler 1996: Ihnen ging eine 5,5 kg schwere Katze in die Falle. Es bleibt unklar, ob dies eine heimische Wildkatze oder eine verwilderte Hauskatze war.

Weitere lokale Arten sind der winzige kretische Baumfrosch und der Kreta-Wasserfrosch. Vor der steil ins Meer abfallenden Südküste Kretas lebt die bedeutendste Pottwalpopulation des Mittelmeers. Untersuchungen in den 1990er-Jahren ergaben, dass die Pottwale sich hier das ganze Jahr über versammeln, auf Futterjagd gehen, Junge bekommen und sich vielleicht auch paaren. Außerdem gibt es an der Südküste große Gruppen von blau-weißen Delphinen, Rundkopfdelphinen und Cuvier-Schnabelwalen. Im seichten Wasser zwischen Gavdos und Gavdopoula und vor der Südküste werden häufig Große Tümmler gesichtet.

Das kretische Pottwalprojekt des Pelagos Cetacean Research Institute überwacht die Walpopulation unter Mitarbeit freiwilliger Ökohelfer. Private Delphinbeobachtungstouren werden in Paleochora angeboten (S. 116).

Eingefleischte Vogelbeobachter sollten sich vor einer Kretareise mit *Die Vögel am Mittelmeer* (2004) von Paul Sterry ausrüsten, dem ersten deutschsprachigen Bestimmungsbuch, das mit rund 1000 Farbfotos alle Arten rund ums Mittelmeer (Europa, Nordafrika und Vorderasien) abdeckt.

VÖGEL

Kreta ist ein hervorragendes Reiseziel für Vogelfreunde, denn die Insel liegt an der Hauptroute der Zugvögel aus Ostafrika. Kretas große und vielfältige Vogelwelt setzt sich aus vielen standorttreuen und wandernden Arten und einigen seltenen Raubvögeln zusammen. An den Küsten sieht man im Frühjahr und Herbst viele durchziehende Vögel, darunter verschiedene Reiherarten. An Steilküsten und auf vorgelagerten Inselchen nisten diverse Möwenarten. Seltene Habichte kommen im Sommer von Afrika herauf, um auf den Inseln vor der Küste zu brüten. Ringeltauben nisten noch an steilen Küstenfelsen, wurden aber durch Jäger fast ausgerottet.

Auch in den Bergen ist eine Fülle interessanter Vögel heimisch. Dort leben Blaumerlen, Bussarde, der gewaltige Gänsegeier, Alpensegler, Schwarzkehlchen, Amseln und Samtkopfgrasmücken. Auf den Wiesen und Feldern rund um Malia tummeln sich Brach- und Rotkehlpieper, Triele, Cistensänger und Kurzzehenlerchen. An den Hängen unterhalb des Moni Preveli (S. 156) zwitschern Masken- und Weißbartgrasmücken.

Im Frühjahr und Herbst ist Kreta eine der wichtigsten Zwischenstationen für Zugvögel auf der Route zwischen Afrika und Europa. Viele Zugvögel bleiben den ganzen Winter auf der Insel.

Die Halbinsel Akrotiri (S. 100) ist ein Paradies für Vogelbeobachter – rund um die Klöster Agia Triada und Gouverneto leben Halsband- und Trauerschnäpper, Wendehälse, Brachpieper, Blaumerlen, Schwarzkehlchen, Chukarhühner und Mittelmeersteinschmätzer. Zu den Zugvögeln in der Bucht von Souda gehören Watvögel, Reiher und Möwen.

Neben den kleinen natürlichen Feuchtgebieten auf Kreta sind durch neue Staudämme und Talsperren im letzten Jahrzehnt bedeutende neue Lebensräume für Zugvögel entstanden. In entsprechenden Gegenden wurden diverse Aussichtspunkte eingerichtet.

GEFÄHRDETE ARTEN

Kretas berühmtestes Tier ist die *agrimi* oder *kri-kri*, eine auffällige Wildziege mit große Hörnern, die schon in der minoischen Kunst häufig dargestellt wurde. Von ihr sind nur in der Samaria-Schlucht (S. 105) und Umgebung sowie auf den Inseln Agioi Theodori vor Chania und Dia vor Iraklion ein paar Exemplare übrig geblieben. Mit sehr viel Glück erspäht man in der Samaria-Schlucht oder über der Lassithi-Hochebene (S. 213) sogar einen Lämmergeier, der zu den seltensten Raubvögeln Europas gehört. Der Vogel mit einer Spannweite von fast 3 m ist akut vom Aussterben bedroht. Auf Kreta leben nur noch vier Exemplare und damit die einzigen, die in Griechenland bekannt sind.

Die Kreter kämpfen hart darum, ihre Population an Unechten Karettschildkröten zu bewahren, die seit der Dinosaurierzeit auf der Insel brüten (s. Kasten S. 77). In Höhlen an der Südküste leben noch einige Exemplare der seltenen und gefährdeten Mittelmeer-Mönchsrobben.

Pflanzen

Die Vielfalt an Pflanzen und Wildblumen auf Kreta zählt zu den erstaunlichsten der Welt. Die Insel ist ein Mekka für Freunde der Botanik (ein japanischer

Pflanzenfreak reiste eigens an, um eine besonders seltene Tulpe zu sehen). Es gibt auf der Insel schätzungsweise 2000 Pflanzenarten, von denen rund 160 nur auf Kreta vorkommen. Die Schluchten sind botanische Gärten im Miniformat, deren Abgeschiedenheit das Überleben vieler endemischer Arten begünstigt.

Die Pflanzen der Ostägäischen Inseln inklusive Kreta und Zypern (2006) von Walter Strasser behandelt rund 3000 Arten und erleichtert mit Zeichnungen und Farbfotos die Identifizierung der kretischen Pflanzenwelt.

Im März oder April sind die Aussichten am besten, die Insel in voller Blüte zu erleben, doch die Gebirgspflanzen blühen oft erst später. Späte Regenfälle können die Wachstumsperiode verlängern.

An der Küste blühen im August und September die Pankrazlilien. Im April und Mai stehen an der Westküste die Flockenblumen in Blüte, gleichzeitig leuchten die purpurnen und violetten Blüten der Levkojen als hübsche Farbtupfer an den Sandstränden. Die Strände im Osten Kretas sind zur selben Zeit von knallroten Mohnblumen gesäumt, vor allem rund um Sitia. Die Ränder der Sandstrände, an denen die Hotels noch nicht dicht an dicht stehen, sind mit zarten rosa Zaunwinden und Jujube-Bäumen bewachsen, die von Mai bis Juni Blüten und im September und Oktober Früchte tragen. An den gleichen Standorten blühen im Frühjahr die Tamarisken.

Weiter von den Stränden entfernt gedeihen im Tiefland Wacholder und Steineichen, im Frühjahr sorgen Mohn und lila Lupinen für leuchtende Farbtupfer. Auch wer im Sommer kommt, muss auf bunte Blütenpracht nicht verzichten: Von Juni bis Ende August blühen die milchweißen und purpurroten Oleander.

An den Berghängen sieht man im Frühsommer Zistrosen und Besenginster, auf den Wiesen von März bis Mai gelbe Chrysanthemen. Der seltene, endemische Blaue Teppichwacholder wächst nur in Hochlagen der Levka Ori.

Auf Kreta gibt es über 200 wilde Orchideenarten, darunter 14 endemische. Der bekannte Kretische Ragwurz (Ophrys cretica) lockt mit seinem insektenartigen Aussehen männliche Insekten an.

Im Frühjahr blühen an den unteren Berghängen viele Orchideenarten (darunter 14 endemische) und Ragwurz, die die Hügel und Wiesen rosa, purpurn und violett färben. Die Gegend um das Bergdorf Spili ist berühmt für ihre zahlreichen Arten wilder Orchideen und Tulpen. Auf der Lassithi-Hochebene gedeihen dicht blühende Orchideen, rosafarbene Waldhyazinthen und kretische Alpenveilchen. An den gleichen Standorten findet man zu Frühjahrsbeginn purpurne und blutrote Anemonen und im Spätfrühling gelbe Butterblumen.

Fast nirgendwo auf der Erde gibt es eine so große Vielfalt an einheimischen Kräutern wie auf Kreta. Sie werden sowohl zum Kochen als auch für medizinische Zwecke verwendet. Kretischer Diptam-Tee *(diktamo)* ist für seine Heilkräfte berühmt, und der aromatische wilde Oregano der Insel zählt zu den besten in Griechenland. Gewürzpflanzen wie Salbei, Rosmarin, Thymian und Oregano wachsen wild in den Bergen und auf dem Land. Alle möglichen kretischen Heilkräuter verkauft Marianna's Herb Workshop in Maroulas, s. S. 146.

Denen, die es ganz genau wissen wollen, eröffnet die *Exkursionsflora für Kreta* (1995) von Ralf Jahn und Peter Schönefelder Nikos umfassende Einblicke in die kretische Vegetation. Das Buch hilft mit exakten Beschreibungen und rund 100 Farbfotos bei der Bestimmung der wild wachsenden Farn- und Blütenpflanzen.

NATIONALPARKS

Kretas einziger Nationalpark ist die Samaria-Schlucht (S. 105), die größte und eindrucksvollste Schlucht Europas; sie steht auch auf der vorläufigen Liste des Unesco-Welterbes. Die unbewohnte Schlucht ist 16 km lang und hat ein eigenes Besucherzentrum. Sie ist ein wichtiges Schutzgebiet für Vögel und andere Tiere, besonders die *kri-kri*. Große Gebiete Kretas sind Teil des NATURA 2000, des länderübergreifenden Naturschutznetzwerks der Europäischen Union.

UMWELTPROBLEME

Das Umweltbewusstsein auf Kreta entwickelt sich ganz allmählich, doch an Schutzvorschriften mangelt es noch. Zum Konzept des Ökotourismus

MEERESSCHILDKRÖTEN

Seit 1990 arbeitet **Archelon** (www.archelon.gr) mit staatlichen Stellen, lokalen Behörden, Hotelkonzernen, Reiseveranstaltern, Fischern und Anwohnern daran, durch ein Managementprogramm den Rückgang der Population Unechter Karettschildkröten *(Caretta caretta)* umzukehren.

An den Nordküstenstränden bei Rethymnon und Chania und an der Südküste in der Messara-Bucht bauen die Schildkröten jeden Sommer über 550 Nester mitten auf die Sandstrände. Doch leider werden die Nistgewohnheiten der Tiere durch die breiten Streifen von Hotels und Restaurants empfindlich gestört. Weil sie an Land sehr verwundbar sind, reagieren die Weibchen ängstlich auf nächtliche Bewegungen am Strand und verweigern zum Teil das Eierlegen. Außerdem wird der bei Dunkelheit schlüpfende Nachwuchs von den Lichtern in die Irre geführt.

Während der Eiablage und des Schlüpfens patrouilliert Archelon rund 33 km Strand, vor allem in der Umgebung von Rethymnon, Matala und Chania. Beschilderte Metallkäfige schützen Nester vor Strandliegen und Touristen. Viele Eiablagegebiete werden abgezäunt. Die Hotels arbeiten derzeit am Problem der „Lichtverschmutzung": Die Grecotel-Gruppe hält sich als erste an Archelons Beleuchtungsrichtlinien.

Freiwillige sind herzlich willkommen, bei der Überwachung der Strände zu helfen und die Infokioske zu besetzen. Als Mindestaufenthalt gilt ein Monat, Kontakt mit der Archelon-Zentrale in Athen kann über die Website aufgenommen werden. Für Touristen empfiehlt die Organisation folgende Verhaltensregeln:

- Die Strände in der Nistsaison von Mai bis Oktober nachts freihalten.
- Sonnenschirme und Liegestühle über Nacht wegräumen.
- Frisch geschlüpfte Schildkröten auf ihrem Weg zum Meer nicht anfassen. Sie müssen sich orientieren, und der Fußmarsch kräftigt sie.
- Bei den Betreibern von Hotels und Tavernen darauf dringen, dass sie mit der Schutzgesellschaft kooperieren und ihre Lichter nötigenfalls abdunkeln.
- Abfall ordentlich entsorgen. Die Schildkröten können Plastiktüten mit Quallen verwechseln, was für sie tödliche Folgen hat.

werden gern Lippenbekenntnisse abgelegt, aber wirklich umweltfreundliche Entwicklungsprojekte gibt es bislang kaum – im Gegenteil: Mehrere alarmierende Bauvorhaben führten in jüngerer Vergangenheit zu größeren Protesten. Der umstrittenste Plan ist der eines britischen Konsortiums, für 1,6 Mrd. € eine riesige, „umweltfreundliche" Luxusferienanlage an einem unberührten Küstenstreifen im äußersten Osten Kretas zu bauen – auf Land, das dem Kloster Toplou gehört. Geplant sind drei Golfplätze, mehrere Hotels und sechs Feriendörfer in einer Gegend ohne Wasser oder Infrastruktur, was Anlagen zur Meerwasserentsalzung und Abwasseraufbereitung erforderlich machen würde. Der Widerspruch gegen die Pläne ging bis vor den obersten griechischen Gerichtshof. Umweltgruppen mobilisieren auch gegen die Pläne zum Bau eines großen Containerhafens in Timbaki, der weite Abschnitte der Südküste verunstalten würde.

Fast ein Viertel der saubersten Strände Griechenlands befindet sich auf Kreta. 2007 erhielten 96 kretische Strände die „Blaue Flagge", ein europäisches Gütesiegel für Strände; 32 davon lagen im Regierungsbezirk Lassithi. Die komplette Liste gibt es unter www.blueflag.org.

Es gibt kein Recycling auf Kreta, obwohl die sommerliche Touristeninvasion tonnenweise Müll produziert. Die meisten Touristengegenden werden einigermaßen müllfrei gehalten, doch im Inselinneren steigt einem oft der durchdringende Gestank illegaler Müllkippen in die Nase. Nachdem die EU Griechenland wegen seiner Giftmülldeponie im westkretischen Kouroupitos mit einer Geldstrafe von über 5 Mio. € belegte, wurden erste Schritte für ein Großreinemachen des Landes eingeleitet. Das Problem besteht aber nach wie vor.

Außerhalb der größeren Städte sind Kretas Luft und Wasser sauber. Die Tier- und Pflanzenwelt leidet aber unter der Abholzung. Olivenanbau,

Über Umweltfragen und -organisationen auf Kreta und Unterschriftenlisten gegen umweltfeindliche Projekte informiert www.ecocrete.gr.

Brennholzgewinnung, Schiffsbau, unkontrollierte Viehhaltung, Überweidung und Brandstiftung haben im Laufe der Jahrhunderte die Wälder zerstört, die die Insel früher bedeckten. Es gibt kein Wiederaufforstungsprogramm – vielleicht, weil die 90 000 Ziegen auf der Insel den Jungpflanzen sowieso den Garaus machen würden. Der Pestizid- und Herbizideinsatz in der Landwirtschaft hat viele Vogel- und Pflanzenarten ausgerottet. Die Tierwelt wurde durch Jäger stark dezimiert.

Am schlimmsten sind die Umweltschäden an Kretas Küsten. Die Meeresfauna leidet unter Überfischung und der hier gebräuchlichen Dynamitfischerei. Die touristische Übererschließung der Nordküste vertreibt die Zugvögel. Die Situation der Unechten Karettschildkröten, die zur Eiablage an die gleichen Sandstrände streben wie die Touristen zum Baden, wird weltweit mit Sorge verfolgt, s. Kasten S. 77

Durch den Touristenboom der letzten zwei Jahrzehnte sind der Strombedarf und die Nachfrage nach erneuerbaren Energiequellen stark gestiegen. Solarstrom ist für den Hausgebrauch und bei Hotels weit verbreitet, und es gab auch schon mal Pläne zum Bau eines Solarkraftwerks. Über ein Dutzend Windparks auf der ganzen Insel speisen dringend benötigte Energie ins Stromnetz der Insel ein.

Positiv ist zu vermerken, dass die Ökolandwirtschaft und ein Trend zum nachhaltigen Tourismus im Kommen sind. Mehrere große Hotelkonzerne haben umweltfreundliche Praktiken in ihren Ferienanlagen eingeführt. In den letzten zehn Jahren sind in Griechenland Umweltorganisationen wie WWF Griechenland und Greenpeace immer aktiver geworden, und auf Kreta bilden sich viele lokale Umweltschutzgruppen, die sich mehrheitlich dem inselweiten Dachverband Ecocrete anschließen.

Outdooraktivitäten

Kretas schroffe Landschaft ist mit ihren majestätischen Bergen, dramatischen Schluchten und dem kobaltblauen Meer ein Traum für Naturfreunde. Die Sommerhitze lässt viele Besucher nur noch nach dem nächsten Strand lechzen, doch eigentlich ist die Insel ein Ganzjahresziel für Aktivurlauber und Abenteuerlustige. Im Frühjahr kann man ihre steilen Gipfel erklimmen und im Sommer durch die Lassithi-Hochebene radeln. Frühjahr und Herbst sind ideal für tolle Wanderungen und anspruchsvolles Trekking durch wunderschöne Schluchten, an der landschaftlich schönen Küste entlang und über die Wanderwege in den Bergen.

Seit Jahren wird das Angebot an anregenden Urlaubsaktivitäten immer größer. Mehrere Spezialveranstalter befriedigen die Bedürfnisse der Touristen mit herrlichen Ausritten oder extremeren Aktivitäten wie Paragliding, Bungee-Springen, Caving, Canyoning oder Kajaktouren im Meer vor der Südküste. Kretas warme und klare Gewässer bieten ausgezeichnete Gelegenheiten zum Tauchen und Schnorcheln. Das Mekka für Windsurfer ist Kouremenos an der Ostküste, doch auf der ganzen Insel bieten sich Möglichkeiten für jeden erdenklichen Wassersport.

Die dreiteilige GPS-kompatible Landkarte im Maßstab 1:100 000 von Anavasi (☎ 210 321 8104; www.anavasi.gr) beinhaltet den kretischen Teil des Europäischen Fernwanderwegs E4. Die Wanderkarten vom selben Verlag sind detaillierter (1:25 000). Es gibt sie für die Levka Ori (Sfakia und Pachnes), Samaria/Sougia, den Berg Psiloritis und Zakros-Vai.

WANDERN & TREKKING

Kreta bietet begeisterten Wanderern eine enorme Vielfalt von Routen zu abgelegenen Dörfern, über Hochebenen und durch Schluchten. Leider sind die traumhaften Wanderstrecken nicht immer optimal dokumentiert, aber es gibt es eine Reihe guter deutschsprachiger Wanderführer. Die Wege selbst sind generell unzureichend markiert. Eine Ausnahme ist der Europäische Fernwanderweg E4, der in West-Ost-Richtung über die ganze Insel führt, s. Kasten S. 81. Dazu kommt das größtenteils zerklüftete und ausgedörrte Terrain. So verwundert es nicht, dass die Insel für Wanderer Segen und Fluch zugleich ist. Dennoch zählt das menschenleere Inselinnere wohl zu ihren größten Attraktionen. Während sich viele Besucher an geführte Wandertouren halten, finden erfahrene Trekker hier jede Menge anregender Herausforderungen.

Landkarten, Fotos und detaillierte Informationen zu einzelnen Abschnitten des Europäischen Fernwanderwegs E4 liefert die Website www.crete.tournet.gr.

Einige der beliebtesten Wandertouren, u. a. die durch die Samaria-Schlucht (S. 105), sind in diesem Buch detailliert beschrieben. Außerdem gibt es neu markierte Wanderwege in Zakros, s. S. 222.

Wandern auf Kreta ist eine tolle Sache – nur nicht im Juli und August, wenn das Thermometer auf bis zu 40 °C klettert. Die Hochsaison für Wanderer ist das Frühjahr.

Kretas viele Schluchten locken Wanderer aus aller Welt an. Eine Schluchtenwanderung kann ein atemberaubendes (und extrem schweißtreibendes) Erlebnis sein. Unterwegs kann man den Duft von Wildkräutern und -blumen schnuppern, an schattigen Picknickplätzen rasten und im Frühjahr und Herbst durch Wasserläufe waten.

Über 160 000 Menschen durchwandern jedes Jahr die Samaria-Schlucht. Damit ist sie nach Knossos die zweitbeliebteste Touristenattraktion auf Kreta.

Wer mit dem eigenen Fahrzeug unterwegs ist, sollte eine Schluchtenwanderung gut planen. Entweder geht's notgedrungen auf dem gleichen Weg zurück, oder man lässt sich von jemandem am Ende abholen. Oft fährt aber auch ein Bus bis in Reichweite eines Schluchteingangs. Die meisten Schluchtenwanderungen sind für jeden mit durchschnittlicher Fitness machbar. Hier einige der gut erreichbaren Schluchten:

Agia-Irini-Schlucht (S. 114) Eine Tageswanderung, für die sich als Startpunkt das Dorf Agia Irini nördlich von Sougia anbietet. Die anspruchsvolle Wanderung durch die dramatische Schlucht führt von Gebirgs- bis Küstenlandschaft und endet in Sougia.

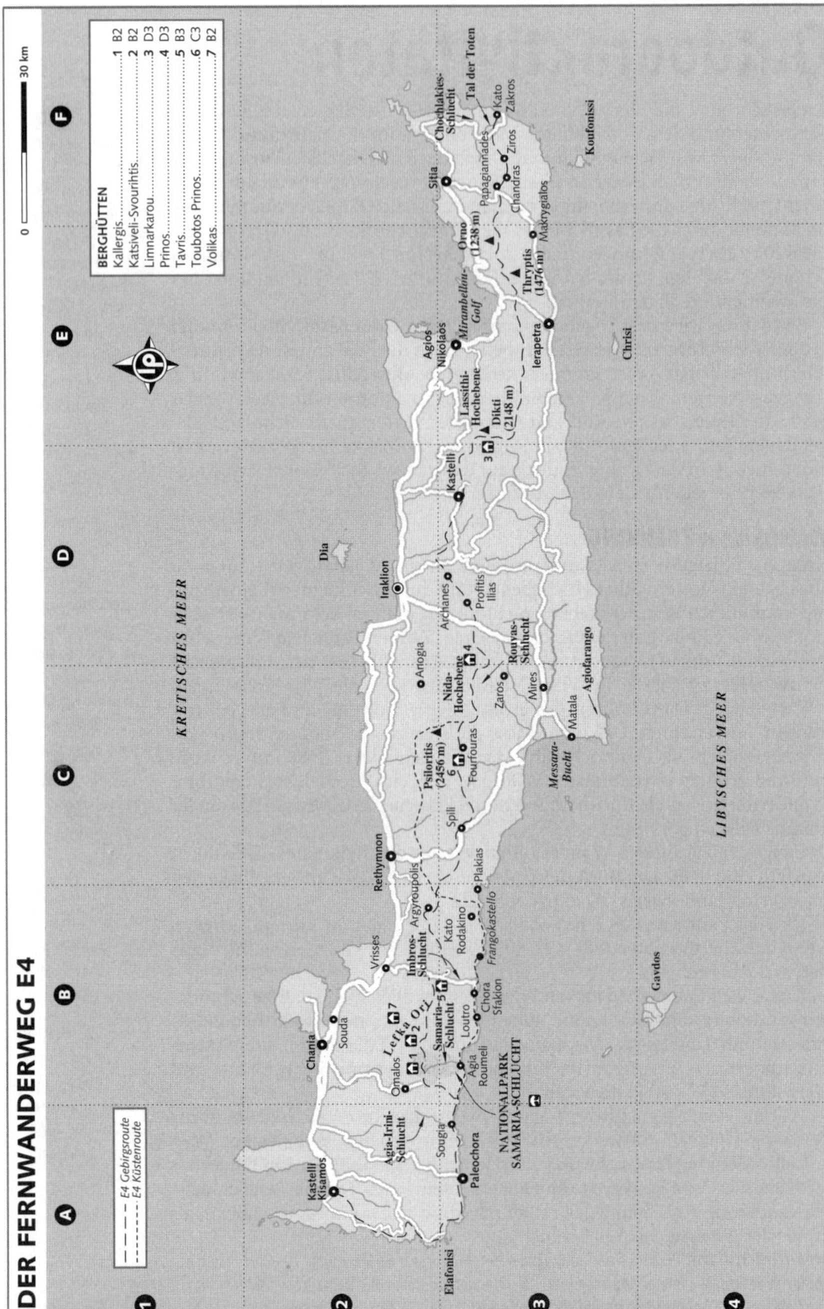
DER FERNWANDERWEG E4
E4 Gebirgsroute
E4 Küstenroute
BERGHÜTTEN
Kallergis 1 B2
Katsiveli-Svourihtis 2 B2
Limnarkarou 3 D3
Prinos 4 D3
Tavris 5 B3
Toubotos Prinos 6 C3
Volikas 7 B2
0
30 km
KRETISCHES MEER
LIBYSCHES MEER
Kastelli Kisamos
Elafonisi
Paleochora
Sougia
Agia-Irini-Schlucht
Omalos
Chania
Souda
Lefka Ori
Samaria-Schlucht
Agia Roumeli
Loutro
Chora Sfakion
NATIONALPARK SAMARIA-SCHLUCHT
Imbros-Schlucht
Vrisses
Kato Rodakino
Frangokastello
Argyroupolis
Plakias
Rethymnon
Spili
Psiloritis (2456 m)
Fourfouras
Nida-Hochebene
Zaros
Ariogia
Rouvas-Schlucht
Mires
Messara-Bucht
Matala
Agiofarango
Gavdos
Profitis Ilias
Archanes
Iraklion
Dia
Kastelli
Lassithi-Hochebene
Dikti (2148 m)
Agios Nikolaos
Mirambellou-Golf
Ierapetra
Chrisi
Thryptis (1476 m)
Orno (1238 m)
Makrygialos
Sitia
Chandras
Papagiannades
Ziros
Chochlakies-Schlucht
Tal der Toten
Kato Zakros
Koufonissi

DER EUROPÄISCHE FERNWANDERWEG E4

Der Europäische Fernwanderweg E4 soll nach Fertigstellung Südwest-Portugal mit Zypern verbinden. Auf Kreta startet der Trail am Hafen von Kastelli Kisamos im Westen und endet nach 320 km am Kiesstrand von Kato Zakros im Osten. Wer den gesamten Kreta-Trail absolvieren will, sollte dafür mindestens drei Wochen ansetzen (das bedeutet gut 15 km pro Tag). Etwas gemütlicher geht's mit vier Wochen Zeit; dann kann man Zwischenstopps und/oder kürzere Wanderetappen einplanen. Wer wenig Zeit hat oder nur bestimmte Abschnitte sehen möchte, kann sich auf Teilstrecken des Trails beschränken. Man muss sich frühzeitig zwischen zwei Alternativrouten durch Westkreta entscheiden: Küste oder Gebirge.

Der Trail ist auf seiner gesamten Länge mit schwarz-gelben Stangen und Tafeln markiert, aber nicht immer top gepflegt. Einige Wege sind überwuchert, und oft sind die Schilder nur schwer auszumachen. Der E4 ist streckenweise sehr einsam, an einem Großteil der Route gibt es keine Verpflegung und nur wenig Wasser. Daher ist es ratsam, sich vor dem Aufbruch immer bei Leuten aus der Gegend über die aktuellen Bedingungen zu erkundigen.

Von Kastelli Kisamos geht's zuerst ein langes Stück abwärts nach Süden und dann an der Westküste entlang über Elafonisi nach Paleochora. Von Paleochora führt eine schöne Wanderstrecke nach Sougia, s. Kasten S. 117. In Sougia fällt die Entscheidung: Etwas weiter östlich verläuft die Gebirgsroute des E4 nach Norden und bergauf über die kahle Hochgebirgsregion der Levka Ori. Die Küstenroute des E4 folgt dagegen der zerklüfteten Küste bis nach Kato Rodakino, zwischen Frangokastello und Plakias. Die Gebirgsroute ist nur für geübte Bergwanderer geeignet. Übernachten kann man in einer der drei Berghütten an der Strecke (Infos zu Kretas Berghütten auf S. 83). Die Küstenroute ist zwar auch kein Spaziergang, aber insgesamt einfacher. Der Abschnitt zwischen Sougia und Agia Roumeli bereitet allerdings Schwierigkeiten bei der Orientierung und ist auch nicht ungefährlich.

Keine der beiden Routen führt durch die Samaria-Schlucht, aber auf Wunsch lässt sie sich leicht einbeziehen. Dazu von Sougia der ersten Etappe der E4-Gebirgsroute Richtung Omalos folgen und dann durch die Samaria-Schlucht nach Süden bis zur Küste (und der E4-Küstenroute) bei Agia Roumeli wandern. Wer die Gebirgsroute bevorzugt, kann natürlich auch von Agia Roumeli in Nordrichtung durch die Schlucht wandern und dann ab Omalos der E4-Gebirgsroute folgen, dem vielleicht härtesten Abschnitt des Trails. Im heißen und trockenen Hochsommer sollte man sich das allerdings nicht antun. Die Route verläuft hoch und ungeschützt, und bis auf vereinzelte Schneereste vom Winter gibt keinerlei Wasser.

In der Nähe von Argyroupolis kreuzen sich die beiden Routen. Ab hier verläuft die E4-Gebirgsroute südlich der E4-Küstenroute. Die Küstenroute schlängelt sich jetzt nordwärts am Steilabbruch des Psiloritis-Massivs entlang. Die Gebirgsroute führt ein Stück weit durch das Amari-Tal, über Spili und Fourfouras, bevor sie nach Westen zum Gipfel des Psiloritis (2456 m) abzweigt. Die beiden Routen laufen schließlich auf der Nida-Hochebene an der Ostseite des höchsten kretischen Bergs wieder zusammen (Wanderungen in dieser Region: s. Kasten S. 153).

Von hier windet sich der wieder vereinte Trail durch den dichter bevölkerten Regierungsbezirk Iraklion an den Orten Profitis Ilias, Archanes und Kastelli vorbei, bevor er auf die Lassithi-Hochebene zurückkehrt.

Ab Lassithi wird die Route wieder alpin: Sie überquert das Dikti-Gebirge (2148 m) Richtung Süden und macht dann einen Knick nach Osten, um die kretische Landenge zwischen Ierapetra und dem Mirambellou-Golf zu passieren. Dann geht's wieder ins Gebirge, zwischen dem Thryptis (1476 m) im Süden und dem Orno (1238 m) im Norden hindurch. Da die Orte an diesem Ende der Insel weiter verstreut liegen, sind die Tagesetappen sorgfältig zu planen.

Das letzte Stück von Papagiannades durch die Dörfer Chandras und Ziros ist nicht mehr so anstrengend. Am letzten Dorf, Zakros, beginnt der Weg durch das „Tal der Toten" zum Strand von Kato Zakros, s. Kasten S. 223. Dies ist die Schlussetappe des langen Wegs von Portugal für diejenigen, die den kompletten E4-Trail gegangen sind.

Agiofarango (S. 194) Beliebte Wanderstrecke im Süden Zentralkretas vom Moni Odigitrias, 24 km südwestlich von Mires, bis zu einem reizenden Strand.

Chochlakies-Schlucht Sie ist weniger bekannt als ihre Nachbarin, die Zakros-Schlucht, und der Weg vom Ort Chochlakies bis zur Küste ist nur 3 km lang. Wer damit unterfordert ist, kann noch die 7 km bis nach Palekastro weiterwandern.

Imbros-Schlucht (S. 107) Diese wohl zweitbeliebteste Wandertour nach der Samaria führt vom Dorf Imbros 8 km weit bis nach Komitades in der Nähe von Chora Sfakion.

Rouvas-Schlucht (S. 186) Kurze Verbindungsstrecke vom Dorf Zaros am Südhang des Psiloritis zur Gebirgsroute des Fernwanderwegs E4. Sie ist ein günstiger Einstiegspunkt in die Transkreta-Trekkingroute.

Tal der Toten (S. 222) Zweistündige Wanderung am Ostende der Insel. Das auch Zakros-Schlucht genannte Tal bildet den letzten Abschnitt des Fernwanderwegs E4 und verläuft von Zakros bis zum Palast von Kato Zakros.

Samaria-Schlucht (S. 105) Kretas längste und berühmteste Wanderung.

Sirikari-Schlucht (S. 124) Eine der landschaftlich schönsten und beliebten Wanderungen in Westkreta: 2 Std. zu den Ruinen der antiken Stadt Polyrinia und noch einmal 2 Std. nach Kisamos.

Zu den besten Karten für Wanderungen über den E4 zählen die Kreta Touristikkarte (1:100 000) vom Harms Verlag und die vierteilige Karte im Maßstab 1:100 000 von Giorgos Petrakis aus Iraklion. Mehr Infos zu Karten gibt's auf S. 237.

Mehrere Veranstalter organisieren Wander- und Trekkingtouren auf der ganzen Insel (s. Kasten S. 83), darunter die Spezialisten Happy Walker und Strata Walking Tours.

RADFAHREN & MOUNTAINBIKING

Trotz des gebirgigen Terrains ist Radfahren auf Kreta in den letzten Jahren extrem populär geworden. Wer will, kann von einem Ende der Insel zum anderen radeln, ohne ernstlich ins Schwitzen zu geraten, aber die Nord-Süd-Routen und Radtouren entlang der Südküste sind eher etwas für willens- und konditionsstarke Pedalritter. Radstrecken mit dezenteren Höhenunterschieden führen z. B. durch die Dörfer und Täler der Nordküste und über die Messara-Ebene im Süden. Kreta ist ein echtes Traumziel für Mountainbiker.

Der britische Naturliebhaber und Kreta-Fan Peter Thomson betreibt unter www.peter-thomson.co.uk/crete/contents.html den Online-Wander- und Fahrradführer *Walking and Cycling Guide to Crete.*

Viele machen es sich leicht: Sie lassen sich und ihr Fahrrad von Tourveranstaltern auf die Bergkuppen transportieren und fahren dann bergab. Plateautouren (besonders durch die Lassithi-Hochebene) sind ein gutes Geschäft. Es gibt aber auch extremere Strecken und achttägige Radtouren, bei denen über 650 km zurückgelegt werden, s. oben.

Wer mit dem eigenen Rad anreist, ist gut beraten, ein robustes Tourenrad mit ausreichender Gangzahl mitzubringen. Anbieter auf der ganzen Insel verleihen Mountainbikes für 8–20 € pro Tag. Geführte Mountainbiketouren werden ab 50 € pro Tag abgeboten.

Da es keine speziellen Fahrradreiseführer für Kreta gibt, kann es von Vorteil sein, sich einer geführten Tour anzuschließen.

Mehrere Veranstalter bieten Touren für sämtliche Erfahrungs- und Fitnessgrade an, s. Kasten S. 83. Darunter sind auch kleine Spezialisten wie **Odysseas the Cyclist** (☎ 28310 58178; odysseasthecyclist@hotmail.com) in Rethymnon, die geführte und maßgeschneiderte Touren anbieten.

Auf Kreta gibt es über 3000 bekannte Höhlen, von denen nur etwa 850 erforscht sind. Die Gourgouthakas-Höhle in den Levka Ori zählt mit 1208 m zu den 30 tiefsten Höhlen der Erde und ist die tiefste Griechenlands. Der Eingang ist ca. 1 m breit.

CANYONING, BERGSTEIGEN & BUNGEE-SPRINGEN

Kreta bietet vielleicht keine so überwältigende Hochgebirgslandschaft wie Österreich oder die Schweiz, hat aber eine ganze Menge Berge und alteingesessene Bergsteigervereine. Jeder Regierungsbezirk hat seinen eigenen Club, der sich um die Pflege des Europäischen Fernwanderwegs E4 und die Unterhaltung der Berghütten kümmert. Alle Clubs sind Mitglieder im Verband der griechischen Bergsteigerclubs (EOS) und veranstalten regelmäßig Exkursionen zum Bergsteigen, Wandern, Höhlenforschen und Skifahren in ganz Kreta, bei denen Gäste willkommen sind.

OUTDOORABENTEUER AUF KRETA

Die folgenden Veranstalter bieten vielfältige Wanderungen, Radtouren und andere Aktivitäten unter freiem Himmel an. Geführte Wanderungen kosten ab 44 € pro Tag und 500 € pro Woche inkl. Übernachtung, Transfers und Mahlzeiten.

Axas Outdoor Activities (☎ 2810 871 239; axas@yahoo.gr) Wander- und Naturfreund Dimitris Kornaros führt dieses Unternehmen in Profitis Ilias bei Iraklion, das auf maßgeschneiderte Touren abseits der Trampelpfade spezialisiert ist.

Cretan Adventures (☎ 2810 332 772; www.cretanadventures.gr; Evans 10, Iraklion) Organisiert Wander-, Trekking- und Mountainbiketouren und andere Spezial- und Extremaktivitäten.

Happy Walker (☎ /Fax 28310 52920; www.happywalker.com; Tobazi 56, Rethymnon) Veranstaltet von März bis November eine Vielzahl von Wanderungen, u. a. in der Omalos-Hochebene und den Levka Ori.

International Centre of Natural Activities (☎ 6977 466900; www.icna.gr) Der Anbieter in Avdou bietet Paragliding, Caving sowie Mountainbike-, Wander- und Klettertouren auf der ganzen Insel.

Korifi Tours (☎ 28930 41440; www.korifi.de) Der Veranstalter mit Sitz in Kapetaniana hat Wander- und Klettertouren in der Umgebung von Kapetaniana im Süden des Regierungsbezirks Iraklion im Programm.

Strata Walking Tours (☎ 28220 24336; www.stratatours.com) Das Unternehmen aus Kastelli Kisamos ist auf Wanderungen spezialisiert. Das Spektrum reicht von gemächlichen Tagesausflügen bis zu ein- oder zweiwöchigen Intensivwanderungen zur Südküste.

Trekking Hellas (☎ 28210 58952; www.greeceoutdoors.com; crete@trekkinhg.gr) Einer der größten Veranstalter auf dem Festland mit Sitz in Athen bietet auch ein umfangreiches Programm an Aktivitäten auf Kreta an.

Trekking Plan (☎ /Fax 28210 60861; www.cycling.gr) Der Anbieter in Agia Marina, 10 km westlich von Chania, veranstaltet Touren zum Wandern, Felsklettern, Radfahren, Mountainbiking und Abseiling in Westkreta.

Mountaineering Club of Hania (EOS; ☎ 28210 74560; www.interkriti.org/orivatikos/hania1.htm; Tzanakaki 90, Chania)

Mountaineering Club of Iraklio (EOS; ☎ 2810 227 609; www.interkriti.org/orivatikos/orivat.html; Dikeosynis 53, Iraklion; ☎ 20.30–22.30 Uhr)

Mountaineering Club of Lasithi (EOS; ☎ 28970 23230)

Mountaineering Club of Rethymnon (EOS; ☎ 28310 57766; www.eos.rethymnon.com; Dimokratias 12, Rethymnon) Informiert auf seiner Website über bevorstehende Exkursionen.

Der mehrsprachige Führer *Canyoning in Crete* von Yiannis Bromirakis (Road Editions 2007) beschreibt detailliert viele erst seit kurzem zugängliche Schluchten auf Kreta, Landkarten und Skizzen inklusive.

Der folgende Kasten enthält eine Liste der Berghütten, die von den Clubs unterhalten werden.

BERGHÜTTEN DER CLUBS

Name	Lage	Höhe (m)	Bettenzahl	EOS-Club
Kallergi	Nähe Samaria-Schlucht	1680	50	Chania
Katsiveli-Svourihtis	Svourihtis-Ausläufer	1970	25	Chania
Limnarkarou	Lassithi-Hochebene	1350	15	Lassithi
Prinos	Asites, Ostseite des Psiloritis	1100	45	Iraklion
Tavris	Askifou-Hochebene	1200	42	Chania
Toubotos Prinos	Psiloritis	1500	28	Rethymnon
Volikas	Volikas Keramion	1400	40	Chania

Die Begehung des Fernwanderwegs E4 erfordert Vorausplanung. Mit sechs- bis siebenstündigen Tageswanderungen ist zwar fast immer irgendeine Unterkunft zu erreichen, aber einige davon müssen im Voraus gebucht werden – vor allem die Berghütten, für die manchmal vorher Schlüssel besorgt werden müssen.

Canyoning

Canyoning erfreut sich auf Kreta zunehmender Beliebtheit – kein Wunder angesichts der vielen wilden und wunderschönen Schluchten. Der neu gegründete Verband **Cretan Canyoning Association** (☎ 6997 090307; www.canyon.gr) ist seit 2005 in über 50 Schluchten aktiv. Eine davon ist die anspruchsvolle Cha-Schlucht (S. 228) in der Nähe des Bergs Thripti in Ostkreta, die bis vor kurzem nur von einem Dutzend Menschen durchquert wurde (2007 waren es immer noch weniger als 100). Auf seiner Website veröffentlicht der Verband nützliche Informationen und einen Führer zu Kretas Schluchten. Zudem werden regelmäßig Exkursionen und Anfängerkurse veranstaltet. Ein viertägiger Kurs in vier Schluchten kostet 155 € inkl. Ausrüstung. Geführte Canyoningtouren kosten je nach Schlucht 45–70 €.

Klettern

„Climb in Crete" (www.climbincrete.com) liefert äußerst hilfreiche Tipps zum Klettern und Bergsteigen auf der Insel, u. a. Artikel, Fotos und Wanderführer.

Bergsteiger erklimmen nicht nur die zahlreichen Gipfel Kretas, sondern nehmen es auch zunehmend mit steilen Felswänden und Schluchten auf. Zu den beliebtesten Kletterrevieren zählt der Süden des Regierungbezirks Iraklion, besonders die atemberaubenden Klippen in der Umgebung von Kapetaniana und der Berg Kofinas an der Südflanke des Asteroussia-Gebirges, s. S. 196. Eine beliebtes Terrain zum Klettern ist auch die Agiofarango-Schlucht (S. 194). Derzeit werden überall auf Kreta neue Reviere erschlossen, z. B. in Matala und in Theriso bei Chania.

Unerfahrene Kletterer sollten vor dem Aufbruch Kontakt zu einer lokalen Organisation aufnehmen. Der französische Kletterfreak Philippe Bugada beschreibt in seinem umfangreichen, mehrsprachige Guide *Crete* (Kapetaniana/Kofinas, 18 €) rund 150 Kletterpartien in der Umgebung von Kapetaniana und Agiofarango. Der Führer ist auf Kreta erhältlich und kann über die Website www.lacorditelle.com bestellt werden.

Bungee-Springen

In schwindelnder Höhe über der Aradena-Schlucht an der Südküste befindet sich ein spektakulärer Ort zum Bungee-Springen: die höchste Bungee-Brücke Griechenlands und die zweithöchste Europas. Von dort können sich Adrenalin-Junkies 138 m tief in eine schmale Schlucht stürzen. **Liquid Bungy** (☎ 6937 615191; www.bungy.gr) ist von Juni bis September jedes Wochenende vor Ort und kassiert 100 € pro Sprung.

Detaillierte Beschreibungen zahlreicher Wanderungen auf ganz Kreta enthält die Website eines unerschrockenen Wanderers: www.peter-thomson.co.uk/crete/contents.html

WASSERSPORT

Kreta ist ein Paradies für Wassersportler. An fast jedem größeren Strand werden Parasailing, Wasserski, Jetski, Tretboote und Kanus angeboten. Die meisten Luxushotels an der Nordküste haben eigene Wassersportzentren, die auch Tagesgästen offen stehen. Anderswo bieten Spezialveranstalter Schnorchel- und Tauchkurse sowie Windsurfing und Seekajaktouren an. Nur Wellen hat die kretische Küste kaum zu bieten; das Board kann also getrost zu Hause bleiben.

Seekajaktouren

Seekajaktouren werden an Kretas Südküste immer beliebter. Dramatische Klippen und abgelegene Strände garantieren ein spektakuläres Erlebnis. Touren werden als Tagesausflug (ab 60 €) oder als einwöchige Exkursionen inklusive Übernachtung und Transfer angeboten. Einige lassen sich auch mit Wanderungen kombinieren.

Alpine Travel (☎ 28210 50939; 6932 252 890; www.alpine.gr; Boniali 11–19) ist ein Veranstalter in Chania.

Nature Maniacs (☎ 28250 91017; www.naturemaniacs.com) organisiert von seiner Basis in Loutro Seekajaktouren entlang der Südküste.

Tauchen & Schnorcheln

In den warmen, klaren Gewässern rund um Kreta macht Schnorcheln und Tauchen richtig Spaß. Dank einer Lockerung der Gesetze sind die kretischen Tauchreviere inzwischen gut zugänglich, mit Ausnahme der Gegenden, die als archäologische Stätten ausgewiesen sind. Wie in großen Teilen des Mittelmeerraums sind auch rund um Kreta die meisten Meereslebewesen, vor allem große Fische, der Überfischung zum Opfer gefallen. Dafür bietet die Insel aber spektakuläre Höhlen, dramatische Klippen und interessante Stellen für Taucher. Ein faszinierendes Schnorchelrevier ist das Gebiet rund um die versunkene Stadt Olous in der Nähe von Elounda (S. 209). Beliebte Gegenden zum Tauchen sind Bali (S. 161), Plakias (S. 154) und Paleochora (S. 114).

Mehrere Tauchzentren bieten Kurse für Anfänger und Fortgeschrittene an, teils auch mit PADI-Schein. Nach griechischem Gesetz darf man nur mit einem lizenzierten Anbieter auf Tauchstation gehen und muss die Finger von etwaigen Altertümern lassen, auf die man unter Wasser stößt. Es empfiehlt sich, Tauchgänge mindestens einen Tag im Voraus zu buchen. Schnorcheltouren sind ebenfalls vielerorts erhältlich.

Einige Anbieter in verschiedenen Städten:

Agios Nikolaos Cretas Happy Divers (☎ 28410 82546; www.cretashappydivers.com) Tauchzentren am Strand des Coral Hotel, in Plaka und in Elounda.

Bali Hippocampos (☎ 28340 94193 www.hippocampos.com) In Hafennähe.

Chania Blue Adventures Diving (☎ 28210 40608; www.blueadventuresdiving.gr; Arholeon 11)

Iraklion Diver's Club (☎ 2810 811 755; www.diversclub-crete.gr; Agia Pelagia); Stay Wet (☎ 28970 42683; www.staywet.gr; Mononaftis)

Plakias Kalypso Rock's Palace Dive Center (☎ 28310 20990; www.kalypsodivingcenter.com; Eleftheriou Venizelou 42); Phoenix Diving Club (☎ 28320 31206; www.scubacrete.com)

Rethymnon Paradise Dive Center (☎ 28310 26317; www.diving-center.gr; Eleftheriou Venizelou 57)

Paleochora Aqua Creta Diving & Adventures (☎ 28230 41393; www.aquacreta.gr)

Windsurfen

Das beste Revier zum Windsurfen auf Kreta ist der Kouremenos-Strand (S. 221), nördlich von Palekastro in Sitia. Gute Bedingungen verspricht auch Almyrida (S. 132), bei Chania. Der Verband **Hellenic Windsurfing Association** (☎ 210 323 0330) in Athen erteilt allgemeine Auskünfte.

Große Wassersportzentren:

Driros Beach (☎ 6944 932 760; www.spinalonga-windsurf.com) In Plaka bei Elounda.

Freak Windsurf (☎ 28430 61116, 6979 254967; www.freak-surf.com) In Kouremenos.

UCPA Sports (☎ 28250 31443; www.ucpa.com) In Almyrida, Brettverleih 8 € pro Std.

Segeln

Segeln ist eine tolle Möglichkeit, Kreta zu erleben. Allerdings sind die Winde unbeständig, und wegen der großen Entfernung zu den anderen Inseln lässt sich ein Abstecher nach Kreta schlecht in einen Törn durch die griechische Inselwelt einbinden. Einige Veranstalter bieten aber Tagestouren an. Wer an der Südküste entlangsegelt, bekommt einige der schönsten und einsamsten Strände Kretas zu sehen.

In Ierapetra bietet **Nautilos Yacht Rentals** (☎ 28420 89986; www.ierapetra.net/nautilos) private Törns rund um die Südkünsteninseln Chrisi and Koufonissi an und segelt um die Küste bis nach Sitia.

Segler können sich unter www.sailing.gr oder www.yachting.gr über Segelreviere rund um Kreta und Griechenland informieren.

„Segeln ist eine tolle Möglichkeit, Kreta zu erleben …"

SONSTIGE AKTIVITÄTEN

Golf

Kreta hat mehrere 9-Loch-Golfplätze. Den einzigen professionellen 18-Loch-Kurs auf der Insel betreibt der **Crete Golf Club** (☎ 28920 26000; www.crete-golf.com) in Chersonisos. Die als „Wüstenplatz" gestaltete Par-72-Anlage fügt sich nahtlos in die Umgebung ein. Der ziemlich anspruchsvolle Platz hat eine beidseitig bespielbare Driving-Range, eine Golfschule und ein Clubhaus. Für blutige Anfänger ist er jedoch ungeeignet. Genügend Kleingeld sollte man jedenfalls dabeihaben: Eine 18-Loch-Runde schlägt im Sommer mit 67 € zu Buche (ohne Schläger oder Buggys).

Reiten

Mehrere Reitzentren auf Kreta bieten Reitmöglichkeiten und geführte Ausritte in die kretische Landschaft an.

Der beeindruckendste Veranstalter ist **Odysseia Stables** (☎ 28970 51080; www.horseriding.gr) oberhalb von Avdou am Fuß des Dikti, s. S. 185. Die neue Anlage ist hervorragend ausgestattet und bietet auch Übernachtungsmöglichkeiten. Die Dauer der Ausritte liegt irgendwo zwischen zwei Stunden für Anfänger, dreitägigen Exkursionen durch die Lassithi-Hochebene und einwöchigen Reittouren durch das Dikti-Gebirge zur Südküste. Preisbeispiele: 1 Std. Ausritt am Strand 18 €; 2 Std. Ausritt 35 €; Tagesritt 55 €; 8 Tage inkl. Übernachtung und Mahlzeiten ab 474 €.

In Georgioupoli bietet **Zoraida's Horseriding** (☎ 28250 61745; www.zoraidas-horseriding.com) Strandreiten und Ausritte auf Naturpfaden für Anfänger und Fortgeschrittene, u. a. Tagessafaris und einen sechstägigen Kurs für erfahrenere Reiter.

Melanouri Horse Farm (☎ 28920 45040; www.melanouri.com) organisiert in Pitsidia bei Matala Ausritte in der Umgebung.

Paragliding

Kreta bietet mit seinem Klima und Terrain ideale Voraussetzungen zum Paragliden, hier *parapente* genannt. Das ist eine prima Art, die Insel zu sehen – zumindest für die, die den Mumm haben, mit den Vögeln zu fliegen. Es gibt rund 20 ausgezeichnete Startplätze für Paraglider auf Kreta. Die meisten liegen rund um die drei höchsten Berge oder an den Küsten, z. B. bei Falasarna und Paleochora.

Der zertifizierte Paragliding-Lehrer Grigoris Thomakakis und sein Team im **International Centre of Natural Activities** (☎ 6977 466900; www.icna.gr) veranstalten Flüge auf der ganzen Insel und in der Umgebung ihres Stützpunkts Avdou, südlich von Malia. Tagesflüge für erfahrene Piloten in Begleitung eines Ausbilders kosten 30 €, Tandemflüge sind für 70 € zu haben.

Chania Χανια

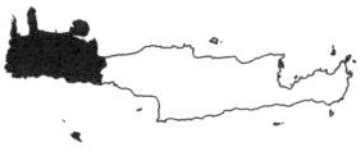

Die Region Chania bietet ein großes Angebot an Aktivitäten und Abenteuern, gleich ob man nun Bergsteigen, Schluchten durchwandern oder tauchen möchte oder stattdessen lieber faul am Strand herumliegt und sich abends in den Fischerdörfchen am Tagesfang gütlich tut. Obwohl Kretas westlichster Regierungsbezirk mit der Samaria-Schlucht eine der Hauptattraktionen der Insel vorweisen kann, hat sich Chania viel von seinem ursprünglichen Charakter bewahrt. Chania ist berühmt für die schroffe Schönheit seiner Natur mit sensationellen Schluchten und Gebirgsformationen wie den Levka Ori und dem Gingilos im kargen Inneren. Die gleichnamige Hauptstadt, das romantischste Hafenstädtchen der Insel, ist mit zahlreichen Überbleibseln venezianischer und osmanischer Architektur gesegnet.

Die Nordküste ist sehr touristisch, vor allem an der Bucht von Chania. Einsame Fleckchen gibt's noch auf der Halbinsel Akrotiri, die auch interessante Klöster hat, und weiter westlich auf den Halbinseln Rodopou und Gramvousa. An Chanias felsiger Südküste gibt es ein paar relaxte Strandorte wie Paleochora und Sougia. Die fast menschenleere Westküste lockt mit zwei der schönsten Strände Kretas – Falasarna im Norden und Elafonisi am Südende.

Die Bergdörfer im Landesinneren bleiben ihren traditionellen Lebensformen treu. Hier sind heute noch Schafhirten unterwegs, und wer in eine der Tavernen einkehrt, kann sich darauf verlassen, dass der Wirt nur selbst Angebautes auf den Tisch bringt. In der Sfakia erinnern von Kugeln durchsiebte Straßenschilder daran, dass dies der Wilde Westen Kretas ist. Chanias Osten hat außer dem Kournas-See – Kretas einzigem natürlichem Süßwassersee – auch die spektakuläre Imbros-Schlucht zu bieten. Im Libyschen Meer vor der Südküste liegt Gavdos, Griechenlands südlichste Insel und die ultimative Zuflucht für Stressgeplagte.

HIGHLIGHTS

- Wandern durch die wilden Schluchten **Samaria** (S. 105) und **Imbros** (S. 107)
- Bummel durch die Gässchen der venezianischen und türkischen Altstadtviertel von **Chania** (S. 92)
- Entspannung pur an den geruhsamen **Südküstenstränden** (S. 107)
- Abschalten auf der Insel **Gavdos** (S. 119)
- Streifzüge durch Bergdörfer wie **Theriso** (S. 104) und durch die ausgezeichnete Gastronomie der Region

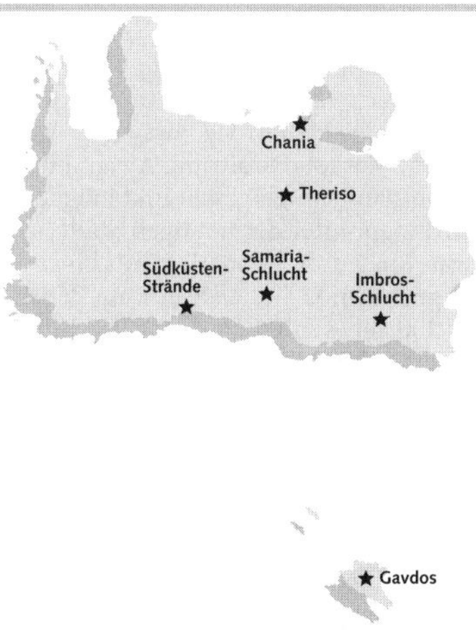

CHANIA XANIA

55 838 Ew.

Chania ist ohne Frage die stimmungsvollste aller kretischen Städte. Überreste der venezianischen Stadtmauer säumen ein Labyrinth atmosphärischer Altstadtgässchen, das sich auf einen malerischen Hafen öffnet. Die restaurierten venezianischen Stadthäuser an der Hafenpromenade beherbergen heute Restaurants, Cafés, schicke kleine Hotels und nette Pensionen. Die markante ehemalige Moschee gleich am Hafen und die in der Altstadt verstreuten osmanischen Holzbauten sind Hinterlassenschaften der Türkenherrschaft.

Kriegszerstörungen haben Chania um viele seiner Baudenkmäler gebracht, doch die Stadt trägt ihre Kriegsnarben mit Stolz. An den Altstadtstraßen Zambeliou, Theotokopoulou und Angelou stehen dachlose venezianische Ruinen, die zu Freiluftrestaurants mit besonderem Flair umfunktioniert wurden.

Selbst auf dem Höhepunkt der Saison, wenn viele Gebäude mit Touristenware zugemüllt sind, bewahrt sich Chania die Exotik einer Stadt in der Schwebe zwischen Ost und West.

Chania hat einige der besten Restaurants auf Kreta zu bieten. Ihre Kunsthandwerkstradition macht die Stadt zu einem kleinen Shoppingparadies. Und die Cafés am Hafen sind der ideale Ort, um zwischendurch zu relaxen und die Leute an sich vorbeiziehen zu lassen.

GESCHICHTE

Chania geht auf die minoische Siedlung Kydonia zurück, deren Zentrum auf dem Hügel östlich des Hafens lag, zwischen Akti Tombazi und Karaoli Dimitriou. Ausgrabungen waren bislang nur eingeschränkt möglich, weil die Ruinen unter der heutigen Stadt liegen. Immerhin wurden Tontafeln mit Linear-B-Schrift gefunden (s. Kasten S. 30), aus denen Wissenschaftler schließen, dass Kydonia Standort eines Palasts und eine bedeutende Stadt war. 2004 entdeckten Archäologen in der Gegend von Agios Ioannis 50 spätminoische Gräber, die zum Friedhof des antiken Kydonia gehörten. Die Ausgrabungen sind noch nicht beendet.

Wie die meisten minoischen Siedlungen wurde auch Kydonia um 1450 v. Chr. durch Feuer zerstört, stieg aber bald zu neuer Größe auf. In der griechischen Antike blühte hier ein Stadtstaat, der auch unter römischer und byzantinischer Herrschaft noch bestens gedieh.

Etwa zu Beginn des 13. Jhs. übernahmen die Venezianer die Herrschaft über die Stadt und tauften sie in La Canea um. 1266 verloren sie die Stadt an die Genuesen, konnten sie ihnen aber 1290 wieder entreißen. Die Venezianer errichteten gewaltige Befestigungen, um die Stadt gegen plündernde Piraten und eroberungslustige Osmanen zu verteidigen – vergebliche Liebesmüh, denn 1645 wurde Chania nach zweimonatiger Belagerung von den Türken eingenommen.

Bis zum Ende der türkischen Herrschaft 1898 war Chania Sitz des türkischen Paschas. Die Türken wandelten die Kirchen in Moscheen um und orientalisierten die Architektur der Stadt mit Holzbauweise und Gitterwerkfenstern.

1898 machten die europäischen Großmächte Chania zur Hauptstadt der Insel. Diesen Status verlor die Stadt erst 1971, als die Inselverwaltung nach Iraklion verlegt wurde.

Im Zweiten Weltkrieg tobte die Schlacht um Kreta vor allem an der Küste westlich von Chania. Auch die Stadt selbst wurde heftig bombardiert, vor allem die Umgebung der antiken Stadt Kydonia, doch von der historischen Bausubstanz blieb immerhin so viel erhalten, dass sie noch heute als schönste Stadt Kretas gilt.

ORIENTIERUNG

Chanias Busbahnhof liegt an der Odos Kydonias, zwei Blocks südwestlich der Platia 1866, einer der Hauptplätze der Stadt. Von dort bis zum venezianischen Hafen ist es nur ein kurzes Stück die Odos Halidon nach Norden hinauf. Die Odos Zambeliou – einst Chanias Hauptdurchgangsstraße – säumen heute Kunsthandwerksläden, kleine Hotels und Tavernen. Die Landspitze beim Leuchtturm trennt den venezianischen Hafen vom überfüllten Stadtstrand des modernen Viertels Nea Chora. In der anderen Richtung liegt das Hafenviertel Koum Kapi, das nach einem Facelifting heute beliebter Treffpunkt jüngerer Chanioten ist. Die Fähren nach Chania legen 7 km südöstlich der Stadt in Souda an.

PRAKTISCHE INFORMATIONEN

Buchläden

Mediterraneo Bookstore (☎ 28210 86904; Akti Koundourioti 57) Große Auswahl an englischsprachigen

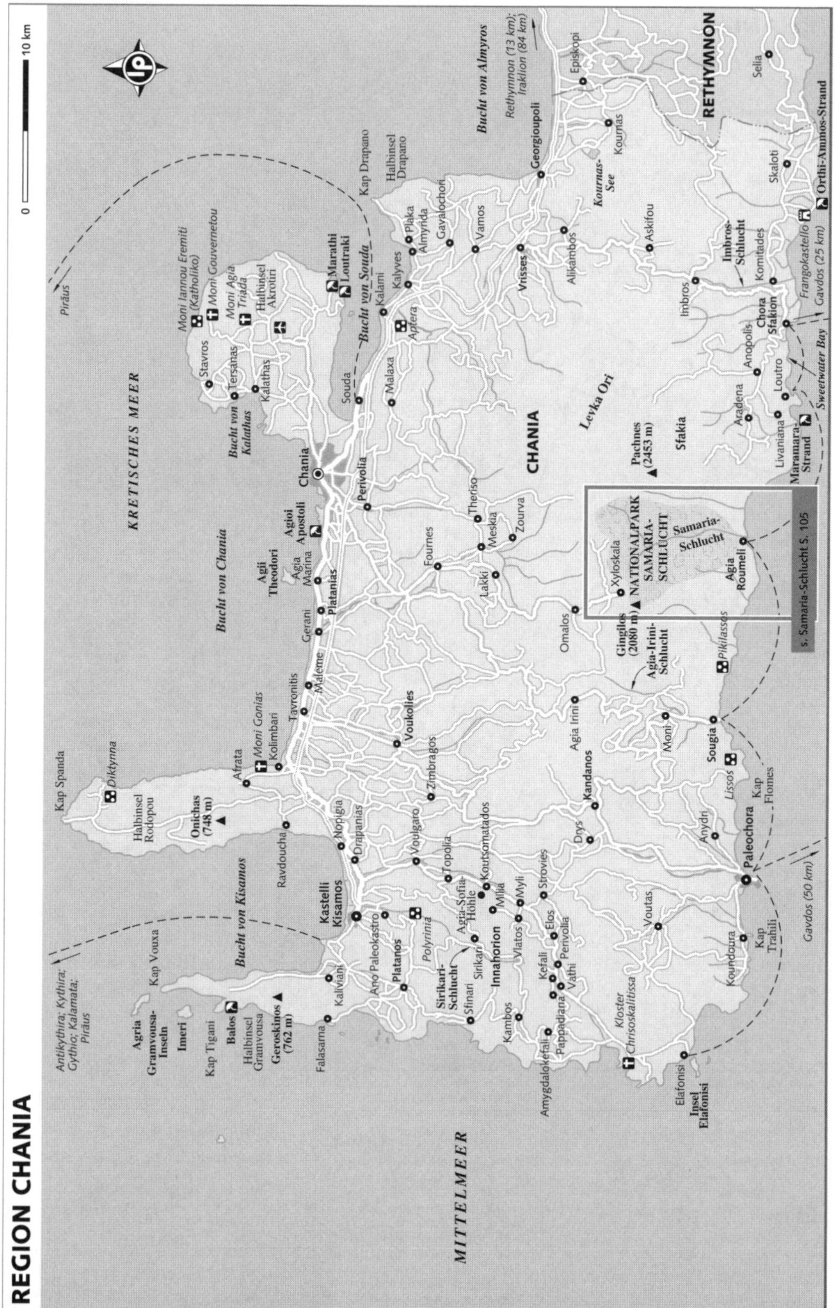
REGION CHANIA
0
10 km
KRETISCHES MEER
MITTELMEER
Bucht von Chania
Bucht von Kisamos
Bucht von Kalathas
Bucht von Souda
Bucht von Almyros
Kap Spanda
Halbinsel Rodopou
Diktynna
Onichas (748 m)
Afrata
Moni Gonias
Kolimbari
Ravdoucha
Nopigia
Drapanias
Kastelli Kisamos
Polyrinia
Ano Paleokastro
Platanos
Kalviani
Falasarna
Kap Vouxa
Agria Gramvousa-Inseln
Imeri
Kap Tigani
Balos
Halbinsel Gramvousa
Geroskinos (762 m)
Antikythira; Kythira; Gythio; Kalamata; Piräus
Piräus
Sfinari
Sirikari-Schlucht
Sirikari
Agia-Sofia-Höhle
Innahorion
Topolia
Koutsomatados
Voulgaro
Mili
Myli
Vlatos
Strovles
Elos
Kefali
Perivolia
Vathi
Pappadiana
Kambos
Amygdalokefali
Kloster Chrisoskalitissa
Elafonisi
Insel Elafonisi
Voutas
Koundoura
Kap Trahili
Paleochora
Gavdos (50 km)
Anydri
Drys
Kandanos
Kap Flomes
Lissos
Sougia
Moni
Agia Irini
Agia-Irini-Schlucht
Zimbragos
Voukolies
Tavronitis
Maleme
Gerani
Platanias
Agia Marina
Agii Theodori
Agioi Apostoli
Chania
Perivolia
Fournes
Lakki
Meskla
Zourva
Theriso
Omalos
Gingilos (2080 m)
Xyloskala
NATIONALPARK SAMARIA-SCHLUCHT
Samaria-Schlucht
Agia Roumeli
Pikilassos
s. Samaria-Schlucht S. 105
CHANIA
Levka Ori
Pachnes (2453 m)
Sfakia
Livaniana
Maramara-Strand
Aradena
Loutro
Anopolis
Sweetwater Bay
Chora Sfakion
Komitades
Frangokastello
Gavdos (25 km)
Orthi-Ammos-Strand
Imbros
Imbros-Schlucht
Askifou
Skaloti
Selia
RETHYMNON
Kournas
Kournas-See
Episkopi
Georgioupoli
Rethymnon (13 km); Iraklion (84 km)
Alikambos
Vrisses
Vamos
Gavalochori
Almyrida
Plaka
Kalyves
Kalami
Aptera
Malaxa
Souda
Marathi
Loutraki
Halbinsel Drapano
Kap Drapano
Halbinsel Akrotiri
Moni Iannou Eremiti (Katholiko)
Moni Gouvernetou
Moni Agia Triada
Stavros
Tersanas
Kalathas

CHANIA

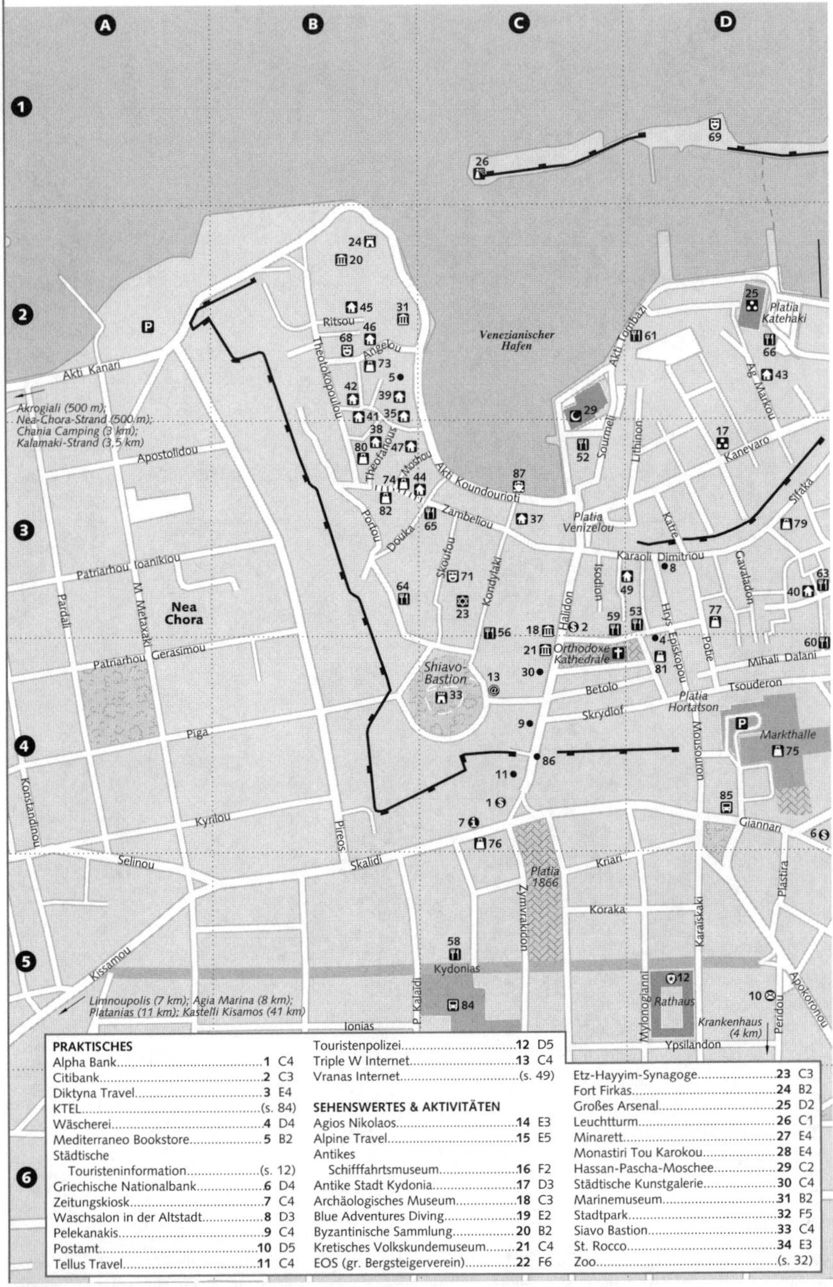

PRAKTISCHES

- Alpha Bank 1 C4
- Citibank 2 C3
- Diktyna Travel 3 E4
- KTEL .... (s. 84)
- Wäscherei 4 D4
- Mediterraneo Bookstore 5 B2
- Städtische Touristeninformation .... (s. 12)
- Griechische Nationalbank 6 D4
- Zeitungskiosk 7 C4
- Waschsalon in der Altstadt 8 D3
- Pelekanakis 9 C4
- Postamt 10 D5
- Tellus Travel 11 C4
- Touristenpolizei 12 D5
- Triple W Internet 13 C4
- Vranas Internet .... (s. 49)

SEHENSWERTES & AKTIVITÄTEN

- Agios Nikolaos 14 E3
- Alpine Travel 15 E5
- Antikes Schifffahrtsmuseum 16 F2
- Antike Stadt Kydonia 17 D3
- Archäologisches Museum 18 C3
- Blue Adventures Diving 19 E2
- Byzantinische Sammlung 20 B2
- Kretisches Volkskundemuseum 21 C4
- EOS (gr. Bergsteigerverein) 22 F6
- Etz-Hayyim-Synagoge 23 C3
- Fort Firkas 24 B2
- Großes Arsenal 25 D2
- Leuchtturm 26 C1
- Minarett 27 E4
- Monastiri Tou Karokou 28 E4
- Hassan-Pascha-Moschee 29 C2
- Städtische Kunstgalerie 30 C4
- Marinemuseum 31 B2
- Stadtpark 32 F5
- Siavo Bastion 33 C4
- St. Rocco 34 E3
- Zoo .... (s. 32)

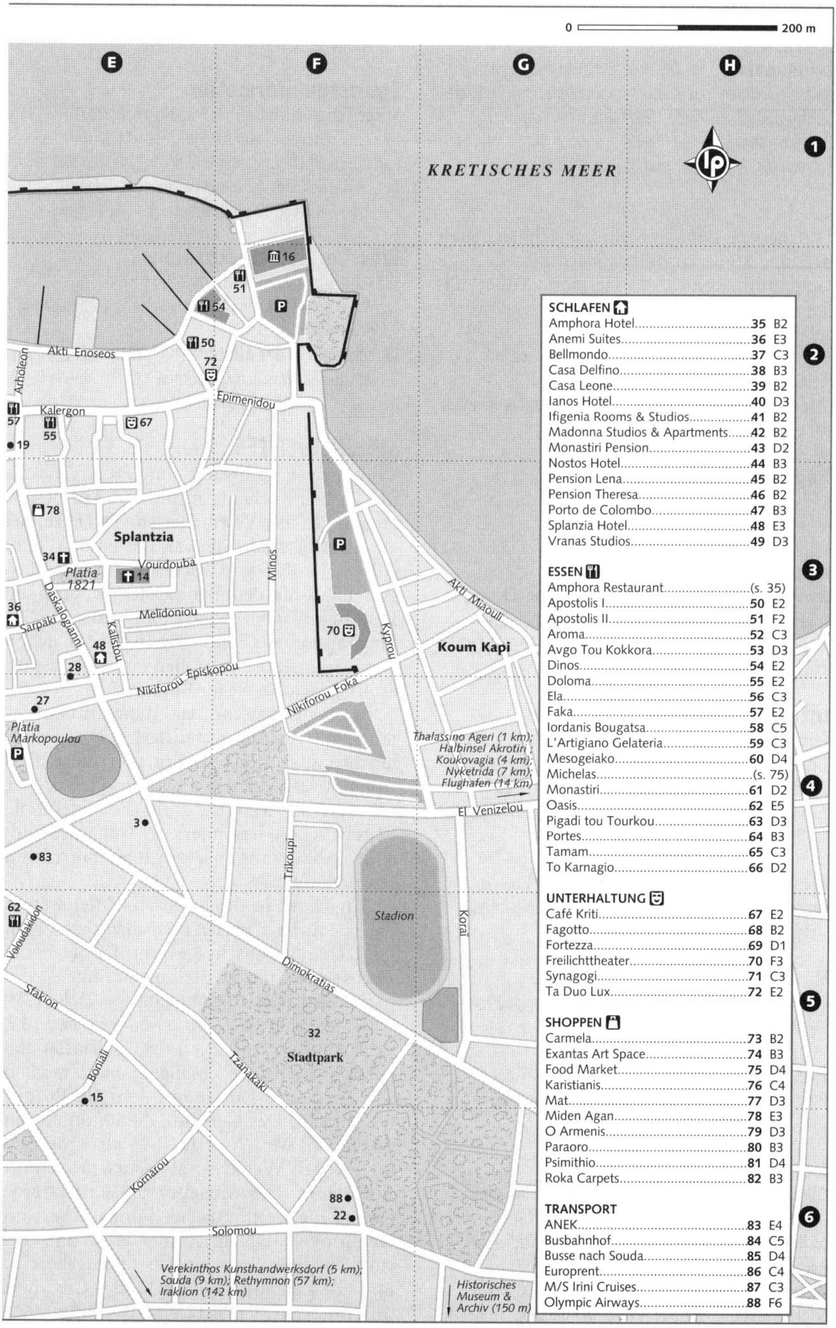

SCHLAFEN

Amphora Hotel	**35**	B2
Anemi Suites	**36**	E3
Bellmondo	**37**	C3
Casa Delfino	**38**	B3
Casa Leone	**39**	B2
Ianos Hotel	**40**	D3
Ifigenia Rooms & Studios	**41**	B2
Madonna Studios & Apartments	**42**	B2
Monastiri Pension	**43**	D2
Nostos Hotel	**44**	B3
Pension Lena	**45**	B2
Pension Theresa	**46**	B2
Porto de Colombo	**47**	B3
Splanzia Hotel	**48**	E3
Vranas Studios	**49**	D3

ESSEN

Amphora Restaurant	(s. 35)	
Apostolis I	**50**	E2
Apostolis II	**51**	F2
Aroma	**52**	C3
Avgo Tou Kokkora	**53**	D3
Dinos	**54**	E2
Doloma	**55**	E2
Ela	**56**	C3
Faka	**57**	E2
Iordanis Bougatsa	**58**	C5
L'Artigiano Gelateria	**59**	C3
Mesogeiako	**60**	D4
Michelas	(s. 75)	
Monastiri	**61**	D2
Oasis	**62**	E5
Pigadi tou Tourkou	**63**	D3
Portes	**64**	B3
Tamam	**65**	C3
To Karnagio	**66**	D2

UNTERHALTUNG

Café Kriti	**67**	E2
Fagotto	**68**	B2
Fortezza	**69**	D1
Freilichttheater	**70**	F3
Synagogi	**71**	C3
Ta Duo Lux	**72**	E2

SHOPPEN

Carmela	**73**	B2
Exantas Art Space	**74**	B3
Food Market	**75**	D4
Karistianis	**76**	C4
Mat	**77**	D3
Miden Agan	**78**	E3
O Armenis	**79**	D3
Paraoro	**80**	B3
Psimithio	**81**	D4
Roka Carpets	**82**	B3

TRANSPORT

ANEK	**83**	E4
Busbahnhof	**84**	C5
Busse nach Souda	**85**	D4
Europrent	**86**	C4
M/S Irini Cruises	**87**	C3
Olympic Airways	**88**	F6

Romanen und Büchern über Kreta, außerdem internationale Presse.
Zeitungskiosk (☎ 28210 95888; Skalidi 8) Umfangreiches Sortiment mit internationalen Zeitungen und Zeitschriften, Büchern, Kreta-Reiseführern und Landkarten.
Pelekanakis (☎ 28210 92512; Halidon 98) Führt Landkarten, Reiseführer und Bücher in elf Sprachen.

Geld

Die meisten Banken befinden sich im neuen Teil der Stadt; in der Altstadt gibt's einige Geldautomaten in der Halidon. Außerhalb der Bankenzeiten haben zahlreiche Geldwechselstuben geöffnet.
Geldautomat Alpha Bank (Ecke Halidon& Skalidi)
Geldautomat Citibank
Griechische Nationalbank (Ecke Tzanakaki & Giannari) Hat einen rund um die Uhr geöffneten Geldautomaten.

Gepäckaufbewahrung

KTEL (☎ 28210 93052; Kydonias 73–77; 1,50 € pro Tag) Am Busbahnhof.

Infos im Internet

www.chania.gr Offizielle Website der Stadt Chania mit Informationen zur Stadt und Veranstaltungshinweisen.
www.chania-guide.gr Nützliche Infos über die Stadt und den Regierungsbezirk.

Internetzugang

Triple W (☎ 28210 93478; Valadinon & Halidon; 2 € pro Std.; 24 Std.) Großer Laden mit DSL-Zugang.
Vranas Internet (☎ 28210 58618; Agion Deka 10; 2 € pro Std.; 9.30–13 Uhr) Ist klimatisiert und hat alles am Start.

Medizinische Versorgung

Krankenhaus Chania (☎ 28210 22000; Mournies) Südlich der Stadt.

Notfall

Touristenpolizei (☎ 28210 73333; Kydonias 29; 8–14.30 Uhr) Am Rathaus.

Post

Postamt (☎ 28210 28445; Peridou 10; Mo–Fr 7.30–20, Sa 7.30–14 Uhr)

Reisebüros

Diktynna Travel (☎ 28210 41458; www.diktynna-travel.gr; Arhontaki 6) Organisiert ein breites Spektrum an Kultur- und Ökotourismusaktivitäten, einschließlich Kochkurse.
Tellus Travel (☎ 28210 91500; Halidon 108; www.tellustravel.gr; 8–23 Uhr) Autovermietung, Geldwechsel, Flug- und Fährtickets, Übernachtungsmöglichkeiten und Ausflüge.

Touristeninformation

Städtische Touristeninformation (☎ 28210 36155; tourism@chania.gr; Kydonias 29; 8–14.30 Uhr) Am Rathaus; hat hilfreiche Infos und Stadtpläne/Landkarten. Der Infokiosk hinter der Moschee am alten Hafen ist normalerweise von 12–14 Uhr besetzt.

Wäschereien/Waschsalons

Wäscherei/Waschsalon (☎ 28210 57602; Agion Deka 18; Waschen & Trocknen 6 €) Wahlweise Selbstbedienung oder zum Abgeben.
Waschsalon in der Altstadt (☎ 28210 59414; Karaoli & Dimitriou 38; Waschen & Trocknen 7 €; Mo–Sa 9–14 & 18–21 Uhr) Auch Reinigung.

SEHENSWERTES

Die massiven Stadtbefestigungen der Venezianer wirken bis heute imposant. Am besten erhalten ist die Westmauer von **Fort Firkas** bis zur **Shiavo-Bastion**. Sie war Teil einer Wehranlage, die 1538 von Michele Sanmichele begonnen wurde, dem Baumeister, der auch die Festungsanlagen von Iraklion entwarf. Die Eingangstore zur Festung befinden sich neben dem Marinemuseum. Oben von der Bastion eröffnet sich ein weiter Blick auf die Altstadt.

Der venezianische **Leuchtturm** an der Hafeneinfahrt wurde restauriert, die neue Beleuchtung an der Küstenmauer hätte aber ruhig etwas dezenter ausfallen dürfen. Der 1,5 km lange Rundgang um die Hafenmole ist sehr schön, besonders am frühen Abend; eine „Abkürzung" ist die Bootsfahrt vom Fortezza Café.

Am Ostende des inneren Hafens steht die restaurierte **Hassan-Pascha-Moschee** (auch Janitscharen-Moschee genannt), die heute wechselnde Kunstausstellungen zeigt.

Das **Archäologische Museum** (☎ 28210 90334; Halidon 30; Eintritt 2 €, mit Byzantinischer Sammlung 3 €; Di–So 8.30–15 Uhr; im Sommer bis 19.30 Uhr, aber lieber nachprüfen) ist in der ehemaligen venezianischen San-Francesco-Kirche aus dem 16. Jh. untergebracht. Das Gebäude diente unter den Türken als Moschee, ab 1913 als Kino und im Zweiten Weltkrieg als deutsches Munitionsdepot. Das Museum präsentiert eine Sammlung westkretischer Fundstücke vom Neolithikum bis zur Römerzeit. Vom Eingang aus links liegt der Ausstellungsbereich über die Zeit von 3400 bis 1200 v. Chr., u. a. mit Linear-A-Schrifttafeln. Beachtenswert ist auch die exquisite Keramik aus der geometrischen Epoche (1200–800 v. Chr.) und ein Schaukasten mit Stierfiguren. Die griechisch-römische Sammlung beinhaltet eine besonders eindrucksvolle Dianastatue. Im hübschen, mit venezianischen Löwenköpfen geschmückten Hof steht ein Marmorbrunnen. Der türkische Brunnen ist ein Relikt aus der Zeit als Moschee.

Das **Marinemuseum** (☎ 28210 91875; Akti Koundourioti; Eintritt 3 €; 🕑 Mai–Sept. 9–16 Uhr) zeigt eine interessante Sammlung von Schiffsmodellen ab der Bronzezeit sowie nautische Instrumente, Gemälde, Fotos und Erinnerungen an die Schlacht um Kreta. Das Museum befindet sich im Fort Firkas, dem einstigen türkischen Gefängnis. Die authentische Replik eines minoischen Schiffs, die zur Eröffnung der Olympischen Spiele 2004 in Athen den Wasserweg von Kreta bis nach Athen zurücklegte, wird die Topattraktion im neuen Anbau **Antikes Schifffahrtsmuseum** der venezianischen Schiffshallen, die derzeit am äußersten Ende des Hafens entstehen.

Die **Byzantinische und Nachbyzantinische Sammlung von Chania** (☎ 28210 96046; Theotokopoulou; Eintritt 2 €, inkl. Archäologisches Museum 3 €; 🕑 Di–So 8.30–15 Uhr) logiert in der bewundernswert restaurierten Kirche San Salvatore. Zu der kleinen, aber faszinierenden Sammlung von Artefakten, Ikonen, Schmuck und Münzen gehören ein Fragment des Mosaikbodens einer frühchristlichen Basilika und eine wertvolle Ikone des hl. Georg als Drachentöter. Das Gebäude selbst ist ein bunter Mix interessanter Architekturelemente aus seinen verschiedenen Nutzungsepochen.

Chanias interessantes **Kretisches Volkskundemuseum** (☎ 28210 90816; Halidon 46; Eintritt 2 €; 🕑 9.30–15 & 18–21 Uhr) zeigt Volkskunst, z. B. traditionelle Webarbeiten, und das dazugehörige Handwerkszeug.

Das **Historische Museum und Archiv** (☎ 28210 52606; Sfakianaki 20; Eintritt frei; 🕑 Mo–Fr 9–13 Uhr), südöstlich der Altstadt, zeichnet Kretas von Kriegen geprägte Vergangenheit nach und erinnert an den Widerstandskampf gegen die Türken, aber auch an die Zeit der deutschen Besatzung. Hier gibt es auch eine kleine Volkskunstsammlung.

Im prachtvoll restaurierten **Großen Arsenal** (☎ 28210 40101; www.kam-arsenali.gr; Platia Katehaki) hat sich das Zentrum für Mediterrane Architektur einquartiert, das regelmäßig Ausstellungen und andere Veranstaltungen organisiert.

Die restaurierte **Etz-Hayyim-Synagoge** (Parodos Kondylaki; ☎ 28210 86286; www.etz-hayyim-hania.org; 🕑 Di–Fr 10–20, So 17–20, Mo 10–15 & 17–20 Uhr) beherbergt eine bewegende Gedenkstätte für die jüdische Gemeinde Chanias, die von den Nazis vernichtet wurde.

Ausstellungen moderner griechischer Kunst zeigt die dreistöckige **Städtische Kunstgalerie** (☎ 28210 92294; www.pinakothiki-chania.gr; Halidon 98; Eintritt 2 €, Mi frei; 🕑 Mo–Fr 10–14 & 19–22, Sa 10–14 Uhr).

Wer den Massen im venezianischen Viertel entfliehen will, unternimmt einen Bummel zum türkischen **Splantzia-Viertel**, einem entzückenden Labyrinth aus schmalen Gassen und Plätzen, das saniert wurde und inzwischen Fußgängerzone ist. Neue kleine Hotels, Galerien, Künstler und Alternative haben Splantzia fest im Visier.

Die Daliani ist Standort eins der beiden noch verbliebenen **Minarette** Chanias und eines restaurierten Klosters aus dem 16. Jh., dem **Monastiri Tou Karolou** (☎ 28210 50172; Daliani 22; 🕑 11 Uhr–spät; So geschl.). Dort gibt's ein nettes Café im Innenhof, das gelegentlich Livemusik und kulturelle Veranstaltungen bietet. Das alte Kloster selbst ist heute Wohnhaus, Atelier und Salon von Chanias berühmtem Coiffeur und Bildhauer Karolos Kambelopoulos, der früher in Paris lebte.

Chanias zweites Minarett gehört zur bezaubernd schizophrenen **Agios Nikolaos**, früher Teil eines Dominikanerpriorats mit einem Glockenturm auf der anderen Seite. In der Nähe steht die restaurierte venezianische **San-Rocco-Kirche**.

An der archäologischen Stätte **Antike Stadt Kydonia**, östlich vom alten Hafen an der Kreuzung Kanevarou und Kandaloneou, sind laufende Ausgrabungen zu beobachten.

Chanias großartige Markthalle **Agora** (s. S. 96) mit einigen hervorragenden Schnellrestaurants sollten sich selbst Einkaufsmuffel nicht entgehen lassen. Leider musste die Zentralbastion der Stadtmauer weichen, um Platz für diese schöne, kreuzförmig angelegte Konstruktion zu schaffen, die 1911 nach dem Vorbild der Markthalle von Marseille errichtet wurde.

AKTIVITÄTEN

Wandern, Bergsteigen & Radfahren

Trekking Plan (☎ 28210 60861; www.cycling.gr; Agia Marina) Der Veranstalter in Agia Marina, 8 km südwestlich der Altstadt, bietet Wanderungen zu den Schluchten Agia Irini und Imbros,

Besteigungen des Gingilos, außerdem Canyoning, Abseiling, Felsklettern und Kajaktouren.

Alpine Travel (☎ 28210 50939; 6932 252 890; www.alpine.gr; Boniali 11–19) Realisiert Projekte zu den Themen Ökotourismus, Bergsteigen und Wandern.

EOS (☎ 28210 44647; www.eoshanion.gr; Tzanakaki 90; 🕑 8.30–22 Uhr) Der Chania-Ableger des griechischen Bergsteigerverbands erteilt Auskünfte über größere Klettertouren in den Levka Ori, Übernachtung in Berghütten und den Europäischen Fernwanderweg E4. Am Wochenende werden regelmäßig Exkursionen veranstaltet.

Hellas Bike Tours (☎ 28210 60858; www.hellasbike.net) Der Anbieter in Agia Marina verleiht Fahrräder und veranstaltet halb- und ganztägige Radtouren in der Umgebung.

Nature Maniacs (☎ 28250 91017; www.naturmaniacs.com) Das Unternehmen in Platanias organisiert Natur-, Abenteuer- und Kulturreisen und Seekajaktouren an der Südküste bei Loutro.

Tauchen

Blue Adventures Diving (☎ 28210 40608; www.blueadventuresdiving.gr; Arholeon 11) Das Tauchzentrum veranstaltet Kurse mit PADI-Schein (370 €) und unternimmt täglich Ausflüge in der Umgebung von Chania (zwei Tauchgänge 75 €), auch für Anfänger. Es gibt auch Schnorcheltouren und Gelegenheit zum einfachen Mitfahren auf dem Boot.

Schwimmen

Der Stadtstrand in **Nea Chora** ist überlaufen, aber meist sauber und für eine kurze Abkühlung und zum Bräunen durchaus brauchbar. Besser schwimmen kann man 3,5 km weiter westlich an den Stränden (in dieser Reihenfolge) **Agioi Apostoli**, **Chrisi Akti** und **Kalamaki**. Es fahren regelmäßig Stadtbusse zu diesen Stränden und noch weiter bis hinter Platanias.

CHANIA MIT KINDERN

Falls der Fünfjährige die venezianische Architektur zu langweilig findet, ist ein Abstecher zum **Stadtpark** zwischen Tzanakaki und Dimokratias angesagt. Dort warten ein Spielplatz, ein **Minizoo** mit zwei *kri-kri*-Ziegen und ein schattiges Café auf Besucher. Acht Kilometer südlich der Stadt befindet sich der riesige Aquapark **Limnoupolis** (☎ 28210 33246; Varypetro; Tageskarte Erw./Kind 6–12 Jahre 17/12 €, nur nachmittags 12/9 €; 🕑 10–19 Uhr). Dort halten ausreichend Rutschen den Nachwuchs bei Laune, während sich die Alten an die Cafés und Poolbars halten. Vom KTEL-Busbahnhof fahren regelmäßig Busse hin (1,60 €).

GEFÜHRTE TOUREN

Vom Hafen verkehren Ausflugsschiffe zu den nahe gelegenen Inseln Agii Theodoroi und Lazaretto und durch die Bucht von Chania. Die **M/S Irini** (☎ 28210 52001; Rundfahrten 15 €; bei Sonnenuntergang 8 €, Kinder unter 7 Jahre gratis) unternimmt täglich Rundfahrten auf einem reizenden Kreuzer aus den 1930er-Jahren, Schnorchelausrüstung gibt's umsonst dazu. Während der Rundfahrten bei Sonnenuntergang wird Obst und Raki auf Kosten des Hauses gereicht.

Die **F/B Alexandros** (☎ 28210 71514) unternimmt täglich Rundfahrten durch die Souda-Bucht mit Zwischenstopps an Höhlen und Stränden.

Mehrere Veranstalter haben halb- oder einstündige Rundfahrten mit milchigen Glasbodenbooten im Programm, doch die lohnen sich kaum.

Steve Outram (☎ 28210 32201; www.steveoutram.com) ist Fotograf, stammt aus England und veranstaltet zweimal im Jahr Fototouren für Amateurknipser und Profis.

FESTE & EVENTS

Im Sommer organisiert die Stadtverwaltung verschiedene kulturelle Events überall in der Stadt, u. a. im Stadtpark und im **Freilichttheater** (www.chania.gr) außerhalb der östlichen Stadtmauer (Odos Kyprou), wo regelmäßig Konzerte und Theatervorstellungen stattfinden.

In der letzten Maiwoche begeht die Stadt Chania den **Jahrestag der Schlacht um Kreta** mit Sportturnieren, Volkstanz und Gedenkfeiern.

SCHLAFEN

In Chanias venezianischem Viertel wimmelt es von aparten Boutique-Hotels und atmosphärischen, familienbetriebenen Pensionen in restaurierten venezianischen Gebäuden. Die meisten Hotels sind ganzjährig geöffnet. Achtung, viele ältere und kleinere Hotels haben keinen Fahrstuhl. Gute Unterkünfte gibt es z. B. in der Gegend am Westende des Hafens und entlang der Odos Zambeliou. Allerdings kann es hier nachts ziemlich laut werden, vor allem am Hafen, was gegen die schöne Aussicht abzuwägen ist. Günstige Zimmer gibt's im Splantzia-Viertel, wo einige preiswerte Boutique-Hotels neu eröffnet haben. Hotelanlagen mit Pool stehen in Nea Chora und an den Stränden, die sich westlich der Stadt bis nach Platanias und noch weiter hinziehen.

Budgetunterkünfte

Hania Camping (☎ 28210 31138; www.camping-chania.gr; Agii Apostoli; Wohnwagen/Zelt 7/4 €;) Chanias nächstgelegener Campingplatz, 3 km westlich der Stadt gleich am Strand, bietet Schatten, ein Restaurant, eine Bar, einen Minimarkt und einen Pool. Auch Zelte sind im Angebot (10 €). Anfahrt: Von der Südostecke der Platia 1866 einen Bus Richtung Westen nehmen (alle 15 Min.) und den Busfahrer bitten, am Campingplatz zu halten.

Pension Lena (☎ 28210 86860; lenachania@hotmail.com; Ritsou 5; EZ/DZ 35/55 €;) In der sympathischen Pension in einem türkischen Altbau können Neuankömmlinge schon mal ein Zimmer in Beschlag nehmen, wenn die Hauswirtin gerade nicht da ist. Ein paar antike Stücke unterstützen die altmodische Atmosphäre, die vorderen Zimmer sind am schönsten. Lena, die aus Hamburg stammt, sorgt dafür, dass die Gäste sich wohlfühlen.

Ifigenia Rooms & Studios (☎ 28210 94357; www.ifigeniastudios.gr; Gamba 23 & Parodos Agelou; Studio 35–140 €;) Mehrere renovierte Häuser am venezianischen Hafen mit Unterkünften für verschiedene Ansprüche, vom einfachen Zimmer bis zur raffinierten Suite mit Kochecke, Whirlpool und Ausblick. Manche Bäder sind sehr schlicht, die auf urig getrimmte Aufmachung einiger Zimmer wirkt etwas gekünstelt, und die Renovierung ist teilweise nicht besonders gelungen.

LP Tipp **Pension Theresa** (☎/Fax 28210 92798; Angelou 2; Zi. 40–50 €;) Dieses vor Alter knarrende Haus mit steiler Wendeltreppe ist Chanias stimmungsvollste Pension. Das Haus ist besonders bei Künstlern und Schriftstellern beliebt und oft ausgebucht. Wer kein Zimmer mit Aussicht ergattert, tröstet sich mit dem umwerfenden Blick von der Dachterrasse, wo auch die Gemeinschaftsküche ist. Die pieksauberen Zimmer – alle mit TV, Klimaanlage und zusätzlichem Hochbett auf Empore – sind ideal für Kleinfamilien, aber einige sind recht beengt, und für mehr Atmosphäre muss man ein paar Euro drauflegen.

Monastiri Pension (☎/Fax 28210 41032; Agiou Markou 18 & Kanevarou; DZ & 3BZ 40–55 €;) Der Eingang mit Steinbogen und antike Möbel aus Familienbesitz im Gemeinschaftsbereich verleihen dieser älteren Budgetunterkunft einen gewissen Reiz. Die Bäder sind schlicht, aber die Zimmer haben Kühlschrank und teils auch TV; die nach vorn raus haben einen Balkon mit reizendem Ausblick.

Mittelklassehotels

Vranas Studios (☎ 28210 58618; www.vranas.gr; Agion Deka 10; Studio 40–70 €;) Das Haus in einer belebten Fußgängerzone bietet großzügige, äußerst gepflegte Studios mit Kochnische. Alle Zimmer haben polierte Holzböden, Balkon, TV, Telefon und Klimaanlage. Praktisch, dass es hier auch ein Internetcafé gibt.

LP Tipp **Madonna Studios & Apartments** (☎ 28210 94747; madonnastudios@yahoo.co.uk; Gamba 33; Studio 70–110 €;) Dieses reizende kleine Hotel hat fünf attraktive, traditionell eingerichtete und gut ausgestattete Studios um einen bezaubernden Innenhof voller Blumen. Die Zimmer im obersten Stockwerk nach vorn raus kommen mit tollen Balkonen, das Studio im Patio hat noch einen Original-Waschtrog aus Stein.

Nostos Hotel (☎ 28210 94743; www.nostos-hotel.com; Zambeliou 42–46; EZ/DZ/3BZ mit Frühstück 60/80/120 €;) Gut gemachte Kombination aus venezianischem Stil und moderner Ausstattung: Das umgebaute, 600 Jahre alte Gebäude beherbergt heute noble Zimmer auf zwei Ebenen mit Küche, Kühlschrank, Telefon und TV. Am besten sind die Zimmer nach vorn mit Blick auf den Hafen; einen Dachgarten gibt's auch.

Porto de Colombo (☎ 28210 70945; colompo@otenet.gr; Theofanous & Moshon; DZ/Suite mit Frühstück 84/103 €;) Die venezianische Villa, ehemals französische Botschaft und Amtssitz von Elefterios Venizelos, ist heute ein reizendes Boutique-Hotel mit zehn bezaubernden, schön ausgestatteten Zimmern. Die Suiten im Obergeschoss haben herrlichen Hafenblick.

Belmondo (☎ 28210 36216; www.belmondohotel.com; Zambeliou 10; DZ/Suite mit Frühstück 90/110 €;) In dem exklusiven Hotel mit Hafenblick, schmiedeeisernen Betten und traditioneller Einrichtung herrscht eine etwas förmliche Atmosphäre. Das Haus weist türkische und venezianische Architekturelemente auf, u. a. Teile eines alten türkischen Bads in einem Zimmer. Kinder bis zwölf Jahre übernachten umsonst. Die besseren Zimmer haben Balkon (99 €).

Anemi Suites (☎ 28210 53001; www.anemisuites.gr; Sarpaki 41; EZ/DZ/3BZ 70/82/105 €;) In dem restaurierten venezianisch-türkischen Gebäude im ruhigen Splantzia-Viertel wurden vier komfortable Suiten eingerichtet.

Ionas Hotel (☎ 28210 55090; www.ionashotel.gr; Sarpaki & Sorvolou; DZ 50–80 €, Suite 120 €; ❄) Eins der neuen Boutique-Hotels im ruhigen Splantzia-Viertel: Das historische Gebäude ist modern eingerichtet und ausgestattet, die neun Zimmer bieten sämtlichen Komfort. Auf dem Dach gibt's eine kleine Terrasse, ein Frühstücksbüffet ist im Preis enthalten.

Splanzia Hotel (☎ 28210 45313; www.splanzia.com; Daskalogianni 20; DZ inkl. Frühstücksbüffet 100 € ❄) Das smarte neue Designer-Hotel in einem osmanischen Gebäude hat acht stilvolle Zimmer, einige mit vorhangverkleideten Himmelbetten aus Holz. Die Zimmer nach hinten blicken auf einen reizvollen Innenhof.

Spitzenklassehotels

LP Tipp Amphora Hotel (☎ 28210 93224; www.amphora.gr; Parodos Theotokopoulou 20; DZ mit Ausblick 120 €, Suite 145 €; ❄) Dieses Hotel mit stimmungsvoller historischer Atmosphäre befindet sich in einer beispielhaft restaurierten und gepflegten venezianischen Villa mit Zimmern um einen Innenhof und in einem Nebenflügel. Alle Zimmer sind elegant eingerichtet, die im Obergeschoss haben Klimaanlage und Blick auf den Hafen. Die nach vorn gelegenen Zimmer sind im Sommer nicht unbedingt die ruhigsten, und es gibt billigere ohne Ausblick. Frühstück kostet 10 € extra.

LP Tipp Casa Leone (☎ 28210 76762; www.casa-leone.com; Parodos Theotokopoulou 18; EZ & DZ mit Frühstück 120–150 €; ❄) Diese venezianische Residenz wurde zu einem luxuriösen und romantischen Boutique-Hotel umgebaut. Die großzügigen, nobel ausgestatteten Zimmer haben Balkons mit Blick auf den Hafen. Hier gibt es Suiten für Hochzeitsreisende, die üblichen Annehmlichkeiten und einige Extras, z. B. Fön.

Casa Delfino (☎ 28210 93098; www.casadelfino.com; Theofanous 7; Suite & Apt. mit Frühstücksbüffet 186–316 €; ❄) Das elegante Palais aus dem 17. Jh. ist das luxuriöseste Hotel in der Altstadt: 22 individuell eingerichtete und gut ausgestattete Suiten, darunter ein palastartiges Apartment für vier Personen mit zwei Ebenen und Whirlpool. Das Frühstück wird im herrlichen Innenhof mit feinem Mosaikfußboden serviert.

ESSEN

Chania hat einige der schönstens Restaurants von ganz Kreta, einige davon in alten venezianischen Ruinen unter freiem Himmel. Leider sind die meisten Tavernen in Spitzenlage am Wasser mittelmäßig, überteuert und von lästigen Kundenfängern umlagert. Besser sieht es in den Seitenstraßen aus.

Günstig

Chanias berühmte Markthalle **Agora** (🕑 Mo, Mi & Sa 8.30–14, Di, Do & Fr 8.30–13.30 & 18–21 Uhr) ist eine gute Adresse zum Einkaufen von Lebensmitteln oder für ein leckeres Mittagessen.

Michelas (☎ 28210 90026; Hauptgerichte 5–7 €; 🕑 Mo–Sa 10–16 Uhr) Serviert seit 75 Jahren in der Markthalle hervorragende traditionelle Speisen, stets frisch und billig; zu finden in der Nähe der Fleischabteilung.

Iordanis Bougatsa (☎ 28210 90026l Kydonias 96; Bougatsa 2,50 €) Als würdiger Nachfolger seines Urgroßvaters, der das Geschäft 1924 gründete, backt Iordanis hier unermüdlich seine köstlich-cremige *bougatsa* (Filoteig mit *myzithra*-Käse gefüllt und mit etwas Puderzucker bestäubt) – gleich gegenüber vom Busbahnhof.

Doloma (☎ 28210 51196; Kalergon 8; Mayirefta 4,50–6 €; 🕑 Mo–Sa) Das unaufdringliche Restaurant am Hafen verschwindet fast hinter den Weinreben und dem üppigen Grün, das seine Terrasse umrankt. Die traditionelle Küche lässt keine Wünsche offen: Diverse *mayirefta* (Schmortöpfe und Aufläufe) kommen täglich frisch auf den Tisch.

L'Artigiano Gelateria (☎ 28210 53612; Athinagora Platia) Das vorzügliche, hausgemachte italienische Eis sorgt für Dauerwarteschlangen.

An der Halidon gibt es viele Schnellrestaurants und Imbisse, aber die Chanioten schwören auf das unbestreitbar leckere *souvlaki* im winzigen, altmodischen **Oasis** (Vouloudakidon 2; 🕑 Mo–Sa; nur zu Ladenöffnungszeiten; Souvlaki 2 €).

Frühstück, Sandwiches und kleine Mahlzeiten servieren das beliebte **Aroma** (☎ 28210 41812; Akti Tombazi 4) neben der Moschee oder **Avgo Tou Kokkora** (☎ 28210 55776; Ag 10 & Sarpaki) hinter der Kathedrale.

Mittelteuer

LP Tipp Portes (☎ 28210 76261; Portou 48; Hauptgerichte 6–8,50 €) Die nette Susanna aus Limerick zaubert kretische Mahlzeiten mit besonderer Note in diesem vorzüglichen Restaurant in einer ruhigen Straße in der Altstadt. Hier gibt's göttliche *gavro* (milde Sardellen), gefüllten Backfisch in Papier, leckere Fleischbällchen mit Lauch und Tomate und eine große Auswahl von der Tageskarte.

To Karnagio (☎ 28210 53366; Platia Katehaki 8; kretische Spezialitäten 5–10,50 €) Beliebtes Restaurant mit Tischen im Freien in der Nähe vom Großen Arsenal. Schöne Auswahl an Fischgerichten (Tipp: gegrillter Tintenfisch) und kretischen Klassikern, dazu eine gute Weinkarte.

Tamam (☎ 28210 96080; Zambeliou 49; Hauptgerichte 5,50–8,50 €) Das Lokal in einem alten türkischen Bad serviert eine vorzügliche Auswahl vegetarischer Spezialitäten (z. B. Kartoffeln mit würzigem Avocadodip für 6 €) und fantasievoller Gerichte wie Kalb *tas kebab* mit Gewürzen und Joghurt oder exzellentes Hühnchen *beyendi* mit cremigem Auberginenpüree.

LP Tipp Thalassino Ageri (☎ 28210 51136; Vivilaki 35; erstklassiger Fisch 55 € pro kg; Abendessen) Ein bisschen schwer zu finden, aber zur Belohnung wartet eines der zauberhaftesten Speiselokale auf ganz Kreta: eine einsame Fischtaverne in einem winzigen Hafen zwischen den Ruinen von Chanias alten Gerbereien. Abgesehen von der vorzüglichen Lage gibt es frischen Fisch und ausgezeichnete *mezedes*, z. B. zarten Tintenfisch in Weinessig, auf dem Gaumen zerschmelzende Calamares und einen köstlichen Meeresfrüchtesalat. Anfahrt per Taxi oder die Venizelou an der Küste entlang und die Noel landeinwärts nach links abbiegen.

Mesogeiako (☎ 28210 59772; Daliani 36; Mezedes 3,20–5,60 €) Dieser viel versprechende Newcomer beim Minarett im revitalisierten Splantzia-Viertel ist ein trendiges *mezedopoleio* (Meze-Restaurant) mit klassischen und kreativeren Gerichten. Zu empfehlen sind die Schweinefleischbällchen und der ausgezeichnete Raki.

Monastiri (☎ 28210 55527; Akti Tombazi; Hauptgerichte 7,20–13,90 €) An der Ostseite des Hafens gelegen und eines der wenigen Hafenrestaurants, das mit gut zubereiteter kretischer Kost auch die anspruchsvollere einheimische und internationale Klientel zu überzeugen weiß.

Faka (☎ 28210 42341; Platia Katehaki; Hauptgerichte 6,20–12,90 €) Noch ein ruhiges, einfaches Lokal, das seine Gäste nicht mit fadem Touristenfraß abspeist. Was hier auf den Tisch kommt, ist solide und authentisch. Zu empfehlen sind z. B. der kretische Reis oder die Artischocken mit dicken Bohnen. Auch an Kinderteller und eine kleine Spielecke ist gedacht.

Pigadi tou Tourkou (☎ 28210 54547; Sarpaki 1–3; Hauptgerichte 10–14,50 €; Abendessen, Mo & Di geschl.) Teile des ehemaligen Dampfbads aus dem 19. Jh. wurden in die anheimelnde Einrichtung dieses beliebten Restaurants einbezogen, so etwa der Brunnen, dem es seinen Namen verdankt („Brunnen der Türken"). Die britische Wirtin Jenny Payavia präsentiert eine verführerische Speisekarte mit kretischen, marokkanischen und orientalischen Einflüssen, auf der Spezialitäten wie Auberginen-Fleischklößchen mit Joghurt zu finden sind. Die Bedienung ist aber nur mittelmäßig, und die Preise haben angezogen.

Ela (☎ 28210 74128; Kondylaki 47; Hauptgerichte 6,50–18; 12–13 Uhr) Das Gebäude aus dem 14. Jh. war zuerst eine Seifenfabrik, später dann Schule, Brennerei und Käserei. Heute bringt Ela ordentliche kretische Spezialitäten auf den Tisch (z. B. Ziege mit Artischocken), während Musiker für Stimmung sorgen. Das Schild mit dem Hinweis, dass dieses Restaurant in keinem Reiseführer fehlt, kommt etwas prahlerisch daher, aber die Lorbeeren sind nicht unverdient.

Zu empfehlen sind auch das ausgezeichnete Restaurant Amphora, am Hafen unterhalb des gleichnamigen Hotels, und **Dinos** (☎ 28210 41865; Akti Enosis 3), eine von mehreren Fischtavernen am äußersten Ende des Hafens.

Teuer

Akrogiali (☎ 28210 71110; Akti Papanikoli 20, Nea Chora; nur Abendessen) Eines der besten Fischrestaurants Chanias liegt an der Strandseite der Neustadt. Der Fisch ist frisch und kommt mit spitzenmäßigen Beilagen. Das luftige Restaurant öffnet sich auf die Uferpromenade mit einem traumhaften Sonnenuntergang.

Apostolis I & II (☎ 28210 43470; Akti Enoseo; Fisch bis 55 € pro kg) Das renommierte Restaurant serviert frischen Fisch und kretische Gerichte in zwei separaten Gebäuden an der ruhigeren Ostseite des Hafens. Apostolis II ist beliebter, weil dort noch der Besitzer selbst das Zepter schwingt, aber das andere hat die gleiche Speisekarte und ist geringfügig billiger. Eine Meeresfrüchteplatte für zwei kostet 30 € inkl. Salat. Die Bedienung ist freundlich und fix, die Weinkarte gut.

Nykterida (☎ 28210 64215; Korakies, an der Flughafenstraße) Dieses äußerst renommierte Restaurant am Stadtrand existiert seit 1933 und wurde im Zweiten Weltkrieg in einen deutschen Club umgewandelt. Es bewirtete schon Größen wie Winston Churchill, Melina Mercouri, Andreas Papandreou und Anthony Quinn, dem der Vater des Besitzers beibrachte, wie er in seiner Rolle als Alexis Sorbas zu tanzen hatte.

UNTERHALTUNG

Die munteren Bars am Hafen und die Diskos in der Umgebung der Moschee sind fest in Touristenhand. Die Clubs an der Sourmeli sind beliebte Treffpunkte für amerikanische Soldaten von den umliegenden Stützpunkten. Auch in der Altstadt gibt's einige lebhafte Kneipen.

Synagogi (☎ 28210 96797; Skoufou 15) Die Loungebar in einer nach oben offenen venezianischen Ruine, die früher eine Synagoge beherbergte, ist ein beliebter Treffpunkt für junge Chanioten.

Fagotto (☎ 28210 71877; Angelou 16; ⏰ Juli–Mai 19–2 Uhr) Eine alteingesessene Institution der Stadt: Der Club in einem restaurierten venezianischen Gebäude spielt eher gefälligen Jazz, sanften Rock und Blues. Wen wundert's, dass hier auch ein Zapfhahn in Form eines Saxofons zum Dekor gehört?

Café Kriti (☎ 28210 58661; Kalergon 22; ⏰ 20 Uhr–spät) Ist auch unter dem Namen Lyrakia bekannt: rustikale Einrichtung mit einer Vorliebe für Uriges wie Sägen, Töpfe, alte Nähmaschinen und Tierköpfe. Die beste Adresse in Chania, um kretische Musik live zu hören.

Fortezza (☎ 28210 46546) Café, Bar und Restaurant in der alten venezianischen Hafenmauer – der optimale Platz für einen Drink zum Sonnenuntergang. Ein eigenes Boot schippert Gäste umsonst vom Ende der Sarpidona hinüber zur Hafenmole.

Ta Duo Lux (☎ 28210 52519; Sarpidona 8; ⏰ 10 Uhr–spät) Das flippige Café mit Bar ein Stück weiter am Hafen entlang ist ein Dauerfavorit der jungen Alternativszene, sowohl tagsüber als auch abends herrscht reger Betrieb. In der gleichen Gegend liegen auch die Kneipen Bolero und Hippopotamos.

Echte Partytiere halten sich an die schicken Clubs in Platanias und Agia Marina, 11 km westlich von Chania.

Koukouvagia (☎ 28210 27449; Venizelos-Grabstätte) Wer einen fahrbaren Untersatz hat, ist in zehn Minuten oben auf dem Hügel, wo der große Staatsmann Elefterios Venizelos begraben liegt. Die Cafébar mit tollem Blick auf Chania, die ganz im Zeichen der Eule steht (mit einer wirklich erstaunlichen Kollektion von Eulen-Dekostücken), ist an Sommerabenden eine kühle Oase. Delikate *pitta*-Kreationen und große Auswahl an Kuchen und Desserts.

SHOPPEN

Chania hat auf der ganzen Insel die beste Mischung von Souvenir- und Kunsthandwerksläden. Die schönsten Geschäfte liegen in den Seitengassen der Altstadt und in der Umgebung der Theotokopoulou. Die „Ledergasse" Odos Skridlof heißt auch „Stivaniadika", weil sie früher die erste Adresse für kretische Stiefel war. Die gibt's hier immer noch, aber hauptsächlich besteht das Warenangebot aus handgemachten Sandalen, Gürteln und Taschen. In der Odos Sifaka gibt es mehrere *machairadika*, das sind Geschäfte, die traditionelle kretische Messer verkaufen.

An der Odos Minoos findet samstags von 7 bis 14 Uhr ein Markt statt. Ein weiterer *laïki* (Straßenmarkt) ist donnerstags im Hafenviertel westlich von Fort Firkas zu finden.

Die meisten Altstadtgeschäfte haben mindestens bis 23 Uhr geöffnet, im Einkaufsviertel der Neustadt werden dagegen die normalen Ladenöffnungszeiten eingehalten, s. S. 239.

Exantas Art Space (☎ 28210 95920; Zambeliou & Moshon; ⏰ 10–14 & 18–23 Uhr) Dieser tolle Laden hat super Postkarten, alte Fotos, Lithografien, Holzschnitte, handgemachte Souvenirs, kretische Musik und eine gute Auswahl an Reiseführern, Bildbänden und Kunstbüchern.

O Armenis (☎ 28210 54434; Sifaka 29) Ladenbesitzer Apostolos Pahtikos stellt seit dem zarten Alter von 13 Jahren traditionelle kretische Messer her und hat längst auch seinen Sohn in diese Kunst eingewiesen. Wer mag, kann den beiden in ihrer Werkstatt (Sifaka 14) zusehen, wie sie die Klingen in die kunstvoll geschnitzten Griffe einpassen. Küchenmesser gibt's ab 15 €.

Carmela (☎ 28210 90487; Angelou 7) Dieser exzellente Laden hat eine verführerische Auswahl an Original-Schmuckstücken mit Steinen, die die Besitzer auf ihren vielen Reisen gesammelt haben. Nicht weniger verlockend sind Carmelas einzigartige, in alter Technik hergestellte Keramikobjekte. Daneben gibt es auch Schmuck und Töpferwaren von bekannten griechischen Künstlern.

Mat (☎ 28210 42217; Potie 51) Wenn das Hobby zur Obsession wird: Dieser winzige Laden, ein Pilgerort für Schachbegeisterte aus aller Welt, wurde von dem kürzlich verstorbenen Schachmeister Athanasios Diamantopoulos gegründet. Seine Frau verkauft hier auch weiterhin eine große Auswahl seiner ausgefallenen Schachfiguren aus Bronze (60–1000 €), darunter auch die beliebten „Athener".

Miden Agan (☎ 28210 27068; www.midenaganshop.gr; Daskalogianni 70; ⏰ Mo & Mi 10–15.30, Di & Do–Sa 10–14.15 & 18.15–22 Uhr) Feinschmecker und Weinliebhaber werden entzückt sein von der Auswahl in diesem vortrefflichen Geschäft: Es führt über 800 griechische Weine, eigene Weine und Liköre, diverse hübsch verpackte traditionelle Delikatessen aus der Region (darunter Öl und Honig) und verschiedene Sorten Löffelsüße aus eigener Herstellung (Tipp: weißer Kürbis).

Paraoro (☎ 28210 88990; Theotokopoulou 16) Stamatis Fasoularis fertigt eine faszinierende Auswahl dekorativer Modellschiffe aus Metall an, die alle einen praktischen Verwendungszweck haben, z. B. ein Dampfer als Ölbrenner. Der Laden verkauft auch einzigartige Keramiken des Künstlers Yiorgos Vavatsis, darunter dessen Markenzeichen, die schrägen Trinkgefäße. Die größeren Stücke der Galerie sind im Obergeschoss ausgestellt.

Teppichweberei Roka (☎ 28210 74736; Zambeliou 61) Einer der wenigen Orte auf Kreta, wo echte traditionelle Handwebarbeiten zu finden sind. Hier kann man dem charmantem Mihalis Manousakis und seiner Ehefrau zuschauen, wie sie seine wundersamen Teppiche auf einem 400 Jahre alten Webstuhl nach Techniken weben, die sich seit minoischen Zeiten kaum verändert haben.

Psimithio (☎ 28210 54606; Theotokopoulou 50) Diese kleine Schmuckwerkstatt hinter der Kathedrale verkauft einige interessante Stücke aus Silber.

Karistianis (☎ 28210 93573; Skalidi 9–11) Outdoorkleidung und Wanderschuhe für die Schluchten gibt es hier, Camping- und Kletterausrüstung hat der Hardcore-Army-Shop gegenüber.

AN- & WEITERREISE

Flugzeug

Chanias Flughafen (Code CHQ; ☎ 28210 83800) liegt 14 km östlich der Stadt auf der Akrotiri-Halbinsel.

Aegean Airlines (☎ 28210 63366; www.aegeanair.com) Vier Flüge täglich nach Athen (76–123 €) und einer nach Thessaloniki (125–135 €).

Olympic Airlines (☎ 28210 58005; www.olympicairlines.com; Tzanakaki 88) Fünf Flüge täglich von/nach Athen (76–106 €) und vier Flüge pro Woche von/nach Thessaloniki (126–136 €).

Sky Express (☎ 2810 223 500; www.skyexpress.gr) Fliegt täglich mit kleinen 18-Sitzern von Chania von/nach Rhodos: ab 104 €, 1 Std.

Schiff/Fähre

Chanias Haupthafen ist in Souda, 7 km südöstlich der Stadt. Von hier fahren häufig Busse nach Chania (1,15 €). Die Taxifahrt kostet ca. 7 €. Die **Hafenpolizei** (☎ 28210 89240) erteilt Auskünfte zu den Fähren.

ANEK (☎ 28210 27500; www.anek.gr; Platia Sofokli Venizelou) Betreibt eine tägliche Fähre von Piräus nach Chania (21 Uhr, 30 €, 9 Std.) und eine um 20 Uhr von Chania nach Piräus. Im Juli und August gibt es zusätzlich eine Morgenfähre ab Piräus (30 €).

Hellenic Seaways (☎ 28210 75444; www.hellenicseaways.gr; Platia 1866 14) Betreibt einen superschnellen Katamaran von Piräus, der nur 4½ Std. nach Chania braucht (53 €) und günstig um 20.30 Uhr ankommt; weniger günstig bei der Rückfahrt ist die Ankunftszeit in Athen um 2 Uhr morgens.

Bus

In den Sommermonaten verkehren Busse wochentags von Chanias **Busbahnhof** (☎ 28210 93052) zu folgenden Zielen:

Zielort	Fahrtdauer	Fahrpreis (€)	Häufigkeit
Elafonisi	2½ Std.	9,60 €	1-mal tägl.
Falasarna	1½ Std.	6,50 €	3-mal tägl.
Chora Sfakion	1 Std. 40 Min.	6,50 €	3-mal tägl.
Iraklion	2¾ Std.	10,70 €	alle 30 Min.
Kastelli Kisamos	1 Std.	4 €	13-mal tägl.
Kolimbari	45 Min.	2,80 €	alle 30 Min.
Lakki	45 Min.	2,60 €	2-mal tägl.
Moni Agias Triadas	30 Min.	2 €	2-mal tägl.
Omalos (zur Samaria-Schlucht)	1 Std.	5,90 €	3-mal tägl.
Paleochora	1 Std. 50 Min.	6,50 €	4-mal tägl.
Rethymnon	1 Std.	6 €	alle 30 Min.
Sougia	1 Std. 50 Min.	6,10 €	2-mal tägl.
Stavros	30 Min.	1,80 €	3-mal tägl.

Busverbindungen außerhalb der Hauptsaison bitte beim Busbahnhof erfragen.

UNTERWEGS VOR ORT

Zum/Vom Flughafen

Es fahren drei Busse täglich vom Busbahnhof zum Flughafen (2 €, 20 Min.). Ein Taxi zum Flughafen kostet ca. 18 €.

Bus

Die **blauen Stadtbusse** (☎ 28210 27044) halten im Hafen von Souda in der Nähe des Fähranlegers. In Chania fährt der Bus nach Souda (1,15 €) an der Markthalle ab. Busse zu den Stränden im Westen verkehren vom Hauptbusbahnhof an der Platia 1866 bis nach Panormos (2 €).

Auto, Motorrad & Fahrrad

Die meisten Motorradverleiher konzentrieren sich an der Halidon. Die Autovermietungen in Agia Marina kommen ebenfalls in Frage, denn sie bringen ihre Fahrzeuge auch nach Chania. Ein Großteil der Altstadt ist als Fußgängerzone eingerichtet. Die besten kostenlosen Parkmöglichkeiten bietet die Gegend um Fort Firkas: von der Skalidi am Schild zum großen Supermarktparkplatz rechts in die Pireos abbiegen und der Straße bis zum Wasser folgen. In einigen Straßen der Neustadt ist das Parken gebührenpflichtig, also immer schön die Schilder beachten.

Europrent (☎ 28210 27810; Halidon 87)

Tellus Travel (☎ 28210 91500; www.tellustravel.gr; Halidon 108)

DIE HALBINSEL AKROTIRI & DIE BUCHT VON SOUDA

DIE HALBINSEL AKROTIRI
ΧΕΡΣΟΝΗΣΟΣ ΑΚΡΩΤΗΡΙ

Die Halbinsel Akrotiri nordöstlich von Chania ist eine karge, hügelige, von Gestrüpp überwucherte Felsenlandschaft. Außer ein paar Strandorten gibt es hier noch Chanias Flughafen, einen großen Nato-Marinestützpunkt an der Bucht von Souda und zwei interessante Klöster. Busse sind rar, Wegweiser ebenso, was die Erkundung der Halbinsel erschwert. Wer ein Auto hat, kann einen interessanten Tagesausflug auf der Halbinsel unternehmen: Ein wenig Zeit am Strand, ein Mittagessen und ein Besuch der Klöster lassen sich gut kombinieren. Wer lieber in einer Unterkunft am Meer übernachtet als in Chania-Stadt, findet in Kalathas und Stavros wesentlich ruhigere Alternativen zu den Ferienanlagen westlich der Stadt. **Kalathas**, 10 km nördlich von Chania, hat zwei von Pinien gesäumte Sandstrände. Das wissen auch die Chanioten zu schätzen, von denen viele hier Sommer- und Wochenendhäuschen besitzen.

Drei Kilometer nördlich von Kalathas liegt der kleine Strandort **Tersanas**. Er ist an der Hauptstraße von Kalathas nach Stavros ausgeschildert.

Das Dorf **Stavros**, 6 km nördlich von Kalathas, ist eigentlich nur eine lose Ansammlung von Häusern und einigen Restaurants und Hotels. Die Hauptbucht mit ihrem schmalen Sandstrand überragt ein kolossaler Felsbuckel – die spektakuläre Kulisse für die finale Tanzszene in dem Filmklassiker *Alexis Sorbas*. An der Bucht kann es voll werden, aber an windigen Tagen ist es hier am besten, weil sie so geschützt liegt. In der Umgebung von Stavros sind viele neue Prachtbauten entstanden, darunter auch das luxuriöse **Perle Resort & Health Spa** (☎ 28210 39400; www.perlespa.com).

Moni Agias Triadas (☎ 28210 63310; Eintritt 2 €; ⌚ 8–19 Uhr) ist ein beeindruckendes, besucherfreundliches Kloster aus dem 17. Jh. Seine Gründer waren Jeremia und Laurentio Giancarolo, venezianische Mönche, die zum orthodoxen Glauben übergetreten waren. Im 19. Jh. befand sich hier eine Ordensschule. Das heute noch aktive Kloster hat eine hervorragende Bibliothek. Ein Blick in die Kirche mit der venezianisch beeinflussten, kuppelgekrönten Fassade lohnt sich schon des Altarbilds wegen. Zum Komplex gehören ein kleines Museum und ein guter Laden, der Wein, Öl und Raki aus dem Kloster verkauft.

Das aus dem 16. Jh. stammende **Moni Gouverneto** (Unsere Liebe Frau der Engel; ☎ 28210 63319; ⌚ Mo, Di & Do 9–12 & 17–19, Sa & So 5–11 & 17–20 Uhr), 4 km nördlich vom Moni Agia Triada, geht vielleicht sogar bis auf das 11. Jh. zurück, als solche landeinwärts gelegenen Zufluchtsstätten auch Schutz vor Küstenpiraten boten. Das Bauwerk selbst ist enttäuschend schlicht, aber die Kirche innerhalb seiner Mauern hat eine aufwändig gestaltete venezianische Fassade. Im Unabhängigkeitskrieg wurde das Kloster angegriffen und niedergebrannt, doch die Mönche waren zuvor gewarnt worden, ließen die Schätze zum Berg Athos bringen und konnten sie damit retten (sich selbst aber nicht). Heute wird das Kloster von vier Mönchen vom heiligen Berg geleitet, die ein strenges Regiment führen und keine Reisebusse aufs Gelände lassen. Besucher müssen ihre Fahrzeuge auf dem Parkplatz vor dem Kloster abstellen und ordentlich bekleidet sein, wenn sie das Kloster betreten wollen. Wer kurze Hosen oder zu knappe Röcke trägt, wird hinauskomplimentiert. In der Bucht unterhalb des Klosters heißt es Baden verboten.

Vom Moni Gouverneto sind es 20 Minuten (auf dem Rückweg bergauf eher 30 Minuten) bis zu dem Pfad, der hinunter zur Küste und zu den Ruinen des **Moni Ioannou Erimiti** führt, auch als Moni Katholiko bekannt. Das seit vielen Jahren verlassene Kloster war Johannes dem Eremiten geweiht, der in der Höhle hinter den Ruinen hauste, am Fuße einer Felsentreppe. Kurz hinter dem Eingang der Höhle befindet sich ein kleines Becken, dessen Wasser als heilig gilt. Als der hl. Johannes in seiner Höhle starb, sollen seine 98 Jünger mit ihm gestorben sein. Sein Schädel wird im Kloster verwahrt und jeden ersten Sonntag im Monat anlässlich eines speziellen Gottesdienstes ihm zu Ehren hervorgeholt.

Auf der Ostseite der Halbinsel, hinter dem Militärstützpunkt, liegt der bezaubernde Strand **Marathi** mit zwei sandigen Buchten und türkisem Wasser beiderseits eines kleines Piers. Direkt neben dem Parkplatz liegen die Ruinen der **antiken Stadt Minoa**. Marathi mit seinen zwei Tavernen ist am Wochenende ein beliebtes Ausflugsziel für Familien aus der Gegend. Weiter südlich an dieser Küste liegt **Loutraki**, ein hübsches Plätzchen zum Baden und Schnorcheln.

Schlafen & Essen

Esplanade Apartments (Kalathas; ☎ 28210 69810; www.esplandehotel.gr; Studio & Apt. 40–85 €;) Geräumige, helle und luftige Studios mit Telefon, TV und gut ausgestatteter Kochnische.

Georgi's Blue Apartments (Kalathas; ☎ 28210 64080; www.blueapts.gr; Studio & Apt. 85–130 €;) Der geschmackvolle, recht exklusive Komplex hat stilvoll eingerichtete Studios und Apartments mit Telefon, Satelliten-TV, Kühlschrank und Kochnische. Es gibt einen netten Gemeinschaftsbereich zum Abhängen, einen Pool und eine kleine Privatbucht zum Schwimmen vor den Felsen.

Paradisio Apartments (Stavros; ☎ 28210 39737; www.paradisiohotel.com; Apt. 85 €;) Eine gastfreundliche Familie vermietet diese Apartments für bis zu fünf Personen. Es gibt einen Pool mit separatem Bereich für Kinder, und die Gastgeber versorgen ihre Gäste mit Obst, Olivenöl und Honig aus biologischem Anbau.

Blue Beach (☎ 28210 39404; www.bluebeach-villas.com; DZ 50 €;) In dieser unaufdringlichen Ferienanlage an einem hübschen Strand sind auch Individualreisende willkommen. Die komfortablen Zimmer sind mit TV, Kühlschrank und Kochnische ausgestattet, außerdem hat die Anlage einen Pool. Klimaanlage kostet 7 € extra.

Sun Set Beach Bar (☎ 28210 39780) Die attraktive Bar direkt am Weststrand von Stavros erscheint wie ein tropisches Paradies. Die Tische unter einem Riesenbaum mit schattiger Holzterrasse und Strohschirmen ist ein tolles Plätzchen für einen Drink. Es werden auch kleine lokale und internationale Snacks serviert.

Patrelantonis (☎ 28210 63337; Marathi; Fisch 34–50 € pro kg) Diese angesehene Fischtaverne unter schattigen Tamarisken am Strand serviert ordentliches Seafood. Als Beilage empfehlen sich *chorta* (Wildgemüse) und handgeschnittene Kartoffeln.

An- & Weiterreise

Sechsmal täglich fahren Busse zum Strand von Stavros (1,80 €) mit Zwischenstopp in Kalathas.

Montag bis Freitag fahren zwei Busse (6.30 und 14.15 Uhr) nach Moni Agias Triadas (2 €, 40 Min.).

Mit dem Auto von Chania zuerst den Schildern zum Flughafen folgen und von der Hauptstraße in die Strandorte abbiegen.

SOUDA ΣΟΥΔΑ

5330 Ew.

Der Hafen von Souda gehört zu den größten Kretas und ist zugleich Fährhafen für Chania. Die Venezianer errichteten eine Burg an der Einfahrt zur Bucht von Souda und hielten sie bis 1715, lange nachdem die Türken den Rest der Insel erobert hatten. Heute befindet sich in Souda die größte Reparaturwerft der griechischen Kriegsmarine, was der Gegend eine massive Militärpräsenz beschert.

Der Ort Souda, 2 km vom Hafen, entstand vor 130 Jahren unter türkischer Herrschaft, doch davon ist nicht mehr viel zu sehen. Heute drängen sich praktisch alle wichtigen Einrichtungen – einschließlich der Reisebüros, Banken und Geschäfte – am Hafen rund um den Hauptplatz in der Nähe des Fähranlegers. Das Angebot an Unterkünften und Restaurants ist mickrig; da bietet Chania deutlich mehr.

Gelasakis Travel (☎ 28210 89065; 8–22.30 Uhr) am Hauptplatz verkauft Flug- und Fährtickets und vermietet Autos.

Schlafen & Essen

Hotel Parthenon (☎ 28210 89245; El Venizelou 29; DZ 35 €;) Das kleine Hotel gegenüber vom Hauptplatz über einer Taverne hat Zimmer mit Kühlschrank und TV – für Reisende, die am Hafen übernachten müssen.

Vlachakis Brothers (☎ 28210 89219; 16 Ellis St) Die beliebte Fischtaverne im Ort Souda ist für ihr ausgezeichnetes Seafood weithin bekannt. Die Spezialität des Hauses, das Krabbenomelett (7 €), lässt sich gut mit einem Wein vom Fass herunterspülen.

LETZTE RUHE

Knapp 1 km westlich von Souda liegt der makellos gepflegte **Soldatenfriedhof von Souda**. Dort liegen an die 1500 britische, australische und neuseeländische Soldaten begraben, die ihr Leben in der Schlacht um Kreta ließen. Die Reihen weißer Grabsteine in wunderschöner Lage am Meer sind eine bewegende Erinnerung an die heldenhaften Verteidiger Kretas. Über die Hälfte der Gräber sind nicht identifiziert, da die sterblichen Überreste von deutschen Soldatenfriedhöfen in Chania, Rethymnon, Iraklion und Galatas hierher gebracht wurden. Busse zum Hafen von Souda fahren in der Giannari beim Markt von Chania ab und halten auf Wunsch am Friedhof.

Paloma (☎ 28210 89081; Fischgerichte 6–10 €) liegt etwas weiter als Souda an der Küstenstraße zum Flughafen: eine Fischtaverne mit Stühlen im klassischen Blau mit karierten Tischtüchern, gleich am Wasser mit Blick auf den Hafen. Der schöne Weg dorthin führt an einem Friedhof vorbei.

An- & Weiterreise

Souda liegt knapp 10 km östlich von Chania. Es fahren regelmäßig Busse nach Chania (1,15 €), die zeitlich auf die Fähren abgestimmt sind. Ein Taxi nach Chania kostet ca. 7 €.

DIE BUCHT VON CHANIA

Die Küste westlich von Chania – zwischen den Halbinseln Akrotiri und Rodopou, die die Bucht von Chania begrenzen – ist eine 13 km lange, fast lückenlose Abfolge von Hotels, *domatia*, Souvenirläden, Reisebüros, Minimärkten und Restaurants. Die einstigen Dörfer an diesem Küstenstreifen sind praktisch zu reinen Vergnügungsmeilen verkommen. Nichts für einen ruhigen Erholungsurlaub, aber das Nachtleben geht hier richtig ab, und die touristische Allroundversorgung ist gesichert.

Der erste Touristenort ist **Agia Marina**, 9 km von Chania. Hier ist man vor allem auf Pauschaltouristen eingerichtet, aber an der Hauptstraße finden sich auch ein paar mittelprächtige *domatia*. Der Strand ist mit Reihen einheitlicher Liegestühle und Sonnenschirme vollgestellt, das Wasser eher trüb. Dafür ist Agia Marina die erste Anlaufstelle für Chanias Partyvolk.

Als Nächstes kommt 12 km von Chania entfernt der Ort **Platanias**, der von Agia Marina kaum zu unterscheiden ist. Auch hier wimmelt es von mittelmäßigen Unterkünften, Imbissbuden, Bars, Clubs und Geschäften an einer verkehrsreichen Hauptstraße – auffällig sind die vielen Skandinavier. Die Sträßchen der Altstadt, die auf einem steilen Hügel an der Südseite der Straße liegt, sind malerisch, aber sehr touristisch. Von oben eröffnet sich eine tolle Aussicht. Der örtliche Strand ist überfüllt und wenig berauschend.

Ein klein wenig besser ist **Gerani** am Ende der Touri-Piste, weil dort im Allgemeinen nicht so viel Betrieb herrscht. Noch ein Stück weiter liegt **Maleme**, ein friedlicher Küstenort mit weniger touristischer Infrastruktur. Hier gibt es nur ein paar Hotels und Apartmentkomplexe in Nähe des schönen Kiesstrands. Oben auf dem Hügel liegen auf einem gepflegten **deutschen Soldatenfriedhof** über 3000 deutsche Fallschirmjäger, die in der Schlacht um Kreta getötet wurden.

SCHLAFEN

Zahlreiche Hotels an der Uferstraße sind komplett an Reiseveranstalter vermietet oder operieren als Privatclubs.

Tassos Cottages (☎ 2821061352; tassosgerani@hotmail.com; Gerani; Apt. 40–50 €) Die gut ausgestatteten Apartments mit ein oder zwei Schlafzimmern, TV und Ventilator liegen in einer netten Gartenanlage zwischen Strand und Hauptstraße. Auch Tassos' Taverne an der Hauptstraße ist durchaus einen Besuch wert.

Ilianthos Village Apartments (☎ 28210 60667; www.ilianthosvillage.gr; Agia Marina; DZ mit Frühstück ab 172 €; ❄ ♿) Die große Ferienanlage an einem breiten Strandstreifen gehört zu den feudaleren Bleiben in Agia Marina. Sie hat einen Pool, Einrichtungen für Kinder, ist rollstuhlgerecht und mit allem modernen Komfort ausgestattet.

Indigo Mare (☎ 28210 68156; www.indigomare.gr; Platanias; Studio/Apt. mit Frühstück ab 90/104 €; ❄ ♿) Exklusiver Apartmentkomplex mit bestens ausgestatteten Studios und Apartments für bis zu vier Personen. Vom schönen Pool schweift der Blick auf den Strand.

ESSEN

Maria's (☎ 28210 68888; Kato Stalos; Hauptgerichte 5–9 €) Auf der großzügig begrünten Terrasse dieses beliebten Restaurants am Ostrand von Agia

Marina wird gute kretische und mediterrane Kost aufgetischt. Empfehlenswert ist die ortstypische Fleischpastete.

LP Tipp Drakiana (☎ 28210 61677; Hauptgerichte 6–13 €) Die hübsche Wanderung durch 3 km Oliven- und Orangenhaine zu dieser Taverne in umwerfender Lage unter riesigen Platanen am Fluss lohnt sich. Die Abzweigung ist am Restaurant Mylos tou Kerata in Platanias beschildert, s. unten. Manolis Mavromatis bringt hier wunderbare kretische Leckereien auf den Tisch, z. B. Fenchelpitta, Fleischbällchen in Tomatensauce und nicht alltägliche Fleischgerichte wie Spanferkel am Spieß. In der Nähe gibt's eine öffentliche Anlage mit Picknickplatz, Grillstellen und Kinderspielplatz.

Aidonisos (☎ 28210 83560; Gerani; Hauptgerichte 10,50–13,70 €; nur Abendessen) Dieser geschätzte Newcomer bietet moderne griechische Küche und einige ausgezeichnete Desserts.

Mylos tou Kerata (☎ 28210 68578; Platanias; Grillgerichte 8–15 €; Abendessen ab 18 Uhr) Das Restaurant in einer alten Wassermühle gilt als eins der besten der Gegend. Das Ambiente ist ansprechend angenehm. Umfangreiche Speise- und Weinkarte und Riesenauswahl an Grillgerichten wie Hähnchen-, Lamm- und Rinderfilets.

UNTERHALTUNG

In Platanias und Agia Marina wimmelt es von Sommerclubs, deren Beliebtheit, Einrichtungen und Namen sich von Jahr zu Jahr ändern. In Platanias waren zuletzt die Clubs **Destil**, **Utopia** und **Milos** besonders angesagt. Top-DJs legen auch bei großen Tanz-Events im **Oceanos** in Agia Marina auf.

AN- & WEITERREISE

Die Busse zwischen Chania und Kastelli Kisamos halten in Platanias, Gerani und Agia Marina.

DIE SFAKIA & DIE LEFKA ORI

Die Region mit der Samaria-Schlucht, dem Levka-Ori-Gebirge und dem Berg Gingilos gehört zu den landschaftlich eindrucksvollsten auf Kreta. Die Provinz Sfakia erstreckt sich von der Omalos-Hochebene bis hinunter zur Südküste. Dies ist der gebirgigste und zugleich kulturell interessanteste Teil Kretas.

Die Sfakia war Zentrum des Widerstands während der jahrhundertelangen Besatzung durch wechselnde Fremdmächte. In ihren tiefen Schluchten und steilen Bergen fanden die kretischen Rebellen ausgezeichnete Verstecke. Die Bewohner der Sfakia sind für ihren unbeugsamen Kampfgeist berühmt – selbst in jüngerer Vergangenheit kam es noch zu unerbittlichen Familienfehden, die ganze Dörfer entvölkerten, s. Kasten.

Ausführliche Infos über die Region liefert die Website www.sfakia-crete.com.

VON CHANIA NACH OMALOS

Die Straße von Chania zur Samaria-Schlucht ist eine der spektakulärsten der Insel. Durch Orangenhaine führt der Weg zunächst nach **Fournes**. Hier zweigt links eine kurvenreiche Straße nach **Meskla** ab, die unterwegs immer wieder herrliche Ausblicke auf eine Schlucht

BLUTRACHE AUF KRETA

Die Kreter mögen berühmt sein für ihre Gastfreundschaft gegenüber Fremden, doch in ganz Griechenland sind sie berüchtigt für ihre blutigen Familienfehden, die Generationen überdauern und Hunderte von der Insel vertrieben haben.

Besonders verbreitet ist die Feindseligkeit unter den Bewohnern der rauen Bergregion Sfakia, wo schon ganze Dörfer infolge der Blutrache arg dezimiert wurden. Entzünden kann sich der Streit etwa am Raub eines Schafs, an einer verirrten Kugel bei einer Hochzeit oder generell an allem, was als Kränkung der Familienehre aufgefasst werden könnte. So etwas ist nur durch Mord zu rächen, der nur durch einen weiteren Mord gerächt werden kann und so weiter. Heutzutage sind die Gemetzel nicht mehr so weit verbreitet, doch es gibt noch immer den einen oder anderen rätselhaften Fall, wo die Polizei keine Zeugen findet oder niemand etwas über einen Todesfall preisgeben will. 2007 wurde ein Wehrpflichtiger in einer Kaserne in Rethymnon in Gegenwart seiner Familie und anderer Zeugen erschossen, doch niemand gab die Identität des Täters preis. Es gab auch schon Fälle, in denen Rächer ihr Opfer durch ganz Griechenland und sogar um die ganze Welt verfolgten, eindrucksvoll dargestellt in dem Film *Killer wider Willen*.

bietet. Der untere Teil von Meskla wirkt angesichts seiner brettervernagelten Gebäude weniger attraktiv, doch das Ambiente wird in dem Maße reizvoller, wie sich die Straße bergauf bis zur modernen, farbenfrohen **Panagia-Kirche** windet. Daneben steht eine Kapelle aus dem 14. Jh. auf den Grundmauern einer Basilika aus dem 6. Jh., die ihrerseits vielleicht auf den Resten eines noch früheren Aphroditetempels erbaut ist. Am Ortseingang weist ein Schild den Weg zur Kapelle der **Metamorfosis Sotiros** (Verklärung Christi) mit Fresken aus dem 14. Jh. Besonders eindruckvoll ist das Fresko der Verklärung an der Südwand.

Die Hauptstraße führt derweil weiter zum urwüchsigen Dorf **Lakki**, 24 km von Chania. Von hier ist die Aussicht in alle Richtungen umwerfend. Das Dorf war ein Zentrum des Widerstands unter der Türkenherrschaft wie auch im Zweiten Weltkrieg.

Rooms for Rent Nikolas (☎ 28210 67232; Lakki; DZ 35 €) hat gemütliche, schlichte Zimmer über einer Taverne mit herrlichem Blick aufs Tal.

OMALOS ΟΜΑΛΟΣ

30 Ew.

Für die meisten Touristen ist Omalos, 36 km südlich von Chania, nur Zwischenstation auf dem Weg zur 4 km entfernten Samaria-Schlucht, dabei hätte der Ort mehr Aufmerksamkeit verdient. Im Sommer ist es hier im Vergleich zur schwülen Küste erfrischend kühl, und in der Umgebung lassen sich herrliche Bergwanderungen unternehmen. Nach der morgendlichen Rushhour zur Samaria ist die Hochebene bis auf Ziegen und Hirten erfreulich leer.

Omalos besteht hauptsächlich aus ein paar Hotels rechts und links der Hauptstraße über die Hochebene. Bank, Postamt, OTE oder Reisebüros sind hier Fehlanzeige, und im Winter liegt der Ort praktisch verlassen da.

Schlafen & Essen

Die Saison der Hotels in Omalos richtet sich generell nach der Samaria-Schlucht, doch der Wintertourismus ist im Kommen. Die Restaurants der meisten Hotels verdienen gut am Frühstücksangebot für die Wanderer und öffnen ansonsten zu den üblichen Essenszeiten. Die meisten bieten auch einen Transfer zum Eingang der Schlucht an.

Hotel Neos Omalos (☎ 28210 67269; www.neos-omalos.gr; EZ/DZ 20/30 €) Komfortable, moderne, hübsch eingerichtete Zimmer mit Telefon, Bad mit Duschvorhang und Satelliten-TV. Im Empfangsbereich gibt es eine gemütliche Lounge.

Elliniko (☎ 28210 67169; EZ/DZ/3BZ 20/25/35 €) Diese Unterkunft liegt der Samaria-Schlucht am nächsten, allerdings sind die schlichten Doppelzimmer mit TV etwas eng. Das angeschlossene Restaurant macht mittags gute Geschäfte mit dem Reisebuspublikum.

Hotel Exari (☎ 28210 67180; www.exari.gr; EZ/DZ 20/30 €) Das große Hotel hat nette, gut ausgestattete Zimmer mit TV, Badewanne und Balkon. Betreiber Yiorgos fährt für Wandergruppen auf Wunsch auch Gepäck bis nach Sougia. Zum Hotel gehört eine Taverne.

ABSTECHER: THERISO

Als Tagesausflug oder Alternativroute nach Omalos empfiehlt sich die landschaftlich schöne Strecke über Perivolia nach **Theriso**, 14 km von Chania. Die spektakuläre Straße folgt einem Wasserlauf durch eine grüne Oase und durch die 6 km lange Theriso-Schlucht. Das Dorf am Fuß der Levka Ori, 500 m über dem Meer, war Schauplatz einer historischen Schlacht gegen die Türken. Heute richten seine tollen Tavernen sonntags marathonmäßige Mittagessen aus.

Zwei Tavernen konkurrieren um den Spitzenplatz: **O Leventis** (☎ 28210 77102) serviert im hübschen Hof unter einem riesigen Platanendach frisches Fleisch aus der Umgebung und kretische Spezialitäten. Lecker und großzügig portioniert ist die *kreatotourta*. Gute Noten bekommt auch **O Antartis** (☎ 28210 78943) für seine famosen *mezedes* und kretischen Gerichte.

Gleich hinter dem Dorf steht ein kleines **Museum des Nationalen Widerstands**, vor dem ein schauriges Denkmal an die Widerstandskämpferin Chrysi Tripiti erinnert: Den alten Mühlstein benutzten die türkischen Besatzer 1821, um die arme Frau Tripiti in der Olivenpresse des Dorfes zu zerquetschen.

Eine steile Straße windet sich durch das zerklüftete Bergland mit wechselnder Vegetation aus Platanen, Oliven-, Orangen-, Eukalyptusbäumen und Kiefern. Durch die Dörfer **Zourva** und **Meskla** gelangt man nach **Lakki** und von dort entweder weiter nach Omalos oder zurück nach Chania.

Hotel Gingilos (☎ 28210 67181; EZ/DZ/3BZ 20/25/35 €) ist gastfreundlich und ebenfalls einen Versuch wert.

Kallergi-Hütte (☎ 28210 33199; B ohne Bad Mitglieder/Nichtmitglieder 10/13 €) Der Bergsteigerclub EOS Chania betreibt diese Hütte in den Bergen zwischen Omalos und Samaria-Schlucht: eine gute Basis für die Erkundung des Gingilos und umliegender Gipfel, aber nur nach einer langen Wanderung zu erreichen.

An- & Weiterreise

Es fahren täglich drei Busse von Chania nach Omalos (5,90 €, 1 Std.). Wer die Schlucht durchwandern und dann zu seinem Zimmer (und Gepäck) in Omalos zurück will, kann für rund 35 € das Nachmittagsschiff von Agia Roumeli nach Sougia und dann ein Taxi nach Omalos nehmen.

DIE SAMARIA-SCHLUCHT
ΦΑΡΑΓΓΙ ΤΗΣ ΣΑΜΑΡΙΑΣ

Eine Wanderung durch die **Samaria-Schlucht** (☎ 28210 67179; Eintritt 5 €; 🕓 1. Mai–Mitte Okt.) gehört zum Kreta-Pflichtprogramm. Sie zieht erfahrene Trekker ebenso an wie Leute, die sich zum ersten Mal an ein solches Abenteuer heranwagen. Trotz des Massenansturms – über 170 000 Menschen gehen jährlich durch diese großartige Schlucht – bleibt die Wanderung ein denkwürdiges Erlebnis.

Angeblich ist die Samaria mit ihren 16 km die längste Schlucht Europas. Sie beginnt gleich unterhalb der Omalos-Hochebene. Die Schlucht wurde von dem Fluss ausgewaschen, der zwischen den Bergen Avlimaniko (1858 m) und Volakias (2115 m) hindurchfließt. Ihre Breite schwankt zwischen 150 und 3 m, die Steilwände ragen bis zu 500 m in die Höhe. Ihre unglaubliche Fülle an Wildblumen kommt im April und Mai am besten zur Geltung.

Zudem beherbergt die Samaria viele gefährdete Arten, u. a. die kretische Wildziege *kri-kri*, die in freier Natur nur noch hier und auf der kleinen Insel Kri-Kri vor der Küste bei Agios Nikolaos vorkommt. Die Schlucht wurde 1962 zum Nationalpark erklärt, um die Tiere vor dem Aussterben zu retten. Die scheuen Wildziegen hegen allerdings eine ausgeprägte Abneigung gegen Wanderer und zeigen sich höchst selten.

Ein früher Aufbruch (vor 8 Uhr) hilft, den größten Trubel zu vermeiden, aber im Juli und August ist selbst der erste Bus von Chania

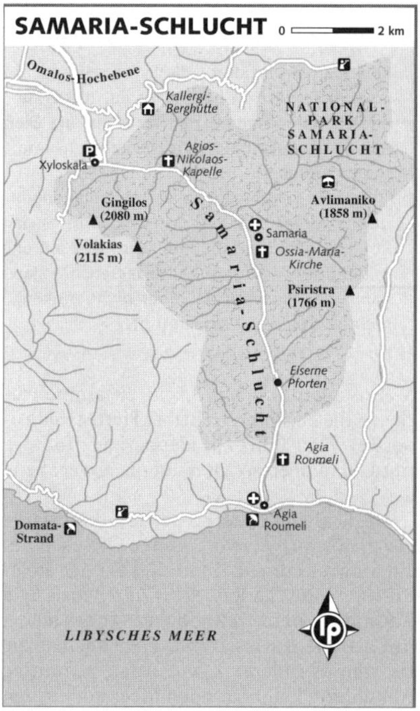

zur Schlucht oft rappelvoll. Da Übernachten in der Schlucht verboten ist, muss man sich darauf einstellen, die Wanderung in der verfügbaren Zeit zu absolvieren. Wer an seiner Fitness zweifelt, kann auch die halb so lange, aber ebenfalls sehr malerische Imbros-Schlucht durchwandern, s. S. 107.

Der Weg von **Xyloskala** (dem steilen Felspfad mit hölzernem Geländer, der den Einstieg in die Schlucht bildet) bis nach Agia Roumeli (S. 107) an der Küste lässt sich in vier (Sprinttempo) bis sechs Stunden (Schlendertempo) bewältigen. Zu Beginn der Saison müssen Wanderer mitunter durch Wasserläufe waten. Später, wenn der Wasserstand sinkt, können sie meist auf Trittsteinen überqueren werden.

Die Schlucht ist auf den ersten 6 km breit und offen, bis das verlassene Dorf **Samaria** erreicht ist. Die Einwohner wurden umgesiedelt, als man den Nationalpark einrichtete. Gleich südlich des Dorfs liegt die kleine Kirche **Ossia Maria**, von der die Schlucht ihren Namen hat.

Danach verengt sich die Schlucht immer dramatischer, bis ihre Wände an der 11-km-

ÜBERLEBENSTIPPS FÜR DIE SCHLUCHT

Eine Wanderung durch die Samaria-Schlucht ist kein Sonntagsspaziergang. Sie dauert lange und ist zum Teil richtig hart – absolut nichts für Untrainierte. Wer schon relativ schnell merkt, dass er sich übernommen hat, kann auf die Dienste der Parkwärter zurückgreifen. Mit ihren Eseln halten sie Ausschau nach Nachzüglern und bringen alle, die schlapp machen, zum Ausgangspunkt zurück.

Solides Schuhwerk ist auf dem holperigen Untergrund voller spitzer Steine ein Muss. Wer mit ungeeigneten Schuhen loszieht, wird es garantiert bereuen. Der Weg von Xyloskalo bis Agia Roumeli geht bergab, und zwar meist auf unebenem Boden. Auf keinen Fall Hut, Sonnenschutzmittel und Wasserflasche vergessen, die man an den vielen Quellen mit kühlem Wasser auffüllen kann (das Flusswasser lieber nicht trinken). Unbedingt genug Energiefutter einpacken, da es nichts Essbares zu kaufen gibt.

Marke auf nur noch 3,5 m zusammenrücken – die berühmten **Eisernen Pforten** (Sidiroportes). Hier führt ein klapperiger Holzsteg rund 20 m übers Wasser auf die andere Seite der Pforten.

Die Schlucht endet an der 12,5-km-Marke gleich nördlich der verlassenen Ortschaft des alten Agia Roumeli. Dann sind es noch ereignislose 2 km Wanderweg bis zum neuen Agia Roumeli, einem freundlichen Touristenort mit schönem Kiesstrand. Hier suchen die meisten Wanderer am frühen Nachmittag Abkühlung im glitzernden Meer oder baden zumindest ihre schmerzenden Füße. Gewarnt werden muss vor herunterfallenden Felsbrocken, von denen schon mehrere Wanderer verletzt wurden; 2006 kam es dadurch sogar zu zwei Todesfällen. An extrem heißen Tagen wird die Schlucht aus Sicherheitsgründen gesperrt.

Touren zur Samaria-Schlucht werden ab jedem größeren Ort oder Touristenzentrum auf Kreta angeboten, aber es geht auch recht einfach in Eigenregie: mit dem Bus ab Chania (s. Omalos) und am Ende der Schlucht mit der Fähre von Agia Roumeli (s. S. 108) nach Chora Sfakion oder in andere Orte an der Südküste. Die meisten Reisebüros bieten zwei Varianten an: den „langen" und den „einfachen" Weg. Ersterer besteht aus der kompletten Wanderung von der Omalos-Hochebene bis nach Agia Roumeli; der zweite beginnt in Agia Roumeli und führt nur bis zu den Eisernen Pforten, von dort geht's denselben Weg zurück.

ASKIFOU ΑΣΚΥΦΟΥ

444 Ew.

Die Straße nach Chora Sfakion führt durch die Ebene von Askifou, Schauplatz einer der erbittertsten Schlachten des kretischen Aufstands von 1821. Die Sfakioten triumphierten hier über die Türken in einem blutigen Kampf, der noch heute in Liedern der Region besungen wird. Über ein Jahrhundert später war die Askifou-Ebene wieder in Kampfhandlungen verstrickt, als alliierte Truppen sich auf diesem Weg zum Evakuierungshafen Chora Sfakion zurückzogen. Zentraler Ort der Region ist das Dorf Askifou, das sich rund um einen Hügel ausbreitet. Das Postamt, ein Minimarkt und mehrere Tavernen, die relativ billige Zimmer vermieten, liegen oben auf der Bergkuppe.

Ab der Ortseinfahrt aus Richtung Chania weisen Schilder den Weg zum **Militärmuseum** (☎ 28250 95289; Eintritt frei; ☎ Mo–Sa 8–19 Uhr). Der einheimische Georgios Chatzidakis zeigt Besuchern mit Freuden seine Waffen- und Militariasammlung mit allerlei Erinnerungsstücken aus Kriegen des 20. Jhs.

Wer einen guten Einblick in das traditionelle sfakiotische Dorfleben erheischen möchte, biegt rechts von der Hauptstraße ab und steuert auf einen kleinen Platz zu, der von vier *kafenia* und Statuen lokaler Widerstandshelden flankiert wird. Am oberen Ende des Platzes sieht man gewöhnlich schwarz gekleidete ältere Männer unter dem Maulbeerbaum vor einem alten **Kafenion** (☎ 28250 95228). Das Lokal serviert selbst gemachten *myzithropita* (Käsekuchen) mit Honig und meistens auch einfache Speisen wie Wurst aus der Gegend. Am Wochenende kommen Fleischgerichte auf den Tisch, die nach Kilopreis abgerechnet werden, etwa traditionelle Wildziege oder Lamm *tsigariasto* (sautiert) oder *vrasto* (gekocht) – dazu gibt's jede Menge Raki.

Auf dem Weg nach Imbros liegt das exklusive **Lefkoritis Resort** (☎ 28250 95455; www.

lefkoritis.com; Apt. im Sommer 45–95 €). Die große Ferienanlage mit Steinhäusern und Taverne hat ganzjährig geöffnet und ist eine beliebte Basis für Jäger. Das Hotel mit weitem Ausblick auf die umliegenden Berge hat geschmackvoll eingerichtete Zimmer und Apartments für bis zu sechs Personen.

DIE IMBROS-SCHLUCHT
ΦΑΡΑΓΓΙ ΙΜΠΡΟΥ

Die **Imbros-Schlucht** (Eintritt 2 €; ganzjährig), 57 km südöstlich von Chania, wird weniger beachtet als ihre berühmtere Schwester Samaria, ist aber ebenso schön. Der üppige Bewuchs aus Zypressen, Steineichen, Feigen- und Mandelbäumen lichtet sich nach und nach, bis tief im Inneren der Schlucht nur noch Zypressen und Strauchbrandkraut bleiben. An der schmalsten Stelle misst die Schlucht nur 2 m, während die Felswände 300 m in die Höhe streben. Mit nur 8 km Länge ist sie auch viel fußfreundlicher als die Samaria.

Als Ausgangspunkt bietet sich der Ort **Komitades** am Südende an, aber die meisten Wanderer bevorzugen dafür das Bergdörfchen **Imbros**. Beide haben sich mit Minimärkten und Tavernen auf die Abfütterung der Wanderer eingestellt. Im Ort Imbros gibt es kein Nachtlager.

Der gut beschilderte Eingang zur Schlucht liegt direkt neben der Taverne Porofarango (s. u.), knapp hinter dem Ortsausgang von Imbros an der Straße nach Chora Sfakion. Der Pfad ist kaum zu verfehlen, da er dem Flussbett folgt; er führt an Felsstürzen und Höhlen vorbei und endet im Ort Komitades. Von dort kann man die 5 km nach Chora Sfakion gehen oder ein Taxi nehmen (17–20 €).

Am Eingang zur Schlucht liegt die freundliche Familientaverne **Porofarango** (☎ 28250 95450; Hauptgerichte 6–8 €). Der große Balkon bietet einen tollen Panoramablick auf die Schlucht bei preiswerter kretischer Küche und großzügigen Portionen Raki. Das Fleisch stammt meist aus eigener Schlachtung, oft gibt es Wildziege. Ebenfalls sehr lecker ist das Schweinefleisch *tsigariasto*.

Es fahren täglich drei Busse von Chania nach Chora Sfakion (6,50 €, 1¾ Std.), die im Ort Imbros halten. Die Busse von Chora Sfakion nach Rethymnon legen einen Zwischenstopp in Komitades ein.

Happy Walker (S. 140) mit Sitz in Rethymnon veranstaltet geführte Wanderungen durch Imbros.

DIE SÜDKÜSTE

An der felsigen Südküste liegen ein paar beschauliche Badeorte wie Paleochora, Sougia, Frangokastello und Loutro. Sie zählen zu den besten Orten auf Kreta zum Abhängen und Ausspannen. Viele Strände sind nicht per Straße zugänglich, weil die hohen Berge und tiefen Schluchten teilweise bis ans Meer reichen. Die Samaria-Schlucht endet beim Ort Agia Roumeli. Die Region bietet phantastische Wandermöglichkeiten und ist die einzige auf Kreta, in der man per Boot von einem einsamen Küstenstrand zum nächsten pendeln kann.

AGIA ROUMELI ΑΓΙΑ ΡΟΥΜΕΛΗ
123 Ew.

Die meisten Wanderer, die aus der Samaria-Schlucht kommen, machen eine Pause zum Baden und Mittagessen in dem kleinen Küstenort Agia Roumeli, bevor sie mit Booten weiterfahren, die hier das einzige Transportmittel darstellen. Agia Roumeli ist ein angenehmer Zwischenstopp, auch wenn es wegen der umliegenden Berge mitunter sehr heiß und drückend wird. Der Kieselstrand heizt sich dann so sehr auf, dass einem kaum etwas anderes übrig bleibt, als Strandschirm und Liege zu mieten (4 €).

Wer keine Eile hat weiterzukommen, findet im Ort auch ein paar Übernachtungsmöglichkeiten und ordentliche Restaurants. Ansonsten gibt es weder touristische Einrichtungen noch Banken und auch nicht viel zu sehen. Eine Ausnahme ist die etwa halbstündige Wanderung bergauf zu den gut erhaltenen Ruinen der **venezianischen Burg** oberhalb des Dorfes. Sehenswert ist auch die **Panagia-Kirche** im Dorf, in der noch Überreste eines römischen Mosaikfußbodens zu sehen sind.

Am Ostersamstag kredenzen die Tavernen von Agia Roumeli ein **Auferstehungsfestmahl**, bei dem alle willkommen sind, die sich im Dorf aufhalten.

Schlafen & Essen

Gigilos Taverna & Rooms (☎ 28250 91383; gigilos@mycosmos.gr; Hauptgerichte 4–7 €; EZ/DZ/3BZ 25/35/40 €;) Direkt am Strand am westlichen Ortsrand. Die besten Zimmer sind die zur Strandstraße hin: sauber, hübsch eingerichtet, mit ordentlichen neuen Bädern und Gemeinschaftskühlschrank auf dem Flur. Die Taverne hat zum Strand hin eine angenehme schattige Riesenterrasse.

Oasis (☎ 28250 91391; EZ/DZ/3BZ 25/30/35 €;) Die Familie, die diese Unterkunft betreibt, wohnt im Erdgeschoss, was für eine recht heimelige Atmosphäre sorgt. Die schlicht eingerichteten Zimmer haben ältere, aber voll funktionstüchtige Bäder, Kühlschrank und Balkon.

Farangi Restaurant & Rooms (☎ 28250 91225; Hauptgerichte 4,50–8,50; DZ/3BZ 30 €/35;) Serviert an der Strandstraße eine Auswahl an kretischen Spezialitäten und Tavernenkost mit freundlichem Service und Bier vom Fass. Die sauberen, gut ausgestatteten Zimmer über dem Restaurant haben Kühlschrank, Wasserkocher und TV, einige kommen mit Blick aufs Meer.

An- & Weiterreise

Das **Fahrkartenbüro** für die Fähren (☎ 28250 91251) ist ein kleiner Betonbau in Strandnähe.

Es fahren zwei Boote täglich (15.45 & 18 Uhr) von Agia Roumeli nach Chora Sfakion (7,50 €, 1 Std.) mit Zwischenstopp in Loutro (5 €, 45 Min.). In Chora Sfakion besteht Anschluss an den Bus zurück nach Chania, der auch zeitlich auf die Fähre aus Paleochora abgestimmt ist. Von Agia Roumeli fährt auch ein Boot Richtung Westen nach Paleochora (16.45 Uhr, 11 €, 1½ Std.) mit Zwischenstopp in Sougia (6,30 €, 45 Min.).

CHORA SFAKION ΧΟΡΑ ΣΦΑΚΙΩΝ

302 Ew.

Chora Sfakion ist der kleine Hafenort, wo Horden von Samaria-Wanderern vom Schiff in die Busse nach Chania strömen. Die meisten verweilen nur gerade so lange, bis der nächste Bus abfährt, obwohl sich auch hier gut ein paar erholsame Tage verbringen lassen. In der Umgebung gibt es mehrere Strände, die per Boot oder Straße zugänglich sind, darunter der einsame Strand der **Süßwasserbucht** und der **Ilingas-Strand** westlich des Dorfes. Chora Sfakion ist auch ein guter Ausgangspunkt für die Weiterfahrt zu anderen Badeorten weiter westlich oder für die Fähre nach Gavdos.

Unter venezianischer und türkischer Herrschaft war Chora Sfakion ein wichtiger Handelshafen und, als Hauptstadt der Sfakia, Brennpunkt des Freiheitskampfs der Kreter. Die Türken übten im 19. Jh. harte Vergeltung an den rebellischen Bewohnern der Stadt. Es folgte ein wirtschaftlicher Niedergang, der erst mit dem Beginn des Touristenbooms vor wenigen Jahrzehnten endete. Im Zweiten Weltkrieg spielte Chora Sfakion noch einmal eine bedeutende Rolle: Nach der Schlacht um Kreta wurden von hier Tausende alliierter Soldaten per Schiff evakuiert.

Orientierung & Praktische Informationen

Der Fähranleger befindet sich im östlichen Teil des Hafens. Die Busse fahren vom Dorfplatz ab, der an der Nordostseite hangaufwärts liegt. Es gibt einen Geldautomaten im Ort. Das Postamt steht auf dem Dorfplatz gegenüber der Polizeiwache.

Sfakia Tours (☎ 28250 91130), neben dem Postamt, vermietet Autos und vermittelt Unterkünfte. Parkplätze gibt's in der Nähe der Bushaltestelle und beim Fähranleger. Seine E-Mail checken kann man im **Kenzo Club** (8 Uhr–spät; 3 € pro Std.).

Notos Mare Diving Centre (☎ 28250 91333; www.notosmare.com; ab 42 €) hat ein breit gefächertes Angebot für Anfänger und erfahrene Taucher und veranstaltet Schnorchel- und Bootstouren entlang der Südküste.

Wer auf **Bungee** abfährt, kann sich von der Aradena-Brücke am Seil in die Tiefe stürzen, s. S. 84.

Schlafen & Essen

Samaria & Lyvikon (☎ 28250 91261, 28250 91211; Fax 28250 91161; EZ/DZ 20/30 €;) Die benachbarten Billigunterkünfte haben ordentliche, wenngleich etwas ältliche Zimmer zur Auswahl. Die bei Lyvikon sind heller und haben Badewanne, Kühlschrank, TV und Balkon mit Meerblick. Die Häuser befinden sich quasi

ABSTECHER: WEINKELLEREI DOURAKIS

Eine Empfehlung für Weinliebhaber ist die **Weinkellerei Dourakis** (☎ 28250 51761). An der Straße nach Chora Sfakion, unweit der Abzweigung nach Alikambos, führt Winzer Andreas Dourakis seine Gäste mit Freuden durch die aus Stein gebaute Kellerei. In der Probierstube im Obergeschoss kann man einige seiner 17 ausgezeichneten Weine kosten, darunter auch ein Bio-Rotwein und seine bekannte Marke Logari. Dourakis produziert jährlich über 180 000 Flaschen aus einheimischen und ausländischen Rebsorten.

unter derselben Leitung, und auch die Tavernen teilen sich eine Küche.

Rooms Stavris (☎ 28250 91220; stavris@sfakia-crete.com; EZ/DZ 21/24 €; ⁙) Über die Treppe am Westende des Hafens gelangt man zu dieser Herberge mit sauberen, einfachen Zimmern, einige davon mit Kochnische und Kühlschrank. Pläne für eine Renovierung liegen bereits in der Schublade.

Levka Ori (☎ 28250 9109; www.chorasfakion.com; EZ/DZ 23/27 €; ⁙) Diese Taverne am Westende des Hafens läuft gut und vermietet auch billige Zimmer hinter dem Restaurant.

Xenia (☎ 28250 91490; Fax 28250 91491; DZ 33–38 €; ⁙) Renoviertes Hotel in guter Lage am westlichen Ortsrand. Die geräumigen Zimmer mit Meerblick im modernen Anbau bieten das beste Preis-Leistungs-Verhältnis vor Ort. Die Zimmer im Hauptgebäude sind beengter.

Herausragende Restaurants hat Chora Sfakion nicht zu bieten. Das beste ist noch **Delfini** (☎ 28250 91002).

Vom Thalassa Café, 1,5 km außerhalb des Dorfes, eröffnen sich atemberaubende Ausblicke bis nach Loutro, besonders bezaubernd bei Sonnenuntergang.

An- & Weiterreise

FÄHRE

Schiffsfahrkarten gibt's am **Ticketschalter** (☎ 28250 91221) auf dem Parkplatz. Von Juni bis Ende August fährt täglich eine Fähre von Chora Sfakion nach Paleochora (11 €, 3 Std.) über Loutro, Agia Roumeli und Sougia. Sie legt um 13 Uhr ab und hält 2 Std. in Agia Roumeli, um die Schluchtwanderer aufzunehmen, die weiter nach Westen wollen. Ferner gibt es täglich vier Fähren nach Agia Roumeli (7,50 €, 1 Std.) über Loutro (4 €, 15 Min.). Ab dem 1. Juni kann man freitags, samstags und sonntags nach Gavdos übersetzen (2 €, 1½ Std.), s. S. 119.

BUS

Es gibt täglich vier Busverbindungen von Chora Sfakion nach Chania (6,50 €, 2 Std.); die Busse um 17.30 und 19 Uhr warten die Fähre aus Agia Roumeli ab. Nur im Sommer verkehren täglich drei Busse nach Rethymnon über Vrisses (6,50 €, 1 Std.). Zwei Busse täglich fahren nach Frangokastello (1,50 €, 25 Min.).

RUND UM CHORA SFAKION

Eine landschaftlich sehr schöne und haarsträubend steile Straße schraubt sich von Chora Sfakion Richtung Westen über 12 km hinauf nach **Anopoli** (Ανώπολη). Auf dem Hauptplatz des ruhigen Dorfes auf einer fruchtbaren Hochebene am Fuß der Levka Ori erinnert ein Denkmal an die sfakiotischen Widerstandskämpfer. Dies war eine der wenigen Gegenden, die nicht in die Hände der Türken fielen, was angesichts der Lage nicht weiter verwundert.

Die **Bäckerei Orfanoudakis** (☎ 28250 91189) verkauft außergewöhnliche, halbsüße Kekse, Zwieback und andere Leckereien, darunter gigantische *sfakianes pittes* (Pfannkuchen). Der Laden vermietet auch attraktive, geräumige neue Studios und Apartments in der Nähe (35 €).

Anopoli ist auch über einen extrem steilen Wanderweg von Loutro aus zu erreichen.

Das mehr oder weniger verlassene Dorf **Aradena**, 2 km westlich von Anopoli, ist berühmt wegen der **Vardinogiannis-Brücke**, die hier die Aradena-Schlucht überspannt. Die *kantina* an der Brücke erteilt Auskunft über den Weg zu einer abgelegenen Hütte im nahe gelegenen Agios Ioannis.

Wer mag, kann an Wochenenden zuschauen, wie sich Wagemutige von der Brücke 138 m tief in die Schlucht stürzen – damit handelt es sich um die höchste **Bungee-Brücke** (☎ 6937 615191; www.bungy.gr) Griechenlands. Ein Erlebnis mit weniger Adrenalinausschüttung ist ein Spaziergang durch die Ruinen des Dorfes zum Eingang der Schlucht. Zweieinhalb Stunden dauert die Wanderung zum **Marmara-Strand** mit der ausgezeichneten **Taverne Dialeskari** (☎ 6942 201456); das Haus liegt oberhalb der idyllischen Kieselbucht (die Idylle hält sich an Wochenenden und im August allerdings in Grenzen) und vermietet auch drei einfache Zimmer ohne Strom.

FRANGOKASTELLO

ΦΡΑΝΚΟΚΑΣΤΕΛΛΟ

154 Ew.

Frangokastello ist eine faszinierende Festung aus dem 14. Jh. an einem schönen Strandabschnitt der Südküste, 15 km östlich von Chora Sfakion. Die Bastion ist ein beliebtes Ziel für Tagesausflügler, doch in dem Strandort mit seinen um die Burg verstreuten Häusern kann man durchaus auch mehrere Tage die Seele baumeln lassen. Der breite, weiße, sanft ins flache Wasser abfallende Sandstrand unterhalb der Festung ist für Kinder optimal. Die touristische Erschließung hält sich noch in Grenzen. Die meisten Unterkünfte befinden sich weit genug hinter dem Strand, um die wunderbare Naturkulisse nicht zu verschandeln.

Frangokastello blickt auf eine ereignisreiche Geschichte zurück. Die mächtige, sandfarbene Festung erbauten die Venezianer zum Schutz gegen Piraten und die rebellischen Sfakioten. Der legendäre Ioannis Daskalojannis führte 1770 einen verhängnisvollen Aufstand gegen die Türken an. Er wurde schließlich überlistet, sich in Frangokastello auszuliefern, worauf die Türken ihm bei lebendigem Leib die Haut abzogen. Am 17. Mai 1828 lieferten hier 385 kretische Rebellen unter Chatzimichali Dalianis den Türken eine der blutigsten Schlachten des kretischen Freiheitskampfs, in der außer sämtlichen Rebellen auch um die 800 Türken umkamen.

Der Legende nach marschieren an jedem Jahrestag der Schlacht die Geister *(drosoulites)* der Kämpfer am Strand entlang. Anderen Theorien zufolge sind die „Geister" eine optische Täuschung, hervorgerufen durch besondere atmosphärische Bedingungen, oder aber Spiegelungen von Kamelen oder Soldaten aus der libyschen Wüste. Die Bezeichnung kommt von dem griechischen Wort *drosia* („Feuchtigkeit"), das sich möglicherweise auf den Tau im Morgengrauen bezieht, wenn die Geister angeblich erscheinen.

Es gibt kein richtiges Ortszentrum in Frangokastello, sondern bloß mehrere verstreut liegende *domatia*, Tavernen und Wohnhäuser beiderseits der Hauptstraße, die von Chora Sfakion zum Kastell führt. Mit Bank, Postamt oder OTE kann der Ort nicht dienen. Immerhin gibt es zwei Minimärkte zum Einkaufen. Der Bus hält an mehreren Stellen entlang der Hauptstraße.

Östlich des Kastells liegt der herrliche **Orthi-Ammos-Strand** mit seinen weiten, steilen Sanddünen, wo es an windigen Tagen aber nicht so angenehm ist.

Schlafen & Essen

Die Unterkünfte vor Ort bieten ein vernünftiges Preis-Leistungs-Verhältnis und sind hauptsächlich auf längere Aufenthalte eingestellt. Wer anständigen Gegenwert für sein Geld erwartet, sollte die überkandidelte Taverne Kriti oberhalb der Festung meiden.

Stavris Studios (☎ 28250 92250; stavris@sfakia-crete.com; Studio 35–38 €; ⛶) Wenn man von Chora Sfakion aus in den Ort kommt, liegt diese ruhige und gepflegte Herberge auf der rechten Seite. Ihre Zimmer haben Küchenzeile und Balkon mit Meerblick. Es gibt einige separate Räumlichkeiten für Familien.

Mylos (☎ 28250 92161; www.milos-sfakia.com; Studio 35–50 €; ⛶) Die alte Steinwindmühle an einem hübschen Flecken am Strand wurde zu einem Apartment umgestaltet, die vier Steinhäuschen unter den Tamarisken sind jetzt anheimelnde Studios. Außerdem gibt's noch separate, modern ausgestattete Studios in der Nähe.

Fata Morgana & Paradisos (☎ 28250 92077; www.fatamorgana-kreta.com; Studio 40–50 €; ⛶) Diese zauberhafte Anlage in einem Olivenhain oberhalb vom Orthi-Ammos-Strand hat attraktive, geräumige, voll ausgestattete Studios und größere Apartments für Familien, außerdem zwei gemütliche neue Steintürme (55 €). Weitere Pluspunkte: Spielplatz und Hühner- und Vogelkäfig als Kindervergnügen.

Oasis Taverna (☎ /Fax 28250 92136; www.oasisrooms.com; Hauptgerichte 4,50–8 €) Das beste Restaurant vor Ort gehört zu einer hervorragenden, familienbetriebenen Studio- und Apartmentanlage am westlichen Dorfrand. Unter den gut zubereiteten kretischen Spezialitäten sind auch köstliche *kreatopita* (Fleisch- und Käsetaschen). Die geräumigen Unterkünfte haben voll ausgestattete Küchen. Vom bezaubernden Garten sind es nur ein paar Schritte zum ruhigen Sandstrand.

Taverna Babis & Popi (☎ 28250 92091; www.frangokastello.de; Tagesgerichte 3–5,50 €) Diese Taverne, versteckt unter einem schattigen Rebendach hinter dem Haus der Familie und einem Minimarkt, serviert ordentliche Mahlzeiten mit gutem Preis-Leistungs-Verhältnis.

Flisvos Taverna (☎ 28250 92069; Hauptgerichte 5,50–9 €) Zauberhafte Lage unter Tamarisken direkt am Wasser: vernünftiges Essen und einige etwas beengte Zimmer über der Taverne (35 €). Unterhält auch größere Apartments am Strand und zwei restaurierte Häuser in einem nahe gelegenen Dorf.

An- & Weiterreise

Im Sommer halten täglich zwei Busse auf der Strecke Chora Sfakion–Plakias in Frangokastello (1,50 €, 25 Min.). Aus Chania kommt jeden Nachmittag ein Bus an (7,20 €, 2½ Std.). Von Rethymnon kommend muss man in Vrisses umsteigen.

LOUTRO ΛΟΥΤΡΟ

89 Ew.

Das kleine, aber dicht bebaute Fischerdorf Loutro zwischen Agia Roumeli und Chora

Sfakion ist nicht viel mehr als ein Halbkreis weiß-blauer *domatia* rund um einen schmalen Kiesstrand. Der reizvolle, verschlafene Badeort wird nie von Touristenmassen überschwemmt, auch wenn es im Juli und August in der Bucht manchmal etwas klaustrophobisch wirkt. Der Ort ist eine beliebte Basis für Wanderer, s. Kasten S. 112/113.

Loutro ist der einzige Naturhafen an Kretas Südküste und nur mit dem Schiff oder zu Fuß zu erreichen. Autos und Motorräder gibt es hier nicht, was zur himmlischen Ruhe beiträgt.

Seine vorteilhafte Lage wussten schon die Menschen in der Antike zu schätzen, als der Ort als Hafen für Phoenix und Anopoli diente. Der Legende nach war Paulus von hier auf dem Weg nach Phoenix, als ihn ein Sturm vom Kurs ab- und an der Insel Gavdos vorbeitrieb und schließlich auf Malta stranden ließ.

Loutro ist ein guter Ausgangspunkt für Bootsausflüge an der Südküste, entweder mit einem **Kanu** (pro Std./Tag 2/7 €) oder einem der kleinen Boote, z. B. zur nahe gelegenen Süßwasserbucht (3,50 €, 15 Min.).

Orientierung & Praktische Informationen

Es gibt weder Bank noch Post im Dorf, aber am Westende des Strands wechseln einige Läden Geld. Die Boote legen vor dem Hotel Sifis an, die Ticketschalter öffnen eine Stunde vor Abfahrt. **Internetzugang** (4 € pro Std.) bietet das Hotel Daskalogiannis.

Schlafen & Essen

Loutro hat gute Budgethotels, größtenteils mit Blick auf den Hafen.

The Blue House (☎ 28250 91127; bluehouseloutro@chania-cci.gr; DZ 40–45 €; ❄) hat geräumige, gut ausgestattete Zimmer mit großer Veranda und Blick auf den Hafen. Die hübscheren Zimmer befinden sich in der renovierten obersten Etage. Die Taverne im Erdgeschoss serviert ausgezeichnete *mayirefta* (5–7 €), z. B. köstlichen Spinat mit reichlich Knoblauch und super *boureki* (kleine Teigtaschen) mit Zucchini, Kartoffeln und Ziegenkäse.

Hotel Porto Loutro I & II (☎ 28250 91433; www.hotelportoloutro.com; EZ/DZ/3BZ mit Frühstück 45/55/65 €; ❄) Die Zimmer im besten Haus am Platze verteilen sich auf zwei Gebäude. Sie sind im zurückhaltenden Kreta-Stil eingerichtet, haben aber Qualitätsbettwäsche, zusätzliche Kissen, Kühlschrank, Telefon und einen kleinen Balkon mit Strandblick. Kinder unter sieben sind nicht willkommen.

Apartments Niki (☎ /Fax 28250 91259; www.loutro-accommodation.com; Studio & Apt. 40–55 €; ❄) Wunderschön eingerichtete Studios für zwei bis vier Personen, mit Holzbalkendecken und Steinfußboden unmittelbar oberhalb des Dorfes. Weitere Pluspunkte: traumhafte Aussicht, Deckenventilator, Klimaanlage, Küchenzeile und Balkon.

Faros (☎ /Fax 28250 91334; DZ/3BZ 35/40 €; ❄) Die großzügigen und luftigen Zimmer mit Holzbalkendecke, Kühlschrank und Balkon liegen nur einen Steinwurf vom Strand entfernt. Klimaanlage kostet 5 € extra.

Rooms Sofia (☎ 28250 91354; DZ/3BZ 20/25 €) Diese Zimmer über dem Minimarkt Sofia, eine Straße hinter dem Strand, sind vermutlich die billigsten im Ort. Sie sind etwas beengt und schlicht, aber sauber und haben größtenteils Kühlschrank und Klimaanlage.

Keramos (☎ 28250 91356; 35 €) hat einfache Billigzimmer, allesamt mit bunten minoischen Wandmalereien verziert. Die Zimmer im obersten Stock sind klimatisiert (5 € extra).

Angesichts ihrer Monopolstellung sind die Tavernen am Hafen von Loutro erstaunlich gut. Die meisten haben eine große Auswahl an *mayirefta*; auch an dem überwältigenden Kuchen- und Süßspeisenangebot kommt man kaum vorbei. Besonders empfehlenswert sind die hervorragenden *mezedes* (2,50–7 €) bei **Notos** (☎ 28250 91501), die Grillgerichte (6–8 €) bei **Pavlos** (☎ 28250 91366) und der Fisch bei **Ilios** (☎ 28250 91460).

An- & Weiterreise

Loutro liegt an der Hauptfährenroute Paleochora–Chora Sfakion. Von April bis Oktober laufen hier täglich vier Fähren aus Chora Sfakion (4 €, 15 Min.) ein, vier aus Agia Roumeli (5 €, 45 Min.) und eine aus Paleochora (13 €, 2½ Std.). Außerdem fahren Wassertaxis zur Süßwasserbucht und nach Chora Sfakion.

SOUGIA ΣΟΥΓΙΑ

97 Ew.

Sougia zählt zu den entspannendsten und am wenigsten zugebauten Badeorten an der Südküste. Der Ort besteht aus einem bezaubernden, weit geschwungenen Sand- und Kieselstrand und ein paar Tavernen sowie einfachen Unterkünften an der baumbestandenen Uferstraße. Sougia war einst ein weltabgeschiedenes Mekka für Hippies, und

WANDERUNGEN IN DER UMGEBUNG VON LOUTRO *Graham Williams*

Von Loutro über Livaniana zum Marmara-Strand (Marmorbucht)

Strecke: 6,5 km

Dauer: 3½ Std.

Neben dem Hotel Daskalogiannis beginnt der Weg, dessen gelb-schwarze E4-Markierungen über die Landzunge nach Phoenix führen. Auf dem Abstieg trifft man auf ein Schild nach Phoenix: den rechten Weg um die Häuser herum nehmen, die unbefestigte Straße überqueren und hangaufwärts auf das ferne Livaniana zusteuern. Auf der Kuppe den ausgeschilderten Weg nach Livaniana einschlagen (blaue Markierungen). Dann quert man die Straße wieder und nimmt den offensichtlichen Weg zu der Straße am Dorfrand hinüber. 200 m weiter schenkt eine Taverne kalte Getränke aus.

Bergauf bis zur Kirche gehen und weiter den blauen Markierungen bis zu einem Wegweiser zum **Marble Beach** (Marmorbucht) folgen. Die Markierungen führen um das Feld herum und an einer alten Oliventerrasse entlang. Nach 100 m kommt eine Lücke im Zaun mit Blick in die Aradena-Schlucht. Mit Glück sieht man hier Habichtsadler im Aufwind segeln. Links abbiegen und den blauen Farbmarkierungen in die Schlucht folgen. Unten führt ein Weg nach links zum Meer und zum Marmara-Strand, blassrot markiert. Am Marmara-Strand serviert eine Taverne schlichte Kost.

Rückkehr nach Loutro: Dem gelb-schwarz markierten E4-Trail folgen, der hinter dem Strand beginnt. Nach einer halben Stunde kommt man zum Weiler Likkos. Zwischen den Tavernen durchgehen und dann dem blau markierten Pfad über die Landzunge folgen, wo man auf den Weg nach Livaniana stößt.

Von Loutro nach Anopoli & zur Aradena-Schlucht

Strecke: 7 km (9 km, wenn man über den E4-Trail nach Loutro zurückkehrt)

Dauer: 5–6 Std.

Anstrengende Tageswanderung mit Besuch eines ursprünglichen Bergdorfs und einer grandiosen Schlucht mit Strand an ihrem Ende.

viele inzwischen leicht verwelkte Blumenkinder kehren immer noch Jahr für Jahr aus Nostalgie hierher zurück. Das Dorf bietet alle Voraussetzungen zum Chillen – man kann kaum anders, als hier ein paar Tage zu relaxen und die Batterien wieder aufzuladen.

Sougia hat sich seine friedliche Atmosphäre auch deshalb bewahrt, weil eine archäologische Stätte am östlichen Ortsrand einer weiteren Bebauung im Weg steht. Außerdem liegt das Dorf am Ende einer schmalen, kurvenreichen Straße, die Reisebusse weitgehend fernhält. Neben den kleinen Unterkünften und Tavernen gibt's in Sougia noch zwei Strandbars zum Abhängen, zwei Clubs unter freiem Himmel und eine kleine Gemeinde von Campern und Nudisten, die sich am Ostende des Strands eingenistet hat. Die Umgebung ist ein ausgezeichnetes Trekkingrevier, denn die Schluchten Samaria und Agia Irini liegen in der Nähe.

Die antike Siedlung lag westlich des heutigen Orts. Sie florierte unter den Römern und Byzantinern als Hafen für Elyros, eine bedeutende Stadt weiter landeinwärts, die heute nicht mehr existiert. Am westlichen Ortsrand stand einst eine Basilika aus dem 6. Jh., deren schöner Mosaikboden heute im Archäologischen Museum von Chania zu bewundern ist, s. S. 93.

Es führt nur eine einzige Straße nach Sougia. Der Bus setzt seine Fahrgäste an der Uferstraße vor dem Hotel Santa Irene ab, dort steht auch der Fahrkartenschalter. Neben der Taverna Galini gibt's einen Geldautomaten. Weitere Infos über den Ort liefert die Website www.sougia.info.

Roxana's Snackladen (☎ 28230 51668; ⌚ 5 Uhr–spät) verkauft Tickets für das Boot nach Elafonisi. Surfen im Netz kann man bei **Internet Lotos** (☎ 28230 51191; 3 € pro Std.; ⌚ 7 Uhr–spät).

Schlafen

Aretousa (☎ 28230 51178; Fax 28230 51178; EZ/DZ/Studio 35/40/42 €; ❄) Diese charmante Pension an der Straße nach Chania wurde renoviert und hat jetzt helle, bequeme Zimmer mit neuen Betten und Flachbild-TV sowie Studios mit Küchenzeile.

Captain George (☎ 28230 51133; g-gentek@otenet.gr; EZ/DZ/Studio 35/40/48 €; ❄) Attraktive Zimmer und

Am besten bricht man früh auf, denn das Schwerste kommt zuerst: 680 m Anstieg bis zur Anopoli-Hochebene. Der Weg beginnt hinter der Kri-Kri-Taverne: durch das neue Metalltor hindurch, dann nach links und dem Pfad bergauf folgen. Nach einer Stunde quert man eine unbefestigte Straße. Wenn man ihr das zweite Mal begegnet, nach rechts einbiegen. Nach 100 m kommt links eine Zisterne, hier den Fußweg wieder aufnehmen. Nach 200 m gabelt sich der Weg; hier geht's nach links den Hügel hinauf. Ziel ist der Punkt unterhalb des ummauerten Komplexes, den man über sich sieht. Von hier hat man einen tollen Blick. Die Asphaltstraße führt zum Dorfplatz mit einigen Tavernen.

Nun dem Straßenschild nach Aradena folgen. Wenn nach 1,5 km die Ruinen von Aradena in Sicht kommen, nach einem Steinhaufen auf der rechten Straßenseite Ausschau halten: Hier geht ein Weg ab, markiert mit verblasster blauer Farbe. Er führt zuerst auf Aradena zu, dann in die Schlucht hinab. Am Grund der Schlucht nach links wenden. Nach 20 Min. kommt eine in die Schluchtwand gehauene Treppe. Dieser vorsichtig 300 m weit folgen. Den Steinhaufen und verblassten roten Farbmarkierungen bis zum Pfad nach Livaniana folgen. Weiter geht's wie oben für den Weg von Loutro über Livaniana zum Marmara-Strand beschrieben.

Von Chora Sfakion zum Glikanera-Strand (Süßwasserbucht) & nach Loutro

Strecke: 5,5 km

Dauer: 2 Std.

Von Chora Sfakion die Straße nach Westen Richtung Omalos nehmen. Nach 20 Min. quert man einen Kanal und geht zur ersten Serpentine hinauf, wo man auf ein E4-Schild zum **Glikanera-Strand** (Süßwasserbucht bzw. Sweetwater Bay) stößt. Der mit Pfählen und gelb-schwarzer Farbe markierte Pfad führt durch einen unwegsamen Felssturz. Nach einer Stunde erreicht man Glikanera. Auf der anderen Seite der Bucht führt der Pfad an der Taverne vorbei auf die Landzunge. Von hier geht man nach Loutro eine Stunde; der Weg ist einfach, aber schattenlos.

Läden in Loutro verkaufen für 5 € einen kleinen Wanderführer mit dem Titel *Walks around Loutro*.

Graham Williams wandert seit 1988 alljährlich auf Kreta.

Studios mit gutem Preis-Leistungs-Verhältnis, draußen gibt's einen schmucken Garten samt hauseigener Wildziege. Der Captain steuert sein Wassertaxi zu nahe gelegenen Stränden wie Lissos und Domata.

Rooms Ririka (☎ 28230 51167; EZ/DZ 35/40 €; ❄) Kleine, gemütliche Zimmer am östlichen Strandabschnitt um einen bezaubernden Innenhof mit Garten.

Santa Irene Hotel (☎ 28230 51342; www.sougia.info/hotels/santairene; EZ/DZ/Apt. 35/45/55 €; ❄ 💻) Die Zimmer der schicksten Unterkunft am Strand haben Marmorböden, TV und Kochnischen. Es gibt auch zwei Familienzimmer mit Kinderbetten.

Arhontiko (☎ 28230 51200; Zi. 40–50 €; ❄) Diese Unterkunft versteckt sich direkt hinter dem Supermarkt und hat geräumige, attraktive neue Studios und Apartments, die sich auch sehr gut für einen längeren Aufenthalt anbieten.

Pension Galini (☎/Fax 28230 51488; EZ/DZ/3BZ 35/40/45 €; ❄) Empfehlenswerte Herberge mit gut ausgestatteten Zimmern und Vorrichtungen zum Grillen.

Essen

Polyfimos (☎ 28230 51343; Hauptgerichte 5,20–7,80 €; 🕑 Abendessen) Diese Taverne etwas abseits der Straße nach Chania, hinter der Polizeiwache, betreibt Althippie Yianni. Er macht nicht nur Öl, Wein und Raki selbst, sondern zaubert sogar *dolmadakia* mit Reisfüllung aus den Weinblättern, die ein schattiges Dach über dem Hof bilden. Das Essen ist spitze, die Bedienung durch den freundlichen Savvas ebenso.

Kyma (☎ 28230 51670; Fleischgerichte 5,50–7 €) Das Restaurant im Hafenviertel gleich am Ortseingang (mit dem Fischtank davor) hat eine gute Auswahl an *mayirefta*, Fleisch aus eigener Schlachtung und Frischfisch aus den Gewässern der Umgebung, den der Bruder des Besitzers anbringt. Besonders lecker sind *tsigariasto* (Ziege in Wein) oder Kaninchen. Wer das Geld locker sitzen hat, kann sich mit Langustinen-Spaghetti verwöhnen (70 € pro kg).

Taverna Rembetiko (☎ 28230 51510; *mezedes* 2,30–3,80) Diese beliebte Taverne an der Straße nach Chania hat eine umfangreiche Speisekarte mit kretischen Spezialitäten wie *boureki* und gefüllten Zucchiniblüten. Super Atmosphäre und gute griechische Musik.

Empfehlenswert sind auch das Omikron (unter französischer Leitung) mit seiner internationalen Küche und die Taverne Livykon am westlichen Ende des Strands.

Unterhaltung

Sougia hat Diskos unter freiem Himmel, in denen es für solch einen kleinen Ferienort manchmal überraschend hoch hergeht. Das Alabama am östlichen Strandabschnitt ist der Dauerfavorit. Der Club Fortuna, linker Hand vorm Ortseingang, wurde eindrucksvoll renoviert und ist jetzt eine super Adresse für einen Drink am späten Abend. In beiden Läden geht's erst nach Mitternacht richtig ab.

An- & Weiterreise

Ein Bus fährt täglich von Chania nach Sougia (6,10 €, 1¾ Std.). Sougia liegt auch an der Schiffsroute Paleochora–Chora Sfakion. Morgens fahren Fähren nach Agia Roumeli (6,30 €, 1¾ Stunden), Loutro (10 €, 1½ Std.) und Chora Sfakion (11 €, 1¾ Stunden). In westlicher Richtung legt um 17.15 Uhr eine Fähre nach Paleochora ab (7 €, 1 Std.).

RUND UM SOUGIA

Zwölf Kilometer nördlich von Sougia beginnt die hübsche **Agia-Irini-Schlucht.** Sie ist bei Wanderern zwar nicht so angesagt wie die Samaria-Schlucht, dafür aber auch weniger überlaufen und nicht so strapaziös. Die 7 km lange Schlucht ist mit Oleander und Kastanien bewachsen und von Rosmarin-, Salbei- und Thymianduft erfüllt. Wer von Sougia kommt, sieht den Eingang zur Schlucht rechts der Straße. Nach Überquerung eines Flussbetts erreicht man Olivenhaine, die 1994 durch ein Feuer stark zerstört wurden. Der Weg folgt einem ausgetrockneten Flussbett, an dessen Rändern Höhlen liegen, die aus dem Fels ausgewaschen wurden. Am Wanderweg gibt's mehrere Rastplätze und viele ruhige Stellen, um sich niederlassen und die schöne Landschaft zu bestaunen.

Reisebüros in Paleochora (s. S. 116) bieten **geführte Wanderungen** durch die Schlucht an. Dasselbe lässt sich aber auch leicht auf eigene Faust organisieren: Einfach den Bus von Paleochora nach Omalos oder von Sougia nach Chania nehmen und in Agia Irini aussteigen.

Lissos Λισσοσ

Zu den Ruinen des antiken **Lissos** sind es von Sougia 1½ Std. Fußweg über den Küstenpfad nach Paleochora (s. Kasten S. 117); der Weg beginnt am Ende des kleinen Hafens von Sougia. Lissos entstand unter den Dorern, blühte unter den Byzantinern auf und wurde im 9. Jh. von den Sarazenen zerstört. Es gehörte zu einem Stadtstaatenbund unter Vorherrschaft des antiken Gortys, der seine eigenen Goldmünzen mit der Aufschrift „Lission" prägte.

Hier gab es einst einen Brunnen, ein Theater und Thermalquellen, die bislang noch nicht freigelegt wurden. Die Ruinen, die heute zu sehen sind, stammen hauptsächlich aus dem 1. bis 3. Jh. v. Chr., als Lissos für seine Heilquellen berühmt war. Der im 3. Jh. v. Chr. neben einer Quelle erbaute **Asklepios-Tempel** war dem griechischen Gott der Heilkunde geweiht.

Ausgrabungen förderten hier eine kopflose Statue des **Asklepios** und 20 andere Fragmente von Statuen zu Tage, die sich jetzt im Archäologischen Museum in Chania befinden, s. S. 93. Vor Ort verbleibt der marmorne Altarsockel, auf dem die Statue stand, neben der Vertiefung für die Opfergaben. Der **Mosaikboden** des Tempels zeigt kunstvolle geometrische Muster und Vogeldarstellungen aus vielfarbigen Steinchen. Auf dem Weg zum Meer hinunter kommt man an Resten römischer Ruinen vorbei. Am Westhang des Tals wurden ungewöhnliche Grabstätten mit Tonnengewölben gefunden.

In der Nähe befinden sich die Ruinen zweier frühchristlicher Basiliken unter zwei Kapellen – **Agios Kirkos** und **Panagia** – aus dem 13. Jh.

Lissos hat einen wunderschönen Strand, wo man nach der Wanderung ein erfrischendes Bad nehmen kann. Wer zufällig am 15. Juli da ist, platzt mitten ins **Agios-Kirkos-Fest**.

PALEOCHORA ΠΑΛΑΙΟΧΩΡΑ

2205 Ew.

Nachdem die Hippies in den 60er-Jahren Paleochora entdeckten, waren seine Tage als stilles Fischerdorf gezählt. Trotz der mittelgroßen Hotels und der vielen Pauschaltouristen ist es aber immer noch ein angenehmes Städtchen mit entspannter Atmosphäre. Die Zahl der Rucksacktouristen nimmt ab, doch der Ort lockt im Frühling und Herbst viele Wanderer an und auch zunehmend Leute, die immer wieder kommen. Heute sind die Paleochora-Touristen im Schnitt nicht mehr so jung wie

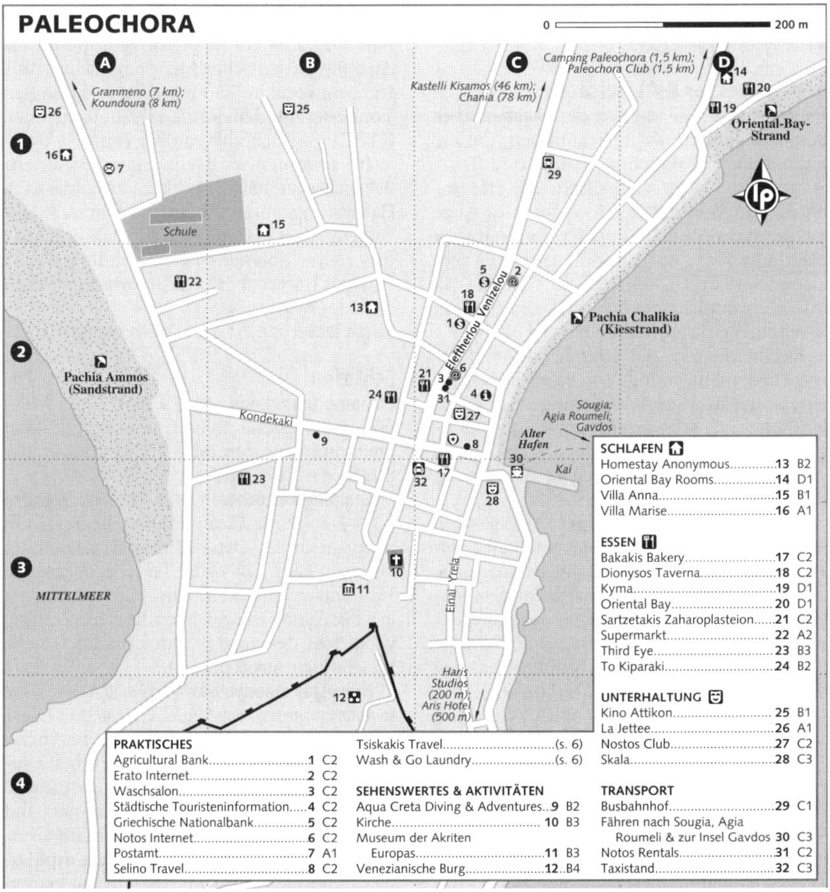

früher. Der Ort hat sich zu einer Art Familienreiseziel entwickelt, aber im Hochsommer tanzt hier teilweise der Bär. Dies ist auch der einzige Strandort auf Kreta, der außerhalb der Saison nicht in tiefsten Winterschlaf verfällt.

Paleochora thront auf einer schmalen Halbinsel. Auf einer Seite liegt ein langer, geschwungener und oft windgepeitschter Sandstrand mit schattigen Tamarisken, auf der anderen ein geschützter Kiesstrand. Der malerischste Teil von Paleochora ist das Labyrinth enger Gassen rund um die Burg.

An Sommerabenden werden die Haupt- und die Strandstraße zur Fußgängerzone, in der sich die Tavernen breit gemacht haben. Das verleiht dem Städtchen während der Saison eine besonders lebendige Note.

Orientierung & Praktische Informationen

Paleochora hat eine hübsche Uferpromenade, an der am frühen Abend reichlich Betrieb herrscht, genau wie an der Hauptstraße Eleftheriou Venizelou, die als Fußgängerzone eingerichtet ist. Schiffe legen vom alten Hafen am Südende des Kieselstrands ab. An der Hauptstraße steht ein Geldautomat.

Erato Internet (☎ 28230 8301; Eleftheriou Venizelou; 3 € pro Std.)

Notos Internet (☎ 28230 42110; Eleftheriou Venizelou 53; 2 € pro Std.; 🕑 8–22 Uhr)

Postamt Am nördlichen Ende des Pahia-Ammos-Strands.

Städtische Touristeninformation (☎ 28230 41507; 🕑 Mai–Okt. Mi–Mo 10–13 & 18–21 Uhr) An der Strandstraße beim Hafen.

Wash & Go Laundry (Waschen 4 €, Trocknen 4 €) Neben Notos, gleiche Öffnungszeiten.

Sehenswertes & Aktivitäten

Es lohnt sich, die Ruinen der **venezianischen Burg** aus dem 13. Jh. zu erklimmen, um die phänomenale Aussicht auf Meer und Berge zu genießen. Von dieser hohen Warte aus hatten die Venezianer ein wachsames Auge auf die Südwestküste. Von der Burg selbst ist allerdings nach Zerstörungen durch die Venezianer, die Türken, den Freibeuter Barbarossa im 16. Jh. und schließlich die Deutschen im Zweiten Weltkrieg nicht allzu viel übrig.

Es gibt mehrere tolle Strände und Wanderwege in der Umgebung. Von Paleochora führt eine sechsstündige Wanderung über einen landschaftlich schönen **Küstenpfad** nach Sougia, vorbei an den Ruinen des antiken Lissos, s. Kasten S. 117. Eine einfachere Wanderung führt um Anydri herum, s. S. 118.

Aqua Creta Diving & Adventures (☎ 28230 41393; www.aquacreta.gr; Kondekaki 4) bietet eine Reihe von Tauchkursen an, darunter Anfängertauchgänge (50 €) und sieben- bis zehntägige Fortgeschrittenenkurse (580 €). Außerdem veranstaltet das Team eintägige Beachhopping- und Schnorcheltouren zu abgelegenen Stränden entlang der Südküste bis nach Gavdos (50–60 €).

Museum der Akriten Europas (☎ 28230 42265; neben der Panagia-Kirche; Eintritt frei; ⏲ Mi–So 10–13 & 18.30–21 Uhr) Dieses etwas obskure Museum widmet sich den Grenzverteidigungskämpfern und Helden des mittelalterlichen und byzantinischen Europa. Die schön präsentierte Ausstellung beinhaltet historische Musikinstrumente, Waffen und andere Gegenstände aus der damaligen Zeit. Was das Ganze mit Paleochora zu tun hat, bleibt allerdings ein Rätsel.

Geführte Touren

Paleochora ist ein guter Ausgangspunkt für Ausflüge zu den Schluchten Samaria und Agia Irini, entweder im Rahmen einer organisierten Tour oder mit dem lokalen Busunternehmen KTEL und Rückfahrt mit der Fähre.

Im Sommer wird ein Tagesausflug zur **Delphinbeobachtung** (18 €; 3 Std.) per Fähre nach **Elafonisi** angeboten, Abfahrt 17 Uhr, s. S. 118. Es heißt, dass die Chancen auf Sichtung fifty-fifty stehen, solange es nicht windig ist.

Tsiskakis Travel (☎ 28230 42110; www.notoscar.com; Eleftheriou Venizelou 53)

Selino Travel (☎ 28230 42272; selino2@otenet.gr)

Schlafen

Camping Grammeno (☎/Fax 28230 42125; Person/Zelt 4,27/3 €) Dieser neue Campingplatz liegt am Grammeno-Strand, 5 km westlich an der Straße nach Koundoura.

Camping Paleochora (☎ 28230 41120; Person/Zelt 5/3 €) Der große Campingplatz liegt 1,5 km nordöstlich des Orts, 50 m vom Kiesstrand entfernt. Hier gibt's eine Taverne, aber keine Einkaufsmöglichkeit. Die Ausstattung ist ein bisschen primitiv, aber die neue Leitung verspricht Besserung. Man kann auch Zelte leihen (klein/groß 6/10 €).

Homestay Anonymous (☎ 28230 41509; www.anonymoushomestay.com; EZ/DZ/3BZ 17/24/28 €) Diese ausgezeichnete kleine Pension mit hervorragendem Preis-Leistungs-Verhältnis hat Zimmer mit Bad und eine Gemeinschaftsküche im begrünten Innenhof. Die Zimmer sind sauber und geschmackvoll eingerichtet, unverputzte Steinwände sorgen für Atmosphäre. Der freundliche Besitzer Manolis hat extrem nützliche Informationen für Traveller, seine Mutter wohnt nebenan und hält den Laden

MIT ODER OHNE?

An den meisten kretischen Stränden ist „oben ohne" erlaubt. Dennoch ist es ratsam, in Gegenwart von Familien auf die Gepflogenheiten der anderen Badegäste zu achten und die Badesachen anzulassen, wenn entsprechende Schilder dies vorschreiben.

Obwohl Nacktbaden offiziell nicht erlaubt ist, nehmen es die abgelegenen Südküstenstrände damit nicht so genau. An einsamen Stränden oder in abgeschiedenen Buchten gibt es immer einige Leute, die alle Hüllen fallen lassen. An solchen Stränden halten sich auch griechische Nudisten, Wildcamper und Althippies (aber selten Einheimische) auf, und dem Fleischfaktor zum Trotz herrscht dort meist eine entspannte, wenn nicht gar familiäre Atmosphäre. Momentane Favoriten der FKK-Fraktion sind Kommos bei Matala, Glikanera (Süßwasserbucht) in der Nähe von Loutro, das Südende des Sandstrands von Paleochora und das Ostende des Kiesstrands in Sougia. Dauerfavoriten bei Textilallergikern sind die Süßwasserbucht (bei Loutro), der Orthi-Ammos-Strand (östlich von Frangokastello) und Ditikos (westlich von Lentas).

KÜSTENWANDERUNG VON PALEOCHORA NACH SOUGIA

Strecke: 14,5 km
Dauer: ca. 6 Std.
Vom Ortszentrum Paleochora den Schildern zu den Campingplätzen im Nordosten folgen. An der Kreuzung mit der Straße nach Anydri rechts abbiegen; hier kommt man bald auf den als „European Footpath E4" beschilderten Küstenpfad. Nach einigen Kilometern steigt der Weg steil an, sodass man einen tollen Blick zurück auf Paleochora hat. Dann geht's am **Anydri-Strand** und mehreren **Badebuchten** vorbei, wo sich so mancher nahtlos bräunt. Am besten hier abkühlen, denn in der Folge verläuft der Pfad landeinwärts über das **Kap Flomes**. Das mit Gestrüpp bewachsene Plateau bietet eine atemberaubende Aussicht auf das Libysche Meer. Bald ist das minoische **Lissos** (s. S. 114) erreicht, dahinter führt der Weg durch einen Kiefernwald. Die Straße endet am Hafen von Sougia. Während der ganzen Wanderung gibt es kaum Schatten, also unbedingt mehrere Liter Wasser und Sonnenschutzmittel mitnehmen. Von Juni bis Ende August empfiehlt es sich, mit Sonnenaufgang zu starten, um Sougia vor der schlimmsten Tageshitze zu erreichen.

in Schuss. Für Familien lassen sich mehrere Zimmer miteinander verbinden.

Oriental Bay Rooms (☎ 28230 41076; EZ/DZ/3BZ 30/35/38 €; ✣) Großes, modernes Gebäude am Nordende des Kiesstrands: mustergültig gepflegte Zimmer mit Kühlschrank, Wasserkocher und Balkon, wahlweise Blick aufs Meer oder Gebirge.

Villa Anna (☎ 2810 346 428; anna@her.forthnet.gr; Apt. 42–80 €; ✣) Gut ausgestattete, familienfreundliche Apartments für bis zu fünf Personen in einem bezaubernden Garten, in dem hohe Pappeln Schatten spenden. Auf dem gesicherten Gelände gibt's Liegen, Schaukeln und einen Sandkasten.

Haris Studios (☎ 28230 42438; www.paleochoraholidays.com; DZ/Apt. 45/50 €; ✣) Das gastfreundliche Haus mit gut ausgestatteten Studios liegt direkt an der spektakulären Felsküste in Hafennähe und hat ganzjährig geöffnet. Die Zimmer im obersten Stock sind schöner und bieten eine tolle Aussicht. Die Bäder sind schlicht, aber voll funktionstüchtig. Die Schottin Flora bereitet einmal pro Woche ein Festessen für die Gäste zu, oft gibt's Fisch, den ihr cleverer Partner Haris frisch gefangen hat.

Aris Hotel (☎ 28230 41502; www.aris-hotel.gr; EZ/DZ 45/50 € mit Frühstück) Das freundliche Hotel am Ende der Straße, die um die Landspitze führt, bietet guten Gegenwert fürs Geld und ist auf Individualreisende eingestellt. Helle Zimmer mit Blick auf den Garten oder aufs Meer, auch Familienzimmer mit Balkon. In der Nebensaison gibt's kräftig Rabatt.

Villa Marise (☎ 28230 41162; www.villamarise.com; ✣) Empfehlenswerte Anlage am Wasser mit flippiger Strandbar.

Essen

Paleochora hat ordentliche Restaurants, die im Allgemeinen ein gutes Preis-Leistungs-Verhältnis bieten.

Dionysos Taverna (☎ 28230 41243; Hauptgerichte 4,40–6,80 €) Die Taverne zählt zu den ältesten im Ort und ist bekannt für ihre spitzenmäßige Küche, ganz besonders ihre *mayirefta*. Daneben besteht eine gute Auswahl an Vegetarischem und Grillgerichten. Außer dem geräumigen Innenraum gibt's auch Tische draußen.

LP Tipp **Third Eye** (☎ 28230 41234; Hauptgerichte 5 €) Nicht nur Vegetarier strömen ins Third Eye, etwas landeinwärts vom Pachia Ammos. Das einzige vegetarische Restaurant Kretas hat eine bunt gemischte Speisekarte mit Currys, Salaten, Nudeln, griechischen und asiatischen Gerichten. Viele Zutaten kommen vom Biobauernhof der Familie. Sonnabends gibt's häufig Livemusik. Außerdem gute Billigzimmer und -apartments (20–40 €) im Obergeschoss mit Klimaanlage, Kühlschrank und Balkon.

Kyma (☎ 28230 41110; exquisiter Fisch 42 € pro kg) Das empfehlenswerte Kyma wird von einem Fischer geführt, der normalerweise frischen Fisch aus den Gewässern der Umgebung auftischt. Angenehme Atmosphäre am ruhigen Abschnitt des Strands, ein paar Tische stehen draußen unter den Bäumen.

To Kiparaki (☎ 28230 42281; Hauptgerichte 8–9 €) Das kleine Restaurant unter holländischer Leitung serviert täglich wechselnde Gerichte im asiatischen Stil, ausschließlich unter Verwendung frischer Zutaten. Es gibt gerade einmal acht Tische im kleinen Garten hinter dem Haus.

Oriental Bay (☎ 28230 41322; Hauptgerichte 5–8 €) Die Strandtaverne, die zu den Oriental Bay Rooms (s. S. 117) gehört, ist einer der besten Tipps auf dieser Seite des Orts. Außer billigen vegetarischen Gerichten, z. B. grünen Bohnen mit Kartoffeln, bekommt man hier auch Sachen wie „Hahnenkuss" (Hähnchenfilet mit Speck) oder „besoffenes Kotelett" (Schweinekotelett in Rotwein).

Empfehlen kann man die tollen Süßspeisen und hausgemachte Eiscreme bei **Sartzetakis Zaharoplasteion** (☎ 28230 41231) und die **Bakakis Bakery** (☎ 28230 41069) für Snacks.

Ausgezeichnete klassisch kretische Küche rechtfertigt den Abstecher zu **Grammeno** (☎ 28230 41505; kretische Spezialitäten 4,50–9 €), 5 km westlich von Paleochora jenseits des Strands. Auf der Karte stehen Spezialitäten wie Schmorhähnchen, diverse Wildgemüse, Lamm in Weinblättern und zarter Ziegenbraten.

Gleich am Krios-Strand – am Ostende von Koundoura, knapp 10 km von Paleochora – setzt eine *kantina* ihren Gästen wirklich gute und dabei billige kretische Speisen vor. Genial sind z. B. *kalitsounia* (mit Käse oder Wildkräutern gefüllte Teigtaschen) oder *sfakianes pittes* (Pfannkuchen) mit Honig.

Unterhaltung

La Jettee, hinter dem Hotel Villa Marise, liegt direkt am Strand und hat einen netten Garten. Die Bar Skala am Hafen ist eine klassische Kneipe im traditionellen Stil.

Die meisten Paleochora-Touristen verbringen mindestens einen Abend im Freiluftkino **Cinema Attikon** (Tickets 7 €; 🕒 Vorstellungsbeginn 22 Uhr).

Nostos Club (☎ 28230 42145; 🕒 18–2 Uhr) Besteht aus einer Außenterrasse und einem kleinen Club drinnen, der griechische und westliche Musik spielt.

Paleohora Club (☎ 28230 42230; 🕒 23 Uhr–spät) In der Disko neben Camping Paleohora, 1,5 km nordöstlich des Orts am Keratidies-Strand, stiegen früher sehr beliebte Vollmondpartys im Freien, heute gibt's nur noch den weniger ansprechenden Indoorclub. Ein Pendelbus vom Hafen fährt Gäste hin und her.

An- & Weiterreise

FÄHRE

Da sich die Fahrpläne jährlich ändern, lohnt zunächst ein Gang ins Reisebüro. Im Sommer fährt täglich eine Morgenfähre von Paleochora nach Chora Sfakion (14 €, 3 Std.) mit Zwischenstopps in Sougia (7 €, 50 Min.), Agia Roumeli (11 €, 1½ Std.) und Loutro (13 €, 2½ Std.). Dasselbe Boot fährt im Sommer drei Mal pro Woche weiter nach Gavdos (15 €, 2½ Std.).

Ab Mitte April schippert die M/B *Elafonisos* Badegäste zum Westküstenstrand Elafonisi (7 €, 1 Std.) – zunächst dreimal wöchentlich, von Mitte Mai bis Ende September dann täglich. Das Schiff legt um 10 Uhr ab und kehrt um 16 Uhr zurück.

Tickets gibt's bei **Selino Travel** (☎ 28230 42272; selino2@otenet.gr).

BUS

In Sommer fahren vier bis sechs Busse täglich vom Busbahnhof (☎ 28230 41914) nach Chania (6,50 €, 2 Std.). Ein weiterer Bus fährt jeden Tag um 6.15 Uhr nach Omalos (5,50 €, 2 Std.), wo Anschluss an den Bus zur Samaria-Schlucht besteht; er hält auch am Eingang zur Agia-Irini-Schlucht (4,50 €).

Unterwegs vor Ort

Notos Rentals (☎ 28230 42110; notosgr@yahoo.gr; Eleftheriou Venizelou) verleiht Autos, Motorräder und Mountainbikes.

Der **Taxistand** (☎ 28230 41128; 6972 726 149) befindet sich am Hafen. Einige Fahrpreise als Anhaltspunkt: Kisamos 40 €, Chania 60 €, Flughafen 70 €, Elafonisi 60 €.

RUND UM PALEOCHORA

Ein beliebtes Ziel für Wanderer ist das Dörfchen **Anydri**, 5 km nordöstlich von Paleochora nach malerischer Fahrt durch eine Schlucht. Gründerväter des Dorfs waren zwei Brüder, die vor einer mörderischen Vendetta aus Chora Sfakion geflohen waren. Deshalb tragen die meisten Dorfbewohner noch heute den gleichen Familiennamen.

Viele Leute machen eine Rundwanderung von Paleochora durch die Schlucht nach Anydri und an der Küste zurück. Dazu folgt man der Straße am Campingplatz vorbei und nimmt dann die Asphaltstraße, die nach links abzweigt und von steilen Felswänden gesäumt wird. Am Dorfeingang weist ein Schild den Weg zur **Anydri-Schlucht**. Nach einigen Hundert Metern Fußpfad geht dann ein überwucherter Pfad nach links ab (den roten Markierungen zur Schlucht folgen). Hier führt der Weg am ausgetrockneten Flussbett entlang, bis die Wegweiser zum breiten, einsamen Anydri-Strand am Ende der Schlucht auftauchen.

Für eine Rast bietet sich das hervorragende Dorfcafé **Kafenio To Scholio** (☎ 28230 83001) an, eine umgebaute Schule in Anydri. Hinter der **Agios-Georgios-Kirche** mit Fresken aus dem 14. Jh. beginnt eine andere Wanderroute: Geht man den Weg am ausgetrockneten Flussbett entlang, tauchen Wegweiser zum breiten **Gialiskari-Strand** am Ende der Schlucht auf. Der schönste Abschnitt ist der grobkörnige Sandstrand am östlichen Ende, linker Hand der *kantina*. Von dort führt ein anderer Weg nach Paleochora zurück: dazu den E4-Trail-Markierungen folgen, die an der Steilküste entlangführen. Der Strand ist auch per Fahrzeug über eine unbefestigte Straße zu erreichen, die ein gutes Stück vor der Schlucht nach rechts abzweigt (beschildert).

GAVDOS ΓΑΥΔΟΣ

81 Ew.

Für viele Leute ist Gavdos gar keine Insel, sondern eher ein Gemütszustand. Es gibt wohl kaum irgendwo einen ruhigeren, abgeschiedeneren Ort, um allen Stress von sich abfallen zu lassen. Gavdos hat eine treue Fangemeinde von Campern, FKKlern und anderen Freigeistern, denen naturbelassene Strände, lange Wanderungen und entspanntes Urlauben über alles gehen. Es ist der perfekte Ort, um alle viere von sich zu strecken, den Bart wachsen zu lassen, Zigaretten zu drehen und des Nachts verträumt in den Sternenhimmel zu starren.

Gavdos liegt unterhalb von Kreta im Libyschen Meer, 65 km vor Paleochora, und ist damit das südlichste Fleckchen Europas. Geografisch gehört die Insel schon eher zu Afrika als zu Europa, und ihr Klima ist überaus mild. Hier ist das Meer schon im Februar warm genug zum Schwimmen. Zugleich ist Gavdos überraschend grün: Fast 65 % der Fläche sind von niedrigen Kiefern, Zedern und anderer Vegetation bedeckt, ansonsten ist die Landschaft zerklüftet. Die Insel hat mehrere phantastische Strände, die teils nur zu Fuß oder mit dem Boot zu erreichen sind. Die meisten liegen an der Nordostküste, während die Südküste nur aus Felsen besteht.

Auf Gavdos gibt es drei „Hauptdörfer", die nahezu verlassen und voller Ruinen sind, und einen Strandort, der im Juli und August vergleichsweise betriebsam wird. Auf dem Höhepunkt der Saison kann die Bevölkerung von den rund 55 permanenten Inselbewohnern auf gut 1000 anwachsen.

Archäologische Ausgrabungen haben ergeben, dass Gavdos schon im Neolithikum bewohnt war. In griechisch-römischer Zeit gehörte die damals Clauda genannte Insel zur Stadt Gortys. An ihrer Nordwestecke gab es eine römische Siedlung. Als Paulus auf seiner Reise von Kali Limenes nach Rom durch einen schweren Sturm vom Kurs abkam, trieb er an der Insel Gavdos vorbei bis nach Malta, wo er Schiffbruch erlitt. Unter den Byzantinern war Gavdos Bischofssitz, doch nachdem die Araber Kreta im 9. Jh. eroberten, verkam die Insel zum Piratennest.

Bis Ende der 1960er-Jahre gab es auf Gavdos kaum Wasser und weder Strom noch Telefon. Die meisten Bewohner wanderten nach Paleochora, ins übrige Kreta oder nach Athen ab. Inzwischen gibt es zwar reichlich Wasser, doch kann es besonders im Sommer immer noch zu Stromknappheit und -ausfällen kommen, da nur ein Teil der Insel ans Netz angeschlossen ist. Der Rest ist auf Generatoren angewiesen, die oft über Nacht und um die Mittagszeit abgeschaltet werden. Eine Taschenlampe gehört auf Gavdos unbedingt ins Gepäck. Aufgrund der starken Winde sitzen Besucher manchmal tagelang fest, aber man wird kaum jemanden finden, der sich darüber beklagt.

Orientierung & Praktische Informationen

Der Inselhafen Karabe liegt an der Ostküste, Hauptort ist Kastri in der Inselmitte. Es gibt keine Bank, aber eine Poststelle in Sarakiniko. Kastri hat zwei einfache Minimärkte und ein Hospital. Das Mobilfunknetz ist lückenhaft, aber es gibt Kartentelefone. Die Saison auf Gavdos ist kurz; die meisten Tavernen und Zimmer machen zum Schulbeginn Anfang September dicht.

Gavdos hat einen neuen Hafen und eine **Polizeistation** (☎ 228230 41109) in Karabe.

Sehenswertes & Aktivitäten

Außer den Stränden gibt es auf Gavdos nicht viel zu sehen. Der größte Strandort ist **Sarakiniko** in der Nordostecke mit einem breiten Sandstrand, mehreren Tavernen und einem neuen **Amphitheater** für gelegentliche Veranstaltungen. Am traumhaften **Agios-Ioannis-Strand** an der Nordspitze hat sich eine lose zusammengewürfelte Kolonie von FKKlern und Campern eingenistet, im Sommer wird es dort voller. An der Nordküste liegen einige wunderbare Strände wie **Potamos** und **Pirgos**, die man von Kastri zu Fuß erreicht (1 Std.), indem man dem Fußweg Richtung Norden über Ambelos folgt. Am Kap **Tripiti**, der Südspitze Europas, hat das Meer drei gewaltige Felsbögen ausgewaschen, die bekannteste Naturattraktion der Insel. Der Strand ist mit dem Boot oder zu Fuß erreichbar (1¼ Std. Fußmarsch von Vatsiana).

Der restaurierte **Leuchtturm** von 1880 am Weg nach Ambelos wurde in ein Museum mit Café umgebaut. Bevor die Deutschen ihn 1941 zerbombten, brannte hier das zweithellste Leuchtfeuer der Welt (nach Tierra del Fuego).

In **Vatsiana** hat der Geistliche der Insel in einem alten Steinhaus ein kleines **Privatmuseum** eingerichtet (☎ 28230 42167; ⌚ Juli–Aug. 10–18 Uhr, außerhalb dieser Zeiten nebenan klopfen). Zu den Ausstellungsstücken, die auf der Insel zusammengetragen wurden, gehören Landwirtschafts- und Haushaltsgeräte, ein Webstuhl und Webarbeiten. Nebenan ist ein kleiner traditioneller Holzofen in Betrieb. Maria, die Frau des Geistlichen, kredenzt in dem urigen *kafenion* ihren Ouzo und Kuchen.

Trotz ihrer spärlichen Besiedlung hat die Insel nicht weniger als 16 kleine Kirchen. Die meisten Bootsbesitzer bieten ganz- oder halbtägige **Bootsausflüge** an, u. a. zum abgelegenen, unbewohnten Inselchen Gavdopoula, das allerdings keine guten Strände hat. Einfach bei den Tavernen nachfragen.

Schlafen & Essen

Früher galt es auf Gavdos schon als Luxus, wenn man Strom hatte, doch inzwischen gibt es ein paar neue, gut ausgestattete Unterkünfte. Camping in der freien Natur erfreut sich großer Beliebtheit. Die Tavernen bieten durchweg ein gutes Preis-Leistungs-Verhältnis.

Nychterida Taverna & Rooms (☎ 28230 42120; DZ 20–50 €) Einfache, ausreichend komfortable Zimmer am Sarakiniko-Strand.

Akrogiali Taverna & Rooms (☎ 28230 42384; DZ/3BZ 35/40 €) Die Fischtaverne am Korfos-Strand bereitet herzhafte kretische Kost zu, u. a. frisch vor Ort gefangenen Fisch und Fleisch von selbst gehaltenen Ziegen. Die einfachen Zimmer haben Kühlschrank, Ventilator und Strandblick.

Sarakiniko Studios (☎ 28230 42182; www.gavdostudios.gr; Studio mit 2/3 Zi. 50/60 € mit Frühstück) Komfortable Studios und neue Häuschen für bis zu fünf Personen (80–100 €) oberhalb vom Sarakiniko-Strand. Vom Hafen sind's 20 Minuten zu Fuß, aber auch Abholung ist möglich. In der Nähe soll 2008 ein Campingplatz eröffnen.

Taverna Sarakiniko (☎/Fax 28230 41103; gavdos@cha.forthnet.gr; Zi./Studio 60/85 €; ⛶) Hier servieren Fischer Manolis und seine Ehefrau Gerti den jeweiligen Tagesfang. Die beiden vermieten auch Zimmer mit Kühlschrank, Klimaanlage (24 Std. Strom) und Meerblick sowie ein paar Steinstudios in der Nähe für vier Personen mit Kiefernmöbeln und einfacher Küche. Außerdem betreiben sie eine Auto- und Fahrradvermietung.

Theophilos Taverna (☎ 28230 41311) beköstigt oberhalb des Agios-Ioannis-Strands die Camper vom Strand mit ausgezeichneten *mayirefta*.

Anreise & Unterwegs vor Ort

Die Bootsverbindungen nach Gavdos sind das ganze Jahr über unterschiedlich. Die Überfahrt kann zwischen 2½ und 6 Std. dauern, je nach Boot und Zwischenstopps, was mitunter für Verwirrung sorgt. Die direkte Route von Chora Sfakion nach Gavdos wird freitags, samstags und sonntags bedient (15 €, 1½ Std.). Es fahren zwei Schiffe pro Woche (von Mitte Juli bis August drei) von Paleochora ab, aber mehrere Stopps an der Südküste einschließlich Chora Sfakion machen daraus eine Tour von 5 Std. Jeden Dienstagmorgen fährt ein Postboot von Paleochora über Sougia nach Gavdos. Nicht alle dieser Fähren transportieren auch Autos.

Am Hafen oder in Sarakiniko kann man Fahrräder oder Autos mieten, allerdings ist der Versicherungsschutz nicht immer gewährleistet.

CHANIAS WESTEN

Kretas Westzipfel ist nicht so stark vom Tourismus geprägt wie der Rest von Chania. Ein Großteil der Nordküste besteht aus den praktisch unbewohnten Halbinseln Gramvousa und Rodopou. Am meisten auf Touristen ausgerichtet ist hier noch Kolimbari an der Zufahrt zur Halbinsel Rodopou.

Die Provinz Kisamos ist eine unwirtliche Region mit versprengten Dörfern und Städtchen, die nur wenige Touristen anlockt. Ihre Hauptstadt, Kastelli Kisamos, ist Anlaufhafen für Fähren vom Peloponnes. Die Westküste kann mit zwei der schönsten (und erstaunlich unerschlossenen) Strände Kretas aufwarten:

Falasarna am Nordende und Elafonisi am Südende. Zur Provinz Selinos gehört die Region Innahorion mit ihren kleinen Bergdörfern.

DIE HALBINSEL RODOPOU

Nur am Fuß der wüsten, felsigen Halbinsel Rodopou drängen sich ein paar kleine Dörfer, der Rest ist unbewohnt. Eine Teerstraße führt bis Afrata und verwandelt sich dann in einen besseren Feldweg, der sich über die Halbinsel schlängelt. Das Diktynna-Heiligtum an der Spitze der Halbinsel ist zu Fuß, per Geländewagen oder Motorrad zu erreichen. Dabei ist aber unbedingt auf gute Planung und ausreichende Ausrüstung achten, denn hinter Afrata bekommt man keinen Tropfen Benzin oder Wasser und keinen Bissen Proviant mehr. Von Afrata führt eine gewundene Straße hinunter zum kleinen, kieseligen **Afrata-Strand**. Dort hat während der Saison eine kleine Snackbar geöffnet.

Kolimbari Κολυμπάρι

919 Ew.

Kolimbari, 23 km westlich von Chania am unteren Ende der Halbinsel Rodopou, eignet sich optimal für einen ruhigen Erholungsurlaub. Das Fischerdörfchen war bislang kaum vom Tourismus berührt, doch das ändert sich rasch: Immer mehr Hotels und *domatia* schießen am langen Kiesstrand aus dem Boden. Kolimbari ist ein guter Ausgangspunkt für einen Spaziergang zum Moni Gonias (östlich des Ortes) und ideal, um in einer der beliebten Fischtavernen lokale Fischspezialitäten zu probieren.

Der Bus aus Chania hält an der Schnellstraße außerhalb; von dort sind es 500 m bis in den Ort. Kolimbari hat einen Geldautomaten an der Hauptstraße und eine Post im Zentrum.

SCHLAFEN & ESSEN

Rooms Lefka (☎ 28240 22211; Fax 28240 22211; EZ/DZ/3BZ 25/35/45 €; ⊠) Auf dem Weg von der Bushaltestelle in den Ort liegt am rechten Straßenrand diese ordentliche Billigunterkunft, die auch gut auf Familien eingestellt ist. Die schon älteren, aber gemütlichen Zimmer haben Kühlschrank und ziemlich abgefahrene Duschköpfe. Die Taverne im Erdgeschoss serviert gute, einfache kretische Kost und ein herzhaftes Frühstück (6 €).

Aeolos Apartments (☎ 28240 22203; Studio/Apt. 45/60 €; ⊠) Dieser betagte, aber gepflegte Komplex auf einem Hügel ist links der Hauptstraße ausgeschildert. Die Zimmer haben große Balkone mit Meerblick und Bettwäsche mit Blumenmustern. Die luftigen Studios und 2-Zimmer-Apartments sind geräumig und bequem: mit Schnitzarbeiten verzierte Holzbetten, TV und Küchentresen mit Barhockern.

Argentina (☎ 28240 22243; Fisch 30–48 pro kg) Dieser Klassiker gilt als eine der besten Fischtavernen der Gegend. Auf der Karte stehen Seafood-Gerichte wie Tintenfisch mit Oliven, Qualitätsfisch und erlesene Weine. Tische stehen vor der Tür und auf der anderen Straßenseite mit Blick aufs Meer.

Diktina (☎ 28240 22611; Qualitätsfisch 47 € pro kg) Dieses Lokal erinnert nach aufwändiger Renovierung eher an ein urbanes Restaurant als an eine Fischtaverne. Meerblick und zuverlässig gute Fischgerichte.

Milos tou Tzerani (☎ 28240 22210) Die Cafébar in einer restaurierten Mühle am Meer ist ein ausgesprochen nettes Plätzchen für einen Kaffee oder einen abendlichen Drink mit leichten Snacks und *mezedes*.

Empfehlenswert ist auch **Palio Arhondiko** (☎ 28240 22124) am Strand.

AN- & WEITERREISE

Die Busse von Chania nach Kastelli Kisamos halten am Ortsrand von Kolimbari (2,80 €, 40 Min., alle 30 Min.).

Moni Gonias Μονη Γονιασ

Das 1618 gegründete **Moni Gonias** (☎ 28240 22313; Kolimbari; Eintritt frei, Museum 2 €; ⊙ Mo–Fr 8–12.30 & 16–20, Sa 16–20, So 7–12 & 16–20 Uhr) wurde 1645 teilweise von den Türken zerstört, aber 1662 wieder aufgebaut und im 19. Jh. erweitert. Das Kloster hütet eine einzigartige Sammlung von Ikonen aus dem 17. und 18. Jh., die teils in der Kirche und teils in den beiden Räumen des Klostermuseums aufbewahrt werden. Die wertvollste davon ist die Ikone des *Agios Nikolaos*, 1637 von Palaiokapas gemalt (linker Hand im Museum). Sie ist ein hervorragendes Beispiel der Kretischen Schule der Ikonenmalerei, die ihre Blütezeit im 17. Jh. erlebte. Das Kloster, zugleich Standort der Theologischen Akademie von Kreta, ist von Kolimbari leicht zu erreichen: vom Ortszentrum einfach der Uferstraße rund 500 m nach Norden folgen.

Diktynna Δικτυνα

An der Nordostspitze der Halbinsel Rodopou liegen die Überreste eines Tempels der kre-

ABSTECHER: RAVDOUCHA

Das Fischerdörfchen **Ravdoucha** an der Westseite der zerklüfteten Rodopou-Halbinsel zählt zu den versteckten gastronomischen Highlights der Region: den Schildern bis zur Straßengabelung folgen, dann die unbefestigte Straße nach links 700 m weit bis zum Restaurant **Waves on the Rock** (☎ 28240 23133), wo Fischer Theodoris Falelakis famosen Frischfisch auftischt. Wer den Touri-Trubel leid ist, kann auch eins der fünf **Zimmer** (25–30 €) im Obergeschoss mieten; Kochnische und Klimaanlage sind vorhanden.

Der rechte Abzweig führt zu einem kleinen Kiesstrand mit Landungssteg und zwei Tavernen, darunter ein hier kaum vermutetes italienisches Restaurant namens **Don Rosario** (☎ 28240 23781; Hauptgerichte 9,50–22,50 €). Dort richtet ein italienischer Chefkoch im „Ruhestand" auf seiner schattigen Terrasse geniale Meeresfrüchtespaghetti und raffinierte mediterrane Gerichte an.

tischen Göttin Diktynna. In römischer Zeit war dies das wichtigste Heiligtum der ganzen Region. Diktynna war die Göttin der Jagd und wurde in Westkreta glühend verehrt.

Der Legende zufolge rührt ihr Name von dem Wort *diktyon* her, was „Netz" bedeutet. Ein Fischernetz war nämlich ihre Rettung, als sie sich ins Meer stürzte, um den Avancen von König Minos zu entgehen. Der Tempel stammt aus dem 2. Jh. n. Chr., steht aber vermutlich auf den Resten eines früheren Heiligtums.

Nach dem Zusammenbruch des Römischen Reichs wurde der Tempel zerstört, doch seine Grundmauern, ein Opferaltar und einige römische Zisternen sind noch zu besichtigen. Wer sich daran satt gesehen hat, kann sich am hübschen Sandstrand erholen. Diktynna ist nur über eine unbefestigte Straße von Kolimbari zu erreichen, aber Reisebüros in Chania bieten auch Bootstouren hierher an, s. S. 94.

KASTELLI KISAMOS
ΚΙΣΣΑΜΟΣ-ΚΑΣΤΕΛΛΙ

3969 Ew.

Größter Ort und Hauptstadt der Provinz Kisamos ist das Hafenstädtchen Kastelli Kisamos, meist schlicht Kisamos genannt. Hier kommen auch die Fähren vom Peloponnes und von Kythira an. Der ruhige Ort, in dem vorwiegend ältere Semester wohnen, hat mit Tourismus nicht viel am Hut. Dabei ist er durchaus einen genaueren Blick wert.

In den letzten Jahren sind viele kleine Familienhotels aus dem Boden geschossen, und insgesamt scheint der Fremdenverkehr hier im Aufschwung zu sein. Die riesige Bucht von Kisamos hat schöne Kiesel- und Sandstrände, und die beschaulich-idyllische Atmosphäre ist ein willkommener Gegenpol zum Touri-Zirkus weiter östlich. Die Uferpromenade säumen Tavernen und Hafenkneipen, aber richtig was los ist hier höchstens mal im August. Kisamos ist eine gute Ausgangsbasis für Wanderungen und Ausflüge in die Umgebung, etwa auf die Halbinseln Gramvousa im Westen und Rodopou im Osten. Vom Hafen in Kisamos fahren Ausflugsboote zur Gramvousa-Halbinsel.

Geschichte

In der Antike war Kisamos die Hauptstadt der gleichnamigen Provinz. Dann kamen die Venezianer und bauten hier eine Festung, die ihr den Namen Kastelli bescherte. Das blieb so, bis die Obrigkeit 1966 befand, dass zu viele Leute dieses Kastelli mit Kretas anderem Kastelli bei Iraklion verwechselten. Also wurde die Stadt offiziell wieder in Kisamos umgetauft, wird aber noch oft als Kastelli oder Kisamos-Kastelli bezeichnet.

Das antike Kisamos fungierte als Hafen für den bedeutenden Stadtstaat Polyrinia 7 km landeinwärts. Einige römische Ruinen hat man schon zu Tage gefördert, aber der größere Teil der alten Stadt liegt unter dem heutigen Kisamos und kann daher nicht ausgegraben werden. Im 3. Jh. n. Chr. erlangte Kisamos seine Unabhängigkeit und wurde dann unter den Byzantinern Bischofssitz. Im 9. Jh. wurde es von den Sarazenen besetzt, bevor es unter den Venezianern seine Glanzzeit erlebte. Teile der Burg westlich vom Tzanakaki-Platz sind noch erhalten.

Orientierung & Praktische Informationen

Der Hafen liegt 3 km westlich der Stadt. Im Sommer verkehrt ein Pendelbus vom Fähranleger; sonst kann man ein Taxi für ca. 5 € nehmen. Der Busbahnhof liegt am Hauptplatz Platia Tzanakaki, von dem die Hauptgeschäftsstraße Skalidi nach Osten führt. Das Postamt steht an der Hauptdurchgangsstraße in der Nähe der Platia Venizelou. An der Hauptstraße und der Skalidi gibt es mehrere Banken mit Geldautomaten. Bis zur Strandpromenade sind es 200 m.

Kisamos unterhält die recht informative Website www.kissamos.net. Eine gute Informationsquelle ist auch das Reisebüro **Horeftakis Tours** (☎ 28220 23250; www.horeftakistours.com; Skalidi). Internationale Presse und Bücher führt die **Buchhandlung Fountoulakis** (☎ 28220 22361) in der Skalidi. **Gamers Internet Cafe** (☎ 28220 22112; Skalidi 17; 🕑 10 Uhr–spät; 1,70 € pro Std.) bietet das ganze Programm.

Sehenswertes & Aktivitäten

Das neue **Archäologische Museum Kisamos** (☎ 28220 83308; Platia Tzanakaki; 🕑 8.30–15 Uhr; Eintritt frei) ist in einem imposanten venezianisch-türkischen Gebäude am Hauptplatz untergebracht. Es zeigt auf zwei Stockwerken eine ansprechend präsentierte Sammlung von Artefakten aus archäologischen Ausgrabungen der Umgebung, darunter Statuen, Schmuck, Münzen und ein großer Mosaikfußboden aus einer Villa in Kisamos. Wie die Exponate aus Falasarna und Polyrinia beschäftigt sich ein Großteil der Ausstellung mit der griechisch-römischen Antike, aber es sind auch Stücke von minoischen Ausgrabungen und aus Nopigia zu sehen.

Stelios Milonakis und seine britische Frau Angela bieten im Rahmen ihrer **Strata Walking Tours** (☎ 28220 24336; www.stratatours.com) verschiedene Wandertouren für Kleingruppen an – von gemütlichen Tagestouren durch die Umgebung inkl. Mittagessen in einer Taverne (40 €) bis zu kompletten 15-tägigen Rundwanderungen (895 €) zur Südküste hinunter. Außerdem veranstalten sie Jeepsafaris zu interessanten Zielen abseits der Straßen (40 €).

Schlafen

Camping Mithymna (☎ 28220 31444; www.campingmithymna.gr; Paralia Drapania; Person/Zelt 6/4 €) Rund 6 km östlich der Stadt in ausgezeichneter schattiger Lage unweit vom schönsten Strand der Gegend und mit Restaurant, Bar und Laden bestens versorgt. In der Nähe sind auch Zimmer und Apartments zu mieten (35–55 €). Man kann den Bus bis Drapanias nehmen und von dort 15 Minuten durch Olivenhaine bis zum Campingplatz gehen (oder 4 km am Strand entlangwandern).

Bikakis Family (☎ 28220 22105; www.familybikakis.gr; Odos Polemiston 1941; EZ/DZ/Studio 20/25/30 €; ❄ 💻) Für viele das beste Billigquartier der Stadt: Die Zimmer und Studios sind mustergültig sauber und haben größtenteils Blick auf Garten und Meer, außerdem Küchenzeilen und Extras wie TV, Fön und Internet zum Nulltarif. Betreiber Giannis sorgt nicht nur dafür, dass seine Gäste sich wie zu Hause fühlen, sondern ist auch Experte für Kräutertees und kennt sich vor Ort bestens aus. Größere Einheiten für Familien und Frühstück gibt's auch.

Thalassa (☎ 28220 31231; www.thalassa-apts.gr; Paralia Drapanias; Studios 35–55 €; ❄ 💻) Die einsam gelegene Anlage eignet sich ideal für einen Entspannungsurlaub mit einem Stapel Bücher. Die tipptopp gepflegten, luftigen Studios haben eine gute Ausstattung mit Bügeleisen, Fön und DSL/WLAN. Grillplatz auf dem Rasen, kleiner Spielplatz und Lage direkt gegenüber vom Strand, 100 m östlich von Camping Mithymna.

Galini Beach (☎ 28220 23288; Zi. 38–48 €) Dieser gastfreundliche, gepflegte Familienbetrieb liegt am Ostende des Strands neben dem Fußballplatz: geräumige Zimmer in kühlen Farben, teils mit Kochnische, größere Einheiten für Familien nebenan.

Christina Beach Hotel (☎ 28220 83333; Studio 60–80; P ❄ 💻) Der todschicke Apartmentkomplex am Westende von Kisamos ist das Beste, was die örtliche Hotellerie aufzubieten hat. Seine modernen Studios direkt am Ufer sind geräumig, luftig und mit ISDN-Internetanschluss ausgestattet.

Essen

Kellari (☎ 28220 23883; kretische Spezialitäten 3–7,50 €) Diese angesehene Taverne am Ostende des Strands hat eine große Auswahl an kretischen Speisen, Grillgerichten und frischem Fisch sowie ein griechisches Menü für zwei Personen (16 €). Das Restaurant gehört der Betreiberfamilie von Strata Walking Tours, s. oben. Fleisch, Wein, Öl und sonstige Zutaten kommen allesamt aus eigener Herstellung.

Papadakis (☎ 28220 22340; Hauptgerichte 5–8 €) Eine der ältesten Tavernen der Stadt und bei Einheimischen sehr beliebt. In entspannender Atmosphäre mit Strandblick gibt's Leckeres aus dem Meer, z. B. Backfisch aus dem Ofen (6 €) oder Fischsuppe.

O Stimadoris (☎ 28220 22057; Fisch 30–45 € pro kg) Die Betreiber dieser namhaften Fischtaverne

2 km westlich der Stadt, kurz vor dem Fischerhafen, holen ihren Fang selbst aus dem Meer – die beste Garantie für frischen Fisch. Einen Versuch wert ist der ausgefallene Algensalat in Essig – *salata tou yialou*. Die kleine Taverne mutet wie ein winziges Museum an, im Saal mit Blick aufs Meer finden regelmäßig Hochzeiten statt.

Leckere Hausmannskost bei hervorragendem Preis-Leistungs-Verhältnis bietet **Violaki** (☎ 28220 23068) an der Hauptstraße. **Akroyiali**, vor Kisamos deutlich ausgeschildert, serviert ausgezeichneten Frischfisch direkt am Strand.

An- & Weiterreise

FÄHRE

Die F/B *Myrtidiotissa* der Gesellschaft ANEN Ferries verkehrt am Wochenende auf der Route von Kisamos über Antikythira (9,40 €, 2 Std.) über Kythira (16,40 €, 4 Std.) nach Gythio (22,10 €, 5 Std.). Sonntags wird auch Piräus angefahren, aber das geht von Chania wesentlich schneller. Tickets gibt's bei **Horeftakis Tours** (☎ 28220 23250) und im **ANEN-Büro** (☎ 28220 22009; Skalidi).

BUS

Vom **Busbahnhof** (☎ 28220 22035) in Kisamos verkehren täglich 14 Busse nach Chania (4 €, 40 Min.), wo Anschluss nach Rethymnon und Iraklion besteht. Zwei Busse täglich fahren nach Falasarna (3 €, 20 Min.), einer nach Paleochora (6,50 €, 1¼ Stunden) und einer nach Elafonisi (5,90 €, 1¼ Stunden).

Unterwegs vor Ort

Moto Fun (☎ 28220 23440; www.motofun.info; Platia Tzanakaki) verleiht Autos, Fahrräder und Mountainbikes.

RUND UM KASTELLI KISAMOS

Polyrinia Πολυρρηνια

Die Ruinen der antiken Stadt **Polyrinia** liegen 7 km südlich von Kastelli Kisamos, oberhalb des Dorfs Ano Paleokastro, das oft auch als Polyrinia bezeichnet wird. Wer den steilen Aufstieg wagt, wird mit einer umwerfenden Aussicht auf Mittelmeer und Berge belohnt – im Frühling überschwemmt ein Meer von Wildblumen die Region. Die im 6. Jh. v. Chr. von den Dorern gegründete Stadt lag im permanenten Krieg mit den Kydoniern von Chania. Münzen aus dieser Zeit zeigen die Kriegsgöttin Athena, die von den kriegerischen Polyriniern offenbar leidenschaftlich verehrt wurde.

Im Gegensatz zur Erzrivalin Kydonia leistete Polyrinia den römischen Invasoren keinen Widerstand und blieb so von der Zerstörung verschont. Sie war die am besten befestigte Stadt auf ganz Kreta und diente von der Römerzeit bis in die byzantinische Epoche als Verwaltungszentrum des Westteils der Insel. Später nutzten die Venezianer sie als Festung. Viele der historischen Überbleibsel datieren aus römischer Zeit, darunter auch ein von Hadrian erbautes **Aquädukt**.

Die imposanteste Ruine ist die von den Byzantinern und Venezianern errichtete **Akropolis**. Außerdem steht hier eine Kirche, die auf die Grundmauern eines **hellenistischen Tempels** aus dem 4. Jh. v. Chr. gebaut wurde. Interessant ist auch eine den Nymphen geweihte **Höhle** in der Nähe des Aquädukts, in der heute noch die Nischen für die Nymphenstatuetten zu sehen sind.

Der zweistündige Fußweg von Kastelli Kisamos nach Polyrinia ist landschaftlich sehr schön. Um die Straße nach Polyrinia zu erreichen, geht man auf der Hauptstraße von Kastelli Kisamos ostwärts und biegt gleich hinter dem Gebäude der Telefongesellschaft OTE rechts ab. Auf dem Weg zu Fuß durchs Dorf zur Stätte kommt man an der interessanten **Olivenholzwerkstatt** (☎ 28220 24168) von Giorgos Tsichlakis vorbei.

Mit dem eigenen Fahrzeug biegt man an der Kreuzung mit der **Acropolis Taverna** (☎ 28220 23678) auf die Umgehungsstraße ab, die tolle Ausblicke eröffnet. Hinter der Taverne, 100 m vor der Agios-Pateras-Kirche, zweigt ein Weg nach links zur Akropolis ab. Wegen des Ausblicks lohnt sich auch eine Rundwanderung über den ganzen Berg, aber der Weg ist teilweise überwuchert.

Es fahren keine Busse zur Ruinenstätte.

Sirikari Σηρικαρι

Von Polyrinia wandern viele Unentwegte noch weiter bis zu **Sirikari-Schlucht**, denn das ist eine der landschaftlich schönsten und beliebtesten Wanderungen dieser Gegend. Sie dauert ungefähr zwei Stunden (auch von Kisamos, wenn man dort aufbricht). Der Eingang zur Schlucht liegt in der Nähe der Agios-Apostoli-Kirche in dem winzigen Dörfchen Sirikari.

Wer es abgeschieden mag, findet hier die attraktive neue Unterkunft **Kastania Traditio-**

nal Guest House (☎ 28220 51449; Sirikari; DZ 40–60 € mit Frühstück). Der Besitzer, ein pensionierte Fluglotse, hat aus dem Haus seiner Familie vier gemütliche, traditionell eingerichtete Studios gemacht und serviert ein herzhaftes Frühstück; auf Wunsch gibt's auch preiswerte Haumannskost. Vom Dorf führt eine tolle Wanderung durch üppigen Kastanienwald nach Kambos.

DIE HALBINSEL GRAMVOUSA ΧΕΡΣΟΝΗΣΟΣ ΓΡΑΜΒΟΥΣΑ

Nordwestlich von Kisamos erstreckt sich die herrlich wilde und abgelegene Halbinsel Gramvousa. Hauptattraktion ist der phantastische, lagunenartige Sandstrand **Balos**, am Kap Tigani an der Westseite der schmalen Spitze der Halbinsel. Vor dem idyllischen Strand liegen im türkisfarbenen Wasser die beiden Inselchen **Agria** (die Wilde) und **Imeri** (die Zahme), die aber wegen der vielen Tagesausflügler an Reiz eingebüßt haben.

Die gerade noch (am besten mit Geländewagen) befahrbare Piste nach Balos beginnt am Ende der Hauptstraße durch das Dorf **Kaliviani**. Sie schmiegt sich an die Ostflanke des Bergs Geroskinos und bietet phantastische Ausblicke auf die Küste und die Halbinsel Rodopou. Die Straße endet an einem Parkplatz mit einer *kantina*. Von dort ist es eine halbe Stunde zu Fuß zum Strand, der Abstieg führt über versandete Klippen. Der Rückweg bergauf dauert eine Dreiviertelstunde.

Die Busse von Kisamos Richtung Westen lassen Fahrgäste an der Kreuzung nach Kaliviani aussteigen. Von dort sind es 2 km bis zum Ausgangspunkt des Wegs am Ende der Hauptstraße. Der schattenlose Fußmarsch nach Balos geht über 3 km, also Kopfbedeckung und reichlich Wasser nicht vergessen.

Eine weniger anstrengende Alternative ist eine von täglich drei **Bootstouren** (☎ 28220 24344; www.gramvousa.com; Erw./erm. 22/12 €; 55 Min.), das Vormittagsboot hält auf Imeri Gramvousa. Über der Insel thront eine **venezianische Burg** mit atemberaubenden Ausblicken auf die Halbinsel. Nach oben geht's 20 Minuten steil bergauf, unterhalb liegt ein kleiner Strand mit einem gestrandeten Schiffswrack. Wenn die Boote voll sind, ist der Strand überfüllt, genau wie Balos. Tickets gibt's am Tag der Abfahrt im Hafen von Kisamos, Abfahrt 10, 10.15 und 13 Uhr, zurück um 17.45 und 20 Uhr. Wenn es sehr windig ist, kann einem der Törn ganz schön zusetzen.

Geschichte

Die vorgelagerte Insel Imeri Gramvousa war ein wichtiger Stützpunkt der Venezianer, die hier ein Kastell errichteten, um die Schiffe zu schützen, die die Insel auf ihrem Weg von und nach Venedig passierten. Die bis an die Zähne bewaffnete Festung galt als uneinnehmbar. So gelang es auch den Türken 1645 nicht, Imeri Gramvousa zusammen mit dem restlichen Kreta zu erobern. Das Kastell blieb in venezianischer Hand, ebenso wie die Festungen Souda und Spinalonga. Schließlich zogen die Venezianer ab und das Kastell verfiel, bis kretische Revolutionäre es 1821 zu ihrer Operationsbasis machten. Später war es ein berüchtigtes Piratennest, bevor die Türken es übernahmen, um während des Unabhängigkeitskriegs von dieser Basis aus die Küste zu blockieren. Man munkelt, die Piraten hätten sagenhafte Schätze angehäuft und in Höhlen rund um die Insel versteckt.

Um eine „Attraktion“ ist die Halbinsel Gramvousa unlängst ärmer geworden: Das **Wrack** eines 1981 an der Küste bei Kaliviani gestrandeten libanesischen Frachters, das seit über 20 Jahren als unrühmliches Wahrzeichen am Westende des Kaliviani-Strands vor sich hinrostete, wurde 2004 weggeräumt.

Schlafen & Essen

Eine gute Basis für die Erkundung der Region ist das Dorf Kaliviani, 7 km westlich von Kisamos.

Kaliviani (☎/Fax 28220 23204; www.kaliviani.com; DZ & 3BZ 40–55 €; ❄) Die attraktive Herberge aus Stein hat gemütliche, geschmackvoll eingerichtete Zimmer mit Kühlschrank und Balkon. Das hervorragende Restaurant (Hauptgerichte 4,80–8,50 €) serviert echt kretische Kost, so weit eben möglich aus Bioprodukten. Tipp: *gramvousiano yiahni* (Ziegeneintopf), eine leckere Spezialität dieser Gegend (7 €).

Olive Tree Apartments (☎ 28220 24336; www.olivetree.gr; Apt. 40–70 €; ❄ 🏊) Dieser schöne Komplex in einem Olivenhain an der Dorfeinfahrt hat geräumige, komfortable und insgesamt sehr ansprechende Apartments, die sich gut für Familien und einen längeren Aufenthalt eignen. Ein einladender Pool gehört auch dazu.

Gramvousa (☎ 28220 22707; Tagesgerichte aus dem Holzofen 5,50–8,70 €) Die Taverne in der Ortsmitte serviert gute, traditionelle kretische Küche in einem stilvoll dekorierten Steingebäude mit bezauberndem Garten. Am besten sind die

Tagesgerichte aus dem Holzofen, z. B. Spanferkel oder Honiglamm.

FALASARNA ΦΑΛΑΣΑΡΝΑ

21 Ew.

Falasarna, 16 km westlich von Kastelli Kisamos, war im 4. Jh. v. Chr. ein kretischer Stadtstaat, doch von der antiken Stadt ist fast nichts mehr zu sehen. Der lange, breite Sandstrand gilt als einer der schönsten Kretas und lockt Urlauber aller Couleur an. Felszungen unterteilen ihn in mehrere kleine Buchten. Seine Sonnenuntergänge sind spektakulär, ebenso die rosa Farbtöne, die von den feinen Korallen im Sand reflektiert werden.

Wer die Einsamkeit sucht, ist in Falasarna richtig – nur nicht in der Zeit des größten Andrangs von Mitte Juli bis Mitte August. Hier gibt es weder ein Dorf noch größere Einrichtungen, nur ein paar verstreute Unterkünfte und Tavernen zwischen den Gewächshäusern, die den Weg zum Strand optisch etwas beeinträchtigen. Die organisierte „Strandszene" beschränkt sich auf eine Bar in der Mitte und einige Ansammlungen der unvermeidlichen Sonnenschirme und Liegen. Mehr los ist am großen Südstrand, in dessen mittlerer Felsbucht sich auch FKKler tummeln. Der Strand weiter nördlich ist kleiner und ruhiger.

Geschichte

Falasarna war mindestens seit dem 6. Jh. v. Chr. besiedelt und erreichte im 4. Jh. v. Chr. den Gipfel seiner Macht. Die Ruinen der ursprünglich gleich am Meer erbauten Stadt liegen heute 400 m landeinwärts, weil sich Kretas Westküste im Laufe der Jahrhunderte gehoben hat. Die Stadt verdankte ihren Reichtum der Landwirtschaft in dem fruchtbaren Tal weiter südlich. Sie diente als Westküstenhafen für Polyrinia, wurde aber später Polyrinias größte Rivalin um die Vorherrschaft über Westkreta. Als die Römer Kreta 67 v. Chr. eroberten, war Falasarna schon zum Piratenhafen verkommen. Steinblöcke, die rund um die Einfahrt zum alten Hafen ausgegraben wurden, deuten darauf hin, dass die Römer versuchten, den Hafen zu blockieren, um Piraten fernzuhalten.

Sehenswertes

Hauptsehenswürdigkeit der Gegend sind die **Ruinen** der alten Stadt Falasarna, von denen allerdings nicht mehr viel zu erkennen ist. Der Weg zur Ruinenstätte ist von der Hauptstraße beschildert, das letzte Stück ist nicht asphaltiert.

Zuerst kommt ein großer Steinthron, dessen Funktion ungeklärt ist. Ein Stück weiter stößt man auf die Überreste der Stadtmauer und eines kleinen Hafens. Die Öffnungen in der Hafenmauer dienten dazu, die Schiffe zu vertäuen. Oben auf dem Hügel liegen die Trümmer der Akropolismauer und eines Tempels sowie vier tönerne Badebecken.

Schlafen & Essen

Die meisten Unterkünfte sind auf Individualreisende zugeschnitten. Leider sind die am Strand die unattraktivsten. Es gibt viele Stellen zum Wildcampen, auch wenn dies hier – wie überall auf Kreta – gar nicht gern gesehen wird.

Rooms Anastasia-Stathis (☎ 28220 41480; Fax 28220 41069; DZ/Apt. 45/50 €; ⁂) Die luftigen, hübsch eingerichteten Zimmer mit Kühlschrank sind ideal zum Entstressen, wie Besitzerin Anastasia versichert. Ihr Riesenfrühstück (6 €) können auch Tagesgäste genießen. Wer hier übernachtet, darf sich im Garten Gemüse pflücken.

Doma (☎ 28220 41726; www.domaapts.gr; Studio 44 €, Apt. 50–70) Der attraktive Komplex mit Garten hat geschmackvoll eingerichtete Studios und 1- oder 2-Zimmer-Apartments, die sich für längeren Aufenthalte anbieten. Weitere Pluspunkte: großer Balkon und Extras wie TV und Fön, teils auch komplett eingerichtete Küche.

Kavousi Resorts (☎ 28220 41251; www.kavoussiresorts.com; Studio & Apt. 45–70 €; ⁂) Die Anlage liegt hoch oben an der Straße nach Falasarna und hat ein entsprechendes Panorama. Geräumige, komfortable neue Studios und Apartments, aber nur mit eigenem Fahrzeug erreichbar.

Rooms for Rent Panorama (☎ 28220 41336; www.falasarna.gr; DZ/3BZ 48/55 €; ⁂) Eine der ersten Herbergen, an denen man vorbeikommt – dem Wegweiser nach links über eine Schotterstrecke folgen. Die renovierten Studios mit Kühlschrank oder Kochnische sind blitzsauber und komfortabel. Das effiziente, gastfreundliche Restaurant im Erdgeschoss hat einen tollen Strandblick und bietet gute kretische Küche.

Galasia Thea (☎ 28220 41421; Mayirefta 4,50–6 €) Das Café auf den Küstenfelsen bietet von seiner riesigen Terrasse einen phänomenalen Blick auf den weitläufigen Strand. Hier gibt es eine große Auswahl an Ofengerichten und *mayirefta*, z. B. Lamm *sfakiano* mit Zitrone.

Auch zu empfehlen ist **Sun Set** (☎ 28220 41204), eine Taverne mit Fischgerichten und klassisch-kretischer Kost.

An- & Weiterreise

Von Juni bis Ende August fahren täglich drei Busse von Kisamos nach Falasarna (2,60 €); außerdem kommen drei Busse aus Chania (6 €).

INNAHORION INNAXOPION

Innahorion ist die landschaftlich grandiose und für ihre Kastanienbäume berühmte Gebirgsregion südlich von Kastelli Kisamos. Sie wird oft als „Ennia Horia" („Neun Dörfer") bezeichnet, auch wenn deutlich mehr als neun Dörfer in der Region verstreut liegen.

Wer einen fahrbaren Untersatz hat, kann die Region auf dem Weg zum Moni Chrisoskalitissa und nach Elafonisi besichtigen oder auch, mit einem kleinen Schlenker, auf der Route nach Paleochora. Oder man macht eine Rundfahrt und kehrt über die Küstenstraße zurück. Südlich von Kisamos liegen einige der grünsten und fruchtbarsten Gegenden der Insel.

Erste Station ist das Dorf **Voulgaro** mit zwei byzantinischen Kirchen. Drei Kilometer weiter südlich beginnt das bezaubernde Örtchen **Topolia**, dessen weiß getünchte Häuser von Wein und anderem Grün überwuchert sind.

Hinter Topolia windet sich die Straße am Rand der **Koutsomatados-Schlucht** entlang, wobei sich atemberaubende Ausblicke bieten. Kurz vor einem schmalen Tunnel steht am linken Straßenrand eine **Snackbar** – ein gutes Plätzchen, um anzuhalten und ein Foto von der Schlucht zu machen. Kurz darauf taucht die **Agia-Sofia-Höhle** auf, die Zeugnisse einer Besiedlung seit neolithischer Zeit birgt. Sie wird gern für Taufen genutzt; am 13. April feiert man hier den Tag ihrer Schutzpatronin. Zur Höhle hinauf führen 250 Felsstufen. Nach einem Drittel des Wegs ist die Taverne **Romantza** mit herrlichem Blick auf die Schlucht erreicht. Betreiber Manolis ist ein schräger Vogel in traditioneller kretischer Tracht. Von hier geht's weiter zum winzigen **Koutsomatados** und zum Dorf **Vlatos**.

Südlich von Milia (s. Kasten unten) zweigt von der Hauptstraße eine Straße nach Paleochora über **Strovles** und **Drys** ab. Obwohl sie auf den meisten Landkarten wenig Vertrauen erweckend aussieht, ist sie asphaltiert und bringt einen viel schneller nach Paleochora als die nahe liegendere Route über Tavronitis.

In **Elos**, dem größten Ort und Zentrum des Kastanienhandels, findet jeweils am dritten Sonntag im Oktober ein Kastanienfest statt. Der Dorfplatz von Elos ist mit seinen Platanen-, Eukalyptus- und Kastanienbäumen ein angenehm schattiger Rastplatz. Hinter der Taverne am Platz sieht man die Überreste eines Aquädukts, das früher Wasser aus den Bergen herableitete, um die Mühle anzutreiben.

Bei der Fahrt an der Schlucht entlang passiert man zunächst die winzige Siedlung **Pappadiana**. Dann geht's die Berge hinauf bis nach **Amygdalokefali**, wo sich von einem Felsvorsprung außerhalb des Orts ein phantastischer Fernblick aufs Meer bietet. Rund 50 Min. hinter Kefali erreicht man **Kambos**, ein winziges Dorf am Rand einer Schlucht, das sich als Übernachtungsstopp anbietet. Von hier führt ein Wanderweg durch die Schlucht zum

DAS DORF MILIA

Einer der Wegbereiter für den Ökotourismus auf Kreta ist das einsame Bergdorf **Milia** (☎ 28220 51569; www.milia.gr; Häuschen mit Frühstück 50–70 €). Inspiriert vom Motto „Zurück zur Natur" wurden hier 16 verlassene Steinbauernhäuser zu Ökoferienhäuschen umgebaut. Da ausschließlich Solarenergie für Grundbedürfnisse zur Verfügung steht, können Laptop und Fön getrost zu Hause bleiben. Die Häuser sind mit antiken Betten und rustikalen Möbeln eingerichtet.

Milia ist eins der urtümlichsten und friedlichsten Urlaubsziele auf der Insel, aber es lohnt auch schon ein Abstecher allein wegen der erstklassigen Taverne, die biologische Erzeugnisse vom eigenen Bauernhof verwendet, darunter Öl, Wein, Milch, Käse und Eier. Hühner, Ziegen und Schafe werden in Freilandhaltung aufgezogen. Empfehlenswert sind das *boureki*-Spezialrezept, das gefüllte Kaninchen mit *myzithra* oder Joghurt und das über Nacht sanft geschmorte Schweinefleisch mit Zitronenblättern. Wirklich hervorragend im Winter ist das Gericht aus Kartoffeln, Kastanien und Minizwiebeln in Rotweinsauce! Auf Cola und andere Fertiggetränke muss man verzichten.

Die Abzweigung nach Milia ist hinter dem Ort Vlatos ausgeschildert. Die schmale Zufahrt geht in eine befahrbare unbefestigte Straße über, die nach 3 km das Dorf erreicht.

Strand hinab, ein anderer über eine holperige, unbefestigte Straße zurück nach Kisamos. Diese Route, eine Alternative zum bekannteren **E4-Trail**, trägt die Bezeichnung **F1-Trail**.

Nördlich von Kambos umrundet die Straße die andere Seite der Schlucht und schlängelt sich nach 9 km schließlich hinunter nach **Sfinari**. Der geruhsame Ort, der von der Landwirtschaft lebt, erstreckt sich bis zu einem ausgedehnten Strand, dessen Nordende von einer Phalanx aus Gewächshäusern umzingelt ist. Dafür gibt's am Südende eine kleine Badebucht mit Schotterstrand, einen einfachen Campingplatz und ein paar anständige Fischtavernen.

Hinter Sfinari eröffnen sich weitere schöne Ausblicke auf die Küste, bevor die Straße schließlich nach **Platanos** abfällt, einem ruhigen, baumbestandenen und recht weit auseinander gezogenen Dorf mit weiß getünchten Häusern. Wer mag, kann von hier noch den Abstecher nach links Richtung **Falasarna** machen oder sich nach rechts halten, wo es weiter bergab nach Kisamos geht.

Schlafen & Essen

Unterkunft bieten in der Region nur spärlich verteilte und größtenteils unterbelegte *domatia*. Größere Hotelkomplexe gibt es hier nicht.

Panorama Taverna and Rooms (☎ 28220 51163; Katsomadatos; DZ 25 €) Die einfachen, sauberen Zimmer, von deren Balkon man auf die Schlucht blickt, sind eine ausgezeichnete Ausgangsbasis für Wanderungen. Klimaanlage gibt es nicht, aber nachts ist es hier ohnehin kühl. Die von Manolis und seiner niederländischen Frau Antonia betriebene Taverne hat eine Auswahl an *mayirefta* und bereitet für Dauergäste auf Bestellung auch andere Gerichte zu.

Arhontas Taverna and Rooms (☎ 28220 51531; Katsomadatos; DZ 30 €) liegt unmittelbar unterhalb der Hauptstraße an einem schattigen Fleck, schon fast in der Schlucht, umgeben von den Obstbäumen des Besitzers. Die Zimmer sind einfach, aber funktional, zwei davon haben Balkon und eigenes Bad.

Kokolakis Rooms (☎ 28220 61258; Elos; DZ 30 €) Die einzige Übernachtungsmöglichkeit in Elos befindet sich über der Taverne Kastanofolia, gleich an der Hauptstraße und am kleinen Fluss, der durchs Dorf fließt. Die spartanischen Zimmer sind aber zu teuer, wenn man berücksichtigt, dass die Bäder gemeinschaftlich genutzt werden.

Hunger? Auf zur gastfreundlichen **Kamares Taverna** (☎ 28220 61332; Hauptgerichte 5,50–7 €) in Elos, denn da gibt's hervorragende *mayirefta*.

In Vlatos kann man die Bio-Olivenölfarm **To Metohi tou Monahogiou** (☎ 28220 51655) besichtigen und das leckere Endprodukt auch probieren. Übernachtungsmöglichkeiten bietet ein restauriertes Steinbauernhaus in zauberhafter Lage im Wald. Das Vergnügen hat aber seinen Preis: Die attraktiven Doppelzimmer kosten 90 € inkl. Frühstück.

Polakis Rooms (☎ 28220 61260; Kefali; Zi. 30 €) Einfache Herberge mit tollem Ausblick und Deckenventilatoren in den Zimmern.

Essen in Kefali kann man bei **Elafos** (☎ 28220 96614) oder auf der schattigen Terrasse im **Panorama** (☎ 28220 61208).

In Kambos hat **Sunset Rooms** (☎ 28220 41128; EZ/DZ 15/25 €) einen herrlichen Blick aufs Tal von den ansonsten schlichten, aber durchaus angenehmen Zimmern. Die dazugehörige **Sunset Taverna** (Gerichte 2–5 €) tischt Grillgerichte und große Salate auf.

Hartzoulakis Rent Rooms (☎ 28220 41445; manolis_hartzoulakis@yahoo.gr; Kambos; EZ/DZ 20/25 €) Die Zimmer sind klein und bescheiden, aber blitzsauber und haben große Veranden. Sie eignen sich bestens als Stützpunkt für Wanderer. Die Taverne auf der Terrasse serviert gute kretische Kost und hervorragenden Raki.

LP Tipp **Clara's** (☎ 28220 61537; Amigdalokefali; www.cafeclara.com; DZ 25–50 €) Die dänische Steuerberaterin Lena Troelso hat sich unterhalb der Küstenstraße ein entzückendes Heim geschaffen, abseits jeglichen Trubels und mit atemberaubendem Ausblick. Sie vermietet ein zauberhaftes Steinhäuschen mit Bad und zwei rustikale Zimmer, die sich ein Außenbad teilen, zu dem auch eine Dusche in einer ehemaligen Traubenpresse gehört. Lena backt jeden Tag Brot und bereitet auf Wunsch auch Mahlzeiten zu. Bei der *kantina* an der Hauptstraße fragen oder direkt bei ihr anrufen, um sich den Weg beschreiben zu lassen.

Captain Fidias (☎ 23220 41107; Sfinari-Strand) Das Lokal ist eine von drei Fischtavernen am Strand von Sfinari. Der freundliche Wirt Fidias hat vier kräftige Söhne, die alle als Fischer arbeiten. Wenn die Zutaten ausgehen, laufen sie auch schon mal rasch nach Hause und holen den eigentlich fürs eigene Abendessen reservierten Fisch aus dem Kühlschrank.

Andonis Theodorakis (☎ 28220 41125; Sfinari; Mayirefta 4–7 €) Die Taverne mit angrenzender

Zimmervermietung liegt an der Hauptstraße nach Platanos. Alle Gerichte sind nach dörflicher Art hausgemacht; es gibt auch frisch vor Ort gefangenen Fisch. Sehr lecker ist z. B. das Huhn mit Okra. Die schlichten, aber wohnlichen Zimmer (EZ/DZ 15/24 €) haben schönen Meerblick.

O Zaharias (☎ 28220 41285; Platanos; Mayirefta 4–6 €) Etwas abseits der Hauptstraße nach Falasarna serviert dieses sympathische und angesehene Lokal traditionelle Gerichte wie *avgokolokytho*, eine Eierspeise mit Zucchini, Tomaten und Olivenöl. Das große Wandgemälde im Stile von Asterix und Obelix hat der Besitzer selbst gemalt.

MONI CHRISOSKALITISSA ΜΟΝΗ ΧΡΥΣΟΣΚΑΛΙΤΙΣΣΑΣ

Moni Chrisoskalitissa, 5 km nördlich von Elafonisi, ist ein wunderschönes **Kloster** (☎ 28220 61261; Eintritt 2 €; 🕑 7–19 Uhr) auf einem Fels hoch über dem Meer. Chrisoskalitissa bedeutet „Goldene Treppe". Eine Version der Legende besagt, die oberste der 98 Treppenstufen zum Kloster hinauf sei aus Gold gewesen, was nur wahre Gläubige zu erkennen vermochten. Einer anderen Version zufolge war eine der Stufen von innen hohl und diente als Versteck für den Kirchenschatz. Wie dem auch sei – unter der Türkenherrschaft gingen das Gold und ein Großteil der Ländereien des Kloster für die horrenden Steuern drauf, die die osmanischen Herrscher verlangten.

Die Kirche ist neueren Datums, doch das angeblich 1000 Jahre alte Kloster steht vielleicht auf den Resten eines minoischen Tempels.

Im Kloster wurden zwei kleine **Museen** eingerichtet: ein Volkskundemuseum mit einigen Webarbeiten und dörflichen Alltagsgegenständen und ein Kirchenmuseum, das hauptsächlich Ikonen und Manuskripte präsentiert. Die Busse nach Elafonisi halten am Kloster.

In der näheren Umgebung gibt es eine Handvoll Tavernen und Unterkünfte als Alternative zu Elafonisi. Das kleine Hotel **Glykeria** (☎ 28220 61292; www.glykeria.com; DZ mit Frühstück 50 €; ❄ 🅿) ist ein gastfreundlicher Familienbetrieb an der Hauptstraße ein Stück vorm Kloster. Die einfachen, sauberen Zimmer haben Kühlschrank und Balkon mit Meerblick. Zum Komplex gehören auch ein einladender Pool und eine Taverne auf der anderen Straßenseite.

ELAFONISI ΕΛΑΦΟΝΗΣΙ

12 Ew.

Es ist nicht schwer zu verstehen, warum so viele Leute von Elafonisi als einem der Traumstrände Kretas schwärmen. Zwischen dem langen, breiten Strand am Südende der Westküste und dem Inselchen Elafonisi liegen nur etwa 50 m knietiefes, türkisfarbenes Wasser. Das klare, flache Wasser und der feine, weiße Sand verbreiten Karibikfeeling. Es gibt ein paar Snackbars am Strand und Stände, die Sonnenschirme und Liegestühle vermieten. Die kleine Insel lockt mit niedrigen Dünen und halb versteckten Buchten auch FKK-Anhänger an.

Leider wird die idyllische Szenerie im Sommer manchmal von ganzen Busladungen voller Tagesausflügler getrübt. In der Nähe gibt es einige Quartiere für diejenigen, die den Strand nach Abflauen des Massenbetriebs am späten Nachmittag genießen wollen. Weitere Übernachtungsmöglichkeiten finden sich in der Umgebung von Chrisoskalitissa.

Schlafen & Essen

Rooms Panorama (☎ 28220 61548; EZ/DZ-Studio 20/25 €) Zu der Unterkunft gehört eine Taverne mit eindrucksvollem Meerblick von hoher Warte auf einem Felsvorsprung. Von den Zimmern mit Kochnische und Kühlschrank sind jedoch viele monatsweise an Saisonarbeiter vermietet.

Rooms Elafonisi (☎ 28250 61274, Fax 28250 97907; EZ/DZ 30/35 €; ❄) Die 21 geräumigen Zimmer sind mit Kühlschrank ausgestattet; zudem kann man hübsch eingerichtete größere Räume weiter hinten zwischen den Olivenhainen sowie Apartments mit Küche mieten. Die Anlage hat eine Terrasse mit Panoramablick und ein angeschlossenes Restaurant.

Innahorion (☎ 28250 61111; DZ/3BZ 30/35 €; ❄) Diese Herberge ist 2,5 km von der Küste entfernt und damit nicht ganz so attraktiv wie die anderen beiden. Die 15 Zimmer mit Kühlschrank und Kochnische liegen eben doch ziemlich weit vom Strand entfernt. Dafür ist das Restaurant, das auf seiner Terrasse kretische Küche zelebriert, das beste der Gegend.

An- & Weiterreise

Von Mitte Juni bis Ende September gibt es täglich ein Schiff von Paleochora nach Elafonisi (4,50 €, 1 Std.): Abfahrtzeit ist 10 Uhr, Rückkehr um 16 Uhr. Außerdem kommen täglich zwei Busse von Chania (8 €, 2¼ Std.) und Kisamos (3,40 €, 1½ Std.), die am Nachmittag zurückfahren.

CHANIAS OSTEN

Auch die Nordostecke von Chania hat einiges an Attraktionen zu bieten, z. B. den Kournas-See – den einzigen natürlichen Süßwassersee der Insel – und Strandorte wie Kalyves, Almyrida und Georgioupoli, wo es wesentlich dörflicher zugeht als in den Touristenzentren an der Küste westlich von Chania. Einen Besuch wert sind auch das restaurierte Dorf Vamos, die Ruinenstätte Aptera und einige traditionelle Örtchen wie Gavalochori. Der zunehmende Pauschaltourismus verändert die Natur der Apokoronas-Halbinsel ebenso nachhaltig wie der fieberhafte Bau von Ferienhäusern für Ausländer.

GEORGIOUPOLI ΓΕΩΓΙΟΥΠΟΛΗ

489 Ew.

Georgioupoli mag einmal ein Geheimtipp gewesen sein, doch inzwischen ist die Küste mit Hotels und Ferienanlagen zugepflastert. Der kleine Touristenort am Meer wird aber immer noch gern von Familien und Naturfreunden besucht und hat sich noch ein wenig von seiner beschaulichen Seebadatmosphäre bewahrt. Am auffälligsten sind die Eukalyptusbäume an den Straßen, die vom Dorfplatz ausgehen, und die malerische kleine Kapelle Agios Nikolaos auf einer schmalen, ins Meer ragenden Felsmole.

Georgioupoli liegt an der Mündung des Flusses Almyros, wo im Sommer die gefährdeten Unechten Karettschildkröten brüten. Die **Feuchtgebiete** am Fluss sind für ihre interessante Vogelwelt bekannt – im April fallen hier aber nicht nur Reiher und Eisvögel ein, sondern auch gewaltige Mückenschwärme. Neben einem kleineren Strand nördlich des Hafens ergießt der Fluss sein eiskaltes Wasser ins Meer. Dort steht eine weitere kleine Kirche namens Agios Kyriakos am entlegenen Ende der Bucht.

Der lange, schmale Streifen aus festem Sand östlich der Stadt wird von einer weiteren Flussmündung unterbrochen und geht auf der anderen Seite in einen langen Sandstrand über, der sich ungefähr 10 km Richtung Rethymnon hinzieht.

Georgioupoli wurde nach Prinz Georg benannt, der von 1898 bis 1906 Hochkommissar von Kreta war und hier ein Jagdhaus hatte. Im Altertum hieß der Ort Amphimalla und diente als Hafen für das antike Lappa.

Der Ort ist eine günstig gelegene Basis für Ausflüge nach Chania und Rethymnon.

Orientierung & Praktische Informationen

Die Hauptstraße verläuft von der Schnellstraße ins Ortszentrum, wo es eine Reihe von Reisebüros, Tavernen und Geldautomaten gibt. **Ballos Travel** (☎ 28250 83088; www.ballos@gr) vermittelt Schiffstickets, Touren und Unterkünfte, vermietet Autos, erledigt Banküberweisungen und verkauft Briefmarken – der örtliche Briefkasten steht vor der Tür. **Planet Internet Cafe** (☎ 28250 61732; www.alchemist.gr; 3 € pro Std.; 9 Uhr–spät) ist in der Nähe des Dorfplatzes zu finden. Informationen über Unterkünfte und anderes mehr liefert die Website www.georgioupoli.net.

Sehenswertes & Aktivitäten

Yellowboat (6 € pro Person und Std.) vermietet Tretboote und Kanus, mit denen man den Fluss hinauffahren kann.

Wer keinen fahrbaren Untersatz hat, kann den **Touristenzug** (6 €) zum nahen Kournas-See und nach Argyroupolis nehmen. **Zoraida's Horseriding** (☎ 28250 61745; www.zoraidas-horseriding.com) veranstaltet Ausritte in die Umgegend, darunter auch Strandausritte (30 €) und spezielle Reitausflüge für Kinder. **Adventure Bikes** (☎ 28250 61830; www.adventurebikes.org) vermietet Fahrräder und veranstaltet Radtouren in der Region (35–56 €).

Schlafen

Die meisten großen Hotels am Strand haben es auf Pauschaltouristen abgesehen.

Andy's Rooms (☎ 28250 61394; DZ 29,50 €; Studio 25–63 €;) Diese Herberge rechts von der Hauptstraße gegenüber der Kirche bietet ein gutes Preis-Leistungs-Verhältnis: geräumige Zimmer mit Marmorfußboden, Mückengitter, Kochnische, TV, Deckenventilator und großem Balkon. Es gibt auch größere Apartments für Familien.

Porto Kalyvaki (☎/Fax 28250 61316; DZ 30–35 €;) Hinter einer Taverne am weniger überlaufenen Nordstrand bietet Kalyvaki ziemlich schlichte Studios, die sich auf zwei Gebäude verteilen. Auf dem Gelände stehen einige schräge Imitationen der Akropolis und anderer Denkmäler.

Egeon (☎ 28250 61161; Fax 28250 61171; Studio 40 €; ❄) Die netten Zimmer in der Nähe der Brücke werden von der sympathischen Polly (halb Griechin, halb Amerikanerin) und ihrem Mann vermietet, der seine Fischernetze auch schon mal im Foyer ausbreitet. Sie haben die Möblierung verbessert und Mückengitter an den Fenstern der Zimmer angebracht, von denen einige mit Kochnische, Duschvorhang und TV ausgestattet sind.

Nicolas Hotel (☎ 28250 61375; nicolashotel@yahoo.gr; DZ mit Frühstück 55 €; ❄) Das an der Hauptstraße am Ortseingang gelegene Haus vermietet Doppelzimmer mit attraktiven Kiefernmöbeln und Safe. Das hausgemachtes Frühstück ist mit Liebe gemacht.

Apartments Sofia (☎ 28250 61325; www.river-side.gr; Studios DZ/4BZ 50/60 €; ❄) Das Haus in Lachsrosa hat Balkone mit Meerblick und gut ausgestattete Zimmer samt Kochnische, CD-Player und Fön.

Essen

Poseidon Taverna (☎ 28250 61026; Fisch 30–50 € pro kg) Dieses angesehene Lokal einer Fischerfamilie liegt in einer schmalen Gasse, die bei der Ortseinfahrt links abzweigt (beschildert). Die Gäste wählen aus dem Angebot an Fisch und Meeresfrüchten, das auf der Theke aufgefahren wird, und genießen ihr exzellentes Mahl unter den Maulbeerbäumen im lauschigen Hof.

Arolithos (☎ 28250 61406; griechische Tagesgerichte 5,50–7,70 €) Das Restaurant in der Nähe von Andy's Rooms hat eine Riesenauswahl an Vorspeisen, traditionelle griechische Gerichte wie *spetsofai* (Paprikaeintopf mit Wurst) und einige kreative Speisen wie Grillhähnchen in Orangensauce.

Eine gute Wahl für Fisch ist **Fanis** (☎ 28250 61374; Fisch 35–58 € pro kg; Fischgerichte 5,50–8,50 €) am Fluss, das auch ordentliche kretische Küche und Fleischgerichte serviert.

Traditionelle Hausmacherküche bieten Zorba's und Konaki. Das bescheidene Lokal Platia bringt anständige Grillgerichte auf den Tisch.

Unterhaltung

An Kneipen und Nachtleben hat Georgioupoli nicht viel zu bieten. Der neue Tropicana Club, eine überdimensionale, zweistöckige „Strandhütte", hofft auf diesem Gebiet Abhilfe zu schaffen. Die am besten besuchte Kneipe auf dem Hauptplatz ist Titos.

Die weitläufige Parkanlage Edem, ein Stück den Strand hinunter, hat ein großes öffentliches Schwimmbecken. Im Sommer wird hier gelegentlich kretische Livemusik geboten, ebenso in einigen anderen Hotels und Tavernen im Ort.

An- & Weiterreise

Die Busse auf der Strecke Chania–Rethymnon halten an der Schnellstraße außerhalb von Georgioupoli.

DER KOURNAS-SEE
ΛΙΜΝΗ ΚΟΥΡΝΑΣ

Der Kournas-See, 4 km landeinwärts von Georgioupoli, ist ein hübscher Platz für ein Mittagessen oder einen entspannten Nachmittag. Unterirdische Quellen speisen den einzigen natürlichen See der Insel mit 1,5 km Durchmesser und 45 m Tiefe. Ein schmaler Sandstreifen umgibt den See, den man nur zu zwei Dritteln umrunden kann. Das kristallklare Wasser, das je nach Jahres- und Tageszeit die Farbe wechselt, eignet sich wunderbar zum Schwimmen.

Man kann hier **Tretboote** und **Kanus** (4 € pro Std.) leihen und die Schildkröten, Krebse, Fische und Wasserschlangen beobachten, die den See bevölkern. In der Hochsaison kommen allerdings auch jede Menge Touristenbusse.

Rund um den See findet man mehrere Tavernen, wo man unter Umständen ein älteres Zimmer im Obergeschoss mieten kann. Die schattige Taverne **To Mati tis Limnis** (☎ 28250 61695; Hauptgerichte 5,50–7 €) am ruhigeren Abschnitt des Sees bereitet gute traditionelle Gerichte wie Kaninchen *stifado* (mit Zwiebeln geschmort) und sättigende *mizythropittes* (Käsetaschen).

Einen Versuch wert sind auch **Omorfi Limni** (☎ 28250 61665), das auffälligste Lokal am anderen Ende der Restaurantmeile, oder das im seltsamen Indianerthema dekorierte **Empire Cafe** (☎ 28250 83008) mit atemberaubenden Ausblicken auf den See und das Meer aus luftiger Höhe.

Vom See sind es steile 5 km Anstieg nach **Kournas**, einem traditionellen Dorf mit weiß getünchten Häusern, einer Hand voll Steinbauten und ein paar *kafenia*. Richtig reinhauen kann man in der **Kali Kardia Taverna** (☎ 28250 96278; Grillgerichte 5 €) an der Hauptstraße: Besitzer Kostas Agapinakis ist bekannt für seine preisgekrönten Würste, ausgezeichnetes *apaki* (geräuchertes Schweinefleisch) und die auf dem Außengrill zubereiteten Fleischspezialitäten. Mit Glück bekommt man die phantastische *galaktoboureko* (Teigtasche mit Vanillecreme), wenn sie noch warm ist.

Gleich hinterm Ortseingang stößt man auf den hervorragenden **Keramikladen** (☎ 28250 96434; ⌚ 9–20.30 Uhr) des liebenswürdigen Kostas Tsakalakis, der mit Ton aus der Umgebung und speziellen, bleifreien Glasuren arbeitet. Er verkauft sein riesiges Sortiment zu sehr zivilen Preisen.

Im Sommer verkehrt ein Touristenzug von Georgioupoli zum Kournas-See; öffentliche Verkehrsmittel sind ansonsten Fehlanzeige.

KALYVES ΚΑΛΥΒΕΣ

1408 Ew.

Das Städtchen Kalyves, 18 km östlich von Chania an der Souda-Bucht, war früher ein Bauerndorf, hat sich aber inzwischen zu einem dicht bebauten Ferienort entwickelt, dem größten auf der Apokoronas-Halbinsel. Teile davon sind britische und ausländische Enklaven, denn der Bau von Ferienhäusern in der Gegend boomt. Kalyves hat einen langen Sandstrand und immer noch eine recht beschauliche Dorfatmosphäre.

An der Hauptstraße stehen das Postamt und ein Geldautomat. Autos und Fahrräder vermietet **Flisvos** (☎ 28250 31337; www.flisvos.com; ⌚ 8.30–13.30 & 17.30–22 Uhr). **Floppy Cafe** (⌚ 8–22 Uhr; 3 € pro Std.) hat DSL-Zugang, eine Webcam und verkauft Eiscreme.

Schlafen & Essen

Die meisten der privat geführten *domatia* drängen sich am westlichen Ortsrand.

Thamiris (☎ 28250 31637; www.thamiris.georgioupoli.net; Studio/Apt. 25–60 €; ❄) Die gastfreundliche Unterkunft direkt vor der Brücke hat gepflegte Zimmer und komplett ausgestattete Studios in zwei Komplexen. Dazu kommen zwei attraktive, abgeschiedenere Studios direkt am Strand neben der Taverne Piperia. Tägliche Reinigung ist Standard.

Maria (☎ 28250 31748; Zi. 35 €; ❄) vermietet kleine Zimmer mit Kochnische und Meerblick: auf dem Weg in den Ort nach dem Riesenschwan gegenüber vom Supermarkt Ausschau halten.

Piperia (☎ 28250 31245; Hauptgerichte 6,50–7 €) Dieses Restaurant liegt kurz vor der Ortseinfahrt direkt am Strand. Mit seinem tollen Angebot an kretischen Spezialitäten und Fischgerichten zählt es zu den besten in Kalyves. Auf der Speisekarte stehen auch Gerichte aus Bioprodukten, z. B. ein genialer griechischer Biosalat.

Gute Adressen sind auch das angesehene Provlita am Ufer und Gialos am anderen Ende des Strands. Im Ortszentrum lockt die „Alte Bäckerei" mit leckerem Kuchen, Brot und Plätzchen frisch aus dem eigenen Ofen.

An- & Weiterreise

Von Chania fahren täglich sieben Busse nach Kalyves (2,10 €, 20 Min.).

ALMYRIDA ΑΛΜΥΡΙΔΑ

119 Ew.

Das ehemalige Fischerdorf Almyrida, 3 km östlich von Kalyves, ist bei weitem nicht so touristisch wie sein Nachbar, obwohl die Entwicklung auch hier ihren Lauf nimmt. Aber noch ist es ein gutes Plätzchen, um ein paar Tage abzuhängen, und für Traveller vermutlich eine bessere Wahl als Kalyves. Der lange, den Elementen ausgesetzte Strand von Almyrida lockt viele Windsurfer an. Geschichtsinteressierte finden am Westende des Dorfs die Überreste einer frühchristlichen **Basilika**.

Die einzige Straße durchs Dorf führt am Strand entlang. Es gibt einen Geldautomaten, und wer seine E-Mails checken will, kann das bei **Internet Services** (⌚ 11–21 Uhr) tun. An der Hauptstraße vermietet **Flisvos Tours** (☎/Fax 28250 31100; ⌚ 8–13.30 & 17–21.30 Uhr) Autos, Motorroller und Mountainbikes. **UCPA Sports** (☎ 28250 31443; www.ucpa.com), ein Wassersportzentrum unter französischer Leitung, betreibt Windsurfen (8 € pro Stunde) und verleiht Katamarane und Kajaks. **Dream Adventure Trips** (☎ 6944 357 383) veranstaltet Schwimm- und Schnorcheltouren mit Schnellbooten zu nahe gelegene Höhlen, Buchten und zum Marathi-Strand (15 €).

Schlafen & Essen

Almyrida Beach Hotel (☎ 28250 32284; www.almyridabeach.com; EZ & DZ mit Frühstück 90–130 €; ❄ 🅟) Diese Hotelanlage besteht aus zwei Hauptkomplexen gegenüber vom Strand, jeweils mit Pool. Wie ein Fremdkörper wirkt dagegen der moderne weiß-graue Anbau mit Zimmern und Suiten (ab 120 €).

Rooms Marilena (☎ 28250 32202; DZ 25 €) Die Unterkunft hinter der Windsurfstation wird inzwischen anscheinend mehr von Saisonarbeitern geschätzt als von Wassersportlern. Ziemlich kleine, aber blitzsaubere Zimmer mit

Deckenventilator, Kühlschrank, auf Wunsch auch Kochgelegenheit.

Psaros (☎ 28250 31401; Hauptgerichte 6–10 €) Das Restaurant in guter Lage am hinteren Ende des Strands hat das klassische, blauweiß karierte Inseldekor, aber vor allem frischen Fisch und freundliches Personal. Ebenfalls zu empfehlen: **Lagos** (☎ 28250 31654), am Ortseingang, wegen seiner traditionellen Gerichte zu günstigen Preisen auf einer zauberhaften, schattigen Terrasse; und **Dimitri's** (☎ 28250 31303), eine Familientaverne mit freundlichem Service und Erzeugnissen vom eigenen Bauernhof.

PLAKA ΠΛΑΚΑ

279 Ew.

Von Almyrida führt eine hübsche Straße hinauf zum Örtchen Plaka, das sich leider gerade durch hektische Bautätigkeit mit einer ganzen Batterie an gleichförmigen Ferienhäusern verschandeln lässt. Dennoch: Abseits vom Strand und dem von Eukalyptusbäumen beschatteten Dorfplatz sind die kurvigen Gassen und niedrigen weißen Häuser noch Welten entfernt vom Touri-Betrieb am Meer. Der Ort hat ein paar Tavernen und eine wunderbare Aussicht auf die Küste weiter unten.

Eva Papadomanolakos, Betreiberin der **Studios Koukourou** (☎ 28250 31145; Fax 28250 31879; Studio 35 €;), gibt sich große Mühe, mit zahlreichen Tropenpflanzen und Blumen für heimeliges Kretafeeling zu sorgen. Vom Dachgarten hat man einen Panoramablick auf die Küste. Die Zimmer sind absolut sauber und mit Kochnischen ausgestattet. Die Unterkunft ist vom Ortseingang deutlich ausgeschildert.

APTERA ΑΠΤΕΡΑ

Die Ruinen der antiken Stadt **Aptera** (Di–So 8–15 Uhr), rund 3 km westlich von Kalyves, erstrecken sich über zwei Hügel mit Blick auf die Bucht von Souda. Das im 7. Jh. v. Chr. gegründete Aptera war einer der bedeutendsten Stadtstaaten Westkretas und durchgehend bewohnt, bis es im 7. Jh. n. Chr. durch ein Erdbeben zerstört wurde. Als die Byzantiner Kreta im 10. Jh. zurückeroberten, erwachte der Ort zu neuem Leben und wurde Bischofssitz. Im 12. Jh. wurde hier das Kloster gegründet, das Johannes dem Evangelisten geweiht ist und heute im wiederaufgebauten Zustand das Zentrum der Ruinenstätte bildet.

Die Ausgrabungsarbeiten laufen noch. Vor kurzem freigelegt wurden die Überreste eines Festungsturms, ein Stadttor und eine massive Stadtmauer, die rings um den Ort verlief. Gut zu erkennen sind die römischen Zisternen und ein griechischer Tempel aus dem 2. Jh. v. Chr. Am Westende liegt ein türkisches Kastell aus dem Jahr 1872 mit einem phänomenalen Blick auf die Bucht von Souda. Es war Teil eines groß angelegten Festungsbauprogramms der Türken in einer Phase, in der sich die Kreter praktisch permanent im Aufstand befanden. Interessant ist auch die „Inschriftenmauer“, die wohl zu einem wichtigen öffentlichen Gebäude gehörte und 1862 von französischen Archäologen ausgegraben wurde. Das griechische Kulturministerium betreibt die weitere Restaurierung der Ruinenstätte samt Verbesserung der Wege und der Beschilderung.

Nach Aptera fahren keine öffentlichen Verkehrsmittel.

VAMOS ΒΑΜΟΣ

643 Ew.

Das im 12. Jh. gegründete Vamos, 26 km südöstlich von Chania, war von 1867 bis 1913 Hauptstadt der Provinz Sfakia und 1896 Schauplatz einer Revolte gegen die Türkenherrschaft. Heute ist es das Verwaltungszentrum der Provinz Apokoronas.

1995 tat sich eine Gruppe von Dorfbewohnern zusammen, um die traditionelle Lebensweise in Vamos zu erhalten. Sie überzeugten die EU, ein Programm zu finanzieren, um Kunsthandwerk und andere Produkte ihrer Region zu fördern und eine alternative Form des Kretatourismus zu entwickeln. Die alten Steinbauten des Dorfs wurden mit traditionellen Werkstoffen und Techniken restauriert und in Gästehäuser umgewandelt. Die Dorfbewohner eröffneten Läden und Cafés, in denen Besucher Produkte der Region kosten können. Das Projekt wurde ausgeweitet und beherrscht inzwischen das ganze Dorf. Alles in allem ist Vamos ein angenehmer Zwischenstopp und bietet sich als Basis für eine Erkundung der Gegend an. Auch wenn das authentische Flair ein wenig überbewertet sein mag, ist Vamos eins der besseren Beispiele für diese Art von Alternativtourismus.

Ende März oder Anfang April feiert Vamos die **Chochliovradia** („Schneckennacht“) mit einem großen Festschmaus gekochter Schnecken, die mit Wein und Raki heruntergespült werden.

Die **Touristeninformation** (☎/Fax 28250 23251; www.vamossa.gr; Sommer 9–21 Uhr) vermietet Autos, bucht Touren und veranstaltet regelmäßig kretische Kochkurse in einer restaurierten Olivenpresse. Die Einrichtung vermittelt auch **traditionelle Gästehäuser** (75–120 €); die schnuckeligen, restaurierten Steinhäuschen haben Küche, offenen Kamin und TV und sind im traditionellen Stil eingerichtet. Die meisten bieten Platz für bis zu vier Personen, aber es gibt auch größere Häuser, einige davon mit Pool.

I Sterna tou Bloumosifi (☎ 28250 22932; Hauptgerichte 5–9,80 €) ist eine Taverne in einem alten Steinhaus mit einem schönen, begrünten Innenhof und weithin bekannt für ihre hervorragende kretische Küche. Als Vorspeise munden mit Weinblättern umwickelte *gavro* (milde Sardellen) oder die Pilze mit Knoblauch und Kräutern; eine gute Fortsetzung wäre z. B. *chilopita* (Tagliatelle) mit Hähnchen.

Ein guter Ort zum Entspannen ist das unaufdringliche **Liakoto** (☎ 28250 23251): Die Kombination aus Cafébar und Kunstgalerie hat eine sehr schöne Terrasse mit Blick auf die Berge und das Meer. Nebenan verkauft die **Wein- und Gemischtwarenhandlung Myrovolo** (☎ 28250 22996) Raki, Kräuter und Bio-Öl aus der Gegend und andere kretische Produkte.

Es fahren täglich sechs Busse von Chania nach Vamos (2,80 €, 45 Min.).

RUND UM VAMOS

Das Dörfchen **Gavalochori**, 25 km südöstlich von Chania, ist ein gutes Zwischenziel. Hauptattraktion ist das **Volkskundemuseum** (☎ 28250 23222; Eintritt 2 €; ⌚ Mo–Sa 9–20, So 11–18 Uhr). Es befindet sich in einem restaurierten Gebäude, das in venezianischer Zeit erbaut und unter den Türken erweitert wurde. Zu den englisch beschrifteten Ausstellungsstücken gehören Keramik, Webarbeiten, Holzschnitzereien, Steinmetzarbeiten und anderes kretisches Kunsthandwerk, darunter auch aufwändig gearbeitete *kapaneli*-Seidenspitze. Die historische Abteilung dokumentiert die kretischen Freiheitskämpfe.

Schilder weisen den Weg zu den **byzantinischen Brunnen**, **venezianischen Bögen** und **römischen Gräbern** 1,5 km oberhalb des Dorfs.

Die **Frauenkooperative** (☎/Fax 28250 22038; ⌚ April–Okt. 10–22 Uhr) am Dorfplatz verkauft einige der raren, von Frauen der Umgebung angefertigten *kapaneli*-Arbeiten. Oft sieht man hier Frauen konzentriert an dieser langwierigen Fleißarbeit sitzen. Die Preise für hochwertige Spitzenarbeiten bewegen sich je nach Größe des Teils zwischen 15 und 1500 €.

ABSTECHER: KOUMOS

Zu den kurioseren Attraktionen der Apokoronas-Region gehört **Koumos** (☎ 28250 32256; ⌚ 10 Uhr–spät), das steinerne Phantasiewerk des hier ansässigen Baumeisters Giorgos Chavaledakis. Jahrelang hat er Steine, Kiesel und Felsbrocken jeglicher Form, Farbe und Größe aus den umliegenden Bergen zusammengetragen, um daraus diese bizarre Tavernenlandschaft mit *kafenion* zu erschaffen. Eine Steinkirche, Brücken, Bögen, Skulpturen, Laternenmasten und sogar der Toilettenblock sind Zeugnisse seiner einzigartigen Felskunst.

VRISSES ΒΡΥΣΕΣ

848 Ew.

Die meisten Reisenden durchfahren Vrisses, 30 km südöstlich von Chania, nur auf ihrem Weg zur oder von der Südküste. Der sympathische Ort ist aber auch ein guter Zwischenstopp zum Mittagessen. Mitten durch den Ort fließen die Flüsschen Voutakas und Vrysanos und bewässern die riesigen Platanen an ihren Ufern, wo man sich in einer der schattigen Tavernen ausruhen kann. Vrisses ist Marktzentrum für die landwirtschaftlichen Produkte der Region. Eine lokale Spezialität ist Joghurt mit Honig. Im Ortszentrum steht ein Denkmal für die Unabhängigkeit Kretas.

Verlockende Düfte von Lamm oder anderem Fleisch entströmen dem Grill vor der **Taverna Progoulis** (☎ 28250 51086; Grillgerichte 4,50–6 €), wo man an Tischen unter den Bäumen sitzen kann.

In der Nähe der Kreuzung im Zentrum serviert das bescheidene Schnellrestaurant **Vrisses Way** (☎ 28250 51705) ausgezeichnetes Gyros, *sfakianes pittes* (traditionelle Teigtaschen) und Joghurt mit Honig.

Busse von Chania nach Chora Sfakion halten in Vrisses (3,50 €, 30 Min.).

Rethymnon Ρεθυμνο

Der Regierungsbezirk Rethymnon ist Kretas kompakteste und gebirgigste Region. Im Osten bildet der Berg Psiloritis (Ida) den höchsten Punkt der Insel. Seine zentrale Lage macht Rethymnon zum idealen Stützpunkt, um die Hauptsehenswürdigkeiten zu besuchen und eine üppige Kostprobe von dem zu bekommen, was Kreta zu bieten hat. Auch wenn die großen Trümpfe von Chania und Iraklion fehlen, mangelt es Rethymnon nicht an Attraktionen.

Mit ihrer reichen Musiktradition und historischen Bedeutung zur Renaissancezeit gilt die Stadt Rethymnon als kultureller Mittelpunkt der Insel. Die Altstadt zählt zu den architektonischen Highlights der Insel: eine gewaltige Festung, ein malerischer venezianischer Hafen und ein Gassenlabyrinth aus venezianischen und türkischen Häusern. Östlich der Stadt erstreckt sich Kretas längster Sandstrand, den eine Kette großer Hotelkomplexe für sich vereinnahmt hat. Weiter Richtung Iraklion liegen die kleineren Strandorte Panormos und Bali.

Im Landesinneren gibt es diverse traditionsreiche Dörfer zu erkunden: die winzigen landwirtschaftlichen Ansiedlungen im Amari-Tal, den Ort Anogia, der für seine guten Musiker berühmt und für seine gigantischen Hochzeiten berüchtigt ist, oder das kleine Dorf Margarites mit seiner großen Töpfertradition. Auf dem Weg nach Süden halten Reisende in Spili an, um aus den venezianischen Löwenkopf-Wasserspeiern am Dorfplatz zu trinken. Ein idealer Ort, um der Sommerhitze zu entfliehen, sind auch die Tavernen an den Quellen von Argyroupolis.

Rethymnon hat drei berühmte Höhlen zu bieten: die Melidoni-, die Sventoni- und die Ida-Höhle. An der Südküste haben die Badeorte Agia Galini und Plakias ihre treuen Fans. Weiter westlich erstrecken sich einige der schönsten naturbelassenen Strände der Insel. Außerdem sind in Rethymnon zwei der historisch bedeutsamsten Klöster Kretas zu besichtigen: Moni Arkadi im Norden und Moni Preveli hoch über dem Libyschen Meer.

HIGHLIGHTS

- Streifzug durch die Gässchen der **venezianischen und osmanischen Altstadt von Rethymnon** (S. 139)
- Abkühlung an den Quellen von **Argyroupolis** (S. 145)
- Relaxen an den unberührten Südküstenstränden zwischen **Preveli** (S. 157) und **Agios Pavlos** (S. 157)
- Bummel durch die Nordküstenorte **Bali** (S. 161) und **Panormos** (S. 160)
- Besuch im **Kloster Preveli** (S. 156)
- *Mantinades* (Reimverspaare) bei Mondschein in **Anogia** (S. 151)

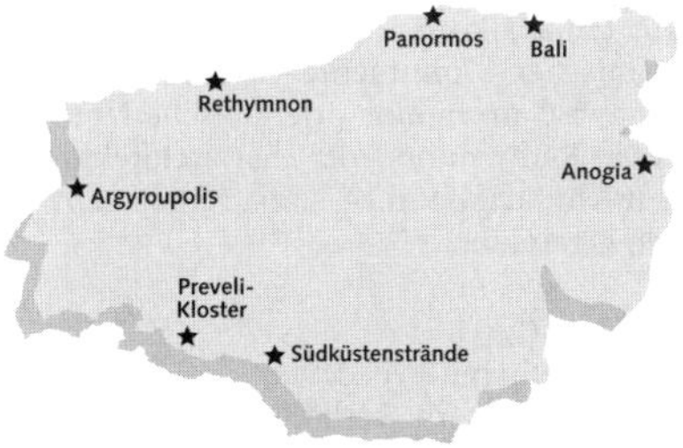

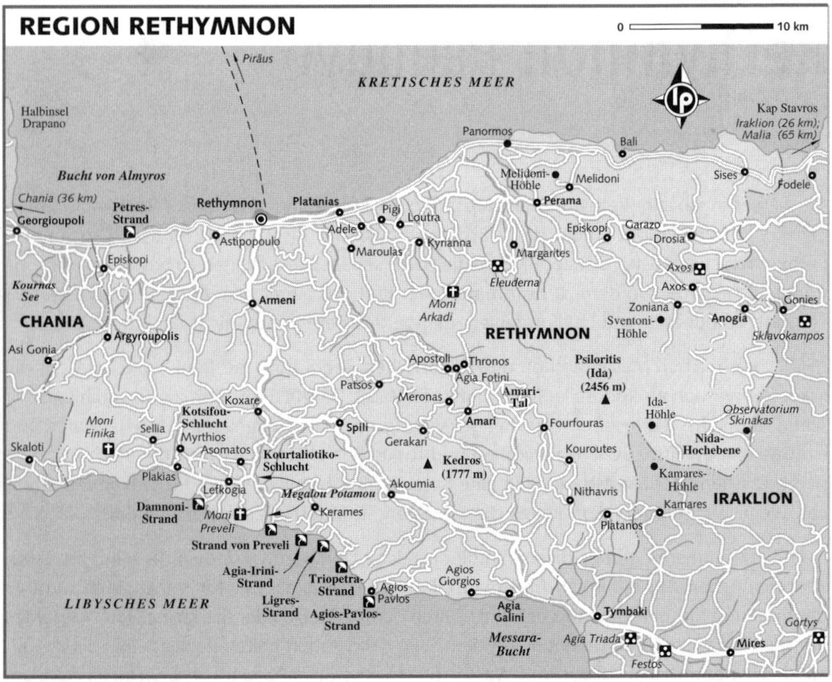

RETHYMNON
ΡΕΘΥΜΝΟ

28 959 Ew.

Rethymnon ist die drittgrößte Stadt der Insel und eine ihrer malerischsten. Highlights sind der bezaubernde venezianische Hafen und die reizvolle venezianisch-osmanische Altstadt. Letztere besteht aus einem Gewirr enger Gässchen voller Blumendächer, charmanter Häuser mit Holzbalkonen und verschnörkelter venezianischer Monumente. Minarette verleihen dem Ganzen eine orientalische Note. Dabei hat Rethymnon trotz aller architektonischen Ähnlichkeit mit Chania seinen ganz eigenen Charakter.

GESCHICHTE

Der Name Rethymnon bedeutet „Wasserlauf". Funde, die heute im Archäologischen Museum der Stadt zu sehen sind, deuten darauf hin, dass das Stadtgebiet seit spätminoischer Zeit besiedelt war. Im 3. und 4. Jh. v. Chr. mauserte sich „Rythymna" zum autonomen Staat, der bedeutend genug war, um eigene Münzen herauszugeben. Das antike Rythymna lag wohl am Fuße des Palekastro-Hügels, wurde aber nie ausgegraben. Unter der modernen Stadt wurden römische Mosaike aus späterer Zeit gefunden.

Rethymnon florierte erneut unter der Herrschaft der Venezianer von 1210 bis 1645. Sie benannten die Stadt in Castel Vecchio um und machten sie zu einem wichtigen Exportzentrum für Wein und Öl. Damals erlebte die Stadt eine künstlerische Blütezeit und war Sitz eines venezianischen Präfekten. Die Venezianer legten einen neuen Hafen an und begannen im 16. Jh., die Stadt gegen die wachsende Bedrohung durch die Türken zu befestigen. Michele Sanmichele, der herausragende militärische Baumeister seiner Zeit, entwarf die mächtigen Außenmauern, von denen nur noch die Porta Guora erhalten ist. Der Pirat Barbarossa ließ sich dadurch aber nicht abhalten, die Stadt 1538 zu plündern.

Als Reaktion darauf errichteten die Venezianer auf dem Hügel die imposante Festung. Genützt hat es wenig: Sie war dem türkischen Angriff 1646 nicht gewachsen und fiel nach

22-tägiger Belagerung. Unter den Türken war Rethymnon wichtiger Verwaltungssitz, aber auch ein Zentrum des Widerstands gegen die osmanische Herrschaft. Die Türken straften die Stadt mit harten Vergeltungsaktionen für ihre Rolle beim Aufstand von 1821, doch der Widerstand ließ nicht nach.

Die Türken hielten die Stadt bis 1897. Dann wurde Kreta den Großmächten unterstellt, und Russland übernahm Rethymnon. Nach der Aufnahme zahlreicher Vertriebener aus Smyrna 1923 wurde Rethymnon zu einem künstlerischen und geistigen Zentrum.

Heute ist in Rethymnon ein Teil der Universität von Kreta angesiedelt, deren Studenten auch außerhalb der Tourismussaison für Leben in der Stadt sorgen.

ORIENTIERUNG

Rethymnon ist eine recht kompakte Stadt. Die meisten Sehenswürdigkeiten, Unterkünfte und Tavernen liegen innerhalb eines kleinen Bezirks am alten venezianischen Hafen. Da der größte Teil der Altstadt Fußgängerzone ist, kann die Parkplatzsuche zum Albtraum werden; daher empfiehlt es sich, den Wagen auf einem der großen Parkplätze abzustellen, s. Karte S. 138–39.

Die Altstadt liegt auf einer kleinen Landspitze nördlich der Dimakopoulou, die von der Platia Vardinogianni im Westen bis zur Platia Iroon im Osten verläuft. Hier finden sich die stimmungsvollsten Hotels und Restaurants. Banken und öffentliche Einrichtungen konzentrieren sich weiter südlich am Rand der Neustadt.

Der Strand liegt östlich des Stadtzentrums, auf der anderen Seite des venezianischen Hafens. Einen Straßenblock vom Strand landeinwärts verläuft die Haupteinkaufsstraße Arkadiou.

Wer mit dem Bus ankommt, landet am ungünstig gelegenen Busbahnhof 600 m westlich der Porta Guora, des historischen Tors zur Altstadt. Die Fähre legt dagegen unmittelbar vor der Altstadt an, die gleich am Ende des Kais beginnt.

PRAKTISCHE INFORMATIONEN

Buchläden

Mediterraneo (☎ 28310 23417; Mavrokordatou 2) Führt Reiseführer und internationale Presse.

Ilias Spondidakis (☎ 28310 54307; Souliou 43) Bücher über Griechenland, griechische Musikkassetten und ein kleines Antiquariat.

Xenos Typos (☎ 28310 29405; Ethnikis Antistaseos 21) Internationale Presse, Reiseführer und Landkarten.

Geld

Alpha Bank (Pavlou Koundouriotou 29) Mit Geldautomat.

Griechische Nationalbank (Dimokratias) Auf der anderen Seite des Platzes gegenüber vom Rathaus.

Nationale Hypothekenbank (National Mortgage Bank) Gleich neben dem Rathaus, mit Geldautomat.

Gepäckaufbewahrung

KTEL (☎ 28310 22659; Ecke Kefalogiannidon & Igoumenou Gavriil) Die Gepäckaufbewahrung am Busbahnhof kostet 1,50 € pro Tag.

Internetzugang

Cybernet (Kallergi 44–46; 3 € pro Std.; ⏲ 10–5 Uhr)

Galero (☎ 28310 54345; Platia Rimondi; 3 € pro Std.; ⏲ 6 Uhr–spät)

Medizinische Versorgung

Krankenhaus Rethymnon (☎ 28210 27491; Triandalydou 17; ⏲ 24 Std.)

Notfall

Touristenpolizei (☎ 28310 28156; Delfini-Gebäude, Eleftheriou Venizelou; ⏲ 7–14.30 Uhr) Im selben Gebäude wie die städtische Touristeninformation.

Post

Postamt (☎ 28310 22303; Moatsou 21; ⏲ Mo–Fr 7–19 Uhr)

Reisebüros

Ellotia Tours (☎ 28310 24533; www.rethymnoatcrete.com; Arkadiou 155; ⏲ März–Nov. 9–21 Uhr) Das hilfreiche Büro verkauft Schiffs- und Flugtickets, vermietet Autos und Motorräder und vermittelt Touren.

Toiletten

Eine passable öffentliche Toilette befindet sich in der Nähe des venezianischen Hafens an der Arkadiou.

Touristeninformation

Städtische Touristeninformation (☎ 28310 29148; www.rethymno.gr; Delfini-Gebäude, Eleftheriou Venizelou; ⏲ Mo–Fr 8.30–20.30 Uhr, März–Nov. Sa & So 9–20.30 Uhr)

Regionale Touristeninformation (☎ 28310 25571 www.rethymnon.gr; Dimokratias 1; ⏲ Mo–Fr 7.30–15 Uhr)

Waschsalon

Laundry Mat (☎ 28310 29722; Tombazi 45; Waschen & Trocknen 9 €; ⏲ Mo–Fr 8.30–14 & 17.30–21, Sa 8.30–14.15 Uhr) Neben der Jugendherberge.

RETHYMNON

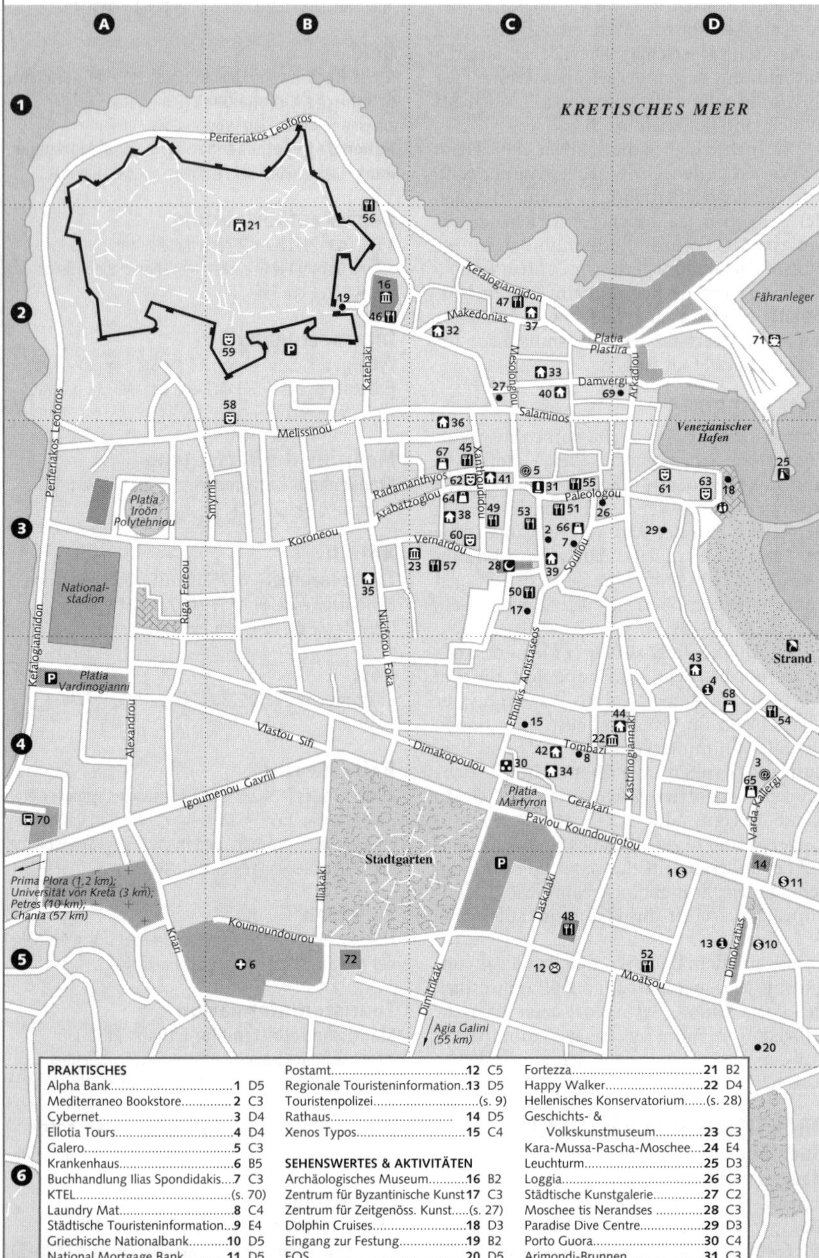

PRAKTISCHES
- Alpha Bank ... **1** D5
- Mediterraneo Bookstore ... **2** C3
- Cybernet ... **3** D4
- Ellotia Tours ... **4** D4
- Galero ... **5** C3
- Krankenhaus ... **6** B5
- Buchhandlung Ilias Spondidakis ... **7** C3
- KTEL ... (s. 70)
- Laundry Mat ... **8** C4
- Städtische Touristeninformation ... **9** E4
- Griechische Nationalbank ... **10** D5
- National Mortgage Bank ... **11** D5
- Postamt ... **12** C5
- Regionale Touristeninformation ... **13** D5
- Touristenpolizei ... (s. 9)
- Rathaus ... **14** D5
- Xenos Typos ... **15** C4

SEHENSWERTES & AKTIVITÄTEN
- Archäologisches Museum ... **16** B2
- Zentrum für Byzantinische Kunst **17** C3
- Zentrum für Zeitgenöss. Kunst ... (s. 27)
- Dolphin Cruises ... **18** D3
- Eingang zur Festung ... **19** B2
- EOS ... **20** D5
- Fortezza ... **21** B2
- Happy Walker ... **22** D4
- Hellenisches Konservatorium ... (s. 28)
- Geschichts- & Volkskunstmuseum ... **23** C3
- Kara-Mussa-Pascha-Moschee ... **24** E4
- Leuchturm ... **25** D3
- Loggia ... **26** C3
- Städtische Kunstgalerie ... **27** C2
- Moschee tis Nerandses ... **28** C3
- Paradise Dive Centre ... **29** D3
- Porto Guora ... **30** C4
- Arimondi-Brunnen ... **31** C3

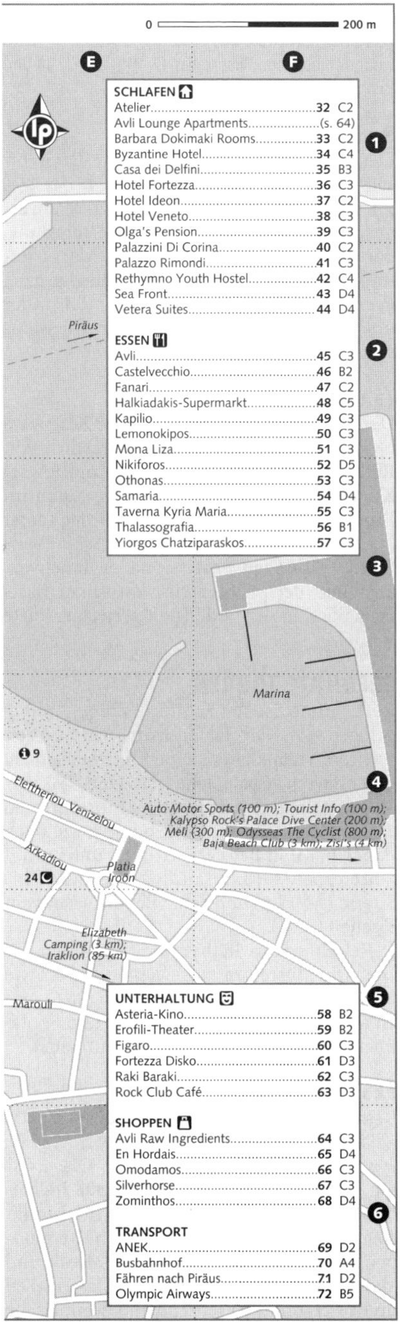

SEHENSWERTES

Dort, wo sich heute Rethymnons ehemalige Festung **Fortezza** (☎ 28310 28101; Paleokastro-Hügel; Eintritt 3,10 €; ⌚ Juni–Okt. 8–20 Uhr) aus dem 16. Jh. erhebt, stand früher einmal die antike Akropolis der Stadt. Von den vielen Bauten im Inneren ihrer mächtigen Mauern sind nur eine Kirche und eine Moschee erhalten. Die Aussicht von den Festungsmauern reicht über die ganze Stadt; im Inneren gibt es jede Mengen Ruinen zu bestaunen. Das Haupttor liegt gegenüber vom Archäologischen Museum an der Ostseite der Festung. Früher gab es zwei weitere Tore an der West- und Nordseite zur Belieferung mit Proviant und Munition. Im Sommer fungiert die Fortezza als spektakulärer Veranstaltungsort für die Konzerte des Renaissance-Festivals, s. S. 140.

Im kleinen **venezianischen Hafen** von Rethymnon drängen sich Fischtavernen und Cafés auf engstem Raum, vor den Türen gehen Kundenfänger auf Touristenjagd. Einen besseren Eindruck von diesem Viertel bekommt man bei einem Spaziergang an der alten Hafenmauer und den Fischerbooten vorbei bis zum weithin sichtbaren **Leuchtturm**, der erst später von den Türken errichtet wurde.

Das kleine **Archäologische Museum** (☎ 28310 54668; Eintritt 3 €; ⌚ Di–So 8.30–15 Uhr) gegenüber vom Festungseingang war einmal ein Gefängnis. Die Ausstellungsstücke sind auf Englisch gut beschriftet. Zu sehen sind neolithische Werkzeuge, minoische Keramik aus Gräbern der Umgebung, mykenische Figurinen, ein Relief der Aphrodite aus dem 1. Jh. n. Chr. und eine bedeutende Münzsammlung. Außerdem gibt es einige ausgezeichnete Beispiele der Glasbläserei aus klassischer Zeit. Schaukästen skizzieren die Geschichte der archäologischen Grabungen in der Region.

Rethymnons **Geschichts- & Volkskunstmuseum** (☎ 28310 23398; Vernardou 28–30; Eintritt 3 €; ⌚ Mo–Sa 9.30–14.30 Uhr) liefert einen hervorragenden Abriss über das ländliche Leben der Gegend. Zu besichtigen ist eine Sammlung alter Kleidungsstücke, Körbe, Webarbeiten und landwirtschaftlicher Geräte mit informativer Beschriftung. Das Museum ist in einem reizenden venezianischen Gebäude untergebracht.

Auf die vielen venezianischen Überbleibsel sind die Rethymner mächtig stolz, vor allem auf den **Arimondi-Brunnen** mit seinen Wasser speienden Löwenköpfen und korinthischen Kapitellen. Er wurde 1588 erbaut und 1629 von dem damaligen venezianischen Statthalter Alvise Rimondi neu errichtet. Ein weiterer Hingucker ist die **Loggia** (die venezianische Version eines Herrenclubs) aus dem 16. Jh. – früher Versammlungshaus des venezianischen Adels, heute Museumsshop mit hochwertigen Repliken.

Am Südende der Ethnikis Antistaseos steht die gut erhaltene **Porta Guora** (Großes Tor), ein Reststück der Befestigungsmauern. Das Wahrzeichen Venedigs, der Markuslöwe, der sie vor vielen Jahren krönte, wurde längst ins Archäologische Museum entführt. Rund um die Porta Guora liegt ein Gewirr alter Sträßchen, die zuerst von den Venezianern bebaut und dann von den Türken umgemodelt wurden. Das **Zentrum für Byzantinische Kunst** (☎ 28210 50120; Ethnikis Antistaseos; 🕒 10–14 & 19 Uhr–spät) ist ein schönes Beispiel einer restaurierten venezianisch-türkischen Villa. Hier gibt es Ausstellungen, Workshops und ein Terrassencafé mit herrlichem Blick auf die Altstadt.

Weitere türkische Hinterlassenschaften in der Altstadt sind die **Kara-Mussa-Pascha-Moschee** mit Gewölbebrunnen und die **Moschee tis Nerandses**, die ihr Dasein als Franziskanerkirche begann und 1657 umgebaut wurde. Heute beherbergt die Moschee das **Hellenische Konservatorium** (☎ 28310 22724; Vernadou 1; 🕒 Aug. geschl.) und ist ein zauberhafter Veranstaltungsort für Konzerte. Die Leitung hat nichts dagegen, wenn Besucher sich in Ruhe umschauen. Das Minarett des Gebäudes wurde 1890 hinzugefügt und zur Zeit der Recherche gerade restauriert.

Unweit der Fortezza zeigt die **Städtische Kunstgalerie** (☎ /Fax 28310 52530; Ecke Himaras 5 & Melissinou; 🕒 Di–So 9–14, Mi 17–21 Uhr) eine Dauerausstellung mit Werken des aus Rethymnon stammenden Malers Lefteris Kanakakis und Arbeiten anderer griechischer Künstler ab 1950. Die Galerie gehört zum **Zentrum für Zeitgenössische Kunst** (www.rac.gr; 🕒 Di–Fr 9–13 & 19–22, Sa & So 11–15 Uhr), das periodische Ausstellungen präsentiert. Der schöne **Stadtpark** garantiert Erholung von der Hitze und den Menschenmassen.

AKTIVITÄTEN

Wandern

Happy Walker (☎ /Fax 28310 52920; www.happywalker.com; Tombazi 56; 🕒 17–20.30 Uhr) veranstaltet diverse Wanderungen in der Gegend und bietet sogar einen kompletten Wanderurlaub an.

Rethymnons Ableger des griechischen Bergsteigerclubs **EOS** (EOS; ☎ 28310 57766; www.eos.rethymnon.com; Dimokratias 12; 🕒 8.30–22.30 Uhr) erteilt Auskünfte über die Region.

Radfahren

Der fahrradverrückte griechische Paralympics-Champion **Odyseas the Cyclist** ☎ /Fax 28310 58178; odyseasthecyclist@hotmail.com; Velouhioti 31) veranstaltet kleine Radtouren in der Umgebung, darunter halbtägige nach Arkadi, Margarites und Argyroupolis (40 €) und ganztägige nach Preveli (60 €). Er verleiht Spitzenfahrräder und bietet auch spezielle Touren für Menschen mit Behinderung an.

Tauchen

Das **Paradise Diving Center** (☎ 28310 26317; www.diving-center.gr) in Petres, 15 Min. westlich von Rethymnon, hat Tauchausflüge und PADI-Kurse für Taucher aller Leistungsstufen im Programm. **Kalypso Rock's Palace Diving Center** (☎ 28310 20990; www.kalypsodivingcenter.com; Eleftheriou Venizelou 42) ist ein professioneller Tauchveranstalter, der größtenteils von seiner Basis in Plakias an der Südküste operiert, s. Karte S. 136.

GEFÜHRTE TOUREN

Rethymnon ist für Schiffsausflüge günstig gelegen. An der Hafenpromenade bieten mehrere Veranstalter kleine Kreuzfahrten an. Einer davon, **Dolphin Cruises** (☎ 28310 57666), veranstaltet dreistündige Piratenschiffstouren zu Höhlen der näheren Umgebung sowie nach Panormos und Bali (Erw./Kinder unter zwölf Jahren 25/12 €), Tagesausflüge zum Marathi-Strand (34/17 €) und Schnellboottouren zum Fischen (25 €).

Reisebüros in Rethymnon verkaufen Tickets für Busreisen zu beliebten Zielen wie Samaria-Schlucht (28 €), Elafonisi (26 €) und Gramvousa (24 €); Eintrittsgelder und Bootsüberfahrten sind nicht im Preis enthalten.

FESTE & EVENTS

Rethymnons wichtigstes Kulturevent ist das alljährliche **Renaissance-Festival** (☎ 28310 51199; www.rfr.gr) von Juli bis September. Die meisten Veranstaltungen finden im **Erofili-Freilufttheater** der Fortezza statt. Im Mittelpunkt stehen Auftritte der führenden Theatertruppen Griechenlands sowie Tanz, Musik und andere Shows aus ganz Europa. Das Festival dreht sich um die kretische und europäische

Renaissance, sodass hier mit allem zu rechnen ist, von Shakespeare über Molière bis zu kretischen Dramatikern. Programme und Eintrittskarten gibt's im **Rathaus** (☎ 28310 88279; ⏲ Mo–Fr 9–13.30 Uhr) oder eine Stunde vor Veranstaltungsbeginn im Erofili-Theater.

In den meisten Jahren findet Mitte Juli ein **Weinfest** im Stadtpark statt – die optimale Gelegenheit, lokale Weine und Spezialitäten zu probieren. Auskünfte hierzu erteilt die Touristeninformation.

Berühmt ist Rethymnon auch für seinen jährlichen **Karneval** (http://carnival-in-rethymnon-greece.com). In den drei Wochen vor der Fastenzeit wird kräftigst gefeiert, mit Tanz, Maskeraden, Spielen, Schatzsuchen und einem großen Straßenumzug. Das Fest fällt meistens auf den Januar oder Februar.

SCHLAFEN

Für Übernachtungsgäste gibt's in der Altstadt jede Menge wunderschön restaurierte Villen, kleine Hotels und gastfreundliche Pensionen für jeden Geldbeutel. Viele Hotels sind ganzjährig geöffnet. Am Strand östlich der Stadt ist alles mit großen Hotelanlagen zugepflastert.

Budgetunterkünfte

Elizabeth Camping (☎ 28310 28694; www.campingelizabeth.com; Stellplatz p. P. 6,54 €, Zelt klein/groß 4,85/5,65 €) Am nächsten an der Stadt liegt dieser Campingplatz in der Nähe des Mysiria-Strands, 3 km östlich. Zum Angebot gehören Taverne, Snackbar, Minimarkt, Gemeinschaftskühlschrank, kostenlose Sonnenschirme und Liegestühle. Einmal in der Woche gibt's ein großes Grillfest am Strand. Der Bus nach Iraklion hält auf Wunsch vor der Tür.

Rethymno Youth Hostel (☎ 28310 22848; www.yhrethymno.com; Tombazi 41; B mit Gemeinschaftsbad 9 €; 💻) Heiße Duschen sind in dieser freundlichen, gut geführten Jugendherberge im Preis enthalten. Frühstück (ab 2 €) und abendliche Bar gibt es auch. Keine Sperrstunde, ganzjährig geöffnet.

Barbara Dokimaki Rooms (☎ 28310 24581; alicedok@yahoo.com; Damvergi 14; EZ/DZ/3BZ 30/45–60/70 €; ❄) Dieser schön gelegene Komplex mit Zimmern in einem venezianischen Gebäude und einem neueren, zweistöckigen Anbau ist um einen hübschen Innenhof angeordnet. Einfache Zimmer mit Holzfußböden, TV und ältere, aber funktionstüchtige Badezimmer, dazu einige antike Details.

Sea Front (☎ 28310 51981; www.forthnet.gr/elotia; Arkadiou 159; DZ 35–45 €; ❄) Diese günstig gelegene Pension am Strand hat nette Zimmer mit Holzfußboden und Kühlschrank. Außerdem gibt's einige frisch-fröhliche Studios samt Meerblick und Deckenventilator etwas weiter Richtung Stadtstrand und weitere Zimmer in einem anderen Gebäude in der Nähe.

LP Tipp **Atelier** (☎ 28310 24440; atelier@ret.forthnet.gr; Himaras 27; DZ 35–45 €) Die sauberen und sympathisch renovierten Zimmer über einer Keramikwerkstatt zählen zu den besten Unterkünften der Stadt. Werkstatt und Pension werden von Froso Bora geleitet. Die Zimmer haben kleine Flachbildfernseher, neue Bäder und Küchenzeilen, unverputzte Steinwände und viele venezianische Details.

Olga's Pension (☎ 28310 28665; Souliou 57; EZ/DZ/3BZ 35/45/65 €) Olgas freundliche Pension versteckt sich an der touristischen, aber sehr bunten Souliou: verblichener Charme mit uriger Einrichtung; verschachtelte Terrassen voller Blumen und Grünpflanzen führen zu den ältlichen, aber farbenfrohen Zimmern. Die meisten haben Kühlschrank, TV, Ventilator und ein einfaches Bad. Der Preis beinhaltet ein Frühstück bei Stella's Küche im Erdgeschoss.

Byzantine Hotel (☎ 28310 55609; Vosporou 26; DZ mit Frühstück 45 €) Dieses kleine Hotel mit hervorragendem Preis-Leistungs-Verhältnis hat sich ein traditionelles Ambiente bewahrt. Die einfach ausgestatteten Zimmer in einem historischen Gebäude nahe der Porta Guora haben mit Schnitzereien verzierte Holzmöbel, einige kommen mit Badewanne. Die Zimmer nach hinter raus blicken auf das Minarett der alten Moschee. Zur Zeit der Recherche war der Einbau einer Klimaanlage in Planung.

Mittelklassehotels

Hotel Fortezza (☎ 28310 55551; www.fortezza.gr; Melissinou 16; EZ/DZ mit Frühstück 62/75 €; P ❄ 🏊) Die geschmackvollen Zimmer in einem sanierten Altbau im Herzen der Altstadt bieten TV und Telefon. Nach einem ausgiebigen Streifzug durch die Stadt lädt der Pool zum Relaxen ein.

Casa dei Delfini (☎ 28310 55120; kzaxa@reth.gr; Nikiforou Foka 66–68; Studios 45–70 €, Suites 80–140 €; ❄) Türkische und venezianische Baumerkmale wurden in dieser eleganten Pension auf clevere Weise erhalten, darunter ein alter Steintrog und die Decke des *hammam* (türkisches Bad) in einem der Studiobäder. Die traditionell eingerichteten Zimmer haben allesamt Küchenzeilen; am beeindruckendsten ist das geräumige Apartment mit großer Terrasse.

Hotel Ideon (☎ 28310 28667; www.hotelideon.gr; Plastira 10; EZ/DZ 54/75 €, Studio/Apt. mit Frühstück 90/105 €;) Die zentral gelegene, elegante Unterkunft gehört zu den ältesten Hotels der Stadt und umfasst zwei restaurierte Altbauten und einen modernen Flügel. Die Zimmer sind hübsch eingerichtet und gut ausgestattet, es gibt Balkone mit Meerblick. Der Pool im Hof erspart den Weg zum Stadtstrand.

Hotel Veneto (☎ 28310 56634; www.veneto.gr; Epimenidou 4; Studio/Suite mit Frühstück 124/143 €;) Der älteste Teil dieses Hotels stammt aus dem 14. Jh. Viele traditionelle Elemente wurden erhalten, darunter ein atemberaubendes Steinchenmosaik im Foyer. Auf modernen Komfort muss dennoch niemand verzichten: Die attraktiven Zimmer mit polierten Holzböden und -decken haben Eisenbetten, Satelliten-TV und Kochnischen. Außerhalb der Hochsaison sinken die Preise erheblich.

Spitzenklassehotels

LP Tipp **Vetera Suites** (☎ 28310 23844; www.vetera.gr; Kastrinogiannaki 39; DZ 85–150 €;) Diese sechs eleganten Suiten bestechen durch Liebe zum Detail, von den Spitzenvorhängen über die Mastixprodukte im Bad bis zum Porzellan-Teeservice beim Frühstück. Alle Zimmer sind stilvoll eingerichtet, mit Eisenbetten, Antiquitäten und geschickt verborgener Kochnische. Die Badezimmerfliesen sind mit Gemälden von Degas (dem Lieblingskünstler des Besitzers) verziert, außerdem gibt's DVD-Player, Laptop-Anschluss und andere Extras.

Palazzo Rimondi (☎ 28310 51289; www.palazzorimondi.com; Xanthoudidou 21 & Trikoupi 16; DZ-Studio/Suite 160–190 € mit Frühstück;) Diese stimmungsvolle venezianische Villa im Herzen der Altstadt hat exquisite, individuell eingerichtete Studios mit Küchenzeile. Frühstück gibt's im Innenhof, wo auch ein kleines Planschbecken steht.

Palazzini di Corina (☎ 28310 21205; www.corina.gr; Damvergi 9; DZ/Suite 120/160–220 €;) Die fürstliche venezianische Villa in direkter Hafenlage gehört zu den edelsten Einzelhotels der Stadt. Die erlesene Einrichtung besteht aus antiken Möbeln, und das Haus wurde wunderschön restauriert: unverputzte Steinwände, gewölbte Holzbalkendecken und charmanter Innenhof mit Mosaikboden. Frühstück ist im Preis enthalten.

Avli Lounge Apartments (☎ 28310 58250; www.avli.gr; Ecke Xanthoudidou 22 & Radamanthyos; Zi. 199–239 € inkl. Frühstück à la carte;) Diese dekadenten Suiten verteilen sich auf zwei wunderschön restaurierte venezianische Gebäude in der historischen Altstadt. Die Zimmer kommen mit verzierten Eisen- oder Holzbetten, Antiquitäten, exquisiten Möbeln und Kunstobjekten. Ein angemessen nobler Rückzugsort nach einem opulenten Abendessen im stimmungsvollen Innenhof mit Garten.

ESSEN

An der Uferpromenade Eleftheriou Venizelou reihen sich austauschbare Touristenrestaurants mit wortgewaltigen Kundenfängern aneinander. Rund um den venezianischen Hafen sieht es nicht viel anders aus, nur dass hier das Ambiente besser ist und die Preise höher sind. Die besten Lokale verstecken sich im Labyrinth der Seitensträßchen landeinwärts vom Hafen. Für einige lohnt sich auch ein Abstecher in die Gebiete jenseits des Touristenbezirks.

Günstig

Taverna Kyria Maria (☎ 28310 29078; Moshovitou 20; kretische Gerichte 2,50–6,50 €) Diese traditionelle Taverne hinter dem Arimondi-Brunnen bietet was fürs Geld. Das Essen wird draußen unter einem üppig belaubten Rankspalier mit Vogelkäfigen serviert, nach der Mahlzeit winkt normalerweise ein Gratisdessert mit einem Schluck Raki.

Zisi's (☎ 28310 28814; alte Straße Rethymnon–Irakion, Mysiria; Grillgerichte 3,20–6 €; Di geschl.) Dieses Lokal mit billiger und guter kretischer Küche wird von den Einheimischen heiß empfohlen. Der Grund dafür sind das Fleisch vom Holzkohlegrill und die rund 25 Tagesgerichte nach Hausmannsrezepten. Es liegt etwas außerhalb der Stadt zwischen den Strandhotels (auf der rechten Seite gleich vor dem Creta Palace), ist den Fußweg aber absolut wert. Kinder fahren auf den neuen Spielplatz ab.

Samaria (☎ 28310 24681; Eleftheriou Venizelou; Mayirefta 4–6,50 €) Von den Tavernen an der Hafenpromenade ist dies eine der wenigen, wo man auch einheimische Familien essen sieht. Große Auswahl an *mayirefta* (Ofen- und Schmortopfgerichten), auch die Suppen und Grillgerichte sind prima.

Nikiforos (☎ 28310 55403; Moatsou 40; Hauptgerichte 4–7 €; 12–22 Uhr) Dieses traditionelle Restaurant im modernen Teil der Stadt hat zwar nicht die Atmosphäre der Altstadt zu bieten, tischt aber gute Hausmannskost für hungrige Einheimische auf und macht ein gutes Geschäft mit Speisen zum Mitnehmen.

Kapilio (☎ 28310 52001; Xanthoudidou 7; Menü 12,50–13,80 €) Das von einem Serben geführte *mezedopoleio* ist besonders bei Studenten sehr beliebt: gemischte Speisekarte mit einer Auswahl verschiedener Spezialmenüs inkl. Raki, Wein, Salat und Hauptgericht.

Mittelteuer

LP Tipp **Thalassografia** (☎ 28310 52569; Kefalogiannidon 33; Mezedes 3,80–7,30 €) Das ausgezeichnete *mezedopoleio* ist der ideale Platz, um zum Sonnenuntergang ein paar leckere *mezedes*, Pasta oder andere herzhafte Gerichte zu genießen. Das legere Lokal genießt eine atemberaubende Lage mit Blick aufs Meer und die imposante Fortezza. Die gegrillten Sardinen sind genauso köstlich wie die cremigen Pilze.

Fanari (☎ 28310 54849; Kefalogiannidon 15; Mezedes 2,50–10 €) Einladende Ufertaverne westlich des venezianischen Hafens mit guten *mezedes*, Frischfisch und kretischer Küche. Ausgezeichnet sind *bekri meze* (Schweinefleisch mit Wein und Paprika) und die hiesige Spezialität *apaki* (geräuchertes Schweinefleisch). Auch der Wein aus eigener Herstellung ist nicht zu verachten.

Castelvecchio (☎ 28310 55163; Himaras 29; Hauptgerichte 7–16 €; ⌚ Juli & Aug, nur Abendessen, Sept.–Juni Mittag- & Abendessen) Der freundliche Wirt Valantis sorgt dafür, dass sich seine Gäste auf der Gartenterrasse dieser Familientaverne am Rand der Fortezza wie zu Hause fühlen. Tipp: *kleftiko* (langsam im Ofen gebackenes Lamm).

Lemonokipos (☎ 28310 57087; Ethnikis Antistaseos 100; Hauptgerichte 5,80–9 €) Die angesehene Taverne in der Altstadt serviert in ihrem lauschigen Hof unter Zitronenbäumen gute kretische Kost, u. a. eine ordentliche Auswahl vegetarischer Gerichte und jede Menge leckere Vorspeisen.

Zu empfehlen ist auch **Othonas** (☎ 28310 55500; Petihaki 27), das traditionelle kretische Gerichte serviert. Von außen kommt es ziemlich touristisch daher, es ist aber ein anständiges Restaurant und verwendet als Mitglied von Concred (s. S. 64) ausgesuchte Qualitätserzeugnisse.

Teuer

LP Tipp **Avli** (☎ 28310 26213; www.avli.com; Xanthoudidou 22 & Radamanthyos; Hauptgerichte 13,50–30 €). Die einstige venezianische Villa ist genau das Richtige für einen romantischen Abend oder zumindest für ein Mahl mit einem Maximum an Atmosphäre. Die moderne kretische Küche ist spitzenmäßig, Tische stehen auch im Innenhof mit Garten, wo Töpfe mit Kräutern, Baldachine aus Bougainvilleen, Obstbäume und Kunstobjekte das Auge erfreuen. Die schicke Weinstube in den ehemaligen Stallungen nebenan kredenzt über 400 griechische Weine. Die Besitzer betreiben auch die zwanglosere *mezedes*-Bar Raki Baraki (Radamanthyos 16), wo donnerstags bis sonntags Livemusik läuft.

Prima Plora (☎ 28310 24925; Akrotiriou 2, Koumbes; Meeresfrüchte-Mezedes 5,50–16 €) Das stilvolle, moderne Restaurant am aufstrebenden Strandabschnitt auf der Westseite der Stadt ist den Weg unbedingt wert. Auch das Ambiente ist außergewöhnlich: Man sitzt draußen am

SÜSSE VERLOCKUNGEN

Als einer der letzten traditionellen Filomeister in ganz Griechenland macht **Yiorgos Chatziparaskos** (☎ 28310 29488; Vernardou 30) diesen superdünnen Teig in seiner traditionellen Backstube immer noch von Hand. Am spektakulärsten sieht es aus, wenn er den Teig zu einer Riesenblase wirft, bevor er ihn auf einem großen Tisch ausbreitet. Seine Frau Katerina lädt die Passanten ein, sich das Schauspiel anzusehen und die unvergleichlich leckeren *baklava* und *kataifi* zu probieren.

Mona Liza (☎ 28310 23082; Paleologou 36), gleich um die Ecke von der Loggia, ist das Reich von Nikos Skartsilakis, der für seine „crema" (Eiscreme aus Schafsmilch) ebenso bekannt ist wie für seine phantastischen Süßspeisen. Unbedingt probieren: *galaktoboureko* (Teigtaschen mit Vanillefüllung), die Walnusstorte oder *vrachaki* (Mandelschokolade).

Ein Meister der Herstellung von loukoumades, krapfenähnlichen Kreationen mit Honig und Zimt, ist **Kanekakis** (☎ 28310 22426; Platia Martyron), gleich außerhalb der Porta Guora. Die Einheimischen schwören auf die Eiscreme bei **Meli** (☎ 28310 50847; S Venizelou 7) am Hafen.

Wasser neben einer alten venezianischen Wasserpumpe mit Blick auf die Fortezza. Die erlesene Speisekarte enthält erstklassige Seafood-Gerichte wie Garnelenrisotto, als Beilage gibt's Biogemüse.

UNTERHALTUNG

Kneipen & Diskos

Die Kneipen und Cafés an der Venizelou füllen sich an den Sommerabenden mit Touristen, die ganz offensichtlich zu viel Sonne abbekommen haben und sich mit tropischen Cocktails trösten. Lebhafter ist es rund um die Nearhou und die Salaminos am venezianischen Hafen und in den Hafenkneipen in der Nähe der Platia Plastira. Studenten bevorzugen die Vernadou mit mehreren munteren *rakadika* (Cafés, die Karaffen mit Raki oder Wein und *mezedes* servieren).

Diskothek Fortezza (Nearhou 20; 23 Uhr–Sonnenaufgang) Dieser Club ist schon ein Veteran in Rethymnon: groß und protzig mit drei Bars, Lasershow und internationalem Publikum, das so ab Mitternacht eintrudelt.

Rock Club Café (☎ 28310 31047; Petihaki 8; 21 Uhr–Sonnenaufgang) Einer der Klassiker zum Abhängen in Rethymnon; wird jeden Abend von Touristen heimgesucht.

Figaro (☎ 28310 29431; Vernardou 21; ☎ 11 Uhr–spät) Stimmungsvolle, ganztägig geöffnete „Kunst und Musik"-Bar in einem clever restaurierten Altbau. Hier findet sich ein eher gesetztes Publikum.

Baja Beach Club (☎ 28310 20333; Platanias) Diese riesige Strandbar an der alten Hauptstraße östlich der Stadt kommt mit seinen Palmen und Bars um einen großen Pool wie ein Tropenparadies daher. Abends mutiert der Schuppen zu einem angesagten Club. Die Abzweigung liegt direkt vor der Brücke.

Kinos

Cinema Asteria (☎ 28310 22830; Melissinou 21; Ticket 7 €; 21 Uhr) Das kleine Freiluftkino zeigt aktuelle Filme.

SHOPPEN

Rethymnons Einkaufsviertel ist relativ kompakt. Die Läden haben alles Mögliche im Angebot, von Souvenirs bis zu kostbarem Schmuck. Recht gute Qualität führen im Allgemeinen die Geschäfte in der Arkadiou. In der farbenfrohen Souliou drängen sich kleine Lädchen dicht an dicht. Der Donnerstagsmarkt auf der Dimitrakaki am Stadtpark bietet frische Lebensmittel, Klamotten und allen möglichen Krimskrams.

Omodamos (☎ 28310 58763; www.omodamos.com; Souliou 3) Die Töpferwaren in diesem Geschäft sind Originalentwürfe von führenden Keramikern aus ganz Griechenland.

Zominthos (☎ 28310 52673; Arkadiou 129) Gemischtes Sortiment an Schmuck von zeitgenössischen griechischen Designern sowie einige Keramiken und Skulpturen.

En Hordais (☎ 28310 29043; Varda Kalergi 38) Dieser winzige Laden ist vollgestopft mit handgemachten Musikinstrumenten. Die richtige Adresse für den Kauf einer kretischen Lyra (ein geigenähnliches Instrument mit drei Saiten), *bouzouki* oder anderer griechischer Instrumente.

Silverhorse (☎ 28310 51401; www.silverhorse.gr; Radamanthios 10) Gürtel, Sättel und andere interessante Lederwaren werden hier auf Wunsch auch maßgefertigt.

Avli Raw Materials (☎ 28310 58228; Arabatzoglou 38–40) Feinschmecker werden dieses Delikatessengeschäft lieben: Riesenauswahl an Genusswaren aus ganz Griechenland, darunter hervorragende Weine.

AN- & WEITERREISE

Fähre

Achtung: Einige Fähren fahren vom Haupthafen ab, andere vom Yachthafen weiter östlich.

ANEK (☎ 28310 29221; www.anek.gr; Arkadiou 250) betreibt drei Fährverbindungen wöchentlich zwischen Rethymnon und Piräus (29 €, 10 Std.). Abfahrt in Rethymnon und Piräus um 20 Uhr.

NEL LINES (☎ 28310 24295; www.nel.gr) betreibt eine Hochgeschwindigkeitsfähre zwischen Rethymnon und Piräus (57 €, 5 Std.): Juli–Sept. täglich, Mai–Juni viermal wöchentlich.

SeaJets (www.seajets.gr) verkehrt mit dem superschnellen Katamaran Superjet donnerstags und samstags zwischen Rethymnon und Santorin (37,90 €, 2 Std. 40 Min.), Ios, Naxos und Mykonos (58 €).

Bus

Vom **Busbahnhof** (☎ 28310 22212; Igoumenou Gavriil) fahren im Sommer stündlich Busse nach Chania (6 €, 1 Std.) und Iraklion (6,50 €, 1½ Std.). Außerdem gibt es sechs Busse täglich nach Plakias (3,50 €, 1 Std.), sechs nach Agia Galini (5,30 €, 1½ Std.), drei nach Moni Arkadi (2,40 €, 40 Min.), zwei nach Omalos (11,90 €, 2 Std.), zwei montags bis freitags nach Margarites (3 €, 30 Min.), zwei montags bis freitags nach Anogia (4,50 €, 1¼ Stunden) und vier täglich nach Preveli (4 €, 1¼ Stunden). Es besteht auch eine tägliche Busverbindung nach Chora Sfakion über Vrisses. Außerhalb der Saison sind die Verbindungen stark eingeschränkt.

UNTERWEGS VOR ORT

Auto Motor Sports (☎ 28310 24858; www.automotosport.com.gr; Sofoklis Venizelou 48) vermietet Autos und Motorräder.

RUND UM RETHYMNON

Die Dörfer im Umland von Rethymnon sind schöne Ziele für Ausflüge mit dem eigenen Fahrzeug. Die Berge sind nicht zu steil, die Straßen nicht zu verkehrsreich, und die Landschaft ist hübsch grün. Einige Dörfer südwestlich von Rethymnon eignen sich perfekt für einen Nachmittagsausflug.

Episkopi, 23 km westlich von Rethymnon, ist ein hübscher, traditioneller Ort mit gewundenen Sträßchen, winzigen Häusern und Blick ins Tal. In Argyroupolis (s. unten) locken die wunderbar kühlen Quellen und Wasserfälle. **Maroulas** (S. 146), 10 km südöstlich von Rethymnon, ist ein entzückendes historisches Städtchen mit einem überragenden Blick aufs Meer.

Das bezaubernde Dörfchen **Asi Gonia** bietet seinen Besuchern Einblicke in das traditionelle kretische Leben. Jedes Jahr um den Georgstag (23. April) findet in Asi Gonia ein spektakuläres Viehzüchterfest statt, bei dem Tausende von Schafen und Ziegen in der Kirche und Umgebung zusammengepfercht werden. Dabei werden die Tiere gesegnet, gemolken und die Milch an die Besucher verteilt. Das Fest dauert bis in die Abendstunden.

ARGYROUPOLIS ΑΡΓΥΡΟΥΠΟΛΗ

398 Ew.

Wenn die Sommerhitze am Strand zu heftig wird, findet man in Argyroupolis, 25 km südwestlich von Rethymnon, eine Art natürliche Klimaanlage im Freien. Am unteren Ende des Dorfs liegt eine Oase, gebildet von Bergquellen, die die Temperatur deutlich niedriger halten als an der Küste. Das sprudelnde Quellwasser strömt durch Aquädukte, fließt an Wänden herab, sickert aus Steinen, rinnt aus Wasserhähnen und versorgt die gesamte Stadt Rethymnon.

DIE DORFTAVERNEN

Die Tavernen in den kleinen Bergdörfern gehören seit jeher zu den Höhepunkten einer Kretareise und erleben derzeit eine Renaissance. Immer mehr neue Tavernen servieren traditionelle kretische Kost, allerdings in stilvollerem Ambiente, und hauchen so den kleinen Dörfern neues Leben ein. Besonders in der Umgebung von Rethymnon ist die Auswahl riesig. Eine der besten Tavernen ist **O Kipos Tis Arkoudenas** (☎ 28310 61607) bei Episkopi, östlich von Rethymnon, denn dort gibt's vorzügliche biologische Erzeugnisse und köstliche Holzofengerichte. Ein weiterer ausgezeichneter Newcomer ist **Goules** (☎ 28310 41001), ein bezauberndes restauriertes Stein-*kafenion* in dem winzigen Dorf Gouledianа südlich von Rethymnon.

Gewaltige Kastanienbäume, Platanen und üppiges Grün schaffen einen schattigen, erholsamen Rastplatz für ein Mittagessen zwischen Wasserfällen und Brunnen, die in sämtliche Tavernen integriert wurden. Argyroupolis steht auf den Ruinen der antiken Stadt Lappa. Die Dorfbewohner führen ein traditionelles Leben und scheren sich nicht groß um den Tourismus, sind aber stolz auf ihr historisches Erbe und führen Besucher gern umher.

Im **Lappa-Avocadoladen** (☎ 28310 81070), in direkter Nähe des Dorfplatzes, versorgt der findige Stelios Manousakas (er ist gleichzeitig Bürgermeister) Besucher mit Informationen und Ortsplänen. Wer will, kann sich dabei auch mit seinen hervorragenden Avocadocremes und Hautpflegeprodukten eindecken, die aus der Ernte der familieneigenen Avocadoplantage hergestellt und bis nach Athen und Frankreich verschifft werden.

Die Quellen und Tavernen sind vor dem Ort nach rechts ausgeschildert.

Sehenswertes

Den Dorfplatz prägt die venezianische **Kirche des Agios Ioannis** aus dem 17. Jh. An der Hauptstraße gibt es ein kurioses privates **Dorfmuseum** über einem Minimarkt, der von der Familie Zografakis betrieben wird, s. S. 147. Die dynamische Eleftheria hat über 40 Jahre eine kunterbunte Sammlung von Familienerbstücken und historischen Gegenständen aus den umliegenden Dörfern angehäuft. Falls

ABSTECHER: MAROULAS

Rund 10 km südöstlich von Rethymnon liegt das geschützte historische Dorf Maroulas. Es ist leicht zu erkennen an dem gut erhaltenen, 44 m hohen Turm, der zwischen den übrigen Gebäuden emporragt. Die atemberaubende Lage auf einer Anhöhe eröffnet einen herrlichen Panoramablick aufs Meer. Architektonisch ist die befestigte Siedlung ein Mix aus spätvenezianischer und osmanischer Architektur mit nicht weniger als zehn Olivenpressen. Viele Gebäude wurden restauriert und bieten einen entzückenden Anblick.

In Maroulas befindet sich **Marianna's Herb Workshop** (☎ 28310 72432; 🕑 Sommer 10–14 & 16.30–20 Uhr), eine wahre Schatztruhe für alternative Heilkräuter und Mixturen. Marianna sammelt aromatische medizinische Pflanzen in den Bergen und produziert daraus ihr einzigartiges Sortiment an Teesorten und Ölen, die sie aus natürlichen Extrakten unter Verwendung traditioneller Methoden gewinnt. Neben Mitteln zur Linderung jeglicher Art von Beschwerden führt sie auch Hautpflegeprodukte und Kräuter zum Kochen. Zu ihren Teesorten gehört auch der Sarantovotano, ein Mix aus 40 Kräutern, den Hebammen früher aufkochten, damit das Neugeborene bereits mit den ersten Atemzügen die wohltuende Wirkung des heilenden Dampfes zu spüren bekam.

Mariannas Interesse an alternativen Therapien führte sie zurück zu den Wurzeln antiker Heilmittel. Als sie Mitte der 90er-Jahre nach Maroulas zog, wurde ihr Hobby zur Vollzeitbeschäftigung. Sie machte sich auf den Werg in die Berge und informierte sich bei älteren Einheimischen über die unterschiedlichen einheimischen Kräuter. „Es lohnt sich, dieses Wissen zu bewahren", sagt sie. „Die Menschen sollten alle Pflanzen kennen und wissen, wozu sie gut sind. ‚Unser Essen ist unsere Medizin', pflegte man in der Antike zu sagen." Marianna berichtet weiter, dass Tiere dem Menschen Hinweise auf bestimmte Kräuter und Blumen geben, weil sie giftige Pflanzen nicht anrühren. *Kri-kri*-Ziegen wurden dabei beobachtet, wie sie das endemische Kraut *diktamo* (Diptam) zur Wundheilung fraßen. Historische Quellen berichten, dass angeschossene Ziegen Diptam fraßen, damit ihr Körper die Jagdpfeile abstieß. Die Pflanze ist extrem schwer zu finden, denn sie kann nur dort gesammelt werden, wo Bergziegen nicht hinkommen, z. B. in Schluchten und auf schmalen Bergspitzen.

Vom urigen Café **Farmhouse Katerina** (☎ 28310 71627) in Maroulas eröffnet sich ein sensationeller Ausblick aufs Meer. Zum Café gehört auch ein Tiergehege. Auf telefonische Vorbestellung werden Fleischmahlzeiten aus eigener Produktion zubereitet. Die Taverne **Ofou to Lo** (☎ 28310 71670) überzeugt ebenfalls durch ihre reizvolle Lage und gutes Essen.

das Museum geschlossen ist, findet sich in der Taverne oder im Laden sicher jemand, der eine Privatführung veranstaltet.

Der alte Ortsteil beginnt hinter dem Steinbogen gegenüber der Kirche. Zwischen den venezianischen und türkischen Bauten sind noch einige Überbleibsel aus der Römerzeit zu sehen.

Die Hauptstraße führt an einem **Römertor** auf der linken Seite vorbei, das die Inschrift „Omnia Mundi Fumus et Umbra" trägt („Alle Dinge dieser Welt sind Rauch und Schatten"). Ein paar Meter weiter führt eine enge Gasse nach rechts zu einem **marmornen Wasserspeicher** aus dem 3. Jh. v. Chr. mit sieben Innenbögen.

Weiter die Hauptstraße hinunter ist linker Hand ein **römisches Bodenmosaik** aus dem 1. Jh. v. Chr. zu sehen. Das gut erhaltene Mosaik aus 7000 Teilen in sechs Farben ist ein gutes Beispiel aus der geometrischen Epoche (1200–800 v. Chr.).

Mehrere beschilderte Straßen führen zu den Tavernen, die sich um die Wasserfälle unterhalb des Orts drängen. Am besten besorgt man sich einen Ortsplan beim Lappa-Avocadoladen gegenüber. Vom unteren Ortsende gibt es einen Fußweg zu einem **römischen Bad** und einer gut erhaltenen, wassergetriebenen **Walkmaschine** aus dem 17. Jh. Mit ihr wurde Stoff angefeuchtet und geknetet und dadurch verfestigt. Weitere Attraktionen in der Nähe sind ein **Römerbad** und die **Marienkirche**, die auf den Resten eines Neptuntempels erbaut wurde.

Nördlich des Orts führt ein Fußweg nach rechts zu einer 50 m entfernten **römischen Nekropole** mit Hunderten von Felsgräbern. Von dort geht der Weg weiter zu einer **Platane**, die 2000 Jahre alt sein soll.

Schlafen & Essen

Lappa Apartments (☎ 28310 81204; DZ 30–35 €; ❄) Die gemütlichen neuen Apartments rund um einen Innenhof mit hübschem Garten bieten einen herrlichen Blick auf die Berge. Sie sind komplett ausgestattet – mit großem Kühlschrank und brauchbarem Bad. Grilleinrichtungen gibt's auch. Alles in allem ein ideales Quartier für längere Aufenthalte oder Familien.

Zografakis (☎ 28310 81269; DZ 25–30) Die Familie Zografakis vermietet saubere und billige Zimmer über einer Taverne an der Hauptstraße.

Die Tavernen an den Quellen sind etwas touristisch und überteuert, aber die Lage ist wirklich spektakulär.

Die letzte Taverne zur Rechten beim Weg den Hügel hinunter ist die alte Wassermühle **Paleos Mylos** (☎ 28310 81209; Hauptgerichte 6–9,90 €): Die üppig grüne Lage ist ebenso gut wie die Grillgerichte und Salate, obwohl man vor rauschendem Wasser und lauter Zikaden sein eigenes Wort kaum versteht. Gegenüber serviert **Athivoles** (☎ 28310 81101) spitzenmäßige frische Forelle, Fleisch aus der Umgebung und kretische Küche.

An- & Weiterreise

Montags bis freitags fahren täglich zwei Busse von Rethymnon nach Argyroupolis (2,80 €, 40 Min.).

KRETISCHES BIER

Als der gebürtige Düsseldorfer Mathematiker Bernd Brink auf die Insel zog, nachdem er eine kretische Frau geheiratet hatte, tat er das, was jeder Deutsche tun würde, der was auf sich hält: Er eröffnete eine Brauerei, bis heute die einzige auf Kreta. Seit ihrem Start 2001 hat die kleine **Rethymniaki Brewery** (☎ 28310 41243; 🕒 Juli–Okt. Do–Mo 14 Uhr–spät) eine erstaunliche Entwicklung genommen: vom Reinigen der Flaschen und Etikettierung per Hand zu einem Unternehmen, das um die 150 000 Flaschen pro Jahr produziert. Die beliebten hellen und dunklen Biobiere werden in ganz Griechenland verkauft. Kosten kann man den Gerstensaft mit einer Ration *meze* in der Minitaverne und dem Biergarten auf dem Gelände, 12 km südlich von Rethymnon bei Armeni.

MONI AGIA IRINIS
ΜΟΝΗ ΑΓΙΑ ΕΙΡΙΝΗΣ

Rund 5 km südlich von Rethymnon liegt vor dem gleichnamigen Dorf das festungsähnliche Kloster **Moni Agia Irinis** (☎ 28310 27791; 🕒 9–13 & 16 Uhr–Sonnenuntergang). Das byzantinische Bauwerk wurde von den Türken schwer beschädigt und lag für über 150 Jahre verlassen da. 1989 nahmen die tatkräftigen Nonnen, die das Kloster heute bewohnen, eine Restaurierung in Angriff. Inzwischen ist es ein Zentrum für den Erhalt von Kunsthandwerk und Handarbeit und zeigt eine Dauerausstellung mit Web- und Stickarbeiten. Die Nonnen verkaufen auch selbst gemachte Kunsthandwerksobjekte und Ikonen. Einige der historischen Gebäude wurden restauriert, darunter die Stallungen, die Weinpresse und das Refektorium.

ARMENI ΑΡΜΕΝΟΙ

Auf dem Weg von Rethymnon nach Süden zweigt 2 km vor dem heutigen Ort Armeni eine Straße nach rechts zur spätminoischen

ABSTECHER: ADELE

Einen Einblick in das historische und moderne Landleben gibt **Agreco** (☎ 28310 72129; www.grecotel.gr; Eintritt frei; telefonische Anmeldung erwünscht), die Rekonstruktion eines Bauernhofs aus dem 17. Jh. mit einem Minidorf. Der Komplex befindet sich auf einem Landgut beim Dorf Adele, 13 km südöstlich von Rethymnon. Der aktiv bewirtschaftete Bauernhof gehört der Familie Daskalantonakis, die auch die Hotelkette Grecotel leitet. Er ist ein Musterbeispiel für biologisch-umweltfreundliche traditionelle Methoden der Landwirtschaft. Hier kommen neben modernen Maschinen auch alte Gerätschaften zum Einsatz, darunter eine per Eselkraft betriebene Olivenpresse, eine Wassermühle und eine Weinpresse. Wer mag, kann bei den verschiedenen Aktivitäten zugucken – etwa bei der Herstellung von Käse, Brot, Raki und Wein – und durch Viehhof und Garten spazieren. Zum *kafenion* (Kaffeehaus) gehört ein Laden, der traditionelle Produkte vom Bauernhof und aus der Region verkauft. Zum Abschluss empfiehlt sich ein Essen in der ausgezeichneten Taverne mit Blick auf den Weingarten, denn hier gibt's unverfälschte kretische Kost aus Erzeugnissen des Bauernhofs.

Nekropole von Armeni ab. Hier wurden zwischen 1300 und 1150 v. Chr. rund 200 Gräber in den Fels im Herzen eines Eichenwalds gehauen. Das Merkwürdige an dieser Begräbnisstätte ist, dass bislang keine größere Siedlung in der Nähe gefunden wurde, die so viele Gräber erklären könnte. Keramiken, Waffen und Schmuckgegenstände, die in den Gräbern entdeckt wurden, sind heute im Archäologischen Museum in Rethymnon (S. 139) zu besichtigen.

Ein ausgezeichneter Stopp für ein Mittagessen in Armeni ist **Alekos Kafenio** (☎ 28320 41185) an einem kleinen Platz etwas abseits der Hauptstraße. Dieses unerwartete Juwel wird seit drei Generationen von derselben Familie geführt. Es gibt eine kleine, aber vorzügliche Auswahl traditioneller Tagesgerichte wie Lamm *tsigariasto* mit einer Spur Joghurt, dazu wird der beeindruckende Salat des Hauses gereicht. Das Kaninchen ist ebenfalls zu empfehlen.

DAS HINTERLAND

Das gebirgige Landesinnere Rethymnons wartet mit einer großen Vielfalt an interessanten Routen und Abstechern auf. Im fruchtbaren Amari-Tal gibt es noch zeitlose, idyllische Dörfer. Auf dem Weg zum historischen Arkadi-Kloster lohnt ein Zwischenstopp im „Töpferdorf" Margarites oder bei den Ruinen der antiken Stadt Eleftherna. Wer Richtung Osten unterwegs ist, kann einige alte Höhlen besichtigen und eine der berühmtesten und traditionsreichsten Städte Kretas besuchen: Anogia.

DAS AMARI-TAL ΚΟΙΛΑΔΑ ΑΜΑΡΙΟΥ

Um das Amari-Tal zu erkunden, das sich südöstlich von Rethymnon zwischen die Berge Psiloritis und Kedros schmiegt, braucht man einen fahrbaren Untersatz. Die Region beherbergt rund vierzig wasserreiche, urwüchsige Dörfchen, die sich zwischen Olivenhainen, Mandel- und Kirschbäumen in die Landschaft fügen, und jede Menge schöne byzantinische Kirchen. Das Tal beginnt beim malerischen Dorf **Apostoli**, 25 km südöstlich von Rethymnon. Dorthin führt eine spektakuläre Strecke durch eine wilde, einsame Schlucht mit steilen Felswänden. Die Straße nach Apostoli zweigt 3 km östlich von Rethymnon von der Küstenstraße ab. Sie gabelt sich in Apostoli und läuft 38 km südlich wieder zusammen – ideal für eine Rundfahrt durchs Tal. Alternativ geht's weiter Richtung Süden nach Agia Galini.

In Apostoli führt eine Nebenstraße nach links zum Dorf **Thronos**, dessen Panagia-Kirche auf den Resten einer frühchristlichen Basilika steht. Die Fresken aus dem 14. Jh. sind verblasst, aber hervorragend ausgeführt. Am ältesten sind die im Chorgestühl. Den Schlüssel hütet das *kafenion* (Kaffeehaus) nebenan.

Dann geht's zurück nach Apostoli und von dort auf der Hauptstraße südwärts. Als Nächstes kommt **Agia Fotini**, ein größerer Ort mit Supermarkt. Die Straße windet sich weiter durch das malerische Tal bis nach **Meronas**, einem Dörfchen mit großen Platanen und einer schönen Panagia-Kirche. Ihr ältester Teil ist das Mittelschiff aus dem 14. Jh. Der südliche Teil mit dem eleganten Portal wurde unter den Venezianern angebaut. Größte Attraktion der Kirche sind die wunderbar restaurierten Fresken aus dem 14. Jh.

Von hier verläuft die Straße weiter südwärts nach **Gerakari**. Diese Gegend ist für ihre köstlichen Kirschen bekannt. Von Gerakari führt eine neue Straße nach Spili.

In der Nähe des heimeligen Dörfchens Patsos steht die **Agios-Antonios-Kirche** in einer Höhle über einer malerischen, von Pflanzen überwucherten Schlucht. Die Höhle war sowohl für die Minoer als auch für die Römer ein bedeutendes Heiligtum. Noch heute pilgern jedes Jahr am 17. Januar Gläubige zu dieser Kirche. Dorthin führt die landschaftlich schöne Straße von Spili nach Gerakari, von der eine unbefestigte, aber befahrbare Straße nach Patsos abzweigt. Im Ort biegt man links ab und fährt weiter bis zum deutlich ausgeschilderten Eingang zur Schlucht. Von dort ist es nur noch ein kurzer Spaziergang bis zur Höhle, vorbei an einigen bezaubernden Plätzchen mit Picknicktischen.

SPILI ΣΠΗΛΙ

698 Ew.

Spili ist ein hübsches Bergdorf mit Kopfsteinpflaster, rustikalen Häusern und Platanen. Hauptattraktion ist ein venezianischer Brunnen, dessen Wasser aus 19 Löwenköpfen sprudelt, der aber durch die jüngste Restaurierung leider an Reiz eingebüßt hat. Wer einen Behälter dabeihat, kann ihn hier mit dem besten Wasser der Insel füllen.

Ein Geheimtipp ist Spili nicht mehr. Tagsüber halten hier regelmäßig Reisebusse auf dem Weg zur Südküste, doch abends gehört Spili den Einheimischen. Es ist ein prima Stützpunkt, um die Region zu erkunden, oder zumindest ein schöner Ort für ein Mittagessen. An der Hauptstraße gibt's zwei Geldautomaten und ein Postamt; E-Mails checken kann man im Fabrica Café in der Nähe des Springbrunnens.

Schlafen & Essen

Heracles Rooms (☎/Fax 28320 22411; heraclespapadakis@hotmail.com; EZ/DZ 29/40 €;) Tadellos saubere, nett eingerichtete Zimmer mit Kühlschrank, Insektengitter und großartigem Blick auf die Berge. Der freundliche Heracles teilt sein Wissen über die Gegend gern mit seinen Gästen.

Costas Inn (☎ 28320 22040; Fax 28320 22043; DZ mit Frühstück 40 €) Die gepflegten Zimmer haben Satelliten-TV, Radio und Deckenventilator, einige kommen mit Kühlschrank. Frühstück mit frischen Eiern von den eigenen Hühnern gibt's in der Taverne im Erdgeschoss, Waschmaschinenbenutzung ist möglich.

Yianni's (☎ 28320 22707; Hauptgerichte 4–7 €) Hinter dem Brunnen liegt dieses nette Restaurant mit einem großen Innenhof und ausgezeichneten traditionellen Gerichten, z. B. Bergschnecken oder köstliches Kaninchen in Weinsauce. Dazu gibt's einen ordentlichen Roten aus eigener Herstellung.

Stratidakis (☎ 28320 22006; Tagesgerichte 4,50–6 €) Dieses Restaurant serviert draußen gegrilltes Fleisch am Spieß und verschiedene Tagesgerichte in Töpfen, die man in der Taverne inspizieren darf. Nach hinten raus gibt's einen wunderbaren Balkon.

Panorama (☎ 28320 22555) Pantelis Vasilakis und seine Frau Calliope leiten diese schöne traditionelle Taverne an einem malerischen Fleckchen am Stadtrand. Das Lokal mit tollem Ausblick von der Terrasse liegt an der Straße nach Agia Galini. Die besten Trümpfe sind alte Familienrezepte und Gastfreundlichkeit mit Stil. Das Brot wird meistens selbst gebacken, die *mezedes* sind hervorragend, und als Hauptspeise gibt's Spezialitäten wie junge Ziege mit Wildgemüse. Die Taverne ist offizielles Mitglied von Concred, s. S. 64.

Kambos (☎ 6974 924 833) Diese einsame Taverne liegt 6 km von Spili an der Straße nach Gerakari in einer Gegend, die für ihre wilden Tulpen und Orchideen berühmt ist. Der schlichte Familienbetrieb ist im Allgemeinen nur Einheimischen bekannt. Auf der Karte stehen einfache traditionelle Mahlzeiten mit Fleisch und Gemüse aus eigener Herstellung.

An- & Weiterreise

In Spili halten täglich sechs Busse auf der Route Rethymnon–Agia Galini, s. S. 144.

MONI ARKADI ΜΟΝΗ ΑΡΚΑΔΙΟΥ

Das historische **Kloster Arkadi** (☎ 28310 83136; Eintritt 2 €; April–Okt. 9–19 Uhr) aus dem 16. Jh. liegt in einer hübschen Hügellandschaft 23 km südöstlich von Rethymnon. Das betont kühle Äußere ist schon beeindruckend genug, doch das Highlight ist die venezianische Kirche von 1587 im Innern: Die üppig verzierte Renaissancefassade mit acht schlanken korinthischen Säulen wird von einem verschnörkelten Glockenturm mit drei Glocken gekrönt; ihr Bild schmückte früher die 100-Drachmen-Scheine.

Im November 1866 schickten die Türken eine gewaltige Armee, um die Aufstände niederzuschlagen, die überall auf der Insel aufflammten. Hunderte von Männern, Frauen und Kindern flohen aus ihren Dörfern in das Kloster. Als 2000 türkische Soldaten das Gebäude angriffen, ergaben sich die Kreter nicht, sondern setzten ein Pulvermagazin in Brand. Die Explosion tötete alle Beteiligten, einschließlich vieler Türken. Einzige Überlebende war ein kleines Mädchen, das in einem Nachbardorf ein ziemlich hohes Alter erreichte. Vor dem Kloster stehen Büsten dieser Frau und des Abts, der das Schießpulver entzündete.

Zur Linken der Kirche dokumentiert ein kleines **Museum** die Geschichte des Klosters. In der Rinde der beeindruckenden toten Zypresse im Innenhof, die unter türkisches Feuer geriet, steckt noch eine Kugel. Interessant ist das Beinhaus in der ehemaligen Windmühle außerhalb des Museumsgeländes. Es beherbergt eine makabre Sammlung aus Schädeln und Knochen der Kämpfer von 1866.

Es fahren täglich drei Busse von Rethymnon zum Kloster (2,40 €, 30 Min.).

ELEFTHERNA ΕΛΕΥΘΕΡΝΑ

Die antike Stätte **Eleftherna** liegt 25 km südöstlich von Rethymnon spektakulär zwischen zwei Schluchten. Der Ort wurde im 8. Jh. v. Chr. von den Dorern erbaut und entwickelte sich zu einer bedeutenden Siedlung. Ein Großteil der Stätte wird derzeit von griechischen Archäologen freigelegt, die ihre Ausgrabungen 1985 aufnahmen. Die Briten hatten ihre hiesigen Ausgrabungen bereits 1929 eingestellt.

Eleftherna ist vom Arkadi-Kloster oder von Margarites aus zu erreichen. Am Springbrunnen weisen Schilder den Weg zur **Akropolis** (sie liegt hinter der neueren Akropolis-Taverne, die auch eine Parkmöglichkeit bietet) und zu den Überresten eines **Turms**. Ein Weg führt hinunter zu den riesigen **römischen Zisternen**, die hier in die Felswände gehauen wurden und irgendwie unheimlich wirken. Weiter unten im Tal sind die derzeit laufenden Ausgrabungen zu erkennen. Unweit von hier, in einer Gegend namens Orthi Petra, wurde eine **Nekropole** entdeckt, die Hinweise auf Menschenopfer lieferte. Etwas weiter nördlich fanden Archäologen eine alte **hellenistische Brücke**.

Wer die neuen Ausgrabungen der **antiken Stadt** besichtigen will, fährt am besten zur Hauptstraße Richtung Margarites zurück und folgt von dort der unbefestigten Straße bis zur Stätte. Die hellenistischen und römischen Ruinen sind derzeit eingezäunt, aber es ist schon einiges zu erkennen. In Zukunft dürfte sich die Stätte etwas besucherfreundlicher präsentieren.

MARGARITES ΜΑΡΓΑΡΙΤΕΣ

330 Ew.

Weil der Ort für seine schöne Keramik bekannt ist, wird er vormittags von Touristenbussen überschwemmt. Nachmittags herrscht wieder Ruhe – der richtige Zeitpunkt, um die herrliche Aussicht aufs Tal von den Terrassen der Tavernen am Dorfplatz zu genießen, der im Schatten gigantischer Eukalyptusbäume liegt.

Nur eine Straße führt durch den Ort bis zum Dorfplatz, wo der Bus hält. Bank, Postamt und Reisebüros gibt es hier nicht, dafür aber über 20 Töpferateliers rund um die Hauptstraße. Qualität und Kitschpegel der Keramik variieren, aber wer einen Bogen um die krasseren Exemplare an der Hauptstraße macht, findet in manchen Läden authentisches lokales Design und hochwertige Stücke. Der über 70-jährige **Manolis Syragopoulos** (☎ 28340 92363) entstammt einer langen Ahnenreihe von Töpfern. Als Einziger stellt er heute noch mit manuellen Töpferscheiben und holzbefeuertem Ofen Keramik auf die gleiche Weise her wie schon sein Urgroßvater. Seine Traditionswerkstatt liegt 1 km außerhalb des Orts auf der linken Straßenseite.

Die schönsten Stücke des Orts finden sich in Konstantinos Gallios' ausgezeichnetem Atelier **Ceramic Art** (☎ 28340 92304) an einem Sträßchen am Ortsende sowie im schicken **Kerameion** (☎ 28340 92135) an der Hauptstraße, wo George Dalamvelas Besuchern gern etwas über Keramiktechniken und die Geschichte des Orts erzählt. Er arbeitet hauptsächlich mit Ton aus der Gegend und stellt viele Stücke nach minoischen Vorlagen her. Die traditionellen Töpfer verwenden Ton, der rund 4 km entfernt am Fuß des Psiloritis abgebaut wird. Er ist von so hoher Qualität, dass er nur einmal gebrannt werden muss und keine Glasur benötigt – die Außenseite wird mit einem Kiesel geglättet. Viele Stücke tragen das typische Blütenmotiv der Gegend.

Schlafen & Essen

Kouriton House (☎ 28340 55828; www.kouritonhouse.gr; Zi. mit Frühstück 45–100 €) Die denkmalgeschützte, wunderbar restaurierte Villa von 1750 liegt knapp außerhalb von Margarites in Tzanakiana. Die Philologin Anastasia Friganaki zeigt ihren Gästen gern die Naturschönheiten und historischen Sehenswürdigkeiten der Gegend und bringt ihnen die traditionelle Honigherstellung, das Kräutersammeln und die kretische und minoische Kochkunst näher.

Mandalos (☎ 28340 92294) Diese beliebte Kombination aus Taverne und *kafenion* am schattigen Hauptplatz mit tollem Ausblick ist eine gute Adresse zum Mittagessen.

An- & Weiterreise

Montags bis freitags fahren täglich zwei Busse von Rethymnon nach Margarites (3 €, 30 Min.).

VON PERAMA NACH ANOGIA

Die Provinz Mylopotamos hat einige der spektakuläreren Landschaften Nordkretas zu bieten. Im bergigen Hinterland liegen Dörfer und ländliche Siedlungen, die gerade erst vom Tourismus entdeckt werden. Die Straßen vom kleinen Geschäftszentrum **Perama** zum südöstlich gelegenen Anogia führen durch eine Reihe schnuckeliger Dörfer und geschäftiger Marktflecken an den Ausläufern des Psiloritis entlang.

Von Perama windet sich eine kleine Nebenstraße nach Nordosten zur **Melidoni-Höhle** (☎ 28340 22650; Eintritt 3 €; ⏰ März–Okt. 9–18 Uhr), auch als Gerontospilios bezeichnet. 1824 flüchteten über 300 Dorfbewohner vor der türkischen Armee in diese Grotte. Als sie sich weigerten herauszukommen, warfen die Türken brennendes Material durch eine Öffnung

LANDLEBEN

Kreta verzeichnet einen ganzjährigen Trend zum Agrotourismus. Ein gutes Beispiel für die neue Bewegung hochklassiger ländlicher Tourismusprojekte ist die Anlage **Enagron** (☎ 28340 61611; www.enagron.gr; Studios & Apts. 78–130 €) in Axos. In dem Komplex mit Bauernhof und Unterkünften finden von Zeit zu Zeit kretische Kochseminare mit heimischen Produkten statt. Außerdem können die Gäste an allen Aktivitäten in Landwirtschaft und Produktion teilnehmen – von der Raki- oder Käseherstellung durch den örtlichen Schäfer bis zum Sammeln von Wildkräutern. Hier geht's nicht gerade spartanisch zu: Es gibt einen zentralen Pool mit Blick auf die Berge und komfortable, traditionell eingerichtete Studios in Bruchsteinbauweise mit Kamin. Dazu kommt eine hübsche Taverne, die frische Bioprodukte vom Bauernhof serviert; der Gemeinschaftsbereich besticht durch Antiquitäten und Landgutatmosphäre. Zum Angebot gehören auch geführte Wanderungen und Ausritte zu Pferde oder auf Eseln. Im Sommer ist die Übernachtung 20 % billiger. Bauernhof- und Restaurantbesuche sind im Voraus zu buchen.

oben in der Höhle, sodass alle Flüchtlinge im Innern erstickten. Ein Monument im Heldenraum erinnert an die Toten. Außerdem sind hier Höhlenkammern mit Stalaktiten und Stalagmiten zu besichtigen.

Weiter östlich geht's links zum hübschen Dörfchen **Garazo** mit einigen Tavernen und einem Postamt. Unterwegs führt in Moutzana ein Abzweig nach **Episkopi**, einem reizvollen kleinen Dorf, das unter den Venezianern Bischofssitz war. Hier gibt es viele Bruchsteinhäuser, u. a. mehrere gut erhaltene venezianische Villen, die zurzeit restauriert und in private Museen verwandelt werden. In den Ruinen der **Kirche von Episkopi** aus dem 15. Jh. sind noch einige Fresken zu sehen. Am Ortsende steht neben der Brücke ein venezianischer **Brunnen**.

Von Episkopi führt eine landschaftlich schöne Strecke nach Südosten zum größten Ort der Gegend, **Zoniana**. In dieser Gegend scheinen alle Leute Schwarz zu tragen und Pick-ups zu fahren.

Hier die Augen offen halten nach Schildern zur wohl spektakulärsten Höhle der Insel, der **Sventoni-Höhle** (☎ 28340 61734; www.zoniana.gr; ⌚ April–Nov. 10–17 Uhr, Dez.–März an Wochenenden 10–15 Uhr). Der vordere Teil der Höhle diente den Rebellen gegen die Türkenherrschaft als Unterschlupf, aber der größte Teil der weitläufigen Höhle (3000 m²) blieb unberührt und ist auch heute noch nicht für Besucher zugänglich. Ein ansehnlicher Teil der Grotte kann über ein Netz aus Stegen erkundet werden, auf denen man aber leicht ausrutschen kann, wenn sie nass sind. Stalaktiten, Stalagmiten und bizarre Felsformationen schaffen eine gespenstische Atmosphäre, Teile der Höhle sind mit einem wechselnden Farbschema beleuchtet. Normalerweise darf die Höhle nur in Gruppen unter Begleitung eines Guides betreten werden.

In Zoniana kann man das schrullige **Wachsfigurenkabinett Potamianos** (☎ 28340 61087; Eintritt 3,50 €; ⌚ 10 Uhr–Sonnenuntergang) besichtigen, Kretas Antwort auf Madame Tussaud. Zu sehen sind 103 bedeutende Wachspersönlichkeiten aus Kretas Geschichte inmitten beeindruckender Nachbildungen historischer Momente, darunter eine Geheimschule und makabre Hinrichtungsszenen. Der inzwischen über 70-jährige Dionysis Potamianos und seine Ehefrau brauchten mehr als ein Vierteljahrhundert, um ihre Privatsammlung aufzubauen. Die Straße führt weiter zum Dorf **Axos**, dank seiner beschaulichen kretischen Atmosphäre ein beliebter Zwischenstopp für Touristenbusse. Tagsüber herrscht Ruhe im Dorf, doch abends veranstalten die Tavernen auf ihren Terrassen „kretische Folkloreabende" für Touristen.

ANOGIA ΑΝΩΓΕΙΑ

2125 Ew.

Wenn ein Ort auf der Insel die wesentlichen Elemente verkörpert, die das „echte" Kreta ausmachen, dann Anogia, ein bäuerliches Dorf an den Hängen des Psiloritis.

Anogia ist bekannt für das rebellische Temperament seiner Bewohner und ihre Entschlossenheit, am unverfälschten kretischen Charakter des Orts festzuhalten. Anogia ist eine Macho-Hochburg: Seine *kafenia* am Dorfplatz sind Domänen der Schnurrbartträger. Die älteren gehen oft noch in traditioneller Tracht (ausgebeulte Hosen und Kopfschmuck), die jüngeren fahren fette Geländewagen. Die Frauen bleiben hinter

EINE KRETISCHE AFFÄRE

Anogia ist berühmt für seine wilden und extravaganten Hochzeitsfeiern, die traditionell auf den Plätzen im Dorf stattfinden. 2000 Gäste sind nichts Ungewöhnliches, und fast alle Dorfbewohner machen mit. Am Hochzeitstag versammeln sich Familie und Freunde, um den Bräutigam in einem Musikumzug durchs Dorf zum Haus der Braut zu geleiten.

Die Stakkatosalve eines Maschinengewehrs oder in die Luft abgefeuerte Pistolenschüsse zeigen den Start der Prozession an. Versuche, diese Praxis zu verbieten, waren bisher nur mäßig erfolgreich. Am Haus der Braut werden der Bräutigam und seine Begleitung mit Gewehrfeuer, Wein, Lamm und Wassermelonen begrüßt. Dann marschieren beide Gruppen zusammen zur Trauungszeremonie in die Kirche, danach steigt die Party auf einem der Dorfplätze oder in einer Taverne. Zunächst gibt's reichlich zu essen – meist große Stücke Lamm und Wassermelone – und Unmengen zu trinken, anschließend wird bis Sonnenaufgang gefeiert und getanzt. Falls die Veranstaltung draußen stattfindet, hat niemand etwas dagegen, wenn sich Besucher diskret unter die Feiernden mischen. Tanzen sollten Gäste allerdings nur auf Aufforderung, da für jedes Lied normalerweise von einer Gruppe bezahlt wird, damit sie ungestört tanzen kann. Wer am Wochenende in Anogia ist, sollte sich ruhig mal umhören: Manchmal kann man eine Einladung zu so einem denkwürdigen Ereignis abstauben. Ansonsten einfach den Lieferwagen mit Fleischbergen auf der Pritsche folgen oder dem Krach der Pistolenschüsse.

den Kulissen oder verkaufen traditionelles Kunsthandwerk, mit dem die Läden des Orts vollgestopft sind.

Anogia ist für seine mitreißende Musik bekannt und hat eine überproportionale Anzahl der bekanntesten Musiker Kretas hervorgebracht, s. S. 56. Einer davon ist der legendäre Nikos Xylouris, dessen Geburtshaus am Hauptplatz eine Art Kulttempel im Kleinformat ist. Das dortige *kafenion* leitet seine Schwester.

Im Zweiten Weltkrieg war Anogia ein Zentrum des Widerstands gegen die Nazis. Die Deutschen erschossen alle Männer im Dorf, weil sie alliierte Soldaten versteckt und an der Entführung von General Kreipe mitgewirkt hatten. Die schwarzen Hemden, die die Männer hier immer noch tragen, sind ein Zeichen der Trauer. Heute ist Anogia das Zentrum einer gutgehenden Schafwirtschaft und eines blühenden Tourismusgeschäfts. Neugierige Griechen zählen ebenso zu den Besuchern wie ausländische Urlauber, die ein Kreta jenseits des Touristenrummels der Küste suchen. Mit spontanen, lebhaften Sessions traditioneller kretischer Versreimlieder (*mantinades*) in Tavernen oder Cafés ist jederzeit zu rechnen, vor allem während der Schafschur im Juli; dazu fließen reichliche Mengen Raki. Die Nachtruhe wird oft durch Pistolenschüsse gestört.

Hinter dem Hauptplatz des unteren Dorfabschnitts zeigt das kleine **Grilios-Museum** (☎ 28340 31593) die ausgefallenen Stein- und Holzskulpturen des einheimischen Künstlers Alkiviadis Skoulas. Leiter des Museums ist sein Sohn Yiorgos, der gern mal spontan zur Lyra greift. Falls die Tür verschlossen ist, einfach nebenan klopfen oder am Platz nachfragen.

Orientierung & Praktische Informationen

Der Ort erstreckt sich über einen Berghang, wobei die Textilläden in der unteren Ortshälfte und die meisten Unterkünfte und sonstigen Geschäftsbetriebe in der oberen Hälfte zu finden sind. Zwischen Unter- und Oberdorf sind oft steile Kletterpartien zurückzulegen. Es gibt einen Geldautomaten und ein Postamt im Oberdorf.

Infocost (☎ 28340 31808; 3 € pro Std.; 🕓 17 Uhr–spät) im Oberdorf hat Internetzugang.

Feste & Events

Am Wochenenden findet meist irgendwo in Anogia eine offizielle oder inoffizielle Veranstaltung statt.

An einer **Hochzeit** in Anogia nimmt das ganze Dorf teil, s. Kasten. Ende Juli finden im Ort Kulturveranstaltungen und Konzerte statt. In die gleiche Zeit fällt das **Yakinthia-Festival** (www.yakinthia.com), das der Musiker Loudovikos ton Anogion organisiert; dazu gehören Openairkonzerte auf einem Platz an den Hängen des Psiloritis. Das genaue Programm ist den Plakaten zu entnehmen, die ab Mitte Juli in Anogia aushängen, oder auch im Internet zu finden.

Schlafen & Essen

Kitros (☎ 28340 31429; DZ 25 €) ist die einzige Unterkunft im unteren Ortsteil. Die Zimmer haben zivile Preise, teilen sich aber jeweils zu zweit ein Bad. Sie liegen über einer Taverne (Grillgerichte 4–7 €), die durchaus vorzeigbare Speisen auftischt, darunter *gigantes* (weiße Riesenbohnen) oder gebackenes Lamm mit Kartoffeln. Der hausgemachte Wein und Raki ist auch nicht zu verachten.

Rooms Aris (☎ 28340 314817; DZ 30 €) Dieses Quartier neben dem Aristea bietet nicht nur einen der schönsten Panoramablicke in Anogia, sondern auch saubere, gemütliche Zimmer mit neuen Bädern.

Hotel Aristea (☎ 28340 31459; DZ mit Frühstück 40 €) Dieses freundliche Hotel im Oberdorf hat schlichte, aber gut ausgestattete Zimmer mit TV, Bad und Balkon samt schöner Aussicht und frischer Brise. Der Besitzer vermietet auch die ausgezeichneten modernen Studios nebenan.

Ta Skalomata (☎ 28340 31316; Grillgerichte 4–8 €) Das älteste Restaurant am Ort wartet mit einer großen Auswahl an Grillfleisch und kretischen Gerichten zu sehr annehmbaren Preisen auf. Die Zucchini mit Käse und Aubergine sind sehr lecker, ebenso das selbst gebackene Brot. Das Haus auf der Ostseite des Oberdorfs bietet einen wunderbaren Ausblick.

Aetos (☎ 28340 31262; Grillgerichte 5–8,50 €) Die beliebte Taverne im Oberdorf hat vor dem Haus einen gigantischen, fleischbestückten Holzkohlegrill und nach hinten raus eine phantastische Aussicht auf die Berge. Sie ist traditionell eingerichtet und serviert gute kretische Kost. Eine regionale Spezialität ist *ofto* (auf offener Flamme geröstetes Lamm- oder Ziegenfleisch). Hier gibt's auch das lokale Standardgericht: in Brühe gekochte Spaghetti mit Käse.

Etwa 2 km außerhalb von Anogia an der Straße zur Nida-Hochebene steht die geräumige Taverne **Delina** (☎ 28340 31701). Sie gehört dem bekannten kretischen Lyra-Spieler Vasilis Skoulas, der sich hier auch gelegentlich blicken lässt. Das Lokal eignet sich allerdings besser für große Veranstaltungen als für ein gemütliches Abendessen. Nebenan erstreckt sich die neue **Ferienanlage Delina Mountain** (www.delina.biz), ein luxuriöser, ganzjährig geöffneter Komplex mit Hallenbädern, Sauna und *hammam*.

Falls der Hauptplatz des Unterdorfs für eine Kaffeepause zu einschüchternd wirkt, ist der hübsche, schattige Platz neben der Agios-Yiorgos-Kirche weiter oben eine gute Alternative. Unbedingt probieren: die himmlische Schafsmilch-Eiscreme und *galaktoboureko* (Teigtaschen mit Vanillecremefüllung) bei **Skandali Zaharoplasteio** (☎ 28340 31236).

An- & Weiterreise

Täglich kommen vier Busse aus Iraklion (s. S. 176; 3,40 €, 1 Std.). Von montags bis freitags laufen täglich zwei Busse aus Rethymnon ein (4,50 €, 1¼ Std.).

PSILORITIS ΟΡΟΣ ΨΕΙΛΟΡΙΤΗΣ

Der imposante Berg Psiloritis, auch Ida genannt, ist mit 2456 m der höchste Berg Kretas. An seiner Ostseite liegt die als Schafweide

WANDERN AM PSILORITIS

Von der Nida-Hochebene führt der E4-Trail auf den Gipfel des Psiloritis, der auch **Timios Stavros** (Heiliges Kreuz) genannt wird. Die Wanderung zum Gipfel und zurück dauert von der Nida-Ebene etwa sieben Stunden. Hochgebirgskondition ist dabei kein Muss, aber der Weg ist lang und strapaziös, und der Blick vom Gipfel wird manchmal durch Hitzedunst oder Wolken getrübt. Knapp oberhalb der Nida-Ebene führt eine kurze Abzweigung zur **Ida-Höhle** auf 1495 m Höhe. Auf dem Weg zum Gipfel bieten einige *mitata* Schutz vor unfreundlichem Wetter. Auf dem Gipfel selbst steht eine kleine Kapelle in Trockenmauerbauweise mit Doppelkuppel.

Ein alternativer Hin- oder Rückweg beginnt (bzw. endet) in **Fourfouras** am Rand des Amari-Tals, weitere 3½ Wanderstunden westlich des Gipfels. Etwa auf halbem Weg liegt eine Berghütte. Von Fourfouras führt der E4-Trail weiter nach **Spili**; wer auf die Extraetappe keine Lust hat, steigt hier in den Bus. Eine dritte Route zum bzw. vom Berg verläuft südlich ab dem Dorf **Kamares** (5 Std.). Auf halbem Weg liegt die **Kamares-Höhle**, in der zahlreiche bemalte Vasen aus der Minoerzeit gefunden wurden. Sie ist bei Besuchern der Südseite des Psiloritis als Ziel für eine Tageswanderung beliebt.

Die beste Wanderkarte für diese Region ist die Anavasi-Karte des Psiloritis (Berg Ida) im Maßstab 1:25 000, s. S. 237).

genutzte **Nida-Hochebene** inmitten mächtiger Berge. Die 22 km lange, kurvenreiche Asphaltstraße von Anogia die Hochebene hinauf ist zu Frühjahrsbeginn von Wildblumen umwuchert. Unterwegs passiert man viele *mitata*, das sind runde, steingemauerte Schäferhütten, die manchmal von Hunden bewacht werden.

Die surrealen, kuppelgekrönten Gebäude in einer mondähnlichen Landschaft weiter östlich bilden das **Skinakas-Observatorium**, die bedeutendste Sternwarte des Landes. Es ist möglich, zu der 1750 m hoch gelegenen Stätte zu fahren, um den spektakulären Ausblick zu genießen, doch die nachtaktiven Astronomen haben nicht so viel Lust auf Tagesbesucher. Zwischen Mai und September ist das Observatorium einmal im Monat für die Öffentlichkeit zugänglich, und zwar bei Vollmond zwischen 17 und 23 Uhr; im Juli und August sind englischsprachige Guides zugegen. Weitere Informationen auf der Website www.skinakas.org.gr.

Das größte historische Highlight des Psiloritis ist die **Ida-Höhle**. Hier wurde der Sage nach der Gott Zeus aufgezogen. Sie war vielleicht schon im frühen Neolithikum bewohnt. Besucher dürfen hineinschauen, die Höhle ist aber hauptsächlich vom historischen Standpunkt interessant. Zu sehen ist nur eine riesige Grotte ohne besondere Merkmale, in der Altholz und ausgediente Eisenbahnschienen herumliegen.

DIE SÜDKÜSTE

Auf dem Weg von Spili zur Küste wird die Landschaft immer dramatischer und bietet herrliche Ausblicke aufs Libysche Meer. Die Strecke zum Küstenort Plakias führt zuerst nach Westen und dann nach Süden. Dabei durchquert sie die wilde **Kourtaliotiko-Schlucht**, durch die der Megalou Potamou rauscht, bevor er sich am **Strand von Preveli** ins Meer ergießt. Nördlich von Plakias liegt die spektakuläre **Kotsifou-Schlucht**.

PLAKIAS ΠΛΑΚΙΑΣ

186 Ew.

Plakias zählt zu den betriebsamsten Ferienorten an der Südküste. Die gut geführte Jugendherberge sorgt für ein jüngeres Publikum als in vielen anderen Badeorten dieser Gegend. Die mittelgroßen Hotels und *domatia* im Ort locken einen Mix aus Pauschal- und Individualreisenden an. Außerhalb der Saison ist Plakias ein beliebtes Ziel für Familien und ein reiferes Publikum.

Plakias bietet einige recht anständige Esslokale, schöne Wanderstrecken durch die Umgebung, einen großen Sandstrand und ausreichend Aktivitäten und Nachtleben, um keine Langeweile aufkommen zu lassen. Der Ort eignet sich auch gut als Ausgangspunkt zur Erkundung der Region und hat mehrere ausgezeichnete Strände in der Nähe.

Orientierung & Praktische Informationen

In Plakias kann man sich kaum verlaufen. Die Hauptstraße führt am Strand entlang, eine Parallelstraße verläuft einen Block landeinwärts. Die Bushaltestelle ist in der Mitte der Strandpromenade.

Im Ort gibt es zwei Geldautomaten. Das Reisebüro **Monza Travel Agency** (☎ 28320 31882) in der Nähe der Bushaltestelle vermittelt Unterkünfte, Mietwagen und Touren. Das Postamt ist in der Straße, die bei Monza Travel abzweigt.

E-Mails abrufen kann man bei **Frame** (☎ 28320 31522; 4 € pro Std.; 🕑 9 Uhr–spät) über dem Supermarkt oder im **Youth Hostel Plakias** (☎ 28320 32118; 3,60 € pro Std.).

Aktivitäten

Belebte **Wanderwege** führen zum wunderbar gelegenen Dorf Sellia, zum Moni Finika und nach Lefkogia. Ein echter Traum ist die Wanderung durch die spektakuläre Kourtaliotiko-Schlucht zum Moni Preveli. Der einfache, 30-minütige Fußweg bergauf zum Dorf Myrthios beginnt gleich vor der Jugendherberge.

Geführte Wanderungen – darunter auch eine zum Preveli-Strand inkl. Rückfahrt per Boot (30 €) – organisiert **Anso Travel** (☎ 28320 31712; www.ansotravel.com). Das **Alianthos Beach Hotel** (☎ 28320 31196) vermittelt Ausritte zu Pferde und Ponyreiten für Kinder.

In Plakias gibt es mehrere Tauchveranstalter. Einer der ersten war **Kalypso Rock's Palace Diving Center** (☎ 28320 31895; www.kalypsodivingcenter.com), das eine beeindruckende Basis in der Nähe betreibt und diverse Pakete zum Tauchen und Schnorcheln im Angebot hat. Ein weiteres angesehenes Unternehmen ist **Phoenix Diving Club** (☎ 28320 31206; www.scubacrete.com).

Ein Anlaufpunkt für **Bootsfahrten** nach Preveli (hin und zurück 12 €) ist der Besitzer der Taverne Tasomanolis (s. unten), der selbst auch Fischer ist.

Leseratten freuen sich über die **Plakias Lending Library** (So, Mo & Mi 9.30–12.30, Di, Do & Sa 17–19.30 Uhr); die Leihbücherei hinter der Jugendherberge hat eine ausgezeichnete Sammlung von Büchern, Videos und DVDs in mehreren Sprachen.

Schlafen

Die meisten Unterkünfte sind an einer hölzernen Infotafel an der Hauptstraße angeschlagen. Zusätzliche Hotelinformationen im Internet unter www.plakias-filoxenia.gr.

Camping Apollonia (☎ 28320 31318; Erw./Zelt 5,50/3,50 €;) Der Platz rechts der Hauptzufahrtstraße nach Plakias ist angenehm schattig, wirkt aber ziemlich schmuddelig und heruntergekommen.

Youth Hostel Plakias (☎ 28320 32118; www.yhplakias.com; B 9 €;) Für Leute, die auf eigene Faust unterwegs sind, ist die Jugendherberge das ideale Nachtlager in Plakias. Der britische Herbergsvater Chris betreibt hier eine anheimelnde Unterkunft mit pieksauberen Schlafräumen, renovierten Toiletten und Duschen, Rasenflächen, schattiger Veranda, Volleyballplatz und Internetzugang. Die Atmosphäre gewinnt außerdem durch seine breit gefächerte Musiksammlung. Die Jugendherberge liegt zehn Fußminuten von der Bushaltestelle entfernt und ist ausgeschildert.

Castello (☎/Fax 28320 31112; Zi./Studio 30/33 €; P) Der gelassene Betreiber Christos und sein üppig grüner, schattiger Garten machen diese Herberge zu einem Wohlfühlparadies. Alle Zimmer sind kühl und sauber und haben einen Kühlschrank, z. T. auch Kochgelegenheit und einen schattigen Balkon. Die großen Apartments mit zwei Schlafzimmern (45–55 €) sind ideal für Familien. Klimaanlage kostet 5 € extra.

Paligremnos Studios (☎ 28320 31835; www.paligremnos.com; Zi. 35–40 €;) Diese familienbetriebenen Studios am östlichen Ende des Strands sind schon etwas älter, aber dennoch eine ordentliche Budgetunterkunft. Alle haben Küchenzeilen, einige auch einen Balkon mit tollem Ausblick. Eine schattige Taverne gehört auch dazu.

Pension Thetis (☎ 28320 31430; thetisstudios@gmail.com; Studios 45–70 €;) Die sehr attraktiven, familienfreundlichen Studios wurden modernisiert und haben Kühlschrank, Kochgelegenheit, Kaffeemaschine und Satelliten-TV. Der kühle, schattige Garten lädt zum Relaxen ein, einen kleinen Spielplatz für den Nachwuchs gibt's auch.

Alianthos Garden Hotel (☎ 28320 31280; www.alianthos.gr; DZ mit Frühstück 70 €;) Das moderne Hotel mit Blick aufs Meer liegt am Ortseingang gleich neben der Straße. Gemütliche Einrichtung im traditionellen Kretastil.

ABSTECHER: ASOMATOS

An der Straße nach Plakias und Preveli steht im Dorf **Asomatos** das faszinierende **Privatmuseum von Papa Michalis Georgoulakis** (☎ 28320 31674; www.plakias.net; Eintritt 2,50 €; 10–15 Uhr). Der über achtzigjährige Priester hat eine außergewöhnliche Sammlung zusammengetragen: kirchliche und historische Gegenstände, Erinnerungsstücke, Waffen, Briefe und Plakate der kretischen Widerstandsbewegung, Ikonen und Haushaltsgegenstände. Die Exponate sind in einem kuriosen, vollgestopften Haus mitten im Dorf ausgestellt – mit bezauberndem Innenhof und einem kleinen Café, wo man Raki und Öl der Familie kaufen kann.

Essen

Die Hafenrestaurants mit bebilderten Speisekarten sind größtenteils nur mittelmäßig.

Taverna Christos (☎ 28320 31472; Tagesgerichte 5–11 €) Diese etablierte Taverne am Hafen hat eine romantische Terrasse mit schattigen Tamarisken und Blick aufs Meer. Gute Auswahl an kretischen Speisen und Frischfisch, außerdem wechselnde Tagesgerichte.

Lisseos (☎ 28320 31479; Gerichte 5,30–8,50 €; ab 19 Uhr) Die Lage unterhalb der Straße unweit der Brücke ist nicht gerade inspirierend, aber das Restaurant serviert die beste Hausmannskost in Plakias – Spezialität *mayirefta*.

Tasomanolis (☎ 28320 31129; gemischte Fischplatte für 2 Pers. 16,50 €) Die traditionelle Fischtaverne am Westende des Strands wird von einem begeisterten Fischer betrieben. Seinen Fang serviert er in gegrilltem Zustand mit Wildgemüse und Wein auf einer hübschen Terrasse mit Strandblick.

LP Tipp **Iliomanolis** (☎ 28320 51053; Hauptgerichte 4–6 €) Die Fahrt durch die spektakuläre Kotsifou-Schlucht lohnt sich schon allein, um im Dorf Kanevos eine herzhafte kretische

Mahlzeit nach Hausmacherart zu genießen – in bezaubernder Lage mit der Schlucht zur einen Seite und einem Wald zur anderen. Dieses Restaurant ist berühmt für seine ausgezeichnete Kost, Besitzerin Maria zeigt ihren Gästen gern die verführerischen Mahlzeiten in der Küche (20–25 verschiedene Gerichte pro Tag). Das Fleisch kommt vorwiegend aus eigener Herstellung, außerdem können Gäste hier Wein, Olivenöl und Raki kaufen, allesamt vor Ort produziert.

Ein bei den Gästen der Jugendherberge beliebtes und billiges *souvlaki*-Schnellrestaurant ist **Nikos Souvlaki** (☎ 28320 31921), doch die Einheimischen schwören auf die *souvlaki* und Gegrilltes bei **To Xehoristo** (☎ 28320 31214). Außerdem empfehlenswert: die Grillgerichte bei **Sifis** (☎ 28320 31001) und die Taverne **Siroko** (☎ 28320 32055), direkt hinter Tasomanolis.

Unterhaltung

Im Sommer hat Plakias eine gute Partyszene. Die meisten Touristen zieht es in eine Handvoll angesagter Schuppen, darunter die tolle Strandbar am mittleren Strandabschnitt. Die jungen Hostelgäste stehen auf Ostraco, aber auch Finikas ist ein beliebter Treff.

An- & Weiterreise

Im Sommer fahren sechs Busse pro Tag nach Rethymnon (3,50 €, 1 Std.). Wer von Plakias nach Agia Galini will, nimmt den Rethymnon-Bus bis zur Koxare-Kreuzung (in den Fahrplänen als „Bale" aufgeführt) und wartet dort auf den Bus nach Agia Galini. Die Busverbindungen nach Plakias sind im Sommer gut, im Winter hingegen praktisch nicht existent. An der Bushaltestelle hängt ein Fahrplan aus.

Unterwegs vor Ort

Cars Alianthos (☎ 28320 31851; www.alianthos.com) ist eine zuverlässige Autovermietung.

Easy Ride (☎ 28320 20052; www.easyride.gr) verleiht Mountainbikes, Motorroller und Motorräder in der Nähe der Post.

RUND UM PLAKIAS

Myrthios Μύρθιος

208 Ew.

Dieses nette Dorf an einem Hang oberhalb von Plakias ist eine Alternative zur Übernachtung in Plakias und nicht allzu weit vom Strand und von der Action entfernt, wenn man ein Auto hat; ansonsten sind es ca. 20 Min. zu Fuß bis Plakias. Vom Dorf bieten sich spektakuläre Ausblicke auf die Bucht.

Niki's Studios & Rooms (☎ 28320 31593; Zi./Studio/3BZ 25/30/40 €; ❄) hat einfache, gemütliche Zimmer, außerdem Studios mit Kochnische, Kühlschrank und Klimaanlage.

LP Tipp **Anna Apartments** (☎ 6973 324 775; www.annaview.com; DZ Studios 39–55 €; ❄) Die attraktiven, geräumigen Studios und Apartments sind ideal für einen längeren Aufenthalt: großer Balkon, komplett ausgestattete Küche und in puncto Komfort und Gemütlichkeit über dem Durchschnitt.

Stefanos Village (☎ 28320 32252; www.plakias.com; Studio/Apt. ab 68/88 €; 🏊) Ausgezeichnete Mittelklasseunterkunft am Dorfrand, mit Panoramablick vom verführerischen Horizont-Pool. Der Familienbetrieb mit drei Etagen hat Studios und Apartments, die großen Balkone blicken direkt aufs Meer. Die meisten haben komplett ausgestattete Küchen.

LP Tipp **Plateia** (☎ 28320 31560; Hauptgerichte 5,50–9 €), besser bekannt als Friderikos' (nach dem freundlichen Besitzer), bietet einen schönen Blick aus dem steingemauerten Hof. Das hervorragende Essen stellt auch anspruchsvolle einheimische Gaumen zufrieden. Sehr lecker ist das Schweinefrikassee mit Kartoffeln und einem Gläschen Hauswein dazu.

Moni Preveli Μονή Πρέβελη

Das gepflegte **Moni Preveli** (☎ 28320 31246; www.preveli.org; Eintritt 2,50 €; 🕑 Mitte März–Mai 8–19 Uhr, Juni–Okt. 9–13.30 & 15.30–19.30 Uhr) liegt in grandioser Einsamkeit hoch über dem Libyschen Meer. Der Weg dorthin führt an einem Kriegerdenkmal an der Steilküste vorbei, mit Statuen eines bewaffneten Priesters und eines Commonwealth-Soldaten. Am Parkplatz außerhalb des Klosters gibt es einen Aussichtspunkt mit phantastischem Panorama auf die Südküste.

Die Ursprünge des Klosters sind ungewiss. Die meisten historischen Dokumente sind durch die wiederholten Zerstörungen im Laufe der Jahrhunderte verloren gegangen. Der Brunnen trägt die Jahreszahl „1701", doch das Kloster wurde möglicherweise viel früher gegründet. Wie die meisten kretischen Klöster spielte auch Preveli eine bedeutende Rolle bei den Aufständen gegen die Türkenherrschaft. 1866 war es ein Zentrum des Widerstands, was die Türken veranlasste, es in Brand zu stecken und die Ernte der umliegenden Felder zu vernichten. Nach der Schlacht um Kreta im Zweiten Weltkrieg versteckten sich hier viele Soldaten der Alliierten bis zu ihrer Evakuierung nach Ägypten. Als Vergeltung plünderten die Deutschen das Kloster.

Das **Klostermuseum** hütet einen Leuchter, den dankbare britische Soldaten dem Kloster nach dem Krieg schenkten. Die 1836 erbaute Kirche lohnt einen Besuch schon wegen ihrer hervorragenden Sammlung von über 100 Ikonen, einige davon aus dem frühen 17. Jh. Es gibt mehrere schöne Arbeiten des Mönchs Michail Prevelis, u. a. eine wunderbare Ikonentafel mit einer farbenfrohen Darstellung von *Adam und Eva im Paradies* in der Altarmitte.

Etwa 1 km vorm Kloster führt eine Abzweigung bergab zu einem großen Parkplatz (2 €). Von dort geht's über einen steilen Fußweg die 425 Stufen zum Strand von Preveli hinunter.

Von Juni bis Ende August fahren täglich vier Busse von Rethymnon zum Moni Preveli (3,90 €, 1¼ Std.).

Preveli-Strand Παραλία Πρέβελη

Der Strand von Preveli – offiziell Paralia Finikodasous („Palmenstrand") – am unteren Ende der Kourtaliotiko-Schlucht gehört zu Kretas meistfotografierten und beliebtesten Stränden. Der Fluss Megalou Potamou legt sich am hinteren Strandende in einem Bogen um die Badegäste und ergießt sich dann ins Libysche Meer. Der von Oleandersträuchern und Palmen gesäumte Strand war bei wilden Campern sehr beliebt, bis selbst dieses schlichte Vergnügen offiziell verboten wurde. Der Strand ist vorwiegend sandig und bietet an beiden Enden natürlichen Schatten, es werden aber auch Sonnenschirme und Liegen vermietet. Das kühle, saubere Wasser der geschützten Bucht ist ideal zum Schwimmen und Tauchen. In der Saison sind hier ein paar Snackbars geöffnet.

Am palmengesäumten Flussufer stromaufwärts gibt es einige kalte Süßwasserbecken, in denen es sich wunderbar schwimmen lässt. Eine Leihstelle für Tretboote ist ebenfalls vorhanden. Ein steiler Pfad führt von einem Parkplatz 1 km vor Moni Preveli zum Strand hinunter. Wer mit dem Auto bis auf wenige Hundert Meter an den Strand heranfahren möchte, kann einer beschilderten, 5 km langen Schotterstraße folgen, die von der Hauptstraße zum Moni Preveli an einer Steinbrücke abzweigt; dort bietet sich ein Stopp zum Mittagessen oder für ein Erfrischungsgetränk bei **Gefyra** (☎ 69367 04126) an. Die Straße endet am Amoudi-Strand, von dort noch 500 m zu Fuß nach Westen über die Landzunge und schon ist man da.

Von Plakias verkehrt von Juni bis Ende August ein Boot zum Preveli-Strand, außerdem fahren Wassertaxis von Agia Galini hin.

Strände rund um Plakias

Zwischen den Stränden von Plakias und Preveli liegen mehrere abgeschiedene Buchten, die bei Wildcampern und FKKlern beliebt sind. Der **Damnoni-Strand** ist trotz seiner gigantischen Hapimag-Ferienanlage außerhalb der Hochsaison ein angenehmes Plätzchen.

Westlich schließt sich **Souda** an, ein ruhiger Strand mit ein paar Zimmern und zwei Tavernen. Weiter geht's nach Westen über Sellia und **Rodakino** zu den unaufdringlichen Badeorten **Polyrizos-Koraka** (auch als Rodakino bezeichnet), wo es nur eine Handvoll Tavernen und ein paar kleine Hotels an einem netten Sandstrand gibt – ideal für ein paar Tage Ausspannen am Strand.

Panorama (☎ 28320 32179; DZ 30–40 €; ❄), am westlichen Ende vom Rodakino-Strand, hat ordentliche Budgetzimmer mit Ausblick auf einer Anhöhe über dem Strand, hinter der strohgedeckten Taverne. Die besten Zimmer sind die neueren Studios für Selbstversorger: geschmackvolle Fliesenböden, gut ausgestattete Küchenzeilen, Doppelbetten, Leselampen und neue Möbel.

AGIOS PAVLOS & TRIOPETRA ΑΓΙΟΣ ΠΑΥΛΟΣ & ΤΡΙΟΠΕΤΡΑ

Kein Wunder, dass sich einige Yogazentren (s. S. 239) in der Nähe der herrlichen, abgelegenen Sandstrände von Agios Pavlos und Triopetra angesiedelt haben. Die friedlichen, naturbelassenen Strände werden von Sanddünen und schroffen Felsen gesäumt und gehören wohl zu den schönsten unberührten Abschnitten der kretischen Küste.

Agios Pavlos nimmt für sich in Anspruch, der Ort zu sein, von dem Ikarus und Dädalus ihren sagenhaften Flug antraten. Diese Ehre wird dem Ort allerdings vom nahen Agia Galini streitig gemacht.

Agios Pavlos besteht aus wenig mehr als ein paar Zimmervermietungen und Tavernen rund um eine kleine, malerische Bucht mit

Sandstrand. Es gibt ein paar eindrucksvolle Felsformationen auf dem Kap, das zur ersten der drei spektakulären Sandbuchten führt (ca. 10 Min. Fußweg, danach wird es mühsamer). Die Sanddünen erstrecken sich bis ganz nach oben, was umwerfend aussieht, aber an sehr windigen Tagen etwas lästig werden kann. In den am weitesten entfernten Buchten ist am wenigsten los, doch selbst dort stehen ein paar Strohsonnenschirme und Liegen bereit.

Triopetra ist nach den drei riesigen Felsen benannt, die gleich vor der Küste aus dem Meer ragen. Zu erreichen ist es von Agios Pavlos (300 m der Strecke sind unbefestigt, aber befahrbar) oder über eine kurvenreiche, 12 km lange Asphaltstraße vom Dorf **Akoumia** aus, das an der Straße von Rethymnon nach Agia Galini liegt. Gleich hinter Akoumia steht die byzantinische Kirche **Metamorphosis tou Sotira** mit schönen Fresken aus dem Jahr 1389.

Es gibt auch eine Teerstraße zum **Agia-Irini-Strand** über das Dorf Kerames.

Obwohl die Straßen zu diesen Stränden seit einigen Jahren asphaltiert sind und bis nach Ligres verlängert wurden (eine Fortführung bis Preveli ist geplant), hat der Tourismus hier bislang noch nicht allzu sehr gewütet. Es gibt keine öffentlichen Verkehrsmittel zu diesen Stränden.

Schlafen & Essen

Agios Pavlos Hotel & Taverna (☎ 28320 71104; www.agiospavloshotel.gr; Agia Irini; DZ 30–40 €) Der Familienbetrieb am Agia-Irini-Strand vermietet schlichte Zimmer im Hauptgebäude, deren kleine Balkone Meerblick haben. Dazu kommen einige Zimmer unterhalb der schattigen Terrasse der Taverne, die gutes kretisches Essen serviert (*mayirefta* 4,50–7 €). Die Cafébar nebenan ist der richtige Ort für Frühstück und Drinks oder um im Netz zu surfen. Zur Taverne gehört ein Minimarkt. Dieselbe Familie vermietet auch große Studios für Selbstversorger im Komplex **Kavos Melissa** (Zi. 45 €) weiter oben auf der Klippe.

Yirogiali Taverna & Rooms (☎ 6974 559 119; Triopetra; DZ/3BZ 35/40 €; ❄) Zwei Brüder, deren Mutter in der Küche am Herd steht, betreiben diese Taverne direkt am großen Strand von Triopetra. Die Zimmer kamen erst vor Kurzem hinzu: Marmorböden, Bad, attraktives Holzmobiliar, Kühlschrank, TV und Balkon.

Pavlos Taverna Pension (☎/Fax 28310 25189; www.triopetra.com.gr; DZ/3BZ/4BZ 30/35/45 €), am kleineren Oststrand von Triopetra, ist die richtige Wahl für alle, die echte Einsamkeit suchen. Die anständigen Zimmer haben kleine Kochnischen und großartigen Meerblick. Die dazugehörige Taverne serviert Fleisch aus der Region, frischen Fisch und Hummer (den Besitzer Pavlos normalerweise selbst fängt), als Beilage gibt's Biogemüse aus eigenem Anbau.

Nicht weniger einsam liegt die **Ligres Beach Taverna** (☎ 6972 524 425), eine kleine, familienbetriebene Taverne mit einfachen Zimmern an einem atemberaubenden Strand, der im Ort Kerames ausgeschildert ist.

AGIA GALINI ΑΓΙΑ ΓΑΛΗΝΗ

855 Ew.

Agia Galini ist ein weiteres einstiges Fischerdorf, das durch übertriebenen Ausbau für den Pauschaltourismus viel von seinem ursprünglichen Charme verloren hat. Agia Galini war einmal der Hafen für die antike Stadt Sybritos.

Der Ort ist zwischen dem Meer und hohen Sandsteinfelsen sowie Reihen von Hotels und *domatia* eingezwängt und kann dadurch recht erdrückend wirken. Von den Strandorten der Südküste ist dies wohl der touristischste, aber im Vergleich mit der Nordküste immer noch harmlos. In der Hochsaison ist hier eine Menge los. Besonders abends herrscht eine tolle Atmosphäre, aber ansonsten ist Agia Galini inzwischen ein gesetzter Ferienort für Leute mittleren Alters und Familien.

Agia Galini ist eine gute Ausgangsbasis für Abstecher nach Festos und Agia Triada. Der örtliche Strand ist überfüllt, aber Boote fahren zu besseren Stränden.

Orientierung & Praktische Informationen

Informationen im Internet gibt's unter www.agia-galini.com. Der Busbahnhof liegt am oberen Ende der Zufahrtsstraße, direkt dahinter steht das Postamt. Es gibt Geldautomaten, Reisebüros, viele Cafés mit Internetzugang – darunter **Hoi Polloi** (☎ 28320 91102; 4 € pro Std.; 🕑 9 Uhr–spät) – und einen **Waschsalon** (🕑 10–14 & 17–21 Uhr) in der Straße gegenüber der Post.

Geführte Touren

In Hafennähe vermittelt **Cretan Holidays** (☎ 28320 91241) Unterkünfte und diverse Bustouren, z. B. Knossos (42 €), Westkreta-Rundreise mit Chania, Rethymnon und Arkadi (45 €), Samaria-Schlucht (44 €) und eine Rundreise zu Dörfern und Bauernhöfen mit einheimischer Küche (45 €). Auf dem Programm stehen auch ganztägige Bootstouren nach Agiofarango (44 € inkl. Mittagessen).

Schlafen

Eigentlich herrscht in Agia Galini kein Mangel an Übernachtungsmöglichkeiten, doch in der Hochsaison wird ein Großteil der Unterkünfte von Reiseveranstaltern belegt.

Agia Galini Camping (☎ 28320 91386; Erw./Zelt 6/4 €) Der gut geführte Campingplatz am Strand liegt 2,5 km östlich des Orts und ist an der Straße Iraklion–Agia Galini beschildert. Er hat reichlich Schatten, einen Pool, ein Restaurant und einen Minimarkt.

Adonis (☎ 28320 91333; www.agia-galini.com; Zi. 50–120 €;) Dieses attraktive Hotel verteilt sich auf mehrere Gebäude. Alle Gäste in den Zimmern, Studios und Apartments dürfen den großen Pool benutzen. Die Zimmer sind sauber und hell; viele wurden renoviert, einige haben Balkon mit Meerblick.

Stohos Rooms & Taverna (☎ 28320 91433; DZ mit Frühstück 40–45 €;) Das Quartier am Hauptstrand hat Apartments mit Kochnische und großem Balkon. Die großen Studios im Erdgeschoss sind ideal für Familien oder Gruppen. Der sympathische Fanourios führt die ausgezeichnete Taverne im Erdgeschoss – Tipp: *kleftiko* oder andere Gerichte aus dem Lehmofen (8,50 €).

Erofili Hotel (☎ 28320 91319; hotelerofili@hotmail.com; DZ mit Frühstück 30–40 €;) Dieses nette 10-Zimmer-Hotel hat eine Menge Stil und wird von dem lässigen Miro und seiner Schildkröte geleitet (Miro betreibt auch die Musikkneipe Yamas). Neben einfachen Zimmern gibt es auch ein paar mit Klimaanlage, Kühlschrank und TV. Alle haben tollen Meerblick, die im Erdgeschoss kommen mit Gartenterrasse. Auf das Schild von der Hauptstraße nach rechts achten.

Hotel Rea (☎/Fax 28320 91390; www.hotel-rea.messara.de; EZ/DZ 30/35 €;) Das Billighotel an der Hauptstraße in Hafennähe ist etwas antiquiert, hat aber saubere Zweibett- und Doppelzimmer in annehmbarer Größe mit Kiefernmobiliar und einfachen Bädern. Die Zimmer nach vorn raus haben Balkon mit Meerblick.

Agapitos Rooms (☎ 28320 91164; DZ/3BZ/4BZ 30/35/40 €;) Die wohnlichen Studios auf halber Höhe des Hügels machen den Mangel an Aussicht durch ihren zivilen Preis wett. Sie haben Balkone und Terrassen nach hinten raus, teils auch neue Bäder.

Essen

Madame Hortense (☎ 28320 91351; griechische Gerichte 4,50–13 €) Das stimmungs- und stilvollste Restaurant des Orts befindet sich im obersten Geschoss des dreistöckigen Zorbas-Komplexes und genießt daher eine super Aussicht auf den Hafen. Die Küche bietet griechisch-mediterrane Gerichte an, außerdem gibt's Steaks (12 €).

La Strada (☎ 28320 91053; Pizza 5,50–7,50 €, Pasta 5–6 €) Vom Busbahnhof aus liegt diese Pizzeria in der ersten Straße links. Sie serviert ausgezeichnete Pizza, Pasta und Risottogerichte.

Faros (☎ 28320 91346; Fischgerichte 7–11 €) Das schnörkellose Lokal landeinwärts vom Hafen gehört zu den ältesten Fischtavernen des Orts. Es beköstigt seine Gäste mit Frischfisch zu annehmbaren Preisen (45 € pro kg) sowie einer Auswahl an Grillgerichten und *mayirefta*.

Kostas (☎ 28320 91323; Fischgerichte 6–27 €) Die alteingesessene Fischtaverne im klassischen Blau-Weiß am Ostende des Strands ist für ihren ausgezeichneten Frischfisch bekannt. Immer rappelvoll mit Einheimischen, große Auswahl an *mezedes* und teure, aber exzellente Meeresfrüchte.

Zu empfehlen sind auch **Romantika**, am Ostende des Strands, und **Stohos Taverna**, s. oben. Das *ouzeri* **Petrino** im Ort bietet authentische Atmosphäre und gute *mezedes*.

An- & Weiterreise

BUS

In der Hochsaison fahren sechs Busse täglich nach Iraklion (7,10 €, 2 Std.), sechs nach Rethymnon (5,30 €, 1½ Std.) und fünf nach Festos und Matala (2,80 €, ca. 45 Min.).

WASSERTAXI

Im Sommer fahren täglich Boote vom Hafen zu den Stränden von Agios Giorgios, Agiofarango und Preveli (10–20 €).

Unterwegs vor Ort

Gegenüber der Post vermietet **Mano's Bike** (☎ 28320 91551) Motorroller und Motorräder. **Monza Travel** (☎ 28320 91278) verleiht Autos und organisiert Busreisen.

DIE NORDOSTKÜSTE

Jenseits der Ferienanlagen östlich von Rethymnon präsentiert sich die Küste zerklüftet. Viele der Wasserhöhlen und abgeschiedenen Buchten sind nur per Boot zu erreichen. Hauptstrandorte an der Nordküste sind Bali und Panormos.

PANORMOS ΠΑΝΟΡΜΟ

873 Ew.

Panormos ist einer der weniger bekannten und noch relativ unverdorbenen Strandorte der Nordküste. Er hat mehrere schöne Sandstrände und ist von Rethymnon aus gut zu erreichen. Die Strände sind nicht gerade unberührt, aber der Ort selbst bietet sich mit seiner relaxten Atmosphäre als ruhigere Alternative zum mitunter beklemmenden Rummel unmittelbar östlich von Rethymnon und im nahen Bali an. Westlich des Orts liegen ein paar große Hotelanlagen, aber Panormos selbst hat sich seinen authentischen Dorfcharakter bewahrt. Im Sommer finden im Kulturzentrum in der restaurierten alten Johannisbrotfabrik hinter der Bushaltestelle Konzerte und Kulturveranstaltungen statt.

Panormos war früher geschäftiger Handelshafen zum Export von Zitrusfrüchten und Johannisbrot. Der Ort steht auf den Überresten einer antiken Siedlung, über die wenig bekannt ist. Die hier gefundenen Münzen deuten darauf hin, dass das Dorf vom 1. bis. 9. Jh. n. Chr. florierte, bevor es von den Sarazenen zerstört wurde. Es gab einmal eine frühchristliche Basilika, die wohl um das 6. Jh. errichtet wurde, und am Hafen stehen die Ruinen einer genuesischen Festung.

Orientierung & Praktische Informationen

Die Bushaltestelle liegt an der Schnellstraße außerhalb des Orts. Das Postamt befindet sich einen Straßenblock hinter der Festungsruine. Es gibt einen Geldautomaten in einem der Hotels knapp außerhalb des Orts. Ein kleiner Touristenzug fährt von der Hauptstraße zur nahen Melidoni-Höhle (S. 150) und zum Töpferdorf Margarites (S. 150). In Panormos werden kretische Kochseminare angeboten, die einen guten Ruf genießen (s. S. 71).

Weitere Informationen im Internet unter www.panormo.com.

Schlafen & Essen

Villa Kynthia (☎ 28340 51102; www.kynthia.gr; DZ 129–171 €; ❄ ♒) Die liebevoll restaurierte historische Villa im Dorfzentrum ist jetzt ein bezauberndes Hotel im B&B-Stil, ausgestattet mit schmiedeeisernen Betten, antikem Mobiliar und Wandgemälden. Eines der Zimmer hat einen kunstvoll gemalten Odysseefries. Es gibt auch ein Apartment in familiengerechter Größe. Pool und Frühstücksbereich liegen in einem wunderschönen privaten Gartenhof.

Lucy's Pension (☎ 28340 51212; www.lucy.gr; DZ/Studio 40/45 €; ❄) In der gut beschilderten Pension im Ortszentrum vermietet Wirtin Lucy altmodische und schlichte, aber gepflegte Zimmer mit Kochnische und Balkon, die in der obersten Etage haben Meerblick. Sie verwaltet auch die lichtdurchfluteten, geräumigen Castello-Apartments an der Uferpromenade mit TV und kleinen Küchen.

Konaki Studio-Apartments (☎ 28340 51026; www.geocities.com/konakihotel; Studios 50 €; ♒) Garten und Pool dieser kleinen Anlage sind hübscher als die Zimmer, aber insgesamt gehört das freundliche Hotel zu den angenehmeren Unterkünften hier. Es liegt oberhalb des Strands am Nordende des Orts.

To Steki tou Sifaka (☎ 28340 51230; Hauptgerichte 5–7,50 €) Die gemütliche Kombination aus Taverne und *ouzeri* liegt in einer gepflasterten Straße einen Block hinter der Uferpromenade. Hier kommt gute kretische Hausmannskost auf den Tisch. An einer Tafel draußen sind die Tagesgerichte angeschrieben.

Angira (☎ 28340 51022; Grillgerichte 5,50–8 €) Dieser Fischtaverne am Ufer eilt ein ausgezeichneter Ruf voraus. Ein riesiger Anker am Ostende des Hafens weist den Weg. Hier gibt es vor Ort gefangenen Frischfisch und Meeresfrüchte sowie die üblichen Grillgerichte und kretischen Spezialitäten.

Einen Versuch wert sind auch **Captains' House** (☎ 28340 51352) am westlichen Ende des Hafens für frischen Fisch; oder das Pseudoschloss **Taverna Kastro** (☎ 28340 51362) in der Nähe der Bushaltestelle, mit einem hübschen Innenhof und guten *mezedes*.

An- & Weiterreise

Alle 20 Min. fahren Busse von Rethymnon nach Panormos (2 €, 25 Min.) und weiter nach Iraklion; sie halten an der Hauptstraße unmittelbar außerhalb des Zentrums.

BALI ΜΠΑΛ'Ι

330 Ew.

Bali, 38 km östlich von Rethymnon und 51 km westlich von Iraklion, liegt so herrlich wie nur wenige Orte der Nordküste. Mehrere kleine Buchten verstecken sich entlang der zerklüfteten Küste, die von Hügeln, felsigen Kaps und schmalen Sandstränden geprägt ist. Doch die unkontrollierte Erschließung dieses Küstenstreifens hat die ursprüngliche Schönheit des früheren Fischerdorfs arg getrübt, Mittlerweile wird's im Sommer an den schmalen Stränden unangenehm eng. Trotzdem ist es kein übler Platz, um ein Boot zu mieten und die spektakuläre Landschaft auf sich wirken zu lassen.

Der Name Bali hat nichts mit der tropischen Namensschwester in Indonesien zu tun. Er bedeutet auf Türkisch „Honig", denn in alten Zeiten wurde hier ausgezeichneter Honig gesammelt und verarbeitet. In der Antike hieß der Ort Astali, doch davon sind keine Spuren mehr erhalten.

Orientierung & Praktische Informationen

Bali ist eine weit auseinander gezogene Ansiedlung. Der hügelige Weg von einem Ende zum anderen dauert mindestens 25 Min. zu Fuß. Den Ort säumen mehrere Buchten, die eher unter den Namen der dortigen Hotels oder Tavernen bekannt sind als unter ihren eigenen. Da wäre zunächst der große Livadi-Strand (Paradise), gefolgt von Varkotopo (Kyma) und dem Hafenstrand Limani (Bali-Strand), der mit dem kleineren Limanakia-Strand verbunden ist. Jenseits des Felsvorsprungs am Nordende liegt die winzige Karavostasi-Bucht (Evita), vom Hafen aus zu Fuß über einen Küstenpfad zu erreichen. Fahrzeuge müssen den Umweg über die Küstenfelsen in Kauf nehmen.

Es gibt einen Geldautomaten in der Nähe der Küstenwache. Links vom Ortseingang bietet die Autovermietung Racer Rent-a-Car ihre Dienste an, s. S. 162. In den Buchten gibt's auch mehrere Reisebüros.

Das komplett ausgestattete **Bali Net Cafe** (☎ 28340 94110; 3 € pro Std.; ⏲ 10–24 Uhr) hinterm Hafen hat DSL-Internetzugang und einen Extraraum für Computerspiele. Wer kein eigenes Fahrzeug hat, kann mit dem Minizug **Bali Express** (einfache Fahrt 2 €) zwischen den Stränden hin- und herfahren.

Aktivitäten

Bali ist eine beliebte Basis für Taucher und andere Wassersportler. Der professionell geführte Veranstalter **Hippocampos Dive Center** (☎ 28340 94193; www.hippocampos.com; Tauchgang inkl. Ausrüstung ab 31 €) in Hafennähe hat diverse Tauch- und Schnorchelexkursionen für Anfänger und Fortgeschrittene im Programm. Am Hafen verleiht **Water Sports Lefteris** (☎ 28340 94102; cat_cruises@yahoo.gr) Tretboote und Kanus (8–10 € pro Std.), Motorboote (30 € für 2 Std.) oder Jetski (40 € für 15 Min.). Eine Viertelstunde Gleitschirmfliegen kostet 40 €, Bootsausflüge können hier ebenfalls unternommen werden, als Tagesausflug oder zum Sonnenuntergang (25 €).

Schlafen

Billigquartiere sind in Bali dünn gesät. Die meisten Unterkünfte sind mit Pauschalreisegruppen belegt oder für Paare oder Familien konzipiert, die länger vor Ort bleiben. In der Hochsaison ist es schlau, vorher zu reservieren.

Sunrise Apartments (☎ 28340 94267; DZ/Apt. 45/50 €; ❄) Direkt am Evita-Strand mit blitzsauberen, netten und geräumigen Zimmern samt Kühlschrank und einfacher Kochgelegenheit. Die Betreiber holen Gäste vom Flughafen Iraklion ab.

Bali Blue Bay (☎ 28340 20111; mooky@otenet.gr; DZ mit Frühstück 50 €; ❄ 🏊) Schickes, modernes Hotel mit toller Aussicht auf Bali von den Zimmern und dem Pool auf dem Dach. Die Zimmer sind großzügig, geschmackvoll und modern eingerichtet mit TV, Kühlschrank und Fön.

Apartments Ikonomakis (☎ 28340 94125; DZ/4BZ 35/65 €; ❄) Vor Kurzem renovierte Unterkunft in zentraler Lage an einer ruhigen Straße ein Stück landeinwärts vom Hafen. Die Zimmer sind komfortabel und haben Kochnischen.

Sea View Apartments (☎ 28340 94214; DZ 60 €; ❄) Vom Hafen aus um den Felsvorsprung herum (oder mit dem Auto über die Nebenstraße) liegt dieser pastellfarbene Apartmentkomplex in erstklassiger Lage am Wasser. Die Zwei-Zimmer-Apartments sind geräumig und komfortabel, aber ohne Pep eingerichtet.

Essen

Taverna Karavostasi (☎ 28340 94267; griechische Tagesgerichte 4,50–6,50 €) Das schnuckelige kleine Lokal, das zu den Sunrise Apartments gehört, serviert 30 m hinter dem Evita-Strand einfache Hausmannskost und Snacks. Ein beliebtes Gericht ist Okra mit Lamm.

Taverna Nest (☎ 28340 94289; Grillgerichte 5–9 €) Die Familientaverne gleich oberhalb des Hafens beim Parkplatz liegt zwar nicht an der Uferpromenade, dafür serviert sie Küche nach Hausmacherart und ausgezeichnete Grillgerichte auf der lauschigen, von Wein überwucherten Terrasse. Verwendet wird vorwiegend Frischgemüse und Fleisch aus eigener Herstellung.

Panorama (☎ 28340 94217; Hauptgerichte 5–8,50 €) Das schon wegen seiner Spitzenlage am Hafen beliebte Lokal hat sich auf Frischfisch und kretische Hausmannskost spezialisiert.

Anreise & Unterwegs vor Ort

Die Busse von Rethymnon nach Iraklion (5,90 €) halten an der Hauptstraße. Von dort sind es 2 km Fußweg zum Hafen von Bali. Die Autovermietung **Racer Rent-a-Car** (☎ 28340 94149; Fax 28340 94249) hat eine Filiale am Ortseingang und eine weitere am Hafen.

Iraklion Ηρακλειο

Iraklion ist die turbulenteste und dynamischste Region Kretas. Der Regierungsbezirk beherbergt fast die Hälfte der Inselbevölkerung und einen Großteil der geschäftlichen und landwirtschaftlichen Aktivitäten, aber auch die bedeutendsten und faszinierendsten archäologischen Stätten Kretas. Wer durch die minoischen Paläste von Knossos, Festos, Agia Triada, Gortys und Malia schlendert, kann sich gut vorstellen, wie das Leben der Minoer ausgesehen hat. Viele Schätze aus diesen Stätten gehören heute zur außergewöhnlichen Sammlung des Archäologischen Museums in Iraklion, gleichzeitig Hauptstadt und wichtigster Hafen der Insel.

Iraklion ist eine abwechslungsreiche Region mit dem Besten und dem Schlechtesten, das Kreta zu bieten hat. Die Nordküste hat sich schamlos dem Tourismus verschrieben. Die Badeorte Malia und Chersonisos sind Treffpunkte der Partyszene, kämpfen aber gleichzeitig gegen die Negativaspekte dieser Art des Tourismus. Doch die Nordküste hat mehr zu bieten, darunter einige exklusive Strandorte und Kretas einzigen Golfplatz von internationalem Standard.

Wer sich von der Nordküste ins Landesinnere begibt, entdeckt das ländliche Herz der Region und das Zentrum der kretischen Weinindustrie, die sich zunehmend besucherfreundlich präsentiert. Die Dörfer im Hinterland vermitteln noch Eindrücke vom alten Kreta. Im Gegensatz dazu steht Archanes, eine moderne, florierende kretische Ortschaft. Die natürliche Schönheit der Region erschließt sich in Dörfern wie Zaros und bei Besichtigungen malerischer Klöster in den Bergen. Die Bergwelt im Süden Iraklions ist ein beliebtes Territorium zum Klettern.

An der schwieriger zugänglichen Südküste ist der Ex-Hippietreff Matala der einzige ausgebaute Ferienort. Einen beschaulicheren Urlaub versprechen die weniger überlaufenen Strände bei Kastri und Keratokambos und das relaxte Dorf Lentas mit Stränden in der Umgebung.

HIGHLIGHTS

- Stöbern in den steinernen Überresten der minoischen Kultur in **Knossos** (S. 177), **Festos** (S. 189) und **Malia** (S. 199)
- Abtanzen in den Clubs und Relaxen in den Cafés der Inselhauptstadt **Iraklion** (S. 174)
- Streifzug durch die außergewöhnliche Sammlung im **Archäologischen Museum** in Iraklion (S. 167)
- Sonne anbeten und Wellen zählen an den schönen Stränden von **Matala** (S. 192) und **Lentas** (S. 196) an der Südküste
- Bergluft schnuppern und Klöster besichtigen rund um **Zaros** (S. 186)

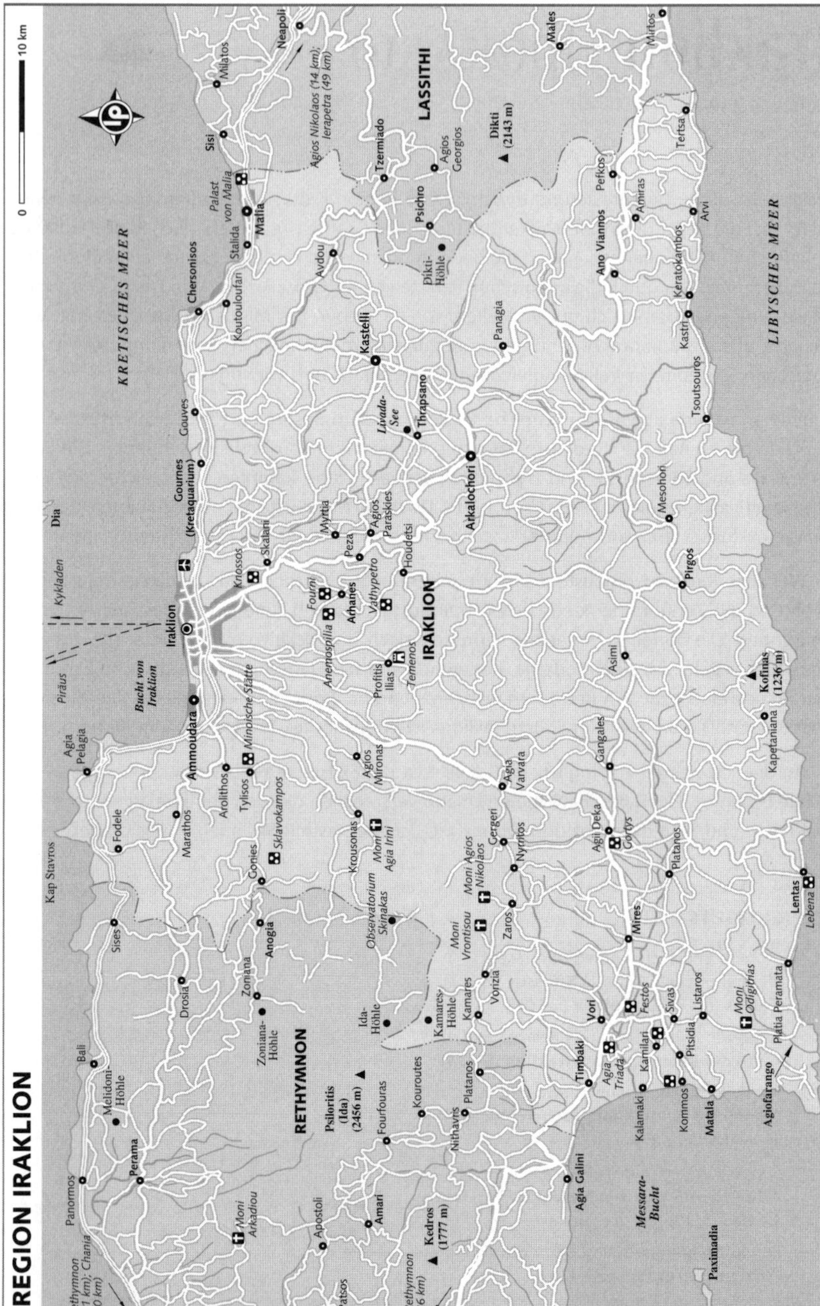
REGION IRAKLION
0
10 km
KRETISCHES MEER
LIBYSCHES MEER
RETHYMNON
IRAKLION
LASSITHI
Rethymnon (11 km); Chania (70 km)
Rethymnon (36 km)
Agios Nikolaos (14 km); Ierapetra (49 km)
Piräus
Kykladen
Buckt von Iraklion
Messara-Bucht
Kap Stavros
Dia
Paximadia
Iraklion
Ammoudara
Agia Pelagia
Fodele
Marathos
Arolithos
Tylisos
Minoische Stätte
Sklavokampos
Gonies
Anogia
Sises
Drosia
Zoniana
Zoniana-Höhle
Bali
Melidoni-Höhle
Panormos
Perama
Moni Arkadiou
Apostoli
Amari
Patsos
Kedros (1777 m)
Fourfouras
Kouroutes
Nithavris
Platanos
Psiloritis (Ida) (2456 m)
Ida-Höhle
Kamares-Höhle
Kamares
Vorizia
Moni Vrontisou
Zaros
Observatorium Skinakas
Moni Agia Irini
Krousonas
Agios Mironas
Moni Agios Nikolaos
Nyvritos
Gergeri
Agia Varvara
Agii Deka
Gortys
Gangales
Kapetaniana
Kofinas (1236 m)
Asimi
Pirgos
Mesohori
Platanos
Mires
Lentas
Lebena
Platia Peramata
Moni Odigitrias
Listaros
Sivas
Festos
Vori
Timbaki
Agia Triada
Kamilari
Pitsidia
Kalamaki
Kommos
Matala
Agiofarango
Agia Galini
Knossos
Skalani
Fourni
Arhanes
Anemospilia
Vathypetro
Profitis Ilias
Temenos
Houdetsi
Peza
Myrtia
Agios Paraskies
Arkalochori
Thrapsano
Livada-See
Kastelli
Panagia
Gournes (Kretaquarium)
Gouves
Chersonisos
Koutouloufari
Stalida
Malia
Palast von Malia
Sisi
Milatos
Neapoli
Avdou
Tzermiado
Psichro
Dikti-Höhle
Agios Georgios
Dikti (2143 m)
Males
Mirtos
Tertsa
Pefkos
Amiras
Arvi
Ano Viannos
Keratokambos
Kastri
Tsoutsouros

IRAKLION ΗΡΑΚΛΕΙΟ

137 390 Ew.

Die betriebsame Stadt Iraklion (auch Heraklion umschrieben) kommt für manche, die von einem griechischen Inselurlaub träumen, wie ein Schock. Kretas Hauptstadt ist hektisch, laut und chronisch staugefährdet – eine ausufernde, moderne Metropole aus Betonklötzen, die wesentlich weniger architektonische Hingucker aufzuweisen hat als Rethymnon oder Chania.

In den letzten Jahren hat Griechenlands fünftgrößte Stadt allerdings eine wohltuende Frischzellenkur erfahren und erlebt derzeit eine Phase der Stadterneuerung. Das Hafenviertel wurde attraktiv saniert, und der alte Stadtkern ist inzwischen eine nette Fußgängerzone, deren historische Denkmäler ansprechend präsentiert werden.

Das Archäologische Museum Iraklion und der Palast von Knossos geben Einblicke in die minoische Kultur. Iraklion hat aber noch eine Menge anderer Zeugnisse seiner turbulenten Vergangenheit. Die Befestigungsmauer aus dem 14. Jh. und das Kastell sind Überbleibsel der venezianischen Herrschaft in Iraklion (damals Candia genannt), ebenso der Morosini-Brunnen, die Venezianische Loggia und die Agios-Markos-Basilika.

Iraklion bietet durchaus urbanen Charme: eine florierende Café- und Restaurantszene, die besten Einkaufsmöglichkeiten der Insel und ein lebendiges Nachtleben. Wer sich ausreichend Zeit nimmt, kann die Atmosphäre der Stadt auf sich wirken lassen. Die meisten Touristen haben aber eher einen Erholungsurlaub im Sinn, besichtigen nur kurz das Museum und den Palast von Knossos und machen sich dann auf in die äußerlich attraktiveren Orte der Insel.

GESCHICHTE

Wahrscheinlich siedelten bereits in der Jungsteinzeit Menschen in Iraklion. Über die folgende Zeit ist wenig bekannt, bis 824 n. Chr. die Sarazenen einfielen und der Ort den Namen Rhabd el Khandaq („Grabenburg") erhielt, weil die befestigte Stadt von einem Graben umgeben war. Sie wurde zum Zentrum des Sklavenhandels im östlichen Mittelmeer und zum Basislager für die in der Region gefürchteten Piraten.

Nach fast einjähriger Belagerung gelang es byzantinischen Truppen im Jahr 961, die Araber zu vertreiben. Ihr Anführer, Nikiforos Fokas, beeindruckte die Araber vor allem mit seiner Angewohnheit, Gefangene zu enthaupten und ihre Köpfe über die Befestigungsmauern zu schleudern.

Der Name der Inselhauptstadt verkümmerte zu Chandax, bis Kreta 1204 an Venedig verkauft und die Hauptstadt in Candia umbenannt wurde. Unter venezianischer Herrschaft entstanden kunstvolle Prunkbauten und Kirchen sowie ein solides Kastell, in dem sich die Venezianer verschanzten, wenn die rebellischen Kreter ihnen auf die Pelle rücken wollten.

In dieser Zeit wurde Candia eine Stadt der schönen Künste, die Maler wie Damaskinos und El Greco hervorbrachte. Als die Türken Konstantinopel einnahmen, verstärkte man in Kretas Hauptstadt die Verteidigungsanlagen in Erwartung des türkischen Angriffs. Obwohl sie die restliche Insel 1648 im Handstreich eroberten, brauchten die Türken 21 Jahre, um die Befestigungsanlagen von Candia zu überwinden.

Zwar schickten diverse europäische Länder sporadisch Verstärkung und Nahrungsmittel, aber in erster Linie waren es die dicken Stadtmauern, dank derer die Bewohner sich die Türken so lange vom Leib halten konnten. Denen blieb schließlich nichts anderes übrig, als einen venezianischen General zu bestechen. Der verriet ihnen die Schwachstellen in

STADT DES HERKULES

Nachdem König Minos' Gattin Pasiphae den Minotaurus geboren hatte, wurde ihr Liebhaber, der Stier, zum Berserker und verwüstete Kreta. Da schlug die Stunde des eisernen Herkules (Herakles), der einem Löwen mit bloßer Hand den Garaus machen konnte. Sein Abstecher nach Kreta, um sich den durchgedrehten Bullen vorzuknöpfen, war die siebte seiner zwölf Großtaten. Als der Stier Feuer und Rauch spuckte, klemmte Herakles sich die Bestie kurzerhand unter den Arm, setzte sie am Meer ab und ließ sie zum Festland schwimmen, um sich abzukühlen. Dafür waren die alten Kreter Herakles so dankbar, dass sie ihre Hafenstadt nach ihm benannten.

der Verteidigungsanlage, und so fiel Candia 1669 unter hohen Verlusten auf beiden Seiten: Die Venezianer beklagten 30 000 Tote, die Türken verloren 118 000 Mann.

Unter den Türken erhielt die Stadt den Namen Megalo Kastro (Großes Schloss), aber alle sonstigen Zeichen früherer Größe wurden erstickt. Die künstlerischen Aktivitäten fanden ein Ende, und viele Kreter flohen – wenn sie nicht vorher niedergemetzelt wurden.

Im August 1898 ermordete der türkische Mob Hunderte von Kretern, 17 britische Soldaten und den britischen Konsul. Innerhalb weniger Wochen lief eine europäische Armada von Kriegsschiffen, darunter auch deutsche, im Hafen von Iraklion ein und beendete die türkische Herrschaft.

Chania wurde die neue Hauptstadt des unabhängigen Kreta, aber Candia/Megalo Kastro entwickelte sich aufgrund seiner verkehrsgünstigen Lage rasch zu einem Wirtschaftszentrum. Die Stadt erhielt den Namen Iraklion und wurde 1971 wieder Hauptstadt der Insel.

Schwere Schäden erlitt Iraklion während des Zweiten Weltkriegs, als Großteile der alten venezianischen und türkischen Stadtviertel zerstört wurden

ORIENTIERUNG

Iraklion hat zwei Hauptplätze: Die Platia Venizelou mit ihrem Wahrzeichen, dem Morosini-Brunnen, liegt im Herzen der Stadt, die große Platia Eleftherias liegt weiter Richtung Hafen. Die als Fußgängerzone ausgewiesenen Straßen in der Nähe des Springbrunnens bilden das Zentrum der lebendigen Café- und Restaurantszene.

Iraklion hat zwei Fernbusbahnhöfe, s. S. 176. Der Fährhafen liegt 500 m östlich des alten Hafens, der Flughafen 5 km östlich des Zentrums.

PRAKTISCHE INFORMATIONEN

Buchläden

Newsstand (☎ 2810 220 135; Platia Venizelou) Internationale Presse, Reiseführer, Landkarten und Bücher über Kreta.

Planet International Bookshop (☎ 2810 289 605; Handakos 73) Ausgezeichnete Auswahl an Belletristik, Geschichtsbüchern und Reiseführern.

Road Editions (☎ 2810 344 610; Handakos 29) Reisebuchhandlung mit toller Auswahl an Landkarten und Reiseführern.

Geld

Die meisten Banken befinden sich in der 25 Avgoustou.

Griechische Nationalbank (25 Avgoustou 35) Geldautomat rund um die Uhr.

Gepäckaufbewahrung

Bus Station A (☎ 2810 246 538; 2 € pro Tag; 🕓 6.30–20 Uhr)

Flughafen Iraklion (☎ 2810 397 349; 2,50–5 €; 🕓 24 Std.) In der Nähe der Stadtbushaltestelle.

Wäscherei Washsalon (☎ 2810 280 858; Handakos 18; 3 € pro Tag)

Infos im Internet

www.heraklion-city.gr Offizielle Website der Stadtverwaltung.

Internetzugang

In Spot Internet Cafe (☎ 2810 300 225; Korai 6; 2,40 € pro Std., 0–12 Uhr 1,20 €; 🕓 24 Std.) DSL, Drucker, Brenner und Spiele.

Netc@fe (1878 4; 1,50 € pro Std.; 🕓 10–2 Uhr) Bietet das gesamte Programm.

Sportc@fe (Ecke 25 Avgoustou & Zotou; 1 € pro Std.; 🕓 24 Std.) Schummrige Beleuchtung, verräucherte Luft und massenhaft Spielefreaks.

Medizinische Versorgung

Apollonia Hospital (☎ 2810 229 713; Mousourou) Innerhalb der alten Stadtmauer.

Universitätsklinik (☎ 2810 392 111) Die bestausgestattete Klinik der Stadt liegt in Voutes, 5 km südlich von Iraklion.

Notfall

Touristenpolizei (☎ 2810 210 171; Dikeosynis 10; 🕓 7–22 Uhr)

Post

Postamt (☎ 2810 289 995; Platia Daskalogianni; 🕓 Mo–Fr 7.30–20, Sa 7.30–14 Uhr)

Reisebüros

Skoutelis Travel (☎ 2810 280 808; www.skoutelis travel.gr; 25 Avgoustou 24) Gute Adresse für Flug- und Fährtickets, Touren, Unterkünfte, Autovermietung; nützliche Infos über Fähren auf der Website.

Touristeninformation

EOT (Nationale griechische Tourismusorganisation; ☎ 2810 246 299; Xanthoudidou 1, gegenüber vom Archäologischen Museum; 🕓 April–Okt. 8.30–20.30 Uhr, Nov.–März 8.30–15 Uhr) Mit etwas Glück findet man hier Broschüren und Landkarten.

Eine weitere Touristeninformationen befindet sich in der Bus Station A.

Wäschereien

In den meisten Wäschereien kostet Waschen und Trocknen ab 6 €.

Inter Laundry (☎ 2810 343 660; Mirabelou 25; 🕙 Mo–Sa 9–21 Uhr)

Laundry Perfect (☎ 2810 220 969; Idomeneos & Malikouti 32; 🕙 Mo–Sa 9–21 Uhr)

Wash Centre (☎ 2810 242 766; Epimenidou 38; 🕙 Mo–Fr 9–21, Sa 9–20 Uhr)

SEHENSWERTES

Archäologisches Museum Iraklion

Dieses spektakuläre **Museum** (☎ 2810 279 000; Xanthoudidou 2 (Eingang vorübergehend in der Hatzidakis); Eintritt 4 €, inkl. Knossos 10 €; 🕙 April–Okt. Mo 13–19.30, Di–So 8–19.30 Uhr, Ende Okt.–Anfang April Di–So 8–15, Mo 12–15 Uhr) ist – nach dem Nationalen Archäologischen Museum in Athen – das größte und bedeutendste seiner Art in Griechenland. Der Grund dafür ist die ebenso einzigartige wie umfangreiche minoische Sammlung. Zur Zeit der Recherche wurde das Museum einer Restaurierung unterzogen, die 21 Mio. € verschlingen soll; die Wiedereröffnung wird für 2009 erwartet. In der Zwischenzeit werden die Highlights der Sammlung in einer kompakten temporären Ausstellung in einem Nebengebäude gezeigt.

Die Sammlung beschäftigt sich mit der kretischen Zivilisation vom Neolithikum bis zum Römischen Reich. Töpferwaren, Schmuck, Statuen und Sarkophage sowie einige berühmte Fresken, hauptsächlich aus Knossos und dem Kloster Agia Triada, belegen die außerordentliche Phantasie und hoch entwickelte Handwerkskunst der Minoer.

Die temporäre Ausstellung umfasst zwar nur 400 der 15 000 Artefakte, die normalerweise im Museum gezeigt werden, erfüllt aber internationalen Museumsstandard und beinhaltet die wichtigsten Meisterwerke. Zu den herausragenden Stücken zählen die berühmten minoischen Fresken von Knossos: das **Prozessionsfresko**, das **Greifenfresko** (aus dem Thronsaal), das **Delphinfresko** (aus dem Zimmer der Königin) und das berühmte **Stierspringerfresko**, auf dem ein Akrobat einen Salto über den Rücken eines angreifenden Stiers vollführt.

Weitere sehenswerte Fresken sind der bezaubernde, erst vor Kurzem restaurierte **Lilienprinz** und zwei Arbeiten aus der Neuen Palastzeit: die von Archäologen als **La Parisienne** bezeichnete Priesterin und der **Safransammler**.

Aus dem Palast von Knossos stammen die **Tontafeln mit Linear-A- und Linear-B-Schrift** (Letztere wurden als Haushalts- oder Geschäftsabrechnungen des Palastes von Knossos gedeutet), die Elfenbeinstatue eines **Stierspringers** und einige exquisite **Goldsiegel**.

Das Prachtstück aus der Neuen Palastzeit ist ein 20 cm großer, schwarzer **Stierkopf** aus Stein, der als Trankopfergefäß diente: Fein ziselierte Stirnlocken umspielen seine goldenen Hörner, die Augen aus Bergkristall wirken beinahe lebendig. Weitere faszinierende Exponate aus dieser Periode sind die zierlichen, farbig glasierten Keramikreliefs mit Darstellungen der Häuserfassaden von Knossos, die so genannten **Stadtmosaiken**.

Zu den Funden aus einer Schatzkammer in Knossos zählen die Figurinen barbusiger **Schlangengöttinnen**. Ein Beispiel für wertvollen minoischen Schmuck ist der wunderschöne goldene Anhänger aus Malia in Form von zwei Bienen, die einen Honigtropfen umringen.

Das Glanzstück aus Festos ist der faszinierende **Diskos von Festos**. Auf der 16 cm breiten Scheibe sind verschiedene Piktogramme eingeritzt, die bis heute nicht entschlüsselt wurden.

Die auf meisterhafte Weise mit weißen Blumen verzierte Vase aus Festos ist ein schönes Beispiel für die berühmten, fein gearbeiteten Keramikvasen im **Kamares-Stil**. Sie sind nach der heiligen Kamares-Höhle benannt, wo die ersten derartigen Exemplare gefunden wurden.

Fundstücke aus dem Palast von Zakros sind das phantastische **Kristall-Rhyton**, das in über 300 Stücken gefunden und in mühevoller Kleinarbeit wieder zusammengesetzt wurde, und mehrere Trankopfergefäße, die mit Muscheln und anderen Meeresmotiven verziert sind.

Der spektakuläre minoische **Sarkophag aus Agia Triada**, ein mit Blumen, abstrakten Mustern und Darstellungen verschiedener Rituale verzierter Steinsarg, zählt zu den überragenden Beispielen minoischer Kunst.

Ebenfalls aus Agia Triada stammen drei wertvolle Gefäße: Die **Schnittervase**, von der nur noch der oberste Teil erhalten ist, stellt fröhlich singende Männer nach der Olivenernte dar. Die **Boxervase** zeigt Minoer bei der Ausübung zweier ihrer beliebtesten Hobbys,

IRAKLION

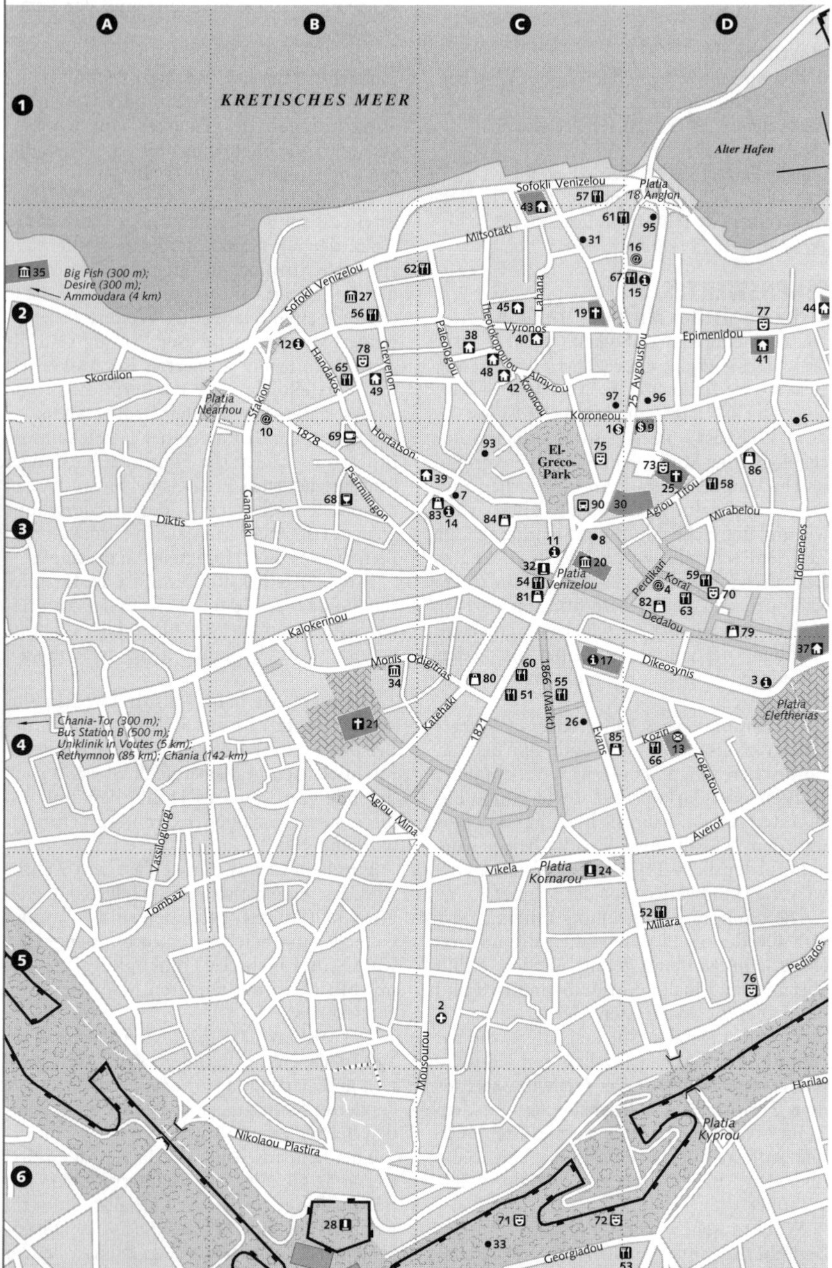

IRAKLION

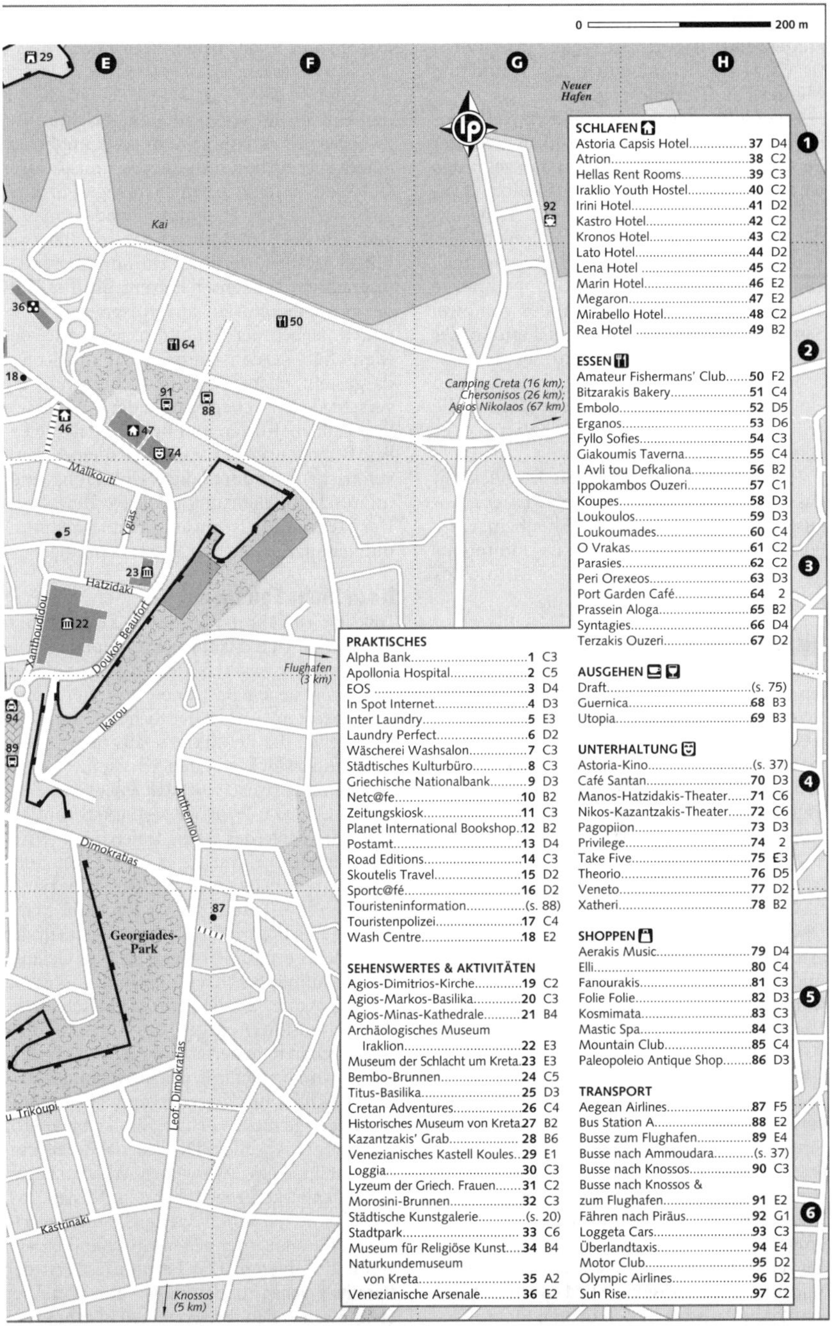

SCHLAFEN

- Astoria Capsis Hotel ... **37** D4
- Atrion ... **38** C2
- Hellas Rent Rooms ... **39** C3
- Iraklio Youth Hostel ... **40** C2
- Irini Hotel ... **41** D2
- Kastro Hotel ... **42** C2
- Kronos Hotel ... **43** C2
- Lato Hotel ... **44** D2
- Lena Hotel ... **45** C2
- Marin Hotel ... **46** E2
- Megaron ... **47** E2
- Mirabello Hotel ... **48** C2
- Rea Hotel ... **49** B2

ESSEN

- Amateur Fishermans' Club ... **50** F2
- Bitzarakis Bakery ... **51** C4
- Embolo ... **52** D5
- Erganos ... **53** D6
- Fyllo Sofies ... **54** C3
- Giakoumis Taverna ... **55** C4
- I Avli tou Defkaliona ... **56** B2
- Ippokambos Ouzeri ... **57** C1
- Koupes ... **58** D3
- Loukoulos ... **59** D3
- Loukoumades ... **60** C4
- O Vrakas ... **61** C2
- Parasies ... **62** C2
- Peri Orexeos ... **63** D3
- Port Garden Café ... **64** 2
- Prassein Aloga ... **65** B2
- Syntagies ... **66** D4
- Terzakis Ouzeri ... **67** D2

AUSGEHEN

- Draft ... (s. 75)
- Guernica ... **68** B3
- Utopia ... **69** B3

UNTERHALTUNG

- Astoria-Kino ... (s. 37)
- Café Santan ... **70** D3
- Manos-Hatzidakis-Theater ... **71** C6
- Nikos-Kazantzakis-Theater ... **72** C6
- Pagopiion ... **73** D3
- Privilege ... **74** 2
- Take Five ... **75** E3
- Theorio ... **76** D5
- Veneto ... **77** D2
- Xatheri ... **78** B2

SHOPPEN

- Aerakis Music ... **79** D4
- Elli ... **80** C4
- Fanourakis ... **81** C3
- Folie Folie ... **82** D3
- Kosmimata ... **83** C3
- Mastic Spa ... **84** C3
- Mountain Club ... **85** C4
- Paleopoleio Antique Shop ... **86** D3

TRANSPORT

- Aegean Airlines ... **87** F5
- Bus Station A ... **88** E2
- Busse zum Flughafen ... **89** E4
- Busse nach Ammoudara ... (s. 37)
- Busse nach Knossos ... **90** C3
- Busse nach Knossos & zum Flughafen ... **91** E2
- Fähren nach Piräus ... **92** G1
- Loggeta Cars ... **93** C3
- Überlandtaxis ... **94** E4
- Motor Club ... **95** D2
- Olympic Airlines ... **96** D2
- Sun Rise ... **97** C2

PRAKTISCHES

- Alpha Bank ... **1** C3
- Apollonia Hospital ... **2** C5
- EOS ... **3** D4
- In Spot Internet ... **4** D3
- Inter Laundry ... **5** E3
- Laundry Perfect ... **6** D2
- Wäscherei Washsalon ... **7** C3
- Städtisches Kulturbüro ... **8** C3
- Griechische Nationalbank ... **9** D3
- Netc@fe ... **10** B2
- Zeitungskiosk ... **11** C3
- Planet International Bookshop ... **12** B2
- Postamt ... **13** D4
- Road Editions ... **14** C3
- Skoutelis Travel ... **15** D2
- Sportc@fé ... **16** D2
- Touristeninformation ... (s. 88)
- Touristenpolizei ... **17** C4
- Wash Centre ... **18** E2

SEHENSWERTES & AKTIVITÄTEN

- Agios-Dimitrios-Kirche ... **19** C2
- Agios-Markos-Basilika ... **20** C3
- Agios-Minas-Kathedrale ... **21** B4
- Archäologisches Museum Iraklion ... **22** E3
- Museum der Schlacht um Kreta ... **23** E3
- Bembo-Brunnen ... **24** C5
- Titus-Basilika ... **25** D3
- Cretan Adventures ... **26** C4
- Historisches Museum von Kreta ... **27** B2
- Kazantzakis' Grab ... **28** B6
- Venezianisches Kastell Koules ... **29** E1
- Loggia ... **30** C3
- Lyzeum der Griech. Frauen ... **31** C2
- Morosini-Brunnen ... **32** C3
- Städtische Kunstgalerie ... (s. 20)
- Stadtpark ... **33** C6
- Museum für Religiöse Kunst ... **34** B4
- Naturkundemuseum von Kreta ... **35** A2
- Venezianische Arsenale ... **36** E2

Ringen und Stierkampf. Die Szene auf dem **Prinzenbecher** dagegen ist nicht ganz eindeutig: ein Herrscher mit einem Zepter und drei Männer, die Tierfelle tragen?

Zu den Funden aus minoischen Nekropolen zählen zwei kleine Tonplastiken mehrerer Personen, die in einem *tholos*-Grab gefunden wurden. Die eine stellt vier männliche Tänzer dar, die sich gegenseitig die Arme um die Schultern legen und einen Kreis bilden. Vielleicht vollführen sie ein Begräbnisritual. Die andere besteht aus zwei Gruppen mit je drei Figuren in einem Raum, der von zwei Säulen eingerahmt wird. Zwei Figuren der Dreierteams sind deutlich größer und sitzen; die dritte, kleinere Figur bringt ihnen ein Trankopfer dar. Es ist nicht klar, ob die größeren Figuren Götter repräsentieren oder verstorbene Berühmtheiten.

Ein weiteres Highlight, das Einblicke in das Leben der Minoer eröffnet, ist ein fein ausgearbeitetes **Spielbrett** mit Elfenbein, Kristallen, Glas, Gold und Silber. Es stammt aus der Neuen Palastzeit und wurde in Knossos gefunden.

Historisches Museum von Kreta

Eine interessante Auswahl von Exponaten aus Kretas jüngerer Vergangenheit zeigt das exzellente **Historische Museum** (☎ 2810 283 219; www.historical-museum.gr; Sofokli Venizelou; Eintritt 5 €; ⌚ Sommer Mo–Fr 9–17 Uhr, Winter Mo–Sa 9–15 Uhr). Im Erdgeschoss wird die Periode von der byzantinischen Zeit bis zur osmanischen Herrschaft anhand von Plänen, Schaubildern, Karten, Fotografien und Keramiken veranschaulicht. Im ersten Stock sind die beiden einzigen El-Greco-Bilder auf Kreta zu bewundern: *Der Berg Sinai und das St. Katharinen-Kloster* (1570) und das kleine, kürzlich erworbene Bild *Die Taufe Christi*. In weiteren Räumen werden Fragmente von Fresken aus dem 13. und 14. Jh. gezeigt, ergänzt durch Münzen, Schmuck, Messgewänder und mittelalterliche Gefäße.

Im zweiten Stock wurde das **Arbeitszimmer des Schriftstellers Nikos Kasantzakis** rekonstruiert. Ein weiterer Raum ist dem früheren Ministerpräsidenten Emmanouil Tsouderos gewidmet, der aus Rethymnon stammte. In der Abteilung **Schlacht um Kreta**, die zur Zeit der Recherche umgestaltet wurde, sind dramatische Fotos des zerstörten Iraklion zu sehen. Eine hübsche Sammlung zu **Volkskunde und Kunsthandwerk** lohnt den Aufstieg in den dritten Stock.

Naturkundemuseum von Kreta

Das anspruchsvolle **Naturkundemuseum** (☎ 2810 282 740; www.nhmc.uoc.gr; Leof Venizelou; Erw. 3 €, Erw. mit Kindern frei; ⌚ Mo–Sa 10–14, So 10–19 Uhr) wurde von der Universität von Kreta eingerichtet. Inzwischen ist es von seinem ursprünglichen Standort in ein beeindruckendes, fünfstöckiges Gebäude im renovierten ehemaligen Elektrizitätswerk an der Hafenpromenade umgezogen. Zur Zeit der Recherche waren erst zwei Flügel geöffnet, darunter ein imponierendes interaktives Wissenschaftszentrum für Kinder mit Laboratorien und Ausgrabungsprojekten. Neben der Evolutionsgeschichte des Menschen werden Fauna und Flora Kretas dargestellt, ebenso das Ökosystem und die verschiedenen Lebensräume der Insel sowie ihre Höhlen, Küsten und Berge. Auch die Lebensbedingungen der Minoer werden erörtert, veranschaulicht durch die Nachbildung einer minoischen Behausung inklusive Bewohner. Der Weg dorthin ist ein angenehmer, zehnminütiger Spaziergang am Wasser entlang.

Noch mehr Sehenswertes

Iraklion ist schon vor langer Zeit aus den Nähten, sprich **Stadtmauern**, geplatzt. Die alten venezianischen Befestigungsanlagen mit ihren sieben Bastionen und vier Toren sind aber immer noch deutlich auszumachen und stellen die Betonklötze aus dem letzten Jahrhundert locker in den Schatten.

Das venezianische **Kastell Koules** aus dem 16. Jh. (Eintritt 2 €; ⌚ Di–So 8.30–15 Uhr) thront am Ende der Mole des Alten Hafens. Da es abzusinken drohte, musste es vor Kurzem aufwändig restauriert werden. Die Venezianer nannten ihre Festung einst Rocca al Mare. Knapp 22 Jahre trotzte sie dem Ansturm der Osmanen, bevor die Eroberer sie zum Gefängnis für aufmüpfige Kreter umfunktionierten. Die imposante Fassade besticht mit Reliefs, die den Markuslöwen zeigen, das Innere besteht aus 26 schön renovierten Räumen. Das Erdgeschoss wird heute für Kunstausstellungen, das Obergeschoss für Konzerte und Theateraufführungen genutzt. Von den Zinnen bietet sich ein schöner Ausblick. Die **Venezianischen Arsenale** mit ihren geschwungenen Arkaden liegen am Hafenbecken gegenüber dem Kastell.

Iraklion hat noch weitere sehenswerte Bauwerke aus seiner venezianischen Vergangenheit zu bieten. Das berühmteste ist der **Morosini-Brunnen** auf der Platia Venizelou. Vier Steinlöwen speien ihre Fontänen in acht kreisförmig angeordnete, U-förmige Marmorbecken mit reichen Verzierungen. Bauherr war 1628 Francesco Morosini, damals Gouverneur von Kreta. Ursprünglich stand eine Marmorstatue des Poseidon mit seinem Dreizack in der Brunnenmitte, unter der osmanischen Herrschaft wurde sie aber zerstört.

Gegenüber dem Brunnen erhebt sich die dreischiffige **Agios-Markos-Basilika** aus dem 13. Jh., die in ihrer bewegten Vergangenheit mehrmals umgebaut wurde. Heute fungiert sie als **Städtische Kunstgalerie** (☎ 2810 399 228; 25 Avgoustou; Eintritt frei; 🕑 Mo–Fr 9–13.30 & 18–21, Sa 9–13 Uhr). Etwas weiter nördlich steht die **Loggia** aus dem 17. Jh. Das prachtvolle venezianische Bauwerk entsprach der damaligen Vorstellung eines Herrenclubs; der männliche Adel konnte hier ein Schwätzchen halten und sich dabei einen ordentlichen Schluck genehmigen. Heute residiert hier Iraklions Bürgermeister.

Der entzückende **Bembo-Brunnen** am Südende der Odos 1866 wird auf Karten oft als Türkischer Brunnen bezeichnet, wurde aber von den Venezianern im 16. Jh. errichtet. Als Baumaterial diente alles, was gerade herumlag, darunter eine alte Statue. Das schmucke, sechseckige Brunnenhäuschen nebenan steuerten die Türken bei, es beherbergt heute ein gemütliches *kafenion* (Kaffeehaus).

Das **Museum für Religiöse Kunst** (☎ 2810 288 825; Monis Odigitrias; Eintritt 2 €; 🕑 April–Okt. Mo–Sa 9.30–19.30 Uhr, Winter 9.30–15.30 Uhr) ist in der ehemaligen Agia-Ekaterini-Kirche untergebracht, neben der **Agios-Minas-Kathedrale**. Das Museum zeigt eine beeindruckende Sammlung von Ikonen, Fresken und aufwändig verzierten Kirchengewändern. Glanzstücke sind die sechs Ikonen von Michael Damaskinos, dem Lehrmeister von El Greco.

Die **Titus-Basilika** (Agio Titou) wurde nach der Befreiung Kretas 961 n. Chr. erbaut. In der Folge mutierte sie von einer orthodoxen zu einer katholischen Kirche und dann zur Moschee. Nach einer Feuersbrunst 1554 und einem Erdbeben 1856 wurde sie jeweils wieder aufgebaut und dient nun seit 1925 wieder als orthodoxe Kirche.

Fans von Kretas berühmtestem modernen Schriftsteller, Nikos Kasantzakis (1883–1957, s. S. 59), werden es sich nicht nehmen lassen, an sein **Grab** zu pilgern. Es befindet sich im Südteil der Stadt in der Martinengo-Bastion, der größten und besterhaltenen Bastion Iraklions. Die Grabinschrift ist ein Zitat aus einem seiner Bücher: „Ich erwarte nichts, ich fürchte nichts, ich bin frei." Von hier aus kann man den ganzen Weg an der **Stadtmauer** entlang zum Hafenviertel laufen (1 Std.) oder neben den Bögen an der Platia Kyprou die Treppen hinaufsteigen.

Das **Museum der Schlacht um Kreta** (☎ 2810 346 554; Ecke Doukos Beaufort & Hatzidakis; Eintritt frei; 🕑 8–15 Uhr) dokumentiert das historische Ereignis anhand von Fotos, Briefen, Uniformen und Kriegsgerät.

Das ungewöhnliche **Lyzeum der Griechischen Frauen** (☎ 2810 286 594; www.leher.gr; Monis Agarathou 9; Eintritt frei; 🕑 Mo–Fr 10.30–12.30 Uhr) zeigt eine schöne Sammlung kretischer Kostüme, Webarbeiten und anderer Kunsthandwerksobjekte.

IRAKLION MIT KINDERN

Das **Naturkundemuseum von Kreta** (s. S. 170) steht auf der Hitliste der Kiddies genauso weit oben wie ein Ausflug zum **Cretaquarium**, s. S. 180. Ist der Nachwuchs museumsmüde, bietet das **Port Garden Cafe** (☎ 2810 242 411; Paraliaki Leoforo; ☎ 7 Uhr–spät) im Hafen Spielbereiche drinnen und draußen im Schatten, darunter Springburgen und Schaukeln. Der Hitze entkommt man auch im **Georgiades-Park**, wo es ein angenehm schattiges Café gibt und Kinder gefahrlos herumtollen können.

AKTIVITÄTEN

Wandern

Cretan Adventures (☎ 2810 332 772; www.cretanadventures.gr; Evans 10, im Obergeschoss) ist ein angesehenes lokales Unternehmen, das von einem unerschrockenen Brüderpaar geleitet wird. Das Programm umfasst Wanderungen, Mountainbiketouren und diverse Spezial- und Extremaktivitäten.

Der **Bergsteigerclub Iraklion** (EOS; ☎ 2810 227 609; www.cretanland.gr/orivatikos; Dikeosynis 53, Iraklion; ☎ 20.30–22.30 Uhr) arrangiert an den meisten Wochenenden Ausflüge auf der ganzen Insel.

Schwimmen & Tauchen

Wer in den glasklaren, wohltemperierten Gewässern vor Kreta auf Tauchstation gehen will, kann sich an den **Diver's Club** (☎ 2810 811755; www.diversclub-crete.gr; Agia Pelagia) wenden. Der Veranstalter mit Sitz 20 km westlich von Iraklion bietet Zugang zu diversen Tauchrevieren vom Strand und vom Boot aus. Der Strand Ammoudara, 4 km westlich von Iraklion, liegt am nächsten zur Stadt, aber besser sind Agia Pelagia weiter westlich oder Koundoura weiter östlich.

GEFÜHRTE TOUREN

Iraklions Reisebüros bieten Busreisen kreuz und quer durch Kreta an, außerdem finden täglich Ausflüge nach Santorin statt. Eine gute Adresse ist das hilfsbereite Reisebüro **Skoutelis Travel** (☎ 2810 280808; www.skoutelistravel.gr; 25 Avgoustou 24).

FESTE & EVENTS

Beim **Sommer-Kunstfestival** treten sowohl internationale Orchester und Tanzkompanien als auch einheimische Talente auf. Hauptveranstaltungsort ist das riesige **Nikos-Kazantzakis-Theater** (☎ 2810 242 977; Jesus-Bastion; Kartenverkauf 9–14.30 & 18.30–21.30 Uhr) in der Nähe des Burggrabens vor der Stadtmauer. Weitere Anlaufpunkte sind das Manos-Hatzidakis-Theater ganz in der Nähe und das venezianische Kastell Koules, s. S. 170. Das aktuelle Programm kann auf der Website www.heraklion-city.gr oder beim **Städtischen Kulturbüro** (☎ 2810 399 211; Androgeiou 2; 8–16 Uhr) hinter dem Youth Centre Café in Erfahrung gebracht werden.

IRAKLION

SCHLAFEN

Die Übernachtungsmöglichkeiten in Iraklion sind eher auf Geschäftsreisende zugeschnitten. Die wenigen Budgethotels sind in der Hochsaison schnell ausgebucht. Die meisten Unterkünfte wurden für die Olympischen Spiele 2004 modernisiert.

Budgetunterkünfte

Camping Creta (☎ 28970 41400; Fax 2897 041 792; Zelt/Pers. 5,50/4 €) Der Iraklion am nächsten gelegene Campingplatz befindet sich 16 km östlich der Stadt in Gouves. Das Gelände ist eben, Schatten gibt es keinen, aber einen Kiesstrand.

Heraklio Youth Hostel (☎ 2810 286 281; heraklioyouthhostel@yahoo.gr; Vyronos 5; B/DZ/3BZ ohne Bad 10/25/35 €) Dieses gammelige, heruntergekommene Etablissement der griechischen Jugendherbergsorganisation provoziert immer wieder Beschwerden unzufriedener Gäste. Die Schlafsäle sind so spartanisch, wie es eben geht. Allenfalls als letzte Ausweichmöglichkeit zu empfehlen.

Hellas Rent Rooms (☎ 2810 288 851; Fax 2810 284 442; Handakos 24; B/DZ/3BZ ohne Bad 10,50/30/42 €) Diese freundliche und entspannte Unterkunft ist de facto eine Jugendherberge mit Empfangsbereich und einer Dachgartenbar drei Treppen rauf. Die Zimmer haben Ventilator und Waschbecken, die Gemeinschaftsbäder sind einfach, aber sauber. Alle Zimmer haben Balkon, Frühstück auf der Terrasse ab 2,50 €.

Mirambellou Hotel (☎ 2810 285 052; www.mirabello-hotel.gr; Theotokopoulou 20; EZ/DZ ohne Bad 35/44 €, DZ mit Bad 65 €;) Eines der angenehmsten Billighotels der Stadt in einer ruhigen Straße im Zentrum. Die Zimmer mit TV, Telefon, Balkon und renoviertem Bad sind picobello, aber etwas vollgestopft. Einige Zimmer teilen sich nach Geschlechtern getrennte Bäder.

Hotel Lena (☎ 2810 223 280; www.lena-hotel.gr; Lahana 10; EZ/DZ ohne Bad 35/45 €, mit Bad 45/60 €;) Dieses freundliche Hotel in einer ruhigen Straße hat 16 geräumige Zimmer mit Telefon, TV, Ventilator und Doppelglasfenstern. Die meisten haben eigenes Bad, aber auch die Gemeinschaftsbäder sind ansprechend renoviert.

Rea Hotel (☎ 2810 223 638; www.hotelrea.gr; Kalimeraki 1; DZ ohne/mit Bad 34/44 €) Dieses von einer Familie geführte Hotel ist wegen der relaxten und freundlichen Atmosphäre bei Rucksackreisenden beliebt. Alle Zimmer haben Ventilatoren und Waschbecken, einige teilen sich ein Bad. Es gibt eine kleine, einfache Gemeinschaftsküche und Familienzimmer für 60 €.

Mittelklassehotels

Kronos Hotel (☎ 2810 282 240; www.kronoshotel.gr; Sofokli Venizelou 2; EZ/DZ 48/60 €;) Gut erhaltenes Hotel an der Uferpromenade mit bequemen Zimmern, die mit Doppelglasfenstern, Balkon, Telefon, TV und größtenteils auch mit einem Kühlschrank aufwarten können. Eines der besseren Zwei-Sterne-Hotels der Stadt. Zimmer mit Meerblick verlangen!

LP Tipp **Kastro Hotel** (☎ 2810 284 185; www.kastro-hotel.gr; Theotokopoulou 22; EZ/DZ/3BZ mit Frühstück ab 50/75/90 €;) Dieses aufpolierte, moderne und gastfreundliche Hotel in einer Seitenstraße ist zu empfehlen. Die geräumigen Zimmer haben Kühlschrank, TV, Fön, Telefon und Internetanschluss über ISDN.

Marin Hotel (☎ 2810 300 018; www.marinhotel.gr; Doukos Beaufort 12; EZ 75 €, DZ 95–125 €;) Modernes Hotel mit attraktiven, gut ausgestatteten Zimmern und aufmerksamem Personal. Die Zimmer nach vorn raus haben einen tollen Blick auf den Hafen und die Festung, einige kommen mit großem Balkon. Frühstück im Preis enthalten.

Irini Hotel (☎ 2810 229 703; www.irini-hotel.com; Idomeneos 4; EZ/DZ mit Frühstück 71/100 €;) Mittelgroßes Hotel in der Nähe des Alten Hafens: 59 große, helle Zimmer mit Radio, Telefon,

Blumen und Topfpflanzen auf dem Balkon. Ohne Frühstück wird's billiger.

Atrion Hotel (☎ 2810 246 000; www.atrion.gr; Hronaki 9; EZ/DZ mit Frühstück 95/110 €;) Zählt nach Generalüberholung zu einem der netteren Hotels der Stadt. Die Zimmer sind geschmackvolldezent eingerichtet und haben TV, Kühlschrank, Fön und Internetanschluss. Wer tiefer in die Tasche greift, bekommt dafür noch Meerblick und einen kleinen Balkon.

Spitzenklassehotels

LP Tipp **Lato Hotel** (☎ 2810 228 103; www.lato.gr; Epimenidou 15; EZ/DZ/Suite 100/127/175 €;) Dieses gastfreundliche Boutique-Hotel mit Blick auf den Alten und Neuen Hafen zählt zu den besten Adressen der Stadt: schicke, moderne Einrichtung, ausgezeichneter Service und spektakulärer Ausblick aus den meisten Zimmern (gilt besonders für die geräumigen Suiten). Eine grandiose Aussicht bietet auch das Dachrestaurant mit Bar. Im Erdgeschoss verwöhnt das abgefahrene neue Gourmetrestaurant **Brilliant** (☎ 2810 334 959) den Gaumen.

Megaron (☎ 2810 305 300; www.gdmmegaron.gr; Doukos Beaufort 9; EZ/DZ 190/215 €, Suite ab 247 €;) Hier wurde aus einer heruntergekommenen alten Ruine am Hafen ein Designhotel allererster Sahne gezimmert: bequeme Betten, Whirlpools in den VIP-Suiten und Plasma-TV in allen Zimmern. Restaurant und Bar auf der Dachterrasse bieten Panoramablick, getoppt wird das Ganze durch einen einzigartigen Pool mit Glaswänden.

ESSEN

Iraklion bietet eine große Auswahl für jeden Geschmack und Geldbeutel, von der einfachen, aber exzellenten Fischtaverne über internationale und exotische Küche bis zum konventionellen Luxusrestaurant. Durchgehend geöffnete *souvlaki*-Buden konzentrieren sich am Löwenbrunnen, einige stimmungsvolle Tavernen finden sich am Markt und im Hafenviertel. Achtung: Die meisten Restaurants haben sonntags geschlossen.

Günstig

Giakoumis Taverna (☎ 2810 280 277; Theodosaki 5–8; Mayirefta 4–6 €) Eine der besten unter den vielen Tavernen in den Nebenstraßen der Odos 1866 am Markt. Auf der Speisekarte stehen kretische Spezialitäten und einige vegetarische Gerichte. Der Laden brummt, und das bedeutet wiederum, dass die Ware in der Küche frisch ist. Die Gäste können zusehen, wie das Fleisch für den Grill vorbereitet wird.

O Vrakas (☎ 6977 893973; Platia 18 Anglon; Seafood-Mezedes 4,20–12 €) In diesem kleinen *ouzeri* (Lokal für Ouzo und kleine Snacks) kann man zuschauen, wie der bestellte Frischfisch im Freien gegrillt wird. Das Ambiente macht nicht viel her und die Speisenauswahl ist sehr begrenzt, trotzdem ist das Lokal bei den Einheimischen sehr beliebt. Wer auf Nummer sicher gehen will, bestellt gegrillten Oktopus und einen Ouzo.

Ippokambos Ouzeri (☎ 2810 280 240; Sofokli Venizelou 3; Mezedes 4,50–9,50 €) Dieser Klassiker in der Nähe der Touristenabfütterungsmeile am Ufer ist auch bei Einheimischen beliebt. Ein Blick in die Vitrinen und Töpfe macht Appetit auf Tintenfisch und mehr. Besonders gemütlich sind die Tische auf dem Gehweg oder gegenüber an der Promenade.

Fyllo...Sofies (☎ 2810 284 774; Platia Venizelou 33; Bougatsa 2,20 €; 🕑 5 Uhr–spät) Das beste Geschäft macht dieses Café in der Nähe des Löwenbrunnens in den frühen Morgenstunden, wenn die ersten Touristen mit der Fähre eintreffen und ebenso wie die Nightclubber nichts Eiligeres zu tun haben, als eine Blätterteig-*bougatsa* zu verdrücken. Tipp: die Variante mit Vanillepudding oder die weniger süße mit *myzithra*-Käse und Puderzucker.

Bäckerei Bitzarakis (☎ 2810 287 465; Odos 1821 7) Verkauft ausgezeichnete *kalitsounia* (leicht gebratene Teigtaschen) frisch aus dem Backofen und viele andere köstliche Snacks, Süßigkeiten und traditionelle kretische Produkte aus der Frauenkooperative Krousonas, s. Kasten S. 182.

Loukoumades (☎ 2810 285 567; Odos 1821 9; 6 Stücke 2 €; 🕑 Mo–Sa 5–22 Uhr) Herrlich flockige *loukoumades* (Bratlinge) mit Honig, Sesamsamen und Zimt.

Mittelteuer

Koupes (☎ 6977 259038; Agiou Titou 22; Mezedes 2,50–6,50 €) Eins von mehreren *rakadika* (kleine Speiselokale, die Raki oder Wein mit *mezedes* servieren) in dieser Fußgängerzone. Der bei Schülern beliebte Laden gegenüber einer Schule hat eine gute Auswahl an *mezedes*.

Terzakis Ouzeri (☎ 2810 221 444; Marineli 17; Mezedes 3,60–10,20 €) Dieses ausgezeichnete *ouzeri* an einem kleinen Platz gegenüber der Agios-Dimitrios-Kirche bietet eine gute Auswahl an *mezedes*, daneben *mayirefta* und Gegrilltes. Ein guter Tipp ist der Seeigelsalat. Ganz Unerschrockene, die eine echte kretische Spezialität probieren wollen, sollten *ameletita* („Unaussprechliches") bestellen: gebratene Schafhoden.

Embolo (☎ 2810 284 244; Miliara 7; Hauptgerichte 4,50–8 €) Hier tischt Giannis Stavrakakis, Ex-Musiker aus Anogia, delikates kretisches Essen auf: Grillspezialitäten, *pitta* (gefüllter Brotfladen) und voluminöse Salate. Gelegentlich gibt's Livemusik.

LP Tipp **I Avli tou Defkaliona** (☎ 2810 244 215; Prevelaki 10; Hauptgerichte 6–8,90 €; Abendessen) Diese beliebte Taverne mit traditionellen Korbstühlen, karierten Tischdecken und Plastikweintrauben ist bekannt für seine große Auswahl an *mezedes*, Haumannskost sowie qualitativ gute Fleisch- und Fischgerichte in lebendiger Atmosphäre.

Peri Orexeos (☎ 2810 222 679; Korai 10; Hauptgerichte 7–8 €) Mitten in der belebten Fußgängerzone Korai bietet dieses Restaurant solide kretische Küche, riesige Salate und ausgezeichnete moderne griechische Gerichte mit kreativem Touch, z. B. *kataïfi* (Teigtaschen aus superdünnen Spaghetti) mit cremiger Hühnchenfüllung. Das Schokoladendessert ist einfach unwiderstehlich.

Syntagies (☎ 2810 241 378; Koziri 3; Hauptgerichte 9,50–19 €) Dieses elegante Restaurant befindet sich in einer der wenigen noch erhaltenen klassizistischen Villen Iraklions aus den 1920er-Jahren, mit original bemalten Decken (einschließlich beschädigter Teile aus dem Zweiten Weltkrieg) und Tischen in einem Innenhof voller Blumen. Serviert werden gut zubereitete griechische/kretische Klassiker und internationale Gerichte. Vorspeisentipp: exzellente Pastrami-Teigtaschen.

Ebenfalls empfehlenswert: **Parasies** (☎ 2810 225 009; Platia Istorikou Mouseiou, an der Ecke des Platzes neben dem Historischen Museum) für frisches Seafood zu günstigen Preisen, **Amateur Fisherman's Club** (☎ 2810 223 812), in einem Betongebäude am Hafen gegenüber dem Busbahnhof, und **Erganos** (☎ 2810 285 629; Georgiadi 5, gegenüber der Jesus-Bastion) für zuverlässige kretische Küche zu vernünftigen Preisen.

Teuer

LP Tipp **Prassein Aloga** (☎ 2810 283 429; Ecke Handakos & Kydonias 21; Hauptgerichte 12–18 €) Dieses kleine, rustikal eingerichtete Café-Restaurant verwöhnt mit innovativer Mittelmeerküche. Doch es steht auch traditionell Griechisches auf der ständig wechselnden Karte, z. B. Schweinemedaillons mit Trockenfrüchten auf Wildreis.

Loukoulos (☎ 2810 224 435; Korai 5; Hauptgerichte 15–32 €) Ein wahrhaft lukullischer Ort: Gaumenkitzler aus dem Mittelmeerraum, serviert auf feinstem Porzellan, untermalt von klassischer Musik. Serviert wird entweder im eleganten Speisesaal oder auf der Terrasse unter einem Zitronenbaum.

Zu empfehlen ist auch das vorzügliche Essen im **Pagopiion**, bevor es dort zu laut wird, s. unten.

UNTERHALTUNG

Wenn im Sommer keine Liveaufführungen auf dem Programm stehen (s. S. 172), dient das Nikos-Kazantzakis-Theater als **Freiluftkino** (☎ 2810 242 977; Jesus-Bastion).

Astoria Cinema (☎ 2810 226 191; Platia Eleftherias) zeigt die neusten Kinofilme, größtenteils in englischer Sprache. Vor Kurzem hat außerdem im Hafenviertel in der Nähe des Naturkundemuseums ein neuer Unterhaltungskomplex eröffnet, zu dem außer verschiedenen Cafés und Fastfoodlokalen auch das Multiplexkino **Technopolis** mit seinen fünf Leinwänden gehört.

Wer sich für kretische Livemusik interessiert, erkundigt sich am besten im Musikgeschäft Aerakis, s. S. 175. Weitere Informationsquellen sind die Plakate in der Stadt. **Xatheri** (☎ 2810 332 757; Handakos 36) und **Theorio** (☎ 2810 288 390; Pediados 22) veranstalten zwischen November und Mai regelmäßig Livekonzerte am Freitag- und Samstagabend.

Cafés & Bars

Iraklion hat eine erstaunliche Anzahl an Cafés und Kneipen. Die dichteste Konzentration findet sich in der belebten Fußgängerzone zwischen Odos Korai und Odos Perdikari. Die meisten Lokale dort verwandeln sich nach 23 Uhr in lebendige Bars. In der Odos Handakos haben sich gemütliche Bars eingenistet, die sich eher für ein Schwätzchen als zum Leute gucken anbieten.

Pagopiion (☎ 2810 346 028; Platia Agiou Titou; 10 Uhr–spät) Diese ehemalige Eisfabrik mit intellektuellem Flair ist ein Dauerfavorit und wird nach 23 Uhr zu einer putzmunteren Bar.

Guernica (☎ 2810 282 988; Apokoronou Kritis 2; 10 Uhr–spät) Die geniale Mischung von traditionell kretischer Einrichtung und moderner Musik machen das Guernica zu einer der angesagtesten Café-Bars der Insel. Im Sommer lockt die romantische Gartenterrasse.

Veneto (☎ 2810 223 686; Epimenidou 9) Dieses Café, in historischen Gemäuern nicht weit vom Hotel Lato, bietet von seiner reizvollen Terrasse den besten Blick auf den Hafen und das Kastell.

Take Five (☎ 2810 226 564; Akroleondos 7; ⌚ 10 Uhr–spät) Dieser alteingesessene Favorit im El-Greco-Park, der kürzlich in eine Fußgängerzone umgewandelt wurde, wird von lauten Neuankömmlingen nahezu überschwemmt. Nebenan bietet das Grill- und Bierhaus **Draft** (☎ 2810 301 341; Akroleondos 9) über 40 Biersorten an, allerdings nicht gerade billig (ab 5,50 €).

Utopia (☎ 2810 341 321; Handakos 51) Dieses kultivierte Café im alten Stil kredenzt verschiedene Tees, heiße Schokoladen, Fondues und sündhaft leckere Eiscreme.

Café Santan (☎ 6976 285 869; Korai 13) Das erste orientalische Café der Stadt wartet mit Shishas, Sofas und orientalischer Tanzmusik auf; ab 23 Uhr Bauchtanz live.

Clubszene

Iraklion hat das schickste und interessanteste Nachtleben auf Kreta. Die Clubs verteilen sich auf die ganze Stadt, mehrere finden sich in der Leoforos Ikarou, die am Südende von der Platia Eleftherias abgeht, und in der Epimendou. Im Sommer verlagert sich die Action mehr Richtung Hafenviertel, wo gerade ein neuer Diskotheken- und Unterhaltungskomplex mit mehreren Clubs unter freiem Himmel entsteht. Einige Diskos öffnen erst gegen Mitternacht, der Eintritt kostet ab ca. 6 € und beinhaltet in der Regel ein Getränk.

Privilege (Doukos Beaufort 7) Iraklions Yuppies drängeln sich hier auf der Tanzfläche, die locker 2000 zappelnde Füße fasst. Bis 2 Uhr ist die Playlist international (Rock, Techno usw.), danach wird griechische Clubmusik gespielt.

Der beliebteste Club im Hafenviertel ist **Big Fish** (☎ 2810 288 011; Makariou 17 & Venizelou; ⌚ ganztägig). Der Laden in einem spektakulär restaurierten alten Steingebäude ist protzig, hat aber Klasse. Nebenan befindet sich die Disko **Desire**.

SHOPPEN

Iraklion bietet die meisten und besten Einkaufsmöglichkeiten auf Kreta. Shoppingfreaks können sich hier mit aktueller Mode, einem neuen Koffer oder diversen Luxusartikeln eindecken. In den als Fußgängerzone ausgewiesenen Straßen Dedalou und Handakos konzentrieren sich eher konventionelle Geschäfte. In der ebenso schmalen wie belebten Marktstraße Odos 1866 drängeln sich die Shopper um Stände mit Schwämmen, Kräutern, Obst und Gemüse, T-Shirts, Nüssen, Honig, Schuhen und Taschen. Wer sich für führende Designer und Schmuck interessiert, wird in der Kalokerinou oder der Odos 1821 fündig, z. B. beim griechischen Juwelier **Fanourakis** (☎ 2810 282 708; Platia N Foka).

Aerakis Music (☎ 2810 225 758; Daedalou 37; www.seistronmusic.gr) hat die beste Auswahl an kretischer Musik. Hier gibt's sowohl alte, seltene Aufnahmen wie auch Aktuelles. Viele Sachen sind bei Michalis Aerakis' eigenem Label Seistron Music erschienen.

Paleopoleio Antique Shop (☎ 2810 240 155; Agiou Titou 52) Eines der wenigen noch verbliebenen Antiquitätengeschäfte in einer Stadt, die verrückt ist nach dem letzten Schrei. Dieser alte Laden hat eine kleine, aber feine Auswahl an Sammlerobjekten, Ikonen und alten Büchern. Das Paradestück ist ein alter Taucheranzug im Schaufenster.

Kosmimata (☎ 2810 346 888; Handakos 31) Designerin Lily Chaniotaki-Besi und ihr Ehemann, ebenfalls Goldschmied, fertigen all ihre modernen und einzigartigen Schmuckstücke in dieser bezaubernden kleinen Schmuckwerkstatt an.

Mountain Club (☎ 2810 280 610; Evans 15) Wer noch nicht ausreichend für Wanderungen und Abenteuer ausgerüstet ist, findet hier Outdoorbekleidung, robustes Schuhwerk sowie Camping-, Kletter- und Fahrradzubehör.

Folli Follie (☎ 2810 346 354; Daedalou 23) Filiale des international erfolgreichen griechischen Handtaschen- und Schmuckherstellers.

Mastic Spa (☎ 2810 390 567; Kantanoleon 2) Hier gibt es originelle Produkte aus Mastix von der Insel Chios, u. a. Lebensmittel und Kosmetikartikel.

AN- & WEITERREISE

Flugzeug

Nikos Kazantzakis International Airport (Code HER; ☎ 2810 228 401)

INLAND

Olympic (☎ Stadt 2810 244 824, Flughafen 2810 337 203; www.olympicairlines.com; 25 Avgoustou 27) und **Aegean** (☎ Stadt 2810 344 324, Fax 2810 344 330, ☎ Flughafen 2810 330 475; www.aegeanair.com; Leof Dimokratias 11) bieten jeweils mindestens fünf Flüge täglich von Iraklion nach Athen (ab 85 €) und fliegen täglich nach Thessaloniki (ab 106 €). Olympic fliegt auch die Insel Rhodos an (ab 89 €). Bei beiden Fluglinien gibt es regelmäßig Sonderangebote, allerdings meist außerhalb der Hauptsaison. Die Frühbucherangebote von Aegean im Internet sind extrem günstig, aber nicht umbuchbar. Bei Last-Minute-Flügen ist Olympic normalerweise billiger. **Sky Express** (☎ 2810 223 500; www.skyexpress.gr) fliegt täglich mit kleinen 18-Sitzern nach Rhodos und mehrmals pro Woche nach Santorin, Lesbos, Kos, Samos und Ikaria (ab 79 €).

INTERNATIONAL

In Iraklion sind Charterfluganbieter aus ganz Europa vertreten, mehr dazu auf S. 248. Interessante Angebote hat das Reisebüro Skoutelis Travel, s. S. 166. Aegean Airlines bietet direkte Linienflüge von Iraklion nach München, Frankfurt, Mailand und Larnaka.

Schiff/Fähre

Die **Iraklion Port Authority** (☎ 2810 244 912) am Hafen hat Informationen zu den Fahrplänen.

Minoan Lines (☎ 2104 145 700, 2810 229 624; www.minoan.gr) betreibt Fähren zwischen Iraklion und Piräus: Fahrtzeit 7 Std., Abfahrt in beiden Häfen jeweils um 22 Uhr. Tickets für die Deckklasse kosten 29 €, Kabine 54 €. Die Hochgeschwindigkeitsboote *Festos Palace* und *Knossos Palace* von Minoan Lines sind moderner und bequemer als die Fähren des Konkurrenzbetreibers ANEK.

Im Sommer verkehren am Wochenende und an manchen Wochentagen zusätzliche Minoan-Fähren: Fahrtzeit 6 Std., Deckklasse 37 €. Sie legen in Piräus und Iraklion um 11 Uhr ab und sind um 17.30 Uhr am Ziel.

GA Ferries (☎ 2810 222 408; www.gaferries.gr) betreibt vier Fähren wöchentlich von Iraklion nach Thessaloniki (46,50 €, 31 Std.) über Santorin (16 €, 4½ Std.), Ios (18,80 €, 6½ Std.) und Paros (24,30 €, 10 Std.), mit Zwischenstopps auf mehreren Inseln. Eine weitere GA-Fähre fährt wöchentlich von Iraklion (Abfahrt Freitag 17 Uhr) nach Rhodos (26,40 €, Kabine 39,20 €, 14½ Std.), mit Stopps in Kassos (19,40 €, 6 Std.) und Karpathos (17,40 €, 8 Std.).

Hellenic Seaways (www.hellenicseaways.gr) betreibt eine tägliche Hochgeschwindigkeitsfähre nach Santorin (31 €, 1¾ Std.), Ios (36,70 €, 2½ Std.) Paros (47,80 €, 3¼ Std.), Naxos (41,70 €, 4¼ Std.) und Mykonos (48,70 €, 4¾ Std.).

ANEK Lines (☎ 28102 44912; www.anek.gr) verkehrt täglich zwischen Iraklion und Piräus (Deck 32 €, Kabine 58 €, 8 Std.), Abfahrt 20.30 Uhr.

LANE Lines (☎ 2810 346 440; www.lane.gr) fährt von Iraklion nach Sitia, Kassos (19,50 €, 6 Std.), Karpathos (19,50 €, 8 Std.), Diafani (17,90 €, 9 Std.), Chalki (18,20 €, 11 Std.) und Rhodos (27 €, 14 Std.).

BUSSE AB STATION A

Zielort	Fahrtdauer	Fahrpreis	Häufigkeit
Chania	3 Std.	10,50 €	18-mal tägl.
Rethymnon	1¾ Std.	6,50 €	18-mal tägl.
Agia Pelagia	45 Min.	3,10 €	3-mal tägl.
Agios Nikolaos	1½ Std.	6,20 €	alle 30 Min.
Archanes	30 Min.	1,60 €	stündl.
Chersonisos/Malia	45 Min.	3,50 €	alle 30 Min.
Ierapetra	2½ Std.	9,50 €	8-mal tägl.
Knossos	20 Min.	1,15 €	alle 10 Min.
Lassithi-Hochebene	2 Std.	4,70 €	1-mal tägl.
Milatos	1½ Std.	4,70 €	2-mal tägl.
Sitia	3½ Std.	13,10 €	5-mal tägl.

BUSSE AB STATION B

Zielort	Fahrtdauer	Fahrpreis	Häufigkeit
Agia Galini	2 Std.	7,10 €	6-mal tägl.
Anogia	1 Std.	3,40 €	4-mal tägl.
Matala	2½ Std.	6,80 €	5-mal tägl.
Festos	1½ Std.	5,70 €	8-mal tägl.

Bus

Iraklion hat zwei Fernbusbahnhöfe: **Bus Station A** (☎ 2810 246 534) für Busse nach Ost- und Westkreta (und Knossos) liegt am Ufer in Kainähe, soll aber demnächst verlegt werden. **Bus Station B** (☎ 2810 255 965), westlich des Stadtzentrums direkt hinter dem Chania-Tor, bietet Verbindungen nach Festos, Agia Galini und Matala.

Am Wochenende sind die Busverbindungen eingeschränkt, Infos im Internet unter www.ktel-heraklio-lassithi.gr.

Überlandtaxis

Überlandtaxis (☎ 2810 210 102) fahren Ziele auf ganz Kreta an. Die Autos warten an der Platia Eleftherias vor dem Hotel Astoria Capsis und an der Bus Station B. Preisbeispiele: Agios Nikolaos 60 €, Rethymnon 70 €, Chania 120 €.

UNTERWEGS VOR ORT

Bus Nr. 1 pendelt viertelstündlich von 6 bis 1 Uhr zwischen Flughafen und City, die Haltestelle ist in der Nähe des Hotels Astoria Capsis an der Platia Eleftherias. Ein Taxi zum Flughafen kostet 7–10 €. Ein Funktaxiunternehmen ist **Ikarus Radio Taxi** (☎ 2810 211 212).

Am Flughafen sind alle bekannten internationalen Mietwagenfirmen vertreten. Günstigere Angebote machen die einheimischen Verleiher; die meisten von ihnen haben ihr Büro in der Odos 25 Avgoustou.

Loggetta Cars (☎ 2810 289 462; www.loggetta.gr; 25 Avgoustou 20)

Motor Club (☎ 2810 222 408; www.motorclub.gr; Platia 18 Anglon, gegenüber der Festung) hat die größte Auswahl an Motorrädern.

Sun Rise (☎ 2810 221 609; 25 Avgoustou 46) liegt unmittelbar außerhalb der Fußgängerzone.

RUND UM IRAKLION

KNOSSOS ΚΝΩΣΟΣ

In minoischen Zeiten war **Knossos** (☎ 2810 231 940; Eintritt 6 €, inkl. Archäologisches Museum Iraklion 10 €; ⌚ April–Okt. 8–19.30 Uhr, Nov.–März 8–15 Uhr) die Hauptstadt Kretas, heute ist es die größte Touristenattraktion der gesamten Insel. Der Palast liegt etwa 5 km südlich von Iraklion an einer Stelle, die den Hauch der Geschichte besonders deutlich spüren lässt, umgeben von grünen Hügeln und Schatten spendenden Pinien, auch wenn die Zufahrtsstraße von den üblichen langweiligen Souvenirläden gesäumt wird.

Die Ruinen von Knossos wurden 1900 von dem britischen Archäologen Sir Arthur Evans freigelegt, s. Kasten S. 180. Schon der legendäre Entdecker des alten Troja, Heinrich Schliemann, hatte ein Auge auf diesen Ort geworfen und darunter eine Stadt vermutet, konnte sich aber mit den Landbesitzern im türkisch beherrschten Kreta nicht einigen. Fasziniert von Schliemanns Entdeckung von Siegeln mit eingravierten Motiven auf Kreta und späteren Keramikfunden in Kamares, reiste Evans 1894 nach Kreta, leitete den Kauf eines Teils der heutigen Knossos-Stätte in die Wege und erwarb so das Exklusivrecht für die Grabungen. Fünf Jahre später kehrte er zurück und machte sich mit einem Trupp kretischer Helfer an die Arbeit.

Der erste Schatz, der unter dem Hügel namens Kefala zum Vorschein kam, war ein Fresko, das einen minoischen Mann zeigte. Als Nächstes entdeckten sie den Thronsaal und riefen damit verblüffte Archäologen aus der ganzen Welt auf den Plan. Keiner hatte eine so hoch entwickelte Zivilisation in Europa vermutet, die parallel zu den großen Pharaonen Ägyptens existiert hatte. Manche vermuteten sogar, es handele sich hier um die legendäre verschwundene Stadt Atlantis, auf die Plato einige Jahrhunderte später anspielte, aber dieser Punkt ist höchst umstritten.

Evans „realistische" Rekonstruktionsmethoden werden bis heute kontrovers diskutiert. Sowohl Besucher als auch Archäologen sind sich einig, dass Evans' Phantasie mit ihm durchgegangen sein muss. Im Gegensatz zu anderen archäologischen Stätten auf Kreta ermöglicht es diese umfangreiche Rekonstruktion dem Besucher jedoch, sich den Palast in etwa so vorzustellen, wie er auf dem Höhepunkt seiner Blüte ausgesehen haben mag.

Eine ausführliche Besichtigung von Knossos dauert mehrere Stunden. Da kaum etwas beschildert ist, empfiehlt es sich, spezielle Literatur zu besorgen oder gleich einen Führer zu engagieren, denn sonst rauschen viele Details einfach an einem vorbei. Es lohnt sich, schon frühmorgens aufzubrechen, um vor der Hitze und den Reisebussen dort zu sein. Wer sich nicht über die Preise im dortigen Café ärgern will, bringt am besten sein eigenes Picknick mit. Noch ein Spartipp: Die Kombikarte für Knossos plus Archäologisches Museum Iraklion kostet 10 €.

Geschichte

Der erste Palast von Knossos wurde ca. 1900 v. Chr. erbaut, durch ein Erdbeben zerstört und 1700 v. Chr. in größerer und aufwändigerer Ausführung neu errichtet – die meisten Ruinen stammen aus dieser Zeit. Irgendwann zwischen 1500 und 1450 v. Chr. wurden erneut Teile der Anlage zerstört; der intakte Trakt blieb aber weiterhin bewohnt, bevor ein Feuer rund 50 Jahre später alles verschlang.

Der Neue Palast wurde sorgfältig geplant, denn er sollte den Bedürfnissen einer vielfältigen Gesellschaft genügen. Es gab Wohnräume für König und Königin, Residenzen für Beamte und Priester, Unterkünfte für das gemeine Volk und Friedhöfe. Öffentliche Versammlungsräume, Andachtsstätten, Werkstätten, Vorratsräume und Schatzkammern gruppierten sich um einen gepflasterten Innenhof. Ihre Anordnung war so unübersichtlich, dass viele darin den Ursprung für die Sage vom Labyrinth des Minotaurus vermuten, s. Kasten S. 179.

Früher waren die königlichen Wohnräume zur Besichtigung freigegeben. Anfang 1997 wurde der Bereich abgesperrt, weil man befürchtete, dass ihn die Millionen Besucher buchstäblich in Grund und Boden trampeln würden. Zwar sind umfangreiche Restaurationsarbeiten im Gang, aber eine erneute Freigabe für die Öffentlichkeit ist unwahrscheinlich.

Rundgang

Angesichts der zahllosen Räume, Flure, Gänge, Treppen, Ecken und Winkel ist es unmöglich, präzise Anleitungen für einen Rundgang zu geben. Doch zumindest muss niemand damit rechnen, in Knossos von einem undefinierbaren Steinhaufen zum nächsten zu stolpern: Dank Evans' Rekonstruktionsarbeiten sind die wichtigsten Teile der Anlage als solche erkennbar, wenn auch nicht ohne Weiteres auffindbar. Und immer wieder gibt es nachgebaute minoische Säulen zu bewundern, meist in dunklem Braunrot mit goldgerändertem schwarzem Kapitell, die sich nach unten hin verjüngen.

Strategisch günstig angeordnete minoische Fresken zeugen von der hohen künstlerischen Fertigkeit dieses Volkes und geben dem Palast ein besonderes Flair. Mindestens ebenso anspruchsvoll wie die Malereien sind die Kanalisationsanlagen: Rohre und Rinnen sind unter Ausnutzung der Zentrifugalkraft so angeordnet, dass Überschwemmungen verhindert wurden. An manchen Stellen läuft das

DAS LABYRINTH

Die Legende berichtet, dass König Minos sich weigerte, Poseidon einen stattlichen weißen Stier zu opfern. Aus Rache brachte Poseidon Minos' Gattin Pasiphae dazu, sich in den Bullen zu verlieben. Um den Stier anzulocken, bat Pasiphae den Universalhandwerker Dädalus aus Knossos, ihr eine innen hohle Kuh aus Holz zu bauen, in die sie hineinschlüpfen konnte. So fand der Stier sie offensichtlich unwiderstehlich, und aus der bizarren Vereinigung entstand der Minotaurus, ein hässliches Ungeheuer mit dem Körper eines Mannes und dem Kopf eines Stieres.

König Minos befahl Dädalus, ein Labyrinth zu bauen, in das Minotaurus verbannt wurde. Minos brachte die Athener gegen sich auf, indem er Athen befahl, jährlich sieben Jünglinge und sieben Jungfrauen zu liefern, um die Frischfleischgelüste des Minotaurus zu stillen, als Sühne für die Ermordung von Minos' Sohn Androgeos. Der athenische Held Theseus schwor, den Minotaurus umzubringen, und schmuggelte sich als einer der sieben Jünglinge nach Kreta. Dort verliebte er sich in Minos' Tochter Ariadne. Sie versprach, ihm zu helfen, wenn er anschließend mit ihr durchbrennen würde. Sie gab ihm das Garnknäuel, das er im Labyrinth abwickelte, um den Ausgang wiederzufinden, nachdem er das Ungeheuer erledigt hatte. Am Ende floh das junge Paar gemeinsam aus Kreta.

Wasser scheinbar bergauf – ein Beweis dafür, dass die Minoer physikalische Gesetze zu nutzen wussten. Die geschickte Anordnung von Lichtschächten in Verbindung mit Durchgängen, Vordächern und Veranden sorgte im Sommer wie im Winter für ein angenehmes Raumklima.

Die meisten Besucher betreten den Palastkomplex durch den Westeingang und gelangen in den **Prozessionskorridor** mit seinen Fresken. Sie stellen eine lange Reihe von Minoern dar, die Geschenke für den König tragen. Da diese Gemälde nur noch fragmentarisch erhalten sind, ist das **Priester-König-Fresko** als Nachbildung im südlichen Zentralhof zu besichtigen.

Ein alternativer Weg führt am Prozessionskorridor vorbei von Norden her auf das Gelände. Dort liegt das **Theaterareal**, das aus zwei Treppenfluchten besteht, deren exakte Funktion unbekannt ist. Wahrscheinlich zeigten dort Tänzer und Akrobaten ihre Künste, vielleicht haben sich aber dort auch die Bewohner versammelt, um hohen Besuch zu empfangen, der die Königliche Straße entlangkam.

Die **Königliche Straße** ist Europas erste Straße (Knossos kann mit einigen „Erstlingen" aufwarten). Sie führt nach Westen und wird von Werkstätten und Wohnhäusern der Unterschicht flankiert. Nicht weit davon liegt das **Lustralbad**, von dem Evans annahm, dass die Minoer dort rituelle Waschungen als Vorbereitung auf eine religiöse Zeremonie durchführten.

Wer den **Zentralhof** von Norden her betritt, kommt am **Stierfresko** vorbei, das einen angreifenden Bullen zeigt. Solche Relieffresken wurden aus feuchtem Gips modelliert und bemalt, bevor der Gips getrocknet war.

Ebenfalls sehenswert im nördlichen Bereich sind die **Riesen-Pithoi** (Tonkrüge, in denen Olivenöl, Wein und Getreide aufbewahrt wurden). Über 100 solcher Krüge fand Evans auf dem Gelände, manche davon 2 m hoch. Am Zentralhof, der früher von den hohen Palastmauern umgeben war, beginnt der Streifzug durch die interessantesten Räume der Anlage.

Am nördlichen Ende der Westseite des Palastes führt eine Treppe hinunter zum **Thronsaal**, der zwar abgesperrt, aber trotzdem gut einsehbar ist. Ins Auge fallen der einfache, harmonisch proportionierte Alabasterthron und das **Greifenfresko**. Greife sind mythische Vögel, die von den Minoern als heilige Tiere verehrt wurden.

Manche Altertumsforscher glauben, der Thronsaal sei eine Kultstätte gewesen und der Thron hätte nicht einem König, sondern einer Hohepriesterin gehört. Unbestritten besitzt der Raum eine geheimnisvolle, mystische Aura und hat so gar nichts von höfischem Pomp und Zeremoniell. Außerdem bauten die Minoer ihren Göttern keine großen Tempel, sondern verehrten sie in kleinen Schreinen, von denen jeder Palast mehrere hatte.

Im ersten Stock liegt auf dieser Palastseite der Trakt, den Evans den **Piano Nobile** nannte. Er nahm an, dass sich hier Empfangs- und Prunksäle befanden. In einem Raum am Nordende sind Kopien einiger Fresken von Knossos ausgestellt.

SIR ARTHUR EVANS & KNOSSOS

Sir Arthur John Evans (1851–1941) war der britische Gelehrte, der die Ruinen des verlorenen Palastes von Knossos entdeckte und die minoische Kultur nach dem legendären König Minos benannte. Von 1884 bis 1908 war der begeisterte Freizeitjournalist und Abenteurer Kurator des Ashmolean Museum im englischen Oxford gewesen. Sein spezielles Interesse an antiken Münzen und Schriftzügen in Prägesiegeln führte ihn 1894 erstmals auf die Insel. Evans hegte den Verdacht, dass die mykenische Kultur auf dem Festland ursprünglich aus Kreta stammen könnte. Mit Unterstützung der neu gegründeten Archäologischen Gesellschaft Kretas nahm er Verhandlungen über den Kauf des für ihn interessanten Landes auf, die schließlich im Jahr 1900 nach einer Gesetzesänderung von Erfolg gekrönt wurden. Schon bald nach Beginn der Ausgrabungen kam der Palast zum Vorschein.

Evans war derart gefesselt von seiner Entdeckung, dass er die nächsten 25 Jahre und 250 000 Pfund seines Privatvermögens in die Ausgrabung und Rekonstruktion bestimmter Abschnitte des Palastes steckte. Unter dem minoischen Palast aus der Bronzezeit lagen noch die Überreste einer Zivilisation aus der Jungsteinzeit. Außerdem fand Evans etwa 3000 Tontafeln mit Linear-A- und Linear-B-Schrift. Er beschrieb seine Arbeit in Knossos in dem vier Bände umfassenden Werk *The Palace of Minos*. Der Archäologe erhielt diverse Auszeichnungen für seine Arbeit und wurde 1911 zum Ritter geschlagen.

Viele Wissenschaftler äußern sich abfällig über Evans' Rekonstruktion. Sie werfen ihm vor, seine Phantasie sei beim Wiederaufbau teilweise mit ihm durchgegangen, auf Kosten der archäologischen Genauigkeit. Evans verteidigte seine Säulen und Stützen aus Stahlbeton mit dem Argument, das Bauwerk wäre sonst eingestürzt, aber viele Archäologen glauben, dass Evans dem Palast irreparable Schäden zufügte. Fest steht, dass Archäologen in heutiger Zeit wesentlich engere Grenzen bei ihrer imaginären Ausgestaltung gesetzt sind.

Wieder zurück im Zentralhof, führt von der Mitte der Ostseite die imposante **Große Treppe** hinauf in die **königlichen Gemächer**, die bei Evans die Megara von König und Königin heißen. Auch diese Räume sind abgesperrt. Das Megaron des Königs, auch **Halle der Doppelaxt** genannt, besteht aus zwei geräumigen, zusammenhängenden Zimmern, in denen der Herrscher schlief und bestimmten höfischen Pflichten nachkam. Ein Lichtschacht an einem und ein Balkon am anderen Ende sorgten für Belüftung. Der Name der Halle rührt von den Spuren einer Doppelaxt auf dem Lichtschacht her. Solche Spuren finden sich vielerorts in Knossos, denn die Doppelaxt *(labrys)* war bei den Minoern ein geheiligtes Symbol; aus ihr soll sich auch das Wort „Labyrinth" ableiten.

Eine Passage führt von der Halle der Doppelaxt in das **Megaron der Königin**. Über der Tür ist eine Nachbildung des **Delphinfreskos** angebracht, eines der schönsten minoischen Exemplare. Das Portal ist mit einem blauen Blumenmuster verziert. Nebenan liegt das Badezimmer der Königin mit einer Terrakotta-Badewanne und einer **Toilette mit Wasserspülung** – ein weiterer „Erstling". Das Wasser wurde übrigens per Hand hineingeschüttet.

An- & Weiterreise

Bus Nr. 2 fährt alle zehn Minuten an der Bus Station A in Iraklion ab. Von der Küstenstraße ist der Weg nach Knossos ausgeschildert. An der Stätte sind Kundenfänger am Werk, die Besucher auf private, entgeltpflichtige Parkplätze locken wollen, obwohl es weiter Richtung Ausgrabungsstätte mehrere kostenlose Parkplätze gibt.

CRETAQUARIUM

Das riesige **Cretaquarium** (☎ 2810 337 788; www.cretaquarium.gr; Erw./Kind ab 4 J. 8/6 €; ⌚ Mai–Mitte Okt. 9–21 Uhr, Okt.-April 10–17.30 Uhr) befindet sich auf dem ehemalige US-Militärstützpunkt in Gournes, 15 km östlich von Iraklion. Das größte Aquarium im östlichen Mittelmeerraum gehört zum Meeresforschungskomplex Thalassocosmos des Hellenischen Zentrums für Meeresforschung. In mehreren großen Becken ist eine erstaunliche Vielfalt an marinen Lebewesen zu beobachten, wirklich große Fische sind aber kaum vertreten. Interaktive Multimediatechnik und mehrsprachige Displays sorgen für Informationen. Da das Aquarium direkt am Stand liegt, kann man zwischendurch sogar baden gehen.

Die Nordküstenbusse (1,60 €, 30 Min.) halten an der Hauptstraße, von dort sind's noch 10 Minuten zu Fuß. Die Abzweigung nach Kato Gouves ist an der neuen Nationalstraße deutlich beschildert.

FODELE ΦΟΔΕΛΕ

521 Ew.

Das hübsche Dorf Fodele, 25 km westlich von Iraklion, ist als Geburtsort des berühmten El Greco bekannt, s. Kasten S. 54. Ob das wirklich stimmt, darüber streiten sich die Gelehrten. Tatsache ist, dass es in dem Ort ein kleines **Museum** (☎ 2810 521 500; Eintritt 2 €; 🕓 Di–So 8–19 Uhr) gibt, das dem großen Künstler gewidmet ist. Es befindet sich in einem reizenden Steinhaus am Dorfrand, wo El Greco als Kind gelebt haben soll. Es sind einige Reproduktionen seiner Arbeiten zu besichtigen, doch kaum etwas gibt erhellende Auskunft über den Maler selbst und sein Leben. Gegenüber vom Museum steht die kreuzförmige, kuppelgekrönte byzantinische **Kirche von Panayia**, die am Standort einer früheren Basilika errichtet wurde. Leider ist sie meistens verschlossen.

Fodele ist ein attraktives Dorf in einem fruchtbaren, grünen Tal mit einem Fluss und mehreren byzantinischen Kapellen. Frauen sitzen häkelnd vor den Läden an der Hauptstraße und verkaufen Kunsthandwerk und Souvenirs. Am Ufer gibt's ein Café mit Tischen am Fluss. Im Winter und Frühling essen die Einheimischen gerne Fleisch in einer der Tavernen am Flussufer.

AROLYTHOS ΑΡΟΛΙΘΟΣ

An der Straße nach Tylisos liegt 11 km südwestlich von Iraklion das künstliche kretische Dorf **Arolythos** mit einem **Museum für Landwirtschaft und Folklore** (☎ 2810 821 050; www.arolithosvillage.gr; Erw./Kind 3/1,50 €; 🕓 Sommer Mo–Fr 9–21, Sa & So 9–17 Uhr; Winter Mo–Fr 9–17, Sa 10–18 Uhr). Das familienbetriebene Kunstdorf wurde Mitte der 1980er-Jahre erbaut und besteht aus Töpferei, Weberei, Schmiede, Taverne, *kafenion*, einem Kramladen mit Kunsthandwerk und einem riesigen Hof, der gern für Hochzeiten und Taufen genutzt wird. Das dreistöckige Museum zeigt eine ansehnliche Sammlung von Haushalts- und landwirtschaftlichen Geräten, die nach Themen geordnet den ländlichen Alltag veranschaulichen. Auch eine **Übernachtungsmöglichkeit** (DZ mit Frühstück 55 €) in traditionell eingerichteten Zimmern wird angeboten.

Aus Richtung Iraklion führt die Straße an der Koumbedes-Taverne vorbei, einer restaurierten ottomanischen Moschee. Dort gibt's leckeres Essen und einen schönen Ausblick aufs Tal.

TYLISOS ΤΥΛΙΣΟΣ

Die **minoische Ausgrabungsstätte** (☎ 2810 831 498; Eintritt frei; 🕓 Mo–Sa 8.30–15 Uhr) in dem kleinen Ort Tylisos (*Tyl*-i-sos), 13 km südwestlich von Iraklion, kann nur unersättliche Archäologiefreaks vom Hocker reißen. Zwischen den Häusern des Dorfes stehen drei Herrenhäuser aus verschiedenen Perioden. Der Bus von Iraklion nach Anogia hält in Tylisos und an der 8 km entfernten Minoerstätte **Sklavokambos**. Die dortigen Ruinen stammen von einer Villa, die wahrscheinlich von einem Gebietsverwalter bewohnt und 1500 v. Chr. erbaut wurde.

MYRTIA ΜΥΡΤΙΑ

Myrtia, 15 km südlich von Iraklion, ist der Geburtsort von Kretas berühmtestem Schriftsteller. An ihn erinnert das **Nikos-Kazantzakis-Museum** (☎ 2810 742 451; www.kazantzakis-museum.gr; Erw./Stud. & Kinder 3 €/frei; 🕓 März–Okt. 9–19 Uhr, Nov.–Feb. So 10–15 Uhr). Die ausgezeichnete Sammlung von Memorabilia rund um den Autor und sein Werk wird durch eine Filmvorführung und Theaterplakate von Aufführungen seiner Stücke in aller Welt ergänzt.

Es fahren zwei Busse täglich von Iraklion nach Myrtia (2,20 €, 30 Min.).

TEMENOS ΤΕΜΕΝΟΣ

Über dem Dorf Profitis Ilias, 24 km südöstlich von Iraklion, thront die byzantinische Burg **Temenos** auf dem Roka, einem Berg mit zwei Gipfeln. Die strategische Lage mit Blick auf die Nordküste und die umliegenden Berge machte den Berg zum idealen Ort für eine Festung, die der byzantinische Herrscher Nikiforos Fokas 961 zum Schutz Iraklions erbauen ließ. Zwei Wege führen zur Burg, die eine Stunde zu Fuß vom Dorf entfernt liegt.

Trotz ihrer Nähe zu Iraklion hat sich diese ländliche Region einen traditionellen Charakter bewahrt und sieht nur wenige Touristen. Bester Kenner der Gegend ist der einheimische Naturliebhaber Dimitris Kornaros, Chef von **Axas Outdoor Activities** (☎ 2810 871 239; axas@yahoo.gr).

Im Juli und August finden Konzerte an einem einzigartigen Veranstaltungsort im

ABSTECHER NACH KROUSONAS

Am Fuße des Berges Psiloritis (Ida) haben die Frauen aus dem Dorf Krousonas ein originelles Geschäft auf die Beine gestellt: Sie backen typisch kretisches Gebäck und andere einheimische Köstlichkeiten nach Urgroßmutters Geheimrezepten. In der **Kroussaniotissa Cooperative** (☎ 2810 711 989; 🕑 8–23 Uhr) backen 25 Frauen *kalitsounia*-Gebäck, Mandelkekse, Zwieback, Pasta, *baklava*, *galaktoboureko* (Puddingteilchen) und andere süße Gaumenkitzler. Ihre Spezialität sind *kouloura* (Gebildebrote), die bei Hochzeiten und Taufen sehr beliebt sind. Mit den phantasievollen Verzierungen sind oft zwei Frauen bis zu acht Stunden beschäftigt. Die Kooperative ist der wichtigste Brötchengeber des Dorfes; sie beliefert Hochzeiten und andere Events in ganz Griechenland und exportiert sogar nach Deutschland.

Wenn nach dem Genuss der Kalorienbomben das schlechte Gewissen kommt, bietet sich ein Verdauungsspaziergang zum nahe gelegenen **Moni Agia Irini** an. In den letzten Jahren der venezianischen Herrschaft erbaut, wurde das Kloster 1822 von den Türken zerstört, die auch alle Mönche meuchelten. 1940 wurde es wieder aufgebaut, heute wird es von Nonnen bewohnt.

Wer in dieser Gegend übernachten möchte (übrigens eine gute Alternative zu Iraklion), findet auf einem Bauernhof in dem nahe gelegene Dorf Sarchos die ausgezeichnete Unterkunft **Viglatoras Traditional Apartments** (☎ 2810 711 332; www.viglatoras.gr).

nahe gelegenen Dorf Kyparissi statt: im **Theatro Agron**, einem steinernen Amphitheater inmitten der Felder. Über das Programm informiert das Musikgeschäft Aerakis in Iraklion.

Diese Gegend lässt sich am besten mit einem eigenen Fahrzeug erkunden.

BEZIRK IRAKLION – MITTE

Die meisten Traveller durchqueren das Hinterland Iraklions auf ihrem Weg zur Südküste ohne Zwischenstopp. Dabei gibt es dort durchaus einiges zu entdecken, vorausgesetzt man hat ein eigenes Fortbewegungsmittel.

Die Landstraßen von Iraklion in Richtung Süden führen durch einige belebte Städtchen und landwirtschaftlich geprägte Dörfer, in die es nur wenige Touristen verschlägt. Archanes, mit zwei interessanten minoischen Stätten in der Nähe und einigen ausgezeichneten Tavernen, bietet sich als Ausflugsziel an. Zaros ist ein günstiger Ausgangspunkt für Streifzüge durch die Umgebung.

Peza ist das Zentrum der lokalen Weinproduktion. Das Dorf Thrapsano ist bekannt für seine riesigen minoischen Keramikobjekte.

ARCHANES ΑΡΧΑΝΕΣ

3824 Ew.

Archanes, 14 km südlich von Iraklion, liegt im Herzen der größten Weinanbauregion Kretas. Das fruchtbare Archanes-Becken ist seit der Jungsteinzeit besiedelt. Die Minoer hatten dort einen prächtigen Palast errichtet, der als Verwaltungszentrum für die Region diente, später aber wie so viele andere minoische Bauwerke zerstört wurde. Unter den Mykenern erlebte der Ort eine neue Blüte, die mit dem Einfall der Dorer 1100 v. Chr. abrupt endete.

Heute ist Archanes ein lebhaftes Städtchen mit liebevoll restaurierten historischen Gebäuden und einladenden Plätzen. Es gilt als Musterbeispiel eines ländlichen Sanierungsprojekts und konnte seine Einwohnerzahl auch dank der günstigen Verkehrsanbindung deutlich vergrößern.

Stadtmüde Iraklioner fahren gerne nach Archanes, um in den Tavernen zu essen und in den *kafenia* rund um den Marktplatz im Zentrum zu relaxen. Das kleine, aber äußerst informative Archäologische Museum ist einen Besuch wert, und es gibt einige ausgezeichnete Unterkünfte und restaurierte alte Gebäude.

Orientierung & Praktische Informationen

Das Städtchen ist zweigeteilt, wobei der obere Abschnitt (Ano Archanes) der interessantere ist. Mit seinen Einbahnstraßen und schmalen Gässchen hat der Ort etwas von einem Labyrinth. Daher ist es ratsam, am Ortsrand zu parken und zu Fuß den Schildern zum Postamt zu folgen. Der Bus hält am Ortseingang und in der Nähe vom Hauptplatz. Es gibt mehrere Geldautomaten. Übernachtungsmöglichkeiten und allgemeine Informationen unter www.archanes.gr.

Sehenswertes

Vom ehemaligen **Palast** (an der Hauptstraße beschildert) sind nur noch kümmerliche Reste übrig. Die meisten der kleineren, im Ort verstreuten Stätten sind nicht für die Öffent lichkeit zugänglich. Die kleine Ausstellung im **Archäologischen Museum** (☎ 2810 752 712; Eintritt frei; ⌚ Mi–Mo 8.30–14.30 Uhr) ist gut in Szene gesetzt und präsentiert interessante Funde aus regionalen Ausgrabungen, darunter *larnakes* (Särge), Musikinstrumente aus Fourni und einen ziselierten Dolch aus dem Anemospilia-Tempel, der bei Menschenopfern zum Einsatz kam (s. Kasten).

Das **Volkskundemuseum** (☎ 2810 752 891; Eintritt 1 €; ⌚ Mo & Mi–Fr 9–13 Uhr) ist in einem restaurierten Steingebäude untergebracht, das wie ein traditionelles Wohnhaus aufgemacht ist. Die bemerkenswerte Sammlung umfasst Einrichtungsgegenstände, Stickereien, Kunsthandwerksobjekte, Gegenstände aus dem Alltag des Landlebens, Pumphosen und Kinderspielzeug. Der Weg zum Volkskundemuseum ist beim Archäologischen Museum beschildert. Am Stadtrand von Kato Archanes steht das **Geschichts- und Folkloremuseum von Kreta** (☎ 2810 751 853; Eintritt 3 €; ⌚ 9.30–17 Uhr) mit einer interessanten Privatsammlung zu unterschiedlichen Perioden der kretischen Geschichte, darunter auch persönliche Gegenstände des berüchtigten deutschen Generals Kreipe, s. Kasten S. 38.

Schlafen & Essen

Neraidospilios (☎ 2810 752 965; www.neraidospilios.gr; Studio & Apt. 40–70 €; ❄ 🏊) Geräumige, vorzüglich ausgestattete Studios und Apartments am Ortsrand mit Blick auf die Berge. Besitzer sind die beiden Brüder im Café Diahroniko; dort sind sie auch meistens anzutreffen und führen Gäste zur Unterkunft. Der Pool ist ein zusätzlicher Pluspunkt.

Villa Archanes (☎ 2810 390 770; www.maris.gr; Apt. 129–194 €; ❄ 🏊) Gemütlich-exklusiver Komplex in einer geschmackvoll restaurierten kretischen Villa aus dem 19. Jh. hoch oben im Dorf. Die Gäste können an ländlichen Arbeiten und anderen für die Jahreszeit typischen Dorfaktivitäten teilnehmen.

Empfehlenswert ist auch das **Gästehaus Arhontiko** (☎ 2810 751 007).

Alle örtlichen Tavernen haben einen guten Ruf. Einen Versuch wert sind **Likastos** (☎ 2810 752 433) oder **To Spitiko** (☎ 2810 751 591) am Platz. Gegenüber der Landwirtschaftlichen Kooperative serviert **Ambelos** (☎ 2810 751 039) eine gute Auswahl an lokalen Spezialitäten.

Es lohnt sich eine Erkundung der Seitenstraßen, um **Fabrica Eleni** (☎ 2810 751 331; www.oilvisit.com) zu finden, eine Mischung aus Bar und *rakadiko* in einer restaurierten Olivenölfabrik. Interessant sind die original erhaltene Olivenpresse und das winzige Museum mit einigen cleveren Erfindungen vom Vater des Besitzers.

An- & Weiterreise

Es fahren stündlich Busse von Iraklion nach Archanes (1,60 €, 30 Min.). Für Selbstfahrer empfiehlt sich die landschaftlich schönere Straße Richtung Knossos, von der einige interessante Abstecher möglich sind. Mehrere Straßen zweigen in den Ort ab, die zweite Abfahrt führt in die Nähe des Hauptplatzes.

RUND UM ARCHANES

Die an Bienenstöcke erinnernden Kuppelgräber in **Fourni** wurden um 2500 v. Chr. angelegt und gehören zu Kretas größtem minoischen Friedhof. In einer der Grabstätten ruhte eine Frau der Oberschicht, deren reichhaltiger Schmuck im Archäologischen Museum Iraklion ausgestellt ist. Wer den Wegweisern an der Bushaltestelle in Archanes folgt, kommt nach einem steilen Anstieg zur Nekropole.

MORD IM TEMPEL

Menschenopfer werden im Allgemeinen nicht mit den friedliebenden Minoern in Verbindung gebracht. Funde von der Stätte Anemospilia bei Archanes (18 km südlich von Iraklion) belegen jedoch eindeutig, dass den Minoern diese Praxis bekannt war. Bei Ausgrabungen eines schlichten Dreiraumtempels in den 1980er-Jahren entdeckten Wissenschaftler das Skelett eines gefesselten jungen Mannes auf dem Altar. Ein riesiger Opferdolch aus Bronze mit der Gravur eines wildschweinähnlichen Tieres lag noch daneben. Zwei weitere Skelette in der Nähe, wahrscheinlich die einer Priesterin und eines Helfers, schienen darauf hinzudeuten, dass der Tod des Jünglings Teil eines Opferrituals war. Möglicherweise wurde das Opfer in der Zeit vor dem Erdbeben 1700 v. Chr. dargebracht – in einem verzweifelten Versuch, die Götter zu besänftigen.

Rund 5 km südlich von Archanes liegt die minoische **Villa von Vathypetro** (Eintritt frei; ⌚ Di–So 8.30–15 Uhr). Das Gebäude von 1600 v. Chr. gehörte wahrscheinlich einem reichen minoischen Adligen. Archäologen fanden in den dortigen Lagerräumen Wein- und Ölpressen, einen Webstuhl und einen Dörrofen. Öffentliche Verkehrsmittel fahren die Villa nicht an, doch einige Reisebüros in Iraklion haben sie im Programm. Der Weg zur Villa ist im Ort deutlich ausgeschildert.

1,5 km nordwestlich von Ano Archanes liegt die minoische Fundstätte **Anemospilia** (Höhlen des Windes). Der Tempel aus der Älteren Palastzeit sorgte unter Archäologen für eine Sensation, denn hier fanden sich Hinweise darauf, dass Menschenopfer in der minoischen Gesellschaft eine gewisse Rolle spielten, s. Kasten S. 183. Die Ausgrabungsstätte ist ohne Genehmigung leider nicht öffentlich zugänglich.

Von Archanes sind es gut 4 km Fußweg oder Autofahrt auf den **Berg Jouchtas** mit tollem Ausblick und den Überresten eines minoischen Gipfelschreins an der Nordseite.

CHOUDETSI ΧΟΥΔΕΤΣΙ

864 Ew.

Im ansonsten unauffälligen Dorf Choudetsi befinden sich der **Labyrinth Musical Workshop** und ein **Musikinstrumentenmuseum** (☎ 2810 741 027; www.labyrinthmusic.gr; Eintritt 3 €; ⌚ März–Okt. 10–16 Uhr). Beide wurden vom hochgelobten Musiker und kretischen Ehrenbürger Ross Daly ins Leben gerufen. Mit Unterstützung der Gemeindeverwaltung verwandelte Daly einen baufälligen Gutshof in ein Museum, das einen Teil seiner umfangreichen Sammlung aus aller Welt zeigt, vorwiegend Saiteninstrumente. Präsentiert werden über 250 seltene Instrumente von unschätzbarem Wert. Dank einer interaktiven Audioanlage können sich Interessierte den Klang jedes einzelnen Instruments anhören.

Jeden Sommer besuchen traditionalistische Musiker aus aller Welt hier diverse Workshops und Kurse und geben Konzerte auf dem bezaubernden Außengelände des Zentrums. Daher ist der Anblick von Türken, Afghanen, Pakistani, Bulgariern und Mongolen in Choudetsi keine Seltenheit. Daly, der irischer Abstammung ist, zählt zu den besten Spielern der kretischen Lyra und gilt als Meister der modalen, nichtharmonischen Musik aus Griechenland, dem Balkan, der Türkei, dem Nahen Osten, Nordafrika und Nordindien. Daly hat bereits über 25 Platten veröffentlicht, s. Kasten S. 57.

Eine neue Unterkunft in Choudetsi ist das restaurierte Steingebäude **Petronikolis Traditional House** (☎ 2810 743 203; www.petronikolis.gr; Apt. 60–70 €; ❄ 💻). Die vier geräumigen Apartments sind traditionell eingerichtet (einmal abgesehen von den indonesischen Sets am Esstisch), u. a. mit landwirtschaftlichen Geräten vom Anwesen. Die Familie vermietet auch ein attraktives Bauernhaus für vier Personen, 1,5 km entfernt inmitten eines Weinbergs mit Olivenhain.

Das beste Restaurant vor Ort ist die **Taverne Roussos** (☎ 2810 742 189; ⌚ Juni–Okt. Mittag- & Abendessen, Nov.–Mai Di–So nur Abendessen), die für ihre ausgezeichnete kretische Küche bekannt ist.

Die steile, unbefestigte Straße oberhalb des Dorfs führt über den Berg und bietet atemberaubende Ausblicke auf die neue **Weinkellerei Tamiolakis**, s. Kasten S. 185.

Von Iraklion fahren drei Busse täglich nach Choudetsi (2,20 €, 45 Min.).

THRAPSANO ΘΡΑΨΑΝΟ

1381 Ew.

Wer nach Thrapsano kommt, 32 km südlich von Iraklion, interessiert sich in der Regel für die dortigen **Keramikwerkstätten**. Thrapsano ist ein florierendes Produktionszentrum für riesige *pithoi*; die auffälligen Gefäße im minoischen Stil sind in Hotels, Restaurants und Häusern auf ganz Kreta zu sehen und werden in alle Welt exportiert. Jedes Jahr Mitte Juli findet in Thrapsano ein Keramikfest statt.

Werkstätten befinden sich überall im Ort und öffnen ihre Türen normalerweise auch für Besucher, damit sie die Fertigung verfolgen können. Riesige Töpfe produziert die **Keramikwerkstatt Nikos Doxastakis** (☎ 2891 041 160), ein Traditionsbetrieb an der Straße Richtung Rathaus. Die **Töpferei Vasilakis** (☎ 2891 041 666), unmittelbar hinter der Abzweigung zum See, hat auch kleinere Objekte zum Mitnehmen. Gleiches gilt für **Koutrakis Art** (☎ 2891 041 000) an der Straße ins Dorf.

Außer einigen gut erhaltenen Fresken in der zweischiffigen **Timios-Stavros-Kirche**, die seit dem 15. Jh. in der Ortsmitte steht, gibt es in Thrapsano wenig zu sehen.

Vor den Toren Thrapsanos, an der Straße nach Norden Richtung Apostoli, liegt der **Livada-See**. Das geschützte Feuchtgebiet hat einen Aussichtspunkt zur Vogelbeobachtung und eine heruntergekommene, überdachte

WEINANBAU

Die Region südlich von Iraklion ist das wichtigste Weinanbaugebiet der Insel. Rund 70 % des auf Kreta produzierten Weins kommt aus der Gegend von Peza. Dort werden – wie in Archanes und Dafnes – mehrere kretische Traubensorten angebaut und zu Weinen mit geschützter Herkunftsbezeichnung verarbeitet.

Im Tourismus sind Verköstigungen für Besucher ein wachsender Zweig. Die beeindruckende **Kellerei Boutari** (☎ 2810 731 617; www.boutari.gr; 1 Std. Führung & Weinprobe 4,50 €, nur Weinprobe 4 €; Mo–Fr 9–18, Sa & So 10–18 Uhr) liegt bei Skalani, rund 8 km von Iraklion entfernt. Das Anwesen auf einem der Hügel des Fantaxometocho-Weinguts mit Panoramablick ist definitiv einen Besuch wert. Highlights sind der schicke Probier- und Verkaufsraum, die Besichtigungstouren und ein schräges, futuristisches Kreta-Video im Kellerkino. Bei der Hightech-Show mit Kopfhörern (vier Sprachen stehen zur Auswahl) lernt man einiges über das fachmännische Verkosten von Wein.

Auch in Peza, dem Herzen der Weinregion, können Besucher die guten Tropfen aus lokalem Anbau probieren. Die riesige **Kellerei Minos** (☎ 2810 741 213; www.minoswines.gr; Weinprobe frei, Video & Führung 2 €; Mo–Fr 9–16, Sa 9–15 Uhr) und die **Winzergenossenschaft in Peza** (☎ 2810 741 945; www.pezaunion.gr; Eintritt frei; Mo–Sa 9–16 Uhr) bieten Verköstigung und zeigen Videos und kleine Ausstellungen über die lokale Weinproduktion. Ein weiteres Plus: Der Wein hier kostet weniger als in den Läden.

Bei Choudetsi lohnt die neue, kleinere **Kellerei Tamiolakis** (☎ 2810 742 083; Mo–Sa 9–17 Uhr) einen Besuch. Der Biobetrieb in vorzüglicher Lage ist ein hervorragendes Beispiel für Kretas neue Generation von Weinkellereien: in Bordeaux ausgebildete Winzer, neueste Technik, besucherfreundliche Einrichtungen und gute Weine aus kretischen Rebsorten. Die elegante Probierstube blickt auf die Weinberge in einem malerischen Tal.

Picknickstelle. Die Größe des Sees hat sich im Laufe der Jahre verdoppelt, weil die Keramikbetriebe Lehm aus dem See baggern. Zur Zeit der Recherche wurde in der Nähe des Sees an einem großen Keramikmuseum gebaut.

Auf dem Weg zum See, hinter dem Friedhof, steht die **Panagia-Pigadiotissa-Kirche** mit einem Denkmal, das um einen „Wunderbrunnen" errichtet wurde. Der einheimischen Legende zufolge konnte im Brunnen nichts untergehen (auch Menschen konnten nicht in ihm ertrinken), weil der Wasserspiegel sich stets bis ans obere Ende hob, sobald etwas hineinfiel.

Von Iraklion aus ist Thrapsano am besten über die Straße nach Knossos zu erreichen. Die Abzweigung befindet sich im Ort Agies Paraskies, in der Nähe von Peza. Es fahren täglich vier Busse von Iraklion nach Thrapsano (3,10 €, 1 Std.).

AVDOU ΑΒΔΟΥ

320 Ew.

Das verschlafene Bauerndorf Avdou liegt nur 20 Autominuten von Malia an der Nordküste entfernt, aber unterschiedlicher könnten diese beiden Welten kaum sein. Etwa die Hälfte der Häuser im Ort sind scheinbar verlassen, die anderen wurden – teils von Ausländern – restauriert und mit unzähligen Blumen geschmückt.

Wer den Schildern ins Zentrum folgt, kommt an einem Minimarkt vorbei. Die Straße, die bei der riesigen Platane links abzweigt, führt zu einem kleinen Platz mit einem Café, einem Laden und zwei Tavernen (etwas weiter die Straße hinunter). Es gibt vier byzantinische Kirchen im Dorf, von denen nur eine regelmäßig geöffnet ist: die **Agios-Antonios-Kirche**, in der noch einige erhaltenen Fresken zu sehen sind. Falls sie verschlossen ist, kann man in einer der Tavernen nach dem Schlüssel fragen.

Am Himmel über Avdou zeigen sich schon mal ein paar Gänsegeier, aber vor allem die vielen Gleitschirmflieger des Paragliding-Zentrums **International Centre of Natural Activities** (☎ 2897 051 200; www.icna.gr), kurz ICNA, das hier seine Basis hat.

Ausritte in die Berge veranstaltet **Odysseia Stables** (☎ 2897 051 080; www.horseriding.gr), ein Gestüt in atemberaubender Lage, 2 km außerhalb von Avdou an einer unbefestigten Straße. Manolis Frangakis und seine holländische Ehefrau Sabine betreiben auch das benachbarte **Velani Country Hotel** (www.countryhotel.gr; Zi. 50–70 €), eine sehr gute, entspannende Unterkunft mit einfachen, stilsicher eingerichteten Zimmern und einem reizvollen Pool mit Blick aufs Tal. Die Anfahrt lohnt sich schon allein, um in der dortigen **Taverne** etwas zu essen.

Die beiden Übernachtungsmöglichkeiten in Avdou befinden sich an den entgegengesetzten Polen des Spektrums. Die zwei streng spartanischen Zimmer über dem von Michalis Markantonakis geführten **Pantopoleion** (☎ 2897 051 243; Zi. mit Frühstück 20 €) sind sauber, aber es passen kaum zwei Betten hinein. Beide Zimmer teilen sich ein Waschbecken und eine Toilette auf dem Balkon; wer duschen möchte, muss sich zur Wohnung des Besitzers begeben. Da Michalis auch die Taverne gegenüber betreibt, kann man sich sein Abendessen dort grillen lassen und sich bei den Weinfässern im Lagerraum auf der anderen Straßenseite bedienen.

Avdou Villas (☎ 2810 300 540; www.avdou.com; Apt. 129–240 €;) ist ein deutlich exklusiverer Komplex auf einem Bauernhof unmittelbar außerhalb des Dorfs. Die komplett ausgestatteten Apartments für Selbstversorger haben sämtlichen modernen Komfort.

Ordentliche Mahlzeiten serviert **Strovili** (☎ 2897 051 039) an der Hauptstraße neben der Kirche, gegenüber vom Kinderspielplatz.

Von Iraklion fahren täglich zwei Busse nach Avdou (3,50 €, 30 Min.). Selbstfahrer biegen von der Hauptküstenstraße in Malia Richtung Mochos ab.

IRAKLION

ZAROS ΖΑΡΟΣ

2081 Ew.

Wem dieser Name bekannt vorkommt, der hat höchstwahrscheinlich schon einige Liter Mineralwasser der Marke „Zaros" hinuntergespült. Rund 46 km südwestlich von Iraklion liegt das wohltuend unverdorbene, traditionelle Dorf Zaros, zu dessen Berühmtheit die Mineralquelle und Abfüllanlage sicher einiges beigetragen haben. Zahlreiche Ausgrabungen in der Umgegend zeigen, dass schon die Minoer und Römer die reichen Wasservorkommen zu nutzen wussten. Das Quellwasser von Zaros sprudelte bereits in den Brunnen der großen römischen Siedlung Gortys. Ebenfalls reich gesegnet ist die Gegend mit byzantinischen Klöstern, von denen einige besichtigt werden können. Zaros eignet sich hervorragend als Ausgangspunkt für Wanderer, denn in der Nähe liegt die spektakuläre Rouvas-Schlucht. Auch zu den Stränden von Kommos ist es nur ein Katzensprung, und Ausgrabungsstätten hat die Umgebung ebenfalls zu bieten.

Orientierung & Praktische Informationen

Das Geschäftsviertel von Zaros liegt am südlichen Ortseingang. Das Postamt und ein Supermarkt befinden sich gegenüber der Polizeistation. An der Hauptstraße steht ein Geldautomat.

Sehenswertes & Aktivitäten

Wer ein eigenes Fahrzeug hat, sollte die schöne Gegend mit ihren urwüchsigen Dörfern und byzantinischen Klöstern näher erkunden. An der Straße von Zaros nach Westen weisen Schilder den Weg nach **Moni Agios Nikolaos**. Das Kloster liegt am Eingang zur vegetationsreichen **Rouvas-Schlucht** und wird noch von Mönchen bewohnt. In der Klosterkirche hängen Gemälde aus dem 14. Jh. Einige Kilometer weiter liegt das **Moni Agios Andonios Vrondissi**, bekannt durch seinen venezianischen Brunnen aus dem 15. Jh. und die schönen Fresken der Kretischen Schule aus dem frühen 14. Jh.

Die Fahrt zu den Klöstern und weiter zu den Bergdörfern **Vorizia** und **Kamares** lohnt schon allein der malerischen Landschaft wegen. Von dort aus empfiehlt sich eine Wanderung auf den Gipfel des Psiloritis – beim Abstieg wahlweise den E4-Wanderweg westwärts nach Fourfouras einschlagen oder demselben Weg in östlicher Richtung zum Nida-Plateau folgen. Eine asphaltierte Straße führt nach Anogia.

In der **Abfüllfabrik** am Nordende von Zaros hat man normalerweise nichts dagegen, wenn jemand einen Blick in die Anlage werfen will. Kurz davor lädt der idyllische, schattige Park **Votomos** mit seinem kleinen See, einer Taverne und einem Kinderspielplatz zum Relaxen ein. Am See beginnt ein Fußpfad, der über das Moni Agios Nikolaos (900 m) zum Eingang der Rouvas-Schlucht führt (2,5 km). Sinnvoller wäre es allerdings anders herum: der Straße zum Kloster folgen und über den Fußweg zurück mit Endziel Park und Picknick.

An der Hauptstraße befindet sich die **Lyra-Werkstatt** (☎ 2894 031 249) des bekannten Instrumentenbauers Antonis Stefanakis, der seine handgemachten Lyras in alle Welt verkauft. Er plant den Umzug seiner Werkstatt in seine neu errichteten Studios auf dem höchsten Punkt von Zaros. Dort will er auch die gesammelten Kostüme aus seiner Zeit als prominenter Volkstänzer ausstellen.

Schlafen & Essen

Studios Keramos (☎/Fax 2894 031 352; EZ/DZ mit Frühstück 30/45 €;) Besitzerin Katerina hat das heimelige Hotel in Zentrumsnähe liebevoll mit kretischem Kunsthandwerk, Webereien und Familienerbstücken dekoriert. In vielen Zimmern und Studios stehen antike Möbel, die meisten haben TV und eine Kochgelegenheit. Katerina steht extra früh auf, um das lukullische kretische Frühstück zuzubereiten – also nicht verschlafen!

Eleonas (☎ 2894 031 238; www.eleonas.gr; Apt. 56 €;) Ebenso attraktive wie exklusive Ferienanlage in den Bergen, zwischen Olivenhainen und auf Terrassen entlang der Bergflanke mit Blick auf ein üppig grünes Tal. Die clever eingerichteten Apartments bieten sämtlichen Komfort, einschließlich Satelliten-TV, DVD-Player und Kochgelegenheit. Zu den angebotenen Freizeitaktivitäten zählen Reiten, Bogenschießen, Mountainbiketouren und geführte Wanderungen – faul am Pool abhängen ist natürlich auch erlaubt. Zum Komplex gehört auch eine recht gute Taverne.

I Limni (☎ 2894 031 338; Forelle 22 € pro kg; 9 Uhr–spät) Diese Taverne ist eine Oase direkt am See, wo fangfrische Forellen vom Grill und andere kretische Spezialitäten serviert werden. Die Appetithäppchen, die mit Brot auf den Tisch kommen, steigern die Vorfreude.

LP Tipp **Vengera** (☎ 2894 031 730) In dieser ausgezeichneten Taverne an der Hauptstraße tischen die temperamentvoll Vivi und ihre Mutter Irini täglich fünf bis sechs verschiedene traditionelle Gerichte auf. Sonderangebot: Mahlzeit und Unterkunft im nahe gelegene Studio für 25 €.

Votomos (☎ 2894 031 0710; Forelle 27 € pro kg) Forelle ist die Spezialität in dieser Taverne mit angegliederter Forellenzucht unmittelbar außerhalb des Orts hinter dem Hotel Idi.

Nur wenige Autominuten von Zaros entfernt gibt's im Nachbardorf Nivritos das traditionelle *kafenion* **Nivritos** (☎ 2894 031 296). Neben vorzüglicher Hausmannskost verkauft Besitzer und Kräuterexperte Dimitris Tsakalakis dort eine Auswahl an kretischen Kräutern.

An- & Weiterreise

Es fahren täglich zwei Busse von Iraklion nach Zaros (4,10 €, 1 Std.).

BEZIRK IRAKLION – SÜDEN

Die Fernstraße von Timbaki nach Pirgos trennt den nördlichen Teil des Regierungsbezirks Iraklion von der südlichen Küstenregion. An dieser Hauptverkehrsader liegen betriebsame Kleinstädte wie Mires und Agii Deka, die landwirtschaftliche Produkte aus der Gegend vermarkten. Sie bieten zwar keine besonderen touristischen Attraktionen, vermitteln aber einen guten Eindruck von der Dynamik der aufstrebenden kretischen Wirtschaft.

Der Süden Mittelkretas kann mit einem Trio bedeutender Ausgrabungsstätten aufwarten: Festos, Agia Triada und Gortys. Daneben gibt es eine Vielzahl kleinerer Fundorte, die zusammen die bewegte kretische Geschichte von den Minoern bis zu den Römern widerspiegeln. Auch hier sind diejenigen im Vorteil, die über einen eigenen fahrbaren Untersatz verfügen. Eine Alternative ist eine organisierte Tour zu den Ausgrabungsstätten ab Iraklion. Jedenfalls lohnt es sich unbedingt, einige dieser archäologischen Perlen zu besichtigen und dafür ein oder zwei Tage einzuplanen.

Wenn die staubigen Steinhaufen ihren Reiz verloren haben, bieten die weitläufigen Sandstrände der Südküste um Matala, Kommos, Kalamaki und Lentas willkommene Abwechslung. Die Straße zur Agiofarango-Schlucht führt am historischen Kloster Moni Odigitrias vorbei. Weiter östlich locken die ruhigeren Küstendörfer Kastri und Keratokambos.

GORTYS ΓΟΡΤΥΝΑ

Die Ausgrabungsstätte in **Gortys** (☎ 2892 031 144; Eintritt 4 €; 8–19.30 Uhr, Winter 8–17 Uhr), 46 km südwestlich von Iraklion, ist die größte ihrer Art in ganz Kreta und entsprechend beeindruckend. Gortys, auch Gortyn oder Gortyna genannt, kann nicht viel aus der minoischen Periode vorweisen, da es zu der Zeit nur eine kleine Trabantenstadt des florierenden Festos war. Erst unter den Dorern gelangte Gortys zu Reichtum, der hauptsächlich aus der Piraterie stammte. Im 5. Jh. v. Chr. war die Stadt bereits so bedeutend wie Knossos. Als die Insel von den Römern erobert wurde, waren die Einwohner von Gortys schlau genug, sich auf die Seite der Besatzer zu schlagen, und die revanchierten sich, indem sie Gortys 67

v. Chr. zur Hauptstadt Kretas erkoren. Unter der römischen Herrschaft florierte die Stadt und wurde großzügig mit öffentlichen Gebäuden ausgestattet, darunter ein Praetorium (Verwaltungsgebäude), ein Amphitheater, öffentliche Bäder, eine Musikschule und diverse Tempel. Mit Ausnahme des Apollon-Pythis-Tempels aus dem 7. Jh. v. Chr. und der Titus-Basilika aus dem 7. Jh. n. Chr. stammen die meisten Ruinen in Gortys aus der römischen Periode. Gortys' Höhenflug nahm 824 n. Chr. ein jähes Ende, als die Sarazenen auf Kreta einfielen und die Stadt zerstörten.

Die Dimensionen der Ausgrabungsstätte verdeutlichen, welchen Status die Stadt unter den Römern genoss. Sie erstreckt sich auf über 1 km² Gelände, das aus der Ebene langsam bis zum Gipfel des Agios Ioannis ansteigt. Früher muss es hier Kanäle sowie ein Aquädukt gegeben haben, die das Wasser aus dem 15 km entfernten Votomos-See in ein ausgeklügeltes Rohrsystem leiteten, das Brunnen und öffentliche Bäder miteinander verband. Straßen und ein Marktplatz, die sicher ebenfalls vorhanden waren, wurden bisher nicht ausgegraben.

Der italienische Archäologe Federico Halbherr entdeckte die Stätte bereits in den 1880er-Jahren, doch die Ausgrabungen dauern bis heute an.

Südlich der Hauptstraße von Gortys steht der **Apollon-Pythis-Tempel**, das wichtigste Heiligtum der Stadt in der vorrömischen Periode. Der Tempel wurde im 7. Jh. v. Chr. erbaut und im 3. Jh. v. Chr. erweitert. Im 2. Jh. n. Chr. wandelte man ihn in eine christliche Basilika um. Nicht weit davon befindet sich das **Praetorium**, der Palast des römischen Verwalters von Kreta, zu dem auch eine Basilika und eine Privatresidenz gehören.

Die meisten der ausgegrabenen Gebäude wurden im 2. Jh. n. Chr. errichtet und im 4. Jh. n. Chr. erneuert. Weiter nördlich steht das **Nymphaeum**, ein öffentliches Bad, das über ein **Aquädukt** mit Wasser aus Zaros gespeist wurde. Ursprünglich war es mit Nymphenstatuen ausgeschmückt. Südlich des Nymphaeums erhebt sich das **Amphitheater**, das ebenfalls aus dem späten 2. Jh. n. Chr. stammt.

Herausragend im abgesperrten Bezirk ist die **Titus-Basilika**, die großartigste frühchristliche Kirche Kretas. Sie stammt aus dem 6. Jh.

IRAKLION

GORTYS

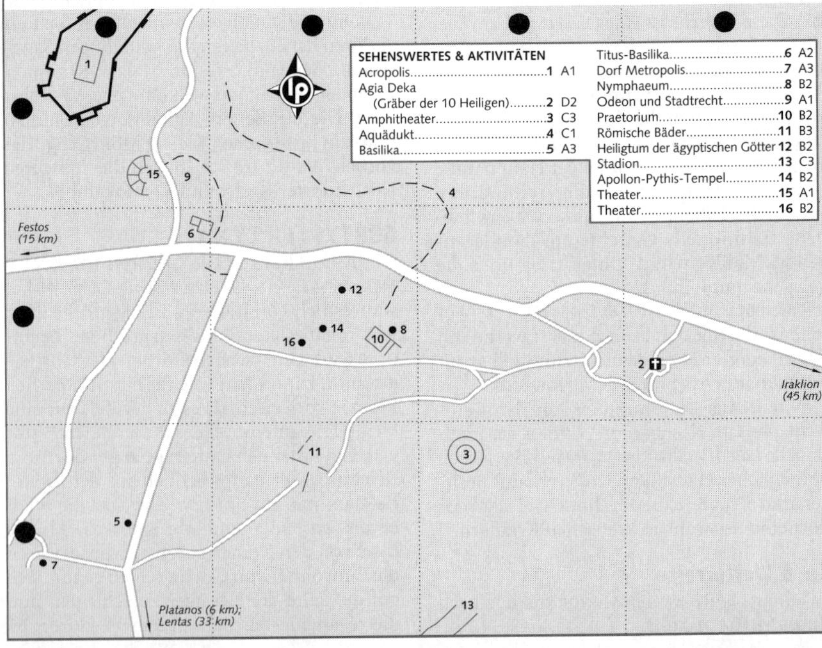

SEHENSWERTES & AKTIVITÄTEN

Acropolis	1	A1
Agia Deka (Gräber der 10 Heiligen)	2	D2
Amphitheater	3	C3
Aquädukt	4	C1
Basilika	5	A3
Titus-Basilika	6	A2
Dorf Metropolis	7	A3
Nymphaeum	8	B2
Odeon und Stadtrecht	9	A1
Praetorium	10	B2
Römische Bäder	11	B3
Heiligtum der ägyptischen Götter	12	B2
Stadion	13	C3
Apollon-Pythis-Tempel	14	B2
Theater	15	A1
Theater	16	B2

und wurde möglicherweise auf den Fundamenten einer früheren Kirche erbaut. Ihr Grundriss in Form eines lateinischen Kreuzes weist zwei Seitenschiffe auf. Das zum Teil erhaltene Tonnengewölbe lässt die frühere Pracht des Bauwerks erahnen. Als Nächstes folgt das **Odeon**, ein Theater aus dem 1. Jh. v. Chr. Daneben steht eine Platane, in deren Schatten Zeus der entführten Europa das Lager für die Hochzeitsnacht bereitete – so will es jedenfalls die Sage.

Das Odeon wartet schließlich mit einer archäologischen Kostbarkeit auf, die ihresgleichen sucht: die Gesetzestafeln mit dem **Stadtrecht von Gortys** aus dem 6. Jh. v. Chr. Die 600 Zeilen, die in einem dorischen Dialekt in die Steinplatten eingemeißelt sind, bilden den ältesten bekannten Gesetzestext der griechischen Kultur. Er zeigt, dass die alten Kreter die gleichen Probleme hatten, die uns auch heute noch vor den Kadi treiben: Heirat, Scheidung, Eigentumsrecht, Erbschaft, Adoption und Straftaten. Die Gesetzestafeln liefern Einblicke in die Gesellschaftsordnung des vorrömischen Kreta: Es herrschte eine strenge Hierarchie, die aus Sklaven und mehreren Schichten freier Bürger bestand, die jeweils genau definierte Rechte und Pflichten hatten.

Wer vor einer etwas mühsamen Kletterpartie nicht zurückschreckt, wird nicht enttäuscht: Die **Akropolis** thront auf einem Hügel in der Nordwestecke des Geländes und bietet einen herrlichen Rundblick. Der Weg dorthin folgt dem Wasserlauf in der Nähe des Odeons bis zu einem Tor, wo der Pfad zum Gipfel abgeht. Sehenswert sind auch die gewaltigen Überreste des vorrömischen Befestigungswalls.

Die Busse von Iraklion nach Festos halten auch in Gortys, Näheres s. S. 190.

FESTOS ΦΑΙΣΤΟΣ

Die minoische Fundstätte **Festos** (☎ 2892 042 315; Eintritt 4/2 €, inkl. Agia Triada 6 €; 🕒 Juni–Okt. 8–19.30 Uhr, Nov.–April 8–17 Uhr), 63 km südwestlich von Iraklion, gilt als zweitwichtigste minoische Palastanlage auf Kreta. Der Ausblick von hier auf die Messara-Ebene und den Psiloritis ist einzigartig. Die Anlage von Festos ist Ehrfurcht gebietend; sie gleicht der von Knossos, wo sich auch eine Vielzahl von Räumen um einen zentralen Hof gruppieren.

Keramikfunde belegen, dass in Festos bereits in der Jungsteinzeit um 4000 v. Chr. Menschen lebten; die frühesten Siedlungen entstanden an den Hängen des Kastri-Hügels. Der erste Palast wurde ungefähr 2000 v. Chr. erbaut und durch jenes Erdbeben zerstört, das so vielen minoischen Palästen zum Verhängnis wurde. Die Ruinen verschwanden unter einer Schicht von Kalk und Geröll, die das Fundament für den neuen Palast bildete, mit dessen Bau um 1700 v. Chr. begonnen wurde. Dieser wiederum fiel der Katastrophe von 1450 v. Chr. zum Opfer. In der Periode dazwischen war Festos das politische und administrative Zentrum der Messara-Ebene. Alte Schriften bezeugen die Vormachtstellung der Stadt und erwähnen, dass dort Münzen geprägt wurden. Auch in den folgenden Jahrhunderten war Festos bewohnt, verlor jedoch durch den Aufstieg von Gortys an Bedeutung. Unter den Dorern stand Festos einer Allianz mehrerer Städte vor, darunter Matala und Polyrinia in Westkreta, musste sich aber im 2. Jh. v. Chr. Gortys geschlagen geben.

Die Ausgrabungen wurden 1900 durch Professor Federico Halbherr von der Italienischen Archäologischen Schule angestoßen, die die Arbeiten bis heute fortführt. Im Gegensatz zu Knossos wurden in Festos kaum Fresken gefunden – offensichtlich waren die Palastmauern zum Großteil mit einer weißen Gipsschicht bedeckt. Die Ruinen wurden nicht rekonstruiert, und die Vorstellung, wie die Anlage ursprünglich wohl ausgesehen haben mag, wird noch dadurch erschwert, dass hier sowohl Reste des Alten wie auch des Neuen Palastes herumliegen.

Rundgang

Hinter dem Kartenhäuschen beginnt der **Obere Hof**, der im Alten wie auch im Neuen Palast genutzt wurde. Hier finden sich Gebäudereste aus der hellenischen Epoche. Eine Treppe führt herunter in den **Theatertrakt**, in dem früher Darbietungen aller Art stattfanden. Die Sitze befinden sich am Nordende, das Südende ist gleichzeitig die **Westfassade des Alten Palastes**. Die 15 m breite **Schautreppe** führt zum **Propylon**, einem großen, überdachten Portal. Unterhalb davon liegen die Magazine, in denen heute noch große steinerne *pithoi* (Vorratsbehälter) stehen. Die benachbarte **Halle** wurde vermutlich als Amtsraum genutzt; 1955 kamen dort unter dem Fußboden Steintafeln mit Linear-A-Schrift zum Vorschein. Südlich der Magazine führt ein Korridor zur Westflanke des **Zentralhofs**. Im Süden des Korridors liegen ein **Lustral-**

bad, Räume mit Alabasterbänken und eine **Pfeilerkrypta**, ähnlich der in Knossos. Der Zentralhof ist das Herzstück des Palastes mit herrlichem Rundblick auf die Umgebung. Er ist sehr gut erhalten und vermittelt einen Eindruck von der ehemaligen Pracht der Palastanlage. Früher waren die Längsseiten des Zentralhofs von Kolonnaden gesäumt. In der Südwestecke des Zentralhofs lohnt ein Blick auf die **Hütte aus der Jungsteinzeit**. Am unversehrtesten sind die Empfangsräume und Privatgemächer nördlich des Zentralhofs, wo immer noch gegraben wird. Der Weg dorthin beginnt an einem **zweiflügeligen Portal**, das von Halbsäulen flankiert wird, deren untere Hälften allesamt in ihrer ursprünglichen Form erhalten sind. Ein Korridor führt in den Nordhof, an dessen Westflanke das **Peristyl** liegt, zu dem früher eine gepflasterte Terrasse gehörte. Die königlichen Gemächer (**Megaron des Königs** und **Megaron der Königin**) schließen sich im Nordosten an das Peristyl an, sind zurzeit aber nicht zugänglich. Der berühmte Diskos von Festos (s. S. 167) wurde in einem Gebäude im Nordteil der Anlage gefunden und ist heute im Archäologischen Museum Iraklion zu bewundern, s. S. 167.

An- & Weiterreise

Täglich fahren acht Busse von Iraklion nach Festos (5,70 €, 1½ Std.); sie halten auch in Gortys. Außerdem bestehen Busverbindungen ab Agia Galini (5-mal tägl., 2,80 €, 42 Min.) und Matala (5-mal tägl., 1,60 €, 30 Min.).

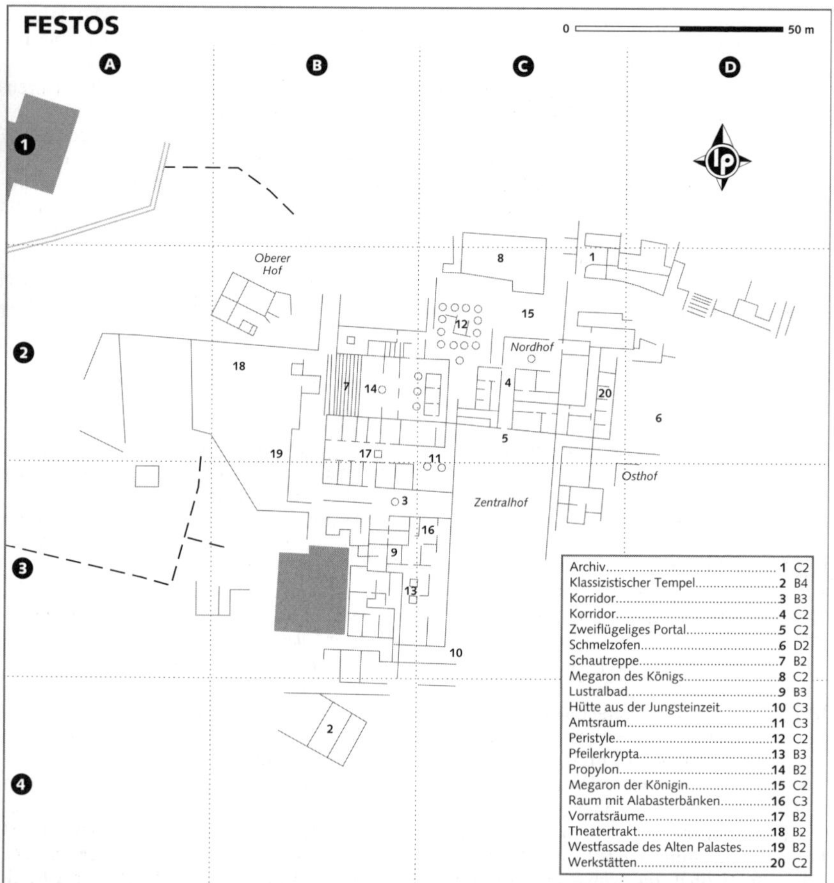

AGIA TRIADA ΑΓΙΑ ΤΡΙΑΔΑ

Eingebettet in eine idyllische Hügellandschaft mit Orangenhainen, liegt 3 km westlich von Festos die Ausgrabungsstätte **Agia Triada** (☎ 2892 091 564; Eintritt 3 €, inkl. Festos 6 €; ⏰ Sommer 10–16.30 Uhr, Winter 8.30–15 Uhr). Auch hier scheinen bereits im Neolithikum Menschen gesiedelt zu haben.

Einige der im Archäologischen Museum Iraklion (s. S. 167) ausgestellten Meisterwerke, z. B. die Vasen, stammen von hier, doch die Anlage selbst hatte längst nicht die Bedeutung wie der Palast von Festos. Das Hauptgebäude war im gleichen Stil erbaut, nur erheblich kleiner. Deswegen und aufgrund der luxuriösen ausgegrabenen Objekte ist anzunehmen, dass dies ebenfalls eine königliche Residenz war, eventuell der Sommersitz der Herrscher von Festos.

Hinter dem Eingang führt der Weg durch die Ruinen eines **minoischen Wohnhauses** zu einer **Kultstätte** aus dem 14. Jh. v. Chr. Zu ihr gehörte einst ein Fußboden mit üppigen Freskenmalereien, die Delphin- und Oktopusmotive zeigten. Sie sind im Archäologischen Museum Iraklion ausgestellt. Nordwestlich der Kultstätte liegt ein gepflasterter Hof, dem die Archäologen den Namen **Hof der Schreine** verpassten. Im Südwestflügel lohnt ein Streifzug durch die **Magazine und Werkstätten**, wo auch der berühmte Prinzenbecher gefunden wurde. Nördlich der Werkstätten liegt der **Hauptsaal** und daran anschließend ein **Privatraum** mit einem Steinpodest, das früher mögli-

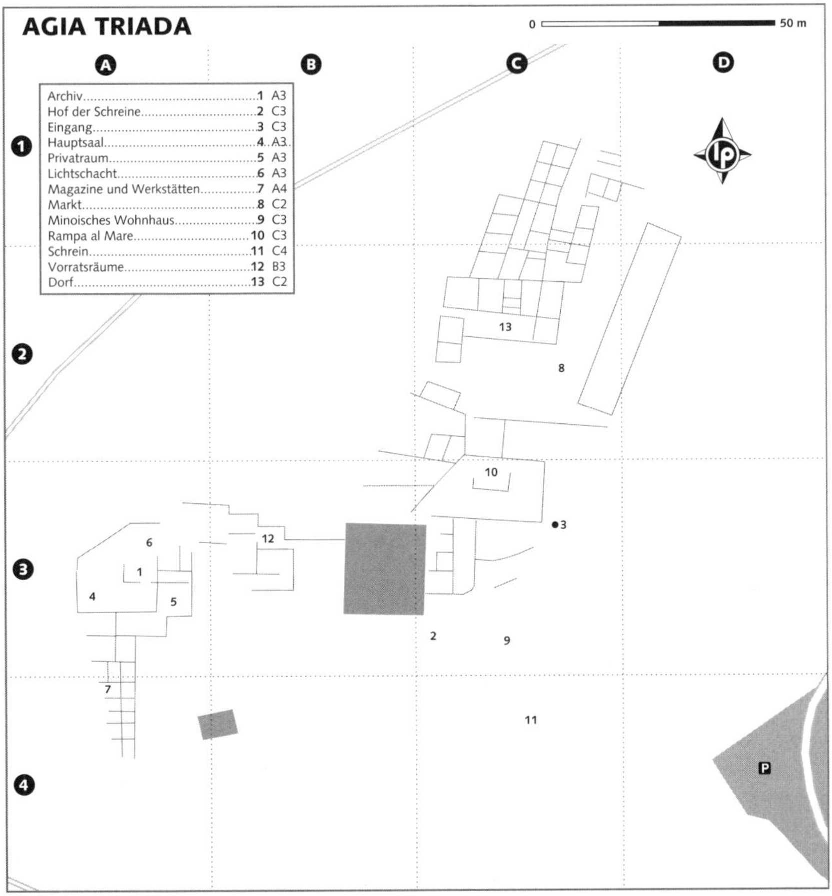

cherweise als Bettsockel diente – ein Hinweis darauf, dass es sich hier um den Wohntrakt handelt. Im **Archiv** nebenan wurden über 200 Schrifttäfelchen und das so genannte Wildkatzenfresko gefunden, die ebenfalls ins Archäologische Museum Iraklion wanderten. Die **Rampa al Mare**, eine lange Terrasse, verläuft an der Nordseite der Residenz. Vermutlich führte sie einstmals zur Küste hinunter, daher der Name. Vom abgesperrten Areal führt ein Trampelpfad bergauf zur **Nekropole**, die um 2000 v. Chr. angelegt wurde und zwei Kuppelgräber beherbergt.

Öffentliche Verkehrsmittel fahren Agia Triada nicht an. Zu Fuß ist es von den umliegenden Dörfern ein rund 5 km langer Spaziergang. Die Straße nach Agia Triada zweigt 500 m hinter Festos von der Hauptstraße in Richtung Matala rechts ab.

VORI ΒΩΡΟΙ

744 Ew.

Vori, ein nettes, unverfälschtes Dorf 4 km östlich von Timbaki, hat einen attraktiven Marktplatz, der von verwinkelten Gässchen mit weiß gekalkten Häusern umgeben ist. Der Ort hat eine angenehme Überraschung zu bieten: das hervorragend konzipierte **Ethnologische Museum** (☎ 2892 091 112/0; Eintritt 3 €; 🕑 April–Okt. 10–18 Uhr, im Winter nach Absprache). Die Exponate (mit englischen Hinweisschildern) des Privatmuseums behandeln Themen wie Landleben, Krieg, Sitten und Bräuche, Architektur, Musik, Kräuter, Fauna und Flora, Basisprodukte der kretischen Küche – insgesamt ein faszinierender Einblick in die kretische Kultur. Echte Hingucker sind einige Webarbeiten, Möbel, Holzschnitzereien und Musikinstrumente. Der Weg zum Museum ist an der Hauptstraße beschildert.

Rund um den reizenden Hauptplatz locken mehrere Tavernen. Hinweisschilder führen zu den **Portokali Apartments** (☎ 2892 091 188; www.portokali.messara.de; Studio 30 €; ❄), 400 m hinter dem Ethnologischen Museum. Zur Auswahl stehen vier ausgezeichnete Studios mit gutem Preis-Leistungs-Verhältnis. Ein idyllischer Garten mit Grillgelegenheit und weitere nette Details wie Fahrräder für Gäste tragen zur Wohlfühlatmosphäre bei.

MATALA ΜΑΤΑΛΑ

101 Ew.

Matala, ein Küstenort 11 km südwestlich von Festos, war früher einmal *der* In-Treff auf Kreta. Wer die bizarren Felswände mit den unzähligen Höhlen in luftiger Höhe sieht, versteht gut, dass die Hippies der 60er-Jahre Lust bekamen, hier Caveman zu spielen, s. Kasten S. 193. Dabei waren die Höhlen eigentlich Grabstätten, die die Römer im 1. Jh. n. Chr. aus dem weichen Sandstein gemeißelt hatten. Danach dienten sie über Jahrhunderte als Behausungen. Fensteröffnungen, Tische und Betten wurden aus dem weichen Gestein geschnitten.

Seit jenen glücklichen Hippietagen hat Matala denselben Weg wie so viele andere Strandorte genommen. Der Ort ist derart gewachsen, dass er einen Großteil seines ursprünglichen Reizes eingebüßt hat. Heute ist Matala ein Ferienort, der ums Überleben kämpft, abhängig von Tagesausflüglern, die archäologische Stätten in der Gegend besuchen. Im Zentrum steht ein kitschiger Markt, auf dem Souvenirs und Textilien verkauft werden.

Noch immer kommen manche treuen Urlauber jeden Sommer nach Matala zurück. Unterhalb der Höhlen liegt ein wunderschöner **Sandstrand**, außerdem eignet sich der Ort gut als Ausgangsbasis für Besichtigungen von Festos und Agia Triada.

In Matala und Umgebung brüten zahlreiche Karettschildkröten. Die griechische Gesellschaft zum Schutz der Meeresschildkröten hat einen Stand in der Nähe des Parkplatzes.

Orientierung & Praktische Informationen

Am Marktplatz, einen Häuserblock landeinwärts, ist die Bushaltestelle. Wer mit dem Auto unterwegs ist, stellt es am besten auf dem großen Areal vor dem Ortseingang ab (2 €) und geht zu Fuß weiter zum Strand. Im Ort selbst gibt es mehrere Geldautomaten.

Zafiria Internet (☎ 28920 45496; 4 € pro Std.; 🕑 8 Uhr–spät)

Sehenswertes & Aktivitäten

Zur Zeit der Recherche gab es weder einen Wachposten noch wurde Eintritt für die Höhlen verlangt, die bei Dunkelheit abgesperrt werden. Wer es einsamer liebt, nimmt eine halbstündige Kraxelei über die Klippen auf sich und erreicht den **Kokkini Ammos** (Roter Strand) südlich von Matala, an den sich textilfreie Sonnenanbeter gern zurückziehen.

Im nahe gelegenen Ort Pitsidia bietet **Melanouri Horse Farm** (☎ 2892 045 040; www.melanouri.com) Ausritte am Strand oder durch die Berge an.

IRAKLION

Schlafen & Essen

Die Straße, die links des Hauptgetümmels landeinwärts führt, kann mit diversen Billigunterkünften aufwarten – angesichts der Konkurrenz ist Handeln kein Problem. Außerhalb der Saison machen fast alle Hotels vernünftige Angebote.

Matala Community Camping (☎/Fax 2892 045 720; Pers./Zelt 4,30/3 €) Ordentlicher, schattiger, aber ziemlich unebener Platz in unmittelbarer Strandnähe.

Fantastic Rooms to Rent (☎ 2892 045 362; Fax 2892 045 292; EZ/DZ/3BZ 20/25/25 €, DZ & 3BZ mit Küche 30 €; ❄) Existiert seit den guten alten Hippiezeiten, hat aber hinten neu angebaut. Die Zimmer sind eher nichtssagend, aber bequem; viele haben Kochgelegenheit, Telefon, Wasserkocher und Kühlschrank.

Pension Andonios (☎ 2892 045 123; Fax 2892 045 690; DZ/3BZ 25/30 €) Antonis, der Chef dieser komfortablen Pension, ist einfach ein genialer Typ. Die attraktiv eingerichteten Zimmer gruppieren sich um einen bezaubernden Innenhof; viele haben Kochnischen, die im obersten Stock auch Balkon.

Hotel Zafiria (☎ 2892 045 366; Fax 2892 045 725; DZ mit Frühstück 40 €; P ❄ 🏊) Das Hotel beansprucht einen kompletten Häuserkomplex an der Hauptstraße. Dafür bietet es eine weitläufige Lobby-Bar und geräumige Zimmer mit Balkon, Seeblick und Telefon. Der hauseigene Pool liegt direkt unterhalb der Klippen.

Kulinarische Highlights sind in Matala kaum zu finden. Die touristischen Restaurants im Hafenviertel unterscheiden sich nicht großartig voneinander. **Lions** (☎ 2892 045 108; Tagesgerichte 6–9 €) ist ein Dauerbrenner, sei es wegen des Strandblicks oder der für hiesige Verhältnisse guten Küche. Lohnt sich auch nur für einen Drink, da abends immer was los ist.

Gianni's (☎ 2892 045 719; Hauptgerichte 5–7 €) Das einfache Restaurant, fast am Ende der Hauptstraße, serviert preiswerte Grillgerichte. Tipp: Gemischter Grillteller mit Salat und Kartoffeln für 7 €.

Gut 1 km außerhalb macht die Taverne **Mystical View** (☎ 6944 139 164) ihrem Namen alle Ehre, denn die Sonnenuntergänge über dem Kommos-Strand sind bezaubernd.

An- & Weiterreise

Täglich fahren Busse von Iraklion nach Matala (5-mal tägl., 6,80 €, 2½ Std.) und von Matala nach Festos (5-mal tägl., 1,60 €, 30 Min.).

RUND UM MATALA

Es gibt mehrere Dörfer landeinwärts von Matala, die sich als Basis für die Erkundung dieser südlichen Ecke Iraklions anbieten.

Der Ort **Pitsidia** liegt 5 km nordöstlich von Matala etwas abseits der Hauptstraße. Am Tage, wenn die meisten Leute am Strand sind, ist es hier ruhig, bevor sich abends eine angenehme Dorfatmosphäre entfaltet. **Pension Aretoussa** (☎ 2892 045 555; www.pensionaretoussa.com; EZ/DZ/3BZ 27/33/45 €) an der Hauptstraße hat eine Gartenterrasse, auf der das Frühstück serviert wird. Die Zimmer sind sauber, nett eingerichtet und haben willkommene Details, z. B. Moskitonetze. Die Bilder an den Wänden hat Hotelbesitzer Michalis selbst gemalt. Die Zimmer nach hinten raus führen in einen Garten und sind ideal für Familien.

Bodikos Rooms & Pizzeria (☎ 2892 045 438; www.bodikos-matala.com; DZ 35 €) Außer leckeren Pizzas aus dem Holzbackofen (4–4,90 €) sind hier im ersten Stock auch bequeme Zimmer und

HIPPIE-CONNECTION

Lange bevor Mykonos und Ios angesagt waren, hatten die Blumenkinder und Aussteiger Matala für sich entdeckt. Ende der 60er- und Anfang der 70er-Jahre verwandelten sie Matala in eine moderne „Höhlenstadt".

Gratisunterkunft in Felsenhöhlen, ein wunderschöner Strand, jede Menge billiger Kneipen, freie Liebe und Marihuana bis zum Abwinken – was begehrt das Hippieherz mehr? So konnte sich Matala zeitweise vor langhaarigen nackten Sonnenanbetern mit Stirnband und Gitarre kaum retten. Die Freaks zogen immer weiter nach oben, um sich den sporadischen Säuberungsaktionen der örtlichen Polizei zu entziehen. Auch Joni Mitchell gehörte zeitweise zu dieser Hippie-Community. Auf ihrem Album *Blue* (1970) ließ sie ihre Eindrücke in den Song *Carey* einfließen: „…but let's not talk about fare-thee-wells now, the night is a starry dome and they're playin' that scratchy rock and roll beneath the Matala moon."

ABSTECHER ZUR AGIOFARANGO-SCHLUCHT

Die abgelegene südwestliche Ecke Iraklions hat etwas wahrhaft Himmlisches an sich. Der Abstecher beinhaltet ein Kloster, eine ebenso malerische wie einfache Schluchtwanderung und ein erfrischendes Bad in einer abgeschiedenen Bucht.

Etwa 7 km vom Abzweig nach Sivas entfernt steht das historische Kloster **Moni Odigitrias** (☎ 2892 042 364; 9–20 Uhr). Der Turm, von dem die Mönche Türken, Deutsche und Piraten abwehrten, ist noch erhalten. Besucher dürfen ihn besteigen, um den vorzüglichen Ausblick zu genießen. Das Kloster diente als Basis für viele Mönche, die als Einsiedler in umliegenden Höhlen und abgelegene Kapellen lebten. Es gibt ein kleines Museum mit original Oliven- und Weinpressen, riesigen Töpfen, einer Raki-Brennerei und landwirtschaftlichen Geräten. Die Panagia-Kirche hat einige Fresken und Ikonen aus dem 15. Jh.

Ein Schild gegenüber vom Kloster weist den Weg in die wenig durchwanderte **Agiofarango-Schlucht** (Heilige Schlucht). Vom Kloster ist es eine Stunde zu Fuß bis zum Anfang der Schlucht. Man kann aber auch über eine unbefestigte, holprige Straße weiterfahren und das Auto an einem Punkt abstellen, von dem es nur 20 Gehminuten zum Eingang der Schlucht sind. In der malerischen Schlucht wächst wilder Oleander, die steilen Felswände sind ein beliebtes Ziel für Kletterer. In den Klippen verstecken sich Höhlen, provisorische Kapellen und Eremitagen. Mitten in der Schlucht steht auf halbem Weg die byzantinische Kapelle **Agios Antonios**. Die Schlucht endet an einem bezaubernden Kieselstrand mit kristallklarem Wasser, wo meistens nur ein paar andere Wanderer und gelegentlich ein Ausflugsboot anzutreffen sind.

Die passende Belohnung auf dem Rückweg ist **Kafenio Xasou** (☎ 2892 042 804; Mezedes 2,50–4 €; Di–Sa 16–23, So 10–23 Uhr) an der Hauptstraße im Dorf Listaros. Die Besitzer sind aktive Umweltschützer, die es aus dem hektischen Athen an diesen ruhigen Ort zog. Sylla kocht ausgesprochen gut und experimentiert dabei mit traditionellen Rezepten.

IRAKLION

Studios zu bekommen, ebenso eine Privatunterkunft in der Nähe.

Bevorzugte Treffpunkte am Abend sind das gastfreundliche Lokal **Mike's** (☎ 28920 45007) und **Eva and Nikos** (☎ 2892 045 497), eine beliebte Taverne auf dem Hauptplatz.

Die Busse nach Matala halten an der Hauptstraße. Der Dorfplatz liegt etwas weiter landeinwärts.

Nördlich von Pitsidia, 2 km von der Hauptstraße landeinwärts, liegt das hübsche Dorf **Sivas** mit einem belebten Hauptplatz und vielen Steinhäusern unter Denkmalschutz.

LP Tipp **Sigelakis** (☎ 28920 42748; Hauptgerichte 5–6 €; nur Abendessen) ist ein beliebtes Restaurant in unmittelbarer Nähe des Platzes. Der freundliche Besitzer Yiorgos ist für seine traditionelle Küche bekannt. Köstliche Gerichte sind Ziege in Tomatensauce, gegrillte Pilze oder Auberginen mit Knoblauch und Tomate. In der Nähe vermietet Yiorgos neuerdings attraktive und komfortable **Studios** (www.sigelakis-studios.gr; Zi. 45–50 €).

KOMMOS ΚΟΜΜΟΣ

Kanadische und amerikanische Archäologen buddeln in Kommos, 12 km südwestlich von Mires, direkt am Meer. Die Ausgrabungsstätte ist zwar abgesperrt, aber von außen gut einsehbar. Kommos soll der Hafen von Festos gewesen sein und wartet ebenfalls mit reichhaltigen minoischen Steinrelikten auf. Die Anlage der früheren Stadt mit ihren Straßen, Höfen, Werkstätten, Wohnhäusern und Tempeln ist gut zu erkennen. Ins Auge fällt die mit Kalkstein gepflasterte Straße, die vom Südteil der Anlage in Richtung Festos verläuft. Gut erkennbar sind die Fahrspuren, die die minoischen Gefährte hinterlassen haben, und der Abfluss an der Nordseite.

Kommos liegt 3 km nördlich von Matala und ist das ideale Ziel für einen Spaziergang.

KAMILARI ΚΑΜΗΛΑΡΙ

263 Ew.

Dieses traditionelle Dorf, erbaut auf drei Hügeln, hat unglaublich enge Sträßchen, die sich durchs Ortszentrum winden. Kamilari ist kein Geheimtipp mehr, aber bislang hat sich der Tourismus noch nicht negativ ausgewirkt. Übernachtungsmöglichkeiten gibt es nur am Dorfrand, und Einheimische sind gegenüber Besuchern im Allgemeinen in der Überzahl.

Die Nähe zum Kalamaki-Strand und die zentrale Lage machen das Dorf zum idealen Standort, um die Strände und Ausgrabungsstätten der Südküste zu erkunden.

Inmitten von Feldern 3 km außerhalb des Dorfes steht ein bedeutendes, kreisrundes minoisches **Hügelgrab**, dessen 2 m hohe Steinwände außergewöhnlich gut erhalten sind. Bei Ausgrabungen fand man Tontafeln mit bildlichen Darstellungen von Beerdigungsriten, die im Archäologischen Museum Iraklion zu besichtigen sind, s. S. 167. Am Ortseingang von Kamilari ist die Straße zum Hügelgrab ausgeschildert. Zu Fuß ist es eine gute halbe Stunde.

Schlafen & Essen

Apartments Ambeliotissa (☎/Fax 2892 042 690; www.ambeliotissa.com; Studio 25–50 €; ❄ 🅿) Diese familienfreundliche Unterkunft hat hübsch möblierte Studios und Apartments mit Kochgelegenheit und Balkon mit Blick auf den Garten. Es gibt einen Grillplatz im Freien, einen Spielplatz und Gästefahrräder. Die nahe gelegenen Studios Pelekanos befinden sich unter derselben Leitung.

Plaka Apartments (☎ 2892 042 697; www.plakakreta.com; DZ 30–35 €; ❄) Geschmackvoll eingerichtete Apartments in kühlem Blau mit weißen Jalousien, dazu Balkon mit Meerblick auf einem Hügel direkt vor den Toren von Kamilari. Ein Garten mit Liegestühlen lädt zur Siesta ein. Weitere Auskünfte in der Taverna Mylonas.

Asterousia Apartments (☎ 28920 42832; www.asterousia.com; Studio 35–50 €) Die vor dem Haus aufgespannte Hängematte, die vielen Antiquitäten und die offenen Räume mit ihren frischen Farben sorgen für eine relaxte Atmosphäre. Dazu passen auch der große, alte Holztisch auf der Veranda und der schöne Garten. Viele Gäste fühlen sich hier sofort heimisch und wollen gar nicht mehr weg – ein idealer Platz für Dauergäste und Familien.

Taverna Mylonas (☎ 2892 042 156; Hauptgerichte 5,50–6,50 €) Hier wird gekocht wie bei Muttern: traditionell Kretisches, dazu Gerichte mit italienischem und chinesischem Einschlag. Die Taverne liegt im Ortszentrum und bietet von der Terrasse einen tollen Blick auf die umliegenden Berge.

Kentriko (☎ 2892 042 191; Hauptgerichte 5,50–6,50 €) Dieses restaurierte *kafenion* an der schmalen Hauptstraße leitet die nette Irini, die griechisch-australischer Abstammung ist. An den Wänden hängen Schwarz-Weiß-Fotos von Familien aus dem Dorf. Internetzugang gibt's auch.

An- & Weiterreise

Jeden Morgen fährt ein Bus von Iraklions Bus Station B über Mires nach Kamilari (6 €, 1½ Std.).

KALAMAKI ΚΑΛΑΜΑΚΙ

71 Ew.

Die Hauptattraktion von Kalamaki, 2,5 km südwestlich von Kamilari gelegen, ist der kilometerlange, breite Sandstrand, der zu ausgedehnten Spaziergängen einlädt. Langsam streckt der Tourismus aber auch in dieses verschlafene Nest seine Fühler aus. Trotzdem ist Kalamaki bislang noch ziemlich ruhig, und das Meer hier eignet sich gut zum Schwimmen.

Es gibt nur eine richtige Straße, die zum Dorfplatz direkt am Strand führt. **Monza Travel** (☎/Fax 28920 45692; 🕑 9–14 & 5–22 Uhr) vermietet Autos und Motorräder, kümmert sich um Hotelreservierungen, bucht Flüge, besorgt Schiffstickets und bietet Ausflüge auf ganz Kreta an.

Schlafen & Essen

Kostas (☎/Fax 28920 45692; www.kreta-kalamaki.com; DZ 25–70 €; ❄) Die Zimmer liegen über dem Büro von Monza Travel und sind mit Kühlschrank, TV-Gerät und Kaffeemaschine ausgestattet. Größe und Bettenzahl je nach Bedarf, maximal sechs Schlafplätze.

Pension Galini (☎ 2892 045 042; www.kreta-kalamaki.com; Zi. & Apt. 30–60 €; ❄) Nur 30 m vom Strand entfernt, bietet dieser attraktive Komplex geräumige Zimmer und Apartments für bis zu sechs Personen: Balkon, komplett ausgestattete Küche, Satelliten-TV und Internet. Eine Dachterrasse mit Meerblick gibt's auch.

Yiannis (☎ 2892 045 685; gemischte Mezedes 7–9 €) Das kleine Restaurant ist leicht zu übersehen hinter den Hotels, die dem Meerblick im Weg stehen. Aber die Stammkundschaft bleibt Besitzer Yiannis wegen seiner schnörkellosen, vorzüglichen *mezedes* zu angemessenen Preisen treu. Zur Auswahl stehen meistens knapp 20 verschiedene Vorspeisen (1,80–2,50 €), darunter viele vegetarische. Zum Abschluss gibt's immer einen Raki gratis mit auf den Weg.

Delfinia (☎ 2829 045 697; Fisch 30–45 € pro kg) Diese Fischtaverne am Nordende des Strands zählt zu den angesehensten der Gegend. Auf der Karte steht auch eine gute Auswahl an *mezedes*.

An- & Weiterreise

Es fährt täglich ein Bus von Iraklions Bus Station B über Mires nach Kalamaki (6,80 €, 2 Std.).

KAPETANIANA ΚΑΠΕΤΑΝΙΑΝΑ

98 Ew.

Es gibt zwei gute Gründe, die Reise durch die Messara-Ebene und den steilen, kurvenreichen Aufstieg zum abgelegenen Bergdorf Kapetaniana auf sich zu nehmen: klettern und wandern. Der Ort liegt an den unteren Hängen des Bergs Kofinas (1231 m), 60 km von Iraklion entfernt. Kapetaniana (vom Wort „Kapitän" abgeleitet) war einst der Rückzugsort der kretischen Rebellenführer. Sehr viel später versteckten sich hier auch einige Hippies aus Matala vor der Polizei. Heute ist die wildromantische Gegend ein beliebtes Ziel für Wanderer und Naturfreunde. Der Kofinas zählt zu den beliebtesten Bergsteigerrevieren auf Kreta, s. S. 84. Das Dorf besteht aus einer oberen und einer unteren Hälfte.

Im Oberdorf Ano Kapetaniana steht das wunderbare Gästehaus **Pension Kofinas** (☎ 28930 41440; www.korifi.de; EZ/DZ 20/25 €). Betreiber sind die österreichischen Ex-Hippies Gunnar und Louisa, die in den 80er-Jahren hier ankamen, als es noch keine befestigte Straße gab (die wurde erst 2005 fertiggestellt). Die beiden leiten auch geführte Spaziergänge und organisieren Wanderungen. Es gibt nur vier Zimmer, eines davon mit Stockbetten, die sich alle eine Außentoilette teilen, eine Reservierung ist unerlässlich. Gourmetkoch Gunnar serviert seinen Gästen ein köstliches **Abendessen** (12–15 € inkl. Wein) auf der Terrasse, die phantastische Ausblicke auf den Kofinas und das Meer bietet.

In der unteren Dorfhälfte Kato Kapetaniana wurden zur Zeit der Recherche etwa 15 Häuser restauriert, um sie für den ländlichen Tourismus zu erschließen.

LENTAS ΛΕΝΤΑΣ

78 Ew.

Lentas besticht durch Abgeschiedenheit und relaxtes Urlaubsfeeling. Der Weg in das kleine Küstendorf, das wie ein Adlerhorst in den Felsen nistet, führt über ein kurvenreiches Sträßchen, das auf den letzten paar Kilometern hinunter zum Strand einige Schwindel erregende Ausblicke bietet. Der Dorfstrand ist nett, aber ziemlich schmal und steinig, deshalb lohnt sich ein Spaziergang durch die bizarren Felsklippen, um sich seinen Privatsandstrand zu suchen. Lentas zieht vor allem Individualreisende an, einige Stammgäste kommen schon seit 20 Jahren. Der Ort präsentiert sich auch deshalb so gemütlich und stressfrei, weil kein Durchgangsverkehr herrscht. Das Leben spielt sich hauptsächlich am Strand ab, wo es ein paar Bars gibt.

Bequem zu Fuß zu erreichen sind eine Ausgrabungsstätte und der FKK-Strand **Diskos** (oder **Dytikos**), wo ein paar Althippies aus Matala ihre Zelte aufgeschlagen haben.

Orientierung & Praktische Informationen

Am Ortseingang gabelt sich die Hauptstraße. Links geht's zum östlichen Parkplatz, rechts liegt der Hauptplatz. Die Busse halten vor dem östlichen Parkplatz. Lentas hat nur zwei Minimärkte mit dem Allernotwendigsten und ein **Internetcafé** (☎ 2829 095 206; 3 € pro Std.) auf dem Hauptplatz. Auf einen vollen Benzintank ist zu achten, denn die nächste Tankstelle ist ein gutes Stück entfernt.

Wer zum Dytikos-Strand möchte, geht auf der Hauptstraße 1 km Richtung Westen oder nimmt den Fußweg über die Klippen.

Sehenswertes

Die Ausgrabungsstätte **Lebena** direkt vor dem Ort war ein Heilbad, das die Römer wegen der therapeutischen Wirkung der Quellen besuchten. Von dem dazugehörigen Tempel aus dem 4. Jh. v. Chr. sind nur noch zwei Granitsäulen übrig. Nicht weit vom Tempel gab es eine Schatzkammer mit Mosaikboden, die Besuchern offensteht. Der Rest gibt nicht viel her, die Quellen wurden in den 60er-Jahren geschlossen.

Schlafen & Essen

Bungalows Lendas (☎ 28920 95221; EZ/DZ 22 €/25–40 €; ⛶) Die Zimmer in diesem ruhigen Komplex westlich vom Hauptplatz sind schlicht und sauber. Sie haben einfache Bäder, Kühlschränke und Balkone mit tollem Blick aufs Meer. Die zentrale Gemeinschaftsküche steht allen Gästen offen. Die bärbeißige Matriarchin der Familie schwingt auch das Zepter über der Taverne **Elpida** am Strand, in der traditionelle Gerichte serviert werden.

Studios Gaitani (☎ 2892 0953 41; www.studios-gaitani.gr; Studio 30–50 €; ⛶) Näher am Strand geht nicht: Von den modernen Studios mit Kochnische, TV und Kühlschrank sind's nur wenige Schritte bis zum Wasser. Die größeren Einheiten bieten bis zu vier Personen Platz.

LP Tipp **El Greco** (☎ 2892 095 322; www.lentas-elgreco.com; Tagesgerichte 4,50–9 €) Diese freundliche, von drei Brüdern geführte Taverne bietet eine ausgezeichnete Auswahl an *mayirefta* sowie griechische und internationale Küche in Gartenambiente mit Blick aufs Meer. Hinter der Taverne gibt's vernünftige Zimmer mit Klimaanlage und Meerblick, auf der anderen Straßenseite werden geräumige Studios vermietet (30–40 €).

Zu empfehlen ist auch die benachbarte Taverne **Akti** (☎ 2892 095 206; Hauptgerichte 6–10 €), wegen ihrer Qualitätsküche und einer ordentlichen Auswahl an Weinen.

In Dytikos (s. S. 196) befindet sich das nette Hotel **Villa Tsapakis** (☎ 2892 095 378; www.villa-tsapakis.gr; DZ/Studio 25/30–35 €; ❄). Die gut ausgestatteten Zimmer um einen zentralen Innenhof haben ein gutes Preis-Leistungs-Verhältnis.

An- & Weiterreise

Es fährt täglich ein Bus von Iraklion nach Lentas (7,10 €, 2½ Std.).

KASTRI & KERATOKAMBOS
ΚΑΣΤΡΙ & ΚΕΡΑΤΟΚΑΜΠΟΣ

316 Ew.

Nach 13 km Fahrt bergab zur Küste sind die beiden kleinen Zwillingsdörfer Kastri und Keratokambos erreicht. Ein malerischer, baumbestandener Strand und diverse Hotels und Restaurants bieten Erholung für Leib und Seele. Schon einige Deutsche haben sich von der Atmosphäre bezaubern lassen und hier ein Haus gekauft. Wer also wirklich ein paar Tage lang einfach mal nichts tun will außer abschalten und lesen, der ist hier richtig.

Schlafen & Essen

Filoxenia Apartments (☎/Fax 2895 051 371; Studio 25–30 €; ❄) Angenehme Unterkunft mit einem schönen Blumengarten direkt gegenüber vom Strand. Die Studios für zwei bis drei Personen sind ansprechend eingerichtet und haben Kochnische, Kühlschrank und TV.

Komis Studios (☎ 2895 051 390; www.komisstudios.gr; Keratokambos; Apt. mit Frühstück 60–75 €; ❄) Die exklusiven Apartments haben eine attraktive Einrichtung im rustikalen Stil mit Eisenbetten, alten Fernsehern, Telefon, Fön und Kinoplakaten an den Wänden. Die Einheiten bieten Platz für zwei bis vier Personen.

Die meisten Tavernen am Strand haben ein sehr gutes Preis-Leistungs-Verhältnis. **Taverna Nikitas** (☎ 2895 051 477; Hauptgerichte 4–6 €) bietet hervorragende Grillspezialitäten in stets zuverlässiger Qualität. Besonders lecker: Ziege in roter Sauce und Schwertfisch. **Taverna Livyko** (☎ 2895 051 290; Grillgerichte 5,50–7 €) serviert in herrlichem Ambiente Grillgerichte mit Fleisch aus eigener Schlachtung, frischen Fisch und kretische Spezialitäten wie gekochtes Ziegen- und Lammfleisch mit Artischocken. Empfehlenswert ist auch die muntere **Morning Star Taverna**, die im klassischen Blau und Weiß eingerichtet ist.

An- & Weiterreise

Es fahren keine öffentlichen Verkehrsmittel nach Kastri und Keratokambos.

DIE NORDOSTKÜSTE

Seit der Fertigstellung der Nationalstraße entlang der Nordküste (1972) hat sich zwischen Iraklion und Malia einiges getan. Eine ungezähmte Bautätigkeit haben vor allem die Strandorte Chersonisos und Malia zu verzeichnen. Für Individualreisende ist die Gegend kaum von Interesse, da sich die Hotels fast ausschließlich auf Pauschaltouristen eingestellt haben, die bereits Monate im Voraus buchen.

Das Dorf Koutouloufari, oberhalb von Chersonisos, ist der reizvollste Urlaubsort in dieser Gegend. Die einzige kulturelle Attraktion der Umgebung ist der minoische Palast von Malia. In Gournes gibt es ein interessantes Aquarium. In dem Meer von Massenabsteigen haben sich einige wenige Nobelherbergen etabliert. Eine weitere Attraktion ist Kretas einziger 18-Loch-Golfplatz von internationalem Standard.

CHERSONISOS & MALIA
ΧΕΡΣΟΝΗΣΟΣ/ΜΑΛΙΑ

Die Badeorte Chersonisos und Malia an der Nordküste haben schon bessere Tage gesehen. Chersonisos, 27 km östlich von Iraklion, war einst ein malerisches Fischerdorf – kaum zu glauben, wenn man heute in dieses schrille, laute Mekka der Pauschaltouristen kommt. Am langen Sandstrand reiht sich eine Neonreklame an die andere, ein gesichtsloser Ho-

MASSENTOURISMUS

Es gibt zwar immer noch Leute, die sich in Chersonisos und Malia wohlfühlen, aber die meisten Kretareisenden packt doch instinktiv das gleiche Gefühl, wenn sie diese Touristenhochburgen sehen: Nix wie weg hier! Die Einheimischen haben sich längst in die Dörfer am Berghang jenseits der Hauptstraße zurückgezogen und die tiefer liegenden, strandnahen Gebiete dem Kommerz überlassen. Dort ist alles grell, laut und ramschig – so wie es die jungen Ballermänner lieben.

Beide Ferienorte haben es auf Pauschaltouristen abgesehen, die der Schnäppchenjagd frönen, in den Randgebieten von Chersonisos gibt es auch ein paar Luxushotels. Das Publikum ist überwiegend jugendlich; vor allem in Malia kommen sich Menschen über 22 oft fehl am Platz vor, und die Leber würde die dort üblichen Alkoholexzesse wohl auch nicht mehr so einfach mitmachen. In Chersonisos lassen sie sich volllaufen, gehen abtanzen und wachen neben einem/einer Fremden wieder auf. In Malia lassen sie sich volllaufen, fallen um und wachen auf dem Bürgersteig wieder auf. Wem sich das nach Traumurlaub anhört, weiß jetzt, wo er hin muss – aber irgendwann sollte man sich auch Kreta anschauen.

telkoloss folgt dem nächsten. Es gibt einige große Luxusferienanlagen in der Gegend, aber die Orte selbst haben wenig zu bieten. Chersonisos mag das munterste Nachtleben Kretas haben – sofern man darauf steht, die Nacht durchzufeiern und an einem überfüllten Strand zu pennen. Die Alternative besteht darin, sich in einem der Resorts zu verschanzen. Oder sind wir etwa nur snobistische Spaßbremsen?

Malia, etwa 7 km weiter östlich, ist Kretas wildeste Partystadt. Der Ort ist regelrecht berüchtigt (und hoffnungslos verloren), seit die Polizei Hooligans aus Faliraki (Rhodos) vertrieb und die schlimmsten Elemente junger britischer Urlauber nach Malia auswichen. Die Stadt ist überfüllt, laut, voller Pubs, Bars, kitschiger Restaurants und krebsroter Briten, die mit nacktem Oberkörper auf Quads durch die Gegend brettern. Das alles wirkt auf die einen wie ein riesiger Vergnügungspark, für andere ist es ein einziger hirnloser Albtraum. Das Ausmaß touristischer Bebauung sprengt jegliche Vorstellungskraft. Viele Hotels vermieten nur an Reiseveranstalter, aber die Reisebüros vor Ort können auch Individualreisenden meistens eine Unterkunft vermitteln.

Die einzige echte Attraktion der Gegend ist das ausgezeichnete **Lychnostatis-Museum** (☎ 2897 023 660; www.lychnostatis.gr; Eintritt 4,50 €; 🕑 So–Fr 9.30–14 Uhr). Anstatt ihr Grundstück zu verkaufen oder einen Hotelbunker hochzuziehen, hat die Familie Markakis dieses einzigartige Freilichtmuseum eingerichtet, das Einblicke in das ländliche Leben und die Kultur Kretas gewährt. Gezeigt werden kunsthandwerkliche Aktivitäten wie Weberei und Raki-Herstellung; einen kretischen Kräutergarten und ein kleines *kafenion* gibt es auch. Anstelle von Hinweisschildern geben intelligente *mantinades* (Verszeilen aus Liedern und Gedichten) Erläuterungen zu den Exponaten; die auf die Mauern der Mühle aufgemalten Reime sind eine Widmung an die Ehefrau des Besitzers.

Auf der anderen Seite der Hauptstraße, 7 km südlich von Chersonisos, liegt der 18-Loch-Platz des **Crete Golf Club** (☎ 2897 026 000; www.crete-golf.gr; 18 Löcher 67 €). Das wüstenähnliche, recht schwierige Gelände in den Hügeln ist definitiv nichts für Amateure. Wenn man während der Dämmerung spielt, wird's billiger (42 €).

Von Iraklion fahren alle 30 Min. Busse nach Chersonisos und Malia (3,50 €, 45 Min.).

KOUTOULOUFARI ΚΟΥΤΟΥΛΟΥΦΑΡΗ

538 Ew.

Oberhalb des Wahnsinns, hinter den alten Dörfern Chersonisos und Piskopiniana, liegt der reizvollere Ort **Koutouloufari**: Auch dieses Dorf ist touristisch erschlossen, hat sich aber noch einen Rest an Charme bewahrt. Die Hauptstraße wird abends abgesperrt, damit die Gäste feiern können. Hier ist man in sicherer Entfernung von dem wuchernden Massentourismus weiter unten, aber dicht genug dran, um sich das Ganze mal reinzuziehen.

Schlafen & Essen

Villa Iokasti (☎ 2897 022 607; www.iokasti.gr; Apt. 70–80 €; ✈ 🏊) Apartments mit einem oder zwei Schlafzimmern in einem attraktiven Garten abseits der Hauptstraße am Ende des Dorfes. Dazu gehören eine beliebte Taverne und ein Café mit hübschem Meerblick.

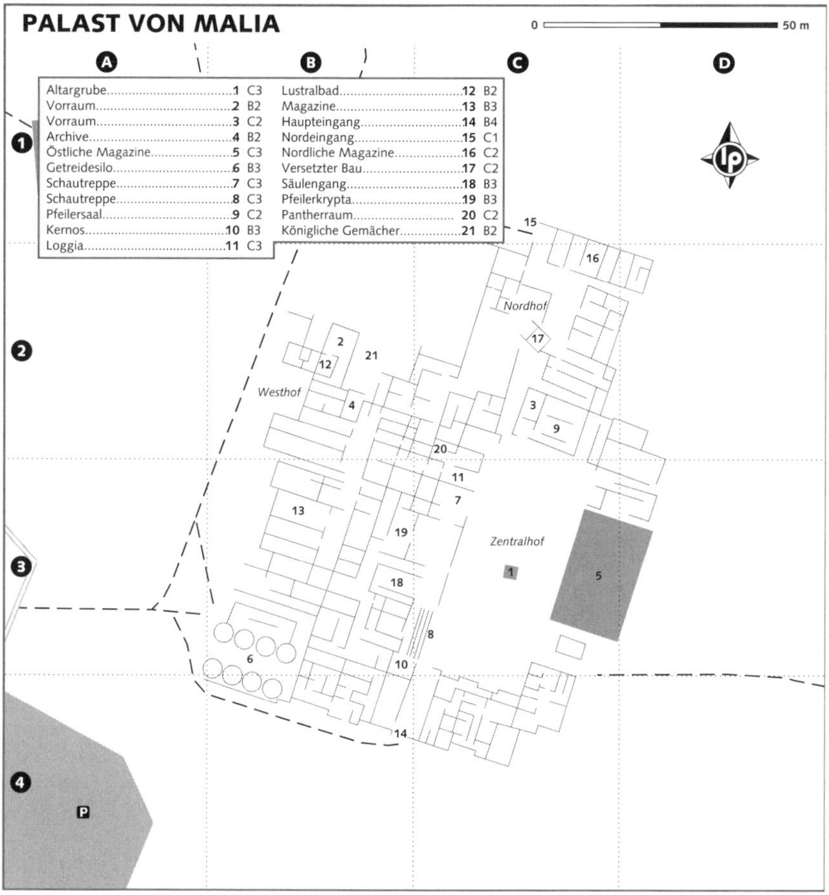

Elen Mari Apartments (☎ 2897 025 525; Koutouloufari; Apt. 40 €;) Die gut ausgestatteten Studios sind sauber und gepflegt, manche haben einen wunderschönen Blick über Chersonisos.

Emmanuel Taverna (☎ 2897 021 022; Platia Eleftheriou Venizelou, Tagesgerichte 10 €) Die gemütliche Taverne wird von einer griechisch-australischen Familie betrieben: Spezialitäten sind Fleisch vom Spieß und Gerichte aus dem Holzofen vor dem Haus. Empfehlung des Besitzers: Lamm in Roséwein mit Lorbeerblättern und alle Speisen vom Grill oder aus dem Ofen, die beide jeden Abend zum Glühen gebracht werden.

Fabrica (☎ 2897 023 981; Crêpes 2,50–7,50 €) Ein Tipp für den Abend: Diese Café-Bar hat eine große Dachterrasse mit spektakulärem Blick auf Chersonisos. Zu finden in einem alten Steinhaus rechts hinter der Odos Sergiani (die erste rechts hinter der Abzweigung nach Chersonisos).

PALAST VON MALIA
ΑΝΑΚΤΟΡΑ ΜΑΛΙΩΝ

Der **Palast von Malia** (☎ 2897 031 597; Eintritt 4 €; Di–So 8.30–15 Uhr) liegt 3 km östlich des gleichnamigen Dorfs. Er entstand zur gleichen Zeit wie die beiden anderen großen minoischen Paläste in Festos und Knossos. Die ursprüngliche Anlage wurde um 1900 v. Chr. erbaut und dann nach dem Erdbeben 1700 v. Chr. neu errichtet. Zu sehen sind die Ruinen des neueren Palastes, in denen viele interessante Objekte aus dem Gesellschaftsleben der Minoer gefunden wurden. Griechische Archäologen begannen 1915 mit den Ausgrabungen, heute leiten französische Altertumsforscher die Arbeiten. Da der Grundriss recht deutlich zu Tage tritt, ist es nicht schwer, sich eine Vorstellung von dem Palast zu machen. In der Ausstellungshalle sind Rekonstruktionen der Stätte und interessante Fotos zu besichtigen, darunter auch Luftaufnahmen. Es gibt einen schattigen Platz zum Ausruhen und ein Café. Der nahe gelegene Strand (300 m rechts) zählt zu den besten Badestellen der Gegend.

Rundgang

Der Weg in das Areal führt über den **Westhof**. In südlicher Richtung geht's vorbei an den **Magazinen** zu den acht runden Schächten, die Archäologen für **Getreidesilos** halten. Östlich der Schächte liegt der Haupteingang zum Palast, der zum Südende des **Zentralhofs** führt. Ein paar Schritte nordöstlich steht der **Kernos**, ein runder Kalkstein mit 24 Vertiefungen am Rand. Bis heute rätselt die Wissenschaft über die Funktion dieses Steins, der möglicherweise religiösen Zwecken diente. Die **Schautreppe**, die neben dem Kernos beginnt, führte vermutlich zu einer Kultstätte. Nördlich davon liegt ein **Säulengang**, der an mehreren miteinander verbundenen Räumen vorbei zur **Pfeilerkrypta** führt; in deren Säulen ist das Symbol der minoischen Doppelaxt eingraviert. Der **Zentralhof** mit Ruinen minoischer Säulen hat die beeindruckenden Ausmaße von 48 x 22 m. Beachtenswert ist auch die Altargrube im Zentrum des Hofs.

Am Nordende der Westseite des Hofs schließt sich eine **Loggia** an, die wahrscheinlich zeremoniellen Handlungen diente. Im **Pantherraum** nebenan wurde eine Steinaxt aus dem 17. Jh. v. Chr. gefunden, deren Form an einen Panther erinnert. Im Nordwesten der Anlage befinden sich die **königlichen Gemächer**, zu denen auch ein **Lustralbad** gehört. Am Nordende des Zentralhofs steht der **Pfeilersaal**; die Bänke an den Seitenwänden lassen vermuten, dass er als eine Art Versammlungsraum oder Ratssaal genutzt wurde. In den weiteren Räumen ist ein **Archiv** untergebracht, das Tafeln mit Linear-A-Schrift enthielt. Der überdachte Bereich neben dem Zentralhof sind die **Östlichen Magazine**. Beeindruckend sind auch die *pithoi* im **Nordhof** kurz vor dem Nordeingang.

Alle Busse von oder nach Iraklion, die an der Nordküste entlangfahren, kommen an der Ausgrabungsstätte vorbei und halten auf Anfrage.

Lassithi Λασιθι

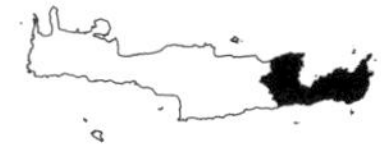

Kretas östlichster Regierungsbezirk ist längst nicht so überlaufen wie die restliche Insel. Eine Ausnahme sind die exklusiven Ferienanlagen um Elounda und Agios Nikolaos, wo sich die betuchteren Urlauber tummeln. Elounda steht synonym für Luxushotels, darunter eins von Weltrang. Die Bezirkshauptstadt Agios Nikolaos ist das Mekka der Partyszene im Osten Kretas.

Von diesen beiden Ausnahmen abgesehen, präsentiert sich Lassithi im Vergleich mit anderen Teilen Kretas jedoch erfreulich wenig bebaut. Hauptgründe dafür sind die isolierte Lage, kurvenreiche Zufahrtsstraßen und die Tatsache, dass internationale Charterflughäfen fehlen.

Am entlegenen Ende der Nordküste liegt das hübsche Städtchen Sitia, das Zentrum der regionalen Olivenölproduktion. Der bilderbuchreife Palmenstrand von Vai liegt ganz im Osten, mit einem historischen Kloster in der Nähe.

Die fruchtbare Lassithi-Hochebene lässt den Puls jedes begeisterten Fahrradfahrers höher schlagen. Großen Spaß macht eine Radtour durch die ruhigen ländlichen Dörfer zur Dikti-Höhle, wo der Legende nach Zeus geboren und vor seinem mörderischen Vater versteckt wurde. Im Landesinneren gibt's noch viele traditionelle Dörfer, einsame Hochebenen und Bergregionen zu entdecken.

An der Südküste führt die Hauptstraße über den Badeort Mirtos im Westen und das kommerzielle Zentrum Ierapetra zur zerklüfteten Küste mit den größtenteils unberührten Stränden von Xerokambos.

Ganz im Osten vereint Zakros mehrere Attraktionen, die ein echtes Kretaerlebnis ausmachen: die Durchwanderung einer wunderschönen Schlucht zu den stimmungsvollen Ruinen eines minoischen Palasts, 200 m von einem ruhigen Strand mit ein paar guten Tavernen entfernt.

An der Küste von Lassithi verstecken sich auch ein paar verschlafene Fischerdörfer wie Mochlos im Norden und Plaka im Osten.

HIGHLIGHTS

- Rad fahren rund um die **Lassithi-Hochebene** (S. 213)
- Spaziergang durch die Ruinen der **Insel Spinalonga** (S. 212)
- Streifzug durch den minoischen Palast beim Strand von **Kato Zakros** (S. 223)
- Relaxen an Kretas einzigem Palmenstrand in **Vai** (S. 220)
- Besuch im **Kloster Toplou** (S. 219)

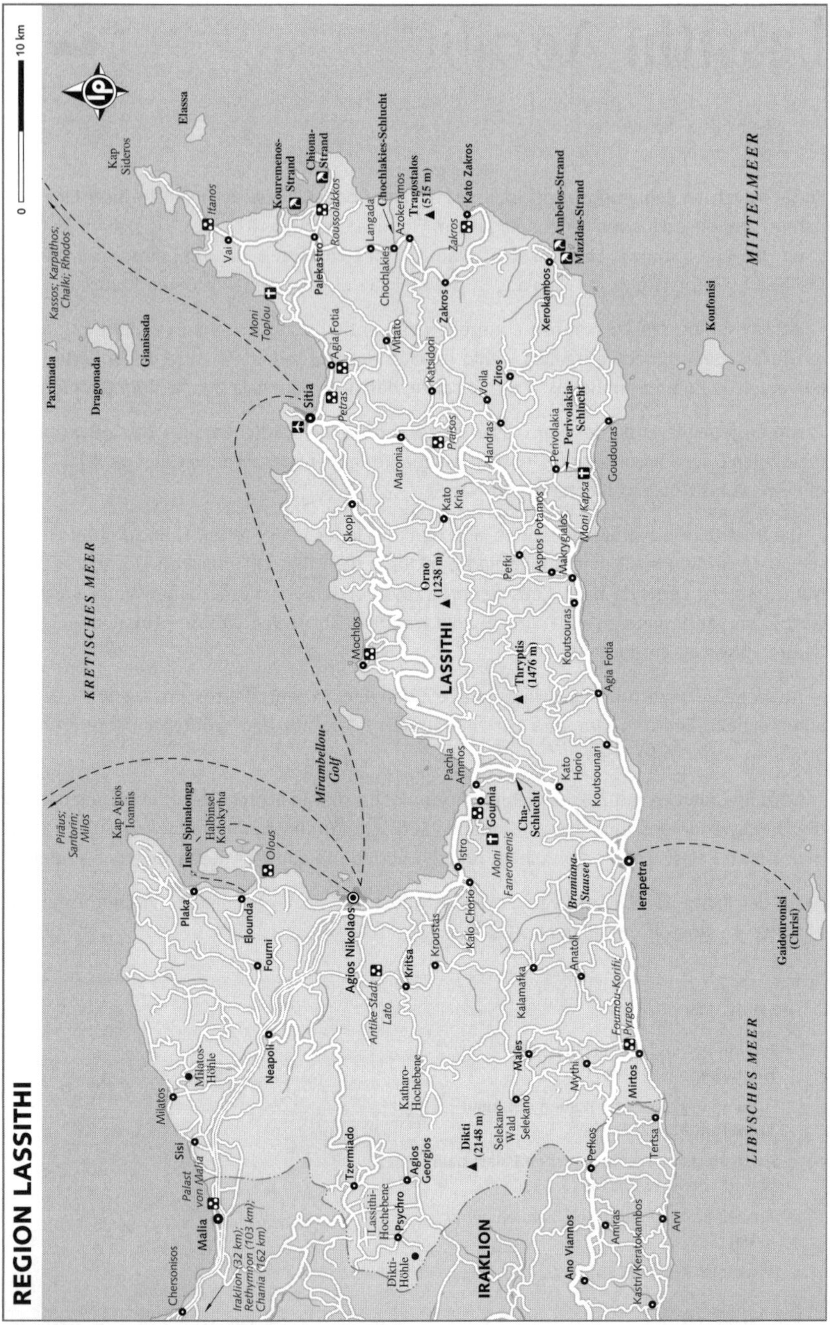
REGION LASSITHI
0
10 km
KRETISCHES MEER
LIBYSCHES MEER
MITTELMEER
LASSITHI
IRAKLION
Mirambellou-Golf
Kap Sideros
Elassa
Paximada
Dragonada
Gianisada
Kassos; Karpathos; Chalki; Rhodos
Itanos
Vai
Kouremenos-Strand
Chiona-Strand
Roussolakkos
Palekastro
Chochlakies-Schlucht
Langada
Chochlakies
Azokeramos
Tragostalos (515 m)
Kato Zakros
Zakros
Ambelos-Strand
Mazidas-Strand
Xerokambos
Moni Toplou
Agia Fotia
Mitato
Sitia
Petras
Katsidoni
Voila
Ziros
Praisos
Handras
Maronia
Perivolakia
Perivolakia-Schlucht
Moni Kapsa
Goudouras
Koufonisi
Skopi
Kato Kria
Aspros Potamos
Pefki
Makrygialos
Orno (1238 m)
Koutsouras
Mochlos
Thryptis (1476 m)
Agia Fotia
Pachia Ammos
Kato Horio
Koutsounari
Gournia
Cha-Schlucht
Moni Faneromenis
Istro
Ierapetra
Bramiana-Stausee
Gaidouronisi (Chrisi)
Piräus; Santorin; Milos
Kap Agios Ioannis
Insel Spinalonga
Halbinsel Kolokytha
Olous
Plaka
Elounda
Fourni
Agios Nikolaos
Kalo Chorio
Kroustas
Kritsa
Antike Stadt Lato
Anatoli
Kalamafka
Fournou-Korifi
Pyrgos
Milatos
Milatos-Höhle
Neapoli
Males
Mythi
Mirtos
Katharo-Hochebene
Selekano
Selekano-Wald
Dikti (2148 m)
Tzermiado
Agios Georgios
Psychro
Lassithi-Hochebene
Dikti-Höhle
Sisi
Palast von Malia
Malia
Chersonisos
Iraklion (32 km); Rethymnon (103 km); Chania (162 km)
Pefkos
Tertsa
Ano Viannos
Amiras
Kastri/Keratokambos
Arvi

LASSITHI

DIE NORDKÜSTE

AGIOS NIKOLAOS ΑΓΙΟΣ ΝΙΚΟΛΑΟΣ

11 286 Ew.

Lassithis Hauptstadt Agios Nikolaos hat vielleicht nicht so viel historischen Charme wie andere größere Städte auf Kreta, macht diesen Nachteil aber durch seine Lage wieder wett: Die Stadt thront spektakulär auf einem kleinen Berg mit Blick auf den Golf von Mirambellou und schmiegt sich malerisch um einen Binnensee, der direkt an den hübschen Hafen grenzt.

Anfang der 60er-Jahre wurde aus dem einstigen Fischerdorf ein schickes Refugium für Jetset-Ikonen wie Jules Dassin und Walt Disney. Kurze Zeit später schwappte der Massentourismus an Land und machte aus Agios Nikolaos einen echten Touri-Ort.

Nach einer Durststrecke in den vergangenen Jahren hat es den Anschein, als hätte sich „Agios" erholt und einen neuen Rhythmus gefunden. Inzwischen hält sich die Zahl von Einheimischen und Touristen in etwa die Waage. Die Stadt lockt viele Urlauber aus den Ferienanlagen an, die sich bis nach Elounda hinziehen. Besonders abends, wenn die Restaurants und Cafés am Seeufer wie Glühwürmchen blinken, werden die Straßen zur beschwingten, kosmopolitischen Flaniermeile. Agios ist nicht mehr die exzessive Partystadt von einst, hat aber noch immer ein munteres Nachtleben. Die Stadt ist nach wie vor das Zentrum von Kretas Luxusferienanlagen, doch es kommen auch viele ältere Gäste und Familien auf der Suche nach Ruhe und Erholung.

Abenteuer wird man hier nicht gerade erleben, aber Backpacker, für die ab und an etwas Komfort kein Sakrileg ist, können hier in netten Hotels zu erträglichen Preisen relaxen, ohne dass Langeweile aufkommt.

Agios war die erste Stadt auf Kreta, die ihr Hafenviertel und das Stadtzentrum zur kostenlosen WLAN-Zone machte.

Geschichte

Agios Nikolaos war der Hafen des Stadtstaates Lato (s. S. 209) und hieß damals, in der frühen griechischen Epoche, Kamara. Ihre Blütezeit erlebte die Stadt in der griechisch-römischen Epoche, nachdem die Römer mit den Piraten aufgeräumt hatten, die lange Zeit die Nordküste terrorisierten.

Auch während der beginnenden Christianisierung in der ersten byzantinischen Periode florierte die Stadt. Aus dem 8. oder 9. Jh. stammt die kleine, byzantinische Agios-Nikolaos-Kirche.

Nachdem die Venezianer Kreta im 13. Jh. gekauft hatten, errichteten sie auf einem Hügel mit Blick auf die Bucht das Kastell Mirambellou und unterhalb davon eine Siedlung. Das Erdbeben von 1303 und ein von Piraten gelegter Brand 1537 setzten der Anlage schwer zu, sie wurde aber nach Plänen des Militärarchitekten Sammicheli restauriert. Als die Venezianer dann 1645 den Türken weichen mussten, wurde die Stadt erneut zerstört, übrig blieben nur Ruinen. Die Venezianer hinterließen in Agios Nikolaos keine Spuren, nur die Bucht trägt bis heute den Namen Mirambellou („Schöne Aussicht").

Mitte des 19. Jhs. wurde Agios Nikolaos von Rebellen, die aus Sfakia geflohen waren, neu besiedelt und später zur Hauptstadt der Region Lassithi ernannt.

Orientierung

Der **Busbahnhof** (☎ 28410 22234) liegt nach dem Unzug ziemlich ungünstig im Nordwesten der Stadt, rund 800 m von der Platia Venizelou im Zentrum entfernt. Das eigentliche Leben spielt sich rund um den Voulismeni-See ab. Die meisten Banken, Reisebüros und Läden befinden sich in der Odos Koundourou und ihrer autofreien Parallelstraße 28 Oktovriou.

Praktische Informationen

Anna Karteri Bookshop (☎ 28410 22272; Koundourou 5) Gute Auswahl an Landkarten, Reiseführern und Büchern in Englisch und anderen Sprachen.

General Hospital (☎ 28410 66000; Knossou 3) Im Westen der Stadt.

Griechische Nationalbank (Nikolaou Plastira) 24 Std. betriebsbereiter Geldautomat.

Peripou Café (☎ 28410 24876; 28 Oktovriou 13; 4 € pro Std.; 🕑 9–2 Uhr) Hat Computer und WLAN.

PK's Internet (☎ 28410 28004; Akti Koundourou 1; 2 € pro Std.; 🕑 9–2 Uhr) Drucker, Brenner, Videokameras und Telefonieren übers Internet.

Postamt (☎ 28410 22062; 28 Oktovriou 9; 🕑 Mo–Fr 7.30–14 Uhr)

Städtische Touristeninformation (☎ 28410 22357; www.agiosnikolaos.gr; 🕑 8–21.30 Uhr April–Nov.) Direkt an der Brücke: Informationen, Landkarten und Vermittlung von Unterkünften.

Touristenpolizei (☎ 28410 91408; Erythrou Stavrou 47; 🕑 Mo–Fr 7.30–14.30 Uhr)

LASSITHI

Sehenswertes

Das **Archäologische Museum** (☎ 28410 24943; Paleologou Konstantinou 74; Eintritt 4 €; ⌚ Di–So 8.30–15 Uhr; ♿) rechtfertigt den etwas mühsamen Anstieg mit einer umfangreichen und schön präsentierten Sammlung aus Ostkreta. Es gibt zwar kein absolutes Paradestück, doch insgesamt handelt es sich wohl um die zweitwichtigste minoische Sammlung der Insel, darunter Särge und Musikinstrumente aus Ton und Gold von der Insel Mochlos. Die Exponate sind chronologisch geordnet: Funden aus der Jungsteinzeit vom Berg Tragistalos nördlich von Kato Zakros folgen Objekte aus der frühen minoischen Periode aus Agia Fotia, danach werden Stücke aus Malia und Mochlos präsentiert. Glanzstück ist die seltsame *Göttin von Mirtos*, ein Tonkrug von 2500 v. Chr., der in der Nähe von Mirtos gefunden wurde. Ein weiteres Highlight aus der Minoerzeit ist ein rituelles Steingefäß in Form einer Muschel; es ist mit zwei minoischen Teufeln und einer Göttin verziert und stammt aus einem spätminoischen Heiligtum in Malia. Bemerkenswerte Objekte aus der griechischen Antike und der Römerzeit sind der Schädel eines Athleten (mit Goldkranz und einer Münze im Mund für die sichere Reise in die Unterwelt) und eine kleine Eros-Figur mit Flügeln.

Das **Volkskundemuseum** (☎ 28410 25093; Paleologou Konstantinou 4; Eintritt 3 €; ⌚ Di–So 10–14 Uhr) neben der Touristeninformation zeigt eine schöne Sammlung traditioneller Trachten und Handarbeiten.

Das kompakte **Iris-Museum** (☎ 28410 25899; 28 Oktovriou 21–23; Eintritt 2 €; ⌚ Mo–Fr 9–21 Uhr) lockt mit getrockneten Kräutern und Blumen und bietet lokal hergestellte ätherische Öle zum Verkauf an.

Aktivitäten

An den Stadtstränden **Ammos** und **Kytroplatia** wird es schnell eng. Deutlich schöner ist der ruhigere Sandstrand von **Almyros**. Er liegt 1 km südlich von Agios Nikolaos und ist zu Fuß über einen Küstenweg zu erreichen, der am Ende der Straße hinter dem Stadion beginnt. Der Strand bietet zwar kaum Schatten, aber es werden Sonnenschirme vermietet. Der Strand von **Ammoudara**, 3 km außerhalb der Stadt, ist auch nicht schlecht; außerdem gibt es dort diverse Restaurants und Unterkünfte.

Man kann auch gleich weiterfahren Richtung Sitia zu den hübschen Buchten mit langen Sandstränden und türkisfarbenem Wasser. Beliebte Anlaufpunkte sind der ausgeschilderte **Golden Beach** (Voulisma-Strand) und die **Istro-Bucht**.

Das Holzsegelschiff **M/S Manolis** (☎ 6974 143 150) fährt mit Angelfreunden zum Fischen raus, einschließlich Grillmahlzeit und Baden auf der Insel Kolokytha. Das Schiff kann auch privat gechartert werden.

Segeltörns und private Chartertouren im Mirambellou-Golf veranstaltet **Zaharias** (☎ 69373 74954; www.sailcrete.com).

Am öffentlichen Strand auf der Südseite von Agios Nikolaos gibt es einen **Kinderspielplatz**, ein **Schwimmbad** und einen **Minigolfplatz**.

Drei Tauchschulen bieten Tauchexkursionen mit dem Boot und PADI-Kurse an:

Crete Underwater Center (☎ 28410 22406; www.creteunderwatercenter.com) Im Hotel Mirambellou.

Happy Divers (☎ 28410 82546; www.cretashappydivers.gr) Vor dem Hotel Coral.

Pelagos (☎ 28410 24376; www.divecrete.com) Im Hotel Minos Beach Art.

Geführte Touren

Diverse Reisebüros veranstalten Bustouren zu Kretas Hauptattraktionen. Im Hafen wird für diverse Bootsausflüge geworben. Touren nach Spinalonga (17 €) beinhalten eine Badepause auf Kolokytha.

Minotours Hellas (☎ 28410 23222; www.minotours.gr; 28 Oktovriou 6) organisiert Busreisen nach Festos, Gortys und Matala (33 €), zur Samaria-Schlucht (45 €), in die Lassithi-Hochebene (34 €), nach Knossos (30 €) und zu anderen beliebten Zielen.

Feste & Events

Im Juli und August findet in Agios Nikolaos das **Lato-Kulturfestival** statt. Es treten lokale und internationale Künstler auf, dazu gibt's Folkloretänze, Theateraufführungen, Kunstausstellungen und *mantinades*-Wettbewerbe, bei denen sich die Teilnehmer im Verseschmieden messen. Nähere Auskünfte erteilt die Touristeninformation. In der letzten Juniwoche der „geraden" Jahre wird die **Woche des Meeres** gefeiert; auf dem Programm stehen Bootsrennen und Wettbewerbe im Schwimmen und Windsurfen.

Schlafen

BUDGETUNTERKÜNFTE & MITTELKLASSEHOTELS

Pension Mary (☎ 28410 23760; Evans 13; EZ/DZ/3BZ 15/25/30 €; ❄) Eine dieser freundlichen Un-

AGIOS NIKOLAOS

PRAKTISCHES

Anna Karteri Bookshop	1	C1
General Hospital	2	A1
Städtische Touristeninformation	3	C3
Griechische Nationalbank	4	C2
Peripou Café	5	D1
PK's Internet	6	D3
Postamt	7	C1
Touristenpolizei	8	B1

SEHENSWERTES & AKTIVITÄTEN

Archäologisches Museum	9	B2
Kinderspielplatz	10	C3
Volkskundemuseum	11	C3
Happy Divers	12	B1
Iris-Museum	13	D1
Minotours Hellas	14	C1

SCHLAFEN

Hotel Doxa	15	B4
Hotel Du Lac	16	D1
Mylos Pension	17	D3
Palazzo	18	D3
Pension Mary	19	D3
Pergola Hotel	20	D3

ESSEN

Aouas Taverna	21	C2
Barko	22	D3
Migomis	23	B3
Pamtomaca	24	B2
Pelagos	25	C3
Sarri's	26	C4
Taverna Itanos	27	C4

TRINKEN

Alexander's	28	C3
Sorrento	29	C3

UNTERHALTUNG

Cafe du Lac	30	C1
Rex-Kino	31	C4
Yanni's Rock Bar	32	D3

SHOPPEN

Anemos	33	C2
Kerazoza	34	D1
Marieli	35	D1

TRANSPORT

Fähren nach Spinalonga	36	C3
Busbahnhof	37	A2
Club Cars	38	D1
LANE Lines	39	D1
Manolis Bikes	40	D1

LASSITHI

terkünfte, wo der Besitzer im Erdgeschoss wohnt und hausgemachte Süßigkeiten als Bonus mehr oder weniger garantiert sind. Die einfachen, aber sauberen Zimmer haben größtenteils eigenes Bad, Kühlschrank, Balkon mit partiellem Meerblick und Zugang zur Gemeinschaftsküche. Das Zimmer im obersten Stock ist etwas beengt, hat aber eine eigene Terrasse mit Grill. Frühstück kostet 5 €.

Pergola Hotel (☎/Fax 28410 28152; Sarolidi 20; DZ mit Ausblick 20–40 €; ❄) Die bequem eingerichteten Zimmer dieses Familienbetriebs haben Kühlschrank, TV und Klimaanlage, diejenigen an der Frontseite zusätzlich noch Balkone und Meerblick. Auf der überdachten Veranda lässt sich's gemütlich frühstücken. Abholung vom Busbahnhof auf Wunsch möglich.

Mylos Pension (☎ 28410 23783; Sarolidi 24; DZ 40 €; ❄) Von den künstlichen Blumen auf dem Bett zu den Familienfotos und Ikonen an den Wänden – diese urige Pension ist eine Erweiterung des Wohnhauses der freundlichen älteren Besitzerin. Die Zimmer nach vorn raus bieten sensationelle Ausblicke (Zimmer 2 ist am besten), alle haben Kühlschrank und TV. Die rüstige Georgia schwört auf harte Matratzen.

Hotel Doxa (☎ 28410 24214; www.doxahotelgr; Idomeneos 7; EZ/DZ mit Frühstück 55/65 €; ❄) Schon das Foyer mit den vielen Pflanzen sorgt für eine heimelige Atmosphäre. Die sauberen, freundlichen Zimmer haben Kühlschrank, Fön und Satelliten-TV, bei manchen gibt's die schöne Aussicht gratis dazu. Auf der Terrasse werden Frühstück und Getränke serviert. Nicht weit vom Yachthafen und Ammos-Strand entfernt.

Lato Hotel (☎ 28410 24581; www.lato.gr; Amoudi EZ/DZ 46/59 €; ❄ 💻 🏊) Für Leute mit eigenem Fahrzeug ist dieses gastfreundliche Hotel am Amoudi-Strand eine gute Wahl. Es gibt einen kleinen Pool, und in die Stadt sind's nur 15 Min. zu Fuß am Wasser entlang. Unter gleicher Leitung befinden sich die bezaubernden Karavostasi Studios in einem ehemaligen Johannisbrot-Lagerhaus in einer einsamen Bucht 8 km östlich.

LP Tipp **Du Lac Hotel** (☎ 28410 22711; www.dulachotel.gr; 28 Oktovriou 17; EZ/DZ/Studio 40/60/80 €; ❄) Dieses renovierte Hotel am See hat Standardzimmer und geräumige, komplett ausgestattete Studios. Alle sind stilvoll-modern eingerichtet und haben hübsche Bäder. Hervorragende Zentrumslage mit wunderschönem Blick auf den See.

LASSITHI

SPITZENKLASSEHOTELS

Palazzo (☎ 28410 25080; www.palazzo-apartments.gr; Apt. 90–110 €; ❄ 💻) Die zehn exklusiven Apartments für vier Personen gegenüber vom Kytroplatia-Strand gehören zu einem der kleineren Hotels der Stadt. Die Einheiten haben Fußböden mit Mosaikfliesen, Marmorbäder und hübsche Balkone mit Ausblick (vor den Zimmern nach vorn raus). Im Erdgeschoss kann man kostenlos seine E-Mails checken.

Minos Beach Art Hotel (☎ 28410 22345; www.bluegr.com; Zi. ab 180 €; ❄ 🏊) Dieses noble Resorthotel in vorzüglicher Lage direkt vor den Toren der Stadt ist eine veritable Kunstgalerie. Skulpturen führender griechischer und ausländischer Künstler schmücken das Gelände bis runter zum Strand. Kretas erste Luxusferienanlage erfindet sich immer wieder neu, die Niedrigbauweise und der unprätentiöse Stil unterstreichen den Status als eines der besten Hotels der Insel. Auf dem Schild steht noch Minos Beach Hotel.

Essen

Viele der Restaurants in guter Lage am See fertigen Touristen mit den ewig gleichen, „typisch griechischen" Standardgerichten ab, und das zu oft gnadenlos überzogenen Preisen. Besser sieht es in den Seitenstraßen oder außerhalb des Zentrums aus.

GÜNSTIG & MITTELTEUER

LP Tipp **Taverna Itanos** (☎ 28410 25340; Kyprou 1; Hauptgerichte 4–9 €) Diese einladende Taverne mit Holzbalkendecke und reichlich Stuck ist bei Einheimischen beliebt, denen es nach traditioneller kretischer Küche gelüstet. Die Gäste können am Büffet im hinteren Bereich zwischen ausgezeichneten *mayirefta* (Kasserollen und Gerichte aus dem Backofen) wählen, z. B. Ziegenfleisch mit Artischocken oder Lammfrikassee.

Sarri's (☎ 28410 28059; Kyprou 15; Hauptgerichte 6–8 €) Etwas versteckt in einer Seitenstraße liegt diese nette Kneipe, auf deren schattiger Gartenterrasse man wunderbar frühstücken, zu Mittag und zu Abend essen kann. Die täglich wechselnden Angebote stehen auf einer gesonderten Tafel.

Aouas Taverna (☎ 28410 23231; Paleologou Konstantinou 44; Mezedes 5,20–9,60 €) Diese familienbetriebene Taverne an der Straße zum Museum hat eine Auswahl guter kretischer Spezialitäten wie Kräuterpastete oder eingelegte Zwiebeln, außerdem gibt's Grillgerichte. Die Einrichtung ist eher schlicht, gemütlicher sitzt man im Garten.

Pamtomaca (☎ 28410 82394; Paleologou 52; 🕑 19–24 Uhr) Dieses bunte, katalanisch-mediterrane Restaurant ist eine gute Wahl für den kleineren Geldbeutel.

LP Tipp **Gargadoros** (☎ 28410 22599; Gargodoros-Strand; Hauptgerichte 6–14 €) Das stilvolle Lokal gegenüber von einem relativ ruhigen Strand auf dem Weg nach Almyros ist ein vielversprechender Neuling in der Restaurantszene von Agios Nikolaos: locker-flockige Einrichtung mit bunten Tischen und Stühlen in entspannter Atmosphäre. Die gut zubereiteten Mahlzeiten sind moderne Variationen traditioneller Gerichte mit Betonung auf griechischer und mediterraner Küche. Vom Zentrum in einem relativ langen Fußmarsch über einen Weg am Strand entlang zu erreichen.

Barko (☎ 28410 24610; Kytroplatia-Strand; Hauptgerichte 8,50–13,80 €) Dieses Restaurant ist exklusiver geworden, nachdem es in elegantere Räumlichkeiten gegenüber vom Strand umgezogen ist. Es gibt hier immer noch ausgezeichnete kretische Gerichte, aber neuerdings enthält die Karte auch kreativere Speisen im mediterranen Stil, z. B. leichtes Risotto mit Kürbis und *anthotiro* (einem weichem Molkekäse). Eine ordentliche Weinkarte gibt's auch.

TEUER

Migomis (☎ 28410 24353; Nikolaou Plastira 20; Hauptgerichte 14–20 €) Eins der klassischen und teureren Restaurants am Voulismeni-See, wegen der erhöhten Lage mit wunderschönem Blick aufs Wasser. Die griechischen und internationalen Speisen werden in einem beeindruckenden Saal mit einem kleinen Konzertflügel serviert. Die raffinierte Speisekarte verspricht Exotisches wie Straußenfleisch und Gerichte mit asiatischer Note.

Pelagos (☎ 28410 25737; Katehaki 10; Vorspeisen 4–8,50 €) Hier kommen Liebhaber von Frischfisch und Meeresfrüchten auf ihre Kosten. Das Restaurant in einem herrlich restaurierten Gebäude mit reizvollem Garten gilt gemeinhin als das beste (und teuerste) in Agios Nikolaos, auch wegen der ausgezeichneten *mezedes*.

Ausgehen

Die Hafencafés an der Akti Koundourou erwachen am späten Nachmittag zum Leben und entwickeln sich mit fortschreitender Stunde zu lebendigen Bars. Die meisten Diskotheken befinden sich in „Little Soho" an der 25 Martiou. **Yanni's Rock Bar** (Akti Koundourou 3) ist ein alteingesessener und beliebter Treff, dessen Einrichtung seit Jahren unverändert ist.

Die Touristen versammeln sich in der Regel auf der anderen Seite des Hafens, vor allem in der beliebten Bar **Sorrento** und um die Ecke bei **Alexanders** (an den blinkenden Lichtern zu erkennen), wo neben Musik aus der 60er- bis 80er-Jahren inzwischen auch neuere Sachen gespielt werden.

Eine gemischte Musikauswahl und einen besänftigenden Blick auf den Voulismeni-See bietet das **Café du Lac** (☎ 28410 26837; 28 Oktovriou 17).

Rex Cinema (☎ 28410 83681; M Sfakianaki 35) zeigt die neusten Hollywoodstreifen; donnerstags steht inhaltlich anspruchsvollere Kost auf dem Programm.

Shoppen

In Agios Nikolaos sind alle Basisprodukte und Souvenirs zu bekommen.

Anemos (☎ 28410 23528; Koundourou 12) Verkauft Einzelstücke von Goldschmieden aus ganz Griechenland.

Kerazoza (☎ 28410 22562; Koundourou 42) Führt handgemachte Masken, Marionetten und Figuren, die an das antike griechische Theater erinnern, außerdem sehr schöne Skulpturen, Keramik und Schmuck von Künstlern aus der Gegend.

Marieli (☎ 28410 28813; 28 Oktovriou 33) Süßer kleiner Geschenkeladen mit griechischem Kunsthandwerk und Schmuck.

An- & Weiterreise

BUS

Busse fahren vom **Busbahnhof** (☎ 28410 22234; www.crete-buses.gr) in Agios Nikolaos nach Elounda (16-mal tägl., 1,30 €, 20 Min.), Ierapetra (8-mal tägl., 3,30 €, 1 Std.), Iraklion (alle 30 Min., 6,20 €, 1½ Std.), Kritsa (10-mal tägl., 1,30 €, 15 Min.), zur Lassithi-Hochebene (2-mal tägl., 3,50 €, 3 Std.) und nach Sitia (7-mal tägl., 5,90 €, 1½ Std.).

FÄHRE

LANE Lines (☎ 28410 89150; www.lane.gr) betreibt zwei Fähren pro Woche von Agios Nikolaos nach Piräus (Deck/Kabine 34/46 €, 14 Std.) über Santorin (20,20 €, 5 Std.) und Milos (20,60 €, 9 Std.). Von Piräus fahren Fähren via Milos nach Agios Nikolaos, Sitia, Kassos, Karpathos, Chalki und Rhodos.

Unterwegs vor Ort

In der 28 Oktovriou und im nördlichen Abschnitt des Hafenviertels gibt es mehrere Auto- und Motorradvermietungen. **Club Cars** (☎ 28410 25868; www.clubcars.net; 28 Oktovriou 30) verleiht Autos ab 32 € pro Tag.

Manolis Bikes (☎ 28410 24940; 25 Martiou 12) hat eine Riesenauswahl an Rollern, Motorrädern und Quads. Einen Roller gibt's ab 20 € pro Tag, eine Yamaha XT 660 für 50 € pro Tag, erstklassige Mountainbikes ab 10 € pro Tag.

KRITSA ΚΡΙΤΣΑ

1626 Ew.

Das hübsche Bergdorf Kritsa, 11 km von Agios Nikolaos entfernt und 600 m höher am Berg, ist für seine traditionellen Handarbeiten und Webwaren bekannt. Inzwischen ist der Ort eine Touristenattraktion, Webarbeiten und Stickereien werden auf jedem freien Quadratzentimeter ausgebreitet. Den ganzen Sommer über schwärmen Busladungen von Urlaubern durch die Straßen und bringen den Dorfbewohnern gute Geschäfte ein. Das alles sorgt für ein buntes Treiben, aber längst nicht alle Arbeiten, die heutzutage verkauft werden, sind wirklich handgemacht oder echt. Andererseits gibt es hier durchaus auch die traditionellen, geometrischen Webmuster Kretas und schöne handgehäkelte Decken. Solche Ware wird allerdings immer seltener und hat ihren gerechtfertigten Preis, denn die Fertigung ist sehr arbeitsintensiv und immer weniger Frauen haben die Zeit und das handwerkliche Können, solche Unikate herzustellen.

Olive Wood (☎ 28410 51585) ist einer der wenigen Läden in Kritsa, die außer Handarbeiten auch anderes einheimisches Kunsthandwerk anbieten. Ein Paar kretische Stiefel kann man bei **Detorakis** (☎ 28410 51349) in Auftrag geben, wo die robusten Treter seit 50 Jahren hergestellt werden.

LASSITHI

Fast jedes Jahr im August findet in Kritsa eine riesige **traditionelle Hochzeit** (20 € inklusive Essen und Trinken) statt, solange sich ein glückliches Paar findet, das bereit ist, seine Vermählung zu einer gänzlich öffentlichen Angelegenheit zu machen. Die Veranstaltung mit Festessen und traditionellen Bräuchen und Tänzen ist ein echter Publikumsmagnet. Meistens findet die Hochzeit am Sonntag nach dem 15. August (Mariä Himmelfahrt) statt.

Durch Kritsa führt nur eine schmale Straße, aber ober- und unterhalb des Dorfes liegen Parkplätze; am unteren Parkplatz steht das Postamt, auf halber Höhe gibt es einen Geldautomaten.

Schlafen & Essen

Rooms Argyro (☎ 28410 51174; www.argyrorentrooms.gr; EZ 20 €, DZ 30–35 €; ❄) Gastfreundliche Unterkunft mit zwölf einfachen, aber tadellosen Zimmern mit Balkon. Im Erdgeschoss gibt's ein schattiges kleines Restaurant, wo Frühstück und kleine Mahlzeiten serviert werden. Am Ortseingang links.

Olive Press (☎ 28410 51296; www.olivepresscenterall.com; DZ/Apt. 55/70 €) Dieses B&B unter belgischer Leitung befindet sich in den Steingebäuden einer liebevoll restaurierten Olivenpresse im oberen Teil des Dorfes, bei der Agios-Yiorgos-Kirche. In einem der Apartments steht noch die originale Olivenpresse.

Platanos (☎ 28410 51230; Hauptgerichte 4,80–6,50 €) Diese Kombination aus Taverne und *kafenion* punktet mit traditioneller Atmosphäre und bezaubernder Lage unter einer Riesenplatane und einem Dach aus Weinranken. Die Speisekarte enthält vorwiegend Grillgerichte und *mayirefta*.

To Plai (☎ 28410 51196; Hauptgerichte 4,40–10 €) Diese einfache Taverne hinter dem Parkplatz an der Straße nach Katharo serviert authentische kretische Küche, z. B. Ziege oder Hammel gekocht, Ziege in Wein und Wildgemüse der Saison, einschließlich *stamnagathi*. Auf dem Balkon stehen Tische mit Blick aufs Tal.

Saridakis Kafenio (☎ 28410 51577) Dieses waschechte *kafenion* im alten Stil serviert ausschließlich griechischen Kaffee (1,50 €) und ein paar hausgemachte Süßigkeiten, heutzutage eine echte Seltenheit.

An- & Weiterreise

Es fahren stündlich Busse von Agios Nikolaos nach Kritsa (1,30 €, 15 Min.).

RUND UM KRITSA

Der Weg von Agios Nikolaos erreicht 1 km vor dem Ortseingang die zierliche, dreischiffige **Panagia-Kera-Kirche** (☎ 28410 51806; Eintritt 3 €; 🕑 Mo–Fr 8.30–15, Sa 8.30–14 Uhr). Die dortigen byzantinischen Freskenmalereien zählen zu den schönsten Kretas. Das Mittelschiff aus dem 13. Jh. ist der älteste Teil des Gebäudes, die meisten Fresken entstanden Anfang bis Mitte des 14. Jhs. Vier Bibelszenen zieren Kuppel und Wände: die Verkündigung, die Taufe, die Auferweckung des Lazarus und der Einzug nach Jerusalem. An der westlichen Mauer prangen eine Darstellung der Kreuzigung und eine sehr realistische Illustration der Höllenstrafen. In der Apsis des Südschiffes wird das Leben der Jungfrau Maria geschildert, im Nordschiff geht's um das Jüngste Gericht. Nicht weit davon ist eine verlockende Darstellung des Paradieses zu finden, daneben die Jungfrau Maria und die Urväter Abraham, Isaak und Jakob. Am Westende kündigt der Erzengel Michael mit seiner Trompete die Wiederkunft Jesu an, eine weitere Freske zeigt das Jüngste Gericht.

Von Kritsa führt eine 16 km lange, landschaftlich schöne Strecke auf die spektakuläre **Katharo-Hochebene**. Der Landstrich wird von Menschen aus Kritsa kultiviert und praktisch nur von Schafen und Ziegen bewohnt (und selbst die leben dort nur im Sommer). Die Straße nach Katharo führt durch das Dorf **Kroustas**, das von Kennern für seine traditionelle lokale Küche geschätzt wird. Das beliebte Restaurant **O Kroustas** (☎ 28410 51362) serviert ausgezeichnete kretische Mahlzeiten, darunter eine vorzügliche, aber auch als Kalorienbombe berüchtigte *lazania* (handgedrehte Nudeln, auch als *stroufikta* bezeichnet), gekocht in einer Brühe mit *anthotiro* und ausgezeichnetem Zwieback aus dem Holzofen.

DIE ANTIKE STADT LATO ΛΑΤΩ

Die antike Stadt **Lato** (Eintritt 2 €; Di–So 8.30–15 Uhr), 4 km nördlich von Kritsa, ist einer der wenigen Orte Kretas, die nicht auf die Minoer zurückgehen. Lato wurde im 7. Jh. v. Chr. von den Dorern gegründet und war zu seiner Blütezeit eine der mächtigsten Städte der Insel, bis sie 200 v. Chr. zerstört wurde. Inmitten der einsamen Bergwelt ragen zwei von Ruinen bestandene Akropolen auf, die einen herrlichen Blick auf den Mirambellou-Golf freigeben. Der Name der Stadt kommt von der Göttin Leto, die Zeus zwei Kinder (Artemis und Apollo) gebar. Beide wurden hier verehrt.

Die Stätte ist völlig unzureichend beschildert und daher schwierig zu finden.

Durch das **Stadttor** betritt man die Anlage auf einer langen, stufigen Straße. Vorbei an einer Mauer zur Linken mit zwei Türmen, die als Wohnraum dienten, erreicht man die **Agora** aus dem 4. Jh. v. Chr., die eine Zisterne und einen kleinen, rechteckigen Altarraum beherbergte. Als der Tempel ausgegraben wurde, kamen auch mehrere Statuen aus dem 6. Jh. v. Chr. zum Vorschein. Kreisförmig angeordnete Steine hinter der Zisterne dienten als Dreschplatz. An der Westseite der Agora steht eine **Stoa** mit Steinbänken, ganz in der Nähe sind die Reste eines Kieselmosaiks zu bewundern. Auf der Terrasse über der Südostecke der Agora stehen die Ruinen eines **rechteckigen Tempels**, der wahrscheinlich Ende des 4./Anfang des 3. Jhs. v. Chr. erbaut wurde. Leider sind die Inschriften am Fuß der Tempelstatue nicht mehr lesbar. Zwischen den beiden Türmen am Nordende der Agora führen Stufen zum **Prytaneion**, dem Verwaltungssitz des Stadtstaates. Im Zentrum des Gebäudes stand ein Herd, der Tag und Nacht befeuert wurde. Östlich des Prytaneions befindet sich ein Säulenhof, unterhalb liegt das halbmondförmige **Theater** mit rund 350 Sitzplätzen und der **Exedra** (Bühne), in deren umlaufende Wand Bänke eingelassen sind.

Lato wird nicht von Bussen angefahren. Die Straße zur Ausgrabungsstätte zweigt kurz vor Kritsa rechts ab. Zu Fuß ist es ab hier etwa eine halbe Stunde durch Olivenhaine entlang der Straße.

ELOUNDA ΕΛΟΥΝΤΑ

1561 Ew.

Die 11 km lange Fahrt von Agios Nikolaos nordwärts nach Elounda ist mit ihren berauschenden Meer- und Bergpanoramen ein echtes Highlight. In den malerischen Buchten entlang der Küste haben sich mehrere Luxushotels angesiedelt. Das erste wurde Mitte der 60er-Jahre erbaut und avancierte rasch zum Treffpunkt der griechischen High Society. Kurz darauf entdeckte auch der internationale Jetset Elounda als Spielwiese. Mittlerweile stehen hier einige der exklusivsten Hotelanlagen Griechenlands, die natürlich auch die schönsten Strände der Gegend kassiert haben.

Hinter den Ferienanlagen liegt das einst verschlafene Fischerdorf Elounda, das im Sommer vor Touristen schier aus den Nähten zu platzen droht, auch wenn es hier noch ruhiger zugeht als im benachbarten Agios Nikolaos. Busladungen von Tagesausflüglern auf ihrem Weg zur Insel Spinalonga überfluten die vielen Restaurants, die dem malerischen Hafen mit ihren grellen Neonreklamen etwas von seinem Flair nehmen; auch der große Parkplatz im Zentrum ist eher ein Schandfleck. Der öffentliche Strand weiter nördlich leidet ebenfalls unter dem geballten Ansturm.

Es gibt noch einen Strand auf der anderen Seite hinter Alykes, den Salzgewinnungsanlagen, die seinerzeit von den Venezianern angelegt wurden und inzwischen größtenteils unter Wasser liegen. Das geschützte, lagunenähnliche Becken wird durch die „Insel" Kolokytha gebildet, die über eine schmale, felsige Landbrücke zu erreichen ist.

Orientierung & Praktische Informationen

Gleich an den Hafen schließt sich der Hauptplatz mit seinem markanten Uhrturm und einem Parkplatz an. Nicht weit davon befinden sich die Bushaltestellen, zwei Geldautomaten und ein Postamt.

Babel Internet Café (☎ 28410 42336; Akti Vritomartidos) An der Uferpromenade, nördlich des Uhrturms.

Eklektos (☎ 28410 42086) Verkauft Karten und englischsprachige Bücher (neu und gebraucht).

Olous Travel (☎ 28410 41324) Das Reisebüro verkauft Fähr- und Flugtickets und vermittelt Hotelzimmer.

Städtische Touristeninformation (☎ 28410 42464; Juni–Okt. 8–23 Uhr) Allgemeine Informationen und Hilfe bei der Zimmersuche.

Geführte Touren & Aktivitäten

Von Elounda starten Boote zu Ausflügen zur Insel Spinalonga, Schwimm- und Angeltouren sowie vierstündigen Kreuzfahrten mit Stippvisite auf Spinalonga, Badestopp und Besuch der versunkenen Stadt Olous, s. S. 211.

Die Gewässer in der Umgebung von Elounda sind ausgezeichnete Tauchreviere. Das **Diving Center Blue Dolphin** (☎ 28410 41802; www.divebluedolphin.com; Tauchgang 39 €) im Grecotel Elounda Village Hotel bietet PADI-Tauchkurse an.

Schlafen

Urlaub in Elounda lohnt sich im Grunde nur für diejenigen, die sich einen Aufenthalt in einem der feudalen Resorthotels leisten können. In der Saison sind viele Hotels durch Reiseveranstalter ausgebucht.

BUDGETUNTERKÜNFTE & MITTELKLASSEHOTELS

Delfinia Studios & Apartments (☎ 28410 41641; www.pediaditis.gr; Studio/Apt. 30–40 €;) Die hübschen Zimmer haben Balkon mit Meerblick, für Gruppen und Familien gibt's diverse Unterbringungsmöglichkeiten. Die Unterkunft wird von derselben Familie geleitet, die auch die Buchhandlung in der Hauptstraße und die Milos Apartments in der Nähe betreibt.

Hotel Aristea (☎ 28410 41300; www.aristeahotel.com; EZ/DZ/3BZ mit Frühstück 30/45/55 €;) Die Zimmer dieses Hotels im Stadtzentrum reißen keinen vom Hocker, sind aber preiswert, ordentlich und sauber. Die meisten haben Meerblick, Doppelfenster, TV, Kühlschrank und Fön.

Corali Studios (☎/Fax 28410 41712; www.coralistudios.com; Studio 60–70 €;) Die praktischen Studios für Selbstversorger mit schattigen Terrassen, eingebettet in saftig-grünem Rasen, liegen nördlich der Stadt.

Portobello Apartments (2-/4-Bett-Apt. 65–75 €;) Die geräumigen Apartments neben Corali Studios (und unter derselben Leitung) sind eine gute Wahl für zwei oder mehr Personen.

Elounda Island Villas (☎ 28410 41274; www.eloundaisland.gr; DZ ab 70 €; 4-Bett-Apt. 105 €; P) Abgeschiedene Unterkunft auf der Kolokytha-Insel, die über eine schmale Halbinsel zu erreichen ist. Die zweistöckigen, traditionell eingerichteten Apartments liegen in einer hübschen Gartenanlage. Die Küchen sind gut ausgestattet, die Bäder bieten alles Notwendige, und eine Taverne gibt's auch. Der Fußmarsch in die Stadt dauert 20 Min.

SPITZENKLASSEHOTELS

Eloundas Ferienanlagen bieten einen Luxus, von dem die meisten Normalsterblichen nur träumen. **Elounda Beach** (☎ 28410 41412; www.eloundabeach.gr; Zi. ab 250 €;) zählt zu den besten der Welt und hat als Inbegriff des Luxus eine besonders elitäre Klientel. Die Royal Suite verfügt über einen eigenen, überdachten Pool, persönlichen Fitnesstrainer, Butler und Koch, und das alles für schlappe 15 000 € pro Nacht.

Essen

Nikos (☎ 28410 41439; Fisch 35–40 € pro kg) In puncto Einrichtung kann das Nikos mit den Lokalen an der Strandpromenade nicht mithalten, dafür sind Fisch und Hummer top, da meist aus eigenem Fang. Es gibt einige Tische unter einer Markise auf dem Platz gegenüber. Die Bedienung gehört nicht immer zur schnellen Truppe, aber das Preis-Leistungs-Verhältnis stimmt.

Megaro (☎ 28419 42220; Fisch bis 45 € pro kg; Hauptgerichte 4–8 €) Dieses kürzlich renovierte Restaurant an der Ecke des Platzes ist bei Einheimischen im Umkreis sehr beliebt. Der Besitzer fängt den Fisch vom eigenen Boot aus. Auf der Speisekarte stehen auch kretische Spezialitäten.

DIE SEELE BAUMELN LASSEN

In Elounda befinden sich einige der luxuriösesten Wellnesszentren Europas. Sie werben mit der therapeutischen Wirkung des Meeres und untermauern diesen Anspruch mit Salzwasserbecken, Hydromassagen, Meeralgenpackungen und allen möglichen Anwendungen und Verjüngungskuren, die in irgendeiner Form mit Meerwasser in Verbindung stehen.

Im Blue Palace Resort vor den Toren von Plaka befindet sich das hypermoderne Zentrum **Elounda Spa & Thalassotherapy** (☎ 28410 65660; www.bluepalace.gr; ganztägige Behandlung ab 140 €). Dort werden auch kretische Lebensmittel in die einzigartigen Anwendungen einbezogen, z. B. Exfoliation mit Zucker und Olivenöl, traditionelle Olivenölmassage oder Hydromassagebäder mit kretischen Kräutern. Im Angebot ist sogar eine Behandlung unter Verwendung von Raki, die so genannte „Rakotherapie"!

Es gibt auch Angebote für Tagesgäste, die nicht in der Anlage übernachten.

Eine weitere Weltklasseeinrichtung in Elounda ist das neue **Six Senses Spa** (☎ 28410 68000; www.portoelounda.com; Behandlungspaket 220 €) im Porto Elounda Hotel.

Paradosiako (☎ 28410 42444; Hauptgerichte 5,50–8,50 €) Das Restaurant gegenüber vom Spielplatz empfiehlt sich für Fleischgerichte vom Grill und aus dem Backofen.

Ferryman (☎ 28410 41230; Fischplatte für 2 Pers. 44 €) Bekannt wurde diese Taverne in reizvoller Lage am Hafen durch ihren Auftritt in der englischen TV-Serie *Who Pays the Ferryman*. Essen und Service sind hervorragend (selbst der Fisch wird für den Gast von Gräten befreit), haben aber ihren Preis. Die Spezialität ist Fisch, doch es stehen auch andere kretische Leckerbissen auf der Karte.

Unterhaltung

Es gibt ein paar nette Bars und Diskos in Elounda, in Agios Nikolaos ist jedoch wesentlich mehr los.

Katafygio (☎ 28410 42003) Die originelle Kneipe in einer ehemaligen Johannisbrotfabrik hat Tische am Wasser. Auf dem Programm stehen kretische und griechische Abende sowie Bauchtanz.

Die **Alyggos Bar** (☎ 28410 41569) an der Hauptstraße wird hauptsächlich von Touristen frequentiert. Trikots als Deko und Fußballübertragungen im Fernsehen sorgen für Bundesligaatmosphäre. Für einen gemütlichen Drink ist auch das **Babel** (☎ 28410 42336; Akti Vritomartidos) eine gute Adresse. Nach griechischen Rhythmen tanzen die Leute im **Venue** (☎ 28410 41355), neben dem Reisebüro Olous Travel.

Anreise & Unterwegs vor Ort

Alle halbe Stunde legt eine Fähre nach Spinalonga ab (Erw./Kind 10/5 € hin und zurück).

Es fahren täglich 13 Busse von Agios Nikolaos nach Elounda (1,30 €, 20 Min.).

Autos, Motorräder und Motorroller vermietet **Elounda Travel** (☎ 28410 41800; www.eloundatravel.gr) im Stadtzentrum.

DIE HALBINSEL KOLOKYTHA
ΧΕΡΣΟΝΗΣΟΣ ΚΟΛΟΚΥΘΑ

Auf der Straße von Agios Nikolaos weist kurz vor Elounda rechts ein Schild auf die **antike Stadt Olous** hin, die als Hafen für Lato diente. Olous stand zu beiden Seiten auf der Landenge, die die Südspitze der Halbinsel Kolokytha mit Kreta verband und heute ein Damm ist. Ihre Blütezeit erlebte die minoische Siedlung zwischen 3000 und 900 v. Chr. Um 200 v. Chr. traf Olous eine Vereinbarung mit der Insel Rhodos, die damals bestrebt war, die Ostküste Kretas zu kontrollieren und das Piratentum niederzuschlagen, das damals die ganze Ägäis terrorisierte. Ausgrabungen ergaben, dass Olous ein wichtiger Stützpunkt für den Handel mit den Inseln östlich von Kreta war und seine eigenen Münzen prägte. Über das Schicksal der Siedlung während der griechischen, römischen und byzantinischen Periode ist wenig bekannt. Man nimmt an, dass die Stadt im 9. Jh. von den Sarazenen zerstört wurde.

Als Folge der Erdbeben, von denen Kreta immer wieder heimgesucht wurde, versank die Landenge im Meer. Während der Besatzung grub die französische Armee 1897 einen Kanal durch diesen Isthmus, der die Spinalonga-Bucht mit dem Meer verband. Der Großteil der Ruinen von Olous liegt unter Wasser und bietet sich für Schnorcheltouren an. Das seichte Gewässer scheint ein Paradies für Seeigel zu sein, außerdem ist das Gebiet bekannt für die vielen Vögel, die hier nisten. In der Nähe des Damms ist ein Mosaik zu besichtigen, das zu einer frühchristlichen Basilika gehörte.

Auf der Ostseite der Halbinsel liegt am Ende der schmalen, aber eingeebneten Schotterstraße ein schöner, 1 km langer **Sandstrand**. Das Wasser ist dort glasklar, und nur wenige Leute kommen an diese geschützte Stelle, vornehmlich mit *caiques* (kleinen Booten).

PLAKA ΠΛΑΚΑ

38 Ew.

Das kleine Fischerdorf Plaka, 5 km nördlich von Elounda, diente einst als Versorgungsbasis für die Leprakolonie auf der Insel Spinalonga. Heute verschwindet der Ort beinahe im Schatten der gigantischen Ferienanlage Blue Palace Resort, ist aber nach wie vor ein attraktives und ruhiges Dorf mit einem guten **Kiesstrand** und Blick auf Spinalonga. Im hübschen Hafen gibt es eine Handvoll Fischtavernen in Steinhäusern.

Wer im Hafen, in einer der Tavernen oder bei den einheimischen Fischern herumfragt, findet schnell jemanden für die Überfahrt nach Spinalonga (7 €). Man kann auch selbst mit einem Seekajak rüberfahren, zu mieten am Driros-Strand bei **Spinalonga Windsurf** (☎ 69935 24738; www.spinalonga-windsurf.com; 15 €).

Die beliebte **Taverna Giorgos** (☎ 28410 41355; kretische Spezialitäten 6,50–8 €) am Hafen wird von einem einheimischen Fischer und seiner Familie betrieben, die frischen Fisch und kretische Spezialitäten auftischt.

Stella Mare Studios (☎ 28410 41814; Studio 50–60 €; ❄) vermietet einfache Studios und Apartments mit gemütlichen Details wie Spitzenvorhängen und Wandteppichen. Die Gästezimmer, teils mit Balkon und Meerblick, gruppieren sich um einen Innenhof mit Garten. Auf der anderen Straßenseite kann man den Ziegen beim Grasen zuschauen.

Das reizvolle *kafenion* **Pefko** (☎ 28410 42510) ist ein super Anlaufpunkt für alle, denen es nach einem Drink gelüstet.

DIE INSEL SPINALONGA ΝΗΣΟΣ ΣΠΙΝΑΛΟΓΚΑ

Die Insel Spinalonga nördlich der Halbinsel Kolokytha war bis zur venezianischen Epoche von großer strategischer Bedeutung. Hier errichteten die Venezianer 1579 eine bullige **Festung** (☎ 28410 41773; Eintritt 2 €; 🕓 10–18 Uhr) zum Schutz der Elounda-Bucht und des Golfs von Mirambellou. Sie galt als uneinnehmbar und widerstand türkischen Belagerungen länger als jede andere Befestigungsanlage auf Kreta. 1715 jedoch musste auch sie sich geschlagen geben, 40 Jahre später als die Hauptinsel. Die Türken benutzten Spinalonga als Basis für ihre Schmuggelaktivitäten. Nachdem Kreta Griechenland angegliedert wurde, verwandelte sich die Insel in eine Kolonie für Leprakranke; seit diese 1953 geschlossen wurde, liegt Spinalonga verlassen da.

Von Agios Nikolaos fahren regelmäßig Ausflugsschiffe nach Spinalonga (15 €), s. S. 204. Weitere Fähren zur Insel legen von Elounda (10 €) und Plaka (7 €) ab. Die Schiffe von Agios Nikolaos passieren die Vogelinsel und die Kri-Kri-Insel, einen der letzten Lebensräume der kretischen Wildziege *kri-kri*. Beide Inseln sind als Naturschutzgebiete ausgewiesen und unbewohnt.

MILATOS ΜΥΛΑΤΟΣ

Milatos, der östlichste Strandort an der Nordküste, präsentiert sich nach dem zugebauten Küstenstreifen östlich von Iraklion wohltuend sanft. Milatos-Strand ist nicht viel mehr als ein Platz mit der Analipsis-Kirche in der Mitte und ein paar Tavernen, Wohnhäusern und Unterkünften am Wasser. Das eigentliche Dorf liegt 2 km weiter bergauf.

Von der antiken Siedlung, östlich vom Strand, ist heute nicht mehr viel zu sehen. Interessanter sind die Kammern der **Milatos-Höhle**, 3 km östlich des Dorfes (Taschenlampe mitnehmen). 1823 harrten über 2000 Kreter gut zwei Wochen in der Grotte aus und ergaben sich schließlich, wurden aber dennoch Opfer eines Massakers. In der Höhle wurde zum Gedenken eine Kapelle eingerichtet.

Das Restaurant **Panorama** (☎ 28410 81213; Fisch in Spitzenqualität 45 € pro kg) am westlichen Ende des Strands wird von einer Fischerfamilie geführt. Zum frischen Fisch gibt's vorwiegend Biogemüse aus lokalem Anbau. Die Familie vermietet auch geräumige Studios (40 €) in einem Komplex hinter der Taverne.

To Meltemi (☎ 28410 81286; Hauptgerichte 5,50–8,50 €) am anderen Strandende ist ein einladendes Familienrestaurant mit ausgezeichneter lokaler Küche. Tipp: *chortopitakia* (Gemüsepastete).

Eine weitere empfehlenswerte Taverne in der Gegend ist **Volosyros** (☎ 28410 71601; Hauptgerichte 6,50–8,50 €) im höher gelegenen Dorf Sisi, an der Straße nach Milatos. Das Restaurant hat einen eigenen Holzofen und eine bezaubernde Gartenterrasse hinter dem Haus.

DIE LASSITHI-HOCHEBENE ΟΡΟΠΕΔΙΟ ΛΑΣΙΘΙΟΥ

Das 900 m hoch gelegene Lassithi-Plateau ist ein riesiger Flickenteppich aus Apfel- und Birnbaumhainen, Mandelbaumplantagen und anderen Nutzpflanzen. Hier standen einmal rund 20 000 Metallwindmühlen mit weißen Leinensegeln, die im 17. Jh. von den Venezianern gebaut wurden und ziemlich beeindruckend ausgesehen haben müssen. Gut drei Viertel davon sind verschwunden, und nur noch wenige sind im Einsatz. Die meisten wurden durch mechanische Pumpen ersetzt.

Schon die Minoer nutzten die fruchtbare Erde des Plateaus. Dank seiner isolierten Lage fanden hier viele kretische Rebellen während der venezianischen und osmanischen Herrschaft Zuflucht. Nach einem Aufstand im 13. Jh. verjagten die Venezianer die Bewohner der Lassithi-Hochebene und zerstörten ihre Felder. Die nächsten 200 Jahre war der Landstrich unbewohnt, sodass sich in dieser Zeit ein dichter Wald entwickelte. Die Entstehung dieses Biotops wurde auch dadurch begünstigt, dass die Ebene keinen natürlichen Abfluss hatte und deshalb jedes Frühjahr vom Schmelzwasser überschwemmt wurde. Lebensmittelknappheit zwang die Venezianer, die Ebene erneut zu kultivieren. In der Folge legten sie die Be- und Entwässerungsgräben an, die bis heute genutzt werden.

Zwanzig Dörfer haben sich am Rand des Plateaus angesiedelt. Sie leben hauptsächlich von den Touristen, die sich in Scharen mit Bussen durch die landschaftlich reizvolle Gegend karren lassen. Trotzdem wird das Plateau weiterhin landwirtschaftlich genutzt, und außerhalb der Saison ist die ländliche Idylle wieder perfekt. Wer einen Eindruck des ursprünglichen, bäuerlichen Kretas bekommen will, sollte wenigstens ein oder zwei Tage hier verbringen.

Die Hochebene ist von mehreren Seiten erreichbar. Die Hauptverkehrsstraßen verlaufen ab Iraklion via Kastelli, ab Malia und ab der Geschäftsstadt Neapolis. Von Agios Nikolaos aus gibt es mehrere Anfahrtsmöglichkeiten über Nebenstraßen.

Da das Plateau eine beliebte **Radwanderroute** ist, begegnet man ständig Horden behelmter Pedalritter. Geschäftstüchtige Tourveranstalter in Iraklion und Agios Nikolaos bieten einen Bringdienst für Rad und Fahrer an, aber auch vor Ort gibt's Leihfahrräder.

Von Iraklion fahren täglich Busse nach Tzermiado (3,50 €, 2 Std.), Agios Georgios (4,70 €, 2 Std.) und Psichro (4,70 €, 2¼ Std.). Die genannten Orte werden auch von Agios Nikolaos angefahren, s. S. 207.

TZERMIADO ΤΖΕΡΜΙΑΔΟ

762 Ew.

Tzermiado ist ein verschlafenes Nest mit engen, staubigen Straßen und von wildem Wein überwucherten Häuschen. Von den Dörfern der Lassithi-Hochebene ist es allerdings das größte und wichtigste, und viele Ausflugsbusse machen auf ihrem Weg zur Dikti-Höhle hier Rast. Ein paar Läden bieten Teppiche und Stickarbeiten an, deren Qualität nicht wirklich überzeugt. Besser sind da schon die berühmten Kartoffeln, die jedes Jahr Ende August mit einem dreitägigen Fest in Tzermiado gefeiert werden.

Es gibt nur eine Durchgangsstraße, die am Dorfplatz vorbeiführt, wo zwei Geldautomaten und ein Postamt stehen.

Unmittelbar südlich von Tzermiado liegt die **Kronios-Höhle** (Trapeza), für die man eine Taschenlampe braucht und nach Möglichkeit einen der Guides engagieren sollte, die auf Kundschaft warten. Zugang: Von der beschilderten Abzweigung die unbefestigte Straße bis zum Ende durchfahren, von dort führen etwa 150 Treppenstufen zur Höhle hinauf.

Nördlich von Tzermiado liegt auf einem spektakulären Felsen die minoische Siedlung **Karfi**, ein primitiver Rückzugsort für Minoer auf ihrer Flucht vor den Dorern. Man kann den größten Teil des Wegs mit dem Auto fahren und die restlichen 40 Min. zur Stätte hochlaufen, ansonsten dauert der 6 km lange Aufstieg etwa zwei Stunden (viel Wasser mitnehmen). Wer sich dafür entscheidet, folgt der Beschilderung zur Timios-Stavros-Kirche, wo das Auto abgestellt werden muss, und anschließend dem deutlich gekennzeichneten Weg zu den Ruinen.

Argoulias (☎ 28440 22754; www.argoulias.gr; DZ mit Frühstück 60–80 €) ist ein entzückender Komplex im verlassenen Teil des Dorfes. Dort wurden

LASSITHI

elf geräumige Apartments direkt in den Berg gebaut, Panorama auf das Plateau inklusive. Die gut ausgestatteten Zimmer sind im traditionellen Stil eingerichtet, das Frühstück wird aus lokalen Produkten frisch zubereitet.

Kourites (☎ 28440 22054; Hauptgerichte 7–8 €; www.kourites.eu) serviert mit die beste kretische Küche der Gegend, darunter auch Vegetarisches wie Artischocken. Besonders köstlich sind die Gerichte aus dem Holzofen, z. B. Spanferkel mit Backkartoffeln. Über der Taverne werden einfache Zimmer mit kleinem Balkon vermietet (EZ/DZ mit Frühstück 25/35 €), Fahrräder stehen Gästen kostenlos zur Verfügung.

AGIOS GEORGIOS ΑΓΙΟΣ ΓΕΩΡΓΙΟΣ

541 Ew.

Agios Georgios ist ein sehr einladendes kleines Dorf am Südrand der Lassithi-Hochebene, das sich für Radfahrer als Standort für Touren anbietet.

Im Ort selbst gibt es ein ausgezeichnetes **Volkskundemuseum** (☎ 28440 31462; Eintritt 3 €; April–Okt. 10–16 Uhr), das in dem originellen Haus der Familie Katsapakis untergebracht ist. Die Exponate, darunter auch einige faszinierende persönliche Fotos des Schriftstellers Nikos Kazantzakis, verteilen sich auf fünf Räume.

Nicht zu übersehen sind die Schilder in der Region, die Besucher zum riesigen **Lasinthos Eco Park** (☎ 28440 89100; www.lasinthos.gr; Eintritt 2,50 €; 9–18 Uhr) führen, unmittelbar vor den Toren von Agios Georgios. Der neue Komplex mit Bauernhof, Kunsthandwerksausstellung und einem gigantischen Souvenirmarkt richtet sich vor allem an Reisegruppen. Die Werkstätten für traditionelles Kunsthandwerk wirken gekünstelt, und auch die „Farm" gibt nicht viel her.

Im nördlichen Teil des Dorfes vermietet **Hotel Maria** (☎ 28440 31774; EZ/DZ 20–35 €) hübsche, geräumige Zimmer mit traditionellen Möbeln und Webarbeiten. Die Betten sind allerdings ziemlich kurz und schmal, also nichts für Riesen. Maria ist Küchenchefin in der **Taverna Rea** (☎ 28440 31209; Hauptgerichte 4,50–6,50 €) an der Hauptstraße. Dort verwöhnt sie ihre Gäste mit saftigen Grillspezialitäten (ihr Mann ist Metzger) und kretischen Standardgerichten zu günstigen Preisen. Die Familie vermietet auch Studios (30 €) über der Taverne.

PSICHRO ΨΥΧΡΟ

208 Ew.

Psichro liegt der Dikti-Höhle am nächsten und ist ansprechender als Tzermiado. Entlang der Hauptstraße buhlen einige Tavernen und Souvenirshops um die Gunst der Touristen, Letztere mit angeblich original kretischen Teppichen und Läufern, von denen die meisten in Wirklichkeit ganz woanders her stammen. Wer mit dem Bus kommt, lässt sich am Ortsende absetzen und geht den Kilometer bergauf bis zur Dikti-Höhle zu Fuß. Wenn sich genügend Passagiere einfinden, fährt der Bus auch ganz bis zur Höhle.

Wer hier hängen bleibt, kann auf das durchschnittliche **Hotel Zeus** (☎ 28440 31284; EZ/DZ 25/30 €) zurückgreifen, das ungefähr am Anfang der Straße zur Dikti-Höhle steht. Die Besitzer halten sich normalerweise in der Taverne Halavro in der Nähe des Höhleneingangs auf.

In volkstümlichem Ambiente serviert das **Stavros** (☎ 28440 31453; Grillgerichte 5–8 €) diverse Leckereien aus der kretischen Familienküche. Das Fleisch stammt größtenteils aus eigener Schlachtung.

Der ehemalige Höhlenwächter Petros Zervakis betreibt gegenüber vom Höhleneingang die **Petros Taverna** (☎ 28440 31600; Grillgerichte 6 €). Neben kretischer Küche bietet er auch Wandertouren zum Dikti-Berg mit Übernachtung im Freien an.

DIKTI-HÖHLE ΔΙΚΤΑΙΟΝ ΑΝΤΡΟΝ

Lassithis Hauptattraktion ist die **Dikti-Höhle** (Erw./Kind 4/2 €; Juni–Okt. 8–18 Uhr, Nov.–Mai 8–14.30 Uhr) in der Nähe von Psichro. Hier brachte Rhea angeblich den kleinen Zeus vor Kronos in Sicherheit, bevor dieser ihn – wie seine Geschwister vorher – verspeisen konnte.

Die 2200 m² große Höhle, auch Psichro-Höhle genannt, ist reich an Stalagmiten und Stalaktiten. Sie wurde 1900 von dem britischen Archäologen David Hogarth freigelegt. Dabei fand er eine ganze Reihe von Votivgaben, die heute im Archäologischen Museum von Iraklion ausgestellt sind, s. S. 167. Sie bezeugen, dass es sich hier um eine Kultstätte handelt. Bereits in der Mittleren Palastzeit wurden in der Höhle religiöse Rituale abgehalten, und das setzte sich in abgeschwächtem Maße bis ins 1. Jh. n. Chr. fort.

Der obere Abschnitt der Höhle ist sehr weitläufig und weist kaum Stalaktiten oder Stalagmiten auf. Hier stand ein Altar für Opfer und Weihegaben. Es wurden auch Steintafeln mit Linear-A-Schrift und religiöse Bronze- und Tonfiguren gefunden. Ein steil abfallender Pfad führt in den unteren, interessanteren Höhlenteil. Links hinten befindet sich eine kleinere Nische, in der Zeus geboren sein soll. Rechts in der geräumigeren Halle stehen auf einer Seite kleine Steinbecken, aus denen sich schon Zeus laben konnte. Auf der anderen ist ein Riesenstalagmit, der so genannte „Umhang des Zeus", zu bewundern. Die Höhle ist zwar beleuchtet, aber es gibt trotzdem schummrige Stellen mit Stolperfallen.

Die Höhle erreicht man nach einer Viertelstunde Kraxelei (800 m) steil bergauf. Es gibt einen sehr unebenen, aber schattigen Weg zur Rechten (mit tollem Ausblick auf das Plateau) und einen schattenlosen, asphaltierten Wanderweg zur Linken des Parkplatzes neben der Taverne Halavro. Wer bezahlt, kann sich auch auf einen Esel setzen (10 € bzw. 15 € hin und zurück).

DIE NORDOSTKÜSTE

GOURNIA ΓΟΥΡΝΙΑ

Die bedeutende spätminoische Ausgrabungsstätte **Gournia** (☎ 28410 24943; Eintritt 2 €; ⏲ Di–So 8.30–15 Uhr) liegt ein kleines Stück abseits der Küstenstraße, 19 km südöstlich von Agios Nikolaos. Die Ruinen stammen von einer Stadt, die zwischen 1550 und 1450 v. Chr. erbaut wurde. Etwas oberhalb davon stand ein kleiner Palast, der aber lange nicht so prächtig war wie die in Knossos und Festos. Er gehörte nämlich nicht einem König, sondern nur einem Verwalter. Die Siedlung ist ein munteres Gewirr von Straßen und Treppen, die von bis zu 2 m hohen Hausmauern gesäumt werden. Funde von Haushaltsgegenständen, Ackergeräten und Handelsgütern zeigen, dass Gournia einst ein betriebsamer Ort war.

Südlich des Palastes liegt ein großer, rechteckiger **Hof**, den ein Netz von gepflasterten Straßen umschließt. Der große **Steinblock** dort wurde für Stieropfer benutzt. Ein Raum westlich davon enthält einen steinernen **Kernos** (Kultbecken), der von 32 Vertiefungen umrandet ist und wahrscheinlich rituellen Zwecken diente. Nördlich des Palasts stand der **Schrein der minoischen Schlangengöttin**, in dem viele Objekte aus der Nachpalastzeit gefunden wurden. Im Norden und Osten der Ausgrabungsstätte befinden sich Vorratsräume und Werkstätten, die meist im Erdgeschoss der zweistöckigen Häuser untergebracht waren; darüber lagen die Wohnräume.

Gournia Moon Camping (☎/Fax 28420 93243; www.gourniamoon.com; Pers./Zelt 5,70/5,70 €; 🏊) unweit der Stätte ist der Campingplatz, der Agios Nikolaos am nächsten liegt. Der schattige und gut geleitete Platz hat eine Taverne, Pool, Snackbar und Minimarkt.

Busse von Agios Nikolaos nach Sitia und Ierapetra halten auf Wunsch an der Stätte.

MOCHLOS ΜΟΧΛΟΣ

87 Ew.

In das hübsche Fischerdörfchen Mochlos führt eine kurvenreiche, 5 km lange Straße, die von der Schnellstraße Sitia–Agios Nikolaos abzweigt. In der Antike gab es noch eine Landverbindung zu der gleichnamigen Insel, die jetzt 200 m vor der Küste liegt. Der Ort war zwischen 3000 und 2000 v. Chr. eine aufstrebende minoische Siedlung. Sowohl im Dorf Mochlos wie auch auf der gleichnamigen Insel wird noch sporadisch gegraben. Eine Infotafel am Hafen liefert einen Überblick über die archäologischen Maßnahmen.

Mochlos ist ein entspannender Ort mit einem kleinen Kiesel- und Sandstrand, einfachen Unterkünften, vielen guten Wanderwegen und interessanten Dörfern in der Umgebung. Vorsicht: In der Meerenge zwischen Küste und Insel herrschen manchmal starke Strömungen.

Mochlos zieht vor allem Individualreisende aus Frankreich und Deutschland an. Die Tavernen sind bei Fischfans beliebt und werden am Wochenende auch gerne von Kretern besucht. Bei der letzten Recherchereise war in der Nähe eine ebenso ominöse wie wilde Bautätigkeit zu beobachten, die nichts Gutes für das friedliche Dorf verheißt.

Im Ort gibt's einen Minimarkt und zwei Geschenkeläden. **Barbarossa Tours** (☎ 28430 94723; barbarasso@otenet.gr) vermittelt Zimmer, Ausflüge, Fähr- und Flugtickets und Mietwagen. Yiannis Petrakis und seine Ehefrau Ann Lebrun, eine aus Belgien stammende Botanikerin, veranstalten Naturwanderungen und geführte **Jeep- und Fahrradtouren** (☎/Fax 28430 94725; annelebrun@caramail.com; Wanderung 12–20 €, Mountainbike-/Motorradtouren 35/75 €).

Schlafen & Essen

Kyma (☎ 28430 94177; soik@in.gr; Studio 30 €) vermietet tadellose und preiswerte Selbstversorgerstudios. Einfach den Hinweisschildern folgen, die in der westlichen Ortshälfte zu finden sind, nicht weit von einem Supermarkt entfernt.

Hotel Sofia (☎/Fax 28430 94554; Zi. 35–45 €; ❄) Die Zimmer über der gleichnamigen Taverne wurden neu aufgemöbelt. Alle haben TV und Kühlschrank, sind aber ziemlich beengt. Die Zimmer nach vorn raus haben Balkone mit Meerblick. Dieselbe Familie vermietet auch geräumige Apartments 200 m östlich vom Hafen, besonders geeignet für Familien und längere Aufenthalte. Die Hausmannskost in der Taverne kann sich sehen lassen.

Mohlos Mare (☎/Fax 28430 94005; DZ 45 €; ❄) vermietet unmittelbar außerhalb an der Küstenstraße gepflegte und geräumige Apartments, die hell, luftig und gut ausgestattet sind. Die oberen Zimmer haben große Balkone mit tollem Ausblick. Vor dem Haus gibt's einen Weinberg und einen Garten mit Hunderten von Rosen. Weitere Pluspunkte: Gemeinschaftsküche unter freiem Himmel und Grillplatz.

To Bogazi (☎ 28430 94200; Mezedes 2,50–6,50 €) Hat über 30 *mezedes* auf der Karte, darunter viele vegetarische, dazu eine Auswahl an Seafood und kretischen Spezialitäten.

Ta Kochilia (☎ 28430 94432; Hauptgerichte 4,50–6,50 €) Das ausgezeichnete Restaurant in bezaubernder Lage ist bekannt für seinen frischen Fisch und gute, schnörkellose Gerichte. Tipp: Seeigelsalat (Sauce unbedingt mit Brot aufstippen!) oder geschmorter Tintenfisch in schwarzer Sauce.

An- & Weiterreise

Öffentliche Verkehrsmittel nach Mochlos gibt es nicht. Busse auf der Route Agios Nikolaos–Sitia halten auf Wunsch an der Abzweigung nach Mochlos. Von dort sind's noch knapp 6 km bis ins Dorf – zu Fuß oder per Autostopp.

SITIA ΣΗΤΕΙΑ

8754 Ew.

Sitia ist eine sympathische Kleinstadt mit einer hübschen Hafenpromenade, die abends zum gemütlichen Bummel durch die Tavernen und Cafés einlädt. Die Stadt konnte sich dem Ansturm der Urlauber, der Sommer für Sommer fast die gesamte Nordküste erfasst, bislang glücklicherweise entziehen. Touristen sind zwar willkommen, aber Sitia lebt in der Hauptsache von der Landwirtschaft und den ansässigen Unternehmen.

In den geschäftigen Gässchen der Altstadt, die sich vom Hafen aus hangaufwärts winden, stehen verstreut zwischen modernen Bauten hie und da noch Häuser im venezianischen Stil. Ein Sandstrand säumt die breite Bucht östlich der Stadt. Es gibt hier viele französische und griechische Urlauber, aber selbst in der Hochsaison ist die Stimmung relaxt. Wer den Touristenrummel weiter westlich kennt, weiß das doppelt zu schätzen.

Sitia ist auch ein guter Ausgangspunkt für Abstecher auf die Dodekanes-Inseln.

Geschichte

Von Ausgrabungen weiß man, dass es um Sitia bereits in der Jungsteinzeit Siedlungen gab. Ein wichtiger minoischer Ort war das nahe gelegene Petras. Die damalige Siedlung wurde 1700 v. Chr. durch ein Erdbeben zerstört und aufgegeben.

Während der griechisch-römischen Periode gab es eine Stadt namens Iteia. Sie muss in etwa dort gelegen haben, wo sich das heutige Sitia erhebt, aber der exakte Standort wurde bis jetzt nicht festgestellt. In der byzantinischen Ära wurde Sitia zum Bistum, das durch die Sarazenen im 9. Jh. wieder aufgelöst wurde. Unter den Venezianern entwickelte sich Sitia zum wichtigsten Hafen Ostkretas, wurde aber durch das Erdbeben von 1508 schwer beschädigt und hat sich davon nie mehr erholt. Den Todesstoß erhielt die Stadt durch die Blockade der Osmanen 1648. Die letzten Einwohner flohen, und die noch verbleibenden Gebäude wurden dem Erdboden gleichgemacht.

Im ausgehenden 19. Jh. beschlossen die Osmanen, das ehemalige Sitia zu einem Verwaltungszentrum zu machen, sodass die Stadt wieder zu neuem Leben erwachte. Kretas berühmtester Dichter, Vitzentzos Kornaros, wurde 1614 in Sitia geboren.

Orientierung & Praktische Informationen

Hauptplatz der Stadt ist die Platia Iroon Polytehniou, erkennbar an ihren Palmen und der Statue eines sterbenden Soldaten. An Geldautomaten herrscht im Zentrum kein Mangel. Der Busbahnhof liegt landeinwärts in der Nähe des Museums. Der Fähranleger befindet sich 500 m nördlich der Platia Agnostou.

Akasti Travel (☎ 28430 29444; www.akasti.gr; Kornarou & Metaxaki 4) Gute Informationsquelle.

Java Internet Café (☎ 28430 22263; Kornarou 113; 🕘 9 Uhr–spät; Internet 2 € pro Std.)

Griechische Nationalbank (Papanastasiou & Katapoti) Geldautomat rund um die Uhr in Betrieb.

Postamt (Dimokritou; ⌚ 7.30–15 Uhr)
Touristeninformation (☎ 28430 28300; Karamanli; ⌚ Mo–Fr 9.30–14.30 & 17–20.30, Sa 9.30–14.30 Uhr) An der Promenade.
Touristenpolizei (☎ 28430 24200; Therisou 31) In der Polizeiwache.

Sehenswertes & Aktivitäten

Das ausgezeichnete **Archäologische Museum** (☎ 28430 23917; Piskokefalou; Eintritt 2 €; ⌚ Di–So 8.30–15 Uhr) zeigt eine gut aufbereitete und bedeutende Sammlung lokaler Funde aus der Jungsteinzeit bis zur Römischen Ära. Der Schwerpunkt liegt auf der minoischen Zivilisation. Eine der Attraktionen ist der *Kouros von Palekastro*, eine aus Fragmenten zusammengefügte Statue aus Elfenbein und Gold, s. Kasten S. 221. Des Weiteren gibt es Fundstücke aus dem Palast von Zakros, darunter eine Traubenpresse, eine Bronzesäge, Krüge, religiöse Objekte und Schüsseln, die alle Spuren der Feuersbrunst tragen, die den Palast verschlang. Zu den wertvollsten Objekten der Sammlung gehören Tafeln mit Linear-A-Schrift, die den Palast als Verwaltungssitz ausweisen.

Über der Stadt thront das Kastell oder **Kazarma** (Festung; Eintritt frei; ⌚ 8.30–15 Uhr), das unter den Venezianern als Garnison diente (der Name ist eine Ableitung von „casa di arma"). Von den Mauern, die die Stadt einst schützten, ist nur dieses Kazarma übrig geblieben. Es wird heute als Aufführungsort unter freiem Himmel zweckentfremdet.

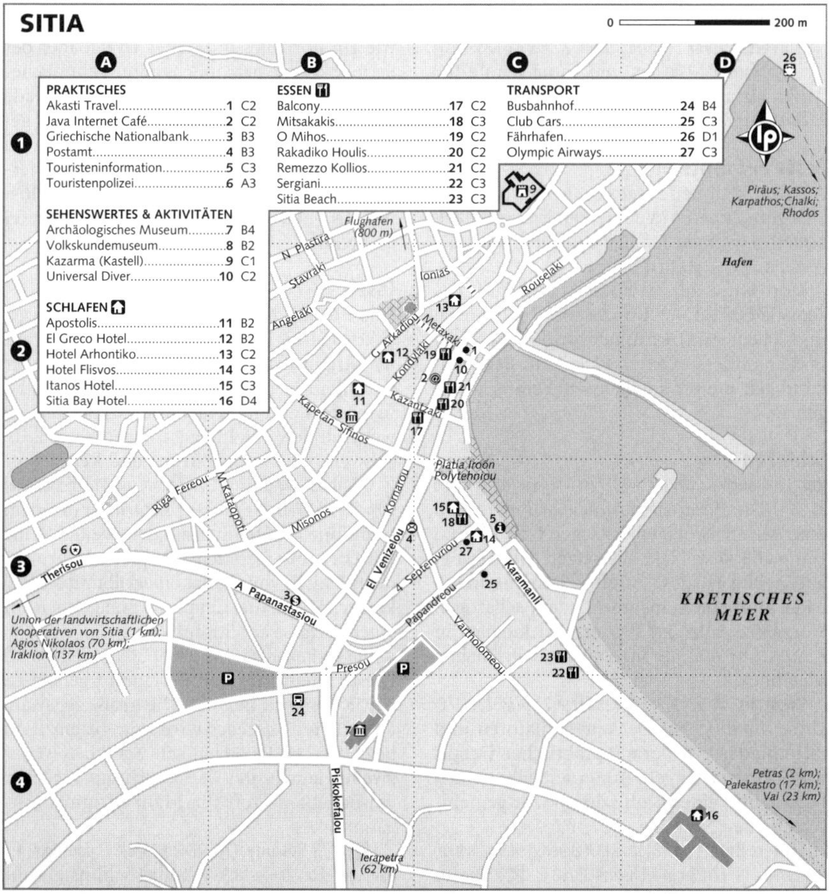

Das **Volkskundemuseum** (☎ 28430 28300; Kapetan Sifinos 28; Eintritt 2 €; ⌚ Mo–Fr 10–13 Uhr) zeigt eine bemerkenswerte Sammlung kretischer Webwaren und andere Exponate des täglichen Lebens.

Etwa 1 km vorm Ortseingang präsentiert die **Union der landwirtschaftlichen Kooperativen von Sitia** (☎ 28430 29354; Eintritt & Tour 2 €; ⌚ 8–15 Uhr) Weine, Öle und Raki aus der Region. Die Führung beinhaltet ein Video und eine Weinprobe. Die 2 € Eintritt werden häufig erlassen, wenn man etwas kauft.

Rund 2 km südöstlich der Stadt liegt auf einem Hügel mit Blick aufs Meer die interessante minoische Ausgrabungsstätte **Petras**. Die Überreste der Siedlung sind noch zu erkennen, darunter zwei Häuser aus der Neuen Palastzeit. Die Stätte ist für die Öffentlichkeit zugänglich.

Universal Diver (☎/Fax 28430 23489; pavlossimos@yahoo.gr; Kornarou 140) ist eine Tauchschule für Anfänger und Fortgeschrittene, die auch PADI-Kurse anbietet.

Feste & Events

Aus Sitia kommen ausgezeichnete Sultaninen. Den getrockneten Weinbeeren ist das **Sultaninenfest** gewidmet, das alljährlich in der letzten Augustwoche stattfindet.

Von Mitte Juli bis Ende August läuft das **Kornaria-Festival** mit Konzerten, Volkstänzen und Theateraufführungen in der Kazarma und an anderen Orten. Plakate in der Stadt kündigen die oft kostenlosen Veranstaltungen an.

Schlafen

Hotel Arhontiko (☎ 28430 28172; Kondylaki 16; DZ/Studio 30/33 €) Die Zimmer in diesem wunderschön renovierten, neoklassizistischen Gebäude am Hang über dem Hafen versetzen einen fast in alte Zeiten zurück. Es gibt Gemeinschaftsbäder und einen ansprechenden, schattigen Vorgarten, alles ist sauber und tadellos in Schuss. Die Zimmer im obersten Stock haben Meerblick.

Apostolis (☎ 28430 28172; Kazantzaki 27; DZ/3BZ 37/47 €) Diese *domatia* hat Deckenventilatoren und recht moderne Bäder mit praktischen Details wie Duschvorhängen. Außerdem gibt's einen Balkon und einen Kühlschrank zur gemeinschaftlichen Nutzung.

El Greco Hotel (☎ 28430 23133; elgreco@sit.forthnet.gr; G Arkadiou 13; EZ/DZ mit Frühstück 35/50 €; ❄) Dieses ebenso urige wie einladende Hotel im alten Stil hat sehr saubere und vorzeigbare Zimmer, alle mit Kühlschrank, Telefon und Extras wie Haartrocknern. In einigen Einheiten können bis zu vier Personen übernachten.

Hotel Flisvos (☎ 28430 27135; www.flisvos-sitia.com; Karamanli 4; EZ/DZ/3BZ ab 45/50/60 €; ❄) Dieses ordentliche, moderne Hotel im südlichen Hafenviertel hat nette Zimmer mit Klimaanlage, TV, Kühlschrank, Telefon und Balkon. Im kürzlich renovierten hinteren Flügel gibt's größere Zimmer und einen Aufzug.

Itanos Hotel (☎ 28430 22900; www.itanoshotel.com; Karamanli 4; Meerblick EZ/DZ mit Frühstück 42/56 €; ❄ 💻) Das Hotel am Hafen hat ein Restaurant auf der Dachterrasse und Internetzugang im Erdgeschoss.

Sitia Bay Hotel (☎ 28430 24800 www.sitiabay.com; Paraliaki Leoforos 8; Apt./Suite ab 110/160 €; ❄) Sieht aus wie ein normales modernes Hotel, aber der Service könnte persönlicher und freundlicher kaum sein. Hausgemachtes Brot, Marmelade und Kuchen werden täglich aufs Zimmer gebracht. Die meisten der komfortablen und geschmackvollen Ein- und Zwei-Zimmer-Apartments haben Meerblick. Weitere Pluspunkte: Pool, Sprudelbad, Mini-Fitnesscenter und Sauna.

Essen

Sitia Beach (☎ 28430 22104; Karamanli 28; Hauptgerichte 5,50–8 €) Dieses bescheidene Restaurant am Strand macht anständige Pizza, ist aber vor allem wegen der Gerichte nach Hausmacherart zu empfehlen, die an der täglich wechselnden Tafel angeschlagen sind, z. B. Schweinefleisch mit Zitrone und Reis.

O Mihos (☎ 28430 22416; Kornarou 117; gemischter Grillteller für 2 Pers. 20 €) Diese *psistaria* ist in einem traditionellen Steinhaus in der zweiten Reihe am Ufer untergebracht. Es gibt ausgezeichnetes Fleisch vom Holzkohlegrill und andere kretische Gerichte. Ein paar Tische stehen auf einer Terrasse am Strand.

Houlis Rakadiko (☎ 28430 28298; Venizelou 57) Dieses alteingesessene Restaurant gehört zu den Klassikern in Sitia. Die große Auswahl an leckeren *mezedes* wird von gutem Raki begleitet. Das Lokal hat kein Schild, es ist das zweite Haus hinter der Kreuzung. Tagsüber ein beliebter Treff für Männer zum Backgammon.

LP Tipp **Balcony** (☎ 28430 25084; Foundalidou 19; Hauptgerichte 10,60–18,80 €) Sitias schönste kuli-

LASSITHI

narische Adresse liegt im ersten Stock eines geschmackvoll eingerichteten klassizistischen Gebäudes. Gemischte Speisekarte von kretischen über mexikanische bis zu asiatisch inspirierten Gerichten, deren Rezepte der charmante und lebhaft Besitzer und Küchenchef (und Ex-Sänger) Tonya von seinen Reisen mitgebracht hat. Die Bedienung ist allerdings nicht immer auf Trab.

Außerdem zu empfehlen:

Mitsakakis (☎ 28430 22377; Karamanli 5) Wer auf Süßes steht, sollte sich die *galaktoboureko* (Teigtasche mit Vanillefüllung und Sirup) auf keinen Fall entgehen lassen.

Remezzo Kollios (☎ 28430 28607; Venizelou 167 12; Seafood 5–18 €) Beliebtes, aber teures Restaurant am Hafen.

Sergiani (☎ 28430 24092; Karamanli 38) Im Hafenviertel.

An- & Weiterreise

BUS

Vom **Busbahnhof** (☎ 28430 22272) in Sitia fahren Busse nach Ierapetra (6-mal tägl., 5,40 €, 1½ Std.). Außerdem bestehen Verbindungen nach Iraklion (7-mal tägl., 13,10 €, 3 Std.) über Agios Nikolaos (6,90 €, 1½ Std.), nach Vai (4-mal tägl., 3 €, 30 Min.) und nach Kato Zakros über Palekastro und Zakros (2-mal tägl., 4,50 €, 1 Std.). Die Busse nach Vai und Kato Zakros verkehren nur von Mai bis Oktober.

FLUGZEUG

Sitias **Flughafen** (☎ 28430 24666) hat seit Längerem eine Startbahn internationalen Zuschnitts, doch auch 2008 wurden noch keine internationalen Flüge angeboten.

Olympic Airlines (☎ 28430 22270; www.olympicairlines.com; 4 Septemvriou 3) fliegt nach Athen (4-mal wöchentlich, 71 €, 1 Std.), Alexandroupoli (3-mal wöchentlich, 76 €, 2 Std.) und nach Preveza (3-mal wöchentlich, 80 €, 2 Std. 20 Min.). Es gibt einen täglichen Flug (47 €) mit drei Stopps in Kassos (20 Min.), Karpathos (1 Std.) und Rhodos (2 Std.).

SCHIFF/FÄHRE

LANE Lines (☎ 28430 25555; www.lane.gr) betreibt eine wöchentliche Fähre von Sitia nach Rhodos (27 €, 14 Std.) über Kassos (19,50 €, 6 Std.), Karpathos (19,50 €, 8 Std.), Diafani (17,90 €, 9 Std.) und Chalki (18,20 €, 11 Std.). Da sich die Abfahrtszeiten von Jahr zu Jahr ändern, sollte man aktuelle Informationen bei einem Reisebüro oder bei LANE einholen.

Unterwegs vor Ort

VOM/ZUM FLUGHAFEN

Der Flughafen liegt 1,5 km außerhalb der Stadt (ausgeschildert). Es gibt keinen Flughafenbus; ein Taxi kostet ca. 5 €.

AUTO & MOTORRAD

Die meisten Mietwagenagenturen haben ihre Büros in der Odos Papandreou und der Odos Itanou, z. B. **Club Cars** (☎ 28430 25104; Papandreou 8).

MONI TOPLOU ΜΟΝΗ ΤΟΠΛΟΥ

Das imposante **Moni Toplou** (☎ 28430 61226; Eintritt 2,50 €; 🕑 April–Okt. 9–18 Uhr) östlich von Sitia sieht aus wie eine Festung – nicht umsonst, denn als es gebaut wurde, musste es einigen Gefahren trotzen. Toplou ist eines der historisch bedeutendsten und fortschrittlichsten Klöster der Insel. Mitte des 15. Jhs. hielten Banditen, Piraten und Rebellen die Gegend in Atem, und gegen die mussten sich die Mönche verteidigen. Das taten sie mit allen zur Verfügung stehenden Mitteln: gepanzerte Tore, Kanonen (der Klostername Toplou kommt aus dem Türkischen und bedeutet „mit einer Kanone"), Maueraussparungen, um die Angreifer mit einem Guss heißen Öls zu empfangen. Trotzdem wurde das Kloster 1498 von Piraten eingenommen, 1530 von den Malteserrittern geplündert, 1646 von den Osmanen ausgeraubt und 1821 erneut von den Türken gestürmt.

Das Kloster Toplou hat sich immer aktiv für die Unabhängigkeit Kretas eingesetzt und musste entsprechend dafür bluten. Unter der türkischen Besatzung unterhielt das Kloster eine geheime Schule. Da die Mönche verdächtigt wurden, Rebellen Unterschlupf zu gewähren, waren sie ständig Repressalien ausgesetzt. Im Zweiten Weltkrieg wurde Abt Silingakis hingerichtet, weil er Widerstandskämpfern erlaubt hatte, einen Radiosender im Untergrund zu betreiben.

Hauptattraktion des Klosters ist zweifellos die Ikone mit dem Titel *Groß bist Du, unser Herr* von dem gefeierten kretischen Künstler Ioannis Kornaros. Jede einzelne der 61 dargestellten Szenen ist liebevoll ausgearbeitet und bezieht sich auf eine Zeile des orthodoxen Gebets, das mit den Worten „Groß bist Du, unser Herr" beginnt. Zu sehen ist die Ikone im Nordschiff der Kirche, neben Fresken aus dem 14. Jh. und einem Ikonenhalter von 1770.

In einem hervorragenden **Museum** wird die Geschichte des Klosters nacherzählt. Außerdem ist eine bedeutende Sammlung von Ikonen, Stichen und Büchern, Waffen und Militaria aus den Zeiten des Widerstands zu besichtigen.

Der äußerst dynamische Abt Filotheos Spanoudakis macht sich in der örtlichen landwirtschaftlichen Kooperative für biologischen Anbau stark und kümmert sich auch um die großen Ländereien des Klosters. Für die Gemeinde baute er auf dem Klostergelände eine Olivenöl- und Weinabfüllanlage. Die umstrittenen Pläne für ein riesiges Tourismusprojekt auf der abgelegenen Nordspitze der Insel, das auf Grundbesitz des Klosters verwirklicht werden soll, stoßen auf heftigen Widerstand von Umweltschützern.

In dem gut sortierten Laden gibt's die preisgekrönten biologischen Olivenöle und Weine des Klosters.

Toplou ist über die Straße Sitia–Palekastro zu erreichen, wo der Bus auf Wunsch an der Abzweigung hält. Von dort sind's noch 3 km zu Fuß.

DIE OSTKÜSTE

VAI BAÏ

Berühmt ist der Küstenort Vai, 24 km östlich von Sitia, wegen seines Palmenstrands. Wie diese Palmen dahin gekommen sind, darum ranken sich viele Geschichten. Eine davon besagt, dass Dattelkerne, die römische Legionäre auf ihrem Heimweg nach der Eroberung Ägyptens ausspuckten, zu keimen anfingen. Die hiesigen sind zwar den Dattelpalmen sehr ähnlich, bilden aber eine eigene Art, die nur auf Kreta vorkommt. Wer den Strand genießen will, sollte zumindest im Juli und August so früh wie möglich aufstehen, denn später wird es hier rammelvoll. Nach zehn stehen mehr Autos als Palmen herum, und der Sand verschwindet unter Liegestühlen und Sonnenschirmen (6 €).

Eine Möglichkeit, dem geballten Trubel inklusive Jetski-Akrobatik zu entkommen, ist eine kleine Klettertour über ein paar Felsen hinter der Taverne zu einem herrlichen, abgelegenen Strand. Zweite Alternative: Hinter den Hügeln in der anderen Richtung verstecken sich mehrere ruhige Buchten, die von Nudisten frequentiert werden.

Restaurant-Cafeteria Vai (☎ 28430 61129; Hauptgerichte 4–6 €) ist verlässlich gut und eine willkommene Belohnung nach einem harten Tag am Strand.

Von Sitia fahren Busse nach Vai (5-mal tägl., 2,50 €, 1 Std.). Die Parkgebühr beträgt 3 €.

ITANOS ΙΤΑΝΟΣ

Wer am Strand lieber seine Ruhe hat, wird 3 km nördlich von Vai fündig. Das antike minoische Dorf Itanos existierte bereits 1500 v. Chr. und war im 7. Jh. v. Chr. ein wichtiger Umschlagplatz für den Handel mit dem Nahen und Mittleren Osten. Größter Konkurrent war damals Praisos in der Nähe von Ierapetra. Um 260 v. Chr. beherbergte Itanos eine Garnison ägyptischer Soldaten, um seine Position gegenüber dem Rivalen zu stärken.

Als Praisos 155 v. Chr. von Ierapetra angegriffen und vernichtet wurde, musste sich Itanos gegen den neuen Konkurrenten durchsetzen und erhielt erneut fremde Hilfe, diesmal aus der römischen Stadt Magnesia. Trotzdem waren Itanos' Tage gezählt, und die Stadt wurde gegen Ende der byzantinischen Periode zerstört. Möglicherweise hatten sich die Venezianer in dem ehemaligen Stadtgebiet vorübergehend niedergelassen. Heute sind in Itanos nur schwer einzelne Gebäude zu erkennen, aber es gibt Reste zweier frühchristlicher Basiliken und einer hellenistischen Mauer. Die Ausgrabungsstätte ist gut beschildert. Ganz in der Nähe liegen einige von Pinien gesäumte Badebuchten.

PALEKASTRO ΠΑΛΑΙΚΑΣΤΡΟ

1084 Ew.

Das Städtchen Palekastro ist von moderner Landwirtschaft geprägt und eignet sich eher als Ausgangspunkt für Ausflüge ins Hinterland Ostkretas denn als Urlaubsziel. Die unmittelbare Umgebung ist karg und felsig, aber zu den Stränden von Kouremenos und Vai und zum Kloster Toplou ist es nur ein Katzensprung.

Etwa 1 km außerhalb Richtung Chiona-Strand liegt die archäologische Stätte Roussolakkos. Wissenschaftler vermuten, dass dort ein größerer minoischer Palast begraben liegt, s. Kasten S. 221. Hier wurde auch der *Kouros von Palekastro* gefunden, der inzwischen im Archäologischen Museum von Sitia residiert, s. S. 217.

Schlecht beschildert versteckt sich in einer Seitenstraße das **Volkskundemuseum** (☎ 28430

61123; Eintritt 2 €; Mo–Sa 10–13 & 17–20 Uhr). Die Ausstellung ist in einem traditionellen Landgut untergebracht, wo auch die alten Ställe und die Backstube zu besichtigen sind.

Palekastro lebt hauptsächlich von Landwirtschaft und Fischfang, Touristen verirren sich nur im Juli und August hierher. Ein eigenes Fahrzeug ist in dieser abgelegenen Gegend von Vorteil.

Orientierung & Praktische Informationen

Die Hauptstraße durchquert den Ort und gabelt sich im Zentrum. Die **Touristeninformation** (☎ 28430 61546; www.palaikastro.com; Mai–Okt. 9–22 Uhr) gibt Auskunft über freie Zimmer und Verkehrsverbindungen. Nebenan gibt es einen Geldautomaten; eine Postagentur befindet sich in der Nähe von Itanos Rooms. Wer seine E-Mails checken will, schaut beim **Hellas Internet Café** (10–23.30 Uhr) rein. Die Bushaltestelle ist im Ortszentrum.

Schlafen & Essen

Hotel Hellas (☎ 28430 61240; hellas_h@otenet.gr; EZ/DZ 30–45 €;) Die schlichten Zimmer haben Klimaanlage, TV, Telefon, Kühlschrank, renovierte Bäder und Doppelverglasung. In der Taverne im Erdgeschoss kocht Marika herzhafte Landküche (Gerichte 4–6,90 €). Ihr *stifado* (Fleischragout) und Auberginen-*imam* (türkischer Gemüseeintopf) sind hoch geschätzte Spezialitäten.

Hiona Holiday Hotel (☎ 28430 29623; EZ/DZ 50/60 €) Neues, modernes Hotel mit schicker Fassade und urbanem Flair. Die Zimmer sind geschmackvoll eingerichtet und ordentlich ausgestattet.

To Finistrini (☎ 28430 61117; Mezedes 2–6 €) Diese nette kleine Kombination aus *ouzeri* und *mezedopoleio*, 200 m die Odos Vai runter, serviert leckere *mezedes*, die sich am besten mit Raki hinunterspülen lassen.

Mythos (☎ 28430 61243; Hauptgerichte 4,80–5,90 €) Gegenüber dem Hotel Hellas liegt diese ansprechende und gut besuchte Taverne, die viele vegetarische *mezedes*, traditionelle *mayirefta*, Fisch und Grillgerichte auf der Karte hat.

An- & Weiterreise

Die Busse von Sitia nach Vai (5-mal tägl.) halten in Palekastro. Außerdem fahren täglich zwei Busse von Sitia nach Palekastro (2,20 €, 45 Min.) und weiter nach Kato Zakros (4,50 €, 1 Std.).

RUND UM PALEKASTRO

Der idyllische, fast menschenleere Kiesstrand **Kouremenos**, nördlich von Palekastro, eignet sich bestens zum Baden im seichten Wasser und zum Windsurfen. Boards verleiht **Freak**

SCHATZSUCHE

Rund einen Kilometer von Palekastro entfernt liegt eine bedeutende Ausgrabungsstätte. Vermutlich schlummern in der Erde die Überreste der nach Knossos zweitgrößten minoischen Palastanlage auf Kreta. An der Stätte **Roussolakos** neben dem Chiona-Strand tragen Mitarbeiter der British School of Archaeology derzeit den Boden Krümel für Krümel ab, um Alt-Palekastro ans Tageslicht zu befördern.

Schon so manch außergewöhnliches Stück kam dabei zum Vorschein: der **Kouros von Palekastro**, der im Archäologischen Museum von Sitia (S. 217) ausgestellt ist, außerdem Kamares-Keramik, Amphoren, Specksteinlampen und *pithoi* (große Vorratsgefäße). Der Kouros aus Gold und Elfenbein soll angeblich die älteste Statue sein, die einen minoischen Gott darstellt. Viele Archäologen glauben, dass die Anlage einen der beiden kretischen Tempel birgt, die schon die alten griechischen Philosophen in ihren Schriften erwähnten.

Obwohl die Grabungen bereits Anfang des 20. Jhs. begannen, in den 60er-Jahren fortgeführt und seit 1988 mehrmals wieder aufgenommen wurden, ist man noch nicht bis zum Herzstück vorgedrungen. Dank neuester technischer Hilfsmittel aus der Erdölförderung konnten die Archäologen bestätigen, dass unter den Olivenhainen der Umgebung noch ein weiteres große Bauwerk liegt. Es wird aber noch Jahre dauern, bis die Finanzierung für eine derart gigantische Ausgrabung und ein angeschlossenes Museum für die Fundstücke gesichert ist.

Das Gelände steht Besuchern offen, und bei einem Spaziergang ist der Verlauf der früheren Straßen leicht zu erkennen. Hinweisschilder geben Auskunft, was wann und wo gestanden hat.

Surf Station (☎ 28430 61116; www.freak-surf.com, Board pro Woche 190 €, Kurse ab 45 €) am Strand.

Der weiter östlich gelegene **Chiona-Strand** ist ebenfalls sehr ruhig und hat drei tolle Fischrestaurants. **I Hiona** (☎ 28430 61228) gilt als das beste, weil der Fisch superfrisch ist. Auch die berühmte Fischsuppe im Kakavia ist sehr zu empfehlen.

Casa di Mare (☎ 28430 25304; www.casadimare.com; Studio 40–60 €;) Das Haus gegenüber vom Kouremenos-Strand hat sechs geräumige, komfortable Studios mit Steinfußböden und rustikaler Einrichtung für bis zu vier Personen. Zwischen den Olivenhainen versteckt sich ein kleiner Pool.

Apartments Grandes (☎ 28430 61496; www.grandes.gr; 4-Bett-Studio 65 €;) Die hübsche und gut ausgestattete Anlage liegt eingebettet in einen Blumengarten und von Bäumen umgeben am Kouremenos-Strand.

ZAKROS & KATO ZAKROS
ΖΑΚΡΟΣ ΚΑΙ ΚΑΤΩ ΖΑΚΡΟΣ

753 & 15 Ew.

Das Dorf Zakros, 45 km südwestlich von Sitia, ist ein wichtiges landwirtschaftliches Zentrum. Es ist der Ort, der der minoischen Ausgrabungsstätte Zakros am nächsten liegt – sie befindet sich nur 7 km weiter, an der Ostküste. Das Dorf Zakros bietet wenig Anlass, länger zu verweilen (es gibt nur ein Hotel), macht aber einen recht quirligen Eindruck. In den *kafenia* und *ouzeria* ist immer was los. Touristen verirren sich selten hierher, aber wer zur Zakros-Schlucht will, startet am besten hier. Die Schlucht wird auch als **Tal der Toten** bezeichnet, aber nicht etwa weil hier besonders viele glücklose Wanderer das Zeitliche segneten, sondern weil viele der Höhlen in den Wänden der Schlucht antike Begräbnisstätten waren, s. Kasten S. 223.

Kato Zakros ist nicht viel mehr als ein langer Streifen Kiesstrand, der von Pinien und Tavernen gesäumt wird. Es ist einer der ruhigsten Fleckchen an Kretas Ostküste. Viele Besucher kommen seit Jahren regelmäßig hierher. Aufgrund der Beschränkungen, die dem Ort von der Archäologischen Abteilung des Kultusministeriums auferlegt wurden, dürfte er kaum weiter ausgebaut werden. Nachdem man die Schlucht durchwandert und den Palast besichtigt hat, beschränkt sich das Programm hier auf Sonnenbäder am Strand, Schnorcheln, Angeln, Siesta halten und dem Nachdenken darüber, was man denn heute mal zu Abend isst.

Schlafen

Die *domatia* in Kato Zakros sind in der Hochsaison schnell ausgebucht, deshalb unbedingt reservieren. Falls kein Zimmer mehr frei ist: Am Südende des Strandes ist freies Zelten erlaubt.

Stella's Apartments (☎/Fax 28430 23739; www.stelapts.com; Studio 40–75 €) Bezaubernde Studios in wundeschöner Grünlage zwischen Pinien, 800 m die alte Straße nach Zakros rauf. Die Holzmöbel hat Handwerker und Wanderfreund Elias selbst getischlert. Zur Anlage gehören Grillplätze, eine Außenküche, wo man die verwendeten Lebensmittel auf Vertrauensbasis selbst anschreibt, und Hängematten unter den Bäumen. Ideal für einen längeren Aufenthalt.

Kato Zakros Palace (☎/Fax 28430 29550; www.palaikastro.com/katozakrospalace; Zi./Studio/Apt. 45–75 €) Steht ein wenig wie ein Schandfleck auf dem Hügel an der Zufahrtsstraße, hat aber vorzügliche Ausblicke und große neue Zimmer.

Unter derselben **Verwaltung** (☎ 28430 26893; www.katozakros.cretefamilyhotels.com) stehen noch vier weitere gute Unterkünfte in Zakros.

Athena & Coral Rooms (DZ 30–50 €;) Das Athena hinter der Taverne Akrogiali hat attraktive Zimmer mit dicken Steinwänden. Coral bietet ausgezeichnete Zimmer, die zwar klein sind, aber tadellos gepflegt; zur Ausstattung gehören ein Kühlschrank und eine tolle Veranda mit Meerblick.

Katerina Apartments (Apt. 40–60 €) Vier ausgezeichnete Studios und Maisonettes in Steinbauweise gegenüber von Stella's; hervorragende Lage und Platz für vier Personen.

Poseidon Rooms (DZ 20–40 €) Günstige Zimmer, teils mit Gemeinschaftsbad, auf einem tollen Fleckchen Erde direkt am Strand. Einen gemeinsamen Kühlschrank für Gäste gibt's auch.

Essen

Die Rivalität zwischen den Tavernen am Strand nimmt teilweise beängstigende Formen an.

Akrogiali Taverna (☎ 28430 26893, Hauptgerichte 5–9 €) Wer relaxt am Strand essen gehen und sich verwöhnen lassen will, ist bei Nikos Perakis genau richtig. Der Besitzer ist ein Original, seine Spezialität ist gegrilltes Schwertfischsteak (9 €). Der Raki ist Spitzenklasse.

Restaurant Nikos Platanakis (☎ 28430 26887; Hauptgerichte 5–7,50 €) Dieses angesehene Restaurant bietet eine große Auswahl an griechischen Standardgerichten, z. B. Kanincheneintopf, ausgezeichnete *chortopitakia* (*pitta* mit Spinat und Gemüse) oder Fleisch und Fisch vom Grill. Die meisten Beilagen stammen aus dem riesigen Gemüsegarten hinter dem Haus.

An- & Weiterreise

Nach Zakros fahren täglich zwei Busse ab Sitia via Palekastro (4,50 €, 1 Std.). Von Juni bis August fahren die Busse auch weiter bis Kato Zakros.

PALAST VON ZAKROS

Der **Palast von Zakros** (☎ 28430 26897; Kato Zakros; Eintritt 3 €; Juli–Okt. 8–19.30 Uhr, Nov.–Juni 8.30–15 Uhr) wurde zwar erst 1962 als vorerst letzte

WANDERN IN DER UMGEBUNG VON ZAKROS

Eine Wanderung durch das spektakuläre „Tal der Toten" nach Kato Zakros gehört zum Pflichtprogramm in dieser Region. Es gibt aber noch viele andere interessante und deutlich gekennzeichnete Wanderwege in der Gegend, auf denen kaum Touristen unterwegs sind. Die karge Landschaft von Zakros ist nicht so üppig und spektakulär wie der Westen Kretas, hat aber durchaus ihren Reiz. Dazu trägt auch der Duft von wildem Oregano und Thymian bei, der hier ständig in der Luft liegt. Mit Ausnahme der Schlucht bietet keine der unten beschriebenen Wanderungen Schatten, aber die Wege sind relativ eben und wesentlich leichter als die Wanderungen im Westen und daher auch für weniger fitte oder ältere Wanderer zu bewältigen. Für alle Wanderungen gilt: ausreichend Essen und Wasser mitnehmen und robustes Schuhwerk tragen.

Die meisten Wanderwege in der Umgebung von Zakros wurden von dem begeisterten Wanderer Elias Pagianidis (Kontakt über Stella's Apartments, s. S. 222) mit handgemachten Holzschildern versehen. Elias gibt sein Wissen über die Gegend gerne weiter und erläutert die Zakros-Wanderkarte von Anavasi, die er an einer Tafel am Eingang der Schlucht aufgehängt hat. Seine Routenvorschläge sind nachfolgend aufgelistet. Wer ein eigenes Fahrzeug hat, kann auch zum Eingang der Chochlakies-Schlucht fahren und eine einstündige Wanderung zum schönen, einsamen Karoumes-Strand unternehmen.

Zakros-Schlucht

Der Weg beginnt direkt unterhalb des Dorfes Zakros und schlängelt sich durch eine enge und an manchen Stellen tiefe Schlucht. Unterwegs zeigt sich eine ungezügelte Vegetation mit Unmengen von Wildkräutern. Ein alternativer Startpunkt befindet sich 3 km außerhalb von Zakros, doch dann verpasst man einen der schönsten Abschnitte der Schlucht. Die zweistündige Wanderung endet in der Nähe des Palasts von Zakros, 200 m vom Strand entfernt.

Von Kato Zakros nach Traostalos

Rund 10 m hinter dem südlichen Ende der Schlucht führt ein deutlich gekennzeichneter Weg zum Berg Traostalos hinauf (nach einer knappen halben Stunde die rechte Gabelung nehmen). Von der Anhöhe bei Skopeli (1½ Std.) eröffnet sich ein herrlicher Ausblick. Von dort kann man den gleichen Weg zurücklaufen oder wandert weiter bis zur Pelekita-Höhle und an der Küste entlang zurück (insgesamt 4 Std.).

Von Kato Zakros über Azokeramos zur Zakros-Schlucht

Zunächst geht es auf demselben Weg Richtung Traostalos, dann aber die linke Gabelung Richtung Azokeramos nehmen. Statt ganz bis Azokeramos zu laufen, biegt man besser an der markierten Kreuzung bei Skafi links ab Richtung Vachlias und folgt dem ausgetrockneten Flussbett des Xeropotamos Richtung Süden. Bei Lenika ist die Zakros-Schlucht erreicht, die zurück zum Strand führt (insgesamt 3 Std.).

Nördliche Küstenwanderung: Zakros–Pelekita–Karoumes-Strand

Diese spektakuläre Route hoch über dem Meer führt an einem alten Steinbruch und einer Höhle bei Pelekita vorbei (2½ Std.).

Südliche Küstenwanderung: Zakros–Xerokambos–Katsounaki-Strand

Diese Wanderung führt an der Ostküste entlang (1¾ Std.).

von Kretas minoischen Anlagen entdeckt, aber die Ausgrabungen waren äußerst ergiebig.

Die exquisite Bergkristallvase und der aus Stein gehauene Stierschädel sind nur zwei Beispiele aus dem Schatz minoischer Antiquitäten, die hier ans Tageslicht kamen. Beide sind heute im Archäologischen Museum Iraklion zu bewundern, s. S. 167. Alt-Zakros ist die kleinste der vier kretischen Palastanlagen, war aber unter den Minoern ein wichtiger Hafen mit Handelsbeziehungen zu Ägypten, Syrien, Anatolien und Zypern. Die Ruinen sind nicht sehr gut erhalten, und da der Wasserpegel mit den Jahren gestiegen ist, kann man nun Teile des Palastes (und die darin lebenden Schildkröten) allenfalls mit dem Schnorchel erkunden.

Wer das Gelände an der Südseite betritt, kommt zuerst zu den **Werkstätten** des Palastes. Das **Megaron des Königs** und das der **Königin** liegen hinter dem Eingang rechts. An das Megaron des Königs schließt sich die **Zisternenhalle** an, in deren Zentrum einst eine Zisterne lag, die von einer Säulenbalustrade umringt war. Sieben Stufen führten zum Zisternengrund hinunter – vielleicht war das der königliche Pool, oder ein Riesenaquarium oder sogar das Becken für ein heiliges Boot? Auf der anderen Seite der Megara erstreckt sich der **Zentralhof**, das Herz des Palastes. In seiner Nordwestecke steht ein Altarsockel, acht Stufen führen hinunter zu einem **Brunnen** in der Südostecke. Als die Anlage ausgegraben wurde, enthielt der Brunnen konservierte Reste von Oliven, die vielleicht den Göttern geopfert worden waren.

Links neben dem **Zentralhof** liegt die **Zeremonienhalle**, in der zwei Trink- oder Opfergefäße gefunden wurden. Südlich davon gelangt man in den **Bankettsaal**, der seinen Namen den vielen Weinbehältern verdankt, die hier ans Tageslicht kamen. Nördlich des Zentralhofs befindet sich die **Küche**. Die Säulensockel dort stützten einst vielleicht einen darüber liegenden Speisesaal. An der Westseite des Zentralhofs befindet sich ein **Lichthof**, links des Bankettsaals ist ein **Lustralbad**, das eine wunderschöne Marmoramphore enthielt. Im Lustralbad konnte man sich reinigen, bevor man die daneben liegende **Hauptkultstätte** betrat. Dort sind noch gut ein Sims und eine Nische zu erkennen, wo Kultfiguren standen.

Unterhalb des Lustralbads liegt die **Schatzkammer**, die die Archäologen mit fast 100 Krügen und Trinkgefäßen beglückte. Daneben befindet sich ein **Archiv**, in dem Registraturtafeln mit Linear-A-Schrift gefunden wurden. Nordöstlich des Archivs liegt das **Bad** mit einer Latrine.

XEROKAMBOS ΞΕΡΟΚΑΜΠΟΣ

28 Ew.

Xerokambos ist ein ruhiges, etwas versprengtes Bauerndorf am äußersten Punkt der Südostküste Kretas. Wegen der isolierten Lage verirren sich nur wenige Touristen hierher, hauptsächlich Individualreisende. Aber gerade wegen seiner Abgeschiedenheit ist das Dorf einen Ausflug wert. Es gibt hier mehrere einladende Strände, ein paar Tavernen und diverse Übernachtungsmöglichkeiten.

Nördlich der felsigen Landzunge, die das Dorf teilt, liegt der kleine, gemütliche **Ambelos-Strand**, der sogar etwas Schatten spendet. Der **Mazidas-Strand** auf der Südseite ist größer, bietet aber überhaupt keinen Schatten. Die meisten Unterkünfte und Tavernen liegen in der Nähe von Ambelos. Im nördlichen Abschnitt des Mazidas-Strands gibt es einen gut sortierten Lebensmittelladen.

Schlafen & Essen

Ambelos Beach Studios (☎/Fax 28430 26759; Studio 30–40 €) Die gemütlichen Studios direkt gegenüber vom Strand haben einfache Küchenzeilen, Kühlschränke und Fliegengitter. Draußen gibt's einen Grill und einen Holzofen für Gäste. Innenhof und Garten mit Schatten spendenden Bäumen machen die Unterkunft attraktiv für Familien.

Akti Apartments (☎ 28430 26780; Studio 35–45 €; ⛝) Die nett eingerichteten, hellen und komfortablen Studios mit Kochnische und Balkon zum Strand sind ideal für Paare. Es gibt auch Apartments für Familien (65–80 €).

Villa Petrino (☎ 28430 26702; www.xerokampos.eu; DZ 40 €; ⛝) Vermietet attraktive, große, komplett ausgestattete Apartments, die sich gut für Familien eignen, mit Marmorfußböden und Blick auf den Garten. Die Zimmer im obersten Stock blicken auf den Strand.

Kostas Taverna (☎ 28430 26702; Hauptgerichte 3–6 €) Diese einladende und angesehene Taverne neben Villa Petrino hat eine schattige Veranda mit Blick aufs Meer. Der mehrsprachige Besitzer Nikos zeigt seinen Gästen gern die Küche mit den Speisen des Tages. Tipp: Kaninchen-*rismarato* mit Rosmarin und Essig und Bratkartoffeln als Beilage.

Akrogiali Taverna (☎ 28430 26777; Hauptgerichte 4,50–8 €) Die einzige Taverne am Strand von Xerokambos ist in der Nähe von Ambelos Beach Studios zu finden. Unter neuer Bewirtschaftung stehen jetzt *mezedes*, Grillspezialitäten und Tagesgerichte nach Hausmacherart auf der Karte. Wenn viel los ist, kommt auch Kaninchenbraten auf den Tisch.

An- & Weiterreise

Es fahren keine Busse nach Xerokambos. Aus Richtung Zakros kommend, weist ein Schild auf die Abzweigung nach Xerokambos hin: eine 8 km lange, kurvenreiche und unbefestigte Straße, die zwar sehr holprig, aber mit einem normalen Fahrzeug befahrbar ist. Zur Zeit der Recherche wurde gerade ein Abschnitt asphaltiert. Eine Alternative ist die gute Teerstraße von Ziros.

DIE SÜDKÜSTE

IERAPETRA ΙΕΡΑΠΕΤΡΑ

11 877 Ew.

Ierapetra, die südlichste Stadt Europas von nennenswerter Größe, ist ein Versorgungszentrum für die landwirtschaftlich geprägte Umgebung. Der Hauptwirtschaftszweig ist vor dem Tourismus nach wie vor die Landwirtschaft, wie die vielen Treibhäuser entlang der Küste beweisen. Obwohl Ierapetra zu den wohlhabendsten Städten Griechenlands zählt, fällt die Stadt nicht weiter auf und lockt relativ wenige Touristen an. Es gibt mehrere Tavernen und Cafés im Hafenviertel, ein kleines venezianisches Kastell am Wasser und die Reste eines türkischen Viertels. Der Stadtstrand und die Strände der Umgebung machen einiges her, beim Nightlife kommt so schnell keine Langeweile auf, und das Ambiente noch unverfälscht kretisch, sodass es hier überhaupt nicht schwer ist, in das andere, nicht touristische Kreta einzutauchen.

Ierapetra war bereits unter den Dorern von Bedeutung und ergab sich als letzte Stadt den Römern, die sie zum Anlaufhafen für ihren Ägyptenfeldzug machten. Doch trotz der langen, bewegten Vergangenheit finden sich hier keine Überreste aus der klassischen Periode. Unter den Venezianern spielte Ierapetra kaum eine Rolle; von ihnen stammt immerhin das kleine Kastell am Westende des Hafens.

Von Ierapetra aus bietet sich auch ein Abstecher zur flachen, sandigen Insel Gaidouronisi (Chrisi) an.

Jeden Samstag von 7 bis 14 Uhr findet in der Odos Psilinaki ein **Straßenmarkt** statt.

Orientierung & Praktische Informationen

Der Busbahnhof liegt im Osten der Stadt. Geldautomaten stehen in der Umgebung des Hauptplatzes. Informationen über die Stadt liefert die Website www.ierapetra.net.

City Netcafé (☎ 28420 23164; Kothri 6; 2,50 € pro Std.; 🕒 9 Uhr–spät) Hier kann man seine E-Mails checken.

Postamt (☎ 28420 22271; Kornarou 7; 🕒 7.30–14 Uhr)

LASSITHI

Sehenswertes

Das **Archäologische Museum** (☎ 28420 28721; Adrianou (Dimokratias) 2; Eintritt 2 €; 🕒 Di–So 8.30–15 Uhr) hat nur einen einzigen Ausstellungsraum, der auch Leute mit kurzer Konzentrationsspanne nicht überfordert. Die schöne Sammlung kopfloser, klassischer Statuen umfasst eine ausgezeichnete Plastik der Göttin Persephone aus dem 2. Jh. n. Chr. Sehenswert ist auch ein *larnax* (Tonsarg) aus der Zeit um 1300 v. Chr. Den Sarkophag zieren zwölf Gemäldetafeln, auf denen Jagdszenen, ein Oktopus und eine Wagenprozession dargestellt sind. Das Museumsgebäude von 1899 war früher eine türkische Schule.

Richtung Süden erhebt sich am Ufer die **Mittelalterliche Festung** (Eintritt frei; 🕒 Di–So 8.30–15 Uhr), die zu Beginn der venezianischen Herrschaft erbaut und von Francesco Morosini 1626 weiter befestigt wurde. Zur Zeit der Recherche war der ziemlich bröckelige Bau wegen Restaurierungsarbeiten geschlossen.

Landeinwärts schließt sich das Labyrinth der **Altstadt** an. Zu besichtigen sind ein **türkischer Brunnen**, eine restaurierte **Moschee** mit Minarett und die alten Kirchen **Agios Ioannis** und **Agios Georgios**. Im **Napoleon-Haus** soll der berühmte Franzose angeblich inkognito bei einer einheimischen Familie übernachtet haben, als er auf seinem Weg nach Ägypten 1798 einen Tag lang in Kreta vor Anker ging. Es heißt, er habe eine Notiz hinterlassen, die seine wahre Identität preisgab.

Der große **Stadtstrand** in Hafennähe und ein zweiter **Strand** vom unteren Ende der Odos Patriarhou Metaxaki aus in Richtung Osten haben grobkörnigen grauen Sand; schattiger ist es am Hafen.

Feste & Events

Jedes Jahr im Juli und August findet in Ierapetra das **Kyrvia-Festival** statt. Im Rathaus und in den Hotels liegen Broschüren aus, in denen die zahlreichen Konzerte, Theatervorführungen und Kunstausstellungen aufgelistet sind. Im Frühling finden ebenfalls Kulturveranstaltungen statt.

Schlafen

Koutsounari Camping (☎ 28420 61213; www.camping-koutsounari.epimlas.gr; Zelt/Erw. 4/6 €) Der Campingplatz mit Restaurant, Snackbar und kleinem Laden liegt rund 7 km östlich in der Nähe von Koutsounari, an der Busstrecke nach Sitia.

Ersi Hotel (☎ 28420 23208; Platia Eleftherias 19; DZ 30 €; ❄) Dieses renovierte Hotel im Zentrum hat ordentliche Zimmer mit Kühlschrank, TV und Meerblick, einige sind aber ein bisschen zu kompakt. Dieselbe Familie betreibt auch das Coral Hotel und größere, voll ausgestattete Apartments (45–60 €) am anderen Ende der Stadt.

Coral Hotel (☎ 28420 22846; Katzonovatsi 12; DZ 30 €) Vernünftige Budgetunterkunft in einer ruhigen Ecke der Altstadt.

Cretan Villa Hotel (☎/Fax 28420 28522; www.cretan-villa.com; Lakerda 16; EZ/DZ mit Klimaanlage 45/50 €, ohne 35/44 €; ❄) Das gepflegte Haus aus dem 18. Jh. hat eine idyllische Atomsphäre und einen ruhigen Innenhof. Die mit traditionellen Möbeln eingerichteten Zimmer haben Kühlschrank und TV, die ohne Klimaanlage sind billiger. Von der Bushaltestelle sind's fünf Minuten zu Fuß.

Katerina (☎ 28420 28345; Fax 28420 28591; Markopoulou 95; Zi. 45 €;) Der Meerblick ist die Rettung für diese trostlosen Zimmer mit einfachem Bad.

Astron Hotel (☎ 28420 25114; htastron@otenet.gr; Kothri 56; EZ/DZ mit Frühstück 50/75 €;) Ierapetras Topadresse liegt nur einen Block vom Strand entfernt. Die komfortablen Zimmer haben Satelliten-TV und Telefon, manche auch Meerblick.

Essen

Ierapetra hat eine ausgezeichnete Tradition von *rakadika*, das sind entspannte Abendlokale, in denen man bei einer Karaffe Raki oder Wein ein halbes Dutzend oder mehr kleine Leckerbissen verdrücken kann – ein ausgedehntes und dabei noch günstiges Abendessen. Empfehlenswert sind **To Kafenio** (gegenüber vom Rathaus), das beliebte **Ntoukiani** (Ethnikis Antistaseos 19) und das moderne **Pavlis** in der Nähe des Hafens, wo eine Karaffe für 3 € von sechs bis sieben Tellern mit ausgezeichneten *mezes* begleitet wird.

LP Tipp **Portego** (☎ 28420 27733; Foniadaki 8; Mezedes 3–5 €, Tagesgerichte aus dem Holzofen 5–9 €) Griechische und kretische Küche in Bestform, dazu Spezialitäten (und Brot) aus dem Holzofen machen dieses Lokal zum Toptipp. Besonders gut ist das Lamm im Tontopf mit Joghurt. Das Haus von 1900 gehörte der stadtbekannten Anna Bey, deren Porträt im Hinterzimmer hängt. Weitere Trümpfe: die lange Weinkarte, ein bezaubernder Innenhof und eine coole Bar.

Napoleon (☎ 28420 22410; Stratigou Samouil 26; Hauptgerichte 4,50–9 €) Ein ehrwürdiges, alteingesessenes Lokal in Ufernähe am Südzipfel der Stadt. Ob frischer Fisch, kretische oder griechische Gerichte auf dem Teller liegen, spielt keine Rolle – alles, was hier aus der Küche kommt, ist einfach köstlich!

I Kalitehnes (☎ 28420 28547; Kyprou 26; Hauptgerichte 4–7 €) Dieses bunte kleine Lokal in einer Nebenstraße zwischen Eisenwarengeschäft und Reifenhandel serviert biologische Mahlzeiten mit hervorragendem Preis-Leistungs-Verhältnis, z. B. Okra und Kartoffeln oder etwas schärfere Falafel und Kebabs, die der ägyptische Besitzer eingeführt hat. Dazu gibt's leckeres Brot aus eigener Herstellung. Die türkische Hocktoilette ist allerdings ein bisschen zu viel Exotik.

Empfehlenswerte Restaurants am Hafen sind **Taverna Babis** mit einer Riesenauswahl an *mezedes* oder **Gorgona** für frischen Fisch.

Unterhaltung

Ierapetras Nachtleben spielt sich hauptsächlich in der Odos Kyrva ab. Dort spielen Clubs wie das **Privilege** nonstop griechische Tanzmusik für das einheimische Partyvolk. Um die Ecke in der Foniadaki gibt's noch mehr Diskotheken. **Portego** ist eine klassische Kneipe für einen Drink, im **Parados** hinter dem Museum kommen Jazzfreunde auf ihre Kosten.

An- & Weiterreise

Von Ierapetras **Busbahnhof** (☎ 28420 28237; Lasthenous) fahren 9-mal täglich Busse über Agios Nikolaos (3,30 €, 1 Std.) und Gournia nach Iraklion (8,60 €, 2½ Std.). Sieben Busse täglich fahren über Koutsounari (dort gibt's Campingplätze) nach Sitia (5 €, 1½ Std.). Außerdem bestehen Verbindungen nach Mirtos (7-mal tägl., 1,60 €, 30 Min.).

Taxis (☎ 28420 26600) fahren zum Festpreis überall hin. Die Fahrpreise sind am Halteplatz vor dem Rathaus angeschlagen, z. B nach Iraklion (74 €), Agios Nikolaos (33 €), Sitia (50 €) und Mirtos (14 €). Eine andere Haltestelle befindet sich an der Platia Venizelou.

Jeden Morgen setzt ein Ausflugsboot zur Insel Gaidouronisi über. Die meisten Reisebüros am Anleger verkaufen Tickets (15 €).

GAIDOURONISI (CHRISI-INSEL) ΓΑΙΔΑΡΟΥΝΗΣΙ/XRYSI

Wer Ruhe und Abgeschiedenheit sucht, macht einen Abstecher auf die Insel Gaidouronisi („Eselinsel"), die in Ierapetra überall als Chris(s)i („Goldene Insel") bezeichnet wird. Dort locken schöne Sandstrände, eine Taverne, die Gerüchten zufolge von einer Fastfoodkette übernommen werden soll, und Europas einziger Bestand von Libanonzedern. Wenn die Touristenboote ihre geballte Ladung ausspucken, kann es sehr voll werden, aber wer etwas herumspaziert, findet immer ein ruhiges Fleckchen.

Im Sommer fährt jeden Morgen ein **Ausflugsboot** (15 €) vom Anleger in Ierapetra zur Insel, Rückfahrt am Nachmittag.

DIE CHA-SCHLUCHT ΦΑΡΑΓΓΙ ΧΑ

Rund 13,5 km nördlich von Ierapetra liegt die wildromantische **Cha-Schlucht**, deren Durchquerung mit zum Anspruchsvollsten gehört, was Europa in Sachen Schluchten zu bieten hat. Es handelt sich eigentlich eher um ein extremes Kletterabenteuer als um eine Wanderung, denn die meisten Passagen sind nur per Seil oder schwimmend zu bewältigen. Die schmale Spalte in einer imposanten Bergwelt wird auf ihrer gesamten Länge von Wasser durchzogen, darunter 27 Wasserfälle. Die ersten unerschrockenen Kletterer, die die 1800 m lange Schlucht erfolgreich durchquerten (1987), brauchten dazu sieben Tage. Seit einiger Zeit ist eine feste Route gesichert, die zwar immer noch Schwindel erregend und teilweise auch gefährlich ist, von erfahrenen Kletterern aber in drei bis sechs Stunden bewältigt werden kann, s. S. 84.

ÖSTLICH VON IERAPETRA

Die guten Strände östlich der Stadt sind in der Hochsaison schnell übervölkert. Leute mit eigenem Fahrzeug haben den Vorteil, die

URLAUB FÜR NATURFREAKS

Aspros Potamos (☎ 28430 51694; www.asprospotamos.com; Zi. 32–60 €), unmittelbar oberhalb von Makrigialos an der Straße nach Pefki, ist eine Ansammlung 300 Jahre alter, primitiver Steinhäuschen, die früher im Winter von den Bauern aus dem Bergdorf Pefki genutzt wurden. Vor 20 Jahren kaufte Aleka Halkia diese halb verfallene und verlassene Siedlung, um sie nach und nach originalgetreu zu restaurieren. Jetzt vermietet sie an Touristen, die Spaß am ursprünglichen Leben haben. Eine preisgekrönte, umweltfreundliche Solaranlage sorgt für heißes Wasser, Licht im Badezimmer und einen kalten Kühlschrank. Kerzen und Petroleumlampen bringen Romantikstimmung in die insgesamt elf Hütten, die mit Steinfußböden, traditionellen Möbeln und einem Kamin für den Winter ausgestattet sind. Eins der Häuschen hat ein Schlafzimmer, das direkt in die Felsen hineingebaut ist. Aleka lebt das ganze Jahr über hier und kümmert sich um alles. Unterstützt wird sie von ihrer Tochter Myrto, die aber mittlerweile eine Wohnung in der Stadt hat (sicher mit HiFi-Anlage). Das Stein(zeit)-Feriendorf liegt in der Nähe der Straße von Makrigialos nach Norden Richtung Pefki und ist nicht ganz einfach zu finden – am besten vorher anrufen und einen Treffpunkt ausmachen.

Direkt oberhalb von Aspros Potamos befindet sich der **Stausa Workshop** (☎ 28430 51410) von Maria Palumbo und Makis Ladas. Die beiden Kunsthandwerker leben das ganze Jahr über in ihrem abgelegenen Steinhäuschen und stellen aus Treibholz und Recyclingmaterialien einzigartige Objekte her. Der Ort lässt sich in einem angenehmen Spaziergang von Makrigialos aus erreichen, die Straße ist an der Westseite der Brücke ausgeschildert.

Gegend auf eigene Faust erkunden zu können. 13 km östlich von Ierapetra liegt der reizvolle Strand **Agias Fotias**, der aber längst nicht mehr so einsam ist wie früher, als fast nur Camper dort hinkamen.

Ein großer Teil dieser Küste ist mit plastikbedeckten Treibhäusern und planlos-unattraktiven Tourismusbauten zugepflastert. Bei der Durchreise lädt kaum etwas zum Verweilen ein, obwohl es auch hier einige nette, versteckte Orte gibt. Auch **Koutsouras** würde man geradewegs hinter sich lassen, wäre da nicht unmittelbar abseits der Hauptstraße die Taverne **Rovinsona's** (☎ 28430 51026; Mezedes 4–7 €; 🕓 15 Uhr–spät), eine sehr erfreuliche Überraschung mit Strandblick unter riesigen Tamarisken, mit vorzüglichem Essen und ausgezeichneter Musik. Dort gibt's einen erfrischenden Joghurt-Dip mit Kapern, aber der Renner sind die selbst gemachten Pasteten aus dem Holzofen. Besonders köstlich: Ziegenkäsepastete mit Fenchel (8 €).

Kalliotzina (☎ 28430 51207) nebenan ist eine geschätzte Taverne, die Standardgerichte an Tischen mit Strandblick serviert. An der Strandstraße ausgeschildert ist die Unterkunft **Big Blue** (☎ 28430 52100; DZ 40 €; ❄) mit mehreren hellen Studios und Apartments an einem Kieselstrand mit netter Strandbar.

Der weiße Sandstrand am östlichen Ende von **Makrigialos**, 24 km von Ierapetra, zählt zu den besten an der Südostküste. Das Erscheinungsbild des Ortes selbst wird allerdings von der riesigen Ferienanlage Sunwing und ande-

MUSIKALISCHE WUNDERTÜTE

Was macht eigentlich Pavarottis alter Bösendorfer-Flügel im Ferienort Makrigialos an der Südküste? Nun, es war nur eine der Maßnahmen, mit denen der norwegische Geschäftsmann Gunnar Stromsholm beweisen wollte, dass er es ernst meinte mit der Etablierung eines Musikfestivals von Weltrang auf Kreta. Seit dem ersten Konzert 2004 im Innenhof seiner Villa hat sich das **Musikfestival Casa dei Mezzo** (☎ 28430 29183; www.casadeimezzo-festival.com; Eintritt 10 €) zu einer jährlichen Veranstaltung entwickelt. Jedes Jahr im Juni übernimmt der bekannte Pianist und Dirigent Brian Stanborough die Schirmherrschaft und künstlerische Leitung. 2007 gab es ein bunt gemischtes Programm, u. a. mit Japans berühmtester Sopranistin Ranko Kurano, die *Madame Butterfly* zum Besten gab. Die Darbietungen finden an mehreren Veranstaltungsorten statt, z. B. im original erhaltenen Turm der Villa Casa dei Mezzo und in **Epavli**, den nahe gelegenen Ruinen eines spektakulären venezianischen Herrenhauses in dem verlassenen mittelalterlichen Dorf Etia.

ABSTECHER INS HINTERLAND

Wer das richtige Fahrzeug hat, kann in der Berglandschaft oberhalb von Ierapetra und auf der weniger bekannten, nebelverhangenen Omalos-Hochebene tolle Offroad-Abenteuer erleben. Doch auch mit einem normalen Auto oder zu Fuß erschließen sich hier einige der unberührtesten Landstriche Kretas. Dabei laden mehrere Routen zur Erkundung ein. Die landschaftlich schöne Straße von Ierapetra Richtung Nordosten führt zum **Bramiana-Stausee**, dessen Feuchtgebiet zu einem bedeutenden Tummelplatz für Zugvögel geworden ist. Vom Staudamm ist das ganze Ausmaß der Plastiktreibhäuser an der Küste auszumachen, doch dahinter beginnt eine spektakuläre, vielfältige Berglandschaft mit kargen felsigen Abgründen und üppig grünen Wäldern. Vom höchsten Punkt des malerischen Dorfes **Kalamafka**, einem der schmalsten und höchsten Orte der Insel, sind die Nordküste und das Libysche Meer im Süden gleichzeitig zu sehen.

Südlich von Kalamafka liegt das praktisch verlassene Dorf **Anatoli**, das derzeit mit EU-Mitteln restauriert wird. Es hat eine bemerkenswert gut erhaltene Hauptstraße mit Original-Ladenfassaden. Zur Zeit der Recherche machten gerade zwei Gästehäuser auf, ein weiteres Zeichen für die touristische Wiederbelebung des Ortes.

Unmittelbar außerhalb von Males steht die winzige, in die Bergwand gebaute **Agia-Paraskevi-Kapelle** mit einem Wasserfall und einem Café. Die altmodische Taverne an der Straße unterhalb der Kapelle leitet ein älteres Ehepaar. Wenn gelegentlich Gäste vorbeischauen, kochen die beiden einfach etwas mehr. Für uns gab's die lokale Spezialität *gardoumia* (Magen und Innereien vom Lamm).

Unterhalb vom herrlichen **Selekano-Wald**, Teil des Fernwanderwegs E4, liegt das winzige Dorf Selekano. Es gehört zu den letzten Orten auf Kreta, die ans Stromnetz angeschlossen wurden (2006). Bis dahin versorgte sich das urige **Kafenion Stella's** mit einem Holzofen und Gas. Das schattige Dach aus Weinranken ist ein hübsches Plätzchen für eine Pause. Die Fahrt zurück über Mythi nach Mirtos ist landschaftlich besonders schön.

rer touristischer Bebauung getrübt. Darüber können auch die Strandpromenade und der hübsche Hafen nicht hinwegtäuschen.

Auf dem Weg nach Sitia lohnt ein Abstecher zum verlassenen mittelalterlichen Dorf **Voila**, auf einem Hügel 1 km oberhalb des Dorfes Chandras und gut ausgeschildert. Ein relativ gut erhaltener Turm und die Bögen an den Gebäuden deuten auf gemischte architektonische Stilrichtungen hin. In der Nähe steht ein alter venezianischer Springbrunnen, der immer noch in Betrieb ist.

Etwa 7 km östlich von Makrigialos, an der landschaftlich schönen Strecke die felsige Küste entlang, wurde das **Moni Kapsa** (☎ 28430 51638; 🕑 8.30–12.30 & 15.30–20 Uhr) in die scharfkantigen Klippen gebaut. Das Kloster blickt auf eine bunte Geschichte zurück: Seine Blüte erlebte es unter dem Gauner und (nach einer verfrühten Himmelsvision) selbst ernannten Wunderheiler Gerontogiannis, der seinen unrechtmäßigen Ruhm und Reichtum zum Ausbau des Klosters nutzte. In den Kapellen sind einige schöne Ikonen und verzierte Holzschreine zu besichtigen. Das Kloster steht 3,5 km außerhalb des Orts Perivolakia am Eingang zur **Perivolakia-Schlucht** (Kapsa-Schlucht), die an einem netten kleinen Strand endet.

Auf halbem Weg zwischen Makrigialos und Kapsa führt eine Straße bergauf zur beschilderten Höhle **Spilia Tou Drakou** (Drachenhöhle; ☎ 28430 51494). Die Grotte hat ihren Namen von dem Besitzer der unterhalb gelegenen Taverne, die einen atemberaubenden Meerblick genießt und auf der Terrasse ausgezeichnetes Essen serviert. Tipp: gegrillte Lammkoteletts (8,50 €) oder die lokale Spezialität *nerati*, eine Pastete aus *myzithra* und Fenchel.

MIRTOS ΜΥΡΤΟΣ

425 Ew.

Mirtos, 14 km westlich von Ierapetra, zählt zu den wenigen Dörfern an diesem Küstenabschnitt, die sich noch eine Spur von Authentizität und Atmosphäre bewahrt haben. Der Ort ist besonders bei älteren Reisenden beliebt, von denen viele schon seit Jahren immer wieder hierher kommen. Statt großer Hotelanlagen bietet Mirtos einen ordentlichen Strand, preiswerte Unterkünfte und Restaurants und einige interessante Ausflugsziele in der Umgebung.

Im Dorf gibt es weder eine Post noch eine Bank. Internetzugang bietet das Reisebüro **Prima Travel** (☎ 28420 51035; www.sunbudget.net; 3,50 € pro Std.), das de facto auch als Touristeninformation fungiert und geführte Wanderungen in der Gegend veranstaltet.

Das kleine **Museum** (☎ 28420 51065; Eintritt frei; Mo–Fr 9–13 Uhr) zeigt die Privatsammlung eines ehemaligen Lehrers, der die archäologischen Grabungen in der Gegend in Gang brachte, nachdem er auf Exkursionen mit Schulklassen minoische Artefakte gefunden hatte. Dazu gehören Vassiliki-Keramikobjekte aus den nahe gelegenen minoischen Stätten **Fournou-Korifi** und **Pirgos** und ein beeindruckendes Modell der Stätte Fournou-Korifi in exakt dem Zustand, in dem sie vorgefunden wurde, einschließlich aller Töpfe und Haushaltsgegenstände.

Unter den Tavernen am Hafen empfehlen sich **Akti** für Tagesgerichte, **Manos** (am Ostende) für Grillfleisch und **Beach** (im westlichen Abschnitt) für frischen Fisch und *mezes*.

Big Blue (☎ 28420 51094; www.big-blue.gr; DZ/Studio/Apt. 35/60/75 €;) Das Big Blue am Westrand der Ortes ist eine der besten Adressen und liegt außerdem in Strandnähe. Es gibt sowohl große, luftige Studios mit Meerblick (teurer) als auch gemütliche Zimmer im Erdgeschoss (billiger), Kochgelegenheit haben sie alle.

Cretan Rooms (☎ 28420 51427; DZ 35 €) Besonders Individualtouristen verfallen dem Charme dieses Hotels mit seinen alten Möbeln. Die Zimmer haben Balkon und Kühlschrank, es gibt eine Gemeinschaftsküche, und die Besitzerin Maria Daskalaki achtet streng darauf, dass alles immer makellos sauber ist. An der Hauptstraße ist das Haus deutlich ausgeschildert.

Hotel Myrtos (☎ 28420 51227; www.myrtoshotel.com; EZ/DZ/3BZ mit Frühstück 30/35/40 €;) Dieses Hotel an der Hauptstraße hat große, gepflegte Zimmer mit TV, Telefon, Minibar und Balkon. Die Taverne (Hauptgerichte 4–7 €) ist bei Einheimischen und Touristen gleichermaßen beliebt wegen der großen Auswahl an *mezedes* und *mayirefta*, darunter auch viele vegetarische Optionen.

Platanos (☎ 28420 51363; Hauptgerichte 4,50–8 €) Dieses Lokal scheint bei Ausländern das beliebteste zu sein: ein gemütliches Plätzchen für einen Drink oder ein Abendessen unter einer riesigen Platane.

Es fahren sieben Busse täglich von Ierapetra nach Mirtos (1,60 €, 30 Min.).

Allgemeine Informationen

INHALT

AKTIVITÄTEN

Kretas abwechslungsreiche, wildromantische Landschaft ist wie geschaffen für Outdoorfreaks. Das volle Programm wird im Kapitel Outdooraktivitäten beschrieben, s. S. 79.

ALLEINREISENDE

Im Großen und Ganzen ist Kreta ein sicheres, stressfreies und gastfreundliches Urlaubsziel, wo sich auch Singles wohlfühlen können. Alleinreisende mit Rucksack sind überall auf der Insel anzutreffen, und in Jugendherbergen ist problemlos Anschluss zu finden. Die meisten Hotels und *domatia* gewähren Einzelpersonen 20 % Nachlass auf den Doppelzimmerpreis.

Am besten ist es, sich auf seinen gesunden Menschenverstand zu verlassen: also nachts dunkle Gassen und Parks eher meiden und Wertsachen immer sicher verstauen.

PRAKTISCH & KONKRET

- Bei Maßen und Gewichten ist das metrische System gebräuchlich.
- Das Stromnetz führt im Normalfall 220 Volt Wechselstrom (auf Fähren manchmal 110 Volt Gleichstrom). Da aber die meisten Steckdosen nur für die flachen Eurostecker geeignet sind, ggf. Adapter (Südeuropastecker) für Schuko-Stecker mitnehmen.
- In Griechenland erscheint das deutschsprachige Wochenmagazin *Griechenland Zeitung* (vormals *Athener Zeitung*) mit den Schwerpunkten Politik, Wirtschaft, Kultur und Tourismus. Daneben gibt es das englische Wochenmagazin *Athens News*, außerdem liegt der *International Herald Tribune* die achtseitige englische Ausgabe der griechischen Tageszeitung *Kathimerini* bei.
- Das englisch-deutsche Monatsmagazin *Cretasummer* erscheint den Sommer über in Rethymnon, das Monatsmagazin *Kreta* wird in verschiedenen Sprachen herausgegeben. *Frappe* erscheint auf Deutsch und Englisch in Chania. Von dem lesenswerten kretischen Kulturmagazin *Stigmes* gibt es eine englische Onlineversion (www.stigmes.gr). *Crete Gazette* ist ein kostenloser monatlicher Newsletter, der an verschiedenen Stellen ausliegt und auch online erscheint: www.cretegazette.com.
- Über Satellit sind meistens Deutsche Welle TV, CNN und BBC zu empfangen, in vielen Hotels gibt es Fernsehen mit Kabelanschluss.
- Wie z. B. Frankreich benutzt Griechenland das Secam-Videosystem.

ARBEITEN AUF KRETA

Arbeitserlaubnis

EU-Bürger brauchen keine Arbeitserlaubnis, aber eine Aufenthaltsgenehmigung, wenn sie länger als drei Monate in Griechenland arbeiten wollen. Alle übrigen Ausländer müssen theoretisch eine Arbeitserlaubnis vorweisen.

Jobs in Bars & Hotels

Die besten Jobs in Bars und Hotels bringen ganz schön was ein. Deshalb reißen junge Griechen vom Festland sie sich gerne unter den Nagel – oder Saisonarbeiter aus Osteuropa, die über Agenturen vermittelt werden. Wer sein Glück versuchen möchte, hält sich am besten an die größeren Badeorte oder abgelegenere Ferienziele im Süden. Die großen Ferienanlagen in Chersonisos oder Malia, in denen hauptsächlich Deutsche und Briten Urlaub machen, stellen vielleicht am ehesten deutsch- und englischsprachige Jobber ein.

Reiseleiter/Animateur

Kreta bietet beste Chancen für Leute, die Kunden eines Reiseveranstalters vor Ort betreuen wollen. Deutsche Unternehmen halten bereits ab Februar nach Personal für die Sommersaison Ausschau. Die Bezahlung ist zwar mies, wird aber durch Trinkgelder aufgepäppelt, und manchmal fallen bei der Vermittlung von Nebenleistungen (Ausflüge, Mietwagen usw.) ein paar Prozente Kommission ab.

Erntehelfer

Die saisonalen Jobs als Erntehelfer scheinen ein Monopol der Wanderarbeiter aus Albanien und Osteuropa zu sein. Traveller haben kaum noch Chancen, da irgendwo reinzukommen.

Ehrenamtliche Arbeit

Die **Griechische Gesellschaft zum Schutz der Meeresschildkröten** (☎/Fax 210 523 1342; www.archelon.gr; Solomou 57, Athen 10432) freut sich über freiwillige Helfer für ihre Überwachungsprojekte auf Kreta; weitere Informationen s. Kasten S. 77.

Wer sich für Reiten in der Umgebung von Iraklion interessiert, kann sich über Möglichkeiten für ehrenamtliche Tätigkeiten erkundigen. Ein Kriterium sollte die Qualität der Tierhaltung sein, denn da gibt's große Unterschiede.

Sonstige Jobs

Oft werden Jobs über Kleinanzeigen in den englischsprachigen Zeitungen angeboten. Wer will, kann auch selbst dort inserieren.

BOTSCHAFTEN & KONSULATE

Nicht vergessen: Auf Kreta gelten griechische Gesetze (s. auch S. 239, Rechtsfragen). Keine Botschaft wird sich ein Bein ausreißen für einen Landsmann, der wegen einer nach griechischem Gesetz strafbaren Handlung im Kittchen landet – selbst wenn sein Vergehen im eigenen Land keines wäre.

Wer in der Klemme sitzt, kann die Botschaft um Hilfe bitten, wenn alle anderen Mittel ausgeschöpft sind. Wer dringend nach Hause muss, aber pleite ist, wird höchstwahrscheinlich kein Gratisticket bekommen, aber wem sämtliche Papiere gestohlen wurden, dem wird die Botschaft bei der Beschaffung eines neuen Ausweises helfen.

Griechische Botschaften & Konsulate

Einige diplomatische Vertretungen Griechenlands im Ausland:

Deutschland (☎ 030-20 6260; info@griechische-botschaft.de; Jägerstraße 54/55, 10117 Berlin)
Österreich (☎ 01-505 5791; gremb@griechische botschaft.at; Argentinierstraße 14, 1040 Wien)
Schweiz (☎ 031-356 1414; gremb.brn@mfa.gr; Weltpoststraße 4, 3015 Bern)

Botschaften in Griechenland

Auf Kreta gibt es nur eine einzige europäische Botschaft, und zwar in Iraklion die **Britische Botschaft / UK Embassy** (☎ 2810 224 012; Papalexandrou 16). Andere Länder haben ihre diplomatischen Vertretungen in Athen und Umgebung.

Deutschland (☎ 210 7285 111, in Notfällen 693 233 8153; Karaoli & Dimitriou 3, 10675 Athen)
Österreich (☎ 210 7257 270; Leoforos Vass. Sofias 4, 10674 Athen)
Schweiz (☎ 210 723 0364/5/6; Iassiou 2, 11521 Athen)

KOPIEN

Es empfiehlt sich, vor der Abreise von allen wichtigen Dokumenten (Personalausweis, evtl. Kinder- oder Reisepass, Kreditkarten, Reiseversicherungs- und Auslandskrankenversicherungspolice, Flug-, Bus-, Zugtickets, Führerschein usw.) Fotokopien anzufertigen. Davon eine bei einer Vertrauensperson zu Hause lassen, eine zweite mitnehmen und unterwegs getrennt von den Originaldokumenten aufbewahren.

Konsulate auf Kreta

Deutsches Honorarkonsulat in Iraklion (☎ 2810 226 288; Dikeossinis 7, 4. Stock, 71202 Iraklion)

Deutsches Honorarkonsulat in Chania (☎ 282 10 68876; Paraliaki, Stassi 13, 73014 Chania – Agia Marina)

Honorarkonsulat der Republik Österreich in Iraklion (☎ 2810 223 379; 3. Stock, Platia Eleftherias & Dedalou 36, 71201 Iraklion)

ERMÄSSIGUNGEN

Seniorenkarten

EU-Bürger mit Seniorenkarte dürfen sich auf Kreta über eine Reihe von Ermäßigungen freuen, z. B. niedrigere Eintrittspreise für Museen und Ausgrabungsstätten oder Preisnachlässe für Zugfahrkarten.

Studentenausweis & Ermäßigungen für Jugendliche

Fast überall anerkannt wird der Internationale Studentenausweis bzw. die **International Student Identity Card** (ISIC; www.isic.org), die von vielen Studentenreisebüros gegen Vorlage eines entsprechenden Nachweises ausgestellt wird. Inhaber dieser Karte bezahlen bei diversen Museen und Ausgrabungsstätten nur den halben Eintrittspreis. Achtung: Auf Kreta gibt es kein Reisebüro, das den Ausweis ausstellen darf, also besser schon vor der Abreise besorgen! In Athen ist er beim **International Student & Youth Travel Service** (ISYTS; ☎ 210 323 3767; 2. Stock, Nikis 11, Athen) erhältlich.

Einige Reisebüros in Griechenland gewähren einen Studentenrabatt für organisierte Touren. Bei Olympic Airways fliegen Studenten 25 % billiger auf Inlandsstrecken, die Teil eines internationalen Flugs sind.

Wer unter 26, aber kein Student ist, sollte sich eine Karte der **Federation of International Youth Travel Organisation** (FIYTO; www.fiyto.org) besorgen. Sie ist bei vielen Anbietern von Billigreisen erhältlich und bringt ähnliche Vorteile wie ein Studentenausweis.

ESSEN

Die griechische und kretische Küche wird auf S. 62 ausführlich beschrieben. Unsere Restauranttipps für größere Städte gliedern sich in die Kategorien günstig (unter 15 €), mittelteuer (15–24 €) und teuer (über 24 €; jeweils für zwei Gänge). Übrigens: Das früher übliche „Gedeck" für jeden Gast wird inzwischen nicht mehr berechnet, aber einige Restaurants kassieren dafür noch extra fürs Brot.

FEIERTAGE

Banken, Geschäfte sowie die meisten Museen und Ausgrabungsstätten sind an gesetzlichen Feiertagen geschlossen. Dazu gehören auf Kreta:

Neujahrstag: 1. Januar
Epiphanias: 6. Januar
Erster Sonntag der Fastenzeit: Februar/März
Griechischer Unabhängigkeitstag: 25. März
Karfreitag: März/April
(Orthodoxer) Ostersonntag: März/April
Frühlingsfest/Tag der Arbeit: 1. Mai
Mariä Himmelfahrt: 15. August
Ochi-Tag: 28. Oktober
Weihnachten: 25. Dezember
St. Stephanstag: 26. Dezember

FESTE & EVENTS

In Griechenland kommt man aus dem Feiern nicht heraus: Kirchliche Feste wechseln sich mit kulturellen Events und genüsslichen Gelagen ab, meistens ist es eine Kombination aus allem. Die folgende Liste ist bei Weitem nicht vollständig, berücksichtigt aber die wichtigsten Veranstaltungen auf nationaler wie auch regionaler Ebene. Wer zur richtigen Zeit am richtigen Ort ist, ist ganz bestimmt beim Mitfeiern willkommen.

Im Sommer verfällt Kreta dem Festivalfieber. Die wichtigsten Events sind das jährlich stattfindende **Renaissance-Festival** in Rethymnon (s. S. 140) mit Kunstausstellungen, Tanz-, Theater- und Filmvorführungen und das **Kyrvia-Festival** in Ierapetra (s. S. 226), bei dem Musiker, Schauspieler und andere Künstler zeigen, was sie drauf haben.

Das **Sommer-Kunstfestival** in Iraklion (s. S. 172) geht von Juli bis September und bietet national und international bekannten Künstlern aus der Musik- und Tanzszene eine Plattform. Auch beim **Lato-Kulturfestival** in Agios Nikolaos (s. S. 204) geht's hauptsächlich um Musik und Tanz aller Art, von traditionell bis modern, von griechisch bis multikulti. Beim **Kornaria-Festival** in Sitia (s. S. 218) kommt zu Musik, Theater und Bildender Kunst noch ein Beachvolleyballturnier.

Januar

Agios-Vasilios-Fest (Fest des hl. Basilius) Jedes neue Jahr beginnt mit der Feier am Neujahrstag. Nach einem Gottesdienst beschenken sich die Griechen gegenseitig, singen, tanzen, feiern und futtern ihren *vasilopita* (Neujahrskuchen). Wer das Stück mit der eingebackenen Münze erwischt, kann sich auf ein glückliches Jahr freuen.

Epiphanias (Segnung des Wassers) Am 6. Januar wird in der orthodoxen Kirche nicht das Dreikönigsfest, sondern die Taufe Christi durch Johannes gefeiert. Meere, Seen und Flüsse werden gesegnet, Kreuze werden hineingeworfen, und mutige Taucher, die sie wieder herausholen, haben im laufenden Jahr nichts mehr zu befürchten.

Februar/März

Rosenmontag Am Montag vor Aschermittwoch, an dem die Fastenzeit beginnt, lassen es sich die Kreter noch mal gut gehen bei einem Picknick im Grünen; Kinder lassen Drachen steigen.

März

Unabhängigkeitstag Der Tag, an dem Bischof Germanos in Moni Agias Lavras die griechische Flagge hisste, wird am 25. März mit Umzügen und Tänzen gefeiert. Mit diesem provokativen Akt begann der Unabhängigkeitskrieg. Da Mariä Verkündigung auf das gleiche Datum fällt, ist der 25. auch ein kirchlicher Feiertag.

März/April

Ostern ist das wichtigste religiöse Fest in Griechenland. Es fällt in den meisten Jahren auf ein anderes Datum als das nichtorthodoxe Ostern, weil es nach einem anderen Kalender berechnet wird. Am Palmsonntag (dem Sonntag vor Ostern) nehmen die Gläubigen ein aus Palmzweigen und Myrthe geflochtenes Kreuz vom Gottesdienst mit nach Hause. Einen der Ostergottesdienste auf Kreta mitzufeiern ist auf jeden Fall ein unvergessliches Urlaubserlebnis. Auch die Kerzenprozession am Karfreitagabend und das Feuerwerk um Mitternacht zu Beginn des Ostersonntags sind sehenswert.

Agios-Georgos-Fest Sankt Georg ist der Schutzpatron Kretas und vor allem der Schutzheilige der Hirten. Sein Ehrentag wird am 23. April gefeiert bzw. am Dienstag nach Ostern (je nachdem, welcher der beiden Tage zuerst kommt). Am eindrucksvollsten geschieht das in Asi Gonia: Tausende von Schafen und Ziegen vor der Kirche zusammengetrieben, um sie zu scheren, zu melken und zu segnen. Die anschließenden Feierlichkeiten werden mit reichlich Frischmilch begossen.

Chochliovradia (Nacht der Schnecken) Schnecken sind auf Kreta eine beliebte Delikatesse. Gourmets von nah und fern kommen einmal im Jahr nach Vamos, um sich an diesem Leckerbissen satt zu essen – dazu gibt's Wein und *tsikoudia* (Traubenschnaps).

Mai

1. Mai An diesem Tag findet ein wahrer Massenexodus aufs Land statt. Städter entdecken urplötzlich ihre Liebe zur Natur, alle picknicken im Freien und pflücken Wildblumen, um daraus Kränze fürs traute Heim zu winden.

Schlacht um Kreta Die letzte Maiwoche steht im Zeichen dieses wichtigen historischen Ereignisses. In Chania, Rethymnon und Iraklion sowie an den zentralen Gedenkstätten in der Souda-Bucht, in Stavronas und im Preveli-Kloster werden Sportwettkämpfe veranstaltet, Volkstänze dargeboten und bestimmte Zeremonien durchgeführt. Bei den Feierlichkeiten sind immer auch Vertreter aus den Ländern des Commonwealth anwesend.

Juni

Woche des Meeres Sie wird in der letzten Juniwoche aller „geraden" Jahre gefeiert und erinnert an die enge Verbundenheit der Kreter mit dem Meer. In den Hafenstädten der Insel schwingen die Leute an Land das Tanzbein, während zu Wasser Schwimm- und Segelwettbewerbe stattfinden.

Fest von Johannes dem Täufer Dieses Fest am 24. Juni wird sehr ausgiebig gefeiert. Die Blumenkränze vom 1. Mai werden extra für diesen Tag aufbewahrt und in den Johannisfeuern verbrannt.

Casa dei Mezzo Music Festival Klassik, kretische Volksmusik und Weltmusik in Makrigialos.

Juli

Agia-Marina-Fest Diese Heilige wird in weiten Teilen der Insel am 17. Juli gefeiert, ganz besonders in Agia Marina bei Chania.

Profitis-Ilias-Fest In den Kirchen und Klöstern, die auf Berggipfeln liegen, ist der 20. Juli diesem Propheten gewidmet.

Weinfest Beim Weinfest im Stadtpark von Rethymnon gibt's viele Weine und kretische Spezialitäten zum Probieren.

Yakinthia Festival In dem Bergdorf Anogia geht dieses erstaunliche Kultur- und Musikfestival in der letzten Juliwoche über die Bühne. Es gibt Literaturgespräche, Gedichtvorträge, Ausstellungen und Konzerte mit kretischer Musik.

Renaissance-Festival Diese Mammutveranstaltung läuft in Rethymnon von Juli bis September. In dieser Zeit treten dort Griechenlands beste Theaterensembles sowie Tanz-, Musik- und Theatergruppen aus ganz Europa auf.

Sommer-Kunstfestival Von Juli bis September hat auch Iraklion internationale Orchester und Tanzgruppen zu bieten, daneben treten auch viele heimische Künstler auf. Die wichtigsten Veranstaltungen finden in einem riesigen Freilufttheater statt.

Juli/August

Kornaria-Festival Sitia lockt von Mitte Juli bis Ende August mit Konzerten, Folkloretänzen und Theateraufführungen, die im *kazarma* (Kastell) und an anderen Orten stattfinden.

Lato-Kulturfestival Lokale und internationale Künstler treffen sich in Agios Nikolaos zu Konzerten, teils mit traditioneller kretischer Musik auf Originalinstrumenten,

zu Folkloretänzen, *mantinades* (improvisierte Reimpaare), Theateraufführungen und Kunstausstellungen, außerdem werden Schwimmwettkämpfe ausgetragen.
Kyrvia-Festival Auch Ierapetra hat sein Festival mit Konzerten, Theaterstücken und Ausstellungen.

August

Weinfest Der 15. August bildet den feucht-fröhlichen Abschluss des fünftägigen Weinfests in Archanes, wo ein hervorragender Tropfen angebaut wird.
Mariä Himmelfahrt Dieser Tag (15. August) bedeutet in Griechenland Familientreffen. Da dann fast alle Kreter unterwegs sind, sollte man in den Tagen vor und nach dem Feiertag nach Möglichkeit auf öffentliche Verkehrsmittel verzichten.
Traditionelle kretische Hochzeit Ende August feierte das Dorf Kritsa eine traditionelle kretische Hochzeit mit Gesang, Tanz und einheimischen Leckerbissen.
Sultaninenfest Sitia freut sich in der letzten Augustwoche bei Wein, Musik und Tanz über seine hervorragenden Sultaninen.
Kartoffelfest Lassithi ist berühmt für seine Kartoffeln, denen Ende August das dreitägige Fest in Tzermiado gewidmet ist.

September

Genisis tis Panagias (Geburtstag der Jungfrau Maria) Das Ereignis wird am 8. September in ganz Griechenland mit Gottesdiensten und anderen Veranstaltungen gefeiert.

Oktober

Kastanienfest Am dritten Sonntag des Monats dreht sich in dem Dorf Elos alles um die Esskastanie. Geröstete Maroni und Süßigkeiten auf Kastanienbasis werden mit einem kräftigen Schluck *tsikoudia* (Raki) hinuntergespült.
Ochi- (Nein-) Tag Am 28. Oktober gedenkt Kreta Metaxas' Weigerung, Mussolinis Truppen im Zweiten Weltkrieg auf Kreta Bewegungsfreiheit zu gewähren. Auf dem Programm stehen Gottesdienste, Militärparaden, Volkstänze und diverse Feierlichkeiten.

November

Jahrestag der Explosion von Moni Arkadiou
Eins der bedeutendsten Feste auf Kreta findet vom 7. bis 9. November rund um das Kloster statt.

Dezember

Weihnachten Ostern ist zwar in der orthodoxen Religion das wichtigere Ereignis, aber auch in Griechenland wird die Christmette gefeiert. Dem Kommerz konnte sich allerdings auch Kreta nicht entziehen, sodass mittlerweile hier wie überall Christbäume, Lichterketten und Geschenke für das gewohnte Weihnachtsfeeling sorgen.

FOTOS & VIDEO

Filme & Ausrüstung

Filme der bekannten Marken gibt's fast überall. Viele Geschäfte in größeren Städten und Touristengegenden machen Ausdrucke von Digitalfotos, brennen Fotos auf CD oder überspielen sie auf einen USB-Stick. Im Durchschnitt kostet ein Abzug zwischen 15 und 19 Cent, für die Entwicklung eines 36er-Films werden ca. 8,50 € verlangt.

Einschränkungen

Militärische Einrichtungen und andere Anlagen mit einem „Fotografieren verboten"-Schild sind tabu! Der Fall der inhaftierten britischen Flugzeugfans 2001 sollte Warnung genug sein, dass die griechischen Behörden solche Dinge sehr ernst nehmen. In Kirchen sind keine Blitzlichtaufnahmen erlaubt, auch sollte der Hauptaltar nicht fotografiert werden. Die Kreter selbst lassen sich recht gerne ablichten – trotzdem immer vorher fragen. Das Gleiche gilt natürlich fürs Filmen.

FRAUEN UNTERWEGS

Es gibt viele allein reisende Frauen auf Kreta. Die Kriminalitätsrate ist so niedrig, dass frau dort wahrscheinlich sicherer ist als in vielen anderen europäischen Ländern. Das ist aber keine Freikarte für bodenlosen Leichtsinn – Handtaschenklau und Vergewaltigungen hat es auf der Insel auch schon gegeben, aber gewalttätige Angriffe sind sehr selten.

Nervig auf Kreta sind dagegen die Typen, die die Griechen selbst *kamaki* nennen, die aber Gott sei Dank immer seltener werden. *Kamaki* ist dieser Dreizack, mit dem Neptun immer herumfuchtelt, und der Name eine Anspielung auf die Lieblingsbeschäftigung dieser Herren, nämlich ausländische Frauen aufzugabeln. Früher war es fast unmöglich, dieser Daueranmache in den Touristengebieten zu entkommen, aber heute hält sich das in Grenzen. Solche aufdringlichen Typen sind eher lästig als gefährlich. Die meisten Griechen sind im Gegensatz dazu höflich und hilfsbereit – ohne Hintergedanken.

GELD

Griechenland ist Mitglied der EU, die nationale Währung ist der Euro.

Bargeld

Bargeld ist natürlich am praktischsten, aber wer es verliert, sieht alt aus. Kaum eine Reiseversicherung wird einem da aus der Klemme helfen, und wenn, dann meist nur bis zu einem Limit von 300 €. Deshalb empfiehlt es sich, immer nur gerade so viel Bargeld bei sich zu haben, dass es für die nächsten paar Tage ausreicht. Eine gute Idee ist es, separat eine kleine Summe für den Notfall zu verstauen.

Geldautomaten

In den Touristenzentren und in fast allen Orten, wo es eine Bank gibt, sind Geldautomaten zu finden. Inhaber von MasterCard- oder Visa/Access-Karten können fast überall Geld abheben. Auch Geldkarten mit dem Cirrus-/Maestro-Logo funktionieren in allen wichtigen Touristenorten. Es empfiehlt es, möglichst selten an den Automaten zu gehen und dafür etwas höhere Beträge abzuheben, da die Banken pro Abhebung eine satte Gebühr verlangen.

Kreditkarten

Die Marktführer MasterCard und Visa werden fast überall auf Kreta akzeptiert. American Express und Diner's Club sind in den Touristenzentren gängig, aber ansonsten relativ unbekannt.

Große Hotels und manche Häuser der Mittelklasse nehmen Kreditkarten, nicht aber Billighotels und *domatia*. Ähnlich sieht es in Geschäften und Restaurants aus – in den Luxusschuppen geht's auch bargeldlos, aber die kleine Taverne um die Ecke und Tante-Emma-Läden bestehen auf Cash.

Reiseschecks

Reiseschecks kommen immer mehr aus der Mode, seit sich die Reisekasse nach Bedarf bequem am Geldautomaten auffüllen lässt. Schecks von American Express, Visa und Thomas Cook werden fast überall angenommen. Außerdem funktioniert der Service dieser Firmen im Verlustfall ziemlich reibungslos – vorausgesetzt, man hat sich die Nummern von Schecks, die schon eingelöst wurden, notiert. Diese Aufzeichnungen unbedingt getrennt von den Schecks aufbewahren!

Trinkgeld

Im Restaurant ist die Bedienung im Rechnungspreis enthalten, aber es ist üblich, etwas Trinkgeld zu geben oder zumindest den Betrag aufzurunden. Auch Taxifahrer erwarten ein kleines Extra.

Feilschen ist auf Kreta nicht sehr verbreitet, kann aber in Souvenirläden und Märkten durchaus zum Erfolg führen. Oft hilft es schon, so zu tun, als wolle man gehen.

Bei Übernachtungen ist Handeln einen Versuch wert, besonders bei längerem Aufenthalt. In der Hochsaison sind die Erfolgschancen eher mau, aber außerhalb davon bröckeln die Preise oft dramatisch.

INTERNETZUGANG

In größeren Städten und touristischen Gegenden sind Internetcafés weit verbreitet. Abgesehen von abgelegeneren Gebieten sind schnelle Breitbandverbindungen schrittweise auf dem Vormarsch. Die Gebühren liegen bei 2 bis 4 € pro Stunde. Viele größere Hotels bieten DSL-Zugang an, Städte wie Agios Nikolaos haben sogar kostenlose WLAN-Hotspots im Zentrum (Sitia und Ierapetra waren zur Zeit der Recherche dafür ebenfalls im Gespräch). Wer seinen Laptop oder Organizer dabei hat, kann über einen der örtlichen Provider ins Netz gehen. An *periptera* (Kiosken) gibt's Prepaid-Internetkarten für 3–20 €.

Wer kein Postfach im Netz (z. B. bei Yahoo oder Hotmail), sondern ein spezielles E-Mail-Konto hat, muss die Adresse des Mailservers (SMTP, POP3 oder IMAP) kennen. Üblicherweise erfragt man die bei seinem Provider und hat dann weltweit überall Zugriff auf seine Mails.

KARTEN

Dieser Reiseführer beinhaltet umfangreiches Kartenmaterial. Wer nicht mit dem eigenen Fahrzeug unterwegs ist und keine Gebirgswanderungen plant, wird wahrscheinlich ohne zusätzliche Karten auskommen. Vorsicht ist grundsätzlich bei den Gratiskarten der Touristeninformationen geboten, denn die sind nicht besonders präzise und oft überholt. Die nachfolgend aufgeführten Karten sind in den meisten Buch- und Souvenirläden auf Kreta erhältlich.

Anavasi (☎ 210 321 8104; www.anavasi.gr) veröffentlicht ausgezeichnete GPS-kompatible Straßen- und Wanderkarten. Die drei separaten Straßenkarten *Hania, Rethymno and Iraklio* und *Lasithi* im Maßstab 1:100 000 kosten 7,50 €. Anavasi produziert auch die detailliertesten Wanderkarten im Maßstab 1:25 000 für die Regionen *Levka Ori* (Sfakia und Pachnes), *Samaria/Sougia, Mount Psiloritis* und *Zakros-Vai*.

Der griechische Verlag **Road Editions** (☎ 210 364 0723; www.road.gr) gibt ebenfalls detaillierte Karten heraus. Die blaue Karte *Crete* im Maßstab 1:200 000 (6 €) deckt die ganze Insel ab und beinhaltet praktische Pläne der größeren Städte. Daneben gibt's die Karten *Eastern Crete* und *Western Crete* (8 €) im Maßstab 1:100 000.

Ambitionierten Wanderern empfehlen sich die sehr detaillierten Karten von **Petrakis Editions** (☎ 2810 282630; 5 €). Es gibt sie für alle vier Regierungsbezirke der Insel im Maßstab 1:100 000. Alle Bergstraßen und -wege, einschließlich des Fernwanderwegs E4, sind verzeichnet; die Karten sind fast überall auf Kreta erhältlich.

Die *Kreta Touristikkarte* vom deutschen **Harms-Verlag** (☎ 07275 8201; www.harms-ic-verlag.de) im Maßstab 1:100 000 besteht aus den Teilen *Der Osten* und *Der Westen*.

KINDER

Kreta ist ein sicheres und relativ unkompliziertes Reiseziel für einen Urlaub mit Kindern. Besonders einfach geht das am Strand oder in einer Ferienanlage. Die Griechen lieben Kinder und verwöhnen sie gern, Nachwuchs ist fast überall gern gesehen. Griechische Eltern nehmen ihre Kinder mit in Tavernen und lassen sie auch bei Dunkelheit noch draußen spielen, weil sich auf Kreta auch abends noch eine Menge Leben auf Straßen und Plätzen abspielt.

Es gibt wenig gute Kinderspielplätze und andere kindgerechte Freizeitangebote auf Kreta. Dafür bieten die meisten größeren Städte Kinderparadiese in klimatisierten Räumen, die in der Mittagshitze ein willkommener Zufluchtsort sind.

Erstaunlicherweise finden Kinder Ausgrabungsstätten bei Weitem nicht so langweilig, wie man vermuten könnte – viele Eltern werden positiv überrascht sein.

Hotel- und Restaurantpersonal geht meist gerne auf die speziellen Bedürfnisse der kleinen Gäste ein, allerdings sind Kinderhochstühle außerhalb der Ferienanlagen relativ unbekannt. Der Service in Tavernen ist gewöhnlich recht schnell – ein unschätzbarer Vorteil für alle, die eine Bande hungriger Kiddies im Schlepptau haben.

Frischmilch ist in Städten und Touristengegenden jederzeit im Angebot, in kleinen Dörfern dagegen ziemlich rar. Milchpulver für Babys gibt es überall.

Wer Kleinkinder dabei hat, ist in seiner Bewegungsfreiheit etwas eingeschränkt, denn Buggys nützen außerhalb der wenigen ebenen Orte nicht viel. Die holprigen Feldwege, Treppen und mühsamen Ein- und Ausstiege aus öffentlichen Bussen sind am besten mit Kindertragetuch oder -gestell zu bewältigen.

Kinder unter vier Jahren reisen auf Fähren und in Bussen gratis. Den halben Fahrpreis bezahlen sie bis zum Alter von zehn (Fähre) oder zwölf Jahren (Bus), danach den vollen Preis. Auf Inlandsflügen wird ein Zuschlag von 10 % fällig, wenn ein Kleinkind unter zwei Jahren auf dem Schoß mitfliegt. Kinder zwischen zwei und zwölf Jahren bezahlen die Hälfte des regulären Ticketpreises.

Vielleicht ist der Kretaurlaub ja auch die Gelegenheit, um den lieben Kleinen die griechischen Sagen schmackhaft zu machen und eigene Bildungslücken zu schließen? Dazu zwei Tipps: Der beliebte Kinderbuchautor Dimiter Inkiow hat die bekanntesten griechischen Sagen kindgerecht überarbeitet und als Hörbücher auf CD herausgebracht, alle erschienen bei Igel Records (für Kinder ab sieben Jahren). Der Klassiker *Griechische Sagen* von Gustav Schwab wurde von Richard Carstensen modernisiert und ist als Taschenbuch bei dtv junior erschienen.

KLIMATABELLE

Kreta hat ein typisch mediterranes Klima mit heißen, trockenen Sommern und milden Wintern. An der Südküste hat das Meer von Mitte April bis November angenehme Badetemperaturen.

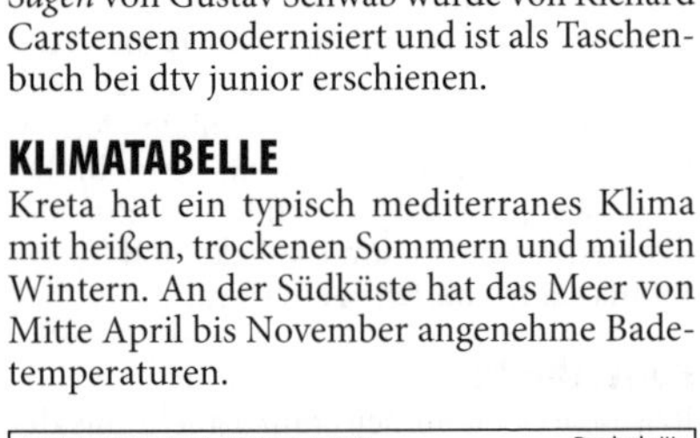

KURSE

Die **University of Crete** (☎ 28310 77278; www.philology.uoc.gr) in Rethymnon bietet im Juli vierwöchige Sommerkurse in Neugriechisch für Ausländer an. Der Unterricht findet vormittags statt und wird für Anfänger und Fortgeschrittene angeboten. Weitere Details kann man direkt an der Uni erfragen.

Die britische Yogaschule **YOGA Plus** (☎ +44 1273-276175; www.yogaplus.co.uk) veranstaltet einwöchige oder längere Workshops für Astanga Vinyasa Yoga in eigenen Räumen in Agios Pavlos. Im Preis enthalten sind Unterkunft, weitere Aktivitäten und (gesunde) Verpflegung. Nicht weit davon bietet das **Triopetra Yoga Centre** (www.astanga.gr) verschiedene Kurse für Anfänger und Fortgeschrittene an.

Anna Boskamp (www.yoga-kreta.de) leitet eine deutsche Yogaschule in Pitsidia in der Nähe von Matala.

Kochkurse für kretische Küche werden überall auf der Insel angeboten, Einzelheiten s. S. 71.

Die britische Organisation **World Spirit** (www.worldspirit.org.uk) veranstaltet im Juni und September Kurse in Schreib- und Dichtkunst im Dorf Loutro in Südkreta.

ÖFFNUNGSZEITEN

Banken haben montags bis donnerstags von 8 bis 14.30 Uhr geöffnet, freitags von 8 bis 14 Uhr.

Postämter haben montags bis freitags von 7.30 bis 14 Uhr Publikumsverkehr, in den größeren Städten ist die Hauptpost bis 20 Uhr und an Samstagen von 8 bis 14 Uhr geöffnet.

Läden sind im Sommer gewöhnlich am Dienstag, Donnerstag und Freitag von 9 bis 14 und von 17.30 bis 20.30 Uhr geöffnet, am Montag, Mittwoch und Samstag von 8 bis 15 Uhr. Im Winter geht's eine halbe Stunde später los, aber das sind keine festen Regeln. In Touristenorten sind viele Geschäfte sieben Tage die Woche bis 23 Uhr geöffnet. Am *periptero* (Kiosk) kann man von frühmorgens bis spät in die Nacht einkaufen, und zwar alles von der Busfahrkarte über Zigaretten bis zu Kondomen. Supermärkte sind meist bis 20 Uhr geöffnet.

Die Öffnungszeiten von Museen und Ausgrabungsstätten variieren, je nachdem, ob zusätzliches Personal für die Nachmittagsschicht zur Verfügung steht. Wer einen Besuch nach 15 Uhr plant, sollte sich vorab informieren. Die meisten haben am Montag Ruhetag.

POST

Tachydromia (Postämter) sind an dem blaugelben Schild zu erkennen. Auch die Briefkästen für Normalpost sind gelb; die roten sind für Expresspost.

Porto

Postkarten und Luftpostbriefe kosten innerhalb der EU 0,65 € bis 20 g und 1,00 € bis 50 g Gewicht, außerhalb der EU 0,65 € für Sendungen bis 20 g und € 1,60 für Sendungen bis 100 g. Innerhalb Europas dauert die Zustellung vier bis fünf Tage, nach Übersee zwischen fünf und acht Tagen. Manche Souvenirläden verkaufen Briefmarken mit einem Aufschlag von 10 %.

Expressbriefe kosten 2,85 €, sollten dann aber innerhalb der EU nach spätestens drei Tagen beim Empfänger eintrudeln – rote Briefkästen benutzen! Wertsachen können per Einschreiben geschickt werden, das kostet 1 € extra.

Post empfangen

Post kann man sich als „poste restante" an jedes beliebige Hauptpostamt schicken lassen. Das kostet nichts, aber bei der Abholung muss der Personalausweis vorgezeigt werden. Auf jeden Fall sollte der Familienname des Empfängers in Großbuchstaben und unterstrichen auf dem Umschlag stehen, zusammen mit dem Vermerk „poste restante". Tipp: Wenn erwartete Post im Postamt nicht auffindbar ist, den Schalterbeamten bitten, auch unter dem Vornamen nachzusehen.

Post, die nach einem Monat noch nicht abgeholt wurde, geht an den Absender zurück. Wer abreisen möchte, bevor die erwartete Post da ist, kann das Postamt bitten, sie postlagernd an den nächsten Zielort nachzusenden.

Pakete werden nicht ausgetragen, sondern müssen im Postamt abgeholt werden.

Post verschicken

Es ist wenig sinnvoll, ein Paket schon vor dem Versand einzupacken, da der Postbeamte möglicherweise den Inhalt sehen will. In Iraklion wird die Paketpost im Hauptpostamt an der Platia Daskalogianni abgefertigt, ansonsten haben alle Postämter einen Paketschalter. Dort werden allerdings meist nur kleine Pappschachteln verkauft. Wer einen größeren Karton benötigt, wird bestimmt in einem Supermarkt fündig (früh hingehen oder sich einen zurücklegen lassen).

RECHTSFRAGEN

Griechenland hat die strengsten Drogengesetze Europas! Griechische Richter machen keinen Unterschied zwischen Drogenbesitz und Drogenhandel. Schon bei einem kleinen Krümelchen Haschisch droht eine Haftstrafe.

REISEN MIT BEHINDERUNG

Für Reisende mit eingeschränkter Mobilität kann der Urlaub auf Kreta zur Herausforderung werden. Traurige Tatsache ist, dass die meisten Hotels, Fähren, Museen und Ausflugsziele nicht auf Rollstuhlfahrer eingestellt sind. Das Gelände gleicht in vielen Fällen einem Hindernisparcours. Wen das alles nicht abschreckt, der findet es vielleicht ermutigend zu wissen, dass es durchaus Rollstuhltouristen auf Kreta gibt. Neuere Hotels sind schon eher behindertenfreundlich.

Das **Eria Resort** (☎ 28210 62790; www.eria-resort.gr) in Maleme (Westkreta) zählt zu den wenigen griechischen Hotels, die auf Reisende mit Behinderung eingestellt sind. Es erfüllt Sonderwünsche, stellt Ausrüstung und medizinische Hilfe und organisiert behindertengerechte Ausflüge und Aktivitäten.

Nützliche Hinweise zum Thema bietet die englische Website www.disabled.gr.

REISEVERANSTALTER

Die große Mehrheit (80 %) aller Kretaurlauber sind Pauschaltouristen. Wer Flug und Übernachtung als Paket bucht, kommt oft erstaunlich gut weg und zahlt erheblich weniger als bei separater Buchung von Ticket und Hotel. Da Charterflüge ohne Übernachtung nicht leicht zu bekommen sind, buchen viele regelmäßige Besucher eine billige Pauschalreise, übernachten aber allenfalls die erste Nacht im Hotel und reisen dann auf eigene Faust weiter. Superschnäppchen gibt's oft bei Last-Minute-Angeboten zu erhaschen, da die Reiseveranstalter unbedingt ihre Charterflüge und Hotelkapazitäten füllen wollen. Natürlich führen derartige Deals fast unweigerlich in eins der großen Touristenzentren an der Nordküste. Wer sich seinen Urlaub ein klein wenig individueller vorstellt, kann es bei folgenden Adressen versuchen:

Diktynna Travel (☎ 28210 41458; www.diktynna-travel.gr; Arhontaki 6, Chania, Griechenland)

Travello GmbH (☎ 04101 852 9401; www.kreta-treff.de; Thesdorfer Weg 109, 25421 Pinneberg)

Kreta-Reisen (☎ 089 33 32 83; www.kreta-reisen.de; Clemensstr. 49, 80803 München)

SCHWULE & LESBEN

Es gibt in Griechenland zwar keine Gesetze gegen gleichgeschlechtliche Neigungen, trotzdem ist es für lesbische und schwule Pärchen nicht ratsam, in der Öffentlichkeit allzu heftig zu schmusen. Anders als andere griechische Inseln (z. B. Mykonos) hat Kreta keine ausgesprochene Schwulenszene. Da Homosexualität hier immer noch mit einem Stirnrunzeln betrachtet wird, hält sich auch das schwule Nachtleben in Grenzen. In Iraklion gibt es ein paar Hangouts, in denen Schwule gern gesehen sind. Auch Paleochora ist so relaxt, dass sich Schwule und Lesben hier wohlfühlen können. Gleiches gilt für die meisten FKK-Strände.

Der *Spartacus International Gay Guide* (Bruno-Gmünder-Verlag, Berlin), die „Bibel der schwulen Travellerszene", enthält auch viele wertvolle Tipps für die griechischen Inseln. Einige Informationen über die Szene auf Kreta liefert die Website www.gaygreece.gr. Einige Kapitel in englischer Sprache finden sich auf www.gay.gr und www.lesbian.gr.

SHOPPEN

Kreta hat eine lange Kunsthandwerkstradition. Keramik, Terrakottagefäße, handgearbeitete Lederartikel, Webteppiche, Ikonen, besticktes Leinen und kunstvolle Silber- und Goldschmiedearbeiten stapeln sich in den Touristenläden, dazu kommen Wildkräuter, Olivenöl, Wein, Fruchtkonserven, Käse, Oliven und andere kulinarische Köstlichkeiten. Bei Nahrungsmitteln ist darauf zu achten, dass sie in das nächste Reiseland eingeführt werden dürfen.

Das Angebot der allgegenwärtigen Souvenirshops stammt zumeist aus Massenproduktion. Das bedeutet nicht unbedingt, dass die Ware nicht ihren Preis wert wäre, aber das Herumstöbern in kleinen Spezialgeschäften mit authentischen kretischen Produkten macht einfach mehr Spaß. Unter allen Städten Kretas ist Chania in puncto Auswahl eindeutiger Favorit. Besonders in den Straßen hinter dem Hafen haben sich kreative Kunsthandwerker angesiedelt, die die schönsten Leder-, Schmuck-, Töpfer- und Teppichwaren der Insel anbieten.

Auch in Rethymnon versteckt sich die eine oder andere Perle kretischer Kunstfertigkeit. Iraklion lässt eher das Herz anspruchsvoller Shopper auf der Suche nach Designerklamotten und anderen hochwertigen Waren höher schlagen.

Im Landesinneren gibt es einige Dörfer, die für ihre Handarbeiten berühmt sind. In Anogia oder Kritsa ist möglicherweise mit Bettwäsche oder Stickwaren ein Schnäppchen zu machen. Allerdings besteht immer die Gefahr, dass das Objekt der Begierde in Hongkong oder Indonesien produziert wurde, also vor dem Kauf einen Blick auf das „Made in"-Schildchen werfen. Einen guten Ruf haben die Geschäfte für Webwaren in Chania und die für Klöppelarbeiten in Gavalochori (s. S. 134) – ihre Produkte sind fast immer authentisch.

Antiquitäten

Der Kauf, Verkauf, Besitz und Export jeglicher Antiquität ist in Kreta verboten (siehe Abschnitt „Zoll", S. 245). Aber es gibt Antiquitäten und „Antiquitäten". Vieles, was erst 100 oder 200 Jahre auf dem Buckel hat, wird eher als „alter Schrott" denn als Teil des nationalen Kulturerbes betrachtet. Dazu zählen handgetischlerte Möbel, Gerätschaften aus dem ländlichen Raum, religiöser Nippes aus Kirchen oder Souvenirs aus fernen Ländern. Es lohnt sich also, möglichst genaue Informationen aus dem Händler herauszubekommen.

Keramik

Überall auf Kreta wird Getöpfertes in allen Formen und Formaten angeboten, seien es Gebrauchsgegenstände oder Dekoobjekte. Die Hauptzentren für Töpferwaren sind Margarites (s. S. 150), das durch auffällige Dessins und Motive hervorsticht, und Thrapsano (s. S. 184), das für seine riesigen *pitharia* (Urnen) berühmt ist. Einige Handwerker machen sich antike griechische Brenn- und Glasurtechniken zunutze und erzielen auf diese Weise einzigartige Ergebnisse (s. Carmela, S. 98).

Die gängigen kretischen Töpferwaren sind an der glänzenden, dunkelblauen Glasur zu erkennen. Sie sollte so hart sein, dass eine Messerklinge darauf keine Spuren hinterlässt; ein glasierter Boden dagegen weist meist auf Industrieware hin.

Lederwaren

Die meisten Ledersachen sind nicht gerade Handschmeichler, sondern ziemlich steif, und wirklich günstig sind sie auch nicht. Der beste Markt für robuste Taschen, Geldbeutel, Schuhe und Stiefel ist die „Ledergasse" in Chania, s. S. 98. Auch Rethymnon hat mehrere renommierte Läden für ausgezeichnete Lederwaren, darunter Silverhorse, s. S. 144.

Messer

Die Kreter sind zu Recht stolz auf ihre charakteristischen, handgearbeiteten Messer mit Griffen aus Widderhorn und geschmiedeten, rasiermesserscharfen Klingen. Die Souvenirläden sind voll davon, aber nur wenige wurden tatsächlich auf althergebrachte Weise hergestellt. Und auch ihr gefährliches Aussehen täuscht, die meisten taugen nicht viel.

Schmuck

Griechische Designer produzieren exquisiten Schmuck, der in Spezialgeschäften auf ganz Kreta verkauft wird. Einige lokale Goldschmiede lassen sich in ihren Ateliers über die Schulter gucken, besonders in Chania. Originellere Stücke sind eher in Silber zu bekommen als aus Gold. Wer's traditionell mag, sollte nach Nachbildungen minoischer Objekte (z. B. des Diskos von Festos) Ausschau halten, die meist sehr schön gearbeitet und nur auf Kreta erhältlich sind.

Webwaren

Auch Webteppiche und Wandbehänge lachen einem aus jedem Geschäft entgegen. Rein ästhetisch spricht bei den meisten zwar nichts gegen einen Kauf, und auch die Verarbeitung scheint ganz passabel, aber der Haken liegt wieder einmal bei der Herkunft. Kretische Industrieware oder – noch schlimmer – Asienimporte dämpfen die Kauflust. Wer sich mit eigenen Augen davon überzeugen will, wie sein Traumteppich gewebt wird, braucht nur durch Chanias Altstadt zu schlendern, s. S. 98.

SICHERHEIT

Die Kriminalität, besonders Diebstahl, hält sich auf Kreta sehr in Grenzen. Es ist aber nie verkehrt, seine Wertsachen im Auge zu behalten, speziell in öffentlichen Verkehrsmitteln und auf Märkten. Ebenso gilt die alte Regel, Gepäck nicht unbeaufsichtigt im Auto zu lassen. Wenn Reisenden etwas geklaut wird, dann in den meisten Fällen von anderen Travellern – Jugendherbergen und Campingplätze sind die beliebtesten „Jagdgründe". Wer in einem Hotelzimmer wohnt, dessen Fenster und Türen sich nicht sicher schließen lassen, sollte seine Wertsachen im Hotelsafe deponieren.

TELEFON

Das griechische Telefonnetz wird von der halbprivaten Gesellschaft OTE (Organismos Tilepikinonion Elladas – sprich O-tee) betrieben, ist modern und funktioniert. Öffentliche Fernsprecher werden mit Telefonkarten

WICHTIGE TELEFONNUMMERN

Telefonauskunft	☎ 11888
vom Handy	☎ 11831
Ländervorwahl Griechenland	☎ 30
Internationale Vorwahl	☎ 00
Internationale Auskunft/ R-Gespräche	☎ 139

Gebührenfreie Notrufnummern (rund um die Uhr)

Krankenwagen	☎ 166
Feuerwehr	☎ 199
Feuerwehr bei Waldbränden	☎ 191
Polizei	☎ 100
Pannenhilfe (ELPA)	☎ 10400
Touristenpolizei	☎ 171

gefüttert, die für 3 € (100 Einheiten) an den *periptera* (Kiosken), in Tante-Emma-Läden und Souvenirshops verkauft werden. Karten mit höherem Guthaben sind nur in OTE-Ämtern erhältlich.

Auslandsgespräche sind von allen Telefonen aus möglich. Nach Drücken der „i"-Taste folgt eine Bedienungsanleitung auf Englisch. Die Telefonkarte auf keinen Fall vor entsprechender Aufforderung entnehmen, sonst besteht die Gefahr, dass das Restguthaben gelöscht wird. Ortsgespräche kosten eine Einheit pro Minute.

Internationale Prepaid-Telefonkarten (*chronokarta*) sind ebenfalls erhältlich.

In Dörfern und auf abgelegenen Inseln gibt es in der Regel zumindest ein Telefon mit Zähler, das Ferngespräche und Auslandsgespräche ermöglicht, meist in einem Geschäft, einem *kafenion* oder einer Taverne.

R-Gespräche: die Vermittlung anrufen (Inland ☎ 1229; international ☎ 139) und sich mit der gewünschten Nummer verbinden lassen.

Direktgespräch ins Ausland: Auslandsvorwahl (☎ 00) + Vorwahl des entsprechenden Landes (Deutschland: 49, Österreich: 43, Schweiz: 41) + Ortsvorwahl (ohne 0) + Nummer des Teilnehmers.

Handys

Ob das eigene Handy in Griechenland funktioniert, ist vom jeweiligen Vertrag abhängig, und zum Teil fallen saftige Gebühren an. Am besten vor der Abreise die Hotline des Providers anrufen, um abzuklären, ob das Handy für internationales Roaming freigeschaltet ist, oder das ggf. zu veranlassen.

Die drei griechischen Mobilnetzbetreiber Vodafone, Cosmote und Wind bieten lokale Prepaid-SIM-Karten mit einer eigenen griechischen Mobilfunknummer an. Sie schalten beim Verlassen des Landes automatisch auf internationales Roaming um, sodass die Karten weiterhin zum Senden und Empfangen von SMS genutzt werden können.

Cosmote scheint das weiträumigste Netz zu unterhalten; wer in entlegeneren Gebieten öfter auf „Funklöcher" stößt, sollte diesen Anbieter wählen.

TOILETTEN

Eine Besonderheit des griechischen Abwassersystems ist seine allergische Reaktion auf Toilettenpapier – anscheinend sind die Abflussrohre zu eng. Jedenfalls herrscht fast überall Verstopfungsparanoia, daher Papier und anderes freundlicherweise in die bereitgestellten Abfalleimer werfen.

Ganz selten trifft man außerhalb der größeren Städte in älteren Häusern, *kafenia* und in öffentlichen Toiletten auf Stehklos, wie sie im asiatischen Raum verbreitet sind.

Außer an Flughäfen, Zug- und Busbahnhöfen sind öffentliche Toiletten selten. Wer ein dringendes Bedürfnis hat, geht am besten in ein Café. Manchmal wird erwartet, dass man für den Service eine Kleinigkeit kauft.

TOURISTENINFORMATION

Das Büro der Greek National Tourism Organisation (EOT auf Griechisch) in Iraklion führt eine Reihe von Broschüren und ein paar Landkarten, ist aber die am wenigsten hilfsbereite Touristeninformation der Insel. Die städtischen Touristeninformationen in größeren Zentren führen Landkarten und Broschüren, helfen mit Informationen über Museen und Verkehrsverbindungen und haben manchmal auch Hotelverzeichnisse.

TOURISTENPOLIZEI

Die **Touristenpolizei** (☎ 171) arbeitet mit der regulären Polizei und der EOT zusammen. Mindestens ein Mitarbeiter der jeweiligen Wache spricht Englisch. Die Touristenpolizei überwacht Hotels, Restaurants, Reisebüros, Souvenirläden, Fremdenführer, Servicepersonal sowie Taxi- und Busfahrer. Wer glaubt, er sei übers Ohr gehauen worden, kann das dort anzeigen. Bei Diebstahl oder Verlust von

Reisedokumenten fungiert die Touristenpolizei als Dolmetscher zwischen Urlauber und regulärer Polizei. Außerdem bekommt man bei der Touristenpolizei Prospekte, Karten und Auskünfte über Verkehrsverbindungen.

UNTERKUNFT

Kreta bietet eine große Auswahl an Unterkünften für jeden Geschmack und jeden Geldbeutel. Das Spektrum reicht vom billigen, extrem einfachen Zimmer und gut ausgestatteten Studio für Selbstversorger über das traditionelle Dorfhaus bis hin zur superluxuriösen Ferienanlage. Kreta hat bei der Übernachtung noch immer ein gutes Preis-Leistungs-Verhältnis im Vergleich zu anderen Inseln, wobei der Süden und die Dörfer im Landesinneren deutlich billiger sind als die Nordküste. Außerhalb der Spitzensaison (Juli und August) kann man so gut wie überall unangemeldet auftauchen und eine Unterkunft finden, im Hochsommer ist dagegen eine Reservierung sinnvoll.

Die Preise der Branche werden streng kontrolliert. Per Gesetz muss in jedem Hotelzimmer eine Liste aushängen (meistens hinter der Tür), die Zimmerkategorie und Höchstpreise in der jeweiligen Saison aufführt. Dieses Buch gibt die offiziellen Zimmerpreise für die Hochsaison an (bzw. das, was man normalerweise höchstens bezahlt, denn viele Hotels bleiben immer unter dem offiziellen Preis). Außerhalb der Monate Juli und August bleibt oft eine Menge Verhandlungsspielraum, besonders bei längeren Aufenthalten. Frühjahr und Herbst sind gute Zeiten, um die eigenen Verhandlungskünste zu testen.

Für ein Zusatzbett im Zimmer fällt ein obligatorischer Aufpreis von 20 % an.

Einige *domatia*-Besitzer berechnen die Klimaanlage extra. Das ist aber nur zulässig, solange der Gesamtpreis den angegebenen Höchstpreis nicht übersteigt, und der versteht sich normalerweise inklusive Klimaanlage.

Gelegentlich werden Fälle von Abzocke bekannt. Wer einen entsprechenden Verdacht hegt, sollte dies der Touristenpolizei oder der normalen Polizei melden.

Viele Vermieter behalten den Reisepass oder Personalausweis ihrer Gäste für die Dauer des Aufenthalts ein. Darauf können sie aber nicht bestehen, denn eigentlich benötigen sie ihn nur zur Registrierung der Gäste.

Berghütten

Solche Hütten, die von regionalen Bergsteigerclubs unterhalten werden, sind auf Kreta nicht besonders weit verbreitet. Es gibt einige im Gebirge Levka Ori und in der Umgebung der Berge Psiloritis und Dikti. Eine Übernachtung im Etagenbett kostet für Nichtmitglieder um die 13 €. Weitere Informationen gibt's bei den Bergsteigerclubs (s. S. 82) und unter www.crete.tournet.gr/outdoor/shelters-en.jsp.

Camping

Auf Kreta gibt es nur rund ein Dutzend Campingplätze, die meisten unter privater Leitung. Außerhalb der Hochsaison sind nur ganz wenige geöffnet, und die Qualität ist durchwachsen. Die meisten haben eine Taverne auf dem Gelände, einige exklusivere Anlagen haben Pools und vermieten eigene Wohnwagen und Zelte.

Die **Panhellenic Camping Association** (☎/Fax 21036 21560; www.panhellenic-camping-union.gr; Solonos 102, Athen) unterhält eine Website mit einem Verzeichnis aller angeschlossenen Campingplätze und ihrer jeweiligen Einrichtungen. Eine jährliche Gratisbroschüre über Camping in Griechenland veröffentlicht die staatliche griechische Touristeninformation Ellinikos Organismos Tourismou (EOT), die im Ausland unter der Bezeichnung Greek National Tourism Organisation (GNTO) auftritt.

In der Zeit vom Mitte Juni bis Ende August sind die Campinggebühren am höchsten. Meist liegen sie bei 4 bis 6 € pro Person. Studenten erhalten Ermäßigung, Kinder unter zwölf Jahren zahlen normalerweise den halben Preis, Kinder unter vier Jahren übernachten umsonst. Stellplätze für Zelte kosten je nach Größe 3 bis 6 €, für Wohnmobile ab ca. 8 € pro Nacht.

Von Mai bis Mitte September ist es warm genug, um im Freien zu übernachten, aber nur

UNTERKUNFT ONLINE BUCHEN

Weitere Beschreibungen und Empfehlungen von Übernachtungsmöglichkeiten durch Lonely Planet Autoren finden sich im Online-Buchungsbereich der Website www.lonelyplanet.com. Dort geben Insider Tipps zu den besten Unterkünften. Die Kritiken wurden gründlich recherchiert und unabhängig erstellt. Das Beste: Man kann direkt online buchen.

ganz Hartgesottene werden ohne Schlafsack auskommen. Besonders in den frühen Morgenstunden wird's manchmal recht frisch, und da ist zumindest ein leichter Schlafsack ganz willkommen. Empfehlenswert sind auch eine Isomatte und eine wasserdichte Schlafsackhülle.

Wildes Zelten ist illegal, wird aber nicht allzu streng verfolgt. In einigen Gegenden wird Wildcampen bekanntermaßen lockerer gehandhabt, besonders an der Südküste. Es ist ratsam, sich vorher nach den örtlichen Gepflogenheiten zu erkundigen.

Domatia

Domatia (auch als Pensionen bezeichnet) sind die griechische Antwort auf das britische Bed & Breakfast, nur ohne Frühstück. Früher waren das irgendwelche unbenutzten Abstellkammern, die von privat an Reisende vermietet wurden und den Kretaurlaub ziemlich billig machten. Inzwischen werden die meisten *domatia* extra zu diesem Zweck gebaut, einfache (und billige) Unterkünfte älteren Stils werden immer seltener. Viele davon wurden zu „Studios" aufgewertet und haben gut ausgestattete Küchenzeilen, Fernseher und Klimaanlage. Sie sind nach wie vor beliebt bei Travellern mit kleinem Budget und oft wesentlich attraktiver (und manchmal auch besser ausgestattet) als viele farblose und unpersönliche Mittelklassehotels.

Domatia werden unter einem Klassifizierungssystem bewertet, das festlegt, welchen Preis der Besitzer verlangen darf. Was die Sauberkeit angeht, besteht normalerweise kein Grund zur Klage. Die Einrichtungen schwanken von kühlen grauen Marmorböden über nordische Hölzer, gehäkelte Spitzenvorhänge, geschmackvolle Bilder an den Wänden bis zu regelrecht spartanisch.

Einzelzimmer kosten zwischen 20 und 30 €, Doppelzimmer 30 bis 50 €, je nach Ausstattung, Saison und Aufenthaltsdauer.

Einige *domatia* bereiten Warmwasser mit Solaranlagen auf. Das bedeutet, dass keine Garantie auf Warmwasser besteht, doch in aller Regel steht es zur Verfügung. Die meisten *domatia* haben nur von April bis Oktober geöffnet.

Hostels und Jugendherbergen

Offizielle Jugendherbergen gibt es in Rethymnon, Plakias und Iraklion. Daneben fungieren einige wenige Hotels als inoffizielle Hostels. Die Hostels in Rethymnon und Plakias sind gut geführte und gesellige Unterkünfte mit ordentlichen Einrichtungen.

Die Preise liegen zwischen 7 und 15 € pro Person und Nacht, ein Jugendherbergsausweis ist nicht erforderlich.

Hotels & Resorts

Kreta hat einige der besten Ferienanlagen (Resorthotels) in ganz Griechenland. Darunter sind auch einige Wellness-Anlagen der absoluten Luxusklasse, doch ansonsten weist der Standard dramatische Unterschiede auf. Während einige Spitzenhotels zur Weltklasse gehören und sämtliche Ansprüche erfüllen, sind einige Mittelklassehotels nichts weiter als bessere *domatia*. In größeren Städten finden sich einige schicke Boutique-Hotels, Chania und Rethymnon bieten darüber hinaus viele stimmungsvolle Gästehäuser in wunderbar restaurierten venezianischen Villen oder historischen Gebäuden.

Das offizielle Klassifizierungssystem in Griechenland hat sich geändert. Das alte System nach Buchstaben (A–E, plus L für die Luxuskategorie) wurde durch das internationale Bewertungssystem nach Sternen ersetzt, das einen wesentlich höheren Standard gewährleistet. Was unter dem alten System als A-Klasse-Hotel eingestuft war, ist unter den neuen Richtlinien wahrscheinlich ein 3-Sterne-Hotel. Hotels, die nach 2002 gebaut wurden, erfüllen die neuen Kriterien, doch bei den meisten bestehenden Hotels wurden die Buchstaben automatisch durch Sterne ersetzt: L = 5 Sterne, A = 4, B = 3, C = 2, D und E = 1 Stern. Die griechischen Hotels befinden sich derzeit in einer Übergangsphase, denn es ist ein langwieriger Prozess, alle Häuser aufgrund ihrer Einrichtungen neu zu klassifizieren.

Alles in allem schwanken Qualität und Service der Hotels auf Kreta ganz erheblich und spiegeln sich im Preis oft nicht wider. Zu erwarten sind Preise von 60 bis 70 € für ein Doppelzimmer in einem 2-Sterne-Hotel in Iraklion und 80 bis 120 € für ein Doppelzimmer in einem 3-Sterne-Hotel. In letzter Zeit orientieren sich viele Hotels immer stärker in Richtung All-inclusive-Pauschalreisen, die von großen Reiseveranstaltern angeboten werden und für Individualtouristen keinen Reiz haben. Viele Hotels bieten erhebliche Rabatte bei Buchung übers Internet.

Studios & Apartments

Studios und Apartments für Selbstversorger sind beliebt bei Familien und bei Travellern, die länger an einem Ort bleiben. Studios sind meist für zwei Personen geeignet, Apartments bieten normalerweise bis zu fünf Personen Platz. Meist gibt es eine Kochnische (manchmal mit Mikrowelle), Kühlschrank und TV, oft eine Klimaanlage und Heizung für den Winter, einen Aufenthaltsraum und abgetrennte Schlafzimmer, manchmal Gelegenheit zum Wäsche waschen. Studios schlagen in der Hochsaison mit 35 bis 60 € zu Buche, ein Apartment für vier Personen kostet 50 bis 80 € pro Nacht.

Traditionelle Häuser, Öko-Lodges & Villen

Viele historische Gebäude und malerische Steinhäuschen auf ganz Kreta werden seit einiger Zeit aufwändig restauriert und in schöne Unterkünfte umgestaltet, vom rustikalen Studio bis zur exklusiven Villa mit Pool. EU-Mittel zur Restaurierung alter Dörfer mit Gebäuden von besonderem Reiz haben Schwung in viele ländliche Gegenden gebracht, wobei die meisten Vorhaben auf zahlungskräftige Kundschaft abzielen. Daneben bestehen auch Möglichkeiten, auf Bauernhöfen oder Landgütern zu übernachten.

Bereits etablierte Vorzeigemodelle sind Vamos (s. S. 134) und die Öko-Lodges in Milia (s. Kasten S. 127) und bei Makrigialos im Süden (s. Kasten S. 229). Traditionelle Merkmale wie Kamine, Steinherde und rustikale Möbel versprechen ein besonderes Flair. In Vamos kostet ein Haus für 2 bis 4 Personen 75 bis 120 € pro Tag, eine Kate aus Naturstein für zwei kostet in Milia 65 bis 70 €.

Eine Liste mit Villen und traditionellen Häusern findet sich unter www.agrotravel.gr.

Seit einigen Jahren werden in ganz Kreta zunehmend neue Villen gebaut und historische Häuser restauriert, in denen Urlauber ein idyllisches Privatdomizil für eine oder mehrere Wochen finden. Die meisten dieser Unterkünfte zielen auf den Luxusmarkt ab und werden durch internationale Agenturen vermittelt.

VERSICHERUNG

Eine Reiseversicherung gegen Diebstahl, Verlust und Krankheit ist sinnvoll. Manche Verträge klammern riskante Aktivitäten aus, dazu können Sporttauchen, Motorradfahren oder sogar Bergwandern gehören. Die Versicherung sollte auch für Krankentransport und ggf. Rückflug aufkommen.

Wer clever ist, achtet darauf, dass die Versicherung Arzt- oder Krankenhausrechnungen direkt bezahlt, sodass keine Vorkasse geleistet werden muss. Sieht der Vertrag das nicht vor, ist es ratsam, alle Unterlagen und Quittungen gewissenhaft zu sammeln, um seine Ansprüche später geltend machen zu können.

VISA

Einwohner der EU-Mitgliedsstaaten, die unter das Schengener Abkommen fallen (also auch Deutschland und Österreich), können sich in Griechenland aufhalten, so lange sie wollen. Schweizer Staatsbürger können ohne Visum bis zu drei Monate in Griechenland bleiben.

Visa für Schweizer Staatsbürger

Schweizer, die länger als drei Monate in Griechenland bleiben wollen, können bei einer griechischen Botschaft im Ausland oder spätestens 20 Tage vor Ablauf der Frist beim **Ausländerbüro** (☎ 210 510 2831; Leoforos Alexandras 173, Athen; 🕑 Mo–Fr 8–13 Uhr) ein Visum beantragen. Reisepass und vier Passfotos mitbringen! Eventuell muss man erklären, wie der Aufenthalt finanziert werden soll, also unbedingt alle Umtauschquittungen aufheben. Diese werden nicht immer automatisch ausgestellt, daher ggf. in der Bank danach fragen. Auch ein Kontoauszug der eigenen Bank kann hilfreich sein.
Auf Kreta ist die Hauptpräfektur in Iraklion zuständig, die eine Aufenthaltserlaubnis für bis zu sechs Monate erteilen kann. Einfacher ist es, einen Kurzausflug nach Bulgarien oder in die Türkei zu machen und dann erneut nach Griechenland einzureisen.

ZEIT

Griechenland liegt in der OEZ-Zone (Osteuropäische Zeit), die unserer Zeit (MEZ) um eine Stunde voraus ist. Auch dort werden die Uhren am letzten Sonntag im März auf Sommerzeit vor- und am letzten Sonntag im Oktober wieder zurückgestellt, sodass der Abstand von einer Stunde zu unserer Zeit konstant bleibt.

ZOLL

Innerhalb der EU gelten für Waren des privaten Gebrauchs keine Zollbeschränkungen mehr. Beamte durchsuchen allerdings stichprobenartig das Gepäck nach Drogen.

Es darf ein unbegrenzter Geldbetrag in ausländischer Währung nach Griechenland eingeführt werden, bei der Ausreise sind dagegen nur 2500 US-Dollar Bargeld (oder das Äquivalent in anderer internationaler Währung) erlaubt. Alles, was darüber hinausgeht, kann nur als Bankscheck oder per Überweisung transferiert werden.

Die Ausfuhr von Antiquitäten (d. h. von allem, was über 100 Jahre alt ist) ist ohne Exporterlaubnis streng verboten. Darunter fällt selbst der kleinste Kieselstein von einer Ausgrabungsstätte.

Für Schweizer Staatsbürger über 18 Jahre gelten folgende Freimengen: 200 Zigaretten oder 100 Zigarillos oder 50 Zigarren oder 250 g Rauchtabak, 2 l Wein und 2 l Schaumwein oder 1 l Spirituosen über 22 Vol.-% oder 2 l Spirituosen unter 22 Vol.-%, 50 g Parfüm und ¼ l Eau de Cologne und Souvenirs im Wert von maximal 175 €.

Kunstgegenstände und Antiquitäten müssen bei der Einfuhr gemeldet werden, damit man sie bei der Rückreise wieder ausführen darf.

Die Einfuhr von Medikamenten auf Kodeinbasis ohne ärztliche Bescheinigung ist illegal. Es wird empfohlen, bei der Einfuhr jeglicher Medikamente eine ärztliche Bescheinigung mitzuführen. Hunde und Katzen benötigen ein amtstierärztliches Gesundheitszeugnis.

Verkehrsmittel & -wege

INHALT

AN- & WEITERREISE

Viele Reisende glauben, dass Kreta nur über das griechische Festland, also meist via Athen, zu erreichen sei. Dabei gibt es von ganz Europa aus Direktflüge nach Kreta, sowohl Linie wie auch Charter.

Flüge, Touren und Eisenbahntickets können online gebucht werden unter www.lonelyplanet.com/travel_services.

EINREISE

Einwohner der EU wie auch Schweizer benötigen für die Einreise nach Griechenland lediglich einen gültigen Personalausweis. Sie werden in der Regel allenfalls flüchtig kontrolliert, auch wenn sich der Zoll manchmal für das Gepäck interessiert. Beim Einchecken ins Hotel oder in eine Pension muss üblicherweise der Ausweis vorgelegt werden.

FLUGZEUG

Die meisten Urlauber kommen mit dem Flieger nach Kreta. Der Sommer beschert Reisenden jede Menge Charterflüge direkt nach Kreta, bei Linienflügen ist bisweilen eine Zwischenlandung in Athen oder Thessaloniki dabei.

Flughäfen & Fluglinien

Wer Linie fliegt, landet möglicherweise in Athen, eventuell auch in Thessaloniki. Von dort geht's dann mit einem Inlandsflug zum Zielort auf Kreta.

Athens International Airport (Eleftherios Venizelos) (Code ATH; ☎ 210 353 0000; www.aia.gr) liegt 27 km östlich von Athen.

Die meisten Kretaurlauber landen auf Iraklions Flughafen **Nikos Kazantzakis International Airport** (Code HER; ☎ 281 022 8401). Da er zu einer Zeit gebaut wurde, als der Tourismus auf der Insel noch in den Kinderschuhen steckte, ist er in der Hochsaison bisweilen überlastet. Es gibt Pläne für den Bau eines neuen Flughafens bei Kastelli, 40 km von Iraklion entfernt.

Der Flughafen Chania (Code CHQ; ☎ 28210 83800) liegt 14 km außerhalb der Stadt. Wer nach Westkreta will, ist mit diesem Airport besser bedient.

Sitia Airport (Code JSH; ☎ 28430 24666) hat seit 2003 eine längere Startbahn, aber bis 2007 waren noch keine internationalen Flüge im Programm.

Die Tabelle auf S. 248 gibt Auskunft über Häufigkeit und Preise für Flüge vom griechischen Festland nach Kreta.

FLUGLINIEN NACH/AB GRIECHENLAND

Aegean Airlines (A3; ☎ 801 11 20000; www.aegeanair.com)
Air France (AF; ☎ 210 960 1100; www.airfrance.com)
British Airways (BA; ☎ 210 890 6666; www.britishairways.com)
Cyprus Airways (CY; ☎ 210 372 2722; www.cyprusair.com.cy)
easyJet (U2; ☎ 210 353 0300; www.easyjet.com)
KLM (KL; ☎ 210 911 0000; www.klm.com)
Lufthansa (LH; ☎ 210 617 5200; www.lufthansa.com)

DIE DINGE ÄNDERN SICH …

Dieses Kapitel ist besonders anfällig für Informationen, die sich kurzfristig ändern können. Was Preise und Tickets angeht, lohnt es sich auf jeden Fall, die Fluglinie oder das Reisebüro zu kontaktieren. Sicherheitsbestimmungen für Auslandsreisen beachten! Die Angaben in diesem Kapitel sind nur Hinweise und können niemals so zuverlässig sein wie selbst eingeholte, aktuelle Auskünfte.

Olympic Airlines (OA; ☎ 210 966 6666; 801 11 44444; www.olympicairlines.com)
Transavia (HV; ☎ 281 030 0878; www.transavia.nl)

GRIECHISCHE FLUGLINIEN

Die griechische Fluglinie Olympic übernimmt die große Mehrheit aller Inlandsflüge. Sie hat Agenturen in allen Orten, die sie anfliegt, sowie in weiteren größeren Städten. Studenten bekommen bei Olympic 25 % Rabatt auf Inlandsflüge, sofern diese Teil einer internationalen Flugreise sind; Fluggäste im Alter von 18 bis 24 Jahren erhalten Ermäßigung.

Aegean Airlines bietet Flüge zwischen Athen, Chania und Iraklion an. Die Maschinen dieser Linie sind modern, der Service ist für gewöhnlich ausgezeichnet. Flüge sind per Internet buchbar, es werden E-Tickets ausgestellt und es gibt satte Frühbucherrabatte. Aegean fliegt außerdem von Kreta nach Thessaloniki und via Athen oder Thessaloniki nach Frankfurt, Düsseldorf, München, Stuttgart, Paris, Mailand und Rom.

Die neue Fluggesellschaft **Sky Express** (☎ 2810 223 500; www.skyexpress.gr) fliegt mit 18-Sitzern von Chania nach Rhodos und von Iraklion nach Rhodos, Santorin, Mytilini, Kos, Samos und Ikaria. Das Gepäck ist auf 12,5 kg beschränkt.

Bei allen Fluglinien empfiehlt sich eine möglichst frühe Buchung, da Flüge nach Kreta in der Hochsaison schnell ausgebucht sind. Einzelheiten über Flüge zu bestimmten Zielen sind in den jeweiligen Kapiteln über den Zielort nachzulesen.

Alle Angaben in diesem Reiseführer gelten für Flüge in der Hochsaison (Mitte Juni bis Ende September). Vorher und nachher wird die Insel viel seltener angeflogen.

CHARTERFLÜGE

Billige Charterflüge nach Kreta werden vor allem zwischen April und Oktober angeboten. Separate Flüge ohne Pauschalurlaub sind jedoch immer schwieriger zu bekommen, da viele Reiseveranstalter ganze Kontingente buchen. Die Tickets sind billig, aber die Flugzeiten oft völlig unchristlich. Manchmal sind mit dem Billigflug auch bestimmte Bedingungen verbunden, z. B. der Kauf eines Übernachtungsgutscheins (worauf aber viele Agenturen heutzutage nicht mehr bestehen). Viele Dauergäste buchen eine Pauschalreise nach Kreta und steuern nach der Ankunft eine andere Unterkunft an, die sie sich selbst besorgt haben.

FLÜGE VOM GRIECHISCHEN FESTLAND NACH KRETA

Die folgende Tabelle gibt Anhaltspunkte über die Häufigkeit und den ungefähren Preis für einfache Flüge zwischen Kreta und dem griechischen Festland in der Hochsaison.

Abflugsort	Zielort	Häufigkeit	Flugpreis*
Athen	Chania	5-mal tägl.	85–125 €
Athen	Iraklion	12-mal tägl.	85–125 €
Athen	Sitia	4-mal wöchentl.	71 €
Thessaloniki	Chania	4-mal tägl.	106–135 €
Thessaloniki	Iraklion	3-mal tägl.	106–135 €
Rhodos	Iraklion	2-mal tägl.	89–98 €
Alexandroupoli	Sitia	3-mal wöchentl.	92 €

*einfacher Flug inkl. Steuer

Charterflugtickets sind bis zu vier Wochen gültig und setzen meist einen Mindestaufenthalt von drei Tagen voraus. Manchmal sind die Tickets so billig, dass es sich bei längeren Aufenthalten lohnt, einen Hin- und Rückflug zu kaufen und den Rückflug verfallen zu lassen.

Die besten Angebote stehen in den Reiserubriken großer Zeitungen oder im Internet.

DEUTSCHLAND

Aegean Airlines und Olympic Airlines bieten Flüge ab Iraklion via Athen nach Stuttgart, Düsseldorf, München, Frankfurt und Berlin (nur Olympic). Lufthansa hat im Sommer viele Direktflüge nach Iraklion von diversen deutschen Flughäfen. Im Sommer fliegen Air Berlin, Condor, easyJet, Germania und TUIfly von verschiedenen deutschen Flughäfen nach Iraklion und/oder Chania.

ÖSTERREICH

Charter-Direktflüge gibt's nur im Sommer von Wien nach Iraklion, z. B. bei Austrian Airlines und Lauda Air.

Linienflüge gehen mehrmals in der Woche ab Wien nach Kreta, aber immer über Athen.

SCHWEIZ

Auch ab Zürich kann man an fast allen Wochentagen per Linie über Athen nach Kreta fliegen.

Charterdirektflüge werden nur im Sommer angeboten.

KLIMAWANDEL & REISEN

Der Klimawandel stellt eine ernste Bedrohung für die Umwelt dar, und Fernreisen auf dem Luftweg zählen zu den größten Verursachern des Problems. Lonely Planet betrachtet das Reisen insgesamt als Gewinn, möchte aber an alle Traveller appellieren, einen persönlichen Beitrag zur Reduzierung der Erderwärmung zu leisten.

Fliegen & Klimawandel

Fast alle Arten der motorisierten Fortbewegung produzieren CO_2-Ausstoß, die Hauptursache für den von Menschen verursachten Klimawandel. Dabei sind Flugzeuge mit Abstand die größten Umweltsünder, nicht nur wegen der riesigen Entfernungen, die sie zurücklegen, sondern auch weil sie Treibhausgase in hohen Schichten der Atmosphäre ausstoßen. Die Zahlen sind furchteinflößend: Zwei Personen, die von Europa in die USA und zurück fliegen, tragen so viel zum Klimawandel bei wie der jährliche Gas- und Stromverbrauch eines durchschnittlichen Haushalts.

Kompensationsprogramme für Treibhausgase

Climatecare.org und andere Websites verwenden sogenannte CO_2-Rechner, mit denen Fluggäste ausrechnen können, wie sich eigens verursachte Treibhausgase durch die Unterstützung von Energiesparprojekten und anderen klimafreundlichen Initiativen in Entwicklungsländern wie Indien, Honduras, Kasachstan und Uganda kompensieren lassen.

In Zusammenarbeit mit Rough Guides und anderen verantwortungsbewussten Partnern der Tourismusindustrie unterstützt Lonely Planet das Kompensationsprogramm für Treibhausgase von climatecare.org. Lonely Planet schafft einen Ausgleich für sämtliche Treibhausgase, die durch Reisen von Mitarbeitern und Autoren verursacht werden.

Weitere Informationen finden sich auf unserer Website www.lonelyplanet.com.

ZYPERN

Cyprus Airways fliegt viermal wöchentlich von Larnaka direkt nach Iraklion und fünf- bis sechsmal am Tag nach Athen. Olympic Airways fliegt einmal täglich von Larnaka nach Iraklion und mehrmals täglich nach Athen.

AUF DEM LANDWEG

Viele Reisende fahren mit dem eigenen Pkw oder Motorrad über Italien nach Griechenland und nehmen eine Fähre ab Venedig, Ancona, Bari oder Brindisi nach Igoumenitsa oder Patras. Wer weiter nach Kreta will, muss eine Fähre von Piräus nehmen. Mit Zollformalitäten muss nur rechnen, wer über die Schweiz reist.

Es gibt keine reguläre Busverbindung von West- oder Nordeuropa direkt nach Griechenland, aber es fahren Busse von Albanien und Bulgarien aus. Die Buslinie „Euroline" fährt donnerstags und samstags ab zahlreichen deutschen Städten nach Brindisi (Ankunft dort um 11.10 Uhr des folgenden Tages), wo die Fähre nach Igoumenitsa und Patras ablegt. Preisbeispiel Frankfurt–Brindisi: einfach 107 €, hin und zurück 193 €; für Frühbucher gibt's verschiedene Sondertarife.

Auto & Motorrad

Grenzen haben für EU-Bürger innerhalb Europas ihren Schrecken verloren, was die lange Fahrt sehr erleichtert. Die vier wichtigsten italienischen Häfen für Fährverbindungen nach Griechenland sind Bari, Brindisi, Ancona und Triest.

Wer mag, kann auch komplett über Land via Slowenien, Kroatien, Serbien und Mazedonien nach Griechenland fahren. So umgeht man die Kosten für die Fähre, sitzt dafür aber erheblich länger hinter dem Steuer und muss fünf Landesgrenzen überqueren.

Wer an einem Sommerwochenende morgens mit der Fähre in Patras einläuft, kann um die Mittagszeit auf ein Hochgeschwindigkeitsboot nach Kreta umsteigen und ist noch am selben Tag spätabends in Iraklion. Oder man macht sich weniger Stress und nimmt am Abend des Ankunftstages in Griechenland eine der Nachtfähren nach Kreta.

Zug

Ohne **InterRail-Pass** (www.interrail.net) ist eine Zugreise nach Griechenland verboten teuer. Der InterRail Global-Pass für 10 Tage Fahrt innerhalb von 22 Tagen (Erwachsene 359 €, Jugendliche bis 26 Jahre 239 €) gilt für 27 Länder und beinhaltet auch Fähren (Zuschläge für Kabinen etc. müssen aufgezahlt werden), auf den Fahrpreis im Heimatland gibt es 50 % Ermäßigung. Am günstigsten und schnellsten ist es, nach Brindisi zu fahren, dort die Fähre nach Patras zu nehmen, dann weiter mit dem Zug bis Kiato und in den Regionalzug umsteigen (Preis im Pass enthalten), der direkt zum Hafen von Piräus fährt, wo die Fähren nach Kreta auslaufen. Wem 22 Tage zu kurz sind, der nimmt einen InterRail-Pass für einen Monat (Erwachsene 599 €, Jugendliche 399 €). Eine mögliche Alternative für diejenigen, die genügend Zeit haben und unterwegs noch etwas sehen wollen, ist eine Kombination mehrerer Ein-Land-Pässe (Preisbeispiel: je 3 Tage Fahrt in Italien und Griechenland inklusive Fähre: Erwachsene 218 €, Jugendliche 142 €).

ÜBERS MEER

Im Sommer wird Kreta von Fähren gut bedient. Vom griechischen Festland fahren Schiffe ab Piräus und Thessaloniki, vom Peloponnes ab Kalamata und Gytheio, ferner von Kythira, Rhodos und vielen Kykladen-Inseln. Von November bis April ist der Fährverkehr allerdings erheblich eingeschränkt. Meistens handelt es sich um große Autofähren, von denen manche wirklich luxuriös sind, für andere dagegen ist schon der Ausdruck „bequem" ziemlich geschmeichelt. Auskünfte zu Routen und Fahrplänen gibt's auf den Websites www.ferries.gr und www.gtp.gr.

Routen

Wichtigster Fährhafen Griechenlands ist Piräus, der weitläufige Hafen von Athen. Die Schiffe nach Kreta legen am Westende des Hafens ab, was für Reisende günstig ist, die am Bahnhof von Piräus ankommen. Wer mit der U-Bahn kommt, hat einen zehnminütigen Marsch vor sich, von Piräus Stadtmitte sind es 15 bis 20 Min. zu Fuß. Die hier auslaufenden Fähren bedienen Iraklion, Rethymnon, Chania, Agios Nikolaos und Kastelli Kisamos. Im Heck des Schiffes gibt eine Hinweistafel Auskunft über die Route.

Fahrpläne

Die Fahrpläne der Fähren ändern sich von Saison zu Saison. Verspätungen und kurzfristige Stornierungen aufgrund von schlechtem Wetter, Streiks oder technischen Problemen sind nichts Ungewöhnliches. Kein Fahrplan ist unfehlbar, aber die griechische Fremdenverkehrszentrale EOT (Ellinikos Organismos Tourismou) in Athen aktualisiert wöchentlich ihre Liste mit allen Fährverbindungen ab Piräus. Die Fahrpläne der Hauptstrecken stehen außerdem in der englischen Ausgabe der *Kathimerini*, einer Beilage der *International Herald Tribune*. Hilfreich sind auch die Websites www.gtp.gr und www.openseas.gr.

Das ganze Jahr über verkehrt mindestens eine Fähre zwischen Piräus und den größeren Häfen auf Kreta, im Sommer sind es drei oder vier.

Die Überfahrtszeit schwankt je nach Schiff und Route beträchtlich. Der schnelle Katamaran von Chania bewältigt die Strecke in 4½ Std., nach Iraklion dauert die Reise 8 Std.

Preise & Klassen

Die Preise sind staatlich festgesetzt und hängen mehr von der zurückgelegten Distanz als vom Standard des Schiffes ab. Schiffe, die die gleichen Strecken befahren, können sich in

INSELHÜPFEN NACH KRETA

Ab Piräus bieten nur zwei Gesellschaften Insel-Zwischenstopps auf der Route nach Kreta an. Die Fähre *Myrtidiotissa* von ANEN Lines macht auf ihrem Trip über die „Dörfer" Halt in Gythio und läuft die Inseln Kythira und Antikythira an. Schiffe von LANE Lines, die dreimal pro Woche ostkretische Häfen anlaufen, machen Station auf den westlichen Kykladeninseln Milos und Santorin, bevor es über Karpathos und andere Inseln weitergeht nach Rhodos. Wer in Thessaloniki startet, kann mit der Fähre *Milena* von GA Ferries wahlweise auf Skiathos, Skopelos, Tinos, Paros, Naxos, Ios oder Santorin einen Zwischenstopp einlegen; das Schiff durchpflügt die gesamte Ägäis. Natürlich kann man auch mit einer beliebigen Fähre von Piräus oder einem anderen Hafen aus eine der genannten Inseln ansteuern und dann, wenn einen die Laune packt, weiter nach Iraklion fahren. Von Rhodos aus lassen sich unterwegs Chalki, Diafani, Karpathos oder Kassos besuchen; hier legen zweimal wöchentlich die Fähren von LANE Lines aus dem Dodekanes an.

MIT DER FÄHRE NACH KRETA

Vor noch gar nicht allzu langer Zeit war das Reisen auf griechischen Fähren eine einzige Qual. Nachdem das staatliche Fährenmonopol gefallen ist, haben die Linien ihre Flotten etwas aufgemöbelt, und auch die Havarie der Fähre *Express Samina* im September 2000 hat in der nationalen und internationalen Fährschifffahrt für deutliche Verbesserungen gesorgt.

Im Fährverkehr von und nach Kreta gibt es in puncto Qualität und Service immer noch Riesenunterschiede. Auf den Hochgeschwindigkeitsbooten der Minoan Lines (von Piräus nach Iraklion) und mit dem Katamaran von Hellenic Seaways (nach Chania) reist es sich mit Abstand am bequemsten. NEL Lines betreibt in der Hochsaison einen Hochgeschwindigkeits-Katamaran nach Rethymnon (5 Std.).

Die modernen Riesenfähren von Minoan, insbesondere die *Festos Palace* und die fast baugleiche *Knossos Palace*, schaffen die Überfahrt von Iraklion nach Piräus in etwa acht Stunden. Aber auch mit der Konkurrenzlinie ANEK fährt es sich nicht schlecht, obwohl deren Schiffe älter und kleiner sind: Die *Preveli* tuckert über Nacht von Piräus nach Rethymnon. Größere ANEK-Fähren laufen den westkretischen Hafen Souda vor den Toren Chanias an.

Das einzige, kleine Boot der westkretischen ANEN Lines verbindet Piräus und Gythio auf dem Peloponnes mit Kastelli Kissamos (über Kythira und Antikythira). Im Osten unterhält LANE Lines eine Verbindung von Piräus nach Agios Nikolaos und Sitia mit Zwischenstopps auf Milos und Santorin. Ihre beiden Fähren *Vitsentzos Kornaros* und *Ierapetra* sind zwar schon etwas betagt, aber recht bequem.

Heimathafen	Zielort	Häufigkeit	Fahrtdauer	Fahrpreis (einfach, €)
Piräus	Agios Nikolaos	2-mal wöchentl.	14 Std.	34 €
Piräus	Chania (Souda)	2-mal tägl.	6–9 Std.	30–51,50 €
Piräus	Iraklion	2-mal tägl.	8 Std.	37 €
Piräus	Rethymnon	2-mal tägl.	9 Std.	24 €
Gythio	Kastelli Kisamos	1-mal wöchentl.	7 Std.	29–57 €
Thessaloniki	Iraklion	4-mal wöchentl.	31 Std.	46,50 €

Bezug auf Größe, Bequemlichkeit und Ausstattung wesentlich unterscheiden, trotzdem ist der Fahrpreis derselbe. Wenn die Preise bei Ticketverkäufern uneinheitlich sind, liegt das daran, dass manche Agenturen etwas von ihrer Kommission abknapsen, um einen Sonderpreis zu machen – auch wenn der Unterschied selten höher ist als 1 €.

Auf den großen Fähren gibt es offiziell eine Erste und eine Zweite Klasse, der Unterschied zwischen beiden ist aber oft nicht so recht erkennbar. Eher richtet sich der Preis nach der Ausstattung der Kabine oder der Entscheidung, ob man lieber flugzeugähnliche Sitze oder Decksitze nimmt.

Die Deckklasse ist immer noch erschwinglich, während ein Ticket der 1. Klasse manchmal fast ebenso viel kostet wie ein Flug. Kinder unter vier Jahre reisen gratis, zwischen vier und zehn Jahren bezahlen sie die Hälfte, über zehn Jahre den vollen Preis. Wer beim Ticketkauf nicht ausdrücklich etwas anderes verlangt, bekommt einen Fahrschein für die Deckklasse, obwohl man meistens auch noch an Bord auf einen komfortableren Platz umbuchen kann. Preisbeispiele für Fähren s. Kasten.

Es gibt alle möglichen Kabinenarten, von der 2-Bett-Außenkabine (1. Klasse) bis zur 4-Bett-Innenkabine (2. Klasse). Die Flugzeugsitze können sowohl himmlisch bequem sein (auf dem neuen Hochgeschwindigkeits-Katamaran) als auch nur einigermaßen erträglich (auf den meisten älteren Fähren). Decksitze sind hart, unflexibel und nicht unbedingt auf Schlafbedürfnisse zugeschnitten. Auf modernen Fähren sind die Deckabschnitte häufig nicht überdacht, aber irgendwo gibt's immer ein windgeschütztes Eckchen, und auch drinnen kann seinen Schlafsack ausrollen, wer früh genug kommt. Viele sichern sich ein Plätzchen im Bereich des Cafés oder der Lounges, aber dort ist es immer sehr verraucht. Die Selbstbedienungsrestaurants an Bord haben ein anständiges Preis-Leistungs-Verhältnis.

Tickets

Da Fähren oft Verspätung haben oder wegen schlechten Wetters gar nicht auslaufen, sollte das Ticket erst dann gekauft werden, wenn die Abfahrt feststeht. Nur wer eine Kabine will oder im August unterwegs ist, sollte sich etwas beeilen. Für Autostellplätze muss manchmal im Voraus bezahlt werden. Wird eine Fährverbindung storniert, kann das Ticket auf die nächste Verbindung dieser Linie übertragen werden.

In den meisten Häfen ist die Ufermauer von Ticketbüros gesäumt. Doch leider ist kaum eins dabei, das Fahrscheine für alle Fähren verkauft. Außerdem geben die meisten nicht gern Auskunft über Fähren, für die sie keine Tickets anbieten. Also auf die draußen aufgehängten Fahrpläne gucken, um herauszufinden, welche Fähre als Nächstes ausläuft, oder die Hafenpolizei fragen. Die Ticketschalter an der Fähre öffnen eine Stunde vor Abfahrt.

Segeln

Mit einer Segelyacht herumzuschippern ist vielleicht die schönste Art, die griechischen Inseln zu entdecken. Doch leider liegt Kreta ziemlich weitab vom Schuss und hat daher keine nennenswerte Segelindustrie. Einige Unternehmen bieten Segeltörns auf ganz Kreta an (s. S. 85), besonders entlang der Südküste und von Agios Nikolaos aus.

Die Segelsaison dauert von April bis Oktober. Im Juli und September hindern die *meltemi*-Winde der Ägäis die Boote regelmäßig am Auslaufen.

UNTERWEGS VOR ORT

AUTO & MOTORRAD

Mit einem eigenen Fahrzeug lässt sich Kreta am besten erkunden, sofern man bereit ist, es mit den Straßen und den einheimischen Fahrern aufzunehmen. Vor Ort gibt's genügend Möglichkeiten, ein Auto oder Motorrad zu mieten, und die Straßen sind in den letzten Jahren erheblich besser geworden. In einsameren Gegenden (besonders im Süden) gibt's aber durchaus noch Schotterstraßen, die nur mit Geländefahrzeugen bewältigt werden können.

Wer sich abseits der Hauptstraßen bewegt, sollte die Karten gründlich studieren, da die Beschilderung der Landstraßen mehr als dürftig ist. Wenn es denn tatsächlich Straßenschilder gibt, dann in Griechisch und in Englisch (Letzteres ist eine phonetische Umsetzung des griechischen Namens und folgt ein paar Meter weiter, in abgelegenen Gegenden fehlt auch das). Selbst wenn der Name in lateinischen Buchstaben geschrieben ist, kann man ihn oft erst nach langem Rätselraten mit einem Namen auf der Landkarte oder in diesem Buch in Verbindung bringen, weil die Schreibweise manchmal recht unorthodox ist. Es lohnt sich, in eine gute Karte zu investieren, auch wenn selbst auf der besten Karte nicht alle Nebenstraßen eingezeichnet sind.

Unterwegs sind keine Schilder zu erwarten, die einen beruhigen, dass man auf dem richtigen Weg ist, oder die restliche Entfernung bis zum Zielort verkünden. Als Faustregel gilt: Immer weiterfahren, solange keine anders lautenden Schilder kommen. Abzweigungen werden in der Regel nicht lange im Voraus angekündigt.

Die Autobahn E 75 an der Nordküste zwischen Sitia und Chania wird ständig ausgebaut, weist aber auch schlechtere Teilstücke auf.

Die größte Gefahr auf Kreta geht aber nicht von schlechten Straßen, sondern von der einheimischen Fahrweise aus. Von langsamen Fahrern wird erwartet, dass sie auf die schmale Standspur ausweichen und den nachfolgenden Verkehr überholen lassen. Sobald die ansonsten entspannten Kreter hinterm Steuer sitzen, nimmt der Wahnsinn seinen Lauf. Wer langsam fährt, erfährt die Reaktion in dichtem Auffahren, Gehupe und riskanten Überholmanövern. Überholen in Kurven und unter Nichtbeachtung von Verboten ist an der Tagesordnung. Die Verkehrsregeln werden routinemäßig ignoriert, und Polizeipräsenz ist mehr oder weniger Fehlanzeige (s. Verkehrsregeln, S. 254).

Im Landesinneren und in Südkreta gibt es viele schmale und kurvenreiche Bergstraßen, die nicht ungefährlich sind.

Es empfiehlt sich, das Fahrzeug bei Dunkelheit stehen zu lassen. Besonders spätabends sind viele Fahrer unter Alkoholeinfluss unterwegs, was auf Kreta kaum von der Polizei verfolgt wird.

Das Motorrad ist ein super Verkehrsmittel für kürzere Touren. Allerdings ist Kreta eine sehr große Insel, und längere Touren können aufgrund der Entfernungen zu einer echten Strapaze werden.

Automobilclubs

Der griechische Automobilclub **ELPA** (☎ 210 606 8800; www.elpa.gr; Leoforos Mesogion 395, Agia Paraskevi, Athen) hat Abkommen mit anderen nationalen Automobilclubs und bietet deren Mitgliedern seine Dienste an, sofern sie einen gültigen Mitgliedsausweis besitzen. Die Notrufnummer bei Autopannen ist ☎ 10400.

Benzin & Ersatzteile

Einige Tankstellen haben sonn- und feiertags geschlossen, besonders im Regierungsbezirk Iraklion. Selbstbedienung an Tankstellen ist in Griechenland nicht die Regel, auch Zapfstellen mit Kreditkarte sind selten. Tankstellen in abgelegenen Regionen akzeptieren überhaupt keine Kreditkarten. Daher empfiehlt es sich, bei jeder Gelegenheit vollzutanken. Bleifreies Benzin ist überall erhältlich und kostet ca. 1,30 € pro Liter, Diesel ist billiger.

Ersatzteile sind u. U. schwierig zu bekommen, besonders in abgelegeneren Gebieten der Insel. Es gibt Ersatzteilhändler, die ganz Kreta beliefern, darunter zwei Spezialfirmen in Moires (im Zentrum der Präfektur Iraklion). Wer Teile benötigt, kann es bei **O Germanos** (☎ 28920 29122; www.o-germanos.com) oder **Eltrak** (☎ 2810 311 903; www.eltrak.gr) versuchen.

Fahrzeugverleih

AUTO

Dank der großen Konkurrenz sind die Mietpreise auf Kreta günstiger als auf vielen anderen Inseln. In den meisten kretischen Städten und an Flughäfen sitzen Agenturen der namhaften internationalen Autoverleiher. Erheblich günstiger ist es aber normalerweise bei den lokalen Anbietern, die auch verhandlungsbereit sind. Manche haben mehrere Büros auf der Insel, sodass man den Wagen in einer Stadt übernehmen und in einer anderen wieder abgeben kann.

Verleihfirmen berechnen in der Hochsaison ca. 35 € pro Tag (inkl. Versicherung und unbegrenzten Kilometern) für die kleinsten Modelle, in der Nebensaison fallen die Preise auf 20 bis 25 €. Besonders auf den Umfang der Versicherung ist zu achten: Empfehlenswert ist voller Versicherungsschutz auch für den Fall, dass man einen Unfall selbst verschuldet (bei bestimmten Paketen ist nur das fremde

Fahrzeug versichert) oder falls das Auto in Abwesenheit beschädigt wird und der Verursacher Fahrerflucht begeht.

Die meisten Mietwagenfirmen verlangen die Vorlage einer Kreditkarte.

Obwohl man auch in Griechenland ab 18 Auto fahren darf, setzen die meisten Verleiher 23 Jahre als Mindestalter an. Bei unter 21-Jährigen drücken sie meist ein Auge zu, wenn der Führerschein älter ist als ein Jahr.

Die meisten Autos haben Gangschaltung. Wer ein Fahrzeug mit Automatikgetriebe wünscht, sollte im Voraus reservieren, denn sie sind selten und meistens teurer.
Adressen von Mietwagenfirmen stehen in der Rubrik „Unterwegs vor Ort" der jeweiligen Ortskapitel.

MOTORRAD

Mopeds und Motorräder gibt's überall auf Kreta zu mieten. Motorradneulinge sollten sich die Insel aber nicht unbedingt für ihre Feuertaufe aussuchen, denn Jahr für Jahr verunglücken hier viele Touristen. Motorradfahrer sollten besonders vorsichtig sein, denn glatte Asphaltstraßen verwandeln sich manchmal ohne Vorwarnung in unebene, mit Schlaglöchern übersäte Pisten.

Erfahrene Biker werden feststellen, dass leichtgewichtige Enduros mit 400 bis 600 ccm das ideale Bike für Kretas Straßen sind. Oft sind die Maschinen schlecht gewartet, deshalb unbedingt ihren Zustand vor der Übernahme überprüfen, besonders die Bremsen. Wer ein Moped mietet, sollte mit dem Verleiher über die geplanten Tour sprechen, um sicherzugehen, dass das Zweirad die steilen Berghänge auch meistert.

Die Preise für ein Leihmotorrad beginnen ab 20 € pro Tag für ein Moped oder eine Maschine mit 50 ccm, eine erstklassige Enduro kostet um die 50 €. In der Nebensaison liegen die Preise erheblich niedriger. Die Haftpflichtversicherung ist meistens im Preis enthalten, aber für Arzt- und Krankenhauskosten kommt die Versicherung normalerweise nicht auf. Daher lieber vor der Abreise prüfen, ob die Reisekrankenversicherung auch Behandlungskosten nach Motorradunfällen abdeckt – bei vielen ist das nicht der Fall. Für Motorräder ab 50 ccm besteht Helmpflicht.

Führerschein

Nationale Führerscheine werden auf Kreta anerkannt, sofern sie älter als ein Jahr sind. Ein Internationaler Führerschein kann vor der Abreise zu Hause beantragt werden, ist aber im Normalfall nicht erforderlich. Für ein kleines Motorrad reicht auf Kreta der europäische Führerschein, aus dem hervorgeht, dass man Motorräder bis 50 ccm fahren darf. Bei Personen aus anderen Ländern oder der Anmietung größerer Motorräder ist ein Motorradführerschein erforderlich; immer mehr Verleihfirmen fragen danach, und wer keinen hat, genießt keinen Versicherungsschutz.

Unterwegs mit eigenem Fahrzeug

In der EU zugelassene Fahrzeuge dürfen ohne Weiteres nach Griechenland eingeführt werden, aber nur sechs Monate steuerfrei im Land bleiben. Es ist lediglich eine grüne Versicherungskarte erforderlich. Als Nachweis der Einreise – falls dieser von der Polizei verlangt wird – gilt das Fährticket der Überfahrt aus Italien oder der Stempel im Reisepass, falls die Einreise über ein anderes Land erfolgte. Nicht in der EU zugelassene Fahrzeuge können im Reisepass eingetragen werden.

An Autofähren nach Kreta besteht kein Mangel, aber die Preise sind gepfeffert. Auf der Strecke von Piräus nach Kreta kostet ein Auto 86 €. Kleinere Motorräder kommen normalerweise umsonst mit, für größere Bikes sind zwischen 16 und 32 € zu berappen.

Verkehrsregeln

Die Verkehrstotenrate Griechenlands zählt zu den höchsten Europas – eine gute Gelegenheit also, defensives Fahrverhalten zu üben. Überholen ist die häufigste Unfallursache. Touristen, die vom Mietwagen aus gemütliches Sightseeing betreiben, stellen eine potenzielle Gefahr dar und können Ungeduldige zu gewagten Überholmanövern verleiten.

In den Städten ist Autofahren ein einziger Alptraum aus Einbahnstraßen, Halten in zweiter Reihe und willkürlich angewandten Parkregeln. Das Fahrzeug wird zwar nicht abgeschleppt, aber die Strafzettel für Falschparken sind saftig. Behindertenparkplätze sind selten.

In Griechenland herrscht wie in Mitteleuropa Rechtsverkehr. Die wichtigsten Autobahnen sind vierspurig, aber es gibt auch noch zweispurige Autobahnen mit breiten Seitenstreifen, die gern und oft benutzt werden, z. B. beim Überholen. Freundliche Autofahrer weichen nach rechts aus, wenn der Hintermann zum Überholen ansetzt.

ENTFERNUNGEN (STRASSE IN KM)

	Agia Galini	Agios Nikolaos	Anogia	Elafonisi	Chania	Chora Sfakion	Ierapetra	Iraklion	Kastelli Kisamos	Kolimbari	Malia	Matala	Omalos	Paleochora	Plakias	Rethymnon	Sitia	Spili	Tzermiado	Zakros
Agia Galini	---																			
Agios Nikolaos	144	---																		
Anogia	118	104	---																	
Elafonisi	224	314	218	---																
Chania	119	209	113	105	---															
Chora Sfakion	45	215	119	70	70	---														
Ierapetra	137	36	140	352	247	182	---													
Iraklion	75	69	35	247	142	148	105	---												
Kastelli Kisamos	173	263	167	51	54	124	301	196	---											
Kolimbari	144	234	138	65	25	95	261	167	14	---										
Malia	112	32	72	284	179	185	68	37	233	204	---									
Matala	29	138	104	253	148	123	131	69	265	173	106	---								
Omalos	163	253	157	149	44	114	291	186	98	69	223	255	---							
Paleochora	206	296	200	64	87	157	335	229	51	65	266	298	131	---						
Plakias	50	198	94	200	95	44	187	123	149	120	161	79	139	183	---					
Rethymnon	62	152	56	162	57	63	190	85	111	62	122	91	101	144	39	---				
Sitia	199	73	177	387	282	290	62	142	336	307	105	211	326	369	265	227	---			
Spili	26	182	86	192	87	68	163	215	141	112	252	55	131	174	24	30	257	---		
Tzermiado	130	49	90	302	197	202	85	55	251	222	44	124	241	284	178	139	122	270	---	
Zakros	235	106	211	421	316	322	98	176	370	341	138	229	360	405	285	259	36	289	155	---

Sicherheitsgurte sind auf Vorder- und Rücksitzen Pflicht. Außerdem sind eine Erste-Hilfe-Ausrüstung, ein Feuerlöscher und ein Warndreieck mitzuführen. Benzinkanister im Kofferraum sind dagegen tabu. Außerhalb von bebauten Gebieten hat man auf Hauptstraßen Vorfahrt. In geschlossenen Ortschaften gilt rechts vor links.

Verkehrssünden wie zu schnelles Fahren sind teuer. Als zulässige Höchstgeschwindigkeit für Pkw gilt 120 km/h auf Autobahnen, 90 km/h auf Landstraßen und 50 km/h in Ortschaften. Die Höchstgeschwindigkeit für Motorräder beträgt 70 km/h (bis 100 ccm) bzw. 90 km/h (über 100 ccm).

Die Promillegrenze liegt bei 0,5. Werte über 0,8 Promille gelten als Straftat.

Strafzettel sind nicht sofort vor Ort fällig – Verkehrssünder bekommen mitgeteilt, wo sie bezahlen sollen. Dank des grenzübergreifenden Strafrechts in der EU flattert die Zahlungsaufforderung für den ignorierten Strafzettel oft Wochen später in den heimischen Briefkasten. Wer in einen Unfall verwickelt wird, bei dem keine Personen zu Schaden kamen, muss nicht unbedingt ein Polizeiprotokoll aufnehmen lassen. Trotzdem ist es besser, die nächste Polizeistation aufzusuchen und den Unfallhergang zu schildern. Muss die Versicherung eingeschaltet werden, ist ein Polizeiprotokoll erforderlich. Wer in einen Unfall mit Personenschaden verwickelt ist und Fahrerflucht begeht, riskiert eine Gefängnisstrafe.

BUS

Das Reisen auf Kreta bereitet keine großen Probleme, denn das öffentliche Busnetz ist gut ausgebaut. Auf der Autobahn an der Nordküste – zwischen Kastelli Kisamos und Sitia – verkehren Busse in kurzen Abständen. Nicht ganz so häufig fahren Busse von der Nordküste über die Bergdörfer im Landesinnern zur Südküste. Die Fahrpreise werden von der Regierung festgesetzt und können sich im europäischen Vergleich absolut sehen lassen.

Betreiber der Buslinien sind lokale Gesellschaften, die so genannten **KTEL** (Kino Tamio Eispraxeon Leoforion; www.ktel.org). Jeder Regierungsbezirk hat sein eigenes KTEL. Alle Busverbindungen der Insel sind im Kursbuch auf der KTEL-Website aufgelistet, ebenso unter www.crete-buses.gr (Iraklion–Lassithi) und www.bus-service-crete-ktel.com (Rethymnon–Chania). An den größeren KTEL-Haltestellen liegen zudem praktische Heftchen mit Fahrplänen aus.

In größeren Städten gibt's meist einen überdachten Busbahnhof mit Wartesälen, Toiletten und Snackbar. In Kleinstädten und Dörfern ist der „Busbahnhof" oft nur ein Haltestellenschild vor einem *kafenion* (Kaffeehaus) oder einer Taverne, die nebenbei Fahrscheine verkaufen. Die meisten Fahrpläne sind in Griechisch und Englisch angeschlagen.

Die Busse, die an der Nordküste verkehren, sind meist gut in Schuss und klimatisiert. Toiletten und Getränke an Bord sind allerdings Fehlanzeige, also lieber vorausschauend planen! Rauchen ist in Bussen generell verboten, und nur kettenrauchende Busfahrer wagen es gelegentlich, die Nichtraucherschilder zu ignorieren.

Die meisten Busse im Norden fahren über die Autobahn, aber mindestens einer oder zwei pro Tag tuckern über die alten Landstraßen. So eine Fahrt bietet natürlich mehr fürs Auge, dauert aber länger – wie lange, sollte man möglichst schon vor dem Fahrscheinkauf in Erfahrung bringen. In größeren Städten empfiehlt es sich, das Ticket am Busbahnhof zu kaufen, denn ansonsten ist kein Sitzplatz garantiert. Wer unterwegs zusteigt, bezahlt beim Busfahrer. Die Busbahnhöfe in größeren Orten sind lange geöffnet und gute Informationsquellen. Näheres zu den Fahrplänen steht in den jeweiligen Ortskapiteln.

FAHRRAD

Auch auf Kreta wird Radfahren immer populärer, aber für die vielen bergigen Abschnitte braucht man Muckis und Ausdauer. In den meisten Touristenorten gibt's mindestens einen Fahrradverleih, Kostenpunkt zwischen 8 und 20 € pro Tag. Auf Fähren reisen Fahrräder umsonst mit. Über Mountainbiketouren und Fahrradverleih informieren das Kapitel Outdooraktivitäten (S. 79) und die Website www.cycling.gr.

NAHVERKEHR

Bus

Die Stadtbusse in Iraklion, Rethymnon und Chania bedienen vor allem die Vorstädte und sind nicht besonders praktisch, um sich innerhalb der Stadt zu bewegen (vieles lässt sich ohnehin gut zu Fuß bewältigen). Fahrscheine gibt's normalerweise an den *periptera* (Kiosken) oder beim Fahrer.

Taxi

Abgesehen von einsamen Dörfern sind Taxis überall verbreitet und für europäische Verhältnisse ziemlich billig. In größeren Städten gibt es Taxistände, an denen Listen mit entlegeneren Fahrzielen und entsprechenden Preisen ausgehängt sind; so besteht keine Gefahr, übers Ohr gehauen zu werden. Ansonsten gilt der Preis, den das Taxameter anzeigt. Die Grundgebühr beträgt 1 €, dazu kommen 0,34 € pro km bzw. 0,64 € pro km außerhalb des Stadtgebiets sowie zwischen Mitternacht und 5 Uhr. Ein Aufpreis von 2,15 € wird für eine Fahrt vom Flughafen fällig, 0,86 € sind es vom Busbahnhof oder Hafen. Gepäckstücke über 10 kg kosten 0,32 € extra, Funktaxis berechnen 1,60 € mehr. Auf dem Land haben Taxis oft keinen Zähler, deswegen vor der Abfahrt immer den Preis vereinbaren.

Die meisten Taxifahrer auf Kreta sind freundlich, hilfsbereit und ehrlich. Wer einmal Anlass zur Beschwerde hat, sollte sich die Taxinummer notieren und sich an die Touristenpolizei wenden.

SCHIFF/FÄHRE

Fähren

Kleinere Fähren verkehren zwischen den Städten an Kretas Südküste, von denen manche nur über den Seeweg zu erreichen sind.

Im Sommer gibt es tägliche Verbindungen von Paleochora nach Chora Sfakion über Agia Roumeli, Sougia und Loutro. Auch wenn sich der Fahrplan jedes Jahr ändert, fahren normalerweise zwei oder drei Boote von Chora Sfakion nach Agia Roumeli und zurück sowie eins von Chora Sfakion nach Paleochora. Fähren zur Insel Gavdos legen von Chora Sfakion und Paleochora ab (2007 fuhren aber auch die aus Paleochora über Chora Sfakion, eine insgesamt fünfstündige Tour).

Mit Ausflugsbooten lassen sich Touren zu diversen Inseln vor der Küste unternehmen, zum Beispiel von Ierapetra nach Gaidouronisi (Chrisi), von Agios Nikolaos nach Spinalonga oder von Kastelli Kisamos zur Halbinsel Gramvousa.

Wassertaxis

In den meisten Hafenstädten im Süden gibt es Wassertaxis. Die kleinen Schnellboote bringen Passagiere an Orte, die auf dem Landweg schwierig zu erreichen sind. Manche Taxiskipper berechnen den Fahrpreis pro Person, andere nehmen einen Festpreis fürs Boot, der dann durch die Anzahl der Insassen geteilt wird. In beiden Fällen ist das Wassertaxi eine ziemlich teure Angelegenheit.

TRAMPEN

Trampen ist nirgends völlig sicher, egal in welchem Land man sich aufhält. Wer per Daumen reist, sollte möglichst zu zweit an der Straße stehen und jemanden über die Reiseabsichten informieren. Für Frauen ist Trampen in Griechenland nach verbreiteter Meinung relativ ungefährlich, trotzdem sollte frau sich mit jemandem (möglichst männlich) zusammentun. Übrigens hält man hier nicht den Daumen hoch, wie in Nordeuropa üblich, sondern winkt mit ausgestrecktem Arm, wobei die Handfläche nach unten zeigt.

Schwierig ist es, aus größeren Städten herauszukommen, im freien Gelände ist Trampen viel einfacher. Auf Landstraßen kommt es oft vor, dass Fahrer unaufgefordert anhalten und fragen, ob man mitfahren möchte.

Gesundheit

INHALT

VOR DER REISE

Vorbeugen heißt das Zauberwort, um unterwegs gesund zu bleiben. Wer ein wenig vorsorgt, vor allem was bestehende Krankheiten angeht, erspart sich einige Unannehmlichkeiten. Medikamente sollten in der deutlich beschrifteten Originalpackung mitgenommen werden. Ein datiertes und unterzeichnetes Schreiben des behandelnden Arztes, das (in englischer Sprache) den Gesundheitszustand beschreibt und die verordneten Therapien nebst Produktnamen aufführt, ist eine große Hilfe (s. Kasten „Achtung" auf dieser Seite). Wer Spritzen oder Injektionsnadeln dabeihat, sollte sich vom Arzt bestätigen lassen, dass er diese tatsächlich braucht. Bei längeren Reisen empfiehlt sich ein vorheriger Check beim Zahnarzt, Brillenträger haben idealerweise ein Rezept ihres Optikers dabei.

VERSICHERUNG

EU-Bürger erhalten kostenlose medizinische Hilfe mit ihrer Europäischen Krankenversicherungskarte, die 2006 das Anspruchsformular E111 ersetzte. Die europäische Karte ist in alle neueren Versichertenkarten bereits integriert, ansonsten können Versicherte sie bei der Krankenkasse anfordern. Der Versicherungsschutz umfasst aber weder die Behandlung nicht akuter Krankheiten noch den Rücktransport ins Heimatland. Staatsbürger anderer Länder sollten sich erkundigen, ob ein ähnliches Abkommen zwischen ihrem Land und Griechenland besteht. Wer eine zusätzliche Reisekrankenversicherung abschließen will, achtet darauf, dass sie auch bei besonders schlimmen Unfällen einspringt, die womöglich einen sofortigen Rücktransport nach Hause erfordern. Außerdem sollte klar geregelt sein, ob die Versicherung Rechnungen direkt bezahlt oder diese erst nach der Rückkehr erstattet.

EMPFOHLENE IMPFUNGEN

Für Griechenland sind keine Impfungen vorgeschrieben, eine Bescheinigung über eine Gelbfieberimpfung braucht jedoch jeder, der aus einem betroffenen Gebiet einreist. Die Weltgesundheitsorganisation (WHO) empfiehlt grundsätzlich Impfungen gegen Diphterie, Tetanus, Masern, Mumps, Röteln und Kinderlähmung.

INTERNETADRESSEN

Die Informationsschrift *International Travel and Health* der WHO wird jedes Jahr überarbeitet und kann im Internet unter www.who.int/ith/ eingesehen werden. Weitere informative Internetadressen zum Thema sind www.fit-for-travel.de und www.travelmed.de (allgemeine Reisetipps für jedermann) sowie die englischen Websites www.mdtravelhealth.com (täglich aktualisierte Reisegesundheitstipps für alle Länder), www.ageconcern.org.uk (Reisetipps für Senioren) und www.mariestopes.org.uk (Frauengesundheit und Empfängnisverhütung).

ACHTUNG

Kodein, ein Bestandteil vieler Kopfschmerzmittel, ist in Griechenland verboten. Es empfiehlt sich, die Zusammensetzung von Medikamenten genau zu überprüfen, um nicht mit dem Gesetz in Konflikt zu kommen. Für die Einfuhr von Arzneimitteln nach Griechenland gelten strenge Bestimmungen. Wer bestimmte Medikamente mitführen muss, sollte sich dies von seinem Arzt bestätigen lassen.

UNTERWEGS

THROMBOSE

Auf Flugreisen kann die dauerhaft eingeschränkte Bewegung zu Blutgerinnseln in den Beinen führen. Je länger der Flug, desto größer das Risiko. Die auffälligsten Symptome sind geschwollene oder schmerzende Füße, Knöchel oder Waden, meistens ist nur eine Körperhälfte betroffen. Wandert ein Blutgerinnsel bis zur Lunge, können Brustschmerzen und Atembeschwerden auftreten. Wer solche Symptome an sich feststellt, sollte unverzüglich ärztliche Hilfe aufsuchen. Um Thrombosen auf langen Flügen zu vermeiden, sollte man etwas umhergehen, während des Sitzens die Beinmuskeln anspannen, viel trinken sowie Alkohol, Zigaretten und Koffein meiden. Für thrombosegefährdete Personen kann es hilfreich sein, auf langen Flügen Kompressionsstrümpfe zu tragen.

AUF KRETA

MEDIZINISCHE VERSORGUNG & KOSTEN

Wer auf Kreta einen Krankenwagen braucht, wählt ☎ 166. Die Krankenhäuser in größeren Städten wie Iraklion, Chania und Rethymnon sind modern und gut ausgestattet. Bei kleineren Beschwerden helfen die Apotheken, die auch Medikamente verkaufen dürfen, die es in vielen anderen europäischen Ländern nur auf Rezept gibt.

Obwohl das alles recht positiv klingt und die medizinische Ausbildung in Griechenland ein hohes Niveau hat, ist das Gesundheitssystem sträflich unterfinanziert. Viele Krankenhäuser sind hoffnungslos überbelegt, mit der Hygiene nimmt man es oft nicht so genau, und die Patienten sind darauf angewiesen, dass ihre Angehörigen sie durchfüttern – was für Backpacker ein Problem sein dürfte. In Privatkliniken sind Bedingungen und Behandlung besser, aber das kostet. Wer sich unangenehme Überraschungen ersparen will, sollte eine gute Reisekrankenversicherung abschließen.

DURCHFALLERKRANKUNGEN

Wer von Montezumas Rache befallen wird, muss viel trinken, am besten Elektrolytgetränke, z. B. Dioralyte. Ist der Durchfall blutig, hält er mehr als 72 Stunden lang an oder wird er von Fieber, Schüttelfrost oder starken Unterleibsschmerzen begleitet, muss ein Arzt her.

GESUNDHEITSRISIKEN

Bisse, Stiche & von Insekten verursachte Krankheiten

An felsigen Stränden ist es ratsam, immer ein Auge auf Seeigel zu haben. Haben sich seine Stacheln in die Haut gebohrt, können sie mit Olivenöl entfernt werden. Wer das nicht tut, riskiert eine Infektion. Aufgepasst auch bei Quallen, besonders im September und Oktober: Die in Griechenland vorkommenden Arten sind zwar nicht tödlich giftig, aber ihre Berührung kann sehr schmerzhaft sein. Betroffene Hautstellen, wo die Nesselzellen noch nicht aufgeplatzt sind, kann man mit Essig betupfen, dadurch werden sie deaktiviert. Bei brennenden Hautstellen können Galmeilotion, Antihistaminika oder Analgetika die Schmerzen lindern. Sehr viel schmerzhafter, aber zum Glück auch sehr viel seltener, ist die Begegnung mit einem Petermännchen (*Trachinus draco*). Dieser Fisch vergräbt sich im Sand des Tidengebiets, sodass nur seine Stacheln herausragen. Wenn man darauf tritt, sondern sie ein starkes Gift ab, das höllische Schmerzen verursacht. Wer das Pech hatte, sollte seinen Fuß in möglichst heißem Wasser baden (dadurch wird das Gift unwirksam). Im schlimmsten Fall können lokale Lähmungen zurückbleiben.

Griechenlands einzige gefährliche Schlange ist die Kreuzotter. Vorbeugend sind bei Streifzügen durchs Unterholz immer knöchelhohe Schuhe, Socken und lange Hosen angesagt. Hände weg von Felsspalten und Höhlen; beim Holz sammeln vorsichtig sein. Ein Kreuzotterbiss ist nicht gleich tödlich und das Gegengift leicht erhältlich. Wer gebissen wurde, sollte still liegen. Die Gliedmaße mit dem Biss muss (wie ein verstauchter Knöchel) fest umwickelt und geschient werden, um sie ruhig zu stellen. Dann am besten einen Arzt aufsuchen und diesem, wenn möglich, die tote Schlange (oder vorzugsweise ein Foto) zwecks Identifizierung zeigen. Ist das Tier jedoch noch putzmunter, ist es besser, Fangversuche zu unterlassen, um nicht selbst gebissen zu werden. Es wird heute allgemein davon abgeraten, die Wunde abzubinden und auszusaugen.

Wer in potentiellen Zeckengebieten unterwegs ist, sollte nach der Wanderung den ganzen Körper sorgfältig nach den kleinen Biestern absuchen, da sie Hautentzündungen, aber auch sehr viel ernsthaftere Krankheiten wie Borreliose und Typhus verursachen können. Wenn sich eine Zecke festgebissen hat, die Haut um das Tier herum mit einer Pinzette herunterdrücken, den Kopf packen und vorsichtig herausziehen. Möglichst nicht am Zeckenkörper ziehen, da dadurch der Mageninhalt des Tiers in die Haut gedrückt werden kann, was das Infektionsrisiko erhöht.

Borreliose macht sich durch einen Hautausschlag rund um den Zeckenbiss bemerkbar, dazu kommen Fieber, Kopfschmerzen, extreme Müdigkeit, Gelenk- und Muskelschmerzen und ein steifer Nacken. Ohne Behandlung verschwinden die Symptome normalerweise wieder von selbst, dafür können aber später Funktionsstörungen von Nervensystem, Herz und Gelenken auftreten. Da die Heilungschancen im Frühstadium der Krankheit am größten sind, sollte umgehend ein Arzt aufgesucht werden. Typhus kündigt sich mit Fieber, Schüttelfrost, Kopf- und Muskelschmerzen an. Einige Tage später folgt ein Hautausschlag am ganzen Körper. Oft bildet sich an der Stelle des Zeckenbisses eine größere, schmerzende Wunde, die Lymphknoten in der Umgebung schwellen an und tun ebenfalls weh. Gegen eine akute Typhusinfektion gibt es keine Impfung, behandelt wird zumeist mit Antibiotika.

Auch Tollwut kommt in Griechenland vor, aber nur in entlegenen Gebieten. Jeder Biss oder Kratzer, der von einem warmblütigen Pelztier stammt, aber auch Hautstellen, die mit dem Speichel solcher Tiere in Kontakt kamen, müssen sofort gründlich mit Wasser und Seife gereinigt und mit Alkohol desinfiziert werden. Besteht auch nur der geringste Verdacht, das Tier sei infiziert, sollte unverzüglich ein Arzt aufgesucht werden. Auch wenn das Tier keine Tollwut hat, sollte jegliche Bissverletzung sorgfältig behandelt werden, da sonst Entzündungen oder Tetanus auftreten können.

Hitzschlag

Ein Hitzschlag entsteht durch übermäßigen Flüssigkeitsverlust, der nicht durch ausreichende Wasser- und Salzaufnahme ausgeglichen wurde. Zu den Symptomen zählen Kopfschmerzen, Schwindel und Mattigkeit. Durst zeigt an, dass der Austrocknungsprozess schon begonnen hat. Die Wasserzufuhr sollte so reichlich sein, dass der Urin blass und dünnflüssig ist. Wen es bereits erwischt hat, der sollte Wasser und/oder Fruchtsäfte trinken und den Körper mit Hilfe von Wasser und durch Fächeln kühlen.

Unterkühlung

Eine Unterkühlung tritt auf, wenn der Körper schneller Wärme verliert, als er sie produzieren kann. Wie immer ist vorbeugen besser als heilen. Das bedeutet: auch an heißen Tagen Regenbekleidung, warme Pullis und eine Kopfbedeckung für die Tour in die Berge einpacken, weil das Wetter dort unvermittelt umschlagen kann. Außerdem sollte immer jemand über die geplante Route unterrichtet sein. Wer unterkühlt ist, beginnt zu zittern, wird schwerfällig und verliert sein Urteilsvermögen. Kann der Patient nicht aufgewärmt werden, wird er immer apathischer und verwirrter und fällt schließlich ins Koma. Unbedingt Maßnahmen gegen weiteren Wärmeverlust ergreifen: den Unterkühlten an einen geschützten Ort bringen, ihm wärmende, trockene Kleidung anziehen, heiße, süße Getränke einflößen und mit dem eigenen Körper aufwärmen.

MIT KINDERN REISEN

Es lohnt sich, vor der Abreise einen Blick in den Impfpass der Kinder zu werfen und mit dem Arzt frühzeitig zu besprechen, ob außer den Routineimpfungen weitere Reiseimpfungen angebracht sind. Manche Impfungen sind bei Kleinkindern unter zwölf Monaten nicht empfehlenswert. Der Lonely Planet Ratgeber *Travel with Children* enthält viele Gesundheitstipps, auch für Kleinkinder.

FRAUEN & GESUNDHEIT

Psychischer Stress und Erschöpfung können dazu führen, dass die Tage nicht dann kommen, wenn sie kommen sollten. Wer die Pille nimmt, sollte daran denken, dass sie durch manche Antibiotika, Durchfall und Erbrechen unwirksam werden kann. Per Injektion verabreichte Verhütungsmittel bleiben von Zeitzonenwechseln, Magenproblemen und Antibiotika unbeeinträchtigt.

Schwangerschaft ist für Reisen kein Hinderungsgrund, aber zu den Reisevorbereitungen gehört dann ein Gespräch mit dem Arzt. Das größte Risiko besteht bis zur zwölften und dann wieder nach der 30. Schwangerschaftswoche.

SEX & GESUNDHEIT

Kondome gibt's überall, die Pille danach lässt sich vielleicht nicht ganz so einfach auftreiben. Deshalb gilt auch hier: Vorsorge ist alles!

Sprache

INHALT

Griechisch wird seit 4000 Jahren gesprochen und existiert seit rund 3000 Jahren in Schriftform – damit ist es wahrscheinlich die älteste Sprache Europas. Während dieser 4000 Jahre war das Griechische besonders im Goldenen Zeitalter Athens und der Demokratie (Mitte des 5. Jh. v. Chr.) tonangebend und diente im gesamten Nahen Osten als Verkehrssprache. In der hellenistischen Epoche (330 v. Chr. bis 100 n. Chr.) brachten Alexander der Große und seine Nachfahren sogar den Indern Griechisch bei; der Siegeszug einer neuen Religion – des Christentums – vollzog sich in griechischer Sprache, die die offizielle Sprache des oströmischen Reiches und später auch des byzantinischen Reiches (380–1453) war.

Als die Renaissance in Europa einzog, war Griechisch immer noch hoch angesehen, und selbst im Zeitalter der Aufklärung bedienten sich Wissenschaftler und andere helle Köpfe dieser Sprache. Ein Großteil des heutigen Vokabulars der indogermanischen Sprachen hat griechische Wurzeln, und wer wissenschaftlich arbeitet, hat ohnehin ständig mit griechischen Vokabeln zu tun.

Das moderne Griechisch ist ein südgriechischer Dialekt, der heute von fast allen Griechen sowohl im Heimatland als auch im Ausland gesprochen wird. Er ist das Ergebnis einer innersprachlichen Entwicklung, bei der das alte Vokabular mit Ausdrücken verschiedener griechischer Dialekte verschmolz, die vor allem aus Kreta, Zypern und Mazedonien stammten.

Gesprochen wird Neugriechisch von rund 10 Mio. Menschen in Griechenland und 5 Mio. Griechen, die im Ausland leben.

AUSSPRACHE

Alle griechischen Wörter mit zwei oder mehr Silben haben einen Akzent, der anzeigt, wo die Betonung liegt. Das Wort άγαλμα (Statue) zum Beispiel wird *a*-ghalma gesprochen und αγάπη (Liebe) spricht man a-*gha*-pi. In den vorangegangenen Beispielen und den folgenden Umschriften sind die betonten Silben gesperrt gedruckt. Das Konsonantenpaar **dh** wird wie das weiche englische „th" ausgesprochen, **gh** ist die weichere, etwas kehlige Version eines normalen „g".

FRAGEWÖRTER

Wer/welche (r, s)?

pi·*os*/pi·*a*/pi·*o?* (Sing. m/f/n) — Ποιος/Ποια/Ποιο;

pi·*i*/pi·*es*/pi·*a?* (Pl. m/f/n) — Ποιοι/Ποιες/Ποια;

Wer ist da?

pi·*os* *i*·ne e·*ki?* — Ποιος είναι εκεί;

Welche Straße ist das?

pi·*a* o·*dhos* *i*·ne af·*ti?* — Ποια οδός είναι αυτή;

Was?

ti? — Τι;

Was ist das?

ti *i*·ne af·*to?* — Τι είναι αυτό;

Wo?

pu? — Πού;

Wann?

po·te? — Πότε;

Warum?

yi·a·*ti?* — Γιατί;

Wie?

pos? — Πώς;

Wie viel?

po·sso? — Πόσο;

Wie viel kostet das?

po·sso *ka*·ni? — Πόσο κάνει;

GRIECHISCHES ALPHABET & AUSSPRACHE

Griechisch	Aussprachehinweis		Beispiel		
Α α	**a**	wie in „Asien"	αγάπη	a·*gha*·pi	Liebe
Β β	**v**	wie in „Vase"	βήμα	*vi*·ma	Schritt
Γ γ	**gh**	wie in berlinisch „Wagen"	γάτα	*gha*·ta	Katze
	y	vor e- und i-Lauten wie in „ja"	για	ya	für
Δ δ	**dh**	wie in engl. „this"	δέμα	*dhe*·ma	Paket
Ε ε	**e**	wie in „Elle"	ένας	*e*·nas	ein
Ζ ζ	**z**	wie in „Hirse"	ζώο	*zo*·o	Tier
Η η	**i**	wie in „Biene"	ήταν	*i*·tan	war
Θ θ	**th**	wie in engl. „think"	θέμα	*the*·ma	Thema
Ι ι	**i**	wie in „Biene"	ίδιος	*i*·dhyos	gleich
Κ κ	**k**	wie in „kalt"	καλά	ka·*la*	gut
Λ λ	**l**	wie in „Land"	λάθος	*la*·thos	Fehler
Μ μ	**m**	wie in „Mann"	μαμά	ma·*ma*	Mutter
Ν ν	**n**	wie in „Netz"	νερό	ne·*ro*	Wasser
Ξ ξ	**x**	wie in „Xaver"	ξύδι	*ksi*·dhi	Essig
Ο ο	**o**	wie in „Koffer"	όλα	*o*·la	alle
Π π	**p**	wie in „Puder"	πάω	*pa*·o	ich gehe
Ρ ρ	**r**	wie in „Ring"	ρέμα	*re*·ma	Bach
		leicht gerolltes r	ρόδα	*ro*·dha	Reifen
Σ σ, ς	**s**	wie in „blass"	σημάδι	si·*ma*·dhi	Zeichen
Τ τ	**t**	wie in „Tüte"	τόπι	*to*·pi	Kugel
Υ υ	**i**	wie in „Biene"	ύστερα	*is*·tera	nach
Φ φ	**f**	wie in „frisch"	φύλλο	*fi*·lo	Blatt
Χ χ	**kh**	wie in „Loch"	χάνω	*cha*·no	ich verliere
		vor e- und i-Lauten wie in „ich"	χέρι	*che*·ri	Hand
Ψ ψ	**ps**	wie in „Psalm"	ψωμί	pso·*mi*	Brot
Ω ω	**o**	wie in „Koffer"	ώρα	*o*·ra	Zeit

Buchstabenkombinationen

Die nachstehenden Buchstabenkombinationen werden wie folgt ausgesprochen:

Griechisch	Aussprachehinweis		Beispiel		
ει	**i**	wie in „Biene"	είδα	*i*·dha	ich sah
οι	**i**	wie in „Biene"	οικόπεδο	i·*ko*·pe·dho	Land
αι	**e**	wie in „Bett"	αίμα	*e*·ma	Blut
ου	**u**	wie in „gut"	πού	pou	wo
μπ	**b**	wie in „Bier"	μπάλα	*ba*·la	Ball
	mb	wie in „Amboss"	κάμπος	*kam*·bos	Wald
ντ	**d**	wie in „Dotter"	ντουλάπα	dou·*la*·pa	Schrank
	nd	wie in „Ende"	πέντε	*pen*·de	fünf
γκ	**g**	wie in „Gold"	γκάζι	*ga*·zi	Gas
γγ	**ng**	wie in „Angora"	αγγελία	an·ge·*li*a	Ankündigung
γξ	**ks**	wie in „Keks"	σφιγξ	sfinks	Sphinx
τζ	**dz**	wie in „handzahm"	τζάκι	*dza*·ki	Kamin

Die oben aufgeführten Vokalpaare werden getrennt gesprochen, wenn der erste Vokal einen Akzent oder der zweite zwei Punkte (Trema) hat, wie in folgenden Beispielen:

γαϊδουράκι	gai·dhou·*ra*·ki	Eselchen
Κάιρο	*kai*·ro	Kairo

Manche griechische Konsonanten haben im Deutschen kein Äquivalent. Das υ in den Kombinationen αυ, ευ und ηυ wird normalerweise wie ein w gesprochen. Das griechische Fragezeichen entspricht unserem Semikolon „;".

SPRACHE

GESUNDHEIT

Ich bin krank.
i·me *a*·ro·stos — Είμαι άρρωστος.
Es tut hier weh.
po·*nai* e·*dho* — πονάει εδώ.

Ich habe ...
e·cho ... — Εχω ...
Asthma
asth·ma — άσθμα
Diabetes
za·cha·ro·dhi·a·*vi*·ti — ζαχαροδιαβήτη
Durchfall
dhi·*a*·ri·a — διάρροια
Epilepsie
e·pi·lip·*ssi*·a — επιληψία

Ich reagiere allergisch auf ...
i·me a·ler·yi·*kos*/ a·ler·yi·*ki* ... (m/f)
Είμαι αλλεργικός/αλλεργική ...
Antibiotika
sta an·di·vi·o·ti·*ka* — στα αντιβιωτικά
Aspirin
stin a·spi·*ri*·ni — στην ασπιρίνη
Penicillin
stin pe·ni·ki·*li*·ni — στην πενικιλλίνη
Bienen
stis *me*·li·sses — στις μέλισσες
Nüsse
sta fi·*sti*·ki·a — στα φυστίκια

Kondome
pro·fi·la·kti·*ka* (ka·*po*·tes) — προφυλακτικά (καπότες)
Verhütungsmittel
pro·fi·lak·ti·*ko* — προφυλακτικό
Medikament
farm·a·ko — φάρμακο
Sonnenschutzcreme
kre·ma i·*li*·u — κρέμα ηλίου
Tampons
tam·*bon* — ταμπόν

KONVERSATION & NÜTZLICHES

Hallo
ya·ssas (Sie-Form) — Γειά σας
ya·ssu (Du-Form) — Γειά σου
Guten Morgen
ka·li *me*·ra — Καλή μέρα
Guten Abend
ka·li *spe*·ra — Καλή σπέρα
Gute Nacht
ka·li *nich*·ta — Καλή νύχτα
Auf Wiedersehen
an·*di*·o — Αντίο
Ja
nä — Ναι
Nein
o·chi — Οχι
Bitte
pa·ra·ka·*lo* — Παρακαλώ
Danke
ef·cha·ri·*sto* — Ευχαριστώ
Gern geschehen/keine Ursache
pa·ra·ka·*lo* — Παρακαλώ
Entschuldigung (tut mir Leid)
sigh·*no*·mi — Συγγνώμη
Wie heißen Sie? / Wie heißt Du?
pos sas *le*·ne? / pos su *le*·ne?
Πώς σας λένε; /Πώς σου λένε;
Ich heiße...
me *le*·ne...
Με λένε...
Woher kommen Sie? / Woher kommst Du?
a·*po* pu *i*·ste? / a·*po* pu *i*·sse?
Από πού είστε; /Από πού είσαι;
Ich komme aus ...
i·me a·*po*...
Είμαι από...
Ich finde ... gut (nicht gut)
(dhen) ma·*re*·ssi...
(Δεν) μ'αρέσει...
Einen Moment
mi·*sso* lep·*to* — Μισό λεπτό.

MIT KINDERN REISEN

Gibt es hier eine(n) ...?
i·*par*·chi...? — Υπάρχει...;
Ich brauche eine(n) ...
chri·*a*·zo·me... — Χρειάζομαι...
Babywickelraum
me·ros nal·*lak*·sso to mo·*ro* — μέρος ν'αλλάξω το μωρό
Autokindersitz
ka·this·ma ya mo·*ro* — κάθισμα για μωρό
Kindermenü
me·*nu* ya pe·*dhya* — μενού για παιδία
Pampers
pan·nez Pam·pers — πάννες Pampers
(Deutsch sprechenden) Babysitter
bi·bi *sit*·ter pu mi·*la* yer·man·*ika* — μπέιμπι σίττερ που μιλά γερμανικά
Hochstuhl
pe·dhi·*ki* ka·*rek*·la — παιδική καρέκλα
Töpfchen
yo·*yo* — γιογιό

Buggy
ka·rot·*sa*·ki καροτσάκι
Stört es, wenn ich hier stille?
bo·*ro* na thi·*la*·sso e·*dho*? Μπορώ να θηλάσω εδώ;
Sind Kinder erlaubt?
e·pi·*tre*·pon·de ta pe·*dhya*? Επιτρέπονται τα παιδιά;

NOTFÄLLE

Hilfe!
vo·*i*·thia! Βοήθεια!
Es hat einen Unfall gegeben.
ey·i·ne a·*ti*·chi·ma Εγινε ατύχημα.
Gehen Sie weg! / Geh weg!
fi·ye·te! / *fi*·ye! Φύγετε! / Φύγε!
Rufen Sie...!
fo·*nak*·ste...! Φωνάξτε...!
einen Arzt
e·na yi·a·*tro* ένα γιατρό
die Polizei
tin a·sti·no·*mi*·a την αστυνομία

PAPIERKRAM

Name
o·no·ma·te·*po*·ni·mo ονοματεπώνυμο
Nationalität
i·pi·ko·*o*·ti·ta υπηκοότητα
Geburtsdatum
i·me·ro·mi·*ni*·a ημερομηνία
yen·*ni*·sse·os γεννήσεως
Geburtsort
to·pos yen·*ni*·sse·os τόπος γεννήσεως
Geschlecht
fi·lon φύλον
Reisepass/Personalausweis
dhia·va·*ti*·ri·o διαβατήριο

SHOPPEN & SERVICE

Ich würde gerne ... kaufen
the·lo n'a·gho·*ra*·sso ... Θέλω ν'αγοράσω ...
Was kostet das?
po·sso *ka*·ni? Πόσο κάνει;
Es gefällt mir nicht.
dhen ma·*re*·ssi Δεν μ'αρέσει.
Kann ich es anschauen?
bo·*ro* na to dho? Μπορώ να το δω;
Ich sehe mich nur um.
ap·*los* ki·*ta*·zo Απλώς κοιτάζω.
Es ist billig.
i·ne fti·*no* Είναι φτηνό.
Es ist zu teuer.
i·ne po·*li* a·kri·*vo* Είναι πολύ ακριβό.
Ich nehme es.
tha to *pa*·ro
Θα το πάρω.
Akzeptieren Sie ...?
dhe·che·ste ...? Δέχεστε...;
Kreditkarten
pi·sto·ti·*ki* *kar*·ta πιστωτική κάρτα
Reiseschecks
tak·si·dhi·o·ti·*kes* e·pi·ta·*yes* ταξιδιωτικές επιταγές

mehr
pe·ri·*sso*·te·ro περισσότερο
weniger
li·*gho*·te·ro λιγότερο
kleiner
mi·*kro*·te·ro μικρότερο
größer
me·gha·*li*·te·ro μεγαλύτερο

Ich suche ...
psach·no ya ... Ψάχνω για ...
eine Bank
mia *tra*·pe·za μια τράπεζα
die Kirche
tin ek·kli·*ssi*·a την εκκλησία
das Stadtzentrum
to *ken*·dro tis *po*·lis το κέντρο της πόλης
die ... Botschaft
tin... pres·*vi*·a την... πρεσβεία
den Markt
ti·lai·*ki* a·gho·*ra* τη λαϊκη αγορά
das Museum
to mu·*ssi*·o το μουσείο
das Postamt
to ta·chi·dhro·*mi*·o το ταχυδρομείο
eine öffentliche Toilette
miya dhi·*mo*·ssia μια δημόσια
tu·a·*let*·ta τουαλέττα
das Fernmeldeamt
to ti·le·fo·n·i·*ko* *ken*·dro το τηλεφωνικό κέντρο
die Touristeninformation
to tu·ri·st·*iko* ghra·*fi*·o το τουριστικό γραφείο

UNTERKUNFT

Ich suche ...
psa·chno ya ... Ψάχνω για ...
ein Zimmer
e·na dho·*ma*·ti·o ένα δωμάτιο
ein Hotel
e·na kse·no·dho·*chi*·o ένα ξενοδοχείο
eine Jugendherberge
e·nan kse·*no*·na ne·*o*·ti·tas έναν ξενώνα νεότητας

TRANSLITERATION & SCHREIBVARIANTEN: EIN ERKLÄRUNGSVERSUCH

Wer versucht, Griechisch mit lateinischen Buchstaben korrekt zu schreiben, wird sich die Haare raufen ob der vielen Unregelmäßigkeiten und Fußangeln. Auch die Griechen selbst machen das nicht ganz einheitlich, aber langsam ist ein System zu erkennen. Das Wort „Piraeus" zum Beispiel wurde auch schon Pireas, Piraievs und Pireefs geschrieben, und wenn es als Teil eines Straßennamens auftaucht (also: Piraeus-Straße), kommt noch die Variante Pireos dazu!

Erschwerend macht sich das linguistische Minenfeld der Diglossie bemerkbar, d. h., es existieren zwei Formen der griechischen Sprache. Die puristische Variante heißt Katharevousa, gesprochen wird normalerweise Dimotiki. Das Katharevousa war schon immer eine Kunstsprache, während Dimotiki den Volksmund repräsentiert, und die Koexistenz der beiden sorgt für reichlich linguistische Verwirrung. Oft gibt es für ein deutsches Wort zwei griechische Wörter. Bäcker heißt auf Dimotiki *fournos*, aber auf dem Schild der Bäckereien steht meistens *artopoieion*. Die Kunden werden dort nach einem *psomi* verlangen, das aber in der Kirche *artos* heißt.

Noch komplizierter wird es bei der Transliteration geografischer Begriffe, für die es auch eine eingedeutschte Variante gibt: Was bei den Griechen Athina heißt, nennen wir Athen, Patra konkurriert mit Patras, Thiva mit Theben, Evia mit Euböa und so weiter und so fort. Die toponymische Diglossie (d. h. die Tatsache, dass ein Ort sowohl einen offiziellen wie auch einen populären Namen besitzt) beschert uns Pärchen wie Kerkyra/Corfu, Zante/Zakynthos oder Santorin/Thira. In diesem Buch wird meist der moderne griechische Ortsname benutzt, mit der bekannten Ausnahme Athen, das sich bei uns so eingebürgert hat. Bei Ausgrabungsstätten, Siedlungen und Personen der Antike sind wir normalerweise der bekannteren, klassischen Version treu geblieben, bei uns heißt es Thukydides anstatt Thoukididis oder Mykene anstatt Mykines.

Die Probleme der Transliteration treten besonders bei Vokalen zutage – kein Wunder, wenn man bedenkt, dass die Griechen sechs verschiedene Buchstaben für den Vokal „i" kennen, zwei für „o" und zwei für „e". In diesem Buch haben wir das griechische *ypsilon* (υ, Υ) meist durch y ersetzt, *ita* (η, Η) und *iota* (ι, Ι) dagegen durch i (in allen drei Fällen gesprochen wie „i" in Biene). Auch bei Vokalkombinationen, die wie „i" in Biene klingen, also οι, ει und υι, haben wir ein i benutzt. Die beiden „e"-Laute αι und ε werden mit einem e wiedergegeben.

Bei den Konsonanten wurde der griechische Buchstabe *gamma* (γ, Γ) in diesem Buch meist durch ein g ersetzt und nicht durch ein y, also *agios* und *agia* (griechisch für Heiliger/Heilige) und nicht *ayios* und *ayia*. Der Buchstabe *fi* (φ, Φ) kann sowohl durch f wie auch durch ph ersetzt werden. Hier haben wir uns überwiegend für die f-Variante entschieden, also Festos statt Phaestos oder Folegandros statt Pholegandros. Das griechische *chi* (χ, Χ) ist bei uns meist ein ch, das der griechischen Aussprache am nächsten kommt, z. B. bei Chania oder Chersonisos. Das griechische *kappa* (κ, Κ) ist bei uns kein c wie in vielen englischen Transliterationen, sondern ebenfalls k.

Straßennamen wurden bei Adressen meist ohne das griechische Wort *odos* (Straße) angegeben, wohingegen die Bezeichnungen für *leoforos* (Allee, Chaussee, Abk. leof.) und *platia* (Platz) beibehalten wurden.

Wo gibt es ein billiges Hotel?
pu *i*·ne e·na fti·*no* xe·no·do·*chi*·o?
Πού είναι ένα φτηνό ξενοδοχείο;

Wie heißt die Adresse?
pya *i*·ne i dhi·*ef*·thin·ssi?
Ποια είναι η διεύθυνση;

Könnten Sie die Adresse bitte aufschreiben?
pa·ra·ka·*lo*, bo·*ri*·te na *ghra*·pse·te ti dhi·*ef*·thin·ssi?
Παρακαλώ, μπορείτε να γράψετε τη διεύθυνση;

Gibt es freie Zimmer?
i·*par*·chun e·*lef*·the·ra dho·*ma*·ti·a?
Υπάρχουν ελεύθερα δωμάτια;

Ich würde gerne ... buchen
tha *i*·the·la na *kli*·sso ...
Θα ήθελα να κλείσω ...

ein Bett
e·na kre·*va*·ti — ένα κρεββάτι

ein Einzelzimmer
e·na mo·*no*·kli·no dho·*ma*·ti·o — ένα μονόκλινο δωμάτιο

ein Doppelzimmer
e·na *dhi*·kli·no dho·*ma*·ti·o — ένα δίκλινο δωμάτιο

ein Zimmer mit einem Doppelbett
e·na dho·*ma*·ti·o me *dhi*·plo kre·*va*·ti — ένα δωμάτιο με δυό διπλο κρεβάτι

ein Zimmer mit Bad
e·na dho·*ma*·ti·o me *ba*·ni·o ένα δωμάτιο με μπάνιο

Ich würde gerne im Schlafsaal schlafen.
tha *i*·the·la na mi·*ra*·sto *e*·na ki·*no* dho·*ma*·ti·o me *al*·la *a*·to·ma
Θα ήθελα να μοιραστώ ένα κοινό δωμάτιο με άλλα άτομα

Wie viel kostet es ...?
po·sso *ka*·ni ...?
Πόσο κάνει ...;

pro Nacht
ti vra·*dhy*·*a* τη βραδυά

pro Person
to *a*·to·mo το άτομο

Kann ich es anschauen?
bo·*ro* na to dho?
Μπορώ να το δω;

Wo ist das Bad?
pu *i*·ne to·*ba*·ni·o?
Πού είναι το μπάνιο;

Ich/wir reisen heute ab.
fev·gho/*fev*·ghu·me *si*·me·ra
Φεύγω/φεύγουμε σήμερα

VERKEHRSMITTEL & -WEGE

Öffentliche Verkehrsmittel

Um wie viel Uhr
ti *o*·ra *fev*·yi/
Τι ώρα φεύγει/

fährt der (das) ... ab/
fta·ni to...?
φτάνει το...;

kommt der (das) ... an?

Schiff
pli·o πλοίο

(Stadt-) Bus
a·sti·*ko* αστικό

(Überland-) Bus
le·o·fo·*ri*·o λεωφορείο

Flugzeug
ae·ro·*pla*·no αεροπλάνο

Zug
tre·no τραίνο

Ich hätte gerne
tha *i*·the·la
Θα ήθελα

ein(e)...
(*e*·na)... (ένα)...

einfache Fahrkarte
a·*plo* i·ssi·*ti*·ri·o απλό εισιτήριο

Rückfahrkarte
i·ssi·*ti*·ri·o me e·pi·stro·*fi* εισιτήριο με επιστροφή

1. Klasse
pro·ti *the*·ssi πρώτη θέση

2. Klasse
def·te·ri *the*·ssi δεύτερη θέση

Ich möchte gerne nach ...
the·lo na *pao* sto/sti ...
Θέλω να πάω στο/στη ...

Der Zug wurde storniert/hat Verspätung
to *tre*·no a·ki·*ro*·thi·ke/ka·thi·*ste*·ri·sse
Το τραίνο ακυρώθηκε/καθυστέρησε

der/die erste
to *pro*·to το πρώτο

der/die letzte
to te·lef·*te*·o το τελευταίο

Bahnsteignummer
a·rith·*mos* a·po·*va*·thras αριθμός αποβάθρας

Fahrkartenschalter
ek·dho·*ti*·ri·o i·ssi·ti·*ri*·on εκδοτήριο εισιτηρίων

Fahrplan
dhro·mo·*lo*·gio δρομολόγιο

Bahnhof
si·dhi·ro·dhro mi·*kos* stath·*mos* σιδηροδρομικός σταθμός

Individualverkehr

Ich möchte gerne
tha *i*·the·la na Θα ήθελα να

ein ... mieten
ni·ki·*a*·sso ... νοικιάσω...

Auto
e·na af·to·*ki*·ni·to ένα αυτοκίνητο

Allradauto
e·na *tes*·se·ra e·*pi* *tes*·se·ra ένα τέσσερα επί τέσσερα

einen Jeep
e·na tzip ένα τζιπ

Motorrad
mya mo·to·ssi· *klet*·ta μια μοτοσυ-κλέττα

Fahrrad
e·na po·*dhi*·la·to ένα ποδήλατο

Ist das die Straße nach ...?
af·*tos* *i*·ne o *dhro*·mos ya...?
Αυτός είναι ο δρόμος για...;

Wo ist die nächste Tankstelle?
pu *i*·ne to e·*po*·me·no ven·zi·*na*·dhi·ko?
Πού είναι το επόμενο βενζινάδικο;

Bitte volltanken.
ye·*mi*·ste to pa·ra·ka·*lo*
Γεμίστε το, παρακαλώ.

Bitte für (30) Euro.
tha *i*·the·la (30) ev·*ro*
Θα ήθελα (30) ευρώ.

SPRACHE

Diesel
pet·*re*·le·o *ki*·ni·sis πετρέλαιο κίνησης
verbleites Benzin
su·per σούπερ
bleifreies Benzin
a·*mo*·liv·dhi αμόλυβδη

Kann ich hier parken?
bo·*ro* na par·*ka*·ro e·*dho*?
Μπορώ να παρκάρω εδώ;
Wo muss ich bezahlen?
pu pli·*ro*·no?
Πού πληρώνω;
Das Auto/Motorrad hatte eine Panne (in ...)
to af·to·*ki*·ni·to/i mo·to·ssi·*klet*·ta *cha*·la·sse sto ...
Το αυτοκίνητο/η μοτοσυκλέττα χάλασε στο ...
Das Auto/Motorrad springt nicht an.
to af·to·*ki*·ni·to/i mo·to·ssi·*klet*·ta dhen *per*·ni bros
Το αυτοκίνητο/η μοτοσυκλέττα δεν παίρνει μπρος.
Ich habe einen platten Reifen.
e·pa·tha *la*·sti·cho
Επαθα λάστιχο.
Mir ist das Benzin ausgegangen.
e·mi·na a·*po* ven·*zi*·ni
Εμεινα από βενζίνη.
Ich hatte einen Unfall.
e·pa·tha a·*ti*·chi·ma
Επαθα ατύχημα.

STRASSENSCHILDER

ΕΙΣΟΔΟΣ	Eingang
ΕΞΟΔΟΣ	Ausgang
ΠΛΗΡΟΦΟΡΙΕΣ	Information
ΑΝΟΙΧΤΟ	Geöffnet
ΚΛΕΙΣΤΟ	Geschlossen
ΑΠΑΓΟΡΕΥΕΤΑΙ	Verboten
ΑΣΤΥΝΟΜΙΑ	Polizei
ΑΣΤΥΝΟΜΙΚΟΣ ΣΤΑΘΜΟΣ	Polizeiwache
ΓΥΝΑΙΚΩΝ	Toiletten (Damen)
ΑΝΔΡΩΝ	Toiletten (Herren)

VERSTÄNDIGUNG

Sprechen Sie Deutsch (Englisch)?
mi·*la*·te yer·man·*ika* (an·gli·*ka)*?
Μιλάτε γερμανικά (αγγλικά);
Spricht jemand Deutsch (Englisch)?
mi·*lai* ka·*nis* yer·man·*ika* (an·gli·*ka)*?
Μιλάει κανείς γερμανικά (αγγλικά);
Was heißt ... auf Griechisch?
pos *le*·ye·te... sta el·li·ni·*ka*?
Πώς λέγεται... στα ελληνικά;
Ich verstehe.
ka·ta·la·*ve*·no
Καταλαβαίνω.
Ich verstehe nicht.
dhen ka·ta·la·*ve*·no
Δεν καταλαβαίνω.
Bitte schreiben Sie das auf.
ghrap·ste to, pa·ra·ka·*lo*
Γράψτε το, παρακαλώ.
Können Sie mir das auf der Karte zeigen?
bo·*ri*·te na mu to *dhi*·xe·te sto *char*·ti?
Μπορείτε να μου το δείξετε στο χάρτη;

WEGWEISER

Wo ist ...?
pu *i*·ne ...? Πού είναι ...;
Geradeaus.
o·lo ef·*thi*·a Ολο ευθεία.
Links abbiegen.
strips·te a·ri·ste·*ra* Στρίψτε αριστερά.
Rechts abbiegen.
strips·te dhe·ksi·*a* Στρίψτε δεξιά.
An der nächsten Ecke.
stin e*po*·me·ni gho·*ni*·a στην επόμενη γωνία
An der Ampel.
sta *fo*·ta στα φώτα

hinter	*pi*·sso	πίσω
vor	bro·*sta*	μπροστά
weit	ma·kri·*a*	μακριά
nahe	kon·*da*	κοντά
gegenüber	a·*pe*·nan·di	απέναντι
Akropolis	a·*kro*·po·li	ακρόπολη
Strand	pa·ra·*li*·a	παραλία
Brücke	*ye*·fi·ra	γέφυρα
Schloss	*ka*·stro	κάστρο
Insel	ni·*ssi*	νησί
Hauptplatz	ken·dri·*ki* pla·*ti*·a	κεντρική πλατεία
Markt	a·gho·*ra*	αγορά
Museum	mu·*ssi*·o	μουσείο
altes Viertel	pa·li·*a po*·li	παλιά πόλη
Ruinen	ar·*che*·a	αρχαία
Meer	*tha*·las·sa	θάλασσα
Platz	pla·*ti*·a	πλατεία
Tempel	na·*os*	ναός

ZAHLEN

0	mi·*dhen*	μηδέν
1	*e*·nas	ένας (m)
	mi·a	μία (f)
	e·na	ένα (n)
2	*dhi*·o	δύο
3	tris	τρεις (m&f)
	tri·a	τρία (n)

4	*te*·sse·ris	τέσσερεις (m&f)
	te·sse·ra	τέσσερα (n)
5	*pen*·de	πέντε
6	*e*·xi	έξη
7	ef·*ta*	εφτά
8	och·*to*	οχτώ
9	e·*ne*·a	εννέα
10	*dhe*·ka	δέκα
20	*ik*·o·ssi	είκοσι
30	tri·*an*·da	τριάντα
40	sa·*ran*·da	σαράντα
50	pe·*nin*·da	πενήντα
60	e·*xin*·da	εξήντα
70	ev·dho·*min*·da	εβδομήντα
80	och·*dhon*·da	ογδόντα
90	e·ne·*nin*·da	ενενήντα
100	e·ka·*to*	εκατό
1000	*chi*·li·i	χίλιοι (m)
	chi·li·es	χίλιες (f)
	chi·li·a	χίλια (n)
2000	dhi·*o* chi·*li*·a· dhes	δυό χιλιάδες

ZEIT & DATUM

Wie spät ist es?

ti o·*ra i*·ne? Τι ώρα είναι;

Es ist (2 Uhr).

i·ne (*dhi*·o i *o*·ra) είναι (δύο η ώρα).

morgens	to pro·*i*	το πρωί
nachmittags	to a·*po*·yev·ma	το απόγευμα
abends	to *vra*·dhi	το βράδυ
Wann?	*po*·te?	Πότε;
heute	*si*·me·ra	σήμερα
morgen	*av*·ri·o	αύριο
gestern	chthes	χθες
Montag	dhef·*te*·ra	Δευτέρα
Dienstag	*tri*·ti	Τρίτη
Mittwoch	te·*tar*·ti	Τετάρτη
Donnerstag	*pemp*·ti	Πέμπτη
Freitag	pa·ras·ke·*vi*	Παρασκευή
Samstag	*sa*·va·to	Σάββατο
Sonntag	kyri·a·*ki*	Κυριακή
Januar	ia·nu·*ar*·i·os	Ιανουάριος
Februar	fev·ru·*ar*·i·os	Φεβρουάριος
März	*mar*·ti·os	Μάρτιος
April	a·*pri*·li·os	Απρίλιος
Mai	*mai*·os	Μάιος
Juni	i·*u*·ni·os	Ιούνιος
Juli	i·*u*·li·os	Ιούλιος
August	*av*·ghus·tos	Αύγουστος
September	sep·*tem*·vri·os	Σεπτέμβριος
Oktober	ok·*to*·vri·os	Οκτώβριος
November	no·*em*·vri·os	Νοέμβριος
Dezember	dhe·*kem*·vri·os	Δεκέμβριος

Glossar

Achäische Zivilisation – s. *Mykenische Zivilisation*
Agia (f), Agios (m), Agii (pl) – Sankt, Heilige(r)
Agora – Geschäftsbezirk einer antiken Stadt; im modernen Griechenland: Einkaufszentrum
Akropolis – höchster Punkt einer antiken Stadt
Amphore – hohe Vase mit zwei Henkeln, in der Wein oder Öl aufbewahrt wurden
Architrav – Teil des Hauptgesims, der auf den Säulen eines Tempels ruht
Archontika – Stadthäuser aus dem 17. und 18. Jh.; sie gehörten den Archontikern, den angesehensten Bürgern einer Stadt

baglamas – kleine *bouzouki* mit metallischem Klang
Basilika – frühchristliche Kirche
Bouleuterion – Versammlungsraum des Stadtrats im antiken Griechenland
bouzouki – lautenartiges Saiteninstrument, wird in der Rembetiko-Musik eingesetzt
bouzoukia – Nachtclubs, in denen populäre Volkslieder gesungen werden und dazu die *bouzouki* erklingt; s. auch *skyladika*
Byzantinische Epoche – Periode, die sich durch die Verschmelzung der griechischen Kultur mit dem Christentum auszeichnet. Sie verdankt ihrem Namen Byzanz, der Stadt am Bosporus, die 324 n. Chr. zur Hauptstadt des Römischen Reichs ernannt wurde. Die Teilung des Römischen Reichs 395 n. Chr. leitete den Niedergang Roms ein, wohingegen die östliche Hauptstadt, nun nach Kaiser Konstantin I. in Konstantinopel umbenannt, einen Aufschwung erlebte. Nachdem Konstantinopel 1453 von den Türken bezwungen wurde, zerfiel das Byzantinische Reich

caïque – kleines, robustes Fischerboot
Cella – Raum eines griechischen Tempels, in dem die Götterstatue stand
chora – Hauptstadt, meist einer Insel
Choregos – reicher Bürger, der Chor- und Theaterdarbietungen finanzierte
Cornice – oberer Teil des Hauptgesims, der unter dem Fries verläuft

delfini – Delphin; umgangssprachlich für Tragflächenboot
dimarchio – Rathaus
Dimotiki – Neugriechisch, offizielle gesprochene Sprache im heutigen Griechenland
domatio (s), domatia (pl) – Zimmer; billige Übernachtungsmöglichkeit in den meisten Touristengegenden
Dorier – hellenistische Krieger, die um 1200 v. Chr. in Griechenland einfielen. Sie brandschatzten die Stadtstaaten, zerstörten die minoische Kultur und läuteten Griechenlands Dunkles Zeitalter ein, während dem das künstlerisch und kulturell hohe Niveau der Mykener und Minoer verloren ging. Später entwickelten sich die Dorier zu aristokratischen Landbesitzern; sie förderten das Wiederaufleben der unabhängigen Stadtstaaten, die von den reichen Adligen regiert wurden
Dorische Ordnung – griechische Architekturform, gekennzeichnet durch Säulen mit kanneliertem, geschwollenem Schaft, aber ohne Basis und einem – im Vergleich zu den schön verzierten ionischen und korinthischen Kapitellen – relativ schmucklosen Kapitell
Dunkles Zeitalter (1200–800 v. Chr.) – Periode, in der Griechenland von den Doriern beherrscht wurde

ELPA – Elliniki Leshi Periigiseon & Aftokinitou; griechischer Automobilclub
ELTA – Ellinika Tachydromia; griechisches Postamt
Entablature – Hauptgesims; Teil eines Tempels zwischen Säulen und Dach
EOS – Ellinikos Orivatikos Syllogos; Verband der griechischen Wander- und Bergsteigervereine
EOT – Ellinikos Organismos Tourismou; nationaler griechischer Tourismusverband
Epitaphios – eine Darstellung Christi auf der Totenbahre, die für die Osterprozession geschmückt wird
estiatorio – Restaurant

Faïence – antike Glasurtechnik, bei der Quarz anstelle von Glas benutzt wird
Filiki Eteria – Freundschaftsverein; Gruppe von Exilgriechen, die sich unter der osmanischen Herrschaft zusammenschloss, um einen Aufstand gegen die Türken zu organisieren
FPA – foros prostithemenis axias; Mehrwertsteuer (MwSt)
Fries – Teil des Hauptgesims über dem Architrav

galaktopoleio (s), galaktopoleia (pl) – Geschäft, das Milchprodukte verkauft
Geometrische Zeit (1200–800 v. Chr.) – Zeit, in der Keramiken charakteristische geometrische Muster aufwiesen; manchmal auch Griechenlands Dunkles Zeitalter genannt
Griechische Klassik – Periode, in der die griechischen Stadtstaaten nach der Niederlage der Perser im 5. Jh. v. Chr. den Gipfel ihres Reichtums und ihrer Macht erreichten. In Folge der Peloponnesischen Kriege und der expansionistischen Bestrebungen von Philipp II., dem König von Mazedonien (regierte 359–336 v. Chr.), und seinem Sohn,

Alexander dem Großen (regierte 336–323 v. Chr.), verloren die Stadtstaaten ihre Bedeutung

Hellas, Ellas oder Ellada – griechischer Name für Griechenland
Hellenistische Periode – Blütezeit, in der die griechische Zivilisation Macht und Einfluss erlangte, eingeleitet von Alexander dem Großen und beendet durch die Römer, als sie 146 v. Chr. Korinth überfielen

Ikonostase – mit Ikonen verzierte Altarwand
ikonostasia – kleine Kapellen
Ionische Ordnung – griechische Architekturform, deren Säulen durch Stege getrennte Kanneluren und Kapitelle mit sprialförmigen Verzierungen aufweisen

kafenio (s), kafenia (pl) – ein früher den Männern vorbehaltenes Kaffeehaus, wo Karten und Backgammon gespielt werden
kalderimi – gepflasterter Fußweg
kanneliert – vertikale Rillen im Schaft einer Säule
Kapitell – Kopfstück einer Säule
kastro – Kastell, Befestigungsanlage, Bastion
katholikon – Hauptkirche einer Klosteranlage
kefi – schwierig zu beschreibendes Gefühl der Hochstimmung, das alle Griechen verspüren, wenn sie gut drauf sind
kilimia – Flachwebteppiche, die früher traditionell zur Mitgift gehörten
Koine – in der vorbyzantinischen Zeit gebräuchliche griechische Sprache, in der die Kirchenliturgien verfasst sind
Kore – Frauenstatue aus der archaischen Periode, s. auch *Kouros*
Korinthische Ordnung – griechische Architekturform, bei der die Säulen glockenförmige Kapitelle mit kunstvoll gemeißelten Ornamenten in Form von Akanthusblättern haben
Kouros – Männerstatue aus der archaischen Periode, meist mit steifer Körperhaltung und rätselhaftem Lächeln
kri-kri – auf Kreta heimische Tierart, ähnlich der Ziege
KTEL – Kino Tamio Eispraxeon Leoforion; nationale Busgesellschaft, die alle Überlandlinien betreibt

Labrys – Doppelaxt, Symbol der minoischen Zivilisation
Lammergeier – Bartgeier
leoforos – breite Straße
libation – altgriechisch für Wein oder Lebensmittel, die den Göttern geopfert wurden
Linear-A – minoische Schrift, die bis heute nicht entziffert wurde
Linear-B – mykenische Schrift, die entziffert werden konnte
Lyra – kleines, geigenähnliches Instrument, das zum Spielen aufs Knie gestützt wird, weit verbreitet in der kretischen und pontischen Musik

malakas – wörtlich übersetzt „Wichser"; kumpelhafte Anrede oder Beleidigung, je nach Situation
mangas – Angeber, zwielichtiger Typ; früher ein Vertreter der Halbwelt, heute jeder, der clever ist
mantinada (s), mantinades (pl) – traditionelle kretische Lieder, deren Texte sich reimen; oft werden sie spontan gedichtet
mayirefta – vorbereitete Aufläufe oder Eintöpfe, die in Tavernen und anderen Lokalen serviert werden
Megaron – zentraler Raum eines mykenischen Palastes
Meltemi – Nordostwind, der im Sommer fast in ganz Griechenland bläst
Metope – Figurenrelief auf dem Fries einer dorischen Säule
mezedopoleio – ein Restaurant, in dem mezedes serviert werden
mezes (s), mezedes (pl) – Appetithäppchen
Minoische Zivilisation (3000–1200 v. Chr.) – kretische Kultur im Bronzezeitalter, benannt nach dem mythischen König Minos. Typisch dafür sind kunsthandwerklich wunderschöne Keramik- und Metallarbeiten. Die Epoche wird unterteilt in die Vorpalastzeit (3400–2100 v. Chr.), die Neue Palastzeit (2100–1580 v. Chr.) und die Nachpalastzeit (1580–1200 v. Chr.)
mitata – runde Steinhütten der Schäfer
Moni – Kloster oder Konvent
Mykenische Zivilisation (1900–1100 v. Chr.) – erste große Kultur auf dem griechischen Festland. Typisch dafür sind die mächtigen, unabhängigen Stadtstaaten, die von Königen regiert wurden; diese Periode wird auch die *Achäische Zivilisation* genannt

Narthex – Vorhalle einer Kirche
Nea Dimokratia – Neue Demokratie; konservative politische Partei
Nekropolis – wörtlich übersetzt „Stadt der Toten"; antiker Friedhof
nomarchia – Verwaltungsgebäude, Präfektur
nomos – Regierungsbezirke, in die die Regionen und Inselgruppen Griechenlands aufgeteilt sind
Nymphaion – Gebäude mit Brunnen im antiken Griechenland, oft den Nymphen geweiht

odeion – antikes überdachtes griechisches Theater
Odos – Straße
OTE – Organismos Tilepikinonion Elladas; nationale Telefongesellschaft
ouzeri – Lokal, in dem Ouzo und kleine Snacks serviert werden

Panagia – Gottesmutter, oft der Name von Kirchen
Pantokrator – Gemälde oder Mosaik mit Christusdarstellung in der Gewölbemitte einer byzantinischen Kirche
pandopoleio – Gemischtwarenladen
paralia – Uferpromenade

parapente – Paragliding
Pediment – dreieckige, oft mit Skulpturen ausgefüllte Fläche über den Säulen an der Front- und Rückseite eines klassischen griechischen Tempels
periptero (s), periptera (pl) – Straßenkiosk
Peristyl – Säulen, die ein Bauwerk umgeben, meist einen Tempel oder einen Innenhof
pinakothiki – Bildergalerie
Pithos (s), Pithoi (pl) – großes minoisches Vorratsgefäß
platia – Platz
Propylon (s), Propylaia (pl) – aufwändig konstruierter Haupteingang zu einer antiken Stadt oder Kultstätte. Ein Propylon hatte einen Torbogen, die Propylaia mehrere
prytaneion – Verwaltungszentrum eines Stadtstaats

raki – starker kretischer Schnaps, der aus Trauben gebrannt wird
Rembetiko – Bluesmusik, die allgemein mit der Halbwelt der 20er-Jahre in Verbindung gebracht wird
Rhyton – anderer Name für ein Opfergefäß
rizitika – traditionelle, patriotische Lieder aus Westkreta

santouri – gehämmerter Zimbal aus Kleinasien
skyladika – wörtlich übersetzt „Hundegesänge" (und die Veranstaltungsorte, in denen sie aufgeführt werden); sehr verbreitet, aber textlich nicht sehr anspruchsvoll, werden oft in *bouzoukia*-Nachtclubs gesungen
spileo – Keller
Stele – aufrecht stehender Grabstein
stoa – langes Gebäude mit Säulen, meist Teil einer *Agora*; diente im antiken Griechenland als Versammlungs- und Zufluchtsort

tachydromio (s), tachydromia (pl) – Postamt
Taverne – traditionelles Restaurant, in dem Wein und Essen serviert werden
temblon – Votivtafel
tholos – mykenisches Grab in der Form eines Bienenstocks
toumberleki – kleine Bauchtrommel, die mit den Fingern geschlagen wird
Triglyph – Abschnitte eines dorischen Fries zwischen den Metopen
trireme – antike griechische Galeere mit drei Ruderreihen auf beiden Seiten
tsikoudia – lokale Variante eines Traubenschnapses

Ud – bauchiges Saiteninstrument mit stark abgewinkeltem Hals

volta – Spaziergang (besonders am Abend); Ausflug
Volute – spiralförmige Verzierung an einem ionischen Kapitell

Zyklopen – mythische einäugige Riesen

Hinter den Kulissen

ÜBER DIESES BUCH

Dies ist die 2. deutsche Auflage von *Kreta*, basierend auf der mittlerweile 4. englischen Auflage. Die 1. englische Auflage wurde 2000 von Jeanne Oliver geschrieben. Die 2. Auflage von 2002 verdanken wir Paul Hellander, und Victoria Kyriakopoulos verfasste die 3. Auflage 2005. An der 4. englischen Auflage, die vom Lonely Planet Büro London in Auftrag gegeben wurde, waren die folgenden Mitarbeiter maßgeblich beteiligt:

Redaktion Sally Schafer
Redaktionskoordination Shawn Low
Koordination Kartografie Anthony Phelan
Koordination Layout Jacqui Saunders
Lektorat Melanie Dankel
Layout Celia Wood
Kartografie Mark Griffiths
Redaktionsassistenz Janice Bird, Michael Day, Margged Helioz, Rowan McKinnon, Susan Paterson
Coverdesign Travis Drever
Projektleitung Sarah Sloane
Sprachliche Koordination Quentin Frayne
Dank an David Burnett, Mark Germanchis, Michala Green, Lisa Knights, Adam McCrow

WIR FREUEN UNS ÜBER EIN FEEDBACK

Post von Travellern zu bekommen ist für uns ungemein hilfreich – Kritik und Anregungen halten uns auf dem Laufenden und helfen, unsere Bücher zu verbessern. Unser reiseerfahrenes Team liest alle Zuschriften genau durch, um zu erfahren, was an unseren Reiseführern gut und was schlecht ist. Wir können solche Post zwar nicht individuell beantworten, aber jedes Feedback wird garantiert schnurstracks an die jeweiligen Autoren weitergeleitet, rechtzeitig vor der nächsten Nachauflage.

Wer uns schreiben möchte, erreicht uns über www.lonelyplanet.de/kontakt.

Hinweis: Da wir Beiträge möglicherweise in Lonely Planet Produkten (Reiseführer, Websites, digitale Medien) veröffentlichen, ggf. auch in gekürzter Form, bitten wir um Mitteilung, falls ein Kommentar nicht veröffentlicht oder ein Name nicht genannt werden soll. Wer Näheres über unsere Datenschutzpolitik wissen will, erfährt das unter www.lonelyplanet.com/privacy.

DANK DER AUTORIN

VICTORIA KYRIAKOPOULOS

Ich widme dieses Buch dem Gedenken an Leon Zingiris.

Mein herzlicher Dank gilt den vielen Menschen überall auf Kreta, die mich freundlich aufnahmen und mir ihre Insel zeigten. Ihre Ratschläge, Tipps, Unterstützung und großzügige Gastfreundschaft waren mir eine wertvolle Hilfe. Ein besonderes Dankeschön geht an Sonia Panagiotidou, Lefteris Karatarakis, Dimitris Skoutelis und Maya, Dimitris Kornaros (Iraklion), Yiannis Genetzakis (Archanes), die Familie Patramani (Episkopi), Manolis Klironomakis (Paleochora), Vasilis Karamanlis (Makriyialos), Giannis Labouskos und Iakovos Sourgoutsidis (in Chania, wo wir den verstorbenen Tony Fennymore schmerzlich vermissten), Giorgos Niotakis und Sifis Papadakis (Agios Nikolaos), Pavlos und Renata Myssor (Sitia), Nikos Perakis und Elias Pagianidis (Zakros) und Manolis Tambakos (Ierapetra). Mein spezieller Dank für ihr Expertenwissen gilt Alexander MacGillivray und Nikki Rose auf Kreta und Yiorgos Xylouris in Athen.

Besonders dankbar bin ich für die Unterstützung von Eleni Bertes, Antonis Bekiaris und die ganze Crew bei Vox in Athen. Mein Dank in Melbourne geht an John und Suzie Rerakis, Bill Kyriakopoulos sowie Chris, Sam und Nikolas Anastassiades.

UNSERE LESER

Vielen Dank an die Leser, die mit der letzten Ausgabe unterwegs waren und uns mit wertvollen Hinweisen, nützlichen Ratschlägen und interessanten Geschichten weiterhalfen:

Gillian Anderson, Antonio Asenjo, Ludo Beckers, Jim Beffa, Magnus Birkhorst, Ray Burston, Brynn Canfield, Carolyn Devine, Alexander Douglas, John Douglas, John. A Dougles, Guy Fearon, Stratos Giannikos, Nikos Grivakis, Jörg Kahl, Peter Lauf, Sarah Lawson, Gregory Mantell, Robert Nylén, Joerg Oehlenschlaeger, Marie Pritchard, Sheila Reynolds, Jo Richards, Andrew Thompson, Roger Tully, Roman Virdi, Nichola Walker, Nadia Wechsler

LONELY PLANET: REISEN, UMWELT UND SANFTER TOURISMUS

DIE LONELY PLANET STORY

Am Küchentisch fing alles an – nachdem Tony und Maureen Wheeler 1972 eine lange, abenteuerliche Reise durch Europa, Asien und Australien unternommen hatten, trugen sie all ihre Informationen und Notizen zusammen. So entstand der erste Lonely Planet Reiseführer *Across Asia on the Cheap*.

Der Reiseführer wurde von Travellern geradezu verschlungen. Ermutigt durch ihren Erfolg, veröffentlichten die Wheelers weitere Bücher über Südostasien, Indien und andere Länder. Die Nachfrage war so ungeheuerlich groß, dass die Wheelers ihr Untenehmen erweiterten. Über die Jahre deckten sie mit ihrer Reiseliteratur den ganzen Globus ab und sie dehnten ihre Berichterstattung auf die virtuelle Welt von lonelyplanet.com und das Lonely Planet Messageboard Thorn Tree aus.

Lonely Planet wurde ein immer beliebterer Reisebuchverlag und Tony und Maureen konnten sich vor Aufträgen kaum mehr retten. Doch erst 2007 fanden sie einen verlässlichen Partner, bei dem sie sich sicher sein konnten, dass er dem Prinzip abenteuerlustiger, aber umweltbewusster Reisen treu blieb. Im Oktober dieses Jahres erwarb BBC Worldwide 75% der Anteile von Lonely Planet, mit dem Versprechen, die Grundsätze unabhängiges Reisen, vertrauenswürdige Auskünfte und redaktionelle Unabhängigkeit aufrechtzuerhalten.

Heute hat Lonely Planet Büros in Melbourne (Australien), London und Oakland (USA) mit über 500 Mitarbeitern und 300 Autoren. Tony und Maureen engagieren sich immer noch aktiv bei Lonely Planet. Sie reisen mehr als je zuvor und in ihrer Freizeit widmen sie sich wohltätigen Projekten. Das Unternehmen wird nach wie vor von der Philosophie von *Across Asia on the Cheap* getragen: „Wichtig ist, dass du dich entscheidest zu gehen, dann hast du den härtesten Teil geschafft. Also, los geht's!"

Die Lonely Planet Foundation

Die Lonely Planet Foundation ist stolz darauf, fähige Nonprofit-Organisationen zu unterstützen, die die Welt positiv verändern wollen. Jedes Jahr spendet die Stiftung 5 % des Unternehmensgewinns von Lonely Planet an Projekte, die von unseren Mitarbeitern und Autoren ausgewählt wurden. Unsere Partner reichen von Kabissa (einer Organisation, die kleineren gemeinnützigen Projekten in ganz Afrika moderne Technik zur Verfügung stellt) bis zur Foundation for Developing Cambodian Orphans (FDCO), die junge Frauen und Mädchen in Kambodscha vor Prostitution und Mädchenhandel schützt.

All unsere Nonprofit-Partner haben eins gemeinsam: Sie arbeiten direkt an der Basis in den Bereichen Gesundheit, Bildung oder sanfter Tourismus. Viele der von uns unterstützten Projekte setzen sich vorrangig für Frauen und Kinder ein – eine der effektivsten Möglichkeiten zur Stärkung der gesamten Gemeinschaft. Ein Beispiel ist das Projekt zugunsten der BaAka-Pygmäenkinder in den Wäldern der Zentralafrikanischen Republik.

Manchmal ist die unterstützende Arbeit der Stiftung so einfach wie im Fall der Erhaltung des verfallenen Minaretts in Jam (Afghanistan). Heute lockt dieses wunderbare Monument wieder unerschrockene Traveller in die Gegend, wodurch sich die Zukunftsaussichten der einheimischen Bevölkerung deutlich verbessert haben.

Wer reist, lernt vieles mit anderen Augen zu sehen. Viele Organisationen, mit denen wir zusammenarbeiten, möchten dazu beitragen, dass Menschen und Volksgruppen sich selbst und die Zukunft ihrer Kinder und Umwelt mit anderen Augen sehen.

QUELLENNACHWEIS

Vielen Dank für das Nutzungsrecht an dem Globus auf der Einbandrückseite: © Mountain High Maps 1993 Digital Wisdom, Inc.

Fotos im Innenteil: S. 5 Jürgen Richter/LOOK Die Bildagentur der Fotografen GmbH/Alamy; S. 8 (Nr. 6) IML Image Group Ltd/Alamy; S. 10 (Nr. 1) Jochem Wijnands/Picture Contact/Alamy; S. 11 (Nr. 7) Victoria Kyriakopoulos; S. 12 IML Image Group Ltd/Alamy. Alle anderen Fotos Lonely Planet Images sowie S. 6 (Nr. 1, Nr. 2) Neil Setchfield; S. 7 (Nr. 3) John Elk III; S. 7 (Nr. 5) Neil Setchfield; S. 8 (Nr. 7) Linda Musick; S. 9 (Nr. 4) und S. 11 (Nr. 6) Jon Davison; S. 9 (Nr. 1) Chris Christo; S. 10 (Nr. 4) Diana Mayfield.

Register

000 Verweise auf Karten
000 Verweise auf Fotos

REGISTER

REGISTER

REGISTER

M

000 Verweise auf Karten
000 Verweise auf Fotos

T

U

V

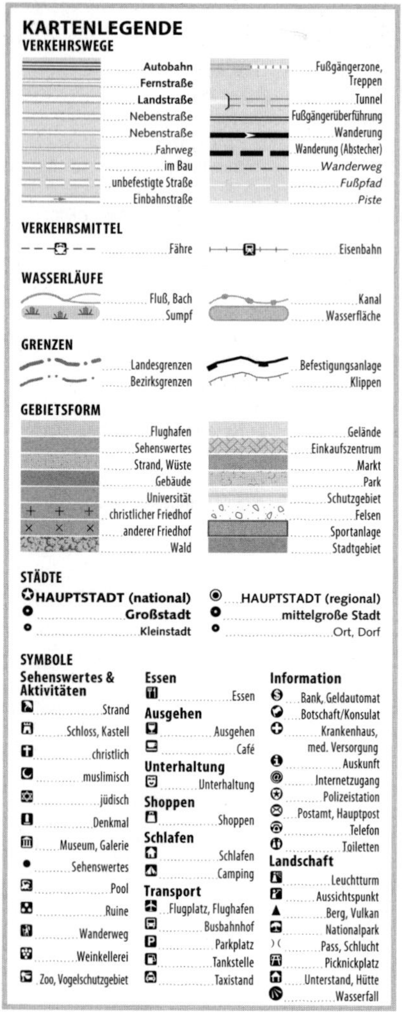

Lonely Planet Publications, Locked Bag 1, Footscray, Melbourne, Victoria 3011, Australia

Verlag der deutschen Ausgabe:
MAIRDUMONT, Marco-Polo-Str. 1, 73760 Ostfildern, www.mairdumont.com, lonelyplanet@mairdumont.com

Chefredakteurin deutsche Ausgabe: Birgit Borowski

Redaktion: Bintang Buchservice GmbH,
www.bintang-berlin.de
Übersetzung: Günter Feigel
Lektorat: Jan Haas
Satz: Anja Linda Dicke

Technischer Support: Typomedia, Ostfildern/Scharnhausen

Kreta
2. deutsche Auflage Februar 2009, übersetzt von *Crete 4th edition, Februar 2008* Lonely Planet Publications Pty

Printed in China

Umschlagfoto: Schrein in den Lefka Ori (Weiße Berge), Diana Mayfield/Lonely Planet Images.

Die meisten Fotos in diesem Reiseführer können bei Lonely Planet Images, www.lonelyplanetimages.com, auch lizenziert werden.